제6판

신 · 구 국정교과서 및 지문 완벽 정리!

역사의 흐름과 脈을 잡아주는 체계적 도표화 정리!!

민족한국사

오성환 저

- 신 · 구 국정교과서 도표화 정리(핵심비법 · 지문)!
- 그림, 지도, 도표로 보는 연상 비법!
- 각종 공무원, 대학입시, 국사능력검정 완벽대비!
- 한국사능력검정시험 기출문제 수록!

문운당

新 **개정판** [民族 韓國史 **통합 정리!!**]

역사의 흐름과 맥을 잡아주는 정통 강의 !!

<한국사 능력검정 + 공무원 + 대학입시⇒ 완벽대비>

도표 · 그림 · 지도 로 보는

민족 한국사

우리 역사는 민족의 자존심!!

鉦明 **오성환** 지음

易地思之(역지사지) - 盡人事待天命(진인사대천명)

머리말

긴 산행 끝에 정상에서 야호! 를 외치는 순간이 기대되지 않나요?
지금의 달콤한 휴식과 주변 풍경에 흔들린다면
정상에서만 볼 수 있는 탁 트인 세상과
천하를 다 얻은 듯한 가슴 벅찬 느낌은 느끼지 못할 겁니다.
지금 힘들더라도 산꼭대기에 올라 시원한 바람을 맞으며,
여유롭게 손 흔드는 모습을 상상해 봅시다.
우리 모두가 산행의 끝에 웃을 수 있도록
산행했던 시간들이 인생에서 가장 값진 선물이 될 수 있도록
한 발짝 발을 내딛어 봅시다.

①한국사 핵심 비법 ⇨ ②사료(지문) 읽기 ➡ ③확인 학습 ➡ ④기출문제 응용

1. 국사에 흥미와 관심을 갖는다.
2. 교과서의 기본적인 개념과 용어와 시기를 철저히 파악한다.
3. 전체적인 흐름을 기억한다.
4. 지도 · 사료 · 그래프 · 도표 · 지문 등 다양한 자료를 분석하고 종합한다.
5. 통합교과적 사고력을 기른다.
6. 이해와 암기는 하나다. 고로 최소한 전 범위를 3번 정도는 반복해 정독한다.
   [1번 · 2번 · 3번의 전체강의를 들으면서 몸과 머리를 만들고 ⇨ 혼자서 열공한다.]
7. 이미 출제된 5년 정도의 기출 문제를 반드시 풀고 ⇨ 분석 한다.

이 책에는 1987년 시작한 30여 년간의 교육현장(대학 · 고등학교 · 고시학원 · 입시학원)에서 강의했던 한국사의 핵심 비법(교안 노트)이 들어 있습니다.
반드시 1단계의 핵심강의를 듣고 ⇒ 2단계의 지문을 분석하고 ⇒ 3단계 확인학습을 하고 ⇒ 4단계의 기출문제를 분석하면서, 한국사의 자신감을 가지세요.

이 책을 통해 좋은 인연을 맺은 수험생들 모두의 합격을 미리 축하 드리며…

역지사지(易地思之) - **진인사대천명**(盡人事待天命) **鉦明**정명 **오성환 합장**

목 차

제 1 편 국 사 (전근현대사)

I 선사 문화와 국가의 성장

Ⅱ 삼국과 남북국의 발전

Ⅲ 고려의 성립과 발전

Ⅳ 조선의 성립과 발전

Ⅴ 조선 후기의 사회 변동

제 2 편 근현대사

I 근대 사회의 전개

Ⅱ 일제의 강제점령 지배(식민 통치)와 민족 독립운동의 전개

Ⅲ 현대 사회의 발전

제 3 편 부 록

제 4 편 한국사능력검정 시험

제 1 편 국사

I 선사 문화와 국가의 성장

1) 농경 ⇒ ┌시작 ⇨ ┌자연 ⇒ 생산 경제〈신석기=식량 혁명〉 ※자연 > 생산경제(농경 · 목축)
〈신말〉 └이동 ⇒ 정착 생활〈민족 형성〉 ※신석기~청동기 ※衣 – 食(한국) – 住(중국)
└본격화 ⇨ 사유재산 ⇒ ┌❶분배 ⇒ 권력(**계급**) =힘 ※자연 < 생산경제
〈청〉 ②교역(⇒ 전문적 분업) ※전문적 수공업 시작
└③혈통(**男**)女 ⇒ 부계 혈통 중시)=부녀자 정조

2) 문화 발전

① **자연** 〈구석기〉 ⇒(개발/이용) ❷ **문화** 〈신석기〉 ⇒(고도의 기술) ③ **문명** 〈청동기〉 (↱※댐 ⇒ 홍수조절 → 수확)

- ① 자연 ⇩ • 자연경제 (채집 · 어로 · 수렵)
- ❷ 문화 ⇩ ┌• 농경 시작(생산경제) └• 토기 제작 (저장용도 · 생산활동)
- ③ 문명 ⇩ ┌• 강 ⇒ 농경 〈촌락 → 도시 → 도시국가〉 • 청동기 ⇒ 정복활동 〈계급사회〉 └• 문자 ⇒ 기록 〈**역사시대**〉

3) 사회 변천

공유재산(공유제) ←**농경**→ 사유재산(사유제)
⇩
평등사회(모계중심) ←**권력**→ 계급사회(부계 중심)

① 〈구석기〉 **무리사회** ⇒ ② 〈신석기〉 **부족사회** ⇒ ③ 〈청동기〉 **군장사회** ⇒ ❹ 〈철기〉 **국가**

- ① • 가족단위
- ② • 씨족단위(혈연) ↳※족외혼
- ③ • 군장국가 〈고조선〉 ⇨ • 연맹왕국 선출(미약) ⇐ 王 ⇒ 세습(강력) ⇨ • 중앙집권국가

4) 개별 국가

봉건 사회(신분) ⇦⬅〈임란〉➡⇨ 근대 사회(평등) – 서민 · 민중

① **고조선** ➞ ② **연맹왕국** ➞ ③ **고대** ➞ ④ **중세** ➞ ⑤ **근세** ➞ **근대** ──➞ ⑥ **현대**(광복 이후)

- ② ┌• 부여 · 고구려 │• 옥저 · 동예 └• 삼한(마한 · 진한 · 변한)
- ③ ⇧• 삼국 〈통일〉676 ⇐〈무신〉⇒ ⇩• 남국 · 북국(통일신라 · 발해)
- ④ • 고려
- ⑤ • 조선 전기 → 후기 ↳**일제강점기**(식민통치)–강제점령기

5) 중국 왕조 변천

은 ⇨ 주(춘추/전국) ➞ 진 ⇨ 한 ──➞ 〈5호 16국〉 삼국→동 · 전진→남 · 북조 3C(위 · 촉 · 오) 4C 5C ⇨ 수 ⇨ 당 ➞ 송(960) ⇒ 명 ⇒ (후금→)청 ➡ ┌①**중**화인민공화**국**(= 중공) (↱마오쩌뚱(모택동)) └②**중화민국**(국민당 – 대만) 타이완(장개석 = 장제스)

5대 요(거란) → 금(여진) ⇒ **원**(몽고), 10국

⇐〈임진왜란〉⇒ 1592

- • BC4C기자 • BC2C위만 ⇩ 〈고조선〉
- ⇩ 〈삼국〉
- ⇩ 〈남 · 북국〉
- ⇩936 〈고려〉
- ⇩1392 〈조선 전기 – 근세〉
- ⇩ 〈후기 – 근대〉
- ⇩ 〈현대〉

❶**고조선 ⇒ 연맹왕국 ⇒ 고대(삼국 → 남 · 북국) ⇒ 고려 ⇒ 조선 ⇒ 대한제국 ⇒ 대한민국 임시정부 ⇒ ❾대한민국**

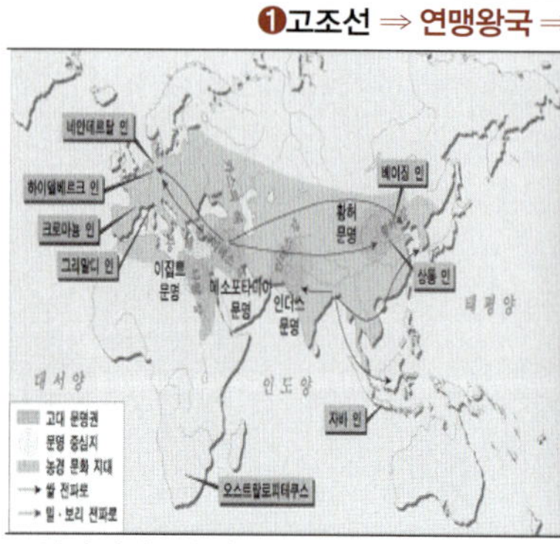

선사시대 인류(오스트랄로피테쿠스…)

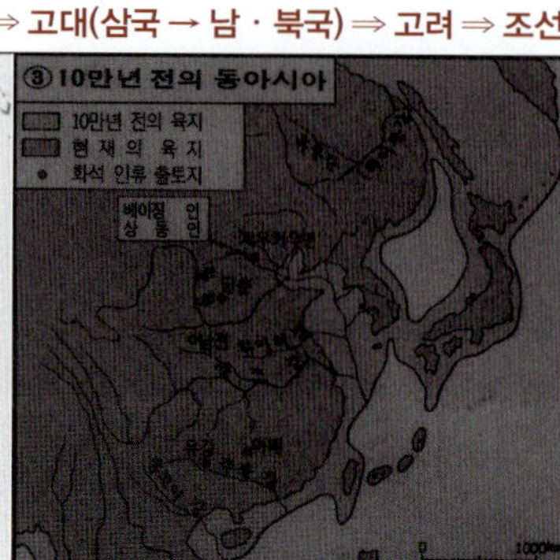

빙하기…간빙기(4회) ⇒ 대륙 형성

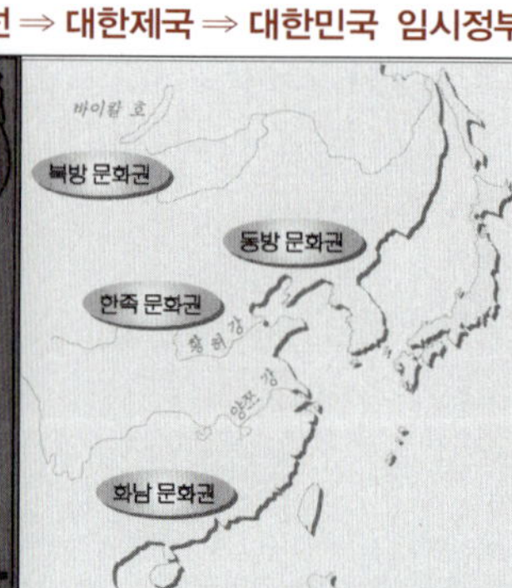

선사시대 ⇒ 동방 문화권

동북아시아(중국 – 동북공정)

사료읽기

◈ 서양의 역사 연구

①과거에 있었던 사실로서의 역사(**객관적 사실** – 유물 · 유적 · 문헌) ⇒ 1차 사료(외적) : 객관적 **사실**(과거 지향적 – 실증적 – 절대적)

- **〈랑케〉** – "역사가는 자신을 숨기고(죽이고) 사실로 하여금 말하게 하라."
  "역사는 실제 본래 있었던 그대로의 것을 보여 줄 뿐이다."
  "역사는 정치적 · 실용적인 의도로 쓰여서는 안 되며, 오직 객관적 · 역사적 사실만을 묘사해야 한다."

②조사되어 기록된 과거(**주관적 평가** – 역사가) ⇒ 2차 사료(내적) : 주관적 **기록**(현재 지향적–평가적–상대적)

- **〈카〉** – "역사란 역사가와 사실사이의 부단한 상호 작용의 과정 이며, 과거와 현재의 끊임없는 대화"
  "역사가는 자신의 생각으로 자신의 사실을 만든다."

⇨ 역사를 배우는 것은 역사가들이 선정하여 연구한 기록으로서의 역사를 배우는 것으로, 과거의 모든 사실(事實)을 대상으로 하는 것이 아니라 역사가 들이 특별히 의미가 있다고 선정한 사실(史實)이 가지고 있는 역사적 진실이 확인될 때 과거의 사건은 역사로서의 자격(사료)을 갖추게 된다.

※ **실증주의**(객관적) – 역사적 사실을 확실한 근거에 의하여 실증하는데 목적 ⇒ 역사적 외면(역사 현장)

※ **상대주의**(주관적) – 역사적 사건이 역사적 사실로 결정 되는 것은 역사가에 의하여 이루어짐 ⇒ 역사적 외면(배경 · 의도)

◈ 동양의 역사 연구 ⇨ 역(歷 – 과거의 사실) + 사(史 – 기록을 관장하는 사람) ⇒ 감계주의

동양에서는 역사학이 과거의 잘못을 귀감=모범=교훈으로 삼아 현재정책을 입안하는 데 이론적 근거와 참고 자료를 마련하기 위하여 연구되었다. 동양에서는 역사학의 제1차적인 목적을 귀감에서 찾는다. 그러기에 대부분의 역사책은 거울 감(鑑)자를 쓴다. 우리나라에서는 서거정의 동국통감, 중국에서는 사마광의 〈자치통감〉, 주희의 〈통감강목〉, 원추의 〈통감기사본말〉 등이 그 대표적인 예이다.

⇨ 실제로 중국의 역사를 보면, 주대의 봉건적 지방 분권 체제가 춘추 전국 시대라는 혼란기를 초래하였다는 것을 귀감으로 삼아 진의 시황제는 중앙 집권적인 군현제를 실시하였고, 송 태조는 당의 멸망 원인이 절도사의 난립에 있었음을 귀감으로 삼아 철저한 문치주의를 표방하였다.

◈ 한국사 이해

①內〉 민족사적 **특수성** ⇨ 독창적 – **전통 문화** ⇒ **한국인에 초점** : 고유의 언어 · 풍속 · 종교 · 예술 · 사회제도 – 유교(충효의) · 불교(현세 구복적–호국적) · 공동체(두레 · 계 · 향도)

②外〉 세계사적 **보편성** ⇨ 개방적 – **공통 문화** ⇒ **세계 인류의 공통점** – 자유 · 평등 · 박애 · 평화 · 행복…

適者生存⇒盡人事待天命

1 선사 시대의 전개

┌〈구〉내륙—〈신〉강가 · 해안

동방 문화권 – 동북아시아 일대(만주 + 한반도 · 요동 · 요서 · 산뚱…) ※漢족(중국)
⇨ **북방계**(북몽골 인종 · 우랄 알타이어계). **韓족**(❶조선족 = 부여족 ②예맥족 ③東夷족)

┌서열(계급 아님 – 연장자 · 경험이 많은 자 ⇒ 지도자) └비속어(짐승 · 오랑캐)

	1) 구석기 시대(70만년前~) ⇒〈중석기〉⇨➡	2) 신석기 시대(BC 8000~) = 1만년~
사회	〈평등 = 서열 사회〉 무리 사회(가족 단위) ⇒	부족 사회(씨족 단위 – 혈연)
생활	①자연 경제(채집 · 어로 · 수렵) ⇨ **이동 생활**(내륙)	❶농경 시작(정착 생활) ⇨ **민족형성** 시작 ❷토기 제작 · 사용 ⇨ 이른 민무늬토기 ⇒ 덧무늬토기 ⇒ **빗살무늬 토기**(만주 · 몽고 = 북방 계통. 문화주역)
	②〈주거지〉 동굴 · 토굴. 바위 그늘 막집(강가) ⇨ 기둥 · 담 · 불 흔적	③움집(원형 · 방형 – 반지상 가옥) ⇨ **해안 · 강가** ④〈도구〉간석기. **가락 바퀴** · 뼈바늘. 치레걸이 직조 기술(의복 · 그물)↲ └장신구
	③〈도구〉 뗀석기 · 뼈 도구 [사냥용 ⇨ 주먹 도끼 · 찍개] [조리용 ⇨ 긁개 · 밀개]	[농기구 ⇨ 돌괭이 · 돌보습 · 돌낫 · 농경굴지구 · 연석] ⑤농경 ⇨ 신앙(애니미즘 · 토테미즘 · 샤머니즘 · 조상신) 정령(태양 · 물)↲ 동 · 식물↲ 무격↲ 구덩무덤↲
★☆★ 유적지	**공주 석장리** · 단양 수양개(예술 – 물고기) **청원 두루봉동굴**(흥수아이–장례 : 꽃 장식) 제천점말(코뿔소뼈). 덕천승리산(최초인골) **단양 금굴**. 경기 **연천 전곡리**	**평양** 남경 · **봉산** 지탑리(농경 ⇒ 탄화 조 · 피) **제주** 한경 고산리. **강원** 양양 오산리 ┌해안지형 **웅기 굴포리**(난방용 화덕). 김해 수가리(조개더미) 서울 **암사동**. 부산 **동삼동** · 인천 **옹진소야도**

현존최고(70만년)↲ └주먹도끼(유럽 아슐리안 계통) └움집(한강) └조개껍데기 가면(의식용) ※①덧무늬⇒ ②덧띠 토기

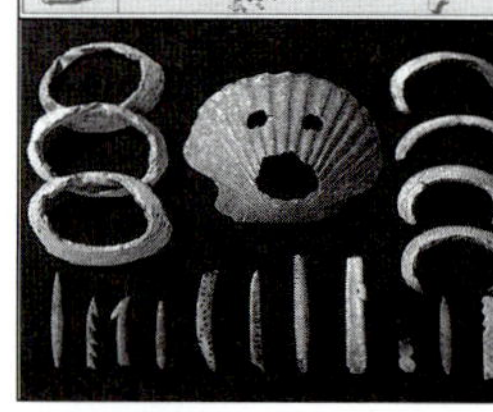
치레걸이 · 장신구

★구석기 시대 구분 ➡석기제작 수법	①전기(한 개의 석기 = 몸돌) – 다용도 ②중기(돌 조각 = 격지 잔손질) ❸후기 = **중석기**(쐐기 – 여러 개 돌날격지) ⇒ 잔석기 – 이음도구(슴베찌르개=돌창) [통녕 상노대도 · 거창 임불리 · 홍천 하화계리 / 평양 만달리 · 웅기 부포리]

슴베찌르개

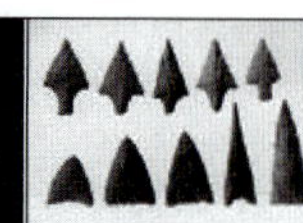
돌화살촉

	3) 청동기 시대(BC 20C~) ⇨➡ 〈초기 철기〉 ⇒	4) 철기 시대(BC 5C~)
국가	〈정복활동 ⇒ 계급 사회〉 군장 국가 ⇒	연맹 왕국(초기 고대국가) – 초기 철기↰
특징	❶**북방 계통**(아연합금 · 동물문형 장신구) ⇒	**독자적 청동**문화(거푸집 · 세형동검 · 세문경)
	②〈용도〉 지배층 – 무기 · 장신구 · 제구 ↓ ★**청동제 농기구×** └ ┌선민사상(하늘의 아들)–天子 └거석문화(고인돌 · 선돌)–권력	②〈용도〉 철기[도구화 – 무기 · 농기구(생산증대)] 청동기(의식용 도구) – 청동 방울 ③〈중국 교역〉 붓(창원 다호리) – 한자 전래 화폐(명도전 · 포전 · 반량전 · 오수전) – 교역
생활	❶본격적 농경 ⇒ 사유 재산제 ⇨ **계급**발생 · 교역확대(전문적 분업) · 부계혈통 중시 └탄화 벼(부여 송국리 · 여주 흔암리 ⇒ 부 · 여) · 보리 · 밀 · 콩 재배	
	②취락(집단촌락 : 전통적 배산임수 – 장방형 지상가옥 · 주춧돌) ⇨ **낮은산간 = 구릉지대**	
문화	**비파형 동검**(요령). 거친무늬 청동거울 **미송리식 토기**(민무늬 – 화분 · 팽이형) **고인돌**(계급). 구덩식 돌무지무덤 · 돌널무덤 **반달돌칼** · 홈자귀 · 바퀴날도끼. **마제석검** └농기구 부장용(고분)↲	바위그림[울주 반구대 · 고령 양전동 알터] 수렵 · 어로 생활상↲ 농경 생활상(동심원)↲ 덧띠 토기. 검은 간토기(흑도) ※홍도〈청〉 독무덤(옹관묘) · 널무덤(주구묘) – 고랑

대구(말–호랑이)

청동 거울

명도전

포전

반량전

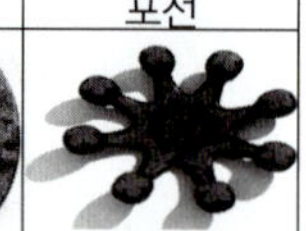
청동 방울

거푸집(세형동검)

철제 농기구

원–방형(신석기)

장방형(청동기)

사료읽기

◈ 선사 시대와 국가의 형성

시대의 구분은 일반적으로 문자사용의 여부다. ①선사 시대는 문자 기록이 없었던 시대이므로 현존하는 유물과 유적을 통하여 당시의 모습을 추정할 수 있다. 우리나라의 선사 시대는 구석기 시대와 신석기 시대로 구분된다. 역사가는 남아있는 유물과 유적을 바탕으로 고고학 · 인류학 · 지질학 · 고생물학 등 인접 학문의 도움을 받아, 이 시기의 역사를 과학적이고 논리적으로 서술하기도 하고, 역사적 상상력을 바탕으로 추론하여 구성하기도 한다.

청동기 시대부터 국가가 형성되고, 이어서 철기 시대가 전개되었다. 이 시기부터 문자를 사용한 ②역사 시대가 시작된 것이다. 따라서, 역사가는 유물이나 유적 이외에 남아있는 기록을 참고하여 역사를 서술할 수 있다.

우리 역사상 최초의 국가는 고조선이다. 고조선은 청동기 문화를 바탕으로 성장하였고, 곧이어 철기 문화를 발전시켰다. 철기 문화가 보급되면서 만주와 한반도에는 부여 · 고구려 · 옥저 · 동예 · 삼한 등 여러 나라가 등장하였다.

◈ 인류의 진화 요인

인류 진화의 요인 중 가장 중요한 것은 직립 보행이었다. 인류는 직립 보행으로 자유로워진 두 손을 이용하여 도구를 사용할 수 있게 되었고, 두뇌 용량이 커져 지능이 발달하게 되었다. 또 언어를 사용하여 의사소통을 하고 문화를 발전시킬 수 있었다.

※**빙하기** – 북반구의 많은 부분이 얼음으로 덮여 있었던 시기로, 해수면이 낮아져 한반도와 일본 열도는 육지로 연결되어 있었다.

◈ 신석기 시대의 전개와 신앙

기원전 8000년경에 후빙기가 시작되면서 씨족별로 대략 20～30명씩 무리를 이루어 사냥과 고기잡이, 채집 등을 행하며 공동체적인 삶을 영위하였다. 사냥과 고기잡이에서는 도구와 기술이 뒤떨어졌기 때문에 공동 노동을 하였고, 채집 생활도 함께 행하는 것이 일반적이었다. 농경으로 인한 정착 생활을 하게 되면서, 안정과 풍요로움을 기원하기 위한, 자연과 조상을 대상으로 하는 구체적인 신앙의 형태가 나타났다. 특히 자연계의 모든 사물에 생명이 있는 것으로 보고, 그것의 영혼을 인정하여 인간처럼 의식 · 욕구 · 느낌 등이 존재한다고 믿는 애니미즘의 신앙(태양과 물의 숭배가 으뜸)을 가지고 있었다. 물론 인간도 영혼을 지니고 있으며, 그 영혼이 멸하지 않는다는 영혼 불멸의 신앙을 가지고 있었다. 따라서 죽은 사람을 매장하는 데에 여러 가지 주의를 기울였는데(구덩무덤), 특히 살았을 때 쓰던 물건을 함께 묻어 주기도하고(내세관의 반영 – 조상신 숭배), 또 머리를 해가 뜨는 동쪽으로 두기도한 동침신전앙와장은 태양숭배의 정령 신앙이라고 볼 수 있다. ※**호신부**(웅기 굴포리 서포항 – 개 · 뱀 · 여인상)

※**중석기 시대**(구석기 후기) – 구석기 시대에서 신석기 시대로 넘어가는 과도기적인 단계

※**슴베찌르개**(강원 양구 상무룡리) – 구석기시대 후기(중석기)에 사용되었다. 슴베(칼 · 낫 · 호미 따위의 자루 속에 박히는 부분)가 달린 찌르개로서, 창의 기능을 하였다.

※**덧띠새김무늬 토기** – 신석기 시대 말기부터 나타나는 새로운 양식의 토기로서 청동기 시대 가장 이른 시기(早期)를 대표한다. 이것은 신석기 시대의 융기무늬 토기나 철기 시대의 덧띠 토기(점토대 토기)와는 다른 새로운 양식의 토기이다.

※**미송리식 토기** – 평북 의주 미송리 동굴에서 처음 발굴되었다. 밑이 납작한 항아리 양쪽 옆으로 손잡이가 하나씩 달리고 목이 넓게 올라가서 다시 안으로 오므라들고, 표면에 집선(集線)무늬가 있는 것이 특징이다. 주로 청천강 이북 · 요령성과 길림성 일대에 분포한다. 이 토기는 고인돌 · 거친무늬 거울 · 비파형 동검과 함께 고조선의 특징적인 유물로 간주된다.

適者生存⇒盡人事待天命

2 고조선의 건국 〈삼국유사 BC 2333? ~ BC 108〉

※천신⇒하늘님 · 조물주 · 하나님 · 알라 · 브라만 · 아텀(태양신)

변천	성립(BC 20C)	**청동 · 농경 문화** ⇨ 최초 군장 국가 [①환인 ⇒ ②환웅 ⇒ ③단군+왕검]
	★**발전** (초기 철기)	①〈BC 4C〉(춘추전국시대 말) **기자 조선** ⇒ ❷〈BC 2C〉(진 · 한 교체기) **위만 조선** ⇨〈**영역**〉 **왕검성**(요동 = 랴오닝 ⇒ 대동강 이북) – 중심세력 이동(세력 확장) ➡ 비파형동검 · 미송리식토기 · 북방식 고인돌 · 거친무늬 청동거울 – 출토 지역 ⇨〈**강력**〉 왕위 세습(BC 3C 부왕 · 준왕) · 관직(상 · 대부 · 장군) · **연**과 대립(요서)
	멸망(BC 108)	**한** 무제 침입(**요동위협 · 중계무역**) ⇒ **한군현** 설치(낙랑 · 진번 · 임둔 · 현도군)

↳흉노 연결 ↳한–진 ↳**한4군 : 직속령(〈한〉 직접 통치 ⇒ 민족 분열)**

사회	**단군 신화** [삼국유사]	➡ **고조선 건국** 과정 역사적 사실(이주+토착 세력) ⇒ **민족의식 고취** 기여 ①천신 ②선민 ③토테미즘 ④농경 ⑤민본주의(홍익인간) ⑥제+정일치 사회
	8조 금법 [한서 지리지]	⇨ 자율적 **관습법**(율령이 아님)– 전통적 **미풍양속** 보호 〈**보복주의** 원칙〉 ①생명 · 노동력 중시 ②농경 ③사유 재산제 · 계급 · 부계 사회(부녀자 정조 중시) ➡〈한군현〉 60 **여개조** 증가(**타율적** ⇒ ①생명과 재산 보호 ②고조선 유민의 저항)

↳①살인죄 ②상해죄 ③절도죄(속형주의)… ↳〈한〉지배층 ↳부여 · 고구려 건국(해모수+유화⇒주몽)

◈ **위만 동래설** – 고조선으로 들어올 때에 ①상투를 틀고 조선인의 옷을 입고 있었다. 그리고 왕이 된 뒤에도 ② 나라 이름을 그대로 조선이라 하였고 ③토착민 출신으로 높은 지위에 오른 자가 많았다.
⇨ 위만의 고조선은 단군의 **고조선을 계승**

◈ 조선의 자손들이 교만하고 사나워졌다. 연이 장군 진개를 보내 조선 서쪽을 공격하여 서쪽 땅 2천여 리를 빼앗고 만번한(滿藩汗)을 경계로 삼았다. 조선이 드디어 약해지고 말았다.

3 연맹 왕국의 성장 [3C 진수– 삼국지 위지 동이전]– 왕위 **선출**(**미약**– 연맹장)

	부여 ⇔	고구려	옥저	★동예	★삼한
위치	만주 송화강 유역	졸본⇒통구(국내성)–교통요지	함경도(해안)	강원도(내륙)	❶마한(54국)– 목지국 주도 ②진한(12국)– 사로국 ③변한(12국)– 구야국 [대신지 · 견지–小읍차 · 부례] ↳〈군장〉 **저수지** 관리권
정치	5 부족 연맹 〈**가** - 사자〉 ⇨ 4출도(군장 통치) 〈마 · 우 · 저 · 구**가**〉 – 대사자 · 사자 ⇒〈3C〉선비족 침입 쇠퇴	➡ 제가 회의(군장회의) 〈상 · 고추**가**. 대로. 패자〉 – 사자 · 조의 · 선인	**군장 국가**(연맹장 – 없음) ⇒ ★연맹왕국 발전× 〈**군장** – 삼로 · 거수 · 읍군〉		
	①가 · **호민**(전쟁 참여 – 전사 집단) ❷**하호**(백성 – 물자조달 : 전쟁참여× ⇒ 천시) ③노비				
경제	〈**반농 반목**〉 말 · 주옥 · 모피 ↳중국 수출– 친선 도모	〈**산악 지대**〉 약탈 경제 → 부경(창고) / 감옥×	• 농경 • 어로(바다) ↳해산물	단궁 · 과하마 · 반어피 방직 기술(누에 · 삼베)	①**벼농사** 일반화(수전경작) 〈**저수지** 축조〉 밀양 수산제 김제 벽골제 · 의성 대제지 제천 의림지 · 상주 공검지 ❷**철** 생산(**변한**) ↳중국 · 왜 **수출** / 화폐 대용

※①天(대보름–경제) ②人(설날–生조상) ③地(한가위–死조상)

제천행사	영고(12월) ↳수렵 전통	**동맹**(10월) – 국동대혈(동굴) ↳조상신(유화 · 주몽)		**무천**(10월) ↳호랑이 神	5월 수릿날(단오) – 기원 10월 **계절제**(상달) – 감사
	➡ 〈**의의**〉 **조상신 숭배** ⇒ ①추수 감사(농경 사회) ②부족전통 확인 ⇒ 결속 강화 ③신분갈등 완화(가무 – 춤 · 노래)				
★☆ 풍습	형사 취수제(1부다처) 과일×. 은력. 순장(장례) 백의숭상(성격 온순)	데릴사위제(= **서옥제**) ↳모계 전통	민며느리제 (매매혼 전통) 골장제 (목곽 가족공동묘)	★**씨족 전통** ①**족외혼**(다른부족 혼인) ❷**책화**(부족의 영역 중시) ↳노비. 소 · 말 배상	**소도**(솟대) ⇒★제 · 정 분리 널무덤 · 독무덤. 문신풍습 두레(공동 작업) – 농경 귀틀집 · 토실 · 초가집
	①우제 점법(신정 정치) ②1책 12법(절도죄) ③형사 취수제 ※〈백제〉 1책 2법				

※혼인⇨노동력 확보 성격(데릴사위제 · 민며느리제 · 족외혼)⇒노동력 확보 성격 ※군장(이주)⇔천군(토착–소도) ※주구묘(고랑을 판 – 널무덤)

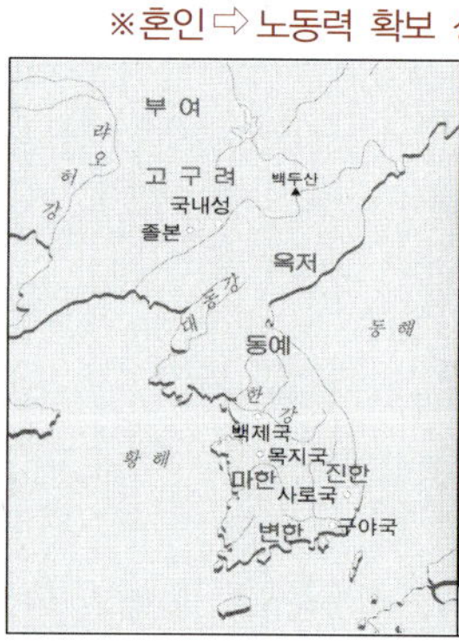

국동 대혈(동맹)

구덩식 돌무지무덤

철정(쇠덩어리) – 변한

독무덤(옹관묘)

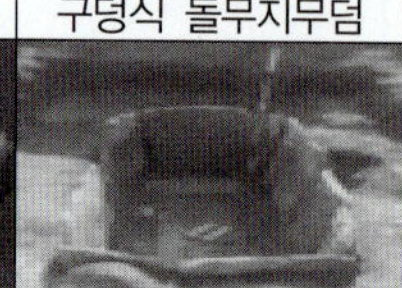
구덩식 돌널무덤

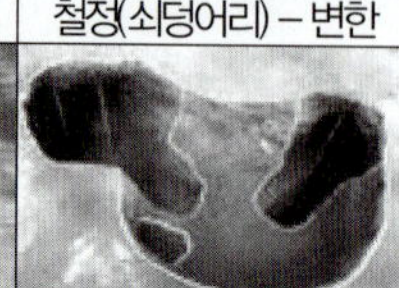
토실(삼한)

◈〈**부여**〉성품이 강직 용맹하며 근엄하고 후덕해 다른 나라를 노략질하지 않는다.
◈〈**고구려**〉사람들의 성품이 흉악하고 급해서 노략질하기를 좋아한다.

널무덤

◈ **흉년은 왕의 책임?** ⇨ **왕권 약화**(연맹장)
부여 풍속에는 가뭄이나 장마가 계속되어 오곡이 영글지 않으면 그 허물을 문득 왕에게 물어 〈왕을 마땅히 바꾸어야 한다.〉고 하거나 〈죽여야 한다.〉고 하였다.
[삼국지 위지 동이전]

사료읽기

◈ **위만조선의 성립 (위만 동래설)** 〈위략〉

①연나라 노관이 한나라를 배반 하고 흉노로 도망칠 무렵, 위만도 1천여 명의 무리를 이끌고 연나라에서 망명하였다. 이때 머리와 의복은 오랑캐처럼 하고 동쪽으로 달아나 태수를 건너 준에게 항복하였다. 그리고 연 · 제나라의 망명자들을 규합하여 고조선의 준왕을 쳐서 왕이 되었으며, 왕검(평양)에다 도읍을 정하였다.

② **고조선 유이민의 남하**

- 조선 후(侯) 준(준왕)이 분수를 모르고 왕을 칭하다가 연나라에서 망명한 위만의 공격을 받아 나라를 빼앗기자, 그 측근 신하와 궁인들을 거느리고 달아나 한(韓) 땅에 들어가 스스로 한왕이라 불렀다.

※ **전국(戰國) 7웅** – 중국 전국 시대(기원전 475 ~ 221)의 진 · 초 · 연 · 제 · 한 · 위 · 조 등 일곱 나라를 일컫는다.

◈ **고조선 사회의 모습**

① **〈단군 신화〉** 옛날 환인의 아들 환웅이 천부인 3개와 3000의 무리를 이끌고 신단수 밑에 내려왔는데 이곳을 신시라 하였다. 그는 풍백 · 우사 · 운사로 하여금 인간의 360여 가지의 일을 주관하게 하였는데 그중에서 곡식 · 생명 · 형벌 · 선악 등 다섯 가지 일이 가장 중요한 것이었다. 이로써 인간 세상을 교화하고 인간을 널리 이롭게 하였다. 이때 곰과 호랑이가 사람이 되기를 원하므로 환웅은 마늘을 주고 이것을 먹으면서 100일간 햇빛을 보지 않는다면 사람이 될 것 이라고 하였다. 곰은 금기를 지켜 21일 만에 여자로 태어났고, 환웅과 혼인하여 아들을 낳았다. 이가 곧 단군왕검이었다. 〈삼국유사〉

⇨ 환웅 부족과 곰 토템 부족의 결합, 정치적 지배자의 출현과 계급 발생 · 제정일치 사회 · 농경을 중시한 점 등의 역사적 사실이 반영. 단군의 건국에 관한 기록은 〈삼국유사. 제왕운기. 세종실록지리지. 응제시주. 동국여지승람〉

② **〈8조금법〉**… (고조선에는) 백성들에게 금하는 법 8조가 있다. 사람을 죽인 자는 즉시 죽이고, 남에게 상처를 입힌 자는 곡식으로 갚는다. 도둑질 한 자는 노비로 삼는다. 용서받고자 하는 자는 한 사람마다 50만 전을 내야 한다. 비록 용서를 받아 보통 백성이 되어도 풍속에 역시 이를 수치스럽게 생각하여 결혼을 하고자 하여도 짝을 구할 수 없다. 이러해서 백성들은 도둑질을 하지 않아 대문을 닫고 사는 일이 없었다. 여자들은 모두 정숙하여 음란하고 편벽된 짓을 하지 않았다. 농민은 대나무 그릇에 음식을 담아 먹고, 도시에서는 관리나 장사꾼을 본받아 술잔 같은 그릇에 음식을 담아 먹는다. 〈한서〉 ⇨ 생명존중 · 계급사회 · 사유재산 · 부계중심 사회임을 알 수 있으며, 지배질서를 유지하기 위한 목적

③ **〈한 군현의 지배〉** 군을 설치하고 초기에는 관리를 요동에서 뽑아 왔는데, 이 관리가 백성들이 문단속을 하지 않는 것을 보았다. 군현의 장사하러 온 자들이 밤에 도둑질을 하니 풍속이 점차 야박해졌다. 지금은 금하는 법도 많아져 60여 조목이나 된다. 〈한서〉

適者生存⇒盡人事待天命

주먹도끼(찍개 – 사냥용)

긁개 – 밀개(조리용)

〈구석기〉

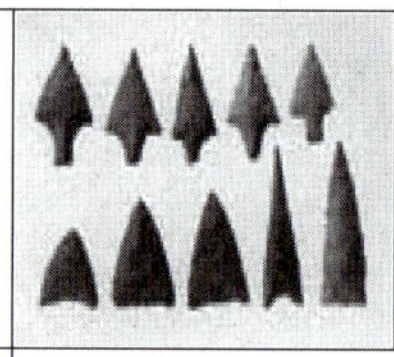

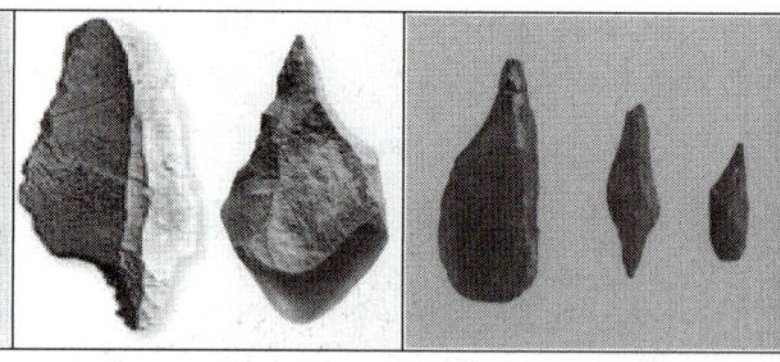

돌화살촉 ——— 슴베찌르개(돌창) ⇒ 잔석기(이음도구)

〈중석기〉

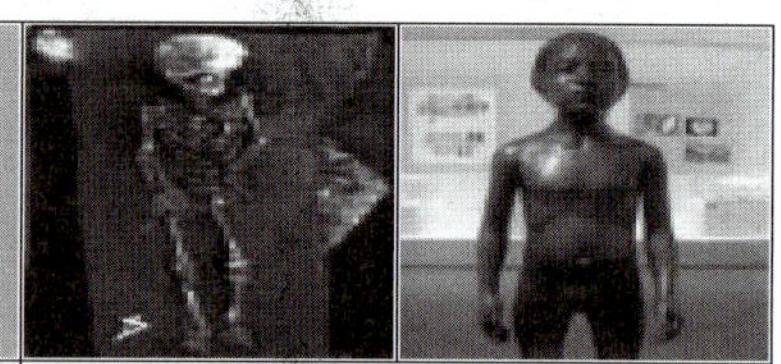

흥수아이(청원 두루봉동굴) – 장례(꽃장식)

〈구석기〉

동굴(불 사용)〈구〉

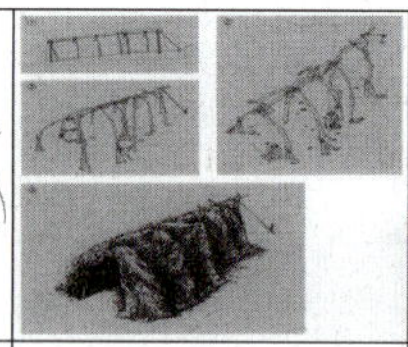

막집〈구석기〉

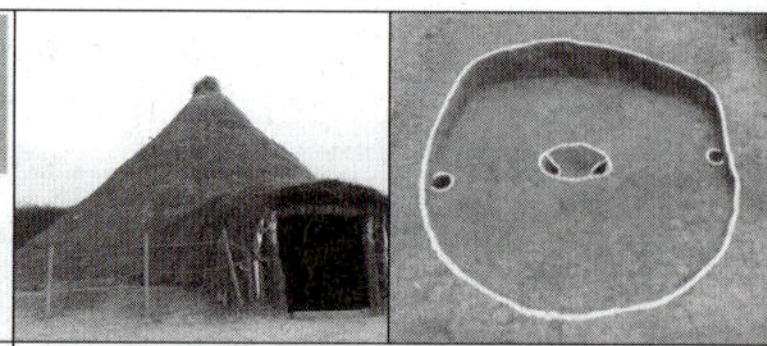

움집(반지상가옥 – 원형 · 방형) 〈신〉

취락(장방형) 〈청〉

철자 – 여자형 집터

〈동예〉

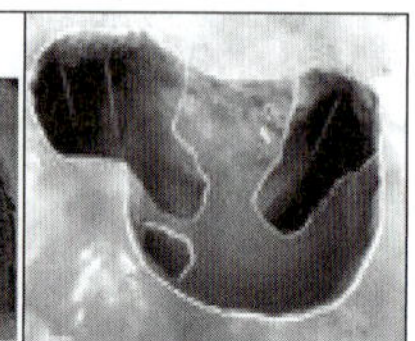

토실 〈마한〉

움집–계급 〈청〉

〈신〉이른 민무늬토기 ⇒ 덧무늬 토기 ⇒ 빗살무늬 토기

덧띠새김무늬토기

〈신〉말 ~ 〈청〉초

미송리식 토기

〈청동기〉

덧띠 토기〈철기〉

붉은간토기(홍도)

〈청동기〉

검은간토기(흑도)

〈철기〉

부산동삼동 – 〈조개가면〉 – 인천옹진소야도

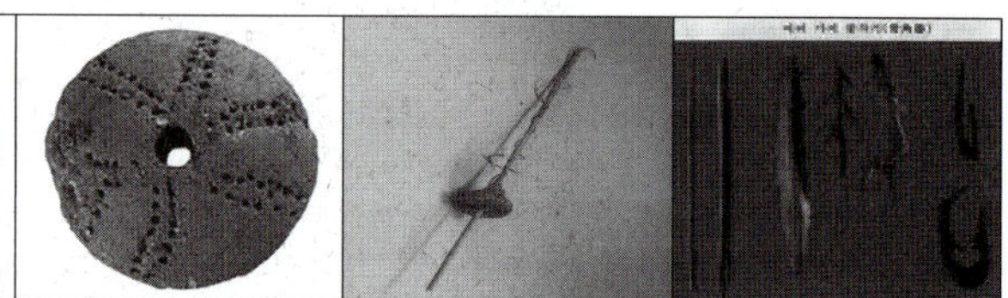

가락바퀴(방추차) ⇐〈직조생활〉⇒ 뼈바늘 · 낚시바늘

〈신석기〉

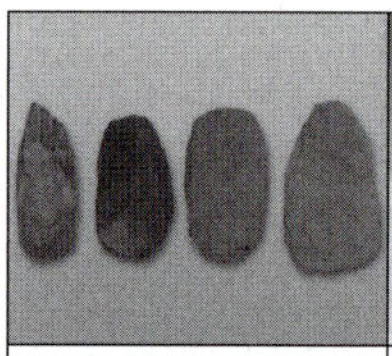

농경굴지구(돌삽)

연석(갈판 · 갈돌)

〈신석기〉

반달돌칼(농기구)

홈자귀 – 〈농기구〉 – 바퀴날도끼

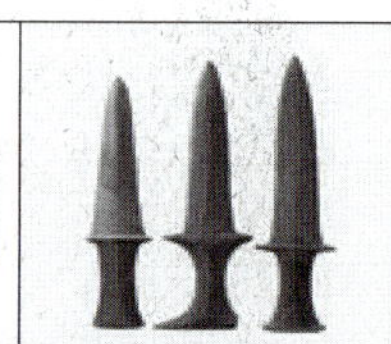

마제석검(부장품)

농경문양 〈청〉

〈청동기〉

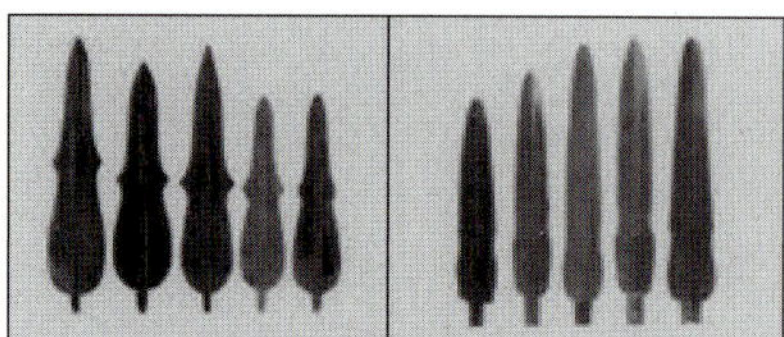

비파형동검(요령) ⇒ 세형동검(한국식)

〈청동기〉 〈초기 철기〉

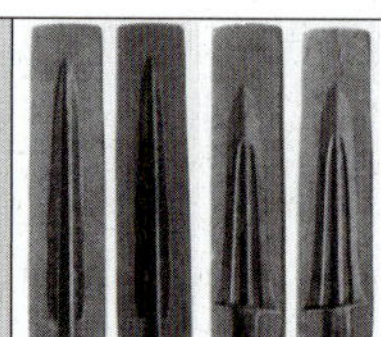

거푸집(제작틀)

〈초기 철기〉

거친무늬 ⇒ 세문경

〈청동기〉 ⇒ 〈초기 철기〉

북방식 고인돌(탁자식) – 고조선

〈청동기〉

고인돌 제작 과정

남방식 고인돌(바둑판식)

선돌(=입석)〈청〉

솟대(소도)〈삼한〉

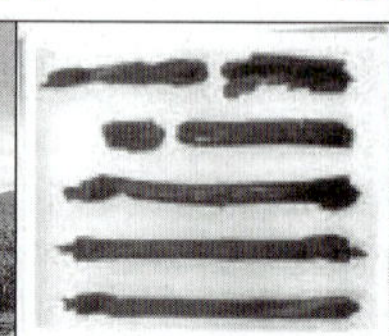

붓(창원 다호리)

울주 바위그림 – 〈철〉 – 고령 바위그림

사료읽기

◈ 〈삼국지 위지 동이전〉의 기록

〈①〉에는 큰 산과 깊은 골짜기가 많고 평원과 연못이 없어서 계곡을 따라 살며 골짜기 물을 식수로마셨다. 좋은 밭이 없어서 힘들여 일구어도 배를 채우기는 부적하였다. 사람들의 성품은 흉악하고 급해서 노략질하기를 좋아하였다.

〈②〉에는 구릉과 넓은 못이 많아서 동이 지역 가운데서 가장 넓고 평탄한 곳이다. 토질은 오곡을 가꾸기에는 알맞지만 과일은 생산되지 않았다. 사람들 체격이 매우 크고 성품이 강직 용맹하며 근엄하고 후덕하여 다른 나라를 노략질하지 않았다. … 풍속에는 가뭄이나 장마가 계속되어 오곡이 영글지 않으면 그 허물을 왕에게 돌려 왕을 마땅히 바꾸어야 한다거나 죽여야 한다. 라고 하였다.

※〈**부여의 법**〉 형벌은 엄하고 각박하여 사람을 죽인 자는 사형에 처하고, 집안사람은 노비로 삼는다. 도둑질을 하면 물건의 12배를 변상하게 하였다. 간음한 자와 투기가 심한 부인은 모두 죽였다. 투기는 더욱 미워하여 죽이고 나서 시체를 나라의 남산 위에 버려서 썩게 한다. 친정집에서 시체를 가져가려면 소나 말을 바쳐야 한다. 형이 죽으면 형수를 아내로 삼는 풍습은 흉노와 같다.

〈③〉는 큰 나라 사이에서 시달리고 괴롭힘을 당하다가 마침내 고구려에 복속되었다. 고구려는 그 나라 사람 가운데 대인을 뽑아 사자로 삼아 토착 지배층과 함께 통치하게 하였다. … 사람의 성질은 정직하고 굳세고 용감하다. 소나 말이 적고 창을 잘 다루며 보전을 잘한다. 음식, 주거, 예절은 고구려와 흡사하다.

〈④〉는 대군장이 없고 한 대 이후로 후, 읍군, 삼로 등의 관직이 있어서 하호를 통치하였다. 예의 풍속은 산천을 중요시하여 산과 내마다 구분이 있어 함부로 들어가지 않는다.

〈⑤〉에서는 5월에 파종하고 난 후 귀신에게 제사는 올린다. 이때 많은 사람들이 모여 노래하고 춤추고 술을 마시며 밤낮 쉬지 않고 놀았다. … 10월에 농사일이 끝나면 다시 그와 같이 제사를 지내고 즐긴다.

① 고구려 ② 부여 ③ 옥저 ④ 동예 ⑤ 삼한

※**형사취수제** – 형이 죽으면 형수를 동생이 취하여 아내로 삼는 일부다처 제도이다. 이러한 혼인 풍습은 부여뿐만 아니라 고구려 등 북방민족 사이에도 널리 나타나고 있다. 이 제도는 씨족 사회에서 다른 씨족이었던 여자가 다른 씨족의 남자와 재혼하여 전 남편의 재산을 가지고 인적손실이 생기는 것을 방지하고, 나머지 가족의 경제적 부양 과정에 생겨난 것으로 보인다. ⇒ 1부다처제

※**서옥제** – 혼인이 정해지면 신부 집에서 큰 본체 뒤에 작은 별채를 짓는데 이를 서옥(사위집)이라 한다. 해가 저물 무렵 신랑이 신부 집 문 밖에 와서 이름을 밝히고 꿇어앉아 절하며 안에 들어가서 신부와 잘 수 있도록 요청한다. 이렇게 두세 번 청하면 신부의 부모가 별채에 들어가 자도록 허락한다. … 자식을 낳아 장성하면 신부를 데리고 자기 집으로 간다.

※**민며느리제** – 그 나라 혼인 풍속은 여자 나이 10살이 되기 전에 혼인을 약속한다. 신랑 집에서는 여자를 맞이하여 다 클 때까지 길러 아내로 삼는다. 여자가 어른이 되면 친정으로 되돌려 보낸다. 친정에서는 돈을 요구하는데, 신랑 집에서 돈을 지불한 뒤 다시 신랑 집으로 돌아온다.(혼인 약속 이후 어린 여자가 남자 집에 가서 성장한 후 남자가 예물을 치르고 혼인을 하는 매매혼의 풍습이다.)

◈ 천군과 소도

귀신을 믿기 때문에 국읍(國邑)에 각각 한 사람씩을 세워서 천신에 대한 제사를 주관하게 하는데, 이를 천군이라고 부른다. 또 여러 나라에는 각기 별읍(別邑)이 있으니 그것을 소도라고 한다. 큰 나무를 세우고 방울과 북을 매달아 놓고 귀신을 섬긴다. 도망하여 그 안으로 들어온 사람은 누구든 돌려보내지 아니하였다.

⇨ 삼한은 제 · 정분리 사회로서 제사는 천군이 자신의 영지인 소도를 지배했다. 이 지역을 둔 이유는 신 · 구 문화의 충돌과 사회적 갈등을 완화 시키는 역할을 하기 때문이다. 신성 지역으로서 죄인에게는 일종의 치외법권 지역이었다.

※**변한의 철 생산** – (변진의) 나라에서는 철이 생산되어 한 · 예 · 왜가 모두 와서 사 간다. 시장에서의 모든 매매는 철을 이용하는데, 마치 중국에서 돈을 쓰는 것과 같다. 또 두 군에도 공급하였다.

※**마한의 목지국**– 성환 · 직산 · 천안 지역을 중심으로 발달하였으나 백제의 성장과 지배 영역의 확대에 따라 남쪽으로 옮겨 익산 지역을 거쳐 마지막에 나주 부근(오늘날의 대안리·덕산리·신촌리·복암리)에 자리 잡았을 것으로 추정된다.⇨ 백제는 고구려 주몽의 아들로 알려진 온조가 남하하여 한강 유역의 하남 위례성에 정착한 후 마한 소국의 하나로 발전

※**귀틀집** – 큰 통나무로 정(井)자 모양으로 귀를 맞추어 층층이 얹고 틈을 흙으로 발라 지은 집

※**두레** – 원시 공동체적 유풍으로 공동작업을 하였다.

※**제천행사**– 하늘을 숭배하고 제사하는 의식으로, 대부분 농사의 풍요와 성공적인 수렵 활동을 기원

※**과하마(果下馬)** – 말을 타고 과일 나무 아래를 지날 수 있다는 데에서 유래한 것으로, 키가 작은 말(조랑말)

※**반어피(斑魚皮)** – 바다표범의 가죽

확인학습

1. 선사 시대

빈칸 채우기

1. 선사와 역사를 구분하는 기준은 ( ) 사용의 여부이다. 2005. 서울시 9급

2. 선사 시대는 역사 시대와 달리 ( )(으)로 된 기록이 없는 시대이다. 따라서 ( )을(를) 통해 당시 사회 모습을 파악할 수 있다.

3. 우리나라에서 사람이 살기 시작한 것은 ( ) 시대부터이며, ( ) 시대에서 ( ) 시대를 거치면서 민족의 기틀이 이루어졌다. 2006. 대구시 교행 9급

4. 1960년대 전반 남북한에서 각기 조사·발굴되어 한국사에서 구석기 시대의 존재를 확인시켜 준 유적은 남한의 ( ) 유적과 북한의 ( ) 유적이다. 2014. 국가직 9급

5. 구석기 시대에는 ( )를 사용하고 동굴과 바위그늘에서 거주하였으며, 구석기 ( ) 단계에 들어가면 쐐기 같은 것을 대고 형태가 같은 여러 개의 돌날격지를 제작하는 데까지 발달하였다. 2013. 경찰 2차

6. 우리나라에서 구석기 시대가 70만년전 시작된 것으로 볼 수 있는 현존 최고의 유적지는 ( )유적지 이며, 구석기 시대에 사용한 뗀석기 중 주먹도끼, 찍개, 찌르개, 팔매 돌은 ( ) 도구이고, 긁개, 밀개는 ( ) 도구이다. 2010. 국가직 9급

7. 구석기에서 신석기로 넘어가는 약 2,000년간(1만 년～8,000년 전)의 과도기 단계를 ( )라 하며 이 시기에 주로 쓰인 석기는 ( )이다. 2007. 법원직

8. 세계사에서 신석기 혁명이란 신석기 시대에 ( )과 ( )을 하게 되면서 인류가 채집 경제에서 ( ) 경제로 들어가게 된 것을 말한다. 2012. 국가직 9급

9. 신석기 시대에는 도구로 ( )를 사용하고, 원형이나 모서리가 둥근 사각형 모양의 바닥에 ( )을 짓고 살았다. 경찰

10. 황해도 ( )와 평양 ( )에서 발견된 탄화된 좁쌀과 여러 유적에서 발견된 갈돌과 갈판은 신석기 시대에 이미 ( ) 생활이 시작되었음을 보여 준다. 2013. 경찰 2차

11. 신석기의 중요한 징표는 ( )와 ( )로, 신석기 대표 토기인 ( )는 도토리나 달걀 모양을 하고 있으며, 주로 식량을 저장하는 데 사용되었다. 2005. 입법고시

12. 신석기 시대에 옷이나 그물을 만들었음을 알려 주는 유물로 실을 뽑는 데 사용한 도구는 ( )이다. 군무원

[빈칸 채우기 정답]

1. 문자
2. 문자, 유물·유적
3. 구석기, 신석기, 청동기
4. 공주 석장리, 웅기 굴포리
5. 뗀석기, 후기
6. 단양 금굴, 사냥, 요리
7. 중석기, 잔석기
8. 농경, 목축, 생산
9. 간석기, 움집
10. 봉산 지탑리, 남경, 농경
11. 간석기, 토기, 빗살무늬 토기
12. 가락바퀴(방추차)

13. 신석기 시대에는 ( )나 ( )을 이용하여 베나 옷감을 짜서 입거나 그물을 만들었다. 2014. 경찰간부

14. 구석기와 신석기는 지배와 피지배 관계가 형성되지 않은 ( ) 사회였다.

15. 우리나라 최초의 군장 국가는 ( )으로 기원전 2,333년 ( ) 단계에서 출발하였다. 2004. 서울시 7급

16. 고조선 건국 이야기가 최초로 기록된 책은 ( )이고, 8조 금법이 기록된 책은 ( ) 지리지이다. 2008. 군무원

17. 고조선의 세력 범위를 알려 주는 유물은 ( ) 동검, ( ) 고인돌, ( ) 토기, ( ) 거울이다. 2007. 법원직

18. 고조선 초기 중심지는 ( ), 후기 중심지는 ( ) 왕검성이다. 2004. 서울시 7급

19. 위만 조선 단계의 대표적 무덤은 ( )이다. 2009. 국가직 7급

20. ( )은 고조선으로 들어올 때 상투를 틀고 오랑캐의 옷을 입었다. 2014. 경찰 1차

21. 위만 조선은 ( )의 침략에 맞서 1차 접전(패수)에서 대승을 거두기도 했다. 2014. 경찰 1차

22. 위만 왕조의 고조선은 ( ) 문화를 본격적으로 수용해 상업과 무역으로 이익을 독점하였다. 2004. 서울시

23. 위만 조선은 지리적 이점을 이용하여 한과 진 사이에 ( ) 무역으로 이익을 독점하였다. 2004. 서울시 9급

24. 위만 조선의 성장 과정에서 주변의 ( ) · ( ) 등을 복속시켰다. 2009. 국가직 7급

25. 고조선 사회를 이끌어갔던 ( )은 한사군 설치 이후 ( )로 증가하고 풍속도 각박해졌다. 2010. 법원직

26. 이성계의 조선은, ( ) 조선에서는 역사의 유구성과 하늘의 자손이라는 자부심을 찾고, 고조선에서는 8조법의 윤리와 이를 계승 · 발전시킨다는 역사 의식을 반영하였다. 2003. 법원행정고시

27. 18세기 역사학자 안정복은 [동사강목]에서 단군 조선 - 기자 조선 - 삼한으로 연결시키는 ( )을 주장하였다. 한국사

28. 1909년 단군을 숭배하는 ( )가 창시되어, 일제 시대 민족 운동의 구심점이 되었다. 수능

29. 철기 문화를 바탕으로 만주와 한반도 지역에 ( ), ( ), ( ), ( ), ( ) 등 여러 나라가 성장하였다.

13. 가락바퀴, 뼈바늘
14. 평등
15. 고조선, 청동기
16. 삼국유사, 한서
17. 비파형, 북방식(탁자식), 미송리식, 거친무늬
18. 요령, 대동강
19. 널무덤
20. 위만(cf 중국 사서인 [위략]에 의하면 고조선 위만의 복장을 '오랑캐 옷'으로 기록하였는데, 이는 곧 중국인의 옷이 아닌, 조선인의 옷을 의미한다.)
21. 한
22. 철기
23. 중계
24. 진번, 임둔
25. 8조 금법, 60여 조
26. 단군
27. 삼한(마한)정통론
28. 대종교
29. 부여, 고구려, 옥저, 동예, 삼한

확인학습

30. 초기 국가의 사회적 특징을 알려 주는 자료는 3세기 말 진(晋)의 진수가 쓴 ( )이다.

31. 부여는 수렵 사회의 전통으로 ( )라는 제천 행사가 ( )월에 열렸다. 2011. 서울시 9급

32. 동이 지역 가운데 가장 넓고 평탄한 ( )에서 가(加)들은 저마다 따로 행정 구획인 ( )를 다스렸다. 경찰

33. 토질이 오곡에 알맞고 동이 지역 가운데 가장 넓고 평탄한 곳이었던 ( )에서는 남의 물건을 훔쳤을 때 물건 값의 ( )배를 배상하는 법이 있었다. 2013. 서울시 9급

34. 삼한에서는 국읍(國邑)마다 한 사람을 뽑아 천신에게 제사 지내는 일을 맡아 보게 하며, 그를 ( )이라 하였다. 또한 여러 고을에는 각각 특정한 별읍(別邑)이 있어 그곳을 ( )라고 불렀다. 2014. 기상청

35. 고구려는 왕과 신하들이 모여 ( )에서 제사를 지내는 의례가 있었다. 2008. 국가직 9급

36. 고구려와 백제는 ( ) 계통으로 ( )는 이미 1세기 초에 왕호를 사용하였고 중국과 외교 관계를 맺는 등 발전된 국가의 모습을 보였다. 2007. 인천시 9급

37. 옥저인들은 고구려인들과 같이 ( )족의 한 갈래로 결혼 풍습으로는 ( ), 매장 풍습으로는 커다란 ( )에 가족의 뼈를 안치하는 ( )의 풍습이 있었다. 2003. 법원행정고시

38. ( )에는 대군장(大君長)이 없고 … 후(侯) · 읍군(邑君) · 삼로(三老)의 관직이 있어서 ( )를 통치하였다. … 산천을 중요시하여 산과 내마다 각기 구분이 있어 함부로 들어가지 않는 ( )라는 풍속이 있었다. 2011. 법원직

39. 무천이라는 제천 행사가 있던 ( )에서는 산천을 경계로 구역이 나뉘어 함부로 다른 읍락의 구역에 들어갈 수 없었다. 이를 어기면 노예나 소, 말 등으로 보상하게 하였는데 이를 ( )라 하였다. 2013. 군무원

40. 초기 국가의 결혼 풍습으로 부여의 ( ), 고구려의 ( ), 옥저의 ( ), 동예의 ( )이 있는데 이러한 결혼 풍습에서 ( )을 중시하는 모습을 알 수 있다. 2007. 경북 9급

41. 삼한 사회는 반움집이나 귀틀집에서 살았고 ( ) 조직을 통해 공동 작업을 하였다. 2007. 서울시 9급

30. 삼국지 위서 동이전
31. 영고
32. 부여, 사출도
33. 부여, 12
34. 천군, 소도
35. 국동대혈
36. 부여, 부여
37. 부여, 민며느리제, 목곽, 골장제(세골장)
38. 동예, 하호(下戸)
39. 동예, 책화
40. 형사취수제, 데릴사위, 민며느리제, 족외혼, 노동력
41. 두레

OX 체크

1. 구석기 대표적 유적지는 서울 암사동 유적지이다. 2009. 서울시 소방직 9급

2. 구석기 전기에는 큰 석기 한 개를 가지고 여러 용도로 쓰다가 중기에는 쐐기 같은 것을 대고 때려 형태가 같은 여러 개의 돌날격지를 만드는 데까지 발달하였다. 2009. 서울시 9급

3. 구석기 시대의 대표적인 사냥 도구로는 긁개, 밀개 등이 있다. 2010. 국가직 9급

4. 슴베찌르개는 주로 구석기 후기에 이르러 사용하였는데, 이것은 창의 기능을 하였다. 2011. 지방직 7급

5. 가락바퀴나 빗살무늬 토기를 사용하던 시대에 전문적인 기술자와 사유 재산 제도가 나타났다. 2009. 법원직

6. 한반도의 신석기인은 한반도에 살고 있는 구석기인과 직접적인 혈연관계로 계승되었다는 견해가 우세하다. 2006. 입법고시

7. 신석기 농포동 유적지에서 흙으로 만든 남성 조각품이 출토되어 신석기 후기에는 이미 가부장적 사회로 진입하였음을 확인할 수 있다. 2013. 경찰 1차

8. 움집 중앙에 불씨를 보관하거나 취사와 난방을 하기 위한 화덕이 위치하였던 시기에는 빗살무늬 토기와 가락바퀴가 제작되었다. 2013. 지방직 9급

9. 신석기 시대에는 이른 민무늬 토기, 덧무늬 토기 등을 이어 빗살무늬 토기가 사용되었다. 2014. 경찰간부

10. 가락바퀴, 빗살무늬 토기, 간석기, 토우 등의 유물이 제작되던 시기에 농경과 목축이 시작되었다. 법원직

11. 신석기 시대의 주거 생활 유적지로는 서울 암사동, 봉산 지탑리, 온천 궁산리, 양양 지경리 등이 있다. 경찰

12. 가락바퀴 · 뼈바늘 · 돌보습을 사용하던 시대에 움집 중앙에 있던 화덕은 한쪽 벽으로 옮겨지고, 저장 구덩도 따로 설치하였다. 2011. 국가직 9급

13. 신석기 서포항 유적에서는 개, 뱀, 망아지 등으로 여겨지는 장신구가 출토되었는데, 이를 통해 토테미즘의 가능성을 엿볼 수 있다. 2013. 경찰 1차

14. 서울 암사동과 부산 동삼동 유적은 사유 재산이 발생하고 계급이 형성된 모습을 보여 주는 대표적 유적이다. 경찰

15. 청동기 시대에서 철기 시대로 이행하는 시기에 출현한 우리나라 최초의 국가는 고조선이다. 2004. 서울시

[OX체크 정답]

1. X
2. X
3. X
4. O
5. X
6. X
7. X
8. O
9. O
10. O
11. O
12. X
13. O
14. X
15. X

---

1. 서울 암사동 유적지는 신석기 시대의 대표적 유적지이다.
2. 구석기 전기에는 큰 석기 한 개를 가지고 여러 용도로 사용하였고, 중기에는 격지들을 가지고 잔손질을 하여 석기를 제작하였으며 점차 한 개의 석기가 하나의쓰임새로 사용되었다. 이후 후기에는 같은 모양의 규칙적인 격지를 여러 개 만드는 데까지 발달하였다.
3. 긁개, 밀개는 조리 도구이다.
5. 가락바퀴나 빗살무늬 토기를 사용하던 시대는 신석기이다. 전문적인 기술자와 사유 재산 제도는 청동기 시대부터 남성 중심의 가부장적 사회가 이루어졌다.
7. 농포동 유적에서는 흙으로 만든 여인상이 출토되었다.
12. 신석기 움집은 중앙에 화덕이 있었고 저장 구덩을 화덕 옆이나 출입문 옆에 설치하였다.
14. 서울 암사동과 부산 동삼동 유적지는 신석기 시대의 대표 유적지이다.
15. 고조선은 기원전 2,333년 청동기 시대에 형성되었다.

확인학습

16. [삼국사기]의 기록에 의하면 단군왕검이 고조선을 건국하였다. 2012. 서울시 9급

17. 백성에게 금하는 법 8조가 있던 이 나라는 제정 분리 사회로, 지배자들은 자신의 조상을 하늘과 연결시켰다. 경찰간부

18. 고조선의 사회상은 현재 전하는 8조 금법 전체 조문으로 파악이 가능하다. 2013. 서울시 9급

19. 고조선의 초기 중심지는 대동강 지역이었고, 후기로 가면서 요령 지역으로 진출하였다. 2004. 서울시 7급

20. 고조선의 세력 범위는 탁자식 고인돌, 비파형 동검과 미송리식 토기, 거친무늬 거울의 출토 분포를 통해 알 수 있다. 2010. 기상청

21. 세형동검 시기의 지배자는 스스로 '왕'이라 일컫고, 중국의 연(燕)나라를 공격할 계획을 세우기도 하였다. 2009. 지방직

22. 비파형 동검은 대체로 요하, 요동반도, 그리고 한반도 서북 지역에서 발간되며 후기 고조선의 대표적 유물이다. 지방직

23. 고령 지역의 돌무지무덤에서 순장의 흔적이 나와 고조선 시기에 노비제가 있었음을 알려 준다. 한국사검정

24. 위만 조선 때 중국과의 전쟁에서 요동을 잃고 대동강 유역으로 중심을 옮기게 되었다. 2009. 국가직 7급

25. 고조선의 경제적·군사적 발전에 불안을 느낀 한 문제는 대규모 침략을 감행하였다. 2012. 서울시 9급

26. 위만의 성장 과정에서 주변의 진번, 임둔 등을 복속시켰다. 2009. 국가직 7급

27. 위만 조선 단계에서 철기를 처음으로 받아들였다. 2009. 경찰

28. 고려 초에는 고조선을 계승하였다는 인식이 강해 요동을 찾고자 하는 북진 정책을 추진하였다. 수능

29. 고구려의 결혼 풍습으로 서옥제와 제천 행사인 무천이 있었다. 2011. 경찰

30. 서옥제의 풍습이 있던 나라에서는 형사취수제의 혼인 풍습이 있기도 하였다. 2014. 국가직 9급

31. 큰 산과 깊은 골짜기가 많고, 사람들의 성품이 흉악하고 노략질을 좋아하였던 나라는 고구려이다. 서울시

32. 삼한 사회는 다른 부족의 영역을 침범하면 노비나 가축으로 변상하게 하였다. 2011. 사회복지 9급

16. X
17. X
18. X
19. X
20. O
21. O
22. X
23. X
24. X
25. X
26. O
27. X
28. X
29. X
30. O
31. O
32. X

16. 삼국사기는 삼국의 역사만 기록하였다.
17. 고조선의 제정일치 사회이다.
18. 현재 3개 조항만 전해져 내려온다.
19. 초기 중심지는 요령, 후기 중심지는 대동강 왕검성이었다.
22. 비파형 동검은 고조선 전기의 대표적 유물이고, 세형 동검이 고조선 후기 철기 단계의 대표 유물이다.
23. 고령 고분은 대가야 유적지로 순장의 흔적이 나왔다. 요동 지역의 강상무덤과 누상무덤에서 순장의 흔적이 발견되었는데, 이를 통해 고조선이 노비제 사회였음을 알 수 있다.
24. 위만 조선 이전인 기원전 300년 전후에 연의 침입으로 요동 지역을 상실하였다.
25. 한 문제가 아니라, 한 무제의 침입이다.
27. 기원전 5세기에 철기가 처음으로 들어왔고, 위만 조선 단계에서 철기를 본격적으로 발전시켰다.
28. 고려 초에는 고조선이 아니라 고구려를 계승하였다는 인식이 강했다.
29. 고구려의 결혼 풍습은 서옥제, 제천 행사는 동맹이다. 무천은 동예의 제천 행사이다.
32. 동예에 관한 설명이다.

33. 삼한은 저수지가 축조되고 벼농사가 발달하면서 제정일치의 사회를 형성하였다. 2012. 국가직 9급

34. 천군과 별읍이 있던 이 나라에서는 철제 농기구의 사용으로 농경이 발달하였고 벼농사를 지었다. 지방직

35. 마한에서는 정치적 지배자 중 세력이 큰 것은 읍군, 작은 것은 삼로라 불렸다. 2008. 지방직 7급

36. 동예의 특산물은 단궁, 과하마, 반어피이며, 족내혼을 엄격하게 지켰다. 2008. 지방직 7급

37. 부여에서는 전쟁이 일어나면 호민과 하호가 함께 전투에 참여하였다. 2006. 서울시 9급

38. 부여에서는 가축 이름으로 관직명을 정하여 마가 · 우가 · 저가 · 구가는 별도로 사출도를 주관하였다. 적군이 침입하면 제가들이 몸소 전투를 하고, 하호는 양식을 져 날라 음식을 만들어준다. 2014. 법원직

39. 남녀가 음란한 짓을 하거나 질투하는 부인은 모두 죽였던 이 나라에서는 형이 죽으면 동생이 형수를 취하는 취수혼이 널리 행해지고 있었다. 2013. 지방직 7급

40. 옥저에는 석관에 시신을 안치하고 쌀을 담은 항아리를 함께 묻었다. 2008. 지방직 7급

41. 가족이 죽으면 시체를 가매장하였다가 나중에 그 뼈를 추려서 가족 공동 무덤인 커다란 목곽에 안치하였던 이 나라에는 민며느리제라는 혼인 풍속이 있었다. 2013. 국가직 9급

42. 옥저와 동예는 선진 문화의 수용이 늦어서 왕이 없었고 읍군이나 삼로가 자기 부족을 다스렸다. 기상청

43. 고구려와 삼한은 고대 국가로 성장하지 못하였다. 수능

44. 고구려는 흉년이 들면 그 책임을 왕에게 돌려 교체하거나 혹은 죽이고자 하였다. 2012. 국가직 7급

45. 옥저 지역은 고려 공민왕 때 쌍성총관부를 공격하여 원으로부터 영토를 수복한 지역이다. 한국사검정 고급

33. X
34. O
35. X
36. X
37. X
38. O
39. O
40. X
41. O
42. O
43. X
44. X
45. O

---

33. 삼한은 제정 분리 사회이다.
35. 대군장이 신지 · 견지, 소군장이 읍차 · 부례이다.
36. 족외혼이다.
37. 하호(일반 백성)은 전투에 참여하지 않고 물자를 보급하는 일을 맡았다.
40. 목곽에 시신을 안치하였다.
43. 삼한 중 마한은 백제, 진한은 신라로 발전하였다. 변한은 가야 연맹으로 발전하였으나 고대 국가로는 성장하지 못하였다.
44. 부여의 특징이다.

Ⅱ 삼국과 남북국의 발전

1 삼국의 성립과 발전

※고구려(705년 28대)–백제(678년 31대)–신라(992년 56대)

①군장 국가〈청동기〉 ⇒ ②**연맹 왕국**〈초기철기〉 ⇒ ❸**중앙집권 국가**〈철기〉
⇨ 고조선 **선출**(미약– 연맹장) – ⇦ **王** ⇨ – **세습**(강력 : 형제 ⇒ 부자 상속)

1 고대 국가의 성립

1) **중앙집권 국가 – 성격**
❶왕위 **세습** ➡ ★**왕권 강화**
②**율령**(관제 · 신분) ⇨ **조직** 정비
③부족 **통합** ⇨ **불교** 수용
❹**정복** 활동 ➡ ★**영역 국가**

↳영토국가

	고구려	백제	신라
➡ **성립**	①태조왕(2C)	②고이왕(3C)	③**내물왕**(4C)
⇨ **율령**	②**소수림왕**(4C)	①**고이왕**(3C)	③법흥왕(6C)
⇨ **불교**	①소수림왕(4C)	②침류왕(4C)	③**법흥왕**(6C)
➡ **전성기**	❷**장수왕**(5C)	❶**근초고왕**(4C)	❸**진흥왕**(6C)

↳정복군주(한강 진출 ⇒ 주도권)

◈ **율령** – 율령의 제정은 관습법 체제에 따른 국가 통치를 극복하고 국왕 중심의 성문법 체제를 지향하는 것이었다.
◈ **신라** – 덕업이 날로 새로워지고, 사방을 망라한다(德業日新網羅四方)

※〈신〉한강 상류–하류 〈고〉한강 이남선–이북선 진출

2) 변한(철) ⇒ **가야 연맹** [지형적 특징(신 · 백 협공) ⇨ **중앙집권 국가** 발전 못함]	
〈세력권 이동〉 – 고분 수 · 규모	↱**〈고구려〉 왜구** 격퇴 과정 ①3C [해안] **금관**=본 **가야**(김해) ⇒ ②5C [내륙] **대가야**(고령) ↳**법흥왕** 복속(대가야 – 결혼동맹) **진흥왕** 복속〈창녕비〉↲
①**임나일본부**(4C~6C 〈왜〉 무역 근거지) ❷**결혼 동맹**(6C초 신라 법흥왕 + 대가야)	
〈문화〉	❶**가야 토기**(⇒ 신라 토기 · **스에키 토기**에 영향) · 철갑옷 · 금동관 ②농경문화 · 철기문화(중국 · 일본 수출 ⇨ **중계무역**) **〈유적지〉** 고령 지산동 · 부산 복천동 · 창녕 계남리 · 함안 말이산 고분…

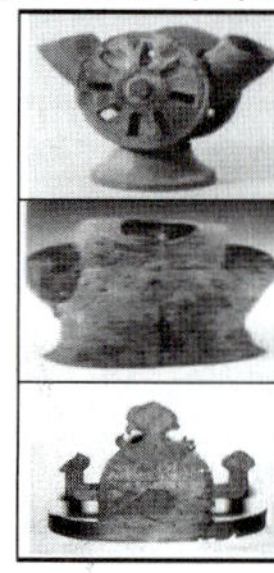

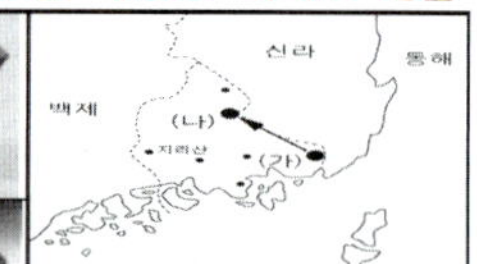

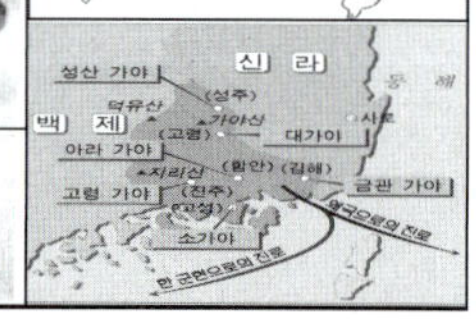

※금관가야의 건국 – 〈삼국유사 가락국기〉에는 서기 42년 金수로왕이 건국

2 삼국의 항쟁기 〈전략상 요충지 – **한강** 진출 ⇨ 주도권〉

〈1기〉– 5C	⇨ **고구려** 주도권(광개토 대왕 · 장수왕 – **중원 고구려비** : 한강이남선 진출)
〈2기〉– 6C	➡ **신라** 주도권(진흥왕) – ①**단양 적성비**(한강 상류) ②**북한산 순수비**(하류)
〈3기〉– 7C	⇨ 삼국 **통일기** (676) ↳**당항성** 확보(최초 중국 직교통로)

★**삼국의 외교** [정복 활동(정치적 · 군사적 목적) ⇨ **세력균형 외교**]	
〈4C〉	남방 연합(**백제** + 일본 + 동진) ⇔ 북방 연합(**고구려** + **신라** + 전진) ↳**칠지도**(근초고왕–제철기술) ↳**호우명** 그릇(왜구격퇴)
〈5C〉	**고구려**(장수왕– 남하 정책) ⇔ 나 · 제 동맹(①공수 ②결혼 ❸**군사 동맹**)
〈6C〉	동서 세력(**신라** + 수) ⇔ 남북 세력(**고구려 · 백제** + 돌궐 · 일본) 십자형 외교

※칠지도(하사설⇔진상설) ※3차 군사동맹 ⇒ 결성–파기(6C 진흥왕 ⇔ 성왕)

↱4C백제(근초고왕)

↱5C고구려(장수왕)

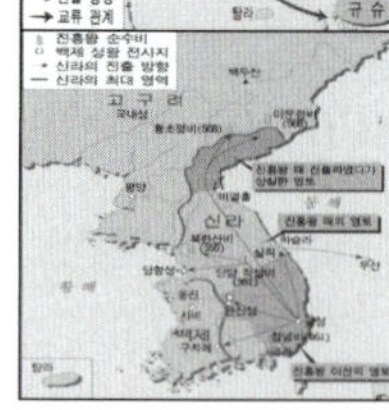

↳6C신라(진흥왕)

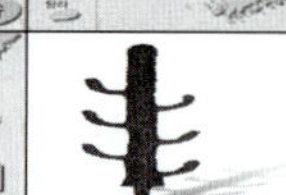

칠지도

↳호우명 청동그릇

3 삼국 통일기 〈676〉

↱〈고구려〉 ①국력 번성 ②방파제 역할

〈7C〉 **통일** **전쟁**	❶**살수 대첩**(612〈수〉 청천강 – 을지문덕) ⇨ ❷**안시성 혈전**(〈당〉 ⇔ 양만춘?) ⇒ ③백제 멸망(660 계백 – 황산벌 전투) ⇒ ④고구려 멸망(668 지도층 내분 : 남건 ⇔ 남생) ⇨ ❺**나 · 당 전쟁**(백제 · 고구려 유민 협조) ➡ **삼국 통일**(676) ↳연개소문 死	
부흥 **운동**	〈백제〉	왕자 **풍** ⇨ 복신 · 도침 · 흑치상지 – 임존성 · 주류성 · 사비성	**〈실패〉** –지도층 내분
	〈고구려〉	왕자 **안승** ⇨ 검모잠 · 고연무 – 한성 · 오골성 ⇒ **보덕국**(익산)	

↱〈고〉천리장성(부여성~비사성)–당견제

사료읽기

◈ **백제의 해외 진출**

백제국은 본래 고려(고구려)와 함께 요동의 동쪽 1,000여 리에 있었다. 그 후 고려가 요동을 차지하니 백제는 요서를 차지하였다. 백제가 통치한 곳을 진평군(진평현)이라 한다. 〈송서〉

⇨ 백제 전성기인 4세기 중국의 북조는 5호16국 시대의 정치적 혼란기였는데 백제는 이 시기에 요서 · 산뚱 지역으로 진출

※**칠지도** – 현재 일본 나라현 이소노카미 신궁에 보관되어 있는 것으로 4세기 백제왕이 왜왕에게 하사한 칼이다. 당시 백제가 일본에 대해 상국(上國)의 지위에 있었음을 보여 준다.

◈ **광개토 대왕릉비**

(영락) 9년 기해에 백제가 서약을 어기고 왜와 화통하므로, 왕은 평양으로 순수해 내려갔다. 신라가 사신을 보내 왕에게 말하기를, '왜인이 그 국경에 가득차 성을 부수었으니, 노객은 백성 된 자로서 왕에게 귀의하여 분부를 청한다.' 고 하였다. … 10년 경자에 보병과 기병 5만을 보내, 신라를 구원하게 하였다. … 관군이 이르자 왜적이 물러가므로, 뒤를 급히 추격하여 임나가라의 종발성에 이르렀다. 성이 곧 귀순하여 복종하므로, 순라병을 두어 지키게 하였다. 신라의 농성을 공략하니 왜구는 위축되어 궤멸되었다.

⇨ 만주 집안현 통구에 있는 고구려 19대 왕으로서, 장수왕 2년(414)에 부왕인 광개토 대왕의 업적을 적은 비문으로, 고구려의 건국설화와 광개토대왕의 정복 활동(요동 진출, 한강 이북선 진출)을 기록하여 당시의 고구려 번성을 엿볼 수 있다. 광개토왕의 왜구 격퇴는 신라의 왕권 강화와 가야 연맹의 중심지 이동(금관가야 ⇒ 대가야)과 연관되어 있다. 유물은 호우명 그릇과 지산동 고분군이 있다. 묘지기 330호의 출신 지역 및 그와 관련된 영을 새겨 놓았다.(수묘인으로 정복민 이주 · 통제 의도) 한강 이북지역 진출에 대한 기록도 있다. 일제시대 일본이 비문의 일부를 변조하여 지금까지 국제적인 논란이 되고 있으며, 기운차고 힘있는 예서체로 선돌의 양식으로 만들어진 한국의 가장 큰 비석이다.

※**호우명 그릇** – 경주의 호우총에서 발굴된 것으로, 이 그릇 밑바닥에 광개토지호태왕(廣開土地好太王)이라는 글씨가 새겨져 있어 당시 신라와 고구려의 관계를 보여 준다.

※**천리장성**(연개소문) – 고구려가 당의 침략에 대비하여 647년(보장왕 6년)에 16년의 공사 끝에 완성한 성으로 북쪽의 부여성(농안)에서 남쪽의 비사성(대련)에 이른다. 연개소문은 이 성곽 축조를 감독하면서 요동지방의 군사력을 장악하여 정권을 잡을 수 있었다.

◈ **중원 고구려비** (고구려의 천하 인식)〈역주 한국 고대 금석문〉

5월 중에 고구려 대왕이 상왕공(相王公)과 함께 신라의 매금(왕)을 만나 영원토록 우호를 맺기 위해 중원(中原)에 왔으나, 신라 매금이 오지 않아 실행되지 못하였다. … 신라 매금이 신하와 함께 고구려의 대사자 다우환노를 만나 이곳에 주둔하고 있던 고구려 당주(幢主)인 발위사자 금노(錦奴)로 하여금 신라 국내의 중인(衆人)을 내지(內地)로 옮기게 하였다.

⇨ 고구려에서는 자기나라 왕을 대왕, 조왕으로 불렀던 반면, 신라를 동이라 지칭할 뿐만 아니라 신라왕과 신하들에게 의복을 하사하고 있는 것을 알 수 있다. 이는 한반도를 포함한 동북아시아에서 고구려의 막강한 주도권을 반영하고 있는 것이다.

※박 · 석 · 김의 세 성씨 – 박혁거세 집단, 김알지 집단, 석탈해 집단(거서간⇒ 차차웅⇒ 이사금⇒ 마립간⇒ 王)

※❶살수 대첩(612〈수〉 영양왕)⇨ 〈연개소문(642–665死)→ 보장왕 옹립〉⇒ ❷안시성 혈전(645〈당〉태종 친정) ⇒③백제 멸망(660→ 풍〉 부흥운동+왜국 지원(백강))⇒④고구려 멸망(668→ 안승〉 부흥운동)⇨ ❺나 · 당 전쟁

適者生存⇒盡人事待天命

의의	〈內〉	최초 통일국가 ⇨ **민족 국가 · 민족 문화 발전 토대** 마련
	〈外〉	자주적 통일(〈당〉격퇴- 의정부 **매소성** · 금강 **기벌포** 싸움)-설인귀 ※〈당〉 **직속령**- 한반도 지배야욕 ⇨ ①〈백제〉 웅진 도독부(공주) ②〈고구려〉 안동 도호부(평양) ③〈신라〉 계림 도독부(경주)

한계성	〈內〉	영토상 불완전 통일 ⇨ 만주 상실(대동강 ~ 원산만 이남)
	〈外〉	외세 결탁(수 · 당) ↳〈현대〉 중국의 **동북공정** 주장(영토 · 역사)

↳외세 이용(외교력- 김춘추)

◈ **광개토대왕릉비**-(영락) 9년 백제가 서약을 어기고 왜와 화통하므로, 왕은 평양으로 순수해 내려갔다.…10년 경자에 보병과 기병 5만을 보내, 신라를 구원하게 하였다. …신라의 ㅁ농성을 공략하니 왜구는 위축되어 궤멸되었다.

◈ **중원고구려비**(장수왕) - 5월 중에 고구려 대왕이 상왕공과 함께 신라의 매금(왕)을 만나 영원토록 우호를 맺기 위해 중원(충주)에 왔으나, 신라 매금이 오지 않아 실행되지 못하였다.

※**전쟁** ⇒ ①경제력 ②군사력 ③외교력

2 남 · 북국의 발전 〈통일 신라 · 발해〉

※무열왕(김춘추 661 死) ⇒ 문무왕(법민)

		통일 신라(남국)	발해(북국)	개념
7C	中代	※진평왕 ⇒ 선덕여왕 ⇒ 진덕여왕 ①**무열왕**(태종 - **진골** - 왕위계승) ②**문무왕**(삼국통일 676)	①**고왕**(대조영) - 고구려계(천통) [**동모산** - 길림성 돈화시]	※**삼국 통일**(676) ※**발해 건국**(699) ➡ **남국 · 북국**시대 전개
8C		❸**신문왕**(7C 제도 정비) - **김흠돌**의 난(왕권강화) - 장인 - **만파식적**(태평성대) - 삼국유사	②**무왕**(당 - 대립 / **정복 군주**)-인안 ③**문왕**(당 - 친선 / 상경 천도)-대흥	⇨ 고구려 옛 영토 회복 ⇨ 제도 정비(3성 6부)
9C	下代	①진골 內- 왕위 쟁탈전 [김주원 ⇒ **김헌창** ⇒ 김범문의 난] ❷**진성여왕**(9C말) ⇒ **민란**	⑩**선왕**(전성기 - 海東盛國)-건흥 - 5경 15부 62주 정비. 요동 진출	⇨ 신라 ⇔ **발해** 〈쇠퇴기〉 〈전성기〉
10C		[원종 · 애노의 난. 적고적의 난] ⇨〈나말려초〉 **왕조 교체기** 〈후삼국 정립기〉	멸망(926 거란 침입) ↳2원적 민족 구성 ⇒ 분열	※민족의 **재통일** ➡ **중세**〈고려 936〉

↳155년 20여명 **王** 교체(정국 혼란)

※①상대[성립기王(성골)〈臣] ②중대[통일기 王(진골)〉臣] ③하대[쇠퇴기王(진골)〈臣]

◈ 부여씨(백)와 고씨(고)가 망한 다음에 김씨의 신라가 남에 있고 대씨의 발해가 북에 있으니 이것이 남북국이다. …저 대씨는 어떤 사람인가 바로 고구려 사람이다. 그들이 차지하고 있던 땅은 어떤 땅인가. 바로 고구려의 땅이다.
〈**발해고**- 유득공〉

◈ **민란** - 여러 주 · 군에서 공부를 바치지 않으니 창고가 비어 버리고 나라의 쓰임이 궁핍해졌다. … 이로 말미암아 곳곳에서 도적이 벌 떼같이 일어났다. 이에 원종-애노 등이 사벌주(상주)에 의거하여 반란을 일으키니…

	고조선 → 부여 → 고구려 ⇨ 震(진) ⇒ **발해**〈699~926〉 ⇒ 정안국(압록강)	
민족 국가 〈고구려 계승〉	〈주민 구성〉	**고구려계**(소수 - **지배층** : 대 · 고씨) + 말갈계(다수 - 피지배층 ⇨ 촌주)
	〈외교 문서〉	[일본-발해] ⇨ **고려**=고구려 국왕 ※대흥무(문왕) - 외교문서
	〈유물 · 유적〉	모줄임 천장(굴식 돌방무덤). 돌사자 석상. 발해석등. 온돌 장치
★**자주적 국가** 〈독립적〉 - 중국 지방정권×	❶독자적 **연호** 사용(천통 · 인안 · 대흥 · 건흥) ⇨〈外〉 **강력한 왕권**[內 중국과 대등]	
	❷3성 6부 운영 ⇨ **3성**(2원적 체제 운영) - 정당성 ⇒ 선조성 · 중대성 **6부**(유교적 명칭) - 충 · 인 · 의 - 지 · 예 · 신부	

③**빈공과**(당 - 외국인 대상 과거)

※건흥(선왕) - 건원(법흥왕)

중앙 관제	**王** ——→ **3성** ——→ **6부** ⇒ 〈좌사정〉 충 · 인 · 의부 / 〈우사정〉 지 · 예 · 신부 ❶**정당성**(대내상) - ②〈좌상〉 선조성 / ③〈우상〉 중대성 ↳최고 합의기구(국정 총괄- 귀족 회의) ※ **3성**(2원적 체제) / **6부**(유교적 명칭)	
	〈특별 기구〉 **주자감**(대학) · 중정대(감찰) · 문적원(인쇄 · 출판) · 사빈시(사신접대)	
대외 관계	당 ↘ // 돌궐 ‖ [발해] [신라] ↙ \\ 일본	※**남국**(통일 신라) ⇔ **북국**(발해) ①**대립**: ⇨ 〈당〉 以夷制夷(이이제이) - 민족분열 정책 ②**교류**: ➡ **신라道** (8C 문왕) 남경-울산항 - 형식적(경제적 · 문화적)
	①**고왕**(7C 건국) ⇒ ②**무왕**(8C 당 - 대립) ⇒ ③**문왕**(8C 당 - 친선) ⇒ ⑩**선왕**(9C 海東盛國)	

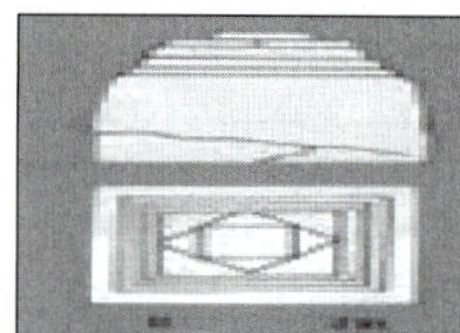
모줄임 천장

돌사자 석상

발해 석등

주작대로

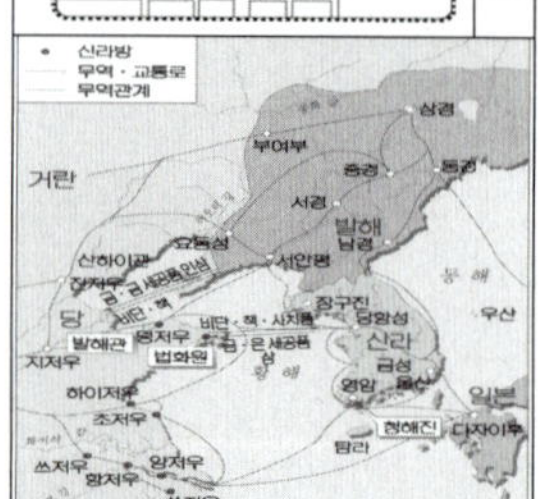

상경 · 동경 · 중경 · 서경 · 남경

사료읽기

◈ **발해사의 이해(번성)**

①발해 말갈의 대조영은 본래 고구려의 별종이다. 고구려가 망하자 대조영은 무리를 이끌고 영주로 이사하였다. … 대조영이 드디어 그 무리를 이끌고 동쪽의 옛 땅으로 들어가 동모산을 거점으로 하여 성을 쌓고 거주하였다. 대조영은 용맹하고 병사 다루기를 잘하였으므로 말갈의 무리와 고구려의 남은 무리가 점차 그에게 들어갔다. 〈구당서〉

②일본 천황은 삼가 고려국왕에게 문안한다. … 지금 보내온 글을 보니 … 천손(天孫)이라는 참람한 칭호를 써 놓았다. … 아무런 이유도 없이 함부로 구생(舅甥장인 – 사위) 관계를 칭하였으니, 이는 예를 잃은 것이다. 〈속일본기〉

③고구려의 옛 땅을 회복하고 부여의 옛 풍속을 갖고 있다. … 고려국왕 대무예(무왕)는 감사하게도 열국에 당면하여 여러 오랑캐를 총괄하고 있으며, 고구려의 옛 영역을 회복하고 부여의 유속을 이어 받았다. 〈발해가 일본에 보낸 국서〉

⇨ 대조영과 그 후손들의 고구려 지향성은 일본과의 외교과정에서 매우 뚜렷하게 드러난다. [속일본기]의 기록에 따르면 759년 발해의 문왕이 사신을 보내면서 스스로를〈고려국왕 대흠무〉라 불렀으며 일본에서도 발해의 왕을 〈고려 국왕〉으로 불렀다. 뿐만 아니라 발해를 가르켜 자주 〈고려〉라고 불렀으며 〈발해의 사신〉을 〈고려의 사신〉으로 표현한 사례가 일본측의 기록에 많이 있다. 또한 발해의 지배층 중에 대씨와 고구려 왕족인 고씨가 많은 점이 그것이다.

⇨ 문화적으로도 발해 지배층의 문화는 고구려적인 요소를 많이 내포하고 있다. 발해의 주거지에서는 우리 민족의 고유한 난방 장치인 온돌이 발견되고 있으며, 묘제에서도 고구려 무덤의 독특한 양식인 모줄임천장 구조가 보인다.

이러한 고구려의 전통 위에서 발해가 당과의 무역이나 유학생 파견 등을 통해 당의 선진 문물을 수용함으로써 그들의 문화는 더욱 발전하였다. 특히 발해의 서울인 상경성은 당의 장안성을 본떠 만들었고, 정치 체 제도 당의 3성 6부 체제를 받아들였지만, 당과는 달리 정당성에 실제 권력이 집중되어 있었으며, 6부를 둘로 나누어 운영한 점이나 유교 이념을 반영한 기구의 명칭에서 실제는 발해만의 독자성을 가지고 운영되었다.

◈ **남북국 시대**

7세기 중엽 백제와 고구려가 멸망하고 신라는 대동강 이남지역을 통합했다. 이후 698년에는 고구려의 옛 땅에서도 고구려 계승을 표방한 발해가 건국되었다. (220년 지속)

①**〈유득공, 발해고〉** 부여씨와 고씨가 망한 다음에 김씨의 신라가 남에 있고 대씨의 발해가 북에 있으니 이것이 남북국이다. 여기에는 마땅히 남북국사가 있어야 할 터인데 고려가 편찬하지 않은 것은 잘못이다. 저 대씨는 어떤 사람인가 바로 고구려 사람이다. 그들이 차지하고 있던 땅은 어떤 땅인가. 바로 고구려의 땅이다.

②**〈삼국사기〉** 원성왕 6년(790), 3월에 일길찬 백어를 북국에 사신으로 보냈다. 헌덕왕 4년(814), 9월에 급찬 승정을 북국에 사신으로 보냈다.

⇨ 유득공이 통일 신라와 발해를 〈남북국〉이라고 일컬은 이유는, 발해의 주도 세력이 고구려계 유민이고, 그 영역이 고구려의 땅이므로 발해 역사를 민족사에 포함시켜야 한다는 것이다.

⇨ 신라와 발해는 삼국이 있었던 바로 그 터전에서 남북으로 나뉘어 자리 잡고 있었다. 통일 신라는 대동강 이남에서 민족 문화의 기틀을 마련하였으며, 발해는 고구려의 뒤를 이어 만주를 지배하였다. 〈남북국〉이라는 말 속에는 통일 신라와 발해의 역사를 균형 잡힌 시각으로 바라보려는 인식이 깔려 있다. 고려 말 이승휴의 〈제왕운기〉에서 대조영을 고구려 장수라고 기록하면서 최초로 발해를 우리 역사의 일부분으로 파악하기 시작하였다.

適者生存⇒盡人事待天命

1 통치조직의 정비

※①위례성(한성-서울)⇒ ②웅진(공주-5c문주왕)⇒ ③사비(부여-6c성왕)

중앙 조직	★개념	고구려	백제	신라	통일신라	발해
중앙 관등	국왕 정점 (일원적 통치체제)	14 10 여 관등 〈~형 · 사자〉	16 〈~솔 · 덕〉	17 관등 〈~찬 · 마〉		
중앙 관제			6좌평 ⇒ 22부	10부(**병부**~) ⇒ 14부		3성6부
귀족회의	➡ **귀족연합정치** (수상 – 3년 · 선출)	제가 회의 (대대로) – 평상시	정사암 회의 (상좌평)	**화백 회의** (상대등) – 상대 · 하대		정당성 (대내상)

↳**대막리지**(군권 – 유사시 수상) ↳〈**중대**〉 **집사부**(시중– 왕명출납)

백제	통신	조선
내신좌평	위화부	이조
내두좌평	조부 창부	호조
내법좌평	예부	예조
병관좌평	병부	병조
조정좌평	이방부	형조
	예작부 공장부	공조

◈ 〈**고구려**〉 소노부 · 계루부 · 절노부 · 관노부 · 순노부의 **5부** ⇒ 동 · 서 · 남 · 북 · 중앙의 행정적 **5부**

행정 구역	★개념	고구려	백제	신라	통일 신라
중앙 행정	부족 전통 계승	5부 ⇐ 〈**5부족 연맹**〉 ⇒ 5부		〈**6부족 연맹**〉 ⇨ **6부**	
지방 행정	군사적 성격 (지방관-군사 지휘권)	5부(**욕살**)	5방(**방령**)	5주 ⇒ **9주** (**군주** : 군관) (총관 ⇒ **도독** : 행정관)	
특수 행정	❶지방 통제 (수도보완)	3경 (국내 · 평양 · 한성)	**22담로** – 왕족파견(무령왕)	2소경 ⇒ 5소경(**사신**) ❷국토 균형발전(지방 행정 · 문화 중심)	
군사 행정	전제 **왕권** 강화기여 (**국가** 통치 기반)	(유사시 **군관** – 대모달 · 말객)		[중앙] 위병 · 사자대 ⇒ **9서당**(민족융합적) [지방] 1서당 · 6정 ⇒ **10정**(한주 2정)	

※22담로(무령왕)–22부(성왕) ※〈신〉무열왕–무령왕〈백〉 ↳특수군 경기도(국경)↲

통일신라	①**상수리** 제도 – 지방세력 통제(호족 인질) ②**외사정** – 지방감찰 업무(신문왕)

(문무왕) ↳〈**고려**〉 **기인제도**(호족자제 인질) ※**사정부**(중앙감찰– 진흥왕) ※고국천왕(2C)–고국원왕(4C) ※금성(경주)

중국		시기	국왕		★☆ 업적(특징) ☆★
후한		2C	**태조왕**	〈고〉	①**고대국가 성립**(계루부 고씨 왕위 **세습**) ②옥저 복속
5호 · 16국 분열기	삼국	3C	**고이왕**	〈백〉	①**고대국가 성립**(한강이남 통합) ②조직 정비(**6좌평** · **율령** · 공복)
			동천왕	〈고〉	〈삼국분열 이용〉 **오**와 친선, **위** 견제 – 서안평 공격 ⇨ **전사**(위 – 관구검 침입)
	동진 ⇕ 전진	4C	**미천왕**	〈고〉	①서안평 점령, 한군현 축출(313 대동강 진출) ⇨ **고조선 옛 영토 회복**
			소수림왕	〈고〉	①조직 정비(**율령** 반포 · **불교** 수용 · **태학** 설립) ②**전진**과 친선
			근초고왕	〈백〉	❶**정복군주**(마한 통합) ⇨ **고대 해상세력 형성**(요서 · 산뚱 · 일본 진출)
			내물왕	〈신〉	①**고대국가 성립**(김씨 – 왕위**세습** – 마립간) ②고구려군대 주둔 ③전진 외교
	남조 ⇕ 북조	5C	**광개토대왕**	〈고〉	①**정복 군주**(**영락** 연호) – 요동 정벌, **왜구 격퇴**(400 – 신라 · 가야)
			장수왕	〈고〉	❶**남하 정책**(평양 천도 – 중원 고구려비) ②**남 · 북조** 친선(분열이용)
			문자왕	〈고〉	①부여 완전 정복 ⇨ 최대 영토 ↳➡ 최고 전성기
수		6C	**지증왕**	〈신〉	①**신라**(국호) · **왕**(중국식 왕호) ②우산국 정벌(이사부) ③우경 ④동시
			법흥왕	〈신〉	①조직정비[**율령** 반포, **불교** 공인, **상대등 · 10부**(병부~) 설치] ②금관가야 복속
			진흥왕	〈신〉	❶**정복군주**(단양적성비 / **북**한산비 · **창**녕비 · **황**초령비 · **마**운령비) – 화랑도 조직
			성왕〈백〉–남부여		①**중흥정치**(사비천도 · 22부 · 5부5방) ②나 · 제 동맹결렬(관산성 전투 死)

중원비–바

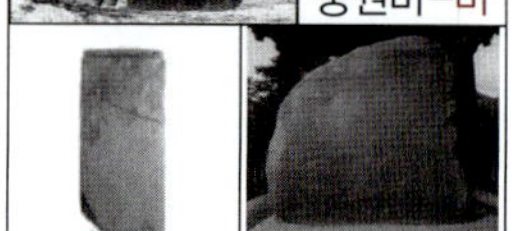
창녕비–아

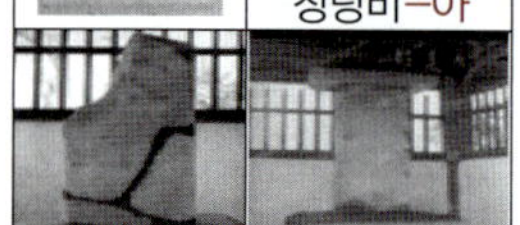

당 ↓ ⇓ 5대10국 ⇓	7C	**통일 전쟁**	①살수 대첩(612) ⇒ ②안시성 혈전 ⇒ ③나 · 당 전쟁(676 매소성 · 기벌포)
		〈**통신**〉 **신문왕**	❶제도 정비(14부 · 9주 5소경 · 9서당 10정 · 국학 · 관료전 · 외사정)
	8C	〈**발해**〉 **무왕**	정복 군주(**당** – 대립) – 산뚱 공격(장문휴) ⇨ **고구려 옛 영토 회복**
		문왕	제도 정비(**당** – 친선) – 상경 천도(주작대로) · 3성 6부 정비 · 신라도
	9C	〈**통신**〉 **진성여왕**(원종 · 애노 민란)	〈**발해**〉 **선왕**(5경 15부 62주 · 요동진출)
송	10C	**나말 려초**〈왕조 교체기〉 경순왕 · 견훤(900) · 궁예(901) ⇒ 왕건(918 고려) ➡ **재통일**(936)	

양직공도(백제 사신도)

무령왕릉(벽돌식)

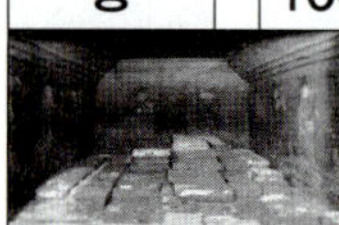
정효공주묘(발해)

단양 적성비–마

창녕비(대가야)

울진봉평비

※**울진 봉평 신라비** – 6C 법흥왕
⇨ 신라 최고비 – 동해안 진출 · 율령반포
※①**양직공도**(**양** – 사신도) ②**무령왕릉**(벽돌식)
➡ 중국 남조와 교류(무령왕)

사료읽기

※**촌주** – 촌주는 지방관을 보좌하면서 촌락내의 행정과 군사실무의 처리에 중요한 역할을 담당하였다. 여기서 촌이란 몇 개의 자연촌이 합쳐서 이루어진 행정적인 지역촌을 의미한다고 볼 수 있다. 통일신라의 신라장적에 의하면 서원경에 속한 4개촌 가운데 촌주에게 준 위답은 1개촌 밖에 없으므로 촌주는 4개촌 가운데 한곳에만 있었음을 알 수 있다.

※**상수리 제도** – 지방 세력을 통제하기 위해 지방호족의 자녀를 일정기간 서울에 거주하게 하는 제도이다. 상수리들은 중앙과 지방의 연락사무, 공물, 연료 등을 중앙에 조달하는 의무가 있었다. 상수리 제도는 고려 시대에 기인 제도로 이어졌다.

◈ **중앙 관제 비교** (중국의 6전 조직 중심)

백 제	통일신라	발해	고려	조선	주요 업무
내신좌평	위화부	충부	이부	이조	문관 인사 – 왕실 사무 – 훈봉 – 고과
내두좌평	조부–창부	인부	호부	호조	호구 – 조세 – 어염 – 광산 – 조운
내법좌평	예부	의부	예부	예조	제사 – 의식 – 교육 – 과거 – 외교
위사–병관좌평	병부	지부	병부	병조	무관 인사 – 국방 – 우역 – 봉수
조정좌평	좌 –우이방부	예부	형부	형조	법률 – 소송 – 노비
	예작부 – 공장부	신부	공부	공조	토목 – 산림 – 영선 – 도량형 – 파발

◈ 내신좌평을 두어 왕명 출납을, 내두좌평은 물자와 창고를, 내법좌평은 예법과 의식(儀式)을, 위사좌평은 숙위 병사를, 조정좌평은 형벌과 송사를, 병관좌평은 지방의 군사에 관한 일을 각각 맡게 하였다. … 왕이 영을 내려 6품 이상은 자줏빛 옷을 입고 은 꽃으로 관을 장식하고, 11품 이상은 붉은 옷을, 16품 이상은 푸른 옷을 입게 하였다. 〈삼국사기 백제 본기, 고이왕〉

◈ **삼국의 귀족회의**

①감옥이 없고, 범죄자가 있으면 제가들이 모여서 논의하여 사형에 처하고 처자는 몰수하여 노비로 삼는다. 〈삼국지 – 고구려〉

②… 호암사에는 정사암이란 바위가 있다. 나라에서 장차 재상을 뽑을 때에 후보 3~4명의 이름을 써서 상자에 넣고 봉해서 바위 위에 두었다가 얼마 후에 가지고 와서 열어 보고 그 이름 위에 도장이 찍혀 있는 사람을 재상으로 삼았다. 이런 이유로 정사암(政事巖)이라 하였다. 〈삼국유사 – 백제〉

③큰일이 있을 때에는 반드시 주의에 따른다. 이를 화백이라 부른다. 한사람이라도 반대하면 통과하지 못하였다. 〈신당서 – 신라〉

⇨ 고구려에는 제가 회의(대대로), 백제에는 정사암 회의(상좌평), 신라에는 화백 회의(상대등)가 있어 귀족들이 모여 국가의 중요 정책을 결정하였다.

⇨ 화백(和白) 제도는 귀족의 단결을 굳게 하고 국왕과 귀족 간의 권력을 조절하는 기능을 담당하였다. 진지왕(576 ~ 579)은 "정치가 어지럽고 음란하다."는 이유로 화백 회의에 의하여 폐위되었다.

⇨ 귀족들의 합의제를 의미하며 고려의 도병마사(도평의사사), 조선의 의정부, 비변사로 이어진다.

※**시중(집사부)** – 집사부는 왕명출납기구로서, 시중은 신라 집사성의 최고위의 벼슬로써 경덕왕 때까지는 중시(집사성)라고 하였으나, 그 뒤에 시중(집사부)으로 바뀌었다.

※**을지문덕의 〈여수장우중문(與隨將于仲文)〉**

신기한 책략은 하늘의 이치를 꿰뚫었고, 오묘한 전략은 땅의 이치를 통달 하였구나. 전쟁에 이긴 공이 이미 높으니, 만족함을 알았으면 그만두기를 바라노라. 〈삼국사기〉

1) 집행기구 　　　　適者生存⇒盡人事待天命

이 　호 　예 　　※〈예조〉⇒ 교육 · 외교 · 행사 · 과거주관(관리 선발⇒ 인사권: 이조 · 병조)

/ 병 \ / 형 \ / 공조 \ 　⇒ 〈조선〉 6조– 기능강화(의정부참여 · 6조직계제)

/ 공부 \ 　⇒ 〈고려〉 6부– 병부기능 강화

충 · 인 · 의–––지 · 예 · 신부––⇒ 〈발해〉 6부– 유교적 명칭(자주적)

2) 지방행정 성격

①〈고대〉 ┌〈삼국〉 군사적=〈일치〉=일반 행정 [지방관(욕살 · 방령 · 군주)––⇒ 군사지휘권]

└〈통신〉 군사적–〈변화〉⇒ 일반 행정 [군주(군관)⇒ 총관–도독(행정관)]

②〈고려〉 군사적⇐〈분리〉⇒ 일반 행정–––––양계(병마사)⇔5도(안찰사)

③〈조선〉 군사적×–––––––––⇒ 일반 행정(8도 · 관찰사) 　└6월–임직(겸직)

인구–토지 기준┘ 　└1년(360일)–지방직 　※수령(5년–1800일) 　※상피제 · 임기제

┌대무당

3) 신라 왕호변천: ①거서간–––→ ②차차웅–––→ ③이사금–––→ ④마립간––⇒ ❺왕(중국식 왕호– 6c지증왕)

〈정〉 　〈제〉 　(연맹장) 　(大首長)– 큰대가리 　└한화정책(중국제도 도입)

└군장(제+정일치)┘ 　선출(박 · 석 · 김) 　4c세습(김– 내물 마립간)

사료읽기

◈ **만파식적의 고사 – 신문왕 시기 왕실의 번영과 평화를 상징** 〈삼국유사〉

신라 31대 신문왕이 아버지 문무왕을 위하여 동해안에 감은사를 지어 추모하였는데, 죽어서 해룡이 된 문무왕과 천신이 된 김유신이 합심하여 용을 시켜 동해의 한 섬에 대나무를 보냈다. 이 대나무는 낮이면 갈라져 둘이 되고, 밤이면 합하여 하나가 되는지라, 왕은 이 기이한 소식을 듣고 현장에 거동하였다. 이때 나타난 용에게 왕이 대나무의 이치를 물으니, 용은 [비유하건데 한 손으로는 어느 소리도 낼 수 없지만 두 손이 마주치면 능히 소리가 나는지라, 이때도 역시 합한 후에야 소리가 나는 것이요. …또한 대왕은 이 성음의 이치로 천하의 보배가 될 것이다.]라고 예언하고 사라졌다. 왕은 곧 이 대나무를 베어서 피리를 만들어 부니, 나라의 모든 걱정, 근심이 해결 되었다 한다. 그리하여 이 피리를 국보로 삼았는데, 효소왕 때 분실하였다가 우연한 기적으로 다시 찾게 된 후 이름을 〈만만파파식적〉이라 고쳤다고 한다.

※**김흠돌의 모역 사건** – 신문왕이 즉위하던 해에 왕의 장인 김흠돌의 모역 사건이 있었다. 이 사건에 많은 귀족이 관련되어 있어서 귀족에 대해 대대적인 숙청이 행해졌다.

◈ **신라 삼국통일의 의미와 한계**

①대왕을 도와 조그마한 공을 이루어 삼한을 한 집으로 만들었으며, 백성들은 두 마음이 없게 되었습니다(三韓爲一家百姓無二心). 비록 아직 태평한 세상에 이르지는 못하였으나 조금 편안한 상태는 되었습니다. 〈김부식, 삼국사기 – 김유신 열전〉

②다른 종족을 끌어들여 같은 종족을 멸망시키는 것은 도적을 불러들여 형제를 죽이는 것과 다를 바 없는 것이다. … 민족 전체로 보면 민족적 역량과 영토의 축소를 가져왔으며, 외세와 결탁한 반민족적인 것이며, 사대주의적 나쁜 요소를 심었다. 〈신채호, 독사신론〉

⇨ 삼국 통일의 의미와 한계 – 신라의 통일 전쟁은 두 단계로 진행되었다. 첫째 단계는, 나・당 연합군과 백제, 고구려의 전쟁이었다. 660년 신라와 당의 연합군이 백제를 공격하여 멸망시키고, 이듬해부터 고구려를 공격하기 시작하였다. 고구려는 초기에는 이를 방어하였으나, 내분으로 인하여 결국 668년 멸망하고 말았다. 둘째 단계는, 신라와 당의 전쟁이었다. 일찍이 신라는 당과 군사 동맹을 맺으면서 적어도 평양 이남의 땅을 자신이 차지한다는 밀약을 맺었으나, 당이 삼국 전체를 수중에 넣으려는 의도를 보이자, 양국 사이에 전쟁이 벌어지게 되었다. 이 과정에서 신라는 백제, 고구려의 유민을 포섭하여 함께 당의 군대를 물리침으로써 마침내 대동강과 원산만을 잇는 선의 남쪽을 차지하여 불완전하나마 삼국 통일을 이룩하였다.

※**나+당 연합** – 당나라 고종이 소정방으로 하여금 육해군 13만을 거느리고 가서 백제를 치게 하였다. 왕이 기쁨을 이기지 못하고, 김유신 등으로 하여금 정병 5만을 거느리고 가서 응원케 하였다.

쥐 – 子자 | 소 – 丑축 | 범 – 寅인 | 토끼 – 卯묘 | 용 – 辰진 | 뱀 – 巳사

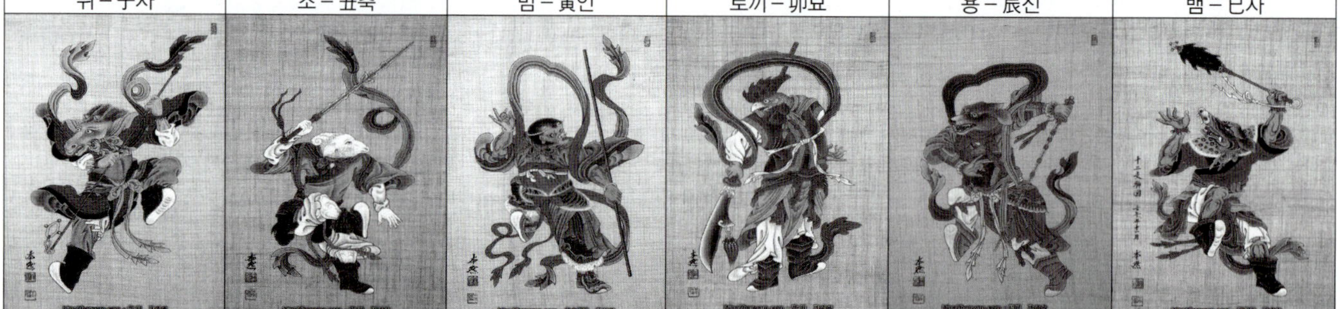

말–午오 | 양–未미 | 원숭이–申신 | 닭–酉유 | 개–戌술 | 돼지–亥해

띠	쥐	소	범	토끼	용	뱀	말	양	원숭이	닭	개	돼지
12지	子자	丑축	寅인	卯묘	辰진	巳사	午오	未미	申신	酉유	戌술	亥해
시간	23–1 (11–1)	1–3	3–5	5–7	7–9	9–11	11–13 (11–1)	13–15 (1–3)	15–17 (3–5)	17–19 (5–7)	19–21(7–9)	21–23 (9–11)

사료읽기

◈ **신라 말의 시대 상황**

①**농민 봉기**(민란)

- 진성왕 3년 나라 안의 여러 주 · 군에서 공부(貢賦)를 나르지 않으니 부(府)의 창고가 비어 버리고 나라의 쓰임이 궁핍해졌다. 왕이 사신을 보내어 독촉하였지만, 이로 말미암아 곳곳에서 도적이 벌 떼 같이 일어났다. 이에 원종 · 애노 등이 사벌주(상주)에 의거하여 반란을 일으키니 왕이 나마 벼슬의 영기에게 명하여 잡게 하였다. 영기가 적진을 쳐다보고는 두려워하여 나아가지 못하였다. 〈삼국사기〉

②**6두품(득난)이 느끼는 골품제의 모순**

- 설계두는 신라 귀족의 자손이다. 일찍이 친구 네 사람과 술을 마시며 각기 그 뜻을 말할 때 〈신라는 사람을 쓰는데 골품을 따져서 그 족속이 아니면 비록 뛰어난 재주와 큰 공이 있어도 한도를 넘지 못한다. 나는 멀리 중국에 가서 출중한 지략을 발휘하고 … .〉라고 하였다. 그는 621년 몰래 배를 타고 당으로 갔다.
- 최치원이 서쪽으로 당에 가서 벼슬을 하다가 고국에 돌아왔는데 전후에 난세를 만나서 처지가 곤란하였으며 걸핏하면 모함을 받아 죄에 걸리겠으므로 스스로 때를 만나지 못한 것을 한탄하고 다시 벼슬할 뜻을 두지 않았다. 그는 세속과 관계를 끊고 자유로운 몸이 되어 숲 속과 강이나 바닷가에 정자를 짓고 소나무와 대나무를 심으며 책을 벗하여 자연을 노래하였다. 〈삼국사기〉

⇨ 하급관리와 지방의 중소지주 출신으로서 유교의 학문적 교양을 쌓고 과거를 통해 중앙 정계에 등장 하여 중대에는 왕권을 지지하는 정치 세력으로 성장하였으나, 하대에는 왕권약화와 함께 지위하락으로 호족 세력과 결탁하거나, 선종 9산을 개창하였다.

⇨ 신라 말(하대) 진골 귀족들은 경제기반을 확대하여 사병을 거느리고 권력 싸움을 벌였다. 중앙귀족들 사이에 왕위 쟁탈전이 치열해 지면서 왕권이 약화되고, 귀족연합적인 정치가 운영되었다. 한편 자연재해가 잇따르고 농민에 대한 강압적인 수취가 뒤따르면서 살기가 어려워진 농민은 토지를 잃고 노비가 되거나 초적이 되기도 하였다. 이에 중앙의 6두품들은 개혁을 요구하였으나 진골 귀족들에 의하여 받아들여지지 않았다. 지방에서는 농민반란이 일어나고 독자적 세력인 호족들이 성장하게 되었다. 장보고는 청해진을 기지로 한 서남 해안의 무역을 장악하여 막강한 경제력과 군사력을 기반으로 중앙 정부의 권력 쟁탈전에 끼어들 정도로 막강한 영향력을 가질 수 있었다.

※**호족** – 호족은 권력 투쟁에서 밀려나 지방에서 세력을 키운 몰락한 중앙 귀족, 무역에 종사하면서 재력과 무력을 축적한 세력, 군진 세력, 지방의 토착 세력인 촌주 출신 등으로 구분된다. 이들은 반독립적 세력으로 성주 또는 장군이라 불리는 이들은 많은 사병과 큰 농장을 소유 하였으며 농민을 지배하고 선종과 결탁하여 지배 세력으로 지위를 강화시켜 나갔다.

※**초적** – 백성이 경제적인 이유로 토지를 떠나 도적이 되면, 백성을 풀에 비유하여 초적이라 부른다.

◈ **백제 건국 이야기** 〈삼국사기〉

백제의 시조는 온조왕이다. 아버지는 주몽이다. 주몽은 북부여에서 난을 피하여 졸본부여로 왔다. 졸본부여의 왕이 주몽의 비범함을 알고 세 딸 가운데 둘째 딸(소서노)을 주어서 아내로 삼았다. 얼마 뒤에 부여 왕이 세상을 떠나자 주몽이 왕위를 이었다. 주몽은 두 아들을 낳았는데, 첫 아들을 비류라 하고, 둘째는 온조라 하였다. 주몽이 부여에 있을 때 낳은 유리가 찾아와서 태자로 책봉 되었다. 비류와 온조는 태자가 자기들을 받아들이지 않을 것이라 두려워하였다. 마침내 자기를 따르는 신하들과 함께 남쪽으로 내려갔다. …온조는 하남 위례성에 도읍을 정하였다. 온조는 열 명의 신하와 함께 나라를 세우고 나라이름을 십제라 하였다. 이때가 기원전 18년 이었다. …비류는 신하가 모두 위례에 합류하고 즐거이 온조를 따르게 되자 나라이름을 백제라 고쳤다. 국왕의 핏줄이 고구려와 같이 부여에서 나온 것이라 하여 부여를 성씨로 삼았다.

◈ **가야의 건국 이야기** – AD 42년에 가야 지방의 9간이 김해의 구지봉에 올라 거북이 노래를 부르며 춤추고 놀다가 하늘에서 내려온 6개의 황금알을 받았는데, 거기서 태어난 아기 중 맨 먼저 알에서 나와 왕위에 오른 이가 수로라 불리고, 나머지 5명이 다섯 가야의 통치자가 되었다.

1) 2c 고국천왕(진대법·부자상속)–⇒ 4c 고국원왕(〈백제〉근초고왕 공격 死) 適者生存⇒盡人事待天命

2) ①백⇒ 고(평양): 근초고왕(고국원왕死) ②고⇒ 백(위례성): 장수왕(개로왕死)– 웅진 천도

※**천도**⇒ 〈백〉①위례성(한성–서울)→ ②웅진(공주–5c문주왕)→ ③사비(부여–6c성왕)⇒ 국력⇔문화 반비례

세력중심 이동↲ 〈고〉①졸본→ ②통구(국내성=집안)→ ③평양(5c장수왕) 〈발해〉①동모산(고왕)→ ②상경(문왕)

3) ①〈중앙관제〉 6좌평(고이왕)⇒ 22부(성왕) ②〈특별행정〉 22담로(무녕왕)– 왕족파견 ※무녕왕––무열왕(태종–김춘추)

확인학습

2. 고대 정치

빈칸 채우기

1. 고대 국가의 특징은 ( ), ( ), ( ), ( )이다. 2004. 인천시 9급

2. 고구려의 ( )은 서안평을 공격 점령하였고, 한군현을 완전히 축출함으로 고조선의 옛 영역을 거의 회복하였다. 한국사

3. 고구려는 ( ) 때 옥저 등 주변 지역에 대한 정복과 통합을 통하여 세력을 확대해 갔으며, 집권적 관료 조직이 갖추어지기 시작했다. 2003. 법원행정고시

4. 경주 지방의 사로국으로부터 발전한 신라는 초기에 박 · 석 · 김의 세 부족이 연맹하여 왕에 해당하는 ( )을 선출하였고, 이어 6부족 연맹체로 발전했다. 2003. 법원행정고시

5. 4세기 내물왕 때 ( )씨에 의한 왕위 계승권이 확립되었다. 또 왕의 칭호도 대수장(大首長)이라는 정치적 의미를 가지는 ( )으로 바뀌었다. 2007. 인천시 9급

6. 신라에서는 왕의 칭호가 거서간, 차차웅, ( ), ( ), 왕 등으로 여러 차례 바뀌었는데, 이런 변화는 신라의 발전 과정을 나타낸 것으로 보인다. 2014. 법원직 · 경찰 1차

7. 신라의 왕호 중 정치적 군장과 제사장의 기능이 분리되면서 거서간과 ( )으로 그 칭호가 나누어지게 되었고, 박 · 석 · 김의 3부족이 연맹하여 그 연맹장을 3부족에서 교대로 선출하게 될 때에 연맹장이란 의미에서 ( )을 선출하였다. 이후 김씨가 왕위 세습권을 독점하게 되면서 그 왕권의 강화를 표시하기 위해 대수장이란 의미의 ( )으로 바뀌었다. 그 뒤 왕위의 부자 상속세를 확립하고, 이어 6부를 개편하여 중앙 집권화를 추진하면서 마립간 대신 ( )이란 칭호를 사용하게 되었다. 2014. 법원직 · 경찰 1차

8. 백제의 ( )은 목지국을 병합하여 ( )의 중심 세력이 되었다. 2013. 서울시 7급

9. 신라에서 부자 상속세는 5세기 ( ) 때 이루어졌고, 왕이라는 명칭은 6세기 초 ( ) 때 이루어졌다. 인천시

10. 고구려 유이민이 백제를 건국하였음을 서울 석촌동 고분에서 보이는 ( ) 무덤 양식에서 알 수 있다. 국가직

11. 낙동강 하류의 변한 12국에서는 ( ) 문화의 발달에 힘입어 ( ) 연맹 왕국이 출현하였다. 2008. 지방직

12. 가야 연맹은 처음에는 ( )가, 후에는 ( )가 맹주국이 되었다. 2005. 국가직 9급

[빈칸 채우기 정답]

1. 왕권 강화, 중앙 집권적 제도 마련, 영역 국가, 불교 수용
2. 미천왕
3. 태조(왕)
4. 이사금
5. 김, 마립간
6. 이사금, 마립간
7. 차차웅, 이사금, 마립간, 왕
8. 고이왕, 마한
9. 눌지 마립간, 지증왕
10. 돌무지
11. 철기, 가야
12. 금관가야, 대가야

13. 6세기 초에 고령의 ( )는 백제, 신라와 대등하게 세력을 다투게 되었고, 신라 ( )과 결혼 동맹을 맺기도 하였으나 ( )에게 멸망되었다. 2011. 지방직 7급

14. 신라는 ( )왕 때 17관등제를 정비하였다. 관등 승진의 상한선은 골품에 따라 정해져 있었는데, 6두품은 ( )의 관등까지 승진할 수 있었다. 2011. 경찰

15. ( )에는 고구려 군대가 신라 영토에 주둔한 사실과 함께 고구려가 신라의 왕을 '동이 매금(東夷寐錦)'이라고 한 기록이 있다. 2014. 국가직 9급

16. 신라의 국호 정립 및 우경 도입은 ( ) 때이다. 2012. 국가직 9급

17. 고구려는 ( ) 때 형제 상속이던 왕위 계승이 부자 상속으로 바뀌었다. 2011. 서울시 9급

18. 율령을 반포하고 처음으로 백관의 공복을 제정하였던 신라 ( )왕은 ( )이라는 연호를 사용하였다. 국가직

19. 호우총에서 출토된 ( ) 그릇은 ( )와 신라의 우호적 관계를 보여 주고 있다. 2013. 경찰간부

20. 남북조 모두와 친선을 도모하면서 남진 정책으로 평양으로 천도를 하였고, 최고의 전성기의 왕은 ( )이다. 2012. 지방직

21. 율령 집행, 장형(杖刑)과 동해안 진출을 보여 주는 신라 최고의 비는 ( )이다. 2010. 국가직 9급

22. 신라 말기에 중앙 정부의 통제에서 벗어나 반독립적인 세력으로 성장한 세력을 ( )이라 한다. 2011. 서울

23. 김흠돌의 모역 사건을 진압한 ( )왕 때 ( )의 지방 행정 조직을 완비하였고, 유학 사상을 강조하여 ( )을 설립하였다. 2013. 군무원

24. 백제 웅진 시대에 지방의 ( )에 왕족을 파견하여 통제를 강화하였다. 2010. 법원직

25. 후왕, 왜왕 등의 명문을 통해서 백제와 왜의 관계를 알 수 있게 해주는 문화재는 ( )이다. 2013. 지방직

26. 고구려의 관등은 크게 ( ) 관등과 ( ) 관등으로 나뉜다. 2010. 국가직 7급

27. 백제의 관등은 복색제와 연관되어 공복의 색깔도 관등에 따라 3색으로 구분되었고 크게 ( ) 관등과 ( ) 관등으로 나뉜다. 2010. 국가직 7급

13. 대가야, 법흥왕, 진흥왕
14. 법흥, 아찬
15. 중원 고구려비
16. 지증왕
17. 고국천왕
18. 법흥, 건원
19. 호우명, 고구려
20. 장수왕
21. 울진 봉평비
22. 호족
23. 신문, 9주 5소경, 국학
24. 22담로
25. 칠지도
26. 형계, 사자계
27. 솔계, 덕계

확인학습

OX 체크

1. 연맹 왕국에서 고대 국가로 넘어가는 과정에서 군장 세력의 강화가 이루어졌다. 2004. 인천시 9급

2. 통치 체제의 효율적인 유지를 위하여 삼국은 모두 율령을 반포하였다. 2013. 서울시 7급

3. 백제 건국의 주도 세력이 부여·고구려계의 이주민 집단이었음을 말해주는 근거 중의 하나는 영산강 유역의 마한 소국들을 정복한 점이다. 2009. 국가직 9급

4. 백제는 한강 유역의 토착민 집단이 유이민을 아우르고 지배층으로 성장하면서 마한을 대신하는 새로운 정치 세력의 중심으로 발전했다. 2003. 법원행정고시

5. 고대 국가의 형성은 삼국이 같은 시기에 이루어졌다. 2003. 법원행정고시

6. 신라의 왕호 변천 과정을 보면 정치적 군장과 제사장의 기능이 분리되면서 거서간과 차차웅으로 그 칭호가 나누어지게 되었다. 2007. 인천시 9급

7. 마립간은 대군장의 뜻을 지니며 왕권의 성장이 그 이름에 반영되어 있다. 2014. 법원직

8. 내물 마립간 시기에 신라는 낙동강 유역의 가야 세력을 정복하고 영토를 확장하였다. 2014. 법원직

9. '왕위 계승도 박씨, 석씨를 제치고 김씨가 독차지하게 되어 왕권이 안정되었다. 왕의 칭호도 왕권의 크기에 걸맞는 것으로 바뀌었다'에서 가리키는 왕호는 왕(王)이다. 2013. 경찰간부

10. 신라에서 왕이라는 명칭을 사용하던 시기에 부자 상속과 6부를 설치하였다. 2007. 인천시 9급

11. 낙동강 하류의 변한 12국에서는 청동기 문화의 발달에 힘입어 새로운 연맹 왕국이 출현하였다. 2008. 지방직 7급

12. 김해 지방의 가야 세력은 철의 생산과 벼농사 발달 및 해상 교통의 유리함에 힘입어 전기 가야 연맹의 주도권을 잡았다. 2008. 지방직 7급

13. 전기 가야 연맹 시대에는 신라와 거의 비슷한 돌무지덧널무덤이 유행하였다. 2009. 서울시 9급

14. 고령의 대가야는 6세기 초 신라와 혼인 동맹을 맺었다. 2012. 경찰간부

15. 삼국 초기 고구려의 5부나 신라의 6부가 중앙의 지배 집단이 되었다. 2011. 지방직 9급

[OX 체크 정답]

1. X
2. O
3. X
4. X
5. X
6. O
7. O
8. O
9. X
10. X
11. X
12. O
13. X
14. O
15. O

---

1. 군장 세력은 약화되었다.
4. 백제는 한강 유역의 토착 세력과 고구려 계통의 유이민 세력의 결합으로 성립되었는데, 우수한 철기 문화를 보유한 유이민 집단이 지배층을 형성하였다.
5. 삼국의 고대 국가 형성은 '고구려(2세기) → 백제(3세기) → 신라(4세기)' 순으로 시기가 다르게 이루어졌다.
9. 왕(왕)이 아니라 '마립간'이다.
10. 부자 상속세는 5세기 눌지왕(마립간)때, 부족적 6부가 행정적 6부로 바뀌는 시기는 소지 마립간 때이다.
11. 변한은 철기 문화의 발달에 힘입어 연맹 왕국으로 출현하였다.
13. 전기 가야 연맹에서는 구덩식 돌덧널무덤(수혈식 석곽묘), 덧널무덤(목곽묘) 등이 출토되었다.

16. 삼국 초기 각 부(部)는 독자적인 대외 교섭권을 가지고 있었다. 2011. 지방직 9급

17. 고구려의 소노부는 3세기 이전에 자체 종묘와 사직에 제사를 지내기도 하였다. 2011. 국가직 9급

18. 영일 냉수리 신라비와 울진 봉평 신라비에 의하면 왕은 소속부의 명칭을 띠고 있었다. 2011. 국가직 9급

19. 고구려 소수림왕은 형제 상속이던 왕위 계승을 부자 상속으로 바꾸어 왕권을 강화하였다. 2011. 서울시 9급

20. 백제 웅진 시대 때 불교를 공인하여 사상적으로 중앙 집권 체재를 뒷받침하였다. 2010. 법원직

21. 신라 하대 6두품 세력은 왕권 강화를 시도하는 국왕과 결탁하여 진골 귀족에 도전하였다. 2011. 기상청

22. 쌍봉사 철감선사 승탑이 만들어지던 시기에 원종과 애노의 난 등 농민 반란이 일어났다. 2014. 법원직

23. 신라 시대를 상고 · 중고 · 하고로 구별한 것은 [삼국유사]이고, 상대 · 중대 · 하대로 구별한 것은 [삼국사기]이다. 2013. 경찰 2차

24. 고구려의 관등제는 '형(兄)'과 '사자(使者)'의 명칭이 붙은 관등이 많았다. 2011. 경찰

25. 발해의 3성 6부는 구성 기관들의 명칭이 당과 같았으나 운영 방식은 달랐다. 2010. 국가직 7급

26. 발해는 영역을 확대하여 옛 고구려의 영토를 대부분 차지하였지만 그 영역에는 말갈족이 다수 거주하였다. 2014. 경찰

27. 이불병좌상과 관련된 이 나라는 9세기에 들어서 비로소 신라와 상설 교통로를 개설하였다. 2013. 서울시 9급

28. 발해의 주민 중 다수는 말갈인이었는데 이들은 지배층에 편입되지 못하였다. 2014. 사회복지 9급

29. 중국 남북조가 성립되던 시기에 백제는 사비성으로 천도하였다. 2010. 지방직 7급

16. X
17. O
18. O
19. X
20. X
21. X
22. O
23. O
24. O
25. X
26. O
27. X
28. X
29. X

16. 외교 교섭권은 각 부에 이는 것이 아니라, 국왕에게 있었다.
19. 부자 상속은 고국천왕 때이다.
20. 4세기 침류왕 때(한성 시기) 불교를 공인하였다.
21. 신라 하대 6두품은 지방 호족과 연결되어 신라를 비판하였다.
25. 3성 6부 구성은 당의 체제이나 궉 기관의 명칭, 운영 방식 모두 당과 달랐다.
27. 신라도는 8세기 전반에 개설된 것으로 추정된다.
28. 발해 지배층은 고구려인, 피지배층의 다수는 말갈인이었으나 말갈인들도 일부 지배층에 편입되었다.
29. 중국에서 남북조 시기(439~589)가 성립되는 시기는 5세기이고, 백제가 사비로 천도한 시기는 6세기이다

3 고대의 경제

1 토지 제도 [왕토 사상] – 王 = 국가

※선진국–안정기〈경제력〉⇔〈권력〉후진국–혼란기

삼국	귀족 ⇨ 중심 경제 구조[〈신라〉 녹읍 · 식읍] ⇒ 녹읍(녹봉 의미) · 식읍(특별전)
통신	국가 ➡ 중심 경제구조[관료전(신문왕 – 관리 : 수조권) · 정전(성덕왕 – 농민)]

↳토지 · 농민 지배력 강화　　↳조세(연대책임 – 8가구)

①읍(王〈臣) ⇒ 수조권 + 노동력 징발 ❷전(王〉臣) ⇒ 수조권(관리)
〈고구려〉 진대법(2C 고국천왕)

↳ 춘대추납(환곡) ⇒ 의창〈고려〉

◈ **토지와 농민을 둘러싼 국왕과 귀족간의 갈등** ⇨ ①신문왕 7년(687) 5월에 문무 **관료전을 지급**하되 차등을 두었다.
②신문왕 9년(689) 1월에 내외간의 **녹읍을 혁파**하고 매년 조를 내리되 차등이 있게 하여 이로써 영원한 법식을 삼았다.
③성덕왕 21년(722) 8월에 처음으로 백성에게 **정전을 지급** 하였다.
④경덕왕 16년(757) 3월에 여러 내외관의 월봉을 없애고 **다시 녹읍**을 나누어 주었다.(⇒ 왕권 약화)
⑤소성왕 원년(799) 3월에 청주 거노현을 **국학생의 녹읍**을 주는 곳으로 삼았다.

※정전– 井(田)– 9등분(8개별경작–1공동경작(조세))　※양전사업(측량– 20년)⇒ 양안(토지대장– 20년)

2 조세 제도

	〈통일신라〉 **민정 문서**[신라 장적]
작성	촌 단위(촌주 – 매년 조사 ⇒ 3년 작성) ※촌주(3~4개 촌락 담당) ⇒ 향리(고려) ⇨서원경(청주 – 4개 촌락) – 일본 동대사(정창원) 발견 – 1933 경전함 내피
목적	부역 동원 · 수취 대상 파악(인적 · 물적 자원) ⇒ 조세징수 자료(경제 상황 · 세무 행정 파악)
내용	❶인적 자원 ┌〈호구〉 가족 = 인정 숫자 9등급 └〈인구〉 남녀 노소(연령) 6등급 – 여자도 조사 대상 ➡ 노동력 중시(남자 · 여자 – 노동력 징발)
	②물적 자원(토지 · 소 · 말 · 호도 · 뽕 · 잣나무…) – 과일(유실) 종류 ×
〈촌락〉 자연촌락 기준[10호 가량 혈연집단 / 인구 약 100명 / 농민 > 노비(10%) 구성] ※연수유답(정전), 마전(삼베–공동경작), 촌주위답(관료전 일종), 내시령답(관료전), 관모전(관청)	

◈ 기록된 4개 촌은 호구 43개에 총 인구는 노비 25명을 포함하여 442명(남 194, 여 248)이며, 소 53마리, 말 61마리, 뽕나무 4,249그루 등의 재산을 소유하고 있었다.

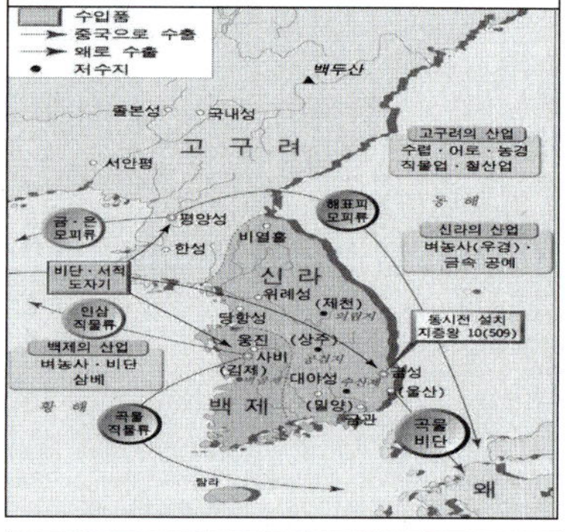

〈조〉	〈용〉 – 가장 중시(고대) 〈조〉 ⇦ ※〈당〉 세법
전세(토지세 – 수확량 1/10), 역(노동력 – 군역 · 요역), 공물(특산물 – 촌락 단위)	
〈토지세〉	①경무법(고 – 밭이랑) ②두락제(백 – 파종량) ❸결부법(신라 – 수확량)
〈부역 동원〉	〈신라〉 영천 청제비(법흥왕), 남산 신성비(진평왕)
〈조세 기준〉	조(호 기준) · 세(사람 수 기준) · 역(노동력 기준)

◈ **조세제도** – 국가 재정의 토대를 농토에 두었기 때문에 토지제도와 연결되어 수취체제가 정비되었다. 농민의 부담은 조세 · 공납 · 역의 3가지로 국가 재정의 주요 원천이 되었다. 편성된 호는 인구와 장정이 많고 적음에 따라 9등급으로 나누어 부역(노동력 징발)을 시킨다.

3 상업 활동

국내	동시(6C 지증왕) + 서시 · 남시(통일신라) – 상업 활동 ①통제 · 관리(⇨ ❷활발)
국외	〈무역항〉 울산항 · 당항성(남양만 – 최초 중국 직항로 : 통일 배경) · 영암
	장보고(9C 나말 – 해상 세력 성장 – 완도 ⇒ 청해진 설치) – 공무역 · 사무역 (?~846) – 왕위쟁탈전 참여(신무왕) ※상인(견당매물사 · 회역사), 무역선(교관선)
※대당 교역(신라 ⇔ 산동 반도 · 양쯔강 하류) ❶신라방(신라촌 – 신라상인 집단 거주지) ②신라소(자치 기관) – 관청 ③신라관(유숙소) ④신라원(사원 – 법화원 : 장보고) ※〈발해〉 ①발해관(무왕 : 당과 무역) ❷신라도(문왕 : 남경 ⇔ 울산항 교역로)	

↱ 동경(⇒ 일본) · 남경(⇒ 신라)

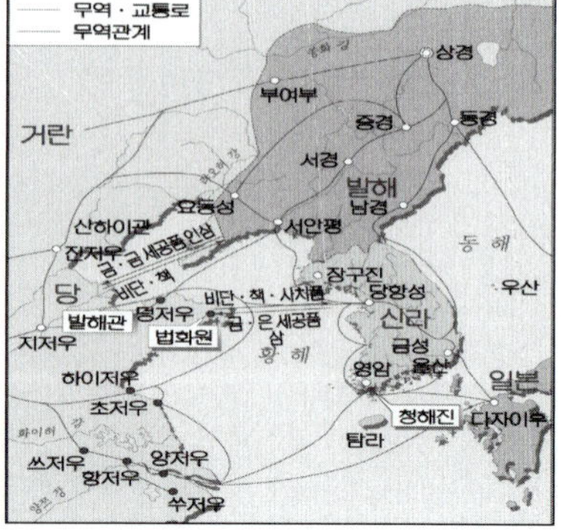

사료읽기

※**녹읍** – 녹읍은 공신에게 지급되는 식읍과 더불어 신라 귀족의 경제적 기반이었다. 녹읍을 소유한 귀족은 조세, 특산물뿐만 아니라 거주민의 노동력까지도 징발할 수 있었다.
※**관료전** – 관료전은 관리가 조세를 거두는 권한만 행사할 수 있는 토지였다.

◈ 동방의 이상향으로 묘사되었던 신라

〈신라를 방문한 여행자는 누구나 정착해 다시 나오고 싶어 하지 않는다. 그곳이 매우 풍족하고 이로운 것들이 많기 때문이다. 신라 사람들은 개나 원숭이의 목줄도 금으로 만든다.〉 중세 이슬람 학자 알 이드리시의 [지리학 총서](1154)에 나오는 글이다.
신라가 통일 후 번영을 누리던 8 ~ 9세기에는 비단길과 바닷길을 통한 동서 교역이 활발히 이루어졌다. 신라는 동아시아 교역의 중심지로서 동서 교역을 연계하여 중국 · 서역 물품이 풍성했을 뿐만 아니라 이를 일본에 전달하는 역할을 하였다.
이러한 사실들에서 신라의 활발한 대외 교류모습과 귀족 생활의 풍요로움을 엿볼 수 있다.
※**우즈베키스탄 사마르칸트의 아프라시압 궁전 벽화에 그려진 고구려 사신의 모습** – 새 깃털을 꽂은 모자(조우관)를 쓴 모습이 고구려 고분 벽화에 나오는 모습과 일치한다.

◈ 발해와 신라의 교통로

발해의 상경을 출발하여 동경과 남경을 거쳐 동해안을 따라 신라에 이르던 교통로를 〈신라도〉라 한다. 8세기 전반에 개설된 것으로 추정되나, 자주 이용된 것은 8세기 후반 이후 9세기 전반까지이다.
※**남북국 시대의 무역** – 당은 덩저우에 발해관, 신라관을 설치하고 발해, 신라 사신들이 이용하게 하였다.
※**장보고**는 신라로 돌아와 흥덕왕을 찾아와 만나서 말하기를 〈중국에서는 널리 우리나라 사람을 노비로 삼으니 청해진을 만들어 적으로 하여금 사람을 약탈하지 못하도록 하기를 원하나이다.〉라고 하였다. 청해는 신라의 요충으로 지금의 완도를 말하는데 … 무성왕 8년(846) 봄에 청해진 대사 궁복(장보고)이 자기 딸을 왕비로 맞지 않는 것을 원망하고 청해진을 근거로 반란을 일으켰다. 13년 2월에 청해진을 파하고 그곳 배성들을 벽골군으로 옮겼다. 〈삼국사기〉

◈ 민정 문서의 내용

토지는 논 · 밭 · 촌주위답 · 내시령답 등 토지의 종류와 면적을 기록하고, 사람들은 인구 · 가호 · 노비의 수와 3년 동안의 사망 · 이동 등 변동 내용을 기록하였다. 그밖에 소와 말의 수, 뽕나무 · 잣나무 · 호두나무의 수까지 기록하였다.
특히 사람은 남녀별로 구분하고, 16세에서 60세의 남자의 연령을 기준으로 나이에 따라 6등급으로 구분하여 기록하였다. 호(가구)는 사람의 많고 적음에 따라 상상호(上上戶)에서 하하호(下下戶)까지 9등급으로 나누어 파악하였다.
⇨ 1933년 일본 도다이사(東大寺) 쇼소인(正倉院)에서 발견된 통일 신라 때의 문서로, 당시 촌락의 경제 상황과 국가의 세무 행정을 알 수 있는 자료이다. 신라 장적, 신라촌락 문서라고도 한다. 촌주에 의하여 3년마다 작성되었다. 인구에 대한 자료가 가장 구체적으로 파악되어 있는 것으로 보아 노동력 동원이 가장 중요한 문제임을 알 수 있다.

◈ 삼국의 수취 제도

①〈고구려〉 세(인두세)는 포목 5필 곡식 5섬이다. 조(租)는 상호가 1섬이고, 그 다음이 7말이며 하호는 5말을 낸다.
②〈백제〉 세는 포목, 비단 실과 삼, 쌀을 내었는데 풍흉에 따라 차등을 두어 받았다. 〈주서〉
2월 한수 북부 사람 가운데 15세 이상 된 자를 징발하여 위례성을 수리하였다. 〈삼국사기〉
⇨ 삼국의 수취 제도가 주로 노동력 동원에 있음을 알 수 있다.
※〈신라〉 지증 마립간 3년(502) 3월에 주 · 군의 책임자에게 각각 명하여 농사를 관장케 하였고, 처음으로 소를 부려 논밭갈이를 하였다.(우경)

適者生存⇒盡人事待天命

4 고대의 사회

	1) **골품 제도** 〈신분 제도 ⇨ 엄격한 신분사회〉
〈성립〉	고대 성립 시기[세력 통합 ⇒ ❶왕족 · 귀족 ②평민 ③천민]
〈성격〉	①**친족 공동체** 사회 ⇒ ❷**폐쇄적 신분** 사회 [**개인**의 신분 · 친족 등급 표시 ⇒ 정치 · 사회 활동 범위 결정]
	※**노비**(전쟁 · **부채** · 형벌 노비) ※**골품** = **관등** ⇒ **복색**(자 · 비 · 청 · 황색)

↳가장 다수(고대) ↳신분(왕족–귀족)

	2) **화백 회의** 〈국정 총괄 – 최고합의 기구 ⇨ 王〈臣 귀족연합 정치〉
〈기원〉	**씨족**장 **회의**[**씨족 전통**] ⇒ 군장 회의 ⇒ 최고 귀족 회의(**진골** 구성) 〈**4영지**〉 회의장소(신성지역) – 청송산 · 피전 · 오지산 · 금강산(동 – 서 – 남 – 북)
〈성격〉	❶**만장일치제**(국론 통일 ⇒ 집단의 부정 방지 · 단결 강화)
	②왕권 ⇔ 신권 **권력** 조절(신권 대변 ⇒ 왕권 견제)

※**고구려**(제가회의) · **백제**(정사암 회의) ⇒ 다수결 원칙

	3) **화랑 제도** 〈교육 기관〉 – 군사 · 수양 · 사교 · 종교 단체
〈기원〉	씨족 사회 청소년 집단[**씨족 전통**] – **진흥왕** 국가적 조직 정비
〈성격〉	❶**문 + 무 일치** 교육(관리 + 전사단 양성)
	②신분 갈등 조절 **〈낭도〉** ※신채호(낭도⇒ 낭가=민중 투쟁론) 〈**조직**〉 국선 ⇒ 화랑(진골) ⇒ **낭도**(6두품 귀족~평민 수천명 구성)
	③종교적 성격(세속 5계 – 유 + **불** + 선 종교적 이념) – 미륵신앙(미래불)
※**세속 5계**(7C 진평왕 – 원광법사) – 국가 정신 · 사회 윤리 ⇒ 〈**규범**〉 ①사군이충(事君以忠) ②사친이효(事親以孝) ③교우이신(交友以信) ④임전무퇴(臨戰無退) ⑤살생유택(殺生有擇) ※원화(女)⇒ 국선(男)	

↱6두품(중앙 행정長×–지방 행정長 가능)

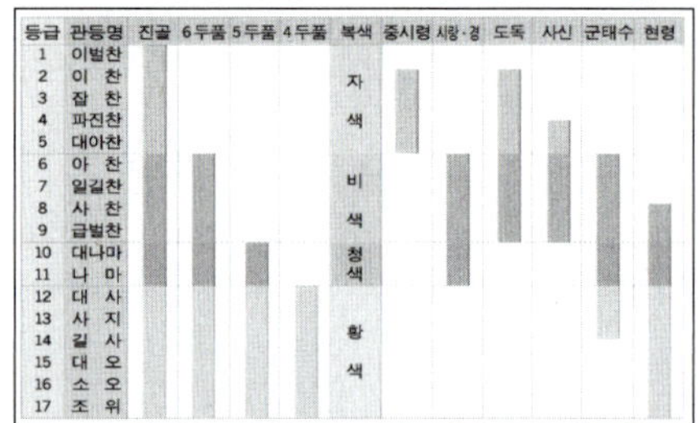

◈ **골품제도**는 고대국가 성립 과정에서 족장 세력을 통합 편제하는 과정에서 성립된 것으로 관직 진출과 생활을 규제하는 것이었다. 처음에는 왕족을 대상으로 한 **골제**와 왕경내의 일반 귀족을 대상으로 한 **두품제**가 별개의 체제로 성립하였다. **진평왕** 때에 이르러 왕족 내부에서 다시 성골이 분리되어 성골과 진골이라는 2개의 골과 6개의 두품등 모두 8등급의 신분으로 구성 되었다.

※6두품(대족장 · 득난–대족장)⇒고려개창

◈ **임신서기석** – 임신년 6월 14일에 신라의 두 화랑도가 3년 안에 [시 – 상서 – 예기 – 춘추좌씨전]을 습득할 것을 맹세한 내용이 적힌 비문이다. ⇨ 두 화랑의 유교학습에 대한 서약문으로 진평왕 34년(612) 추정 되며, 통일 전 신라의 화랑도 내에 유학교육이 나타났음을 볼 수 있다. ⇒ 화랑도 유교 교육 흔적

원광법사

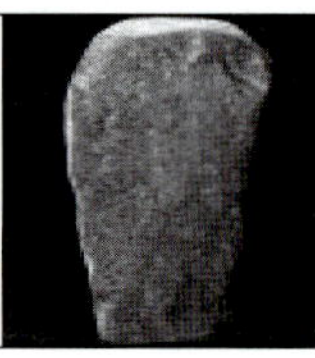
임신서기석

※〈인도〉 카스트 제도(신분): ①브라만(승려) ②크샤트리아(왕족·귀족) ③바이샤(평민) ④수드라(천민)

◈ **귀족과 평민의 삶**

❶ 귀족은 녹(祿)이 끊이지 않았다. 노예가 3천명이고 비슷한 수의 호위 군사와 말, 돼지가 있었다. 바다 가운데 섬에서 길러 필요한 때 활로 쏘아서 잡아먹었다. 곡식을 꾸어서 갚지 못하면 노비로 삼았다. 〈신당서〉

② 평민은 신라 모량리 사람이었다. 아버지가 죽은 후 처와 같이 남의 집에서 일을 하고 양식을 얻어 늙은 어머니를 봉양하였다. 그에게는 어린아이가 하나 있었다. 그 아이가 자기 어머니의 밥까지 빼앗아 먹는다고 해서 부부는 서로 의논하여 늙은 부모를 위하여 아이를 땅에 묻고자 하였다. 〈삼국유사〉

③ 진평왕 때 설씨녀의 아버지가 3년 기간의 군인으로 징발되었으나 가실이란 청년이 그것을 대신하였다는 사정을 전해 주고 있다. 그러나 국가에서 사고가 있어 다른 사람을 보내어 교대시키지 않았으므로 가실은 6년 동안이나 머무르고 돌아오지 못했다. 그러자 그녀의 아버지는 〈정해진 3년 기한이 넘었으니 다른 이에게 시집가거라〉고 하였다. 〈삼국사기〉

④ 진정 법사는 신라 사람으로서 출가하기 전 군역에 나가 있었다. 집이 가난하여 장가도 가지 못하고 동원되었는데, 남는 시간에 날품팔이를 하여 홀어머니를 봉양하였다. 집에 있는 재산이라고는 한쪽 다리가 부러진 솥뿐이었다. 하루는 어떤 스님이 문 앞에 와서 절을 짓는데 필요한 철을 구하자 그 어머니는 솥을 시주하였다. 〈삼국유사〉

⑤ 효녀 지은은 한기부 백성 연권의 딸이다. 그는 천성이 지극히 효성스러웠다. 그리하여 어려서 아버지를 여의고 홀로 어머니를 모셨다. 그는 나이 32이 되어도 시집을 가지 않고 어머니를 보살피기위해 그 곁을 떠나지 않았다. 봉양거리가 없으면 어떤 때는 품팔이로, 어떤 때는 구걸로 밥을 구하여 어머니를 봉양하였다. 그러한 생활이 오래되자 피곤함을 이기지 못하여 몸을 팔아 종이 되고 쌀 10여석을 얻었다. 〈삼국유사〉.

◈ **백제의 사회**

지배층은 왕족인 부여씨와 8성의 귀족(사 · 연 · 협 · 해 · 진 · 국 · 목 · 백씨)이 중심 세력을 이루었다. 형법으로 살인자 · 반역자 · 전쟁에 패한 자는 목을 베고 그 가족은 노비로 삼았으며, 도둑질한 자는 귀양을 보냄과 동시에 2배를 물게 하였다.(1책 2법) 관리가 뇌물을 받거나 국가의 재물을 횡령했을 때는 3배로 배상하고 죽을 때 까지 금고형에 처해졌으며, 간음한 여자는 남편집의 노비로 삼았다.

◈ **고구려의 귀족과 평민**

❶ 그 나라는 3만 호인데 … 그 중에 대가들은 밭갈이하지 않고 먹는 자가 1만 명이나 되며, 하호는 먼 곳에서 쌀, 낟알, 물고기, 소금 등을 져서 날라다 대가에 공급하였다. 〈삼국지〉

❷ 대가들은 밭갈이를 하지 않고 하호들은 부세를 바치며 노비와 같다. 〈위략〉

◈ **골품제의 생활 규제**

4두품에서 백성에 이르기까지는 방의 길이와 너비가 15척을 넘지 못한다. 느릅나무를 쓰지 못하고, 우물천장을 만들지 못하며, 당기와를 덮지 못하고, 짐승 머리 모양의 지붕 장식이나 높은 처마 … 등을 두지 못하며, 금은이나 구리 … 등으로 장식하지 못한다. 섬돌로는 산의 돌을 쓰지 못한다. 담장은 6척을 넘지 못하고, 또 보를 가설하지 않으며 석회를 칠하지 못한다. 대문과 사방문을 만들지 못하고 마구간에는 말 2마리를 둘 수 있다. 〈삼국사기〉

◈ **원광과 세속 5계**

원광법사가 수나라에 가서 유학하고 돌아와 가실사에 머물며 사람들의 존경을 받고 있었다. 귀산 등이 그 문하에 가서 단정한 태도로 "저희 세속의 선비들이 어리석어 아는 바가 없으니 원컨대 한 말씀을 내려 주셔서 종신토록 계명을 삼았으면 합니다."라고 말하였다. 법사는 "불교의 계율에는 보살계가 있는데 그 종목이 10가지라서 너희처럼 남의 신하된 자로서는 아마 감당하기 어려울 것이다.

여기 세속 5계가 있으니, 하나는 충으로써 임금을 섬기고, 둘은 효로써 부모를 섬기며, 셋은 믿음으로써 친구를 사귀고, 넷은 전장에 나아가 물러서지 않으며, 다섯은 생명 있는 것을 가려서 죽인다는 것이다. 너희는 실행에 옮기되 소홀히 하지 말라."라고 하였다. 〈삼국사기〉

⇨ 고대국가 체제가 성립될 무렵에 전래된 불교는 왕권 강화에 이용되었다. 본문에서 보듯이 왕의 신하를 강조하면서 왕에게 충성하는 것을 제일 덕목으로 삼았다. 또한 삼국의 특징인 정복 전쟁의 중요성을 강조하는 것도 보인다.

◈ **경제 구조와 경제 생활**

삼국은 서로 치열한 경쟁을 하면서 군사력과 재정을 확보하기 위하여 농업 생산력을 발전시키는 데 많은 관심을 가졌다. 수취 제도 정비, 철제 농기구 보급, 우경 장려 등 여러 정책을 실시하여 농업 생산력이 발전하였고, 농민 생활도 점차 향상되어 갔다. 왕실과 귀족의 필요에 따라 높은 수준의 기술이 있어야 생산할 수 있는 물품도 제조되었다. 농업과 수공업에서의 생산력 향상은 잉여 생산물을 증가시켜 상업과 무역도 발달하게 하였다.

신라가 삼국을 통일한 이후에는 국내 정세가 안정되고 농업 생산력이 증대됨에 따라 농민의 생활도 나아지고, 수공업과 상업 및 무역은 더욱 활기를 띠었다. 신라 말에 이르러 중앙 정치의 혼란으로 지배층이 농민에 대한 수취를 점차 가혹하게 하면서 농민 경제가 침체되고 사회가 동요하였다. 이러한 가운데 지방에서는 호족들이 점차 성장하여 독자적인 경제 영역을 형성하고, 농업 생산력을 발전시켰으며, 무역 활동도 활발하게 전개하는 등 새로운 시대를 열어 가고 있었다.

◈ **사회구조와 사회생활**

고대 사회는 계층 분화를 바탕으로 성립하여 정복 전쟁을 치르며 발전하였다. 고대인은 잦은 전쟁을 통하여 상무적인 기풍을 간직하였고, 사회 질서 유지를 위한 법의 적용도 매우 엄격하였다. 고대 사회의 신분은 귀족, 평민, 천민으로 이루어졌으며, 혈통에 따른 신분의 세습이 철저하였다.

혈연과 문화적 동질성을 간직하고 있던 삼국이 통일된 이후 고대 사회는 한층 발전하여 왕권이 강화되고 사회도 안정되었다. 그러나 골품제의 폐쇄성을 극복하지 못한 신라는 중앙 귀족 내부의 갈등이 심화되었다. 골품 제도에 불만을 품은 세력의 이탈로 말미암아 고대 사회는 서서히 무너져 갔다.

適者生存⇒盡人事待天命

확인학습

3. 고대 경제 · 사회

빈칸 채우기

1. 삼국 시대의 조세는 대체로 재산의 정도에 따라 ( )를 나누어 부과하였다. 2008. 지방직 7급

2. 삼국 시대의 조세는 ( )과 ( )가 중심이었으며 특정 지역의 특산물도 거두었다. 2008. 지방직 7급

3. 삼국은 군사력과 재정을 확보하기 위하여 농업 생산력 증대에 많은 관심을 기울였다. 밭갈이에 있어 ( ) 장려, ( ) 농기구의 보급, ( )의 정비 등 여러 정책을 실시하였다. 2010. 지방직 9급

4. 고구려에서는 토지를 잃고 몰락하여 가난한 농민들을 구제하기 위해 ( )을 마련하였다. 2003. 법원행정고시

5. 신문왕 때 문무 관료에게 ( )을 지급하고 내외 관료의 ( )을 혁파하여 매년 세조(歲租)를 걷게 하였고, 성덕왕 때 일반 백성에게 ( )을(를) 지급하였다. 2014. 사회복지 9급 | 2008. 선관위 9급

6. 신문왕 때 폐지되었다가 경덕왕 때 부합된 ( )은 수급자가 토지로부터 조(租)를 받을 뿐 아니라, 그 지역의 주민을 노역(勞役)에 동원할 수 있었다. 2014. 국가직 9급

7. 녹읍과 식읍에서는 ( ), ( ), ( )을 징발할 수 있었다.

8. 신라 중대 촌락의 경제 · 사회 상황에 대한 파악을 한 ( )를 ( )년마다 토착민인 ( )가 작성하였다. 2005. 서울시 세무직

9. 민정 문서에서 인구는 남녀를 각각 구별하여 ( )로 ( )등급으로, 호구는 ( )의 다과에 따라 ( )등급으로 구별하였다. 2010. 기상청

10. 통일 신라 ( ) 문서는 남녀 인구수와 소 · 말의 수, 토지 면적 등을 조사하여 ( )년마다 작성되었다. 경찰

11. 통일 신라 농민들은 연수유전답이나 관모전답을 경작하였고, ( )이라고 하는 말단 행정 구역에 편입되었다. 지방직

12. 발해의 무역로에는 ( )을 거쳐 일본으로 가는 일본도와 ( )을 거쳐 신라로 가는 ( )가 있었다. 국가직

[빈칸 채우기 정답]

1. 호(호)
2. 곡물, 포
3. 우경, 철제, 수취 제도
4. 진대법
5. 관료전, 녹읍, 정전
6. 녹읍
7. 조세, 공납, 노동력
8. 민정 문서, 3, 촌주
9. 연령별
10. 민정, 3
11. 경작, 촌
12. 동경, 남경, 신라도

13. 신라인이 자주 당에 드나들면서 산둥 반도와 양쯔 강 하류 일대에 신라인들이 거주지인 ( )이 생기게 되었고, 자치 기관인 ( ), 사신 유숙소인 ( ), 사원인 ( )이 세워졌다. 2008. 서울시 소방직 9급

14. 고대 사회는 개인의 ( )보다는 그가 속한 ( ) 공동체의 사회적 위치에 따라 모든 것이 결정되는 철저한 ( ) 사회였다. 2010. 지방직 7급

15. 고구려는 왕족인 ( )씨와 ( ) 출신의 귀족들이, 백제는 왕족인 ( )씨와 ( )의 귀족이 중심 세력을 이루었다. 경찰

16. 신라의 골품 제도는 ( )과 밀접한 관련을 맺으면서 편성되었고, 관복의 색깔은 ( )에 따라 달랐다. 국가직

17. 신라의 골품 제도에서 각 부(部)의 장관인 영(令)은 ( )만 할 수 있었고 6두품은 6관등인 ( )까지, 5두품은 10관등인 ( )까지, 4두품은 12관등인 ( )까지만 승진할 수 있었다. 수능

18. 신라 ( )을 득난(得難)이라고 불렀는데, 중대에는 집사부 시랑에 진출하여 왕의 정치적 조언자 역할을 하였다. 대구시

19. 골품 제도에서 1 · 2 · 3두품은 신분 구별이 차츰 사라져 ( ) 신분과 거의 동등하였다. 2008. 지방직 7급

20. 고구려의 ( ), 백제의 ( ), 신라의 ( )는 귀족 합의 제도로 고려 · 조선 시대의 정치적 운영에 일정한 영향을 끼쳤다. 2009. 지방직 7급

21. 신라 사회에서 여러 계층 간의 일체감을 형성하여 계층 간의 대립과 갈등을 조절, 완화해 주는 역할을 한 것은 ( ) 조직이다. 2013. 경찰간부

22. 화랑도는 진골 귀족에서 ( )까지 포함하는 조직이었다. 2013. 서울시 7급

23. 고구려의 혼인 풍습으로 ( )와 ( )가 있었다. 2010. 지방직 7급

24. 백제에서는 뇌물을 수수한 관리는 ( )로 배상하였고, 도둑질한 자는 ( )과 함께 ( )로 배상하게 하였다. 2007. 대구시

25. 신라 하대 지방에서 새롭게 대두된 ( )들은 사상적으로 ( ) 불교와 풍수지리 사상을 받아들이고 ( ) 지식인들과 연결하여 사회개혁을 추구하였다. 2004. 법원행정고시

13. 신라방, 신라소, 신라관, 신라원
14. 능력, 친족, 계급
15. 고, 5부, 부여, 8성
16. 관등, 관등
17. 진골, 아찬, 대나마, 대사
18. 6두품
19. 평민
20. 제가 회의, 정사암 제도, 화백 제도
21. 화랑도
22. 평민
23. 데릴사위제, 형사취수제
24. 3배, 귀양, 2배
25. 호족, 선종, 6두품

확인학습

OX 체크

1. 삼국 시대 신라에서는 농사가 흉년일 경우에 대비하여 국가에서는 농민에게 정전을 지급하였다. 지방직

2. 삼국 시대 농업에서 거름을 주는 기술이 발달하여 휴경지가 줄어들었다. 2007. 서울시 9급

3. 삼국 시대 수취의 중심을 이룬 것은 인세였으며 인세의 수취는 매년마다 일률적으로 이루어졌다. 수능

4. 삼국은 모든 국토가 왕토라는 사상에 따라 양인들이 자영지를 확보하지는 못했으나 조세 · 공부 · 역역의 부과대상이 되었다. 2003. 법원행정고시

5. 삼국은 전쟁에서 공을 세운 사람에게 일정 지역의 토지와 농민을 식읍으로 주었다. 2014. 경찰 1차

6. 관료전, 녹읍, 정전을 통해 고대 사회의 토지 지배를 둘러싼 대립이 국가와 농민 간에 있었음을 알 수 있다. 2010. 서울시 9급

7. 통일 신라 때 쌀 · 보리 등의 곡류 작물 외에도 모시 · 목화 등의 의류 작물을 재배하였다. 2013. 지방직

8. 신라 촌락 문서에서 인구는 역역에 동원되는 남자 장정의 숫자만 파악하였다. 2014. 경찰간부

9. 내시령답과 관모전답은 촌주가 소유한 토지이다. 2013. 경찰간부

10. 신라 민정(촌락) 문서를 통해 개별 호의 등급으로 농민들의 생활 수준을 판단할 수 있으며, 관모전답 · 내시령답 · 촌주위답 등의 토지는 촌민에 의해 소작되었다. 2009. 국가직 7급

11. 신라의 민정 문서에 보이는 호는 토지의 다소에 따라 9등급으로 구분되었으며, 노비의 숫자가 많은 점에서 이 시기의 노동력은 주로 노비에 의해 이루어졌음을 알 수 있다. 2006. 서울시 세무직 9급

12. 수공업은 창부(倉部)에서 관장하였는데, 특히 어아주 · 능라 등의 비단 생산과 종 · 불상 등의 제조 부문에서 뛰어난 수준을 보여 주고 있다. 2003. 행정고시

13. 4세기 중엽 근초고왕은 전남 해안 지역을 정복하고 동진 – 백제 – 임나가라 – 왜로 이어지는 교역로를 장악하였다. 2009. 지방직 7급

14. 발해와 일본은 서경 압록부를 통해 무역과 사신의 왕래가 이루어졌다. 2012. 국가직 9급

[OX 체크 정답]

1. X
2. X
3. O
4. X
5. O
6. X
7. X
8. X
9. X
10. X
11. X
12. X
13. O
14. X

---

1. 정전 지급은 통일 신라 성덕왕 때 이루어졌다.
2. 고려 때의 상황이다.
4. 왕토 사상은 어디까지나 관념적인 것으로 자기 토지를 소유한 농민들이 존재하였다.
6. 토지와 농민을 둘러싼 귀족과 국가 간의 대립이 있었다.
7. 목화는 고려 공민왕 때 문익점에 의해 원에서 도입되었고, 조선에 들어가 의생활의 변화를 주었다.
8. 인구는 노비를 포함하여 남녀를 6등급을 구별하여 파악하였다.
9. 내시령답은 내시령이라는 관료에게 지급된 토지이고, 관모전답은 관청 소속의 토지이다.
10. 농민은 소작이 아니라 경작하였다.
11. 호는 사람의 다과에 따라 9등급으로 구분하였고 노비는 인정 문서에서 10% 정도를 차지하였다. 즉, 노동력은 노비가 아닌, 농민이 주 대상이었다.
12. 창부는 세금을 징수하는 부서이고, 수공업은 예작부나 공장부에서 관장하였다.
14. 발해에서 일본으로 가는 길은 동경을 통해 이루어졌다.

15. 삼국의 귀족 합의 제도는 부(部) 대표자 회의에 뿌리를 둔 것이다. 2009. 지방직 7급

16. 정사암 제도와 화백 제도는 고구려의 대대로 선출 방식과 동일하게 운영되었다. 2009. 지방직 7급

17. 삼국 시대 신분은 혈연 집단의 사회적 위상과 개인의 능력을 중요하게 평가하여 결정되었다. 2010. 지방직

18. 신라 골품제는 관등 승진의 상한을 규제하였으나 일상 생활에서는 그렇지 않았다. 2010. 지방직 7급

19. 삼국 통일을 전후한 시기에 이르면 6두품 이하에 속한 사람들에게 중위(重位) 제도라는 일종의 특진의 길을 개방하기도 하였다. 2013. 경찰 1차

20. 신라 골품제에서 6두품들은 삼국 통일 직후 학문적 식견과 실무 능력을 바탕으로 정치적 진출을 활발히 하였다. 2014. 기상청

21. 6두품은 득난이라고도 하였는데 진골 다음 가는 신분이었다. 2013. 지방직 7급

22. 복색의 기준은 신분에 따라 자색 - 단색 - 비색 - 녹색의 순서로 정하였다. 2013. 지방직 7급

23. 골품제에서 진골은 1등급에서 5등급까지의 관직에만 임용되어 중앙 관청의 장관직을 담당하였다. 기상청

24. 신라에서는 관직 진출 및 승진에 혈통적 요소가 중시되었다. 2013. 군무원

25. 자색 공복은 진골만이 입을 수 있었으며 5두품은 중시령에 임명될 수 있었다. 2005. 서울시 9급

26. 신라 6두품 계열의 유학자들이 고려 성종 때 국정을 주도하며 유교 정치를 펼쳤다. 2009. 경찰

27. 원광은 세속 5계를 통해 불교를 대중화하여 일반 서민들의 생활 속에 확산시키고자 하였다. 수능

28. 발해 지식인들은 당의 빈공과에서 당의 지식인보다 우위에 서기도 하였다. 2008. 지방직 7급

29. 통일 신라 말에는 향 · 소 · 부곡민들이 신분 해방을 부르짖으며 난을 일으켰다. 2008. 지방직 7급

15. O
16. X
17. X
18. X
19. O
20. O
21. O
22. X
23. X
24. O
25. X
26. O
27. X
28. X
29. X

---

16. 정사암 제도는 다수결, 화백 회의는 만장일치제이다.
17. 삼국은 개인의 능력을 발휘할 수 없는 사회였다.
18. 골품제는 친족의 등급뿐만 아니라 정치 · 사회 · 일상 생활에까지 영향을 주었다.
22. 관등에 따라 복색을 자색-비색-청색-황색으로 정비하였다.
23. 진골은 1등급에서 17등급까지의 관직을 다 할 수 있었으며, 특히 1등급에서 5등급까지의 관직을 독점하였다.
25. 중시령은 진골만이 오를 수 있었다.
27. 불교의 대중화는 원효이다.
28. 빈공과는 외국인 전용 과거 시험으로 당나라 사람들은 보지 않았다.
29. 소는 고려 때 처음 등장하며, 향 · 소 · 부곡민들이 신분 해방을 부르짖으며 난을 일으켰던 시대는 고려 무신 정변기이다.

5 고대의 문화

※〈6도 윤회〉 극락 · 지옥(업보) · 인간(男–女) · 축생 · 아수라(양면) · 아귀(걸신)

1 고대 문화의 성격 〈불교 · 귀족 문화〉

삼국 시대	민족 문화 형성 ⇨ **기틀 마련** [지형적 특징]
통일 신라	민족 문화 발전 ⇨ **토대 확립** [삼국 문화 통합 ⇨ **통일미**]

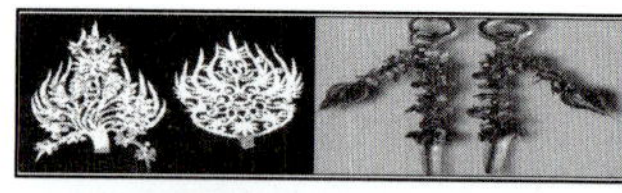
무령왕릉 장신구

고구려	북 중국 영향 ⇨ **기마 문화**(남성미 – 패기 · 정열미)
백제	남 중국 영향 ⇨ **농경 문화**(여성미 – 화려 · 세련미) – 다소 중국 모방적
신라	①소박미(폐쇄적 지형 · 전통적 : 토기 · 토우) ⇒ ②엄격미 · 조화미(귀족 중심)
통일신라	❸조화미 · 균형미=정제미➡ **조형예술 발달**(불국토 이상실현) – 국가적 차원 ↳불상 · 탑…

불국사 석가탑 다보탑

※〈통일신라〉 불국사内– 석가탑(고)+다보탑(백)⇒통일 상징(통합)

2 사상의 발달 ⇨ ┌①〈지배층〉 **조상신**(동명신 · 구이신 · 내을신…) └②〈피지배층〉 **자연신**(애니미즘– 정령신앙)

※神⇒ 〈성직자〉⇒ 人

(1) 불교 ⇒ ①불상 ②탑

↱싯달타 태자 ⇒ 석가모니

〈고대 성립기〉 **왕실** 수용(고등 종교 ⇒ 부족 통합) ⇨ **왕권 강화** 목적(王즉佛)		
	교종 ⇔	**선종** ⇒ ①실천(수행) ②개혁
성격	**경전** 중시 – 규범 (도시 불교 – 형식 · 권위 중시)	**참선** 중시 – **실천** ※달마 (산간 불교 – 정신적 **수행** 중시) ①**불립문자**(경전×) ②**견성오도**(스스로 깨우침)
수용	삼국 성립기(왕실 · 귀족)	신라 중대(**6두품** · 호족)
발전	⇨ 신라 중대 **〈5교〉**	⇨ 신라 하대 **〈9산〉**
영향	조형 예술 발전 (불상 · 탑…)	조형 예술 쇠퇴(안정 · 균형미 무시) ➡ **개혁** 요구 **〈反신라적〉**

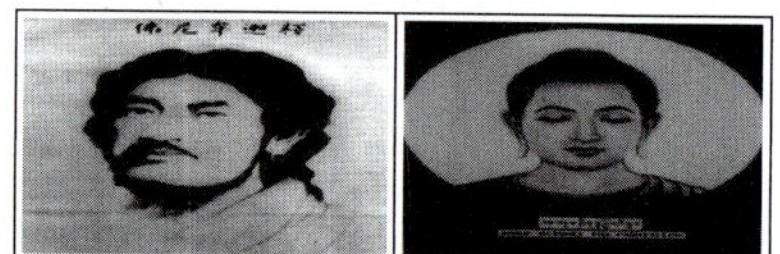

이차돈비

황룡사목탑

※**〈교종 5교〉**법성(원효–분황사) · 법상(진표–금산사) · 화엄(의상–부석사) · 계율(자장–통도사) · 열반종(보덕)

		교종(**국가** 차원 불교 ⇨ **왕권 강화** 기여) – 王 즉 佛
삼국	**수용**	〈고구려〉 소수림왕 〈백제〉 침류왕 〈신라〉 눌지왕 ⇒ 법흥왕(이차돈 순교) ↳삼론종(승랑) ↳율종(겸익– 인도 구법활동) ↳계율종(자장– 통도사)
	성격	①호국 불교(국가 차원 = 王즉佛) ②**현세 구복적**(토속 신앙 융합 ⇒ **산신각**) ⇨ **한국적** 불교(특수성) ❸지배층 대변(왕족 · 귀족 – **업보설**)
	영향	❶**왕권** 강화(불교식 왕명 · 세속 5계) ②선진 문화 수용(불교 · 귀족 문화) ⇒ 법흥왕(중고)↲ ↳**화랑도** 정신적 기반(⇒ 국가 · 사회 규범)

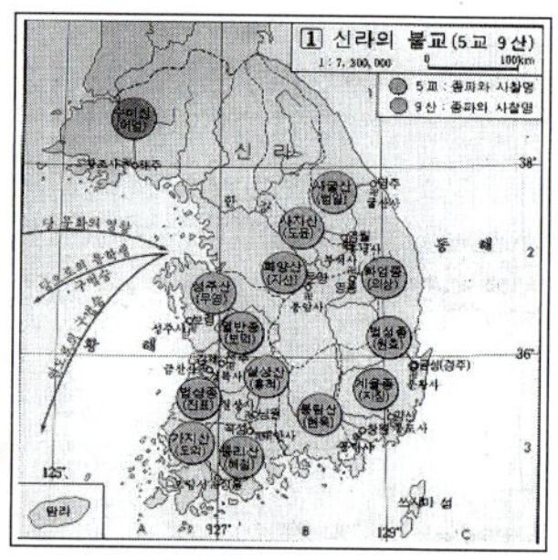

①경전
②탑–불상
③철학

※**〈선종 9산〉** ①가지산파(도의) ⇒ ❾수미산파(이엄– 왕건의 왕사)

		교종(중대 5교) ⇔ **선종**(하대 9산 – **6두품** 개창)
통일신라	**원효** (6두품)	①〈교종〉 **법성종**(⇨ 경전 정리–체계화) [대승기신**론**소 · 금강삼매**경**론] ②〈선종〉 **정토종** [**아미타 신앙**(내세불)]➡ **불교 대중화 운동** ❸〈통합〉 **화쟁 = 일융 사상**[십문화쟁론] ⇨ **종파통합** 시도 ⇒ **사회** 통합
	의상 (진골)	〈교종〉 화엄종(부석사) ➡**전제왕권 강화**기여 [화엄**일승**법계도] – **당** 유학 **원융 사상**(조화)↲ ↳**관음 신앙**(王 즉 佛) – 중생구제
		※6두품 ⇒ ┌〈**혜초**〉 서역(인도) – 구법 활동 [왕오천축국전] – 서역 · 중국 연구자료 └〈**원측**〉 유식 불교(선종 계통) – 〈**당**〉 서명사에서 활동(**규기** 학설 반박)

※**〈삼보〉** ①불(통도사 · 자장–금강계단) ②법(해인사 · 8만대장경) ③승(송광사 · 지눌–수선결사)

호국 불교	**황룡사 9층 목탑**(동양최대 목탑 – 선덕여왕) · **훈요 10조**(연등회 · 팔관회) · **대장경** · **승군** 불국토(王즉佛) · 사천왕사(문무왕) · 감은사(신문왕) · 비보사찰(풍수) · 인왕경(백고 좌회)

◈ 원효 〈십문화쟁론〉

•헛되고 헛된 논의가 구름이 달리듯 하여, 혹은 말하기를 내가 바르고 남은 바르지 못하다 하고 혹은 말하기를 내가 옳고 남은 옳지 못하다 하여, 드디어 그러한 형세가 강물과 같이 되었다.

◈ 의상 〈화엄일승법계도〉

①모든 존재는 상호 의존적인 관계에 있으면서 서로 조화를 이루고 있다.
②일즉다 다즉일(一卽多多卽一)의 **원융사상**으로 하나 속에 만물을 아우르며, 우주의 다양한 현상을 결국 하나로 귀결시킨다는 사상으로 전제왕권을 중심으로 하는 중앙 집권적 통치 체제를 뒷받침하고 있다.

사료읽기

◈ **원효의 화쟁 사상 = 일융(일심) 사상**

①그는 〈세계의 모든 것은 공(空)이다.〉라는 주장과 〈세계의 모든 현상은 식(識)이다.〉라는 주장을 다 같이 비판하고, 세계는 오직한마음이라는 독자적인 견해를 제시하였다.

②헛되고 헛된 논의가 구름이 달리듯 하여, 혹은 말하기를 내가 바르고 남은 바르지 못하다 하고 혹은 말하기를 내가 옳고 남은 옳지 못하다 하여, 드디어 그러한 형세가 강물과 같이 되었다. 〈십문화쟁론〉

◈ **의상의 화엄 사상 = 원융 사상**

하나가 곧 일체이며, 한 작은 티끌 속에 시방(十方)이 있는 것이요, 한 찰라가 곧 영원이다. 양(量)에 있어서 셀 수없이 많은 것이 있지만 그것은 실은 하나이며, 공간은 시방으로 너르게 되어 있지만 그것이 한 작은 티끌 속에 포함되어 있으며, 시간에 있어서 영원한 것도 한 찰나이다. 〈화엄일승법계도〉

⇨ ①모든 존재는 상호 의존적인 관계에 있으면서 서로 조화를 이루고 있다.

②일즉다 다즉일(一卽多多卽一)의 원융(圓融) 사상으로 하나 속에 만물을 아우르며, 우주의 다양한 현상을 결국 하나로 귀결시킨다는 사상으로 전제 왕권을 중심으로 하는 중앙 집권적 통치 체제를 뒷받침하고 있다.

◈ **신라 말기 선종 불교의 영향**

교종은 경전의 이해를 통하여 깨달음을 추구하는 이론 불교이다. 이에 비하여, 선종은 방편에 지나지 않는 문자를 넘어서 구체적인 실천 수행을 통하여 깨달음을 얻는다는 실천 불교이다. 선종은 통일 전후에 신라에 수용되었으나, 널리 퍼지지는 못하였다. 신라 사회의 변화로 선종이 관심의 대상으로 떠오르기 시작하였고, 선문 9산의 대부분은 왕실이나 중앙 귀족이 아니라, 이 시기에 새롭게 부상한 지방 세력, 곧 호족의 적극적인 지원을 받았다.

※ **업보설** – 왕과 귀족의 우월한 지위는 선한 공덕을 많이 쌓은 결과라는 해석이 가능하며, 왕의 권위와 귀족의 특권을 인정하는 일면이 있다.

適者生存⇒盡人事待天命

(2) 도교 〈삼국 말 – 귀족 사회 수용〉

※〈당〉의 국교(건국직후 ⇒ 고구려에 도덕경 · 도사 파견) – 신선 도모

〈성격〉 ⇨ **현세 구복적** – 신선 사상(불로장생 · 다신교). 무예 · 초제 중시. 다소 비조직적	
고구려	연개소문 장려(불교귀족 세력 억압) ⇨ [반발] 신라 ⇒ **열반종** 개창(보덕) 강서 고분(**사신도** – 청룡 · 백호 · 주작 · 현무) ※〈**벽화**〉 풍속도 ⇒ **사신도**
백제	산수 문전, 사택지적비, 봉래산 용봉금동 대향로(**사비** – 불교 · 도교 흔적) 무령왕릉 지석(①현존 최고 지석 ②**매지권** – 도교 흔적) – 벽돌식(남조 영향) – 벽화×
신라	화랑도 ⇨ 國仙徒(국**선**도) · 風月道(풍월도 : 자연 산천 중시 – 무예 수련)
통일신라	은둔적 성격 〈**나말** – 귀족사회 유행– 현실 부정적〉 ➡ **개혁 요구**(反 신라적)
발해	문왕 2–4 女 ⇒ 정혜 공주묘(육정산 고분) – 정효 공주묘(용두산 고분) 지석

↳〈**고구려**〉 문화(돌사자석상) ↳〈**당**〉 문화(벽화 · 벽돌식) ⇨ 〈**공통**〉 모줄임 천장(고구려 문화)

산수문전 백제 금동대향로

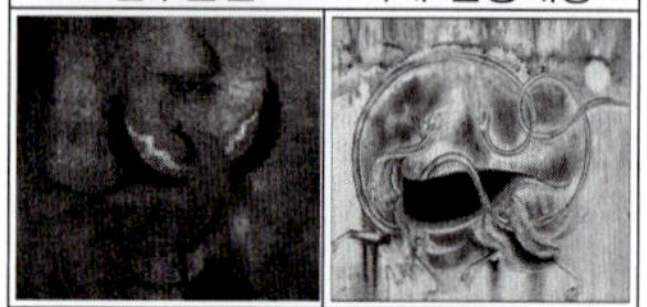

주작—〈사신도〉—현무

(3) 풍수지리설 〈9C 나말 – 진성 여왕 ⇨ 선종 승려 **도선** 수용〉

성격	인문 지리적 지식(지형 · 지세) + 예언적 도참사상(풍수+도교 ⇒ 길흉화복)
영향	지방 중심 **국토 재편성** – 호족(지방세력) 지지 ⇒ **천도** 주장(수도 이전) ⇨ 중앙 정부 **권위 약화** – 중앙정부=진골에 대한 부정 ➡ **反신라적**(**개혁** 요구)

◈ 우리나라 풍수지리설은 신라 말에 신라 정부의 권위를 약화시키고 고려 시대에는 북진 정책의 사상적 기반을 제공하였다. 조선 시대에는 산송문제를 일으키기도 하였다.

※ ①유교[지배층– 질서중시(규범)]⇔②도교[피지배층– 자연의 道(순리)]

3 학문과 기술의 발달

삼국 시대		고구려	백제	신라
한학의 발달	교육	태학 · 경당(평양천도 후) (최초 민간교육 : 한학+무술)	박사(5경 · 역 · 의박사)	화랑도(문+무 일치 교육)
	금석문 비석(문)	광개토 대왕릉비 (선돌 양식 – 예서체) 중원 고구려비(충주)	사택지적비(7C 의자왕) 개로왕 국서 (5C 북위 – 군사요청)	**임신서기석**(화랑도 – 유학 학습) 단양 적성비(당항성 확보) – 상류 진흥왕 순수비(북⇒창⇒황 · 마)
	역사서	[유기]100권 ⇒ [**신집**]5권 (이문진 – 영양왕)	[**서기**] (고흥 – 근초고왕)	[**국사**] (거칠부 – 진흥왕)
			〈**역사서**〉 ①국력 번성 ②王업적 ⇒ 과시– 현존×	

↱의자왕 장인(도교)

◈〈**사택지적비**〉 갑인년 사택지적은 몸이 날이 가듯 쉽게 가고 달이 가듯 돌아오기 어려움을 슬프게 여겨 금을 뚫어 진당(珍堂)을 세우고 옥을 깎아 보탑(寶塔)을 세우니…

◈〈**무령왕릉 지석**〉 돈 만 문을…영동 대장군 백제 사마왕은 상기 금액으로 토왕(土王), 토백(土伯), 토부모(土父母)와 상하 지방관의 지신(地神)들에게 보고하고 서서남 방향의 토지를 매입하여 무덤을 쓴다. 이를 위하여 증서를 작성…

현존 동양최고 천문 관측대(선덕여왕) ↰ ↱고구려

기술학	금은세공 · 제철기술(칠지도), 유리제조 기술, 천문학(**첨성대** / 천문도) 〈**음악**〉 고구려(왕산악 – 거문고) · 백제(정읍사) · 신라(우륵 – 가야금, 백결 – 방아 타령)

※ **천상열차분야지도**(조선 – 태조 : 현존 최고 천문도) ⇐ 천문도(고구려 – 장천1호분)↲

※〈극대 극〉 ①김대문⇔최치원 ②원효⇔의상 ③의천⇔지눌 ④이황⇔이이 ⑤김홍도⇔신윤복 ⑥신채호⇔박은식

통일신라			
	교육		**국학**(신문왕 – 유학 : 논어 · 효경 필수), 독서삼품과(원성왕 – 성적 ⇒ **최초** 관리 선발) ➡ 〈목적〉 **왕권 강화**(국가 ⇒ **인재** 양성 · 선발) – **골품**(신분)한계 극복(6두품 대상)
	한문학	진골	❶**김대문** ⇨ 문화적 **자부심**(자주적 한문학) – 진골 귀족문화 –8c [**계림**잡전 · 화랑세기 · 고승전]
		6두품	❷**최치원**(도당유학생; 빈공과) ⇒ 개혁 시무 10조(진성 여왕) ⇒ 해인사 死 –9c말 해운(海雲–호) [**계원**필경 · 4산 비문(선종 – 승려탑) · 제왕 연대력]
			③**강수** – 외교 문서 작성 [**답**설인귀**서**] ↱王의 도리(유교적 해석) ④**설총** – 이두 ⇒ 유교경전 정리 [화왕계] – 모란(王) ⇔ 장미꽃 · 할미꽃(臣)–원효子
	기술학		**무구정광 대다라니경**(8C 중엽 **석가탑** 內 ⇒ **현존 세계 최고** 목판 인쇄물) 기하학 원리(**석굴암**), 병학 · 천문학(김암), 의학(당 · 인도), 역학, 산학, 율학

◈〈**설총의 화왕계**〉 어떤 이가 화왕(모란)에게 말하였다. "두 명(장미와 할미꽃)이 왔는데 어느 쪽을 취하고 어느 쪽을 버리시겠습니까?" 화왕이 말하였다. "장부(할미꽃)의 말도 일리가 있지만 어여쁜 여자(장미)는 얻기가 어려운 것이니 이 일을 어떻게 할까?" 장부가 다가서서 말하였다. "저는 대왕이 총명하여 사리를 잘 알 줄 알고 왔더니 지금 보니 그렇지 않군요. 무릇 임금된 사람치고 간사한 자를 가까이하지 않고 정직한 자를 멀리하지 않는 이가 적습니다.
⇨ **왕의 도리** 〈삼국사기〉

사료읽기

◈ 도선의 풍수지리 사상

신라 말기 풍수지리설의 대가로는 도선이 있다. 그는 선종 계통의 승려로서 전 국토의 자연 환경을 유기적으로 파악하는 인문 지리적 지식에다 경주 중앙 귀족들의 부패와 무능, 지방 호족들의 대두, 오랜 전란에 지쳐서 통일의 안정된 사회를 염원하는 일반 백성들의 인식을 종합하여 체계적인 풍수 도참설을 만들었다.

이 풍수 도참설은 민심을 경주에서 지방으로 바꿈으로써 각 지방에 대두하고 있던 호족 세력들의 분열을 합리화하여 주었다. 더 나아가 우리나라 역사의 중심지가 한반도 동남부 지방인 경주에서 중부 지방인 개성으로 옮겨가고, 역사의 주인공도 경주의 진골 귀족에서 지방의 호족으로 바뀌는 데에 기여함으로써 개성 지방에서 성장한 호족 출신의 왕건이 후삼국을 통일할 수 있는 사상적 배경을 제공하였다.

⇨ 우리나라 풍수지리설은 신라 말에 신라 정부의 권위를 약화시키고 고려 시대에는 북진 정책의 사상적 기반을 제공하였다. 조선 시대에는 산송문제를 일으키기도 하였다.

◈ 개로왕 국서(5C)

저희 나라는 함께 조상이 부여에서 났으므로 선조들의 시대에는 옛정을 두텁게 하여 지냈더니 그의 조상 소(고국원왕)가 경솔하게 이웃나라와 우호관계를 깨뜨리고 직접 군사를 거느려 저희 국경에 함부로 침입하였을 때에 저희조상 수(근초고왕의 아들 근구수왕)가 군사를 정비하여 번개같이 내달아 기회를 포착하여 그들을 추격하여 싸움이 벌어지자마자 소의 머리를 베어 달았던 것입니다. 이때부터 한동안 그들이 감히 남쪽으로 얼씬 못하다가, … 고구려가 점차 성하여져 드디어 우리는 능멸과 침략을 받게 되어 원한이 맺히고 화를 연속함이 30여년, 재물이 다하고 힘이 다하여 점차 저절로 쇠약해졌습니다. … 속히 장수를 보내어 우리나라를 구해 주소서 〈삼국사기〉

◈ 〈임신서기석〉

임신년 6월 14일에 두 사람은 같이 적어서 하늘에 맹세하나이다. 지금으로부터 3년 이후 나라에 충도를 잡아 지니면서 과실이 없기를 비옵니다. 만약 이 약속을 어기면 큰 벌이라도 감수하겠나이다. 만약 나라가 불안하고 세상이 크게 어지러워지더라도 반드시 행할 것을 다짐하나이다. 따로 작년 신미년 7월 22일에 맹서했듯이 [시 – 상서 – 예기 – 춘추좌씨전]을 차례로 배워 익히길 3년 안에 다할 것을 거듭 다짐하나이다.

⇨ 신라의 두 화랑의 유교학습(3년 안에 시 – 상서 – 예전을 습득할 것을 맹세한 내용이 적힌 비문)에 대한 서약문으로 진평왕 34년(612) 추정되며, 통일 전 신라의 화랑도 내에 유학 교육이 나타났음을 볼 수 있다.

◈ 국학 – 독서 삼품과 ※**5경** – 유교의 다섯 가지 기본 경전. 시경 · 서경 · 역경 · 예기 · 춘추를 가리킨다.

①국학은 예부에 속한다. 신문왕 2년에 설치하였는데 경덕왕이 태학으로 고쳤고 … 박사 · 조교가 있고 대사는 2년으로 진덕왕 2년에 두었는데 경덕왕이 주부로 고쳤다. 교수하는 법은 주역 · 상서 · 모시 · 예기 · 춘추좌씨전 – 문선으로 나누어 학업을 닦게 하였는데 박사나 조교 한명이 혹은 예기 · 주역 · 논어 · 효경을 가르치고 혹은 춘추좌씨전 · 모시 · 논어 · 효경을 혹은 상서 · 논어 · 효경 · 문선으로써 교수한다. 〈삼국사기〉

②독서에는 삼품 출신의 법이 있으니 춘추좌씨전이나 예기 · 문선을 읽어 그 뜻을 잘 통하고 논어 · 효경에도 밝은 자를 상으로 하고 곡례 · 논어 · 효경을 읽은 자를 중으로 하며 곡례 · 효경을 읽은 자를 하로 하되 만일 5경 · 3사 · 제자백가를 능히 겸통한 자가 있으면 등급을 뛰어 넘어 특품으로 등용한다. 〈삼국사기〉

◈ 6두품 출신 도당 유학생(숙위 학생)**들의 활동**

①최치원은 당의 학문을 많이 깨달아 얻은바 많았으며, 귀국하여 이를 널리 펴 보려는 뜻을 가졌으나, 그를 의심하고 꺼리는 사람이 많아 그의 뜻이 수용되지 않자, 대산군(전북 태인) 태수로 나가게 되었다. 그가 귀국했을 때에는 난세가 되어 모든 일이 뜻대로 되지 않으므로, 스스로 불우한 처지를 한탄하며 다시 벼슬에 뜻을 두지 않고 … 풍월을 읊으며 세월을 보냈다. 〈삼국사기〉

※**빈공과** – 당에서 외국 유학생을 상대로 보는 과거 시험

②나라에 현묘한 도가 있으니 풍류라 한다. 실로 이는 삼교를 포함하고 뭇 백성들을 교화한다. 이를테면 들어와서는 집안에서 효를 행하고 나가서는 나라에 충성함은 노나라 사구의 가르침이고〈유교〉, 하였다고 자랑함이 없는 일을 하고 말없는 가르침을 행함은 주나라 주사의 뜻이며〈도교〉, 모든 악을 짓지 말고 모든 선을 받들어 행하라 함은 축건태자의 교화이다.〈불교〉 〈최치원의 난랑비 서문〉

適者生存⇒盡人事待天命

4 고대인의 자취와 멋

※~능(지석 발견). ~총(주인공 모름)

	고구려	백제	신라	통일 신라
고분	❶구덩식(돌무지) 무덤 ⇒ ❷굴식(돌방) 무덤 └➡ ★돌무지 덧널무덤(①통일 전 신라에서 만)			
	장군총(석총) – 벽화× 풍속도 ⇒ 사신도(강서고분) └쌍영총 · 무용총 · 각저총	〈한성〉 석촌동 고분(고– 계통) 〈웅진〉 송산리 고분(무령왕릉) 〈사비〉 능산리 고분(귀족문화)	천마총 ②벽화×(천마도) ③도굴× ④단장묘(1인용)	화장 유행(골호) 수중릉(문무 왕릉) └대왕암
탑	3층 목탑 유행 (현존×) ※안학궁(평양)	익산 미륵사지 석탑 (목탑 양식 – 현존 최고 석탑) 정림사지 5층 석탑(사비) ※풍납 몽촌 토성(3C 송파구)	↱진흥왕 ↱선덕여왕 황룡사 목조 9층탑 (자장 건의 ⇒ 통일기원) 분황사 모전 석탑	불국사 석가탑 · 다보탑 감은사지 3층 석탑 화엄사 4사자 3층 석탑 진전사지 3층 석탑
불상	연가7년명 금동여래입상 (두꺼운 법의 – 북조 영향)	서산 마애삼존 불상 (백제의 미소)	경주 배리석불(서역) 금동 미륵보살 반가상	석굴암(조형 예술)

└8각 기둥(서역) ※〈무령왕릉〉 ①송산리(웅진) ②벽돌식(남조 교류 – 벽화×) ③현존 최고 지석(매지권 – 도교 흔적)

└광배(연가 7년명 기록)

└※삼국 공통 귀족 예술품(⇒ 일본 영향)

7층 피라밋식↰

장군총

석촌동고분

계단식↲

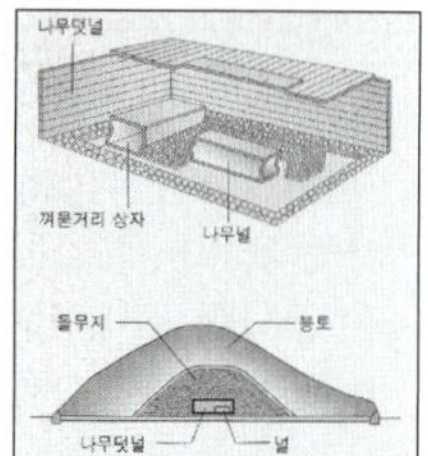

돌무지 덧널무덤

통일 신라		
통일 신라	건축	석굴암(본존불 · 10대 나한상 : 불교 이상세계 표현 ⇒ 높은 수준 건축 · 과학 기술) 불국사(①석가탑 · 다보탑 ②청운교 · 백운교 · 범영루 ⇒ 입체적 美 건축) 동궁월지 = 안압지(조경 예술 ⇒ 궁중 · 귀족 화려한 생활상) ※금입택 · 사절유택 · 포석정
❶조형예술 발달 ②불교 대중화 (민간문화 수준 향상) ③〈당〉동아시아문화권 (국제문화 조류 참여)	범종	상원사 동종(성덕왕)➡ 현존 최고 범종 ↱맑고 장중한 소리 성덕대왕 신종(= 에밀레종 : 봉덕사 – 비천상 · 용두문 · 연화 문양)– 조각예술 발달
	조각	12 지신상(둘레돌 – 통일 신라 최초 제작)– 성덕대왕릉 · 김유신묘 · 괘릉(무인석) 무열왕릉비(이수 · 귀부 – 사실적 · 생동적 美). 석등(불국사 · 법주사 쌍사자 석등) 승탑(선종 계통 승려사리탑 = 부도 ⇒ 지방 호족세력 성장 반영) – 쌍봉사 철감선사 승탑

불국사(청운–백운교)

쌍봉사철감선사승탑

※동방 문화권(선사 – 동북아시아 일대) ※돌무지덧널무덤 · 12지신상 ⇒ 신라 만(고구려 · 백제×)

※반월성(신라 궁)

발해		
발해 ※발해 문자(해독×) –압자기와	성격	❶고구려 문화(토대) + ②당 문화(가미) ⇨ ❶웅장하고 – ②부드러운 = 건실한 기풍 └⇨ 주작대로(상경 – 당의 장안성 모방) · 3성 6부 · 영광탑 └➡ ①모줄임천장 양식(굴식 돌방무덤) ②발해 석등 ③돌사자 석상 ④연화문 기와 ⑤온돌 장치(궁궐) ⑥이불병 좌상
		발해자기(가볍고 투명한 광택 : 당 – 수출품). 금석문(정혜 · 정효 공주묘 – 지석)

└도교 흔적

발해기와

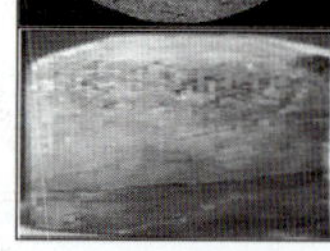
발해지석

(가야토기 ⇒) 신라 토기 ——〈전통적 소박미〉—— 신라 토우

무용도 — 內 수렵도

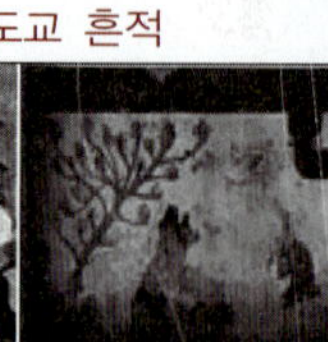
각저도(씨름도)

연화문 기와

↱ 법주사(진흥왕)–쌍사자석등(통신)

무열왕 – 이수 · 귀부

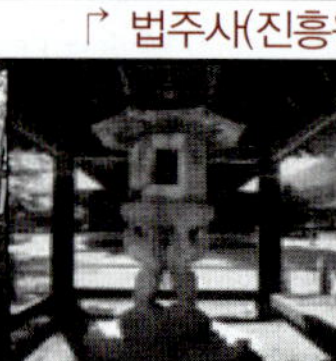
법주사쌍사자석등

김유신묘(12지신)

골호(뼈항아리) – 화장장례 유행

문무왕릉(수중릉)

상원사종

성덕대왕신종

사료읽기

◈ 고분 양식

①**돌무지무덤** – 돌로 쌓아 만든 무덤인데, 청동기 시대부터 삼국 시대까지 만들어졌다.

②**굴식 돌방무덤** – 돌로 1개 이상의 방을 만들고 그것을 통로로 연결한 무덤으로, 일반적으로 앞방과 널방으로 구분하고, 벽에 그림을 그려 넣기도 하였다.

③**돌무지덧널무덤** – 신라에서 주로 만든 무덤으로 지상이나 지하에 시신과 껴묻거리를 넣은 나무덧널을 설치하고 그 위에 냇돌을 쌓은 다음에 흙으로 덮었다. 도굴이 어려워 많은 껴묻 거리가 그대로 남아있다. 천마총에서 볼 수 있다.

④**12지 신상**(十二支神像) – 12지를 상징하는, 얼굴은 동물이고 몸은 사람인 상. 12지는 쥐, 소, 범, 토끼, 용, 뱀, 말, 양, 원숭이, 닭, 개, 돼지이다. 통일 이후부터 시작된다.

⑤**지석**(墓誌 묘지) – 죽은 자의 생애와 가족 관계 등을 기록하여 관과 함께 묻은 유물이다. 돌에 기록하기도 하고, 석관에 기록한 것도 있으며, 조선 시대에는 백자로 만들기도 하였다.

※**고구려 돌무지무덤**(장군총– 지린성 집안시)과 백제 돌무지무덤(서울 석촌동) – 두 무덤 양식이 비슷한 것은 백제 세력이 고구려계 유이민이었음을 뒷받침한다.

※**황룡사 9층 목탑** – 지금은 터만 남아있는 신라 황룡사는 진흥왕때 건축되었고, 9층 목탑이 있었는데, 이 공사를 지휘한 것은 백제의 장인 아비지였다. [삼국유사]에 따르면 아비지는 선덕 여왕의 초청을 받고 공사를 시작했으나, 백제가 망하는 꿈을 꾸고 중단하려다가 결국 백제의 운이 다했음을 깨닫고 탑을 계속 지었다고 한다.

※**쌍봉사 철감선사 부도**(전남 화순) – 신라 말 선종이 널리 퍼지면서 승려의 사리를 봉안하는 승탑(부도)과 탑비가 유행하였다.

◈ 사택지적비와 무령왕릉 지석(⇨ 도교의 흔적)

①갑인년 정월9일, 나지성(奈祇城)에 사는 사택지적은 몸이 날이 가듯 쉽게 가고 달이 가듯 돌아오기 어려움을 슬프게 여겨 금을 뚫어 진당(珍堂)을 세우고 옥을 깎아 보탑(寶塔)을 세우니, 높고 높은 모습은 신비로운 광채를 뿜어내어 구름이 피어나는 듯하고 … . 〈사택지적비〉

②돈 1만 문(文),을사년(525) 8월 12일 영동 대장군 백제 사마왕은 상기 금액으로 토왕(土王), 토백(土佰), 토부모(土父母)와 상하 지방관의 지신(地神)들에게 보고하고 서서남 방향의 토지를 매입하여 무덤을 쓴다. 이를 위하여 증서를 작성, 증명하므로 이 묘역에 관한 어떤 율령에도 구속되지 않는다. 〈무령왕릉 지석〉

⇨ 무령왕릉은 1971년 공주 송산리 고분군의 배수로 공사 중에 우연히 발견되었다. 그래서 고구려나 백제의 다른 고분과는 달리 완전한 형태로 세상에 빛을 보게 되었다. 중국 남조의 영향을 크게 받아 연꽃 등 우아하고 화려한 백제 특유의 무늬를 새긴 벽돌무덤 양식에 따라 고분 내부를 쌓았고, 관은 일본산 금송으로 만들어졌다. 이는 백제의 활발한 대외 교류를 잘 보여 준다. 고분의 주인공이 무령왕과 왕비임을 알리는 지석이 발견되어 연대를 확실히 알 수 있어, 백제의 고분 중 유일하게 주인을 알 수 있다. 왕과 왕비의 장신구와 금관 장식, 금귀고리, 금팔찌 등 금 세공품과 도자기, 철기, 토지 매지권, 양나라 동전 등 3,000여 점의 부장품이 출토되어 백제 미술의 귀족적 특성을 알 수 있는 굴식 벽돌무덤의 형태를 가진 도굴되지 않은 대표적인 무덤이다.

◈ 민족 문화의 발달

삼국 시대에는 중앙 집권적 귀족 사회가 형성되면서 왕족과 귀족 중심의 문화가 성행하였다. 불교를 수용하여 사상을 통합하였고, 각 분야에서 다양한 불교문화가 발전 하였다.

통일 신라는 삼국의 문화를 종합하고, 당 및 서역의 문화를 수용하여 고대 문화의 꽃을 피웠다. 발해는 고구려 문화의 기반 위에서 당 문화를 받아들여 독자적 문화를 이룩하였다. 과학과 기술 분야도 크게 발전하였다. 농업 기술을 향상시켜 생산력의 증대를 가져왔으며, 천문학과 금속 공예도 높은 수준을 이룩하였다. 고대에 살았던 조상들의 삶의 모습과 멋은 고분과 건축, 조각, 문학 등에 많이 남아있다.

適者生存⇒盡人事待天命

미륵사지 석탑	정림사지5층탑	황룡사 9층목탑	분황사모전석탑	석가탑(3층석탑)	다보탑	감은사지3층탑	화엄사4사자3층

↳현존최고(7C초 무왕) ↳백제의 美(사비) ↳동양최대 목탑 ↳원효 ↳고구려 양식 ↳백제 양식 ↳철심(상단) ↳사자

진전사지3층탑	철감선사 승탑	연가7년명금동	서산마애3존석불	미륵반가사유상	석굴암	천마도(벽화×)	불국사 석등

↳불신 양각조각(탑면) ↳선종 ↳뚜꺼운 법의 ↳백제의 미소 ↳삼국공통⇒일본 ↳자작나무 껍질(말안장 장식)

발해문화

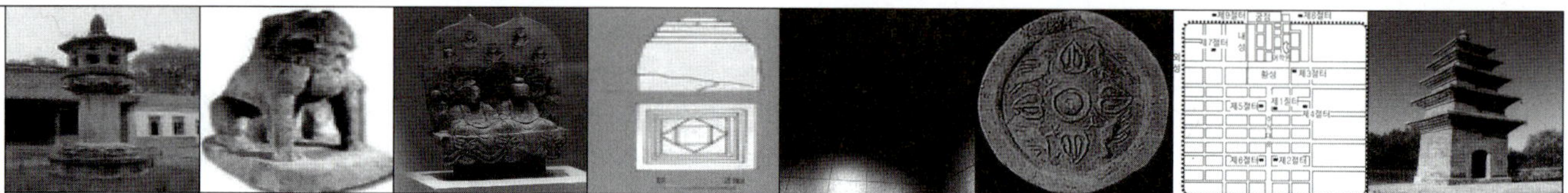

발해 석등	돌사자 석상	이불병 좌상	모줄임 천장(고구려-발해)	연화문 기와	주작대로(상경)	영광탑

↳고구려 문화 계승 ↳정혜공주묘(육정산 고분군) ↳당(장안성) 모델 ↳당

외래문화

무령왕릉(벽돌식)	정효공주 묘	쌍영총(8각기둥)	경주배리 석불	괘릉(무인석)	페르시아문양석	장식보검	미추왕릉(경주)

↳남조 영향 ↳〈당〉문화 ↳서역 ↳서역 ↳서역 ↳서역 ↳서역 서역(유리병-잔)↲

5 고대 문화의 일본 전파

선사	①신석기 문화(빗살무늬 토기) ②청동기 문화	⇨ **죠몽** = 승문(소다바식) 문화 ⇨ **야요이** = 미생 문화
고대	❸삼국 문화(고대 불교) ❹통일신라 문화(유교·불교)	➡ **아스카** 문화 ➡ **하쿠호** 문화
	〈당〉 **동아시아 문화권** ⇨ **다이카 개신**(7C) : **일본** 국호·천황제·율령 반포	

※메이지 유신(19C) : 천황을 신격화

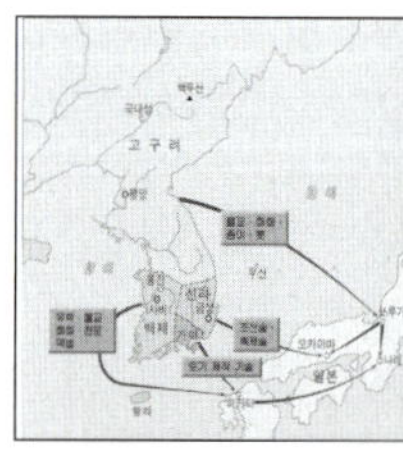

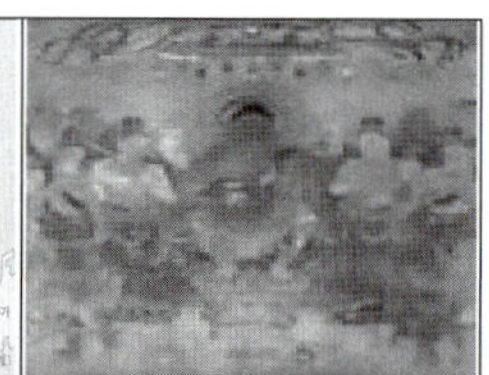

호오류사 대웅전 벽화

↱지배층 복식문양 유사 ↳소실 ⇒ 복원

	★★ 고대 문화의 일본 전파 ★★
고구려	**담징**(호오류사 금당 벽화) – 종이·먹·유교 경전·맷돌 전파 도현([일본세기]저술). **혜자**(쇼토쿠태자 스승) ※**혜량**(신라 ⇒ 교단조직) 〈**고구려**〉 수산리 고분벽화 ⇒ 〈**일본**〉 다카마쓰 고분벽화 – 지배층
백제	⇨ 건축 양식 〈**백제 가람** = 사원·5층 석탑〉 〈**한학자**〉 아직기·왕인 – 논어·천자문 전래(4C) 〈**5경 박사**〉 단양이·고안무 – 유교 경전 전래(6C) 〈**승려**〉 **노리사치계**(6C 성왕) ⇒ 최초 **불교** 전래(**불경·불상**) 관륵(천문·역법). 혜총(계율종·쇼토쿠 태자 스승)
신라	⇨ 조선술·축제술〈**한인의 연못**〉 – 저수지 축조
〈**삼국 공통**〉금동 미륵보살 반가사유상(국보83) ⇒ 〈**일본**〉고류사 미륵보살 반가사유상	
통일신라	원효·의상. 심상(일본 **화엄종** 개창 영향) ↳국보1호(적송)

수산리 고분벽화 ⇒ 다카마쓰 고분벽화

미륵보살반가사유상 ⇒ 고류사미륵보살반가사유상

※**미륵보살 반가상** – 우리나라 금동미륵보살 반가상(왼쪽)과 일본의 고류사 목조미륵보살 반가상(오른쪽)은 재료만 다를 뿐 제작 기법은 쌍둥이처럼 닮았다. 일본의 고대 불상은 그 형태나 제작 기법 면에서 삼국의 영향을 받았다.
※**고구려 수산리 벽화 고분을 빼닮은 일본 다카마쓰 고분 벽화** – 일본에 남아있는 고분 중에는 그 형태나 벽화의 회화 기법 등에서 고구려의 영향을 볼 수 있는 것이 많이 있다.
※**하쿠호(白鳳) 문화** – 7세기 후반에 발달한 일본의 고대 문화로, 당과 통일 신라의 영향을 많이 받았다. 불상 · 가람 배치 · 탑 · 율령과 정치 제도에서 신라의 불교와 유교의 영향이 컸다.

◈ 신라의 향가와 발해의 시

①〈**제망매가**〉(월명사 – 삼국유사)
살고 죽는 길이
여기 있어도 두렵고
여기 있고 싶어도 안 되어
간다는 말도 못하고 가십니까
가을바람에 여기저기 떨어지는 잎처럼
한 가지에 나고도 가는 곳 모르는구나
나, 도 닦으며 기다리리라
아아, 미타찰에서 만나리

②〈**다듬이 소리**〉(양태사 – 경국집)
서리 기운 가득한 하늘에 달빛 비치니 은하수도 밝은데
나그네 돌아갈 일 생각하니 감회가 새롭네
홀로 앉아 지새는 긴긴 밤 근심에 젖어 마음 아픈데
홀연히 이웃집 아낙네 다듬이질 소리 들리누나
바람결에 그 소리 끊기는 듯 이어지는 듯
밤 깊어 별빛 낮은데 잠시도 쉬지 않네
나라 떠나와서 아무 소식 듣지 못하더니
이제 타향에서 고향 소식 듣는 듯하구나…

※**향찰** – 한자의 뜻과 소리를 빌려 우리말을 적는 방식. 삼국유사와 균여전에 실린 향가는 모두 향찰로 쓰여졌다.

◈ 설총의 화왕계

어떤 이가 화왕(모란)에게 말하였다. "두 명(장미와 할미꽃)이 왔는데 어느 쪽을 취하고 어느 쪽을 버리시겠습니까?" 화왕이 말하였다. "장부(할미꽃)의 말도 일리가 잇지만 어여쁜 여자(장미)는 얻기가 어려운 것이니 이 일을 어떻게 할까?" 장부가 다가서서 말하였다. "저는 대왕이 총명하여 사리를 잘 알 줄 알고 왔더니 지금 보니 그렇지 않군요. 무릇 임금된 사람치고 간사한 자를 가까이하지 않고 정직한 자를 멀리하지 않는 이가 적습니다.
이 때문에 맹가(맹자)는 불우하게 일생을 마쳤으며, 풍당(중국 한나라 사람)은 머리가 희도록 하급 관직을 면치 못하였습니다. 옛날부터 도리가 이러하였거늘 저인들 어찌 하겠습니까?" 화왕이 대답하였다. "내가 잘못했노라. 내가 잘못했노라." 이에 왕(신문왕)이 얼굴빛을 바로 하며 말하였다. "그대(설총)의 우화는 진실로 깊은 뜻이 담겨있도다. 기록해 두어 왕자의 경계로 삼게 하기 바란다."라고 하고는 설총을 높은 관직에 발탁하였다. 〈삼국사기〉

◈ 불국토의 이상을 구현하다

통일 후 신라는 왕권의 전제화를 바탕으로 넓어진 영토와 늘어난 백성에 대한 통치 체제를 재정비함으로써 8세기 후반까지 안정과 번영을 누렸다. 귀족 생활의 풍요로움은 물론이고, 전쟁의 고통에서 벗어난 백성들의 삶도 안정되었다. 원효의 노력으로 귀족 종교에 머물고 있던 불교도 대중에게 확산되었다.
피리를 불면 적병이 물러가고 재앙이 가라앉았다는 만파식적(萬波息笛)의 이야기에는 안정과 번영을 누리게 된 신라 사회의 모습이 잘 반영되어 있다. 이제 신라인들은 자신들의 땅을 불국토로 여기면서 불교적 이상 국가를 현실에 구현코자 하였다. 불국사와 석굴암에는 이러한 신라인들의 의지가 잘 반영되어 있다.

※**高句麗**(BC37～AD668/ 28대⇒ 705년)
BC37 **동명성왕**–유리왕→ **2c태조왕**→ **고국천왕**→ **3c동천왕**→ **4c미천왕–고국원왕–소수림왕–광개토대왕**
→ **5c장수왕**–문자명왕→ **6c영양왕**→ 668 보장왕(연개소문 지원)

※**百濟**(BC18～AD660/ 31대⇒ 678년)
BC18 **온조왕**→ **3c고이왕**→ **4c근초고왕**–근구수왕–**침류왕**→ **5c개로왕–문주왕**→ **6c무령왕–성왕**
→ **7c**무왕–660 **의자왕**

※**新羅**(BC57～AD935/ 56대⇒ **992년**)
〈상대〉BC57 **박혁거세**→ 남해 차차웅–탈해 이사금→ **4c내물 마립간**→ **6c지증왕–법흥왕–진흥왕**→ **7c선덕여왕**
→〈중대〉 **무열왕–문무왕–신문왕**
→〈하대〉 **8c**혜공왕→ **9c진성여왕**→ **10c**경애왕–935 **경순왕**

※**渤海**(698～926/ 15대⇒ **227년**)
7c고왕(대조영)→ **8c무왕**→ **문왕**(대흠무)→ **9c선왕**(해동성국)→ 926 대인찬–(세자 대광현⇒ 926 고려 투항)

확인학습

5. 고대 문화

빈칸 채우기

1. 원성왕 때 유교 경전의 이해 수준에 따라 관리를 등용하는 ( )를 실시하였다. 2013. 경찰간부

2. ( )은 진성 여왕에게 시무 10조의 상소를 올렸고, 6두품 출신으로 당나라의 외국인 과거 시험인 ( )에 급제하였다. 2013. 경찰간부

3. 신라는 삼국 중 불교 수용이 가장 늦었지만 ( ) 사상을 수용하여 ( ) 왕명을 사용하였다. 2009. 지방직

4. 원효는 ( )에서 여러 종파의 모순 상쟁을 보다 높은 차원에서 융화시키려는 사상인 ( )을 주장하였다. 2010. 법원직

5. 의상은 영주에 ( )를 세우고 화엄 사상의 요체를 제시한 ( )를 저술하였다. 2012. 국가직 9급

6. 의상은 진골 귀족 출신으로 ( )을 설파하였고 현세에서 고난을 구제받고자 하는 ( )을 이끌었다. 법원직

7. 백제의 산수무늬 벽돌, 고구려 고분의 사신도는 ( )의 영향을 받은 것이다.

8. 고구려 후기에 나오는 무덤은 주로 ( )으로 ( )가 나오는 구조이고, 신라에서 주로 나오는 무덤은 규모가 큰 ( )으로 구조상 도굴이 어려워 껴묻거리가 많이 남았다. 2011. 국가직 | 2007. 국가직 7급

9. 백제의 서울 ( ) 고분은 ( )무덤으로 백제 건국의 주도 세력이 고구려계 유이민임을 보여 준다. 국가직

10. 무령왕릉은 백제가 중국의 ( )와 교류했음을 증명하는 벽돌무덤이다. 2013. 서울시 9급 · 경찰간부

11. 통일전 신라의 ( )은 무덤 안에서 많은 부장품이 출토되었는데 천마총 등의 사례가 있다. 2014. 사회복지

12. 쌍봉사 철감 선사 승탑은 신라 ( )에 유행한 ( ) 불교와 관련이 있다. 한국사검정 고급

13. ( )은 석재를 벽돌 모양으로 만들어 쌓은 신라 시대의 대표적인 석탑이다. 2014. 기상청

14. 현존하는 가장 오래된 석탑인 ( )은 ( ) 양식을 모방한 석탑이다. 수능

15. 삼국 문화는 일본의 ( ) 문화에 영향을 주었고, 고구려의 ( )은 일본에 종이와 먹의 제조 방법 등을 전파하였다. 2007. 법원직

[빈칸 채우기 정답]

1. 독서삼품과
2. 최치원, 빈공과
3. 왕즉불(왕즉불), 불교식
4. 십문화쟁론, 화쟁 사상
5. 부석사, 화엄일승법계도
6. 원융 사상, 관음 사상
7. 도교
8. 굴식 돌방무덤, 벽화, 돌무지덧널무덤
9. 석촌동, 돌무지
10. 남조 (또는 양나라)
11. 돌무지덧널무덤
12. 하대(말기), 선종
13. 분황사 모전 석탑
14. 익산 미륵사지 석탑
15. 아스카, 담징

OX 체크

1. 성덕왕 때 국학을 태학감으로 고치고 [논어]와 [효경]을 필수 과목으로 가르쳤다. 2013. 경찰간부
2. 삼국 시대 평등과 윤회 사상을 지닌 불교는 민간에서 적극 수용하여 민중 불교의 성격을 띠고 있었다. 경찰
3. 통일 신라 말 아미타 신앙과 함께 현세에서 구제 받고자 하는 관음 신앙이 널리 설파되었다. 2011. 경찰
4. 의상은 중관파와 유식파의 대립 문제를 연구해 일심 사상으로 체계화하였다. 2010. 지방직 9급
5. 혜초는 인도를 순례한 후 [왕오천축국전]을 남겼고, 의상은 화엄 사상뿐 아니라 관음 신앙을 이끌며 많은 사찰을 세웠다. 2013. 경찰 1차
6. 불립문자, 견성오도와 관련된 사상은 지방에서 새로이 대두한 호족들의 사상으로 받아들여졌다. 2014. 국가직
7. 후기 신라 불교의 지역적인 분화를 가져온 법상종은 미륵불이 지상에 이상 세계를 실현해 줄 것으로 믿었다. 2008. 지방직
8. 백제의 벽돌무덤은 중국의 영향을 받았기 때문에 벽화를 그려 넣지 않았다. 2007. 국가직 7급
9. 신라의 돌무지덧널무덤으로 황남대총, 장군총, 천마총 등이 있다. 2014. 사회복지 9급
10. 고구려의 대표적 무덤인 장군총의 무덤방은 지하에 위치하고 있다. 한국사검정 고급
11. 미륵보살 반가사유상과 익산 미륵사지 석탑에는 극락에 가고자 하는 아미타 신앙이 반영되었다. 수능
12. 정림사지 5층 석탑과 서산 마애 삼존불은 백제의 문화재이다. 2013. 지방직 7급
13. 통일 신라 석탑은 다각 다층탑이 많고 석탑의 몸체를 받치는 받침이 보편화되었다. 2013. 국가직 7급
14. 신라 하대 승탑의 기단이나 탑비의 귀부는 통일적으로 단순화시켜 놓은 특징이 있다. 2003. 법원행정고시
15. 쌍봉사 철감 선사 부도는 신라 말 선종이 유입되면서 나타난 양식으로 팔각 원형당의 승탑이다. 기상청
16. 불국사 석가탑에서 출토된 무구 정광 대다라니경은 8세기 초에 제작된 세계 최초의 금속 활자 인쇄물이다. 2008. 국가직
17. 백제 문화의 영향을 받아 일본에는 '한인의 연못'이라는 이름이 생겼다. 2007. 법원직

[OX 체크 정답]

1. X
2. X
3. X
4. X
5. O
6. O
7. O
8. X
9. X
10. X
11. X
12. O
13. X
14. X
15. O
16. X
17. X

---

1. 경덕왕 때 국학을 태학감으로 고쳤다.
2. 고대 불교는 왕실과 귀족을 중심으로 발전하였다.
3. 통일 신라 말(하대)DL 아니라 중대이다.
4. 의상이 아니라 원효이다.
8. 벽돌무덤인 공주 송산리 6호분에는 사신도와 일월도 벽화가 남아 있다.
9. 황남대총과 천마총은 신라의 돌무지덧널무덤이고, 장군총은 고구려의 돌무지무덤이다.
10. 장군총은 지상 4층에 무덤방을 두었다.
11. 미래불로서의 미륵을 믿는 미륵 신앙을 반영하고 있다.
13. 통일 신라는 3층 석탑이 유행하였고, 다각 다층탑은 고려 시대에 유행하였다.
14. 정형화된 일반적인 틀을 깨고 다양한 형태로 발전하였다.
16. 8세기 초에 제작된 최고(최고)의 목판 인쇄물이다.
17. 신라 축제술의 전파로 '한인의 연못'이라는 이름이 생겼다.

Ⅲ 고려의 성립과 발전

1 고려의 건국과 통치 체제의 정비

1 중세 사회의 성립과 전개 〈후 삼국 ⇒ 고려 통일〉

※ 고려(475년–34대) ※ 조선(518년–27대)

〈926 거란에 멸망 – 고구려계 유민 ⇒ 흡수〉– 대광현 세자

1) **발해** (북국) →
⇕
2) **통신➡** (남국)
- ❶후고구려(901) [마진 ⇒ **태봉**] ⇒ **고려**(918) ⇨ **재통일**(936) ➡ **중세**〈고려〉
  - 궁예(송악) (철원) · 왕건(송악)
- ②**신라** — 〈935 경순왕〉– 마의태자
- ③**후백제**(900 견훤 – 완산주) — 〈936 견훤 ⇔ 신검 내분〉– 금성
  - ↳전주

※금산사 유폐(견훤) ⇒ 왕건에 귀순

◈ **왕건** – **세력 기반**(反신라적)	
세력	①**6두품** · 호족 세력(송악) ②**해상 세력**(예성강)
사상	❶**선종**(이엄 – 수미산파) ②도교(현실 도피적) ③풍수설(송악 길지설)
※양길 ⇒ **궁예**(사원+초적+호족 세력) ※**견훤**(군진+호족 세력)	

※①작제건⇒ ②왕융⇒ ❸왕건

(1) 민족의 재 통일 〈의의〉

※〈통일전쟁〉 포석정(경애왕)⇒ 공산 전투(왕건×견훤)⇒ 고창전투(왕건×견훤)

독자적 성취(936) : 당 ⇒ **송**(960) 교체기 〈5대 10국 혼란기〉 ※5호16국(한 ⇒ 수 교체기)
⇨ ❶**신라**– 화친 정책 ⇒ 신라 정통성 계승(선위 = 선양) ②**후백제** – 무력 정책

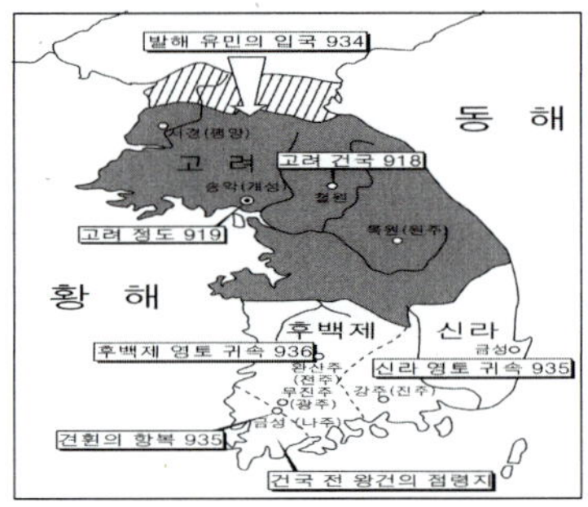

	고대 〈통일 신라〉 ➡	중세 〈고려〉
성격	안정 추구 ⇒ **보수적** 국가	[**북진 정책**] ⇒ **자주적** 민족 국가
사회	**신분** 본위 ⇒ **폐쇄적** 신분 사회	**능력** 본위 ⇒ **개방적** 신분 사회
문화	**중앙**(귀족) 문화 중심 ⇨ 신분적(골품제도) · 종교적(불교) 제약	**중앙**(귀족) + **지방**(호족) 문화 성장 ⇨ 신분 · 종교적 제약 탈피(문화 수준 향상)

(2) 왕권 강화 정책〈광종〉– ※왕권 안정〈태조 · 성종〉 ↱군사력(⇒ 서경파 : 묘청)

태조 (천수)	❶**북진정책**			고(구)려 · 서경(**평양**– 북진정책 전초기지) ⇒ 영토 확장(청천강~영흥)
	②민족융합 정책	〈세력통합〉	중앙	**정략결혼 정책**(➡ **외척세력** 대두 ⇒ 왕권 약화) 29부인 (25남 · 9여 ⇒ 34명)
			지방	**기인 · 사심관** 제도(⇒ 지방 **향리**세력 통제 · 회유)
		〈민심수습〉		취민유도 정책 ⇨ 조세감면 · 흑창(빈민구제 – 환곡 ⇒ 의창)
		〈사회통합〉		**숭불 정책**[훈요10조] ⇨ 연등회 · 팔관회(불교+토속) 장려

※하성 정책
(세력 회유–통합)
※장화왕후
(혜종 母–오씨)
※왕건 불상⇨

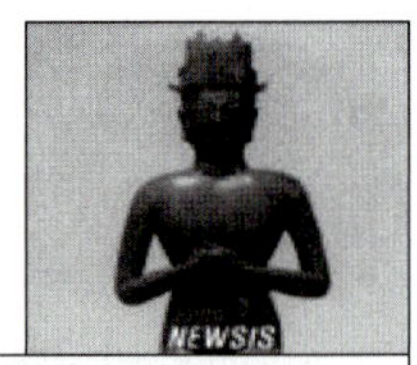

◈ **훈요 10조**
[왕실 가훈 – 왕실 안정 도모]

①국가의 대업이 제불의 호위와 지덕에 힘입었음을 강조
(⇨ 불교 · 풍수 지리설)
②왕위 계승의 적자 원칙
③연등회 · 팔관회를 중시할 것
(⇨ 사회 통합)
❹서경(평양) 중시.
거란의 풍속을 본받지 말 것
(➡ 북진 정책)

◈ **정계 · 계백료서(훈계)**–현존X
– 관리 기강 ⇒ 근무 지침서

〈혜종 · 정종〉 외척 세력 발호 ⇨ 왕권 약화(외척 **왕규의 난** ⇒ 혜종 암살)

광종 –왕권 강화	①**노비 안검법** ↳부채노비 해방	중앙 **귀족**(개국공신 = 외척 세력) ⇒ 경제적 · 군사적(사병) 타격
	❷**과거 제도**	신 · 구 세력 교체(후주 귀화 – 쌍기 건의 : 최초 관리선발 시험)
	칭제건원(광덕 · 준풍) · **친송배요 정책**(북진정책) · 주현공부법(재정확보) · 공복 제정	

〈경종〉 광종 **왕권강화** 개혁 ⇨ 중앙 귀족(개국공신 · 외척세력) 반발 ⇒ 왕권 약화

성종 – 국가 제도 정비	유교 정치	〈배경〉 **최승로** 시무 28조 채택 ➡ 유교정치 시작(유교 이념 **정립**) 〈의의〉 **왕권 견제** ⇒ **문벌귀족** 주도 사회토대 확립
	❶〈당〉 2성 6부 – 〈송〉 중추원 · 삼사 – 〈독창적〉 **도병마사 · 식목도감** ②촌주 ⇒ **향리** 제도. 12목 설치(지방). 유학 교육(**국자감**. 경학 · 의학 박사 12목 파견) ③**문신 월과법**(관리자질 향상) ④**비서성**(개경) · **수서원**(서경) ⇨ 학문연구(도서관)	

사료읽기

◈ 후백제 건국 이야기 〈견훤〉

견훤은 상주 가은현(경북 문경 가은) 사람으로 본래의 성은 이씨였는데 후에 견으로 성씨를 삼았다. 아버지는 아자개이니 농사로 자활하다가 후에 가업을 일으켜 장군이 되었다. … 신라 진성왕 6년(892) 아첨하는 소인들이 왕의 곁에 있어 정권을 농간하매 기강은 문란하여 해이해지고, 기근이 곁들어 백성들이 떠돌아다니고 도적들이 벌떼처럼 일어났다. 이에 견훤이 은근히 반심을 품고 무리를 모아 서울 서남쪽 주・현들로 진격하니, 가는 곳마다 호응하여 무리가 달포 사이에 5,000여 인에 이르렀다. … 지금 내가 도읍을 완산(전주)에 정하고, 어찌 감히 의자왕의 쌓인 원통함을 씻지 아니하랴 하고, 드디어 후백제 왕이라 스스로 칭하고 관부를 설치하여 직책을 나누었다. 〈삼국사기〉

◈ 후고구려 〈궁예〉

궁예는 신라 사람으로, 성은 김씨이고, 아버지는 제47대 헌안왕 의정이며, 어머니는 헌안왕의 후궁이었다. … 머리를 깎고 승려가 되어 스스로 선종(善宗)이라 이름 하였다. … 선종이 왕이라 자칭하고 사람들에게 이르기를 "이전에 신라가 당나라에 군사를 청하여 고구려를 격파하였기 때문에 옛 서울 평양은 오래 되어서 풀만 무성하게 되었으니 내가 반드시 그 원수를 갚겠다."라고 하였다. 〈삼국사기〉

⇨ 신라 하대 중앙에서 왕위 쟁탈전으로 왕권이 약화되어 지방 통제가 약화되자 농민 반란과 호족들이 성장하였다.

◈ 사심관 제도 〈고려사〉

태조 18년 신라왕 김부(경순왕)가 항복해 오니 신라국을 없애고 경주라 하였다. (김)부로 하여금 경주의 사심관이 되어 부호장 이하의 (임명을) 맡게 하였다. 이에 여러 공신이 이를 본받아 각기 자기 출신 지역의 사심이 되었다. 사심관은 여기에서 비롯되었다. 호족 견제 정책의 일환으로 중앙의 고관을 출신지의 사심관으로 임명하고 부호장 이하의 향리를 추천 감독할 수 있는 권한을 부여하여, 그 지방의 치안 유지의 연대책임을 지웠다. 뿐만 아니라 공물조달 및 풍속 교정의 임무도 지웠다. 이 제도는 조선 시대 유향소와 경재소로 계승되었다.

⇨ 중앙의 고위 관직으로 올라온 지방 세력을 출신 지역의 사심관으로 임명하여 지방을 통제하도록 한 제도이다.

◈ 기인 제도 〈고려사〉

건국 초에 향리의 자제를 뽑아 서울에 볼모로 삼고, 또한 출신지의 일에 대하여 자문에 대비하게 하였는데, 이를 기인이라 한다. ⇨ 지방 호족의 자제를 볼모로 삼아 수도에 두고 출신지의 일에 대하여 자문하게 한 제도이다. 사심관 제도와 기인 제도는 고려 초 지방 호족 세력을 견제하기 위하여 설치되었고 특히 사심관 제도는 조선 시대에 들어와 경재소(중앙)와 유향소(지방)로 분화 발전되었다.

※**향리** – 향리는 원래 신라 말, 고려 초기의 중소 호족 출신이었는데, 집권적 지배 체제의 정비 과정을 통하여 주민과 직접 접촉하는 호장과 부호장 등 조세, 부역, 소송 등의 임무를 맡는 말단 행정 실무자가 되었다.

※**호장**(戶長) – 향리직의 우두머리로 부호장과 함께 해당 고을의 모든 향리가 수행하던 말단 실무 행정을 총괄하였다.

※**정계**(政誡)와 **계백료서**(誡百寮書) – 태조가 임금에 대한 신하들의 도리를 강조하기 위하여 지은 책(현재 전하지 않는다.)

※**취민유도**(取民有度) – 백성에게 조세를 거둘 때 일정한 법도가 있어야 한다는 뜻으로, 유교적 민본 이념이 반영

※**흑창** – 춘궁기에 곡식을 나누어 주고 추수한 후에 갚게 한 빈민 구제 기관이다.

◈ 노비 안검법

광종 7년(956)에 노비를 조사해서 옳고 그름을 분명히 밝히도록 명령하였다. 이 때문에 주인을 배반하는 노비들을 도저히 억누를 수 없었으므로, 주인을 업신여기는 풍속이 크게 유행하였다. 사람들이 다 수치스럽게 여기고 원망하였다. 왕비도 간절히 말렸지만 받아들이지 않았다. 〈고려사〉

⇨ 후삼국 시대의 혼란 중에 불법으로 노비가 된 백성을 조사하여 양인으로 해방시켰던 법이다. 그 실시 결과 공신이나 호족들의 경제력과 군사력은 약화되었으며, 조세를 부담하는 양인의 수가 늘어나 국가재정이 늘어났다. 반면 성종대의 〈노비환천법〉은 해방된 노비가 원주인을 모독하거나 불손한 자는 조사하여 다시 천민으로 만드는 법이었다.

1) 태조(왕건 王〈臣– 왕권안정)⇒ **광종**(王〉臣– 왕권강화)⇒ 성종(王=臣– 유교정치) ——⇒ **공민왕**(王〉臣– 왕권강화)
↳정략혼인(29– 정비6명) ↳★과거제・노비안검법 ↳제도정비 ↳반원 개혁
↳개국공신=외척=고급관리(당상관)⇒문벌귀족(전기 지배층)

❶왕권강화⇒ ┌〈고려〉 광종—공민왕
└〈조선〉 태종・세조—영조・흥선대원군

※장화왕후(혜종의 母–나주 吳씨– 통일전쟁 우물)
※견훤(4남 금성– 세자책봉⇔1남 신검)

※①**견훤**(호족+군진세력) ②**양길**(호족+초적무리)⇒ ③**궁예**(왕족– 호족+초적+사원 세력)⇒ ❹**왕건**(호족+해상 세력)

2) **〈통신〉 상수리제도**(호족인질)⇒ **〈고려〉** ┌**기인제도**(향리子 인질)– 통제·회유
└**사심관 제도**————————⇒**〈조선〉 경재소**(중앙) ⇔ **유향소**(지방)

왕족・고급관리(고향– 관리・감독)↲ ↳[중앙]경순왕(김부– 1호 사심관)—〈연대책임〉—[지방]호장・부호장・향리↴
사심관 추천⇒국가임명↲ 사심관 추천・임명

※**상서성**(6부관장– 도병마사 참여×) ※**京**(중앙)–**外**(지방)
※**지공거 출신**(지방관 추천⇒ 과거응시자) ※**광평성**(태봉~려초– 국정총괄)

★**최승로의 시무 28조**(성종 – 6두품 출신의 유학자)
①청컨대 **외관**(지방관)을 두소서. 한꺼번에 다 보낼 수는 없더라도… 백성을 다스리는 일을 맡기소서. (⇨ **12목** – 중앙선발 ⇒ 최초 지방관 파견) ②봄에 **연등**을 설치하고 겨울에 **팔관**을 베풀어 사람을 많이 동원하여 심히 번다 하오니 이를 감하여… (⇨ 연등회·팔관회 부정 ⇒ 일시적 중지) ③광종이 노비를 **안검**(해방)하니 천한 노비들이 주인을 모함하는 일이 이루 헤아릴 수 없이 많았습니다. (⇨ **광종**의 왕권강화 개혁정치 반발) ❹**불교**는 修身(수신)의 본이요, **유교**는 治國(치국)의 근원입니다.(➡ **유교 정치**)

↳불교문화 번성 ↳유교정치 시작(= ②유교이념 정립) ↳①왕도정치 ②왕권=신권 ③견제

❺중국의 제도를 따르지 않을 수는 없지만 사방의 풍습이 각기 그 토성에 따르게 되니 다 고치기는 어려울 것 같습니다. 그 예악·시서의 가르침과 군신·부자의 도리는 마땅히 중국을 본받아 비루함을 고쳐야 되겠지만 그 밖의 거마·의복의 제도는 우리의 풍속대로 하여 사치함과 검소함을 알맞게 할 것이며 구태여 중국과 같이 할 필요가 없습니다.
➡ **자주적 성격**(최승로)

※유교이념 ┌①대두(통신 – 국학·6두품
└③완성(조선 – 경국대전)

2 통치 체제의 정비 (〈초기〉 태봉 + **신라** 관제 병용) – 신라 정통성 계승 왕조

※광평성(국정총괄: 태봉~경종)

중앙	★ 王 ⟶ **도병마사** ⇒ **2성** ┌ 중서+문하성(①재신 ②**낭사** – 간쟁권) (재신 + 추밀) └ **상서성** ⇒ **6부**(이·**병**·호·형·예·공부) **원** 간섭 ↳집행기구 ➡ ┌ **도병마사**(임시기구) ⇒ **도평의사사**(국정 총괄) ┐ 〈❶**독창적** └ **식목도감** – 법제·규범 제정(임시기구) – 입법기구 ┘ ②**합의 기구**〉 ⇨ 중추원(군사기밀 + 왕명출납)·어사대(관리 감찰)·삼사(특별 회계기구) ↳추밀(고급) ↳승선(하급관리) ↳화폐·곡식 전담 ❶**서경권**(낭사·어사대) : 臣 동의권(법률개폐 + 하급관리 임면) ⇒ 왕권 견제(보좌) ②**대성**=성대(**서경권**·간쟁권·봉박권) ➡ **유교 정치**(왕권 = 〈균형·조화〉 = 신권) ↳동의 ↳직언 ↳거부 ↳왕도정치(⇔ 패도정치)·왕권견제

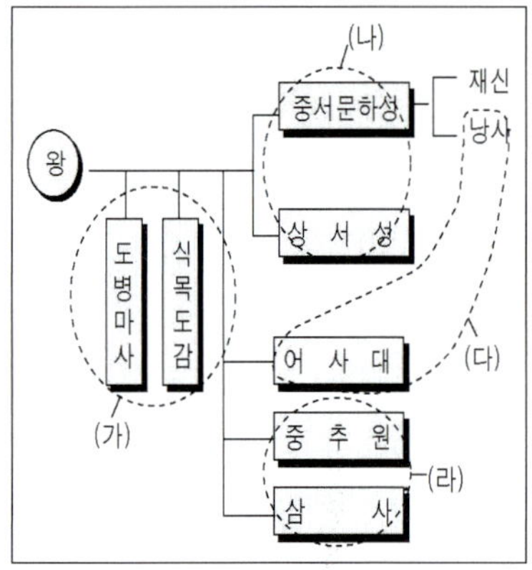

※중서문하성(수상 – 문하시중) – ①재신(2품 이상) ②낭사(3품 이하 하급관리) ※상서성(6부 감독 – 도병마사 참여×) ※임면(임명+파면)

지방	〈일반 행정〉	**5 도** ⇒ 주군·현 < **속군·현** ⇒ ┌ 촌 (안찰사) (지방관 파견) (향리– 행정 자치권) └ 향·**소**·부곡(특수집단) ↳**감무** 파견(감독관) ↳천시
	⇕ 분리	
	〈군사 행정〉	**양계**(동계+북계 – 병마사) ⇒ 진(군사적 요충지 = 전략촌)
	〈특별 행정〉	**3경**[개경·서경·동경(⇒남경) ⇨ 풍수지리적]. **경기도**. 4도호부(군사적)
	※촌주 ⇒ **향리**(성종. 지방 관청 – 하급 관리) ①반독립적 호족(중인·세습·중소지주) ⇨ 기인·사심관 제도(중앙 ⇒ 통제) ❷**실무 행정**(자치권·외역전) ③과거(문과) ⇒ 중앙 진출 **신진사대부** 성장	

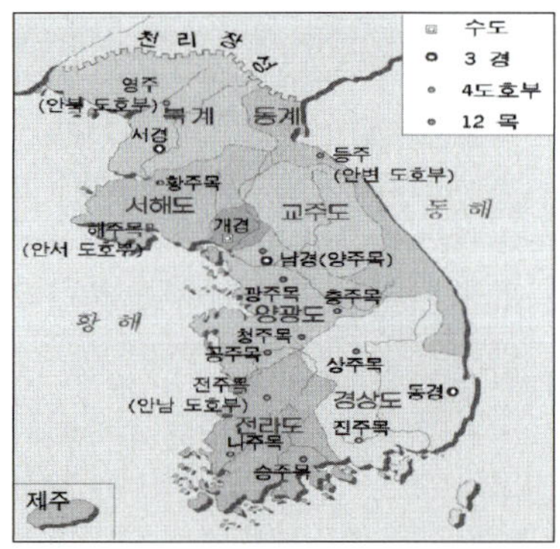

※지공거 출신(지방관 추천⇒ 과거응시자)

↱용호군·응양군

군사	〈중앙군〉	2군 6위(중인·**세습** – 군인전) ⇨ 직업 군인(직역 세습) – 무과 실시×
	〈지방군〉	①주현군(5도 – 의무병) ②**주진군**(양계 – 상비군) – 국경 수비대 성격
	〈특수군〉	①광군(정종 – 거란 대비) ②별무반(숙종 – 윤관 – 여진 정벌 – **신기**·신보·항마군) ❸**삼별초**(최우 사병 – 전투·치안 공적임무 – 좌별초·우별초·**신의군**)

◈**삼별초** – 원래 개경을 도적으로부터 지키기 위해 야별초를 두었는데, 최우가 집권하면서 설치한 야별초에서 분리된 좌별초·우별초와 몽골에 포로로 잡혀갔던 병사들로 조직된 **신의군**이 생기면서 이른바 〈삼별초〉라는 최씨 정권의 무력 기반이 형성되었다.

↳※항몽 투쟁 : 강화도(**배중손**) → 진도(용장성) → 제주도(**김통정** – 탐라총관부 : 려+원 연합 진압군 ⇒ 목마장 역할)

교육	**국자감** ①인문학부(귀족 – 문과) ❷기술학부(중인·상민– 잡과) ⇨ **신분** 차등교육
관리 선발	❶**음서 제도** 중시 ⇨ 관료체제의 **신분적** 특성반영(5품 이상 고급관리 자제 대상)
	②**과거 제도** ⇨ 새로운 세력형성(감독관–〈좌주 + 문생〉–급제자) ※**승과**(승려 대상) ↳**능력** 중시(**양인** 이상응시) : ①제술과 = 진사과(고급) ②명경과(중급) ③잡과(하급관리)

◈**음서 제도**
– 과거를 통하지 않고도 관직을 받을 수 있는 특수제도(공신과 종실의 자손 외에 5품 이상의 관료아들·손자(외손자 포함)·사위·동생· 조카 등)
◈**과거 제도**(능력중시)
– **제술과**(한문학)·**명경과**(유교 경전)·**잡과**(기술학)·**승과**(교종선 – 선종선)

사료읽기

◈ 성종의 유교정치 〈고려사〉

신의 어리석은 생각으로 만약 광종이 처음과 같이 늘 공순하고 아끼며 정사를 부지런히 하였다면, 어찌 타고난 수명이 길지 않고 겨우 향년 50으로 그쳤겠습니까? 마침내 아들이 부모를 거역하고, 노비가 주인을 고발하고, 상하가 마음이 다르고, 군신이 서로 갈렸습니다. 옛 신하와 장수들은 잇달아 죽음을 당하였고 가까운 친척이 다 멸망하였습니다.

⇨ **광종의 개혁 정치 부정** – 최승로는 신라 6두품 출신의 유학자로, 유교 사상에 입각한 28조의 개혁안을 성종에게 건의하였는데, 그중에서 22 조가 전해진다. 시무 28조는 불교 중심의 고려 사회에서 유교를 정치 이념으로 채택하는 계기가 되었다. 뿐만 아니라 호족 세력의 억제와 지방관의 파견을 주장하는 등 중앙 집권을 위한 정책을 제시하였다.

◈ 성종의 지방 제도 정비

국왕이 백성을 다스림은 집집마다 가서 날마다 일을 보는 것이 아닙니다. 그런 까닭으로 수령을 나누어 보내어 가서 백성의 이익되는 일과 손해되는 일을 살피게 하는 것입니다. 우리 태조께서 나라를 통일한 후에 군현에 수령을 두고자 하였으나 대개 초창기임으로 인하여 일이 번거로워 시행할 겨를이 없었습니다. … 청컨대 외관을 두소서. 비록 한꺼번에 다 보낼 수는 없더라도 먼저 10여 곳의 주현에 1명의 외관을 두고, 그 아래에 각각 2~3명의 관원을 두어서 백성 다스리는 일을 맡기소서. … 임금이 백성을 다스림은 집집마다 찾아가 날마다 돌보는 것이 아닙니다. 그러므로 수령을 나누어 보내 백성들을 보살피게 합니다.

⇨ 전국의 주요 지역에 12 목을 설치하고 목사를 파견하였으며, 지방의 중소 호족을 향리로 편입하여 통제하였다.

◈ 도병마사(都兵馬使) = **도평의사사**(원간섭 후)

본래 국방 문제를 담당하는 임시 기구(병마사 감독)였으나, 고려 후기에는 도평의사사(도당)로 개편되면서 구성원이 확대되었고, 국정 전반의 중요 사항을 결정하는 최고 정무 기구로 발전하였다.

※**중서문하성** – 재신과 낭사(간관)로 구성되었고 수상은 문하시중이었다. 재신은 백관을 통솔하고 국가의 정책을 심의하였고, 낭사는 정치의 잘못을 비판하였다.(간쟁 · 봉박 · 서경의 기능)

※**중추원** – 군사기밀을 담당하면서 재신과 함께 국정을 총괄하는 추밀과 왕명의 출납을 담당하는 승선으로 구성되었다.

※**대간의 역할과 기능** – 왕의 잘못을 논하는 간쟁과 잘못된 왕명을 시행하지 않고 되돌려 보내는 봉박, 하급 관리의 임명과 법령의 개정이나 폐지 등에 동의하는 서경권을 가지고 있었다.(낭사 · 어사대)

※**향 · 소 · 부곡** – 특수 행정 구역으로 주민들은 양인이었으나 다른 지역보다 조세의 부담이 컸고, 일체의 거주이전의 자유가 없는 등의 차별 대우를 받았다. 향 · 부곡은 농사를 주로 하는 농민들의 거주지였으나 부곡은 반역죄의 결과로 발생돼는 경우가 많았다. 소는 금 · 은 · 구리 · 철 등의 원료와 종이 · 먹 · 도자기 등의 공납품을 만들어 국가에 바치는 공장들의 집단 거주지였다.

◈ 좌주와 문생의 관계

문생이 종백(과거를 맡아 합격자를 선발하는 시험관으로 좌주라고도 한다)을 대할 때는 아버지와 자식 사이의 예를 차린다. … 평장사 임경숙은 4번 과거의 시험관의 되었는데 몇 해 지나지 않아 그의 문하에 벼슬을 한 사람이 10여 명이나 되었고, … (유경이) 문생들을 거느리고 들어가 뜰아래에서 절하니 임경숙은 마루 위에 앉아 있고, 악공들은 풍악을 울렸다. 보는 사람들이 하례하고 찬탄하지 않는 이가 없었다. 〈보한집〉

⇨ 광종이 쌍기의 의견을 채택하여 과거로 인재를 뽑게 하였으니, 이때부터 문풍이 일어나기 시작하였다. 그 법은 대체로 당의 제도를 많이 채용한 것이다.

※**과거 제도** – ①제술과(문학적 재능과 정책 시험) ②명경과(유교 경전에 대한 이해 능력 시험) ③잡과(법률 · 회계 · 지리 등 실용 기술학 시험) ④승과(교종선 · 선종선) ⇨ 고려 시대 사학의 발달은 과거 제도와 연관되어 있다.

※**음서 제도** – 과거제가 문예와 경전을 시험보아 능력에 따라 선발하는데 비하여, 음서 제도는 가문 또는 관리의 추천에 의하여 뽑는 제도였다. 문무반 5품 이상의 관리이면, 그 자손이 과거를 통하지 않고도 관직을 받을 수 있는 특수 제도인데, 공신과 종실의 자손 외에 5품 이상의 관료아들 · 손자(외손자 포함) · 사위 · 동생 · 조카 등에게도 음서를 통해 관리가 될 수 있었다.

適者生存⇒盡人事待天命

3 문벌 귀족 사회의 성립과 동요

↱경원 이씨(①이자연~③이자겸 60여년 외척세력)– 인종 손자+사위

공로 · 과거 　 혼인(왕실 · 귀족) 　 12C 보수 귀족화 **호족** ⇒ 중앙 관리➡ **문벌 귀족** ⇨ 〈내분〉----⇒ ┌ 고급 관리(개국공신 · 외척세력) └ **특권** 보장(음서 제도 · 공음전)	①**이자겸**의 난 ↳+척준경	⇨ 서경파 대두 (신진 세력 – 정지상)
	❷**묘청**의 난	⇨ 숭문천무 풍조 (개경파 – 김부식)
	③**무신**의 난	➡**문벌 귀족 몰락**

◈ **묘청의 난**〈서경파 ⇔ 개경파〉
①**칭제 건원**(자주주의)
　– 대위국(황제 · 천개 · 대화궁)
②**금국 정벌**(북진주의)
　– 개경파(김부식) 사대 부정
③**서경 천도**(전통주의) – 풍수지리
⇨➡ **신채호** 〈조선사 연구초〉
　– 1천년래 제1대 사건으로 평가

※문벌귀족(내분)⇒ ①이자겸의 난(보수귀족×王)⇒ ❷묘청의 난(서경파×개경파)⇒ ③무신의 난(무신×문신)

4 무신 정변 〈1170~13C〉– 무신의 차별 대우 불만 [**숭문 천무** 풍조]

※최의(피살–문+무 연합–⇒개경환도)

①**정중부** ⇒ ②**경대승** ⇒ ③**이의민**➡ ❹**최충헌** ⇒ ⑤**최우**(→ 최항 → 최의)
(보현원 사건) 　 (천민 출신) 〈무신정권 안정기〉 　 ↳문과출신(문신지지)

(중방) 　 (도방) 　 (중방) 　 　 (정방 · 삼별초 · 서방)

〈**무신 연합 정치**〉 　 〈**정치**〉 **교정도감**(1인 독재 기구)

※이의민(천민: 父소금장수– 母사원노비) 　 〈**군사**〉 **도방 · 삼별초**(사병)

※보현원 사건(의종) : 이소응(상장군–뺨사건) ⇔ 한뢰(문신)

〈**정치**〉	**전기** [문벌 귀족] ⇐〈무신정권– **과도기**〉⇒ **후기** [권문 세가]
〈**경제**〉 〈**사회**〉	전시과 붕괴 ⇒ 불법적 **대농장**(사유지) 확대 신분 질서 동요 ⇒ **하극상 풍조**– 혼란 　 ※천민(이의민 · 만적)
〈**문화**〉	**조계종**. 세련된 한문학(풍자적 **패관 문학** · 수필 문학 · 경기체가…)

↳천태종 세력 견제 　 ↳무신정권 풍자(비판 – 구전문학) 　 ↳사대부 생활상

①**중방** – 최고 군사 회의기구(> 장군방)
②**도방** – 사병집단(신변보호) – 자택에 설치
③**삼별초** – 사병(좌–우별초 · 신의군)–항몽투쟁
❹**교정도감** – 최씨 정권의 최고 권력 기구
　⇒ 국정 총괄(인사 · 징세 · 감찰 기능)
⑤**서방** – 자문기구(문신 회유)⇒신진사대부
　등장(이규보) – 문신지지 정권(최우)
⑥**정방** – 인사행정(이부 · 병부) – 공민왕 폐지

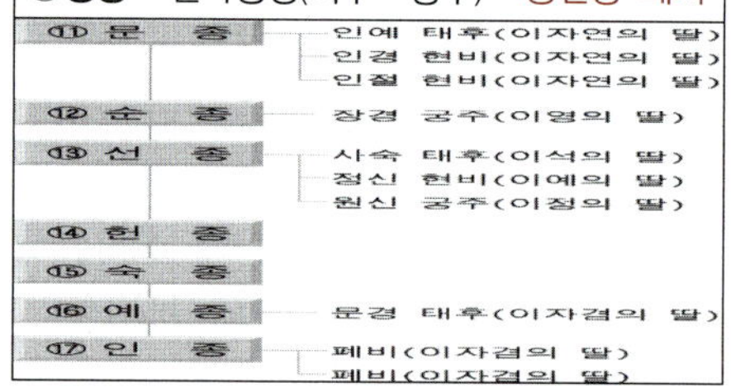

※무신가문⇒ 문과출신(최우 · 이방원)

2 고려의 대외 관계의 전개

↱만부교 사건(태조 – 〈요〉낙타 50필 굶겨 죽임)

전기	**초기** (10C) | (11C)	**요**(거란) ↙ ↘〈3차 침입〉 **송** = **고려** 북진정책	〈**1차 침입**〉 **강동 6주** 획득(성종. 서희 – 외교적 담판 ⇒ 압록강 입구) 〈**2차 침입**〉 강조 정변(목종 폐위 ⇒ **현종** 옹립 구실) – 입조약속 〈**3차 침입**〉 **귀주 대첩**(강감찬) ⇨ 〈外〉 **세력 균형**(동아시아 평화) [**천리 장성**(압록강~도련포 : 거란 · 여진 수비) · **나성** · **7대 실록**]
	중기 (12C)	**금**(여진) ⇩〈사대 요구〉 **고려**	①국경침입(우야소) ⇨ 2차정벌(숙종–윤관 : **별무반** ⇒ **예종** : 동북 9성 축성) ❷〈**금**〉 건국(아구다) ⇒ 〈**요**〉 멸망 · 〈**송**〉 공격➡ 고려에 **사대 요구** [고려 **수락**] ⇒ **북진 정책** 좌절(정권 유지 ⇒ 보수귀족 내분)

〈**1170 무신정변**〉 　 ↳개경파(이자겸 · 김부식) 　 ※〈원〉저고여 피살⇒1차 침입

후기 13C | 14C	**후기** (13C) | (14C)	**원**(몽고) ⇩〈속국화〉 **고려** (40여년– 6차 침입)	〈**정치**〉 內〉 **무신 정권** 붕괴(최의 피살 ⇒ **개경 환도**) 外〉 **자주성** 상실(⇒ **속국화** 전락) 〈**문화**〉 문화재 소실(**황룡사 9층 목탑** · **대구 부인사 초조대장경**) 〈**13C 항몽 투쟁**〉 박서(1차 귀주). **김윤후**(2차 – 처인성 – 살리타 사살) 강화 천도(최우). 삼별초 항몽투쟁[**배중손**(강화도) ⇒ **김통정**(제주도)] 민중 저항 ⇨ 처인성(**부곡**민) · **충주성**(다인 **철소**민 · 노비군 · 잡류군)
	말기 (14C)	**홍건적 – 왜구** 〈정벌〉↖ ↗〈토벌〉 ⇩ 　 **고려**	정국 불안(홍건적 · 왜구 침입) ⇒ **왕조 교체기**(려말 선초) 국난 극복– 신진세력 성장 ⇒ **개혁 요구**➡ **조선 왕조 개창**

◈ **별무반**(숙종)–신이 오랑캐에게 패한 것은 그들은 기병인데 우리는 보병이라 대적할 수 없었기 때문 이었습니다. 이에 새로운 군대를 편성하였다. 말을 가진 자를 **신기군**으로 삼았고, 과거에 합격하지 못한 20살 이상 남자들 중 말이 없는 자는 모두 **신보군**에, 승려를 뽑아 **항마군**으로 삼았다.

동북 9성 축성(함경도?)↰

척경입비도

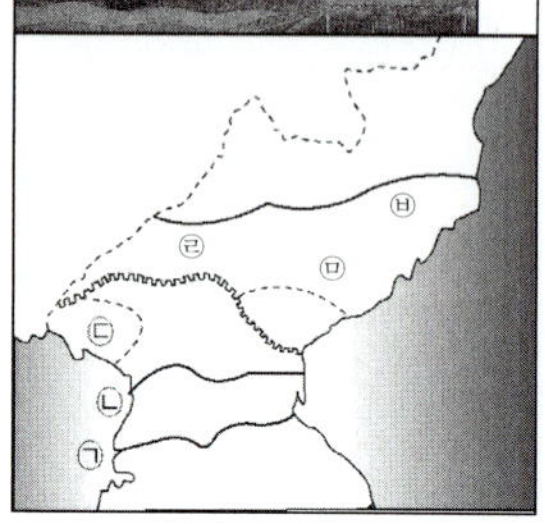

사료읽기

◈ 묘청의 서경 천도 운동 평가

①**묘청의 서경 천도 주장**

제가 보건대 서경(西京) 임원 역의 땅은 풍수지리를 하는 사람들이 말하는 아주 좋은 땅입니다. 만약 이곳에 궁궐을 짓고 전하께서 옮겨 앉으시면 천하를 다스릴 수 있습니다. 또한 금나라가 선물을 바치고 스스로 항복할 것이요, 주변의 36나라가 모두 머리를 조아릴 것이옵니다. 〈고려사, 36국 내조설(來朝說)〉

②**신채호의 서경 천도 운동 인식** 〈조선사 연구초 – 조선 역사상 일천년래 제일대사건〉

그러면 조선 근세에 종교나 학술이나 정치나 풍속이나 사대주의의 노예가 됨은 무슨 사건에 원인하는 것인가. … 나는 한마디 말로 회답하여 말하기를 고려 인종 13년 서경(평양) 천도 운동 즉 묘청이 김부식에게 패함이 그 원인으로 생각한다. … 묘청의 천도 운동에 대하여 역사가들은 단지 왕사(王師)가 반란한 적을 친 것으로 알았을 뿐인데 이는 근시안적인 관찰이다. 그 실상은 낭가와 불교 양가 대 유교의 싸움이며, 국풍파 때 한학파의 싸움이며, 독립당 대 사대당의 싸움이며, 진취 사상 대 보수 사상의 싸움이니, 묘청은 전자의 대표요 김부식은 후자의 대표였던 것이다. 묘청의 천도 운동에서 묘청 등이 패하고 김부식이 이겼으므로 조선사가 사대적 · 보수적 · 속박적 사상인 유교 사상에 정복되고 말았다. 만약 김부식이 패하고 묘청이 이겼더라면 조선사가 독립적 · 진취적으로 진전하였을 것이다. 이것이 어찌 일천년래 제일대사건이라 하지 아니하랴.

※**문벌 귀족**(보수귀족) – 여러 대에 걸쳐 중앙의 고관을 배출한 가문. 경원 이씨(이자겸) · 파평 윤씨(윤관) · 해주 최씨(최충) · 경주 김씨(김부식) 등이 여기에 속한다.

◈ 거란 – 서희의 외교 활동과 강동 6주 획득 〈고려사〉

①**〈소손녕〉** 그대 나라는 신라 땅에서 일어났소. 고구려 땅은 우리의 소유인데 그대 나라가 침식하였고 또 우리와 국경을 맞닿았는데도 바다를 넘어 송(宋)을 섬기고 있소. 그 때문에 오늘의 출병이 있게 된 것이니

②**〈서희〉** 아니오. 우리나라는 곧 고구려의 땅이오. 그러므로 국호를 고려라 하고 평양에 도읍하였으니 만일 영토의 경계로 따진다면 그대 나라의 동경이 모두 우리 영토 안에 있거늘 어찌 침략이라 하리오. 그리고 압록강의 내외도 또한 우리 영토인데 … 만일 여진을 내쫓고 우리 옛 땅을 돌려보내어 도로를 통하게 하면 감히 국교를 맺지 않으리오.

⇨ 신라 말에 대동강 이남에 불과했던 영토가 고려 말에는 상당히 확장되었음을 알 수 있다. 거란과 담판에 나선 서희의 말에서 알 수 있듯이 고려는 고구려 계승 의식을 바탕으로 꾸준히 북진 정책을 추진하였기 때문이다.

※**강동 6주** – 흥화진(의주) · 용주(용천) · 통주(선주) · 철주(철산) · 귀주(구성) · 곽주(곽산)

※**동북 9성**(예종) – 위치가 함흥이라는 설과 두만강 일대라는 설이 있다. 9성 설치 이후 여진족의 침입이 이어지자, 해마다 조공을 바치겠다는 약속을 받고 돌려주었다.(※**척경입비도** – 윤관이 9성을 개척하고 비석을 세우는 장면을 조선 후기에 그림)

適者生存⇒盡人事待天命

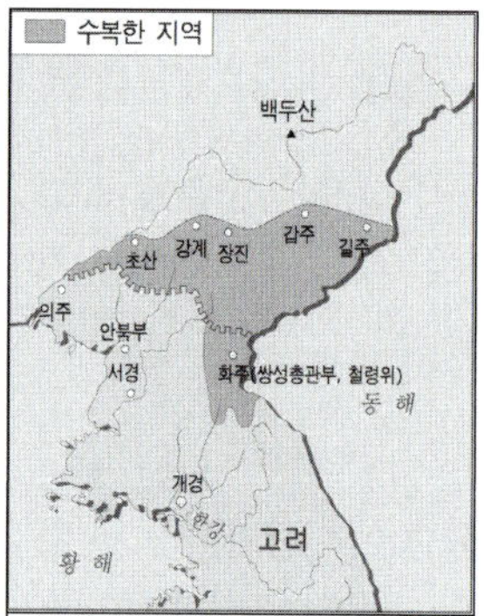

쌍성총관부(철령 이북)

<table>
<tr><th colspan="3">★★자주성의 회복 ⇨ 반원 개혁 정치 〈14C 원 · 명 교체기〉</th></tr>
<tr><td>〈충렬왕〉</td><td colspan="2">동녕부(자비령 이북 – 평양) · 탐라총관부(제주도) 회복 ⇨ 직속령(영토상실 의미)</td></tr>
<tr><td>〈충선왕〉</td><td colspan="2">사림원(반원 개혁 ⇒ 강제퇴위) · 만권당(연경 = 베이징 – 성리학자 초빙 ⇒ 학술교류)</td></tr>
<tr><td rowspan="2">공민왕</td><td>〈外〉
원×</td><td>쌍성총관부 회복(철령이북 – 요동 = 홍건적 정벌구실) · 관제복구(1부4사 ⇒ 2성6부)
다루가치(군관) · 정동행성(일본 정벌) · 순마소 이문소(감찰) 폐지, 몽고풍금지</td></tr>
<tr><td>〈内〉</td><td>전민변정도감(신돈) ⇨ 친원파 숙청(권문세가 – 기철 · 권겸) · 정방 폐지(⇒ 이 · 병부)</td></tr>
<tr><td colspan="3">①해동청(=응방– 사냥매 징발) ②결혼도감(공녀 ⇒ 고려양) ③부마국(사위국) ④만호부(군사조직)</td></tr>
</table>

※공민왕 반원개혁: 〈배경〉 14c 원 · 명 교체기⇒ 〈실패〉 신진 세력 미약(〈 권문세가 횡포)⇒ 〈영향〉 신진세력 성장(⇨ 조선 개창)
※다루가치(1차 침입⇒군조공물 징수 · 감독) ※정동행성(인적 · 물적 자원 징발) ※순마소(반원파 색출) ※몽고풍(변발 · 의복)⇔고려양(음식)

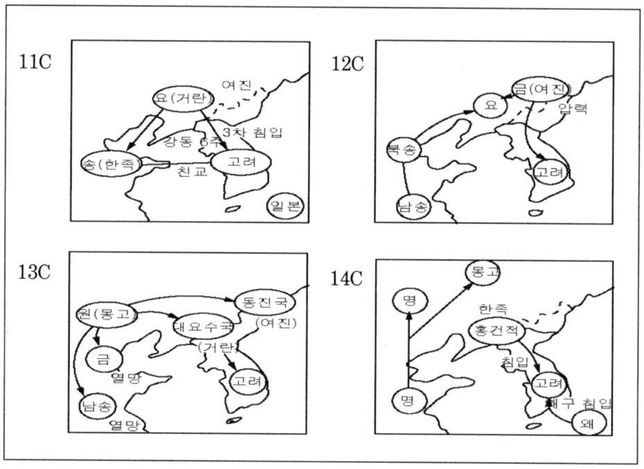

◈ **충선왕 – 재상지종**(왕실혼인 – 권문세가 15가문) ⇨ 마땅히 여러 대를 내려오면서 재상을 지낸 집안의 딸을 취하여 부인을 삼을 것이며 재상의 아들은 왕족의 딸과 혼인함을 허락할 것이다. …철원 최씨 · 공암 허씨 · 해주 최씨 · 파평 채씨 · 청주 이씨 · 당성 홍씨 · 황려 민씨 · 횡천 조씨 · 파평 윤씨 · 평양 조씨 · 함양 오씨는 다 여러 대의 공신 재상의 종족이니 가히 대대로 혼인할 것이다. 남자는 종친의 딸에게 장가가고 딸은 종비(宗妃)가 됨직하다.

◈ **공민왕 – 반원 개혁** ⇨ 왕이 원의 제도를 따라 변발을 하고 호복을 입고 전상에 앉아 있었다. 이연종이 간하려고 문밖에서 기다리고 있었더니 왕이 사람을 시켜 물었다. …이미 들어와서 좌우를 물리치고 말하기를 변발과 호복은 선왕의 제도가 아니오니 원컨대 전하께서는 본받지 마소서. 라고 하니, 왕이 기뻐하면서 즉시 변발을 풀어 버리고 그에게 옷과 요를 하사하였다.

※발해⇒ 정안국 ※요(거란)⇒ 대요수국 ※금(여진)⇒ 동진국 ※홍건족(한족)⇒ 명

〈원〉간섭 ⇨ 관제 격하(2성 6부 ⇒ 1부 4사)	
도병마사	⇒ 도평의사사
중추원	⇒ 밀직사
2성(중서문하성 · 상서성)	⇒ 1부(첨의부)
6부	⇒ 4사
이부 · 예부	⇒ 전리사
호부	⇒ 판도사
병부	⇒ 군부사
형부	⇒ 전법사
공부	⇒ (폐지)

〈원〉간섭 ⇨ 호칭 격하	
짐	⇒ 고
폐하	⇒ 전하
태자	⇒ 세자
조 · 종(시호)	⇒ 충○왕
선지	⇒ 왕지
상서	⇒ 판서
시랑	⇒ 총랑
사	⇒ 유
주	⇒ 정

황룡사 9층 목탑(동양 최대)– 몽고침입시 소실

※〈고대〉숙신=읍루=물길=말갈=여진=만주족=야인 · 호인〈조선〉

◈ **공민왕의 반원개혁 정치**

①충선왕은 토지 제도와 수취 제도에서 발생한 폐단을 시정하려 하였다. 그러나 아직 개혁을 추진할 수 있는 세력이 성장하지 못하였으며, 원의 간섭을 인정한 상태에서 개혁을 통하여 자신의 정치적 입장을 강화하려한 국왕의 태도 등으로 인하여 실효를 거두지 못하였다.
②충목왕 때에도 권세가들의 경제 기반을 약화시키려는 개혁이 추진되었으나, 역시 권문세족의 반발과 원의 간섭으로 성공하지는 못하였다.
③공민왕 즉위 이후에도 원의 간섭은 여전하였고, 친원파 역시 건재하였다. 공민왕은 친원파를 관직에 기용하지 않는 등 적대적인 태도를 보였으나, 이들을 완전히 제거할 수 있는 현실적인 힘을 가지고 있지는 못하였다. 때마침 원에서 기황후의 아들이 황태자에 봉해지자, 이러한 추세는 더욱 심해졌다. 이를 계기로 기철의 권력이 공민왕을 압도할 정도로 커졌고, 그의 일족과 친원파의 정치적 지위가 크게 높아졌다.

※**권문세족** – 고려 전기의 문벌 귀족들은 가문 자체의 권위로 특권(음서, 공음전)을 누렸음에 반해, 고려 후기 권문세족은 정방, 도평의사사 등을 통해 고위관직을 독점하고, 과거보다는 주로 음서 제도를 통한 관직 진출로 그 신분을 세습하였다. 이들은 방대한 농장을 경영하여 정치 – 경제의 실력자가 되었다.(기철은 누이동생이 원 순제의 황후가 되어 태자를 낳자, 기황후와 원을 등에 업고 친원파 세력을 결집하여 남의 토지를 빼앗는 등의 권세를 부렸다.)

※**전민변정도감** – 고려 후기에 권문세족들이 토지와 노비를 늘려 국가 기반이 크게 약화되자, 이를 시정하기 위하여 설치한 특별 기구였다. 신돈을 판사로 하여 토지와 노비제의 개혁을 단행하여 권문세가에 빼앗긴 토지를 원주인에게 돌려주었고, 불법으로 노비가 된 자를 해방시켜 주었다.

◈ **민중의 적극적인 대몽 항전** 〈고려사〉

①김윤후는 고종 때의 사람으로 일찍이 중이 되어 백현원에 있었다. 몽고병이 이르자, 윤후가 처인성으로 난을 피하였는데, 몽고의 원수 살리타가 와서 성을 치매 윤후가 이를 사살하였다. 왕은 그 공을 가상히 여겨 상장군의 벼슬을 주었으나 이를 사양하고 받지 않았다.

②충주 부사 우종주가 판관 유홍익과 틈이 있었는데, 몽골병이 온다는 소식을 듣고 성의 수비를 논의하는데 의견이 달랐다. 그래서 우종주는 양반별초(兩班別抄)를 이끌고, 유홍익은 노군잡류별초(노비 등으로 구성된 부대)를 이끌었는데 서로 시기하였다. 그러다 몽골병이 이르는 상황이 되자 우종주, 유홍익과 양반들은 모두 성을 버리고 도망가고, 오직 노군잡류들이 힘을 합쳐 물리쳤다.

⇨ 최씨 정권의 강화 천도가 정권 유지의 차원이었다면, 실제 대몽항쟁은 민중들에 의해 이루어졌다.

※**〈원〉사신 저고여 피살**(조공 요구– 국경)⇒ 1차 침입(40여년 6차 침입)

※**정동행성** – 일본정벌을 위해 설치한 기구이나, 2차례의 원정이 실패한 이후 내정간섭으로 변하였다. 충렬왕 6년(1210)에 설치하여 공민왕 5년(1356)까지 존속한 이 기구는 평장사란 관직을 두고 내정을 간섭하였다.

※**원의 영향**– 두루마기, 설렁탕, 연지 – 곤지 – 쪽두리, 만두, 소주, 말 – 노새의 광범한 이용, 수라 – 진지, 개똥이 등의 천한이름, 목화 – 화약, 원의 공주를 따라와 정착한 성씨(연안 인씨 – 아산 장씨 – 원주 변씨)

※화약 제조법(화통도감) – 최무선은 중국인 이원에게서 화약의 중요한 원료인 염초를 만드는 기술을 배워 화약 제조법을 완전히 알아냈다고 한다. 염초는 질산칼륨이다.

※홍건적 – 원 말기에 백련교도가 중심이 되어 봉기한 한족의 농민 반란 세력으로, 원의 군대에 쫓긴 무리들이 고려에 두 차례 침입하였다. 머리에 붉은 수건을 두른 데서 홍건적이라 불렸다. 공민왕 8년에 제1차 침입이 있었다. 4만의 홍건적이 압록강을 건너 서경을 점령하였으나, 고려의 이방실에 의하여 쫓겨났다. 공민왕 10년에 제2차 침입을 하자 왕은 복주(안동)로 피난 갔으며, 남하하는 적을 최영·이성계·이방실 등이 막아 물리쳤다.

※**고려**(918~1392 / 34대–**457년**)

1)**태조**(25년 재위) → 2)혜종(25) → 3)정종(4) → 4)**광종**(26) → 5)경종(6) → 6)**성종**(16) → 7)목종(12) → 8)현종(22) → 9)덕종(3) → 10)정종(12) → 11)**문종**(37) → 12)순종(1) → 13)선종(11) → 14)헌종(1) → 15)**숙종**(10) → 16)예종(17) → 17)**인종**(24) → 18)의종(24) → 19)명종(27) → 20)신종(7) → 21)강종(2) → 22)희종(7) → 23)고종(46) → 24)원종(15) → 25)**충렬왕**(34) → 26)**충선왕**(1–5) → 27)충숙왕(17–7) → 28)충혜왕(2–5) → 29)충목왕(4) → 30)충정왕(3) → 31)**공민왕**(23) → 32)우왕(14) → 33)창왕(1) → 34)**공양왕**(3)

適者生存⇒盡人事待天命

1) 북진정책 ┌①시작⇒ 태조 · 고(구)려 · 서경(평양)– 북진 전초기지
│②보류⇒ 천리장성(거란 · 여진 수비)– 압록강~도련포
└③좌절⇒ 금 사대요구 수락(보수귀족)– 정권 유지

2) 북방한계선(국경선) ※동북9성(함경도?)⇒ 10여년 여진 반환(부모관계– 조공약조·거란수비 곤란)⇒ 〈금〉건국

①통신(대동강~원산만)⇒ 만주상실(영토상– 불완전 통일) ※동북공정(중국)

〈고려〉 ┌②태조말년(청천강~영흥)⇒ 북진정책 결과
│〈거란〉 ┌1차 침입– ③강동6주(압록강 입구 진출)⇒ 외교적 담판(서희)– 단송 조건
│ └3차 침입– ④천리장성(압록강~도련포)⇒ 귀주대첩(강감찬– 거란 · 여진 수비)– 북진정책 보류
│〈여진〉 ⑤동북9성(함경도 일부?)⇒ 여진정벌(윤관)– 별무반 ※척경입비도(국경비)
└〈몽고〉 ⑥쌍성총관부(철령이북)⇒ 공민왕 회복(홍건적=요동 정벌구실)

3) 삼별초의 항몽투쟁: ①강화도(배중손– 개경환도 반대)⇒ ②진도(용장성)⇒ ③제주도
⇒ 고려무인의 자주정신(국난극복) (배중손 병사→ 김통정⇔탐라총관부(진압→ 목마장 역할)
①강화 천도(최우– 장기항몽 태세)⇒ 개경환도(문+무 연합→ 무신정권 붕괴·속국화)– 자주성 상실
※〈원〉사신 저고여 피살(조공 요구– 국경)⇒ 1차 침입(40여년 6차 침입)

4) 공민왕 〈반원개혁〉 ┌①〈배경〉 外〉 14c 원–명 교체기 內〉신진사대부 성장
│②〈목적〉 外〉 자주성 회복(원간섭 저지) 內〉 왕권강화(친원파 숙청)
│③〈내용〉 外〉 원×⇒ 內〉 권문세가×⇒
│④〈결과〉 실패⇒ 外〉 원 간섭 內〉 권문세가 반발(⇔ 신진세력 미약)
└⑤〈영향〉 內〉 신진사대부⇒ 정치세력 성장(⇒ 조선 개창) ③순마소 이문소(감찰– 반원파 색출)
①다루가치(1차 침입– 파견 군관– 조공물 징수 · 감독– 내정간섭) ②정동행성(2차 일본 정벌– 카미카제=해풍신– 존속– 내정간섭)

확인학습

4. 고려 정치

빈칸 채우기

1. 태조 왕건은 지방 호족의 지방 통치를 보완하기 위해 ( ) 제도와 ( ) 제도를 실시했다. 2007. 광주시 9급

2. ( )은 노비 안검법을 실시하였고, 백관의 공복을 제정하였으며, 쌍기의 건의를 받아들여 ( )를 도입하였다. 2014. 법원직 | 2013. 경찰 1차

3. 성종 때 중앙의 관제와 향직을 개정하여 중앙 행정 조직으로 ( )를 정비하고, 지방 호족들에게는 ( ) 제도를 시행하였다. 2007. 광주시 9급

4. 고려 ( ) 때 지방관을 파견하고 향리 제도를 마련하여 지방 세력을 견제하였으며, 유학 교육 기구인 ( )을 두고 지방에 경학박사와 의학박사를 파견하였다. 2014. 경찰 1차

5. 중서성과 문하성이 통합된 ( )은 고려 최고의 정무 기관으로 2품 이상의 ( )과 3품 이하의 ( )로 구성되었다. 2013. 경찰 2차 | 2011. 지방직 9급

6. 고려 ( )은 정책을 집행하는 기능을 담당하였고, 중추원의 ( )은 왕명을 출납하였으며, ( )은 군사기밀을 담당하였다. 2013. 경찰 2차

7. 현종 때 전국을 ( )도와 ( )로 크게 나누었고 지방관이 파견되는 ( )보다 파견되지 않는 ( )이 더 많았다. 2012. 경북 교행 9급

8. 중앙에 2군 6위를 두고 각 고을에는 ( )이라는 지방군을 두어 향토 방위를 담당하게 하였다. 특히 양계에 배치된 ( )은 국방의 주역을 담당한 상비군이었다. 수능

9. 최충헌은 최고 집정부의 구실을 하는 ( )을 설치하고, 사병 기관인 ( )을 설치하였다. 최우는 자기 집에 ( )을 설치하여 모든 관직에 대한 인사권을 장악하였고, 문학적 소양과 행정 실무 능력을 갖춘 문신들을 등용하여 ( )에서 숙위하면서 고문에 대비하였다. 2007. 법원직

10. ( )는 좌별초와 우별초 그리고 몽골에 포로로 잡혀갔다가 돌아온 병사들로 조직된 ( )으로 구성되었다. 2014. 경찰 1차

11. 성종 12년(993)에 서희는 적장 소손녕과 안융진에서 담판을 벌였고, 고려와 송의 단교 조건으로 ( )의 관할권을 받아 냈다. 그 결과 고려는 ( ) 어귀까지 영토를 확장하게 되었다. 2006. 대구시 교행 9급

12. 공민왕은 고려의 내정을 간섭하던 ( ) 이문소를 폐지하고, ( )을 부흥시켜 유학 교육을 강화하였다. 2012. 국가직 9급 | 2011. 국가직 7급

[빈칸 채우기 정답]

1. 사심관, 기인
2. 광종, 과거 제도
3. 3성6부, 향직
4. 성종, 국자감
5. 중서문하성, 재신, 낭사
6. 상서성, 승선, 추밀
7. 5, 양계, 주현, 속현
8. 주현군, 주진군
9. 교정도감, 도방, 정방, 서방
10. 삼별초, 신의군
11. 강동 6주, 압록강
12. 순마소, 성균관

OX 체크

1. 태조 왕건이 제시한 훈요 10조에서 서북인의 등용을 경계하였다. 2008. 국가직 7급

2. 최승로의 시무 28조에서 정치 이념을 유교에 두면서 국왕이 정치의 중심을 이루는 중앙 집권 체제 강화를 추구하였다. 2014. 경찰 1차 | 한국사검정 고급

3. 고려의 성종은 3성 6부제를 중심으로 하는 중앙 관제를 마련하였다. 2014. 경찰 1차

4. 고려 삼사의 언관은 고관은 물론 왕이라도 함부로 막을 수 없었다. 2011. 법원직

5. 최우는 문무백관의 인사 행정을 담당하는 서방과 능력 있는 문신을 등용하기 위한 정방을 설치하였다. 경찰

6. 최충헌은 최고 집정부 구실을 하는 교정도감을 설치하였고, 도방을 확대하여 군사적 기반을 확립하였다. 2014. 경찰 1차

7. 분사 제도는 조위총의 난 이후 중앙의 통제를 받으면서 토관직(土官職)으로 격하되었다. 한국사검정 고급

8. 고려 명종 이후 남경을 3경에 포함시킨 것은 풍수지리 사상으로 인하여 남경의 중요성이 강조되었기 때문이다. 2009. 국가직 7급

9. 고려는 송의 군사적 제의에 응하여 거란을 협공하였다. 2009. 국가직 9급

10. 몽골군이 충주성을 공격했을 때 충주성 방호별감으로 활약하였던 승려는 김윤후이다. 2014. 경찰간부

11. 과전법을 공포할 시기에 중국에서는 주원장이 명을 건국하였다. 2005. 국가직 7

12. 공민왕은 철령위 문제로 인해 요동 정벌을 단행하였다. 2012. 국가직 9급

13. 공민왕 때 성균관을 순수 유교 교육 기관으로 개편하였다. 2013. 서울시 9급

14. 공민왕은 고구려의 옛 땅을 되찾기 위하여 요동 정벌을 단행하였다. 2004. 선관위 9급

15. 공민왕은 신돈이를 등용하여 전제상정소를 중심으로 반원개혁을 시작하였다. 2010.

[OX 체크 정답]

1. X
2. X
3. X
4. X
5. X
6. O
7. O
8. X
9. X
10. O
11. X
12. X
13. O
14. O
15. X

---

1. 차현(차령) 이남과 공주강(금강) 밖 인물을 조정에 등용하지 말라는 내용이 들어 있다.
2. 정치 이념을 유교에 두면서 전제 왕권을 규제하는 문벌 귀족 정치를 추구하였다.
3. 성종 때 당의 3성 6부제를 받아들였으나 2성 6부로 운영하였다.
4. 고려 삼사는 화폐와 곡식의 출납을 담당하는 기구이고, 조선 삼사(사헌부 · 사간원 · 홍문관)는 언관이다.
5. 최우는 문무백관의 인사 행정을 담당하는 정방과 능력 있는 문신을 등용하기 위한 서방을 설치하였다.
8. 문종 때 남경(한양)을 설치하였다.
11. 과전법은 1391년이고, 명의 건국은 1368년이다.
12. 명의 철령위 설치 요구로 인한 요동 정벌은 우왕 때이다.
15. 전민변정도감

3 고려의 경제

1 토지 제도

	1) 토지 제도 원칙
소유권	국가 〈토지 국유제〉 ⇨ ③민전 인정(세습 – 사유지 – 전세 : 수확량 1/10)
수조권	①공전(1/4 국가 · 관청 토지경작 ⇒ 병작농) ②사전(1/2 관리 · 사원 토지경작 ⇒ 소작농)
경작권	농민 · 외거노비 ※〈토지세〉토지 질 ⇨ 3등급 ⇒ 전분 6등급(조선)

※소작료(1/2- 병작반수)

※양전사업(토지조사) · 양안(토지대장)
⇒ 20년 마다 조사 · 작성
※수조권(토지에서 조세를 수취할 권리)
⇒ 토지종류 : ①공전 ②사전 ③민전
※조운제도 : 조창(지방창고 : 강창 · 해창)
⇒ 경창(중앙창고) – 선박운송

※〈조선〉 토지종류: ①공전(민전 포함) ②사전

2) 과전(관리 지급) : 1 代 원칙(사망 · 퇴직 ⇒ 반환)
↳예외(세습) : 영업전(공음전 · 공신전 · 내장전 · 군인전 · 외역전)
↳⇨ 전시과 체제– 〈성격〉 ①전지(토지) + 시지(연료 채취권) ②전국 지급
↳수조권 ↳농지확보 ⇒ 점차 축소, 조선 폐지

※〈조선〉 과전법 체제 : ①전지(토지) ②경기도 지급

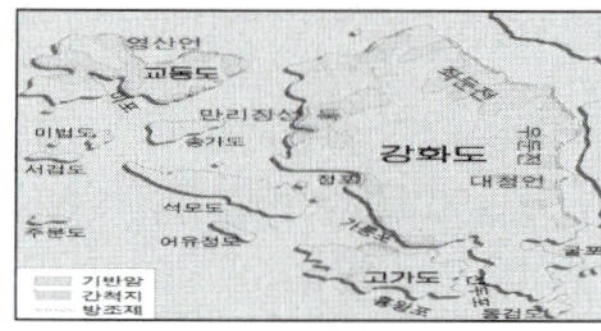

강화도 (천도) ⇒ 최초 간척지

과전 정비	①역분전 ➡ (태조 – 경기도)	②시정 전시과 ⇒ (경종 – 전국적 확대)	③개정 전시과 ⇒ (목종)	❹경정 전시과 (문종 – 토지제도 완비)
지급	❶개국 공신(논공 행상)------⇒	18 관등(품)------⇒		
		❷직산관 ------⇒ (현직⇔퇴직 관리)		현직 대상 ※공음전(고급 관리)
			❸문관 우대------⇒ 문 · 무관 차별 완화	
성격	①공로 기준 – 인품 반영(논공) ⇒	관등 = 관품 기준(18 관등)		
	❹직역– 반대 급부적 [고급 관리(현직 + 공음전) > 하급 관리(현직)]			

※ 역⇒시⇒개⇒경

명칭 \ 등급			1	2	3		16	17	18
시정 전시과	경	전지	110	105	100		39	36	33
	종	시지	110	105	100		35	30	25
개정 전시과	목	전지	100	95	90		27	23	20
	종	시지	70	65	60				
경정 전시과	문	전지	100	90	85		22	20	17
	종	시지	50	45	40				
↳공음전↲ (5품이상)									

과전 종류	3) 토지 분급 성격		특징
공음전	5품 이상 고급 관리		고급 관리⇨ 영업전 (세습 토지)
공신전	공로가 있는 관리		
내장전	왕실 경비		
군인전	중앙군인(군호) 보수	하급 관리⇨ 직역 세습	
외역전	향리 보수		
★구분전	군인 · 하급관리 유가족		하급 관리⇨ 직역 세습×
★한인전	하급관리 자제 – 관직에 진출 못한 자		

사원전	사원 경비	별사전	승려개인 1代(문종)	면세(토지세)
공해전	관청 경비			
★녹과전	토지부족(무신 정변이후 · 려말) ⇒ 일시적 지급(경기 일대)			

◈ 화폐 [사원 · 귀족 사회內 유통]

	화폐명	성격
성종	건원중보	최초 – 철전
숙종	활구(은병)	은 1근
공양왕	저화(어음)	최초 – 지폐
주전도감 (의천)	해동중보 · 해동통보 삼한중보 · 삼한통보	

※활구(은병) – 우리나라의 지형을 본떠서 은 1근으로 만든 고가의 화폐로, 은병 하나의 값은 포100여 필

은병

2 경제 활동 〈중농 억상책〉

↱※면재법(조세감면 – 천재지변 · 황무지 개간 ⇒ 3년 면세) ※친잠례(왕비 – 길쌈 장려)

농업 ⇒ 후기	⇨ 권농 정책〈민생안정 ⇒ 국가 재정확보〉 – 사직(토지신) · 적전(王친경지)
	깊이갈이(심경법) · 윤작법(2년 3작) · 시비법(퇴비 : 지력회복) ⇒ 휴경지 감소 목면 소개(문익점 – 의복혁명) · 모내기법 소개(이앙법 – 남부 일부지방 보급) ※재배 품종 ⇨ 5곡 · 채소류 재배 ※깊이갈이(우경 이용)
상업 · 공업	⇨ 자급자족의 경제구조로 활동 부진(관청 · 사원 · 소 중심 ⇒ 수공업) ※경시서(상업 활동 통제 · 관리) ⇒ 평시서(조선 세조)
대외 무역	⇨ 〈공무역〉 벽란도(예성강), 합포(마산) ※울산항(통일신라)

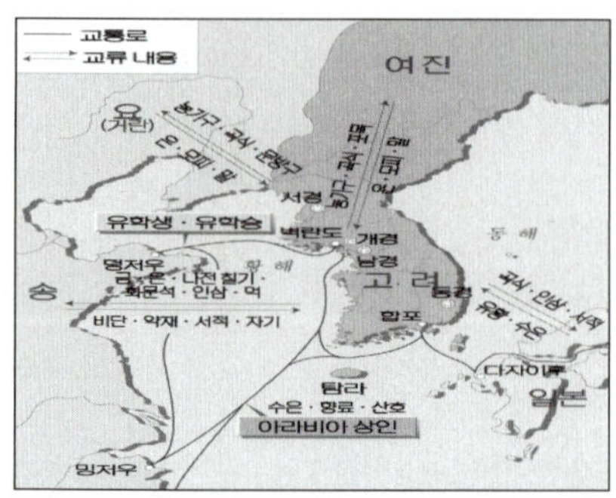

사료읽기

◈ 고려의 수취 제도

①대사헌 조준 등이 상소를 올리기를 "(고려) 태조가 즉위한 지 34일 만에 여러 신하들을 맞이하면서 '최근 백성들에 대한 수탈이 가혹해지면서 1결의 조세가 6석에 이르러 백성의 삶이 너무 어려우니 나는 이를 매우 가련하게 여긴다. 지금부터 마땅히 10분의 1세로 하여 밭 1부의 조를 3되로 하여라.'라고 한탄하여 말하였는데 … ."라고 하였다. 〈고려사〉

②고려는 국가 재정의 토대를 농토에 두었기 때문에 토지 제도와 연결되어 수취 체제가 정비되었다. 국가에 대한 농민의 부담은 조세–공납–역의 3가지로 국가 재정의 주요 원천이 되었다. 편성된 호는 인구와 장정이 많고 적음에 따라 9등급으로 나누어 부역을 시킨다. 〈고려사〉

※**호적**(戶籍) – 부부를 중심으로 이루어진 가족을 등재하되, 때에 따라서는 여러 세대의 가족이 한 호적에 기록되기도 하였다.

◈ 고려의 화폐 정책

①내(목종) 선대의 조정에서는 이전의 법도와 양식을 따라서 조서를 반포하고 화폐를 주조하니 수 년 만에 돈꿰미가 창고에 가득 차서 화폐를 통용할 수 있게 되었다. … 이에 선대의 조정을 이어서 전폐(돈)는 사용하고 추포(발이 굵고 바탕이 거친 베)를 쓰는 것을 금하게 함으로써 세상을 놀라게 하는 일은, 국가의 이익을 이루는 것이 아니라 한갓 백성들의 원성을 일으키는 것이라 하였다. … 문득 근본을 힘쓰는 마음을 지니고서 돈을 사용하는 길을 다시 정하니, 차와 술과 음식 등을 파는 점포들에서는 교역에 전과 같이 전폐를 사용하도록 하고, 그밖에 백성들이 사사로이 서로 교역하는 데에는 임의로 토산물을 쓰도록 하라. 〈고려사〉

②물물 교환의 척도가 되는 포목은 오래두면 삭아서 못 쓰게 되며 쌀도 자연 썩어 버린다. 새 창고에 쌓여 있는 작년에 받아들인 공포도 흙비를 겪지 않았는데 백의 십도 완전한 것이 없으며, 지난해에도 화재를 당하여 한 뭉치가 타버리고 백 뭉치는 손상을 입었다. 이와 같이 또 화재가 나면 순식간에 잿더미로 변해버릴 것이다. 오늘날 화폐를 써야만 하는 이유는 여기에 있는 것이다. 〈대각국사문집, 청주전표〉

◈ 고려의 농업 장려 정책

①임금이 명령을 내리기를 "몰락한 사람들에게 조세를 면제해 주고 농업을 권장하지 않으면 어찌 집집마다 넉넉하고 사람마다 풍족하게 될 수 있으랴. 백성에게 3년 동안의 조세와 부역을 면제해 주고, 사방으로 떠돌아다니는 자는 농토로 돌아가게 하며, 곧 대사면을 행하여 함께 휴식하게 하라."라고 하였다. 〈고려사절요〉

②진전(황폐해진 경작지)을 개간하여 경작하는 자는 사전(개인 소유지)의 경우 첫해에는 수확의 전부를 가지고, 2년째부터 경작지의 주인과 수확량을 반씩 나눈다. 공전(국가 소유지)의 경우는 3년까지 수확을 전부를 가지고, 4년째부터 법에 따라 조(租)를 바친다. 〈고려사〉

◈ 승려의 상공업 활동

①고려는 도선비기에 의거하여 국가의 비보사찰을 정하여 국가와 왕실의 안녕을 기원하도록 하고, 그 절에는 사원전과 노비를 지급하였다. 그리고 귀족도 자기 가문의 절을 짓고 토지와 노비를 기증하는 것이 일반화되었다. 국가적으로 연등회와 팔관회를 개최하고, 국립 여관의 구실을 하던 원을 절에서 관리하게 하였다.

②승려들이 심부름꾼을 시켜 절의 돈과 곡식을 각 주군에 장리를 놓아 백성을 괴롭히고 있다. 〈고려사절요〉

③지금 부역을 피하려는 무리들이 부처의 이름을 걸고 돈놀이를 하거나 농사, 축산을 업으로 삼고 장사를 하는 것이 보통이 되었다. … 어깨를 걸치는 가사는 술 항아리 덮개가 되고, 범패를 부르는 장소는 파, 마늘의 밭이 되었다. 장사꾼과 통하여 팔고 사기도 하며, 손님과 어울려 술 마시고 노래를 불러 절간이 떠들썩하다. 〈고려사〉

※**가축의 힘** 이용(삼한)　※**우경**(6c 신라– 지증왕)　※**깊이갈이**=심경법(우경이용– 고려후기)

※**깊이갈이**(심경법) · **윤작법**(2년 3작) · **시비법**(퇴비– 가축 뒷거름 · 풀태운 재)⇨ 지력 회복(휴경지 감소)

※**수출품** 〈고려⇒송〉 금 · 은 · 나전칠기 · 화문석 · 인삼 · 먹

※**수입품** 〈**아라비아**⇒고려〉 수은 · 향료 · 산호　〈**일본**⇒고려〉 유황 · 수은

適者生存⇒盡人事待天命

4 고려의 사회

※향 · 부곡(농업) · 소(수공업)⇒ 연대책임(가중한 조세부담, 거주이전×)

1 고려의 신분 제도〈귀족적 관료 사회〉⇨ 개방적 신분사회(능력⇒신분변동 가능)

①왕족-귀족	지배층	특권층(음서제도 · 공음전) ⇨ 귀족(5품 이상 – 고급관리 : 당상관)
❷중인		하급 관리 ⇨ 서리 · 향리 · 남반(궁궐) · 기술관(잡과) · 중앙군인

└6품 이하(당하관) : 일반적으로 직역 세습

③평민 (상민)	피지배층	생산 활동 · 국역 의무 ⇨ 백정(농민 – 직역×) > 상인 · 수공업자
		※향도(매향 활동 – 불교 조직 ⇒ 농민 조직) – 미륵신앙(미래불)
		※향 · 소 · 부곡(천시 받는 특수집단) – 통제 · 거주이전 자유×
④천민		공노비 · 사노비(외거 · 솔거 노비 – 매매 · 증여 · 상속 대상)
		화척(= 양수척 – 도살업자) · 진척(뱃사공) · 재인(광대 – 才人)

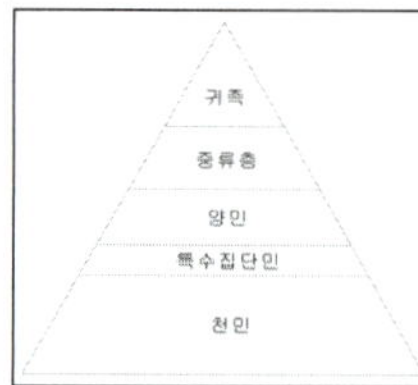

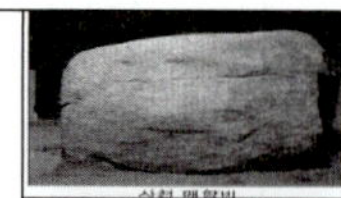
매향비

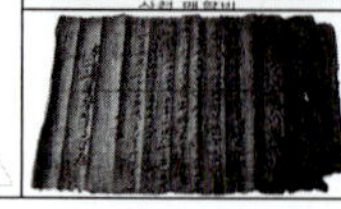
노비문서

◈ 향도(香徒) – 매향 활동을 하는 무리이다. 매향은 불교 신앙의 하나로, 미륵을 만나 구원받고자 향나무를 바닷가에 묻는 활동으로, 불교 조직이 농민 조직으로 변화되어 조선시대로 이어졌다.

〈원〉 – ┌•무신정권 下에서 등장•┐ – 〈서방〉

※외거 노비(납공 = 신공) – 솔거 노비(입역)

문벌 귀족	권문 세가
전기 지배층	후기 지배층
호족 출신(개국공신)	친원파(무신후손 · 역관)
➡ 외척 세력(음서 출신)	
과전(공음전)	불법적 대농장(부재대지주)
관직 < 가문 중시 (귀족적 – 중첩된 혼인)	가문 < 관직 중시 (관료적 – 도평의사사)
⇨ 무신 정변 ⇒ 몰락	⇨ 위화도 회군 ⇒ 몰락

신진 사대부
말기 정치세력 성장(공민왕)
향리 출신 (성리학)
⇨ 신진 세력(과거 출신)
재향 중소지주
가문 < 관직 중시 성리학–〈학자적 관료〉–향리
➡ 조선 왕조 개창

◈ 고종 45년 2월에 최의가 집안 노비인 이공주를 낭장으로 삼았다. 최항이 집정해서는 인심을 얻고자 처음으로 집안 노비인 이공주와 최양백 · 김인준을 별장으로 삼고, 섭장수는 교위로 삼았다. ⇨ 고려의 신분 제도는 조상의 신분이 그대로 자손에게 세습되었지만, 그렇지 않은 경우도 이었다. 향리가 문반직에 오르는 경우와 군인이 군공을 쌓아 무반으로 출세하는 경우를 들 수 있었으며, 고려 후기에는 향 · 소 · 부곡이 일반 군현으로 승격되기도 하였으며, 외거노비 중에는 재산을 모아 양인 신분을 얻는 자도 있었다.

※향리(실무행정에 능한 하급관리) ⇒ 조선(행정적 발전)
※향도: 고려(향나무: 향– 불교조직)⇒조선(향촌: 향– 농민조직)

2 백성들의 생활 모습

(1) 사회 시책〈권농 정책〉 민생 안정⇒〈국가 의도〉 농민 토지이탈 방지(재정확보)

사회시설	흑창(태조) ⇒ 〈성종〉 의창(환곡 – 춘대추납) · 상평창(물가 조절 · 교류)
의료기구	동 · 서 대비원, 혜민국
빈민구제	장생고(고리대 – 귀족 · 사원 운영) ⇔ 제위보(공공재단 – 농민 몰락 방지) 구제도감 · 구급도감 (재해시 – 임시기구)

◈ 백성의 대부분을 이루는 양민은 군현에 거주하는 농민으로, 조세, 공납, 역을 부담하였다. 향 · 부곡 · 소 같은 특수 행정구역에 거주하는 백성은 조세 부담에 있어서 군현민보다 차별받았다. 백성의 생활을 안정시키기 위하여 의창과 상평창 등 사회복지 시책을 실시하였다.

※〈격구〉 두패로 나누어 말을 타고하는 경기 – 단오에는 국왕이하 백관이 참관하는 상류층 오락 ⇒ 조선 시대에는 무과시험 과목

(2) 법률

형법(71조–당률 참작) < 관습법(유교적 윤리 – 반역죄 · 불효죄 중죄 취급)
⇨ 자치권 허용(지방관 · 향리) – 사회 운영 편리 ⇒ 대가족 단위 편재
〈조선〉집성촌 ⇐ 동족촌(평민 姓소유)┘ └가부장 권한 인정(불효죄)

◈ 노비 – 공노비와 사노비로 구분되었는데 사노비에는 솔거 노비(입역 노비)와 외거 노비(납공 노비 – 신공=몸값)로 다시 구분되었다. 그 중 외거 노비는 재산(경제력)을 소유할 수 있었다.

※신공(身貢 몸값) – 외거 노비가 주인에게 제공하는 노동력이나 물품

(3) 상장 제례 의식

①국가 ⇨ 유교적 규범에 따라 시행 ※불교 · 도교⇒ 대중화(고려) ②민간 ⇨ 에서는 토착신앙과 융합된 불교의 전통의식과 도교의 풍속 확대	
〈불교 의식〉	연등회(불교), 팔관회(불교 + 토속신앙 ⇨ 개경 – 서경 교역활동 ⇒ Corea)
〈도교 의식〉	토속 신앙 융합 ⇒ 대중화 ※도제(왕실의 안녕 · 번영 기원 의식)

◈ 내 소원은 연등과 팔관에 있다. 연등은 부처를 제사하고, 팔관은 하늘과 5악 – 명산 · 대천 · 용신 등을 봉사하는 것이니, 후세의 간사한 신하가 신위와 의식 절차를 늘리거나 줄이자고 건의하지 못하게 하라.

★★여성의 지위 ⇨ 남성과 거의 대등한 위치 – 사회 진출 제한
딸 제사 봉양(조선 ⇒ 양자), 연령순 호적(남녀구분×), 여성도 호주, 재가허용 음서 혜택(외가 · 친가 · 사위 · 손자…), 서옥제(데릴사위제), 자녀 균분상속 남귀여가혼(사위가 처가 호적에 입적), 재산 분배권(미망인, 남편 · 아내 재산 따로).
⇨ 16C 까지 지속(중기–과도기) – 성리학적 질서(지배층 · 부계 위주) 시작 ⇒ 17C 정착

◈ 지금은 남자가 장가 들면 여자 집에 거주하며, 남자가 필요로 하는 것은 모두 처가에서 해결하고 있습니다. 그리하여 장인과 장모의 은혜가 부모의 은혜와 똑같습니다. 장인께서 저를 두루 보살펴 주셨는데 돌아가셨으니, 저는 장차 누구를 의지해야 합니까!

사료읽기

◈ 보수귀족의 생활(문벌귀족)

①이자겸은 그 족속을 요직에 널리 앉히고, 관작을 팔고, 스스로 국공이 되어 그에 대한 예우를 왕태자와 같게 하였다. 뇌물이 공공연하게 행해져 바치는 물건이 넘치게 모여드니, 썩어서 버리는 고기가 항상 수만 근이었다. 〈고려사 열전 이자겸〉

②김준은 농장을 여러 곳에 설치하고 가신 문성주로 하여금 전라도를 관리하도록 하였고 지준에게는 충청도를 관리하도록 하였다. 두 사람이 다투어 재물을 탐내어 마구 거둬들이기를 일삼아 백성들에게 벼 종자 한 말을 주고 나중에 으레 쌀 한 섬을 거두었다. 김준의 여러 아들들이 이를 본받아 무뢰배를 다투어 모아 세도를 믿고 횡포를 자행하여 남의 땅을 침탈하니 원성이 매우 많았다. 〈고려사〉

◈ 권문세족

이제부터 만약 종친으로서 같은 성에 장가드는 자는 황제의 명령을 위배한 자로서 처리할 것이니 마땅히 여러 대를 내려오면서 재상을 지낸 집안의 딸을 취하여 부인을 삼을 것이며 재상의 아들은 왕족의 딸과 혼인함을 허락할 것이다. … 철원 최씨 · 공암 허씨 · 해주 최씨 · 평강 채씨 · 청주 이씨 · 당성 홍씨 · 황려 민씨 · 횡천 조씨 · 파평 윤씨 · 평양 조씨는 다 여러 대의 공신 재상의 종족이니 가히 대대로 혼인할 것이다. 남자는 종친의 딸에게 장가가고 딸은 종비(宗妃)가 됨직하다. 〈고려사. 충선왕〉

⇨ 종래의 문벌 귀족 가문, 무신 정권기에 새로 등장한 가문, 원과의 관계를 통하여 성장한 가문 등을 말한다.

◈ 권문세족의 횡포

요즘 들어 간악한 도당들이 남의 토지를 겸병함이 매우 심하다. 그 규모가 한 주(州)보다 크기도 하고, 군(郡) 전체를 포함해 산천으로 경계를 삼는다. 남의 땅을 조상으로부터 물려받은 땅이라고 우기면서 주인을 내쫓고 땅을 빼앗아 한 마지기의 주인이 대여섯 명이 넘기도 하며, 농민들은 세금으로 생산량의 8 ~ 9할을 내야 한다. 〈고려사〉

◈ 신진 사대부의 대두

최우는 일찍이 관리를 등용하는데 있어서 문학에 능하고 행정 실무에 능한 사람을 첫째로, 문학에 능하나 행정 실무에 능하지 못한 사람을 또 그다음으로, 문학에도 행정 실무에도 능하지 못한 사람을 최하로 하여 뽑았는데, 이것이 인사 관리의 기준으로 삼았다. 〈고려사절요〉

◈ 노비의 신분 상승 (고려 사회의 개방성)

평량은 평장사 김영관의 집안 노비로 경기도 양주에 살면서 농사에 힘써 부유하게 되었다. 그는 권세가 있는 중요한 길목에 뇌물을 바쳐 천인에서 벗어나 산원동정의 벼슬을 얻었다. 그의 처는 소감 왕원지의 집안 노비인데, 왕원지는 집안이 가난하여 가족을 데리고 가서 위탁하고 있었다. 평량이 후하게 위로하여 서울로 돌아가기를 권하고는 길에서 몰래 처남과 함께 원지의 부처와 아들을 죽이고 스스로 그 주인이 없어졌으므로 계속해서 양민으로 행세할 수 있음을 다행으로 여겼다. 〈고려사〉

⇨ 고려의 신분 제도는 조상의 신분이 그대로 자손에게 세습되었지만, 그렇지 않은 경우도 이었다. 향리가 문반직에 오르는 경우와 군인이 군공을 쌓아 무반으로 출세하는 경우를 들 수 있었으며, 고려 후기에는 향 · 소 · 부곡이 일반 군현으로 승격되기도 하였으며, 외거 노비 중에는 재산을 모아 양인 신분을 얻는 자도 있었다.

◈ 몽고 침입 시 백성의 생활

3월 여러 도의 고을들이 난리를 겪어 황폐해지고 지쳐 조세, 공부, 요역 이외의 잡세를 면제하고, 산성과 섬에 들어갔던 자를 모두 나오게 하였다. 그때 산성에 들어갔던 백성들로서 굶주려 죽은 자가 매우 많았고, 늙은이와 어린이가 길가에서 죽었다. 심지어는 아이를 나무에 붙잡아 매고 가는 자가 있었다. …

고종 42년 4월, 도로가 비로소 통하였다. 병란과 흉년이 든 이래로 해골이 들을 덮었고, 포로가 되었다가 도망하여 서울로 들어오는 백성이 줄을 이었다. 도병마사가 날마다 쌀 한 되씩을 주어 구제하였으나 죽는 자를 헤아릴 수가 없었다. 〈고려사절요〉

適者生存⇒盡人事待天命

3 고려 후기의 사회 변화

	사회 동요 〈무신정권 下〉 – 극도의 혼란 시기(⇒ 反 무신난)	
지배층	①정권 탈취 (의종 복위)	김보당(병마사) · 조위총(서경)의 난 ⇨ 최초 반무신난
		교종 계통 승려의 난〈천태종〉 ⇔ 조계종(최씨정권 지원)
피지배층	❷민생 안정(민란)	김사미(운문) · 효심(초전)의 난 ⇨ 경상도(신라부흥 표방)
		공주 명학소의 난(=망이 · 망소이) ⇒ 최초 현승격(충순현)
	③신분 해방(천민)	만적의 난(최충헌 사노비) ⇨ 최대규모(신분해방+권력탈취)
※신라 부흥(김사미 · 효심 · 동경 = 경주의 난), 고구려 부흥(최광수의 난), 백제 부흥(이연년의 난)		

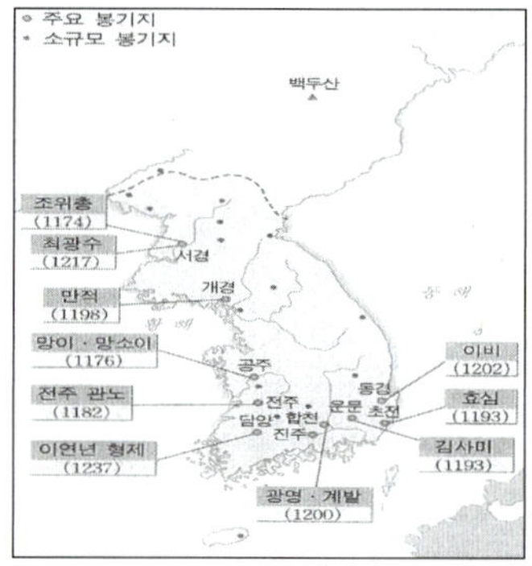

※운문(청도) · 초전(울산) · 동경(경주)

〈사료1〉 문벌 귀족의 특권

① **음서 제도** ⇨ 공신과 종실의 자손 외에 5 품 이상 관료의 아들, 손자, 사위, 동생, 조카 등에게도 음서의 혜택

위봉루에 행차하고 사면령을 반포하여 3년간 역을 면제하고 … 문무 관리에게 관직을 1급 더해 주며, 조상의 공로로 벼슬을 주는 것은 18세 이상 된 자에 한하였고 5품 이상 관리의 자손에게는 음직을 수여하였다. … 〈고려사, 목종 즉위년 12월〉

② **공음전**

문종 3년 5월에 공음 전시법을 제정하였는바, 1품은 … 전지 25결과 시지 15결을 주며, 2품은 …전지 22결과 시지 12결을 주고 이것을 자손에게 전해 내려가게 하였다. 〈고려사, 식화지〉

③ **보수 귀족**(문벌귀족)

김돈중(김부식의 아들) 등이 절의 북쪽 산은 민둥하여 초목이 없으므로 그 인근의 백성들을 모아 소나무, 잣나무, 삼나무, 전나무와 기이한 꽃과 이채로운 풀을 심고 단을 쌓아 임금의 방을 꾸몄는데 아름다운 색채로 장식하고 대의 섬돌은 괴석을 사용하였다. 하루는 왕이 이곳에 행차하니 김돈중 등이 절의 서쪽 대에서 잔치를 베풀었다. 휘장, 장막과 그릇이 사치스럽고 음식이 진기하여 왕이 재상, 근신들과 더불어 매우 흡족하게 즐겼다. 〈고려사〉

〈사료2〉 고려 시대 여성의 지위

① 지금은 남자가 장가들면 여자 집에 거주하며, 남자가 필요로 하는 것은 모두 처가에서 해결하고 있습니다. 그리하여 장인과 장모의 은혜가 부모의 은혜와 똑같습니다. 장인께서 저를 두루 보살펴 주셨는데 돌아가셨으니, 저는 장차 누구를 의지해야 합니까! 〈동국이상국집〉

② 어머니가 일찍이 재산을 나누어 줄 때 나익희에게는 따로 노비 40구를 남겨 주었다. 나익희는 "제가 6남매 중에 외아들이라고 해서 어찌 사소한 것을 더 차지하여 여러 자녀들과 화목하게 살게 하려 한 어머니의 거룩한 뜻을 더럽히겠습니까?"하고 사양하자, 어머니가 옳게 여기고 그 말을 따랐다. 〈고려사〉

③ (박유가) "청컨대, 여러 신하, 관료로 하여금 여러 처를 두게 하되 품위(品位)에 따라 그 수를 점차 줄이도록 하여 보통 사람에 이르러서는 1처 1첩을 둘 수 있도록 하며, 여러 처에서 낳은 아들도 역시 본처가 낳은 아들처럼 벼슬을 할 수 있게 하기를 원합니다."라고 하였다. 연등회 날 저녁 박유가 왕의 행차를 호위하여 따라갔는데, 어떤 노파가 그를 손가락질하면서 "첩을 두고자 요청한 자가 저놈의 늙은이다."라고 하니, 듣는 사람들이 서로 전하여 서로 가리키니 거리마다 여자들이 무더기로 손가락질하였다 당시 재상 중에 부인을 무서워하는 자들이 있었기 때문에 그 건의를 정지하였고, 결국 실행되지 못하였다. 〈고려사〉

④ 고려조의 옛 풍습에 혼인 예법은 남자가 여자 집에 가서 자손을 낳으면 외가에서 자라므로, 외친(外親)의 은혜가 무거워서 외조부모와 처부모의 장례 시에는 모두 30일 동안 휴가를 주었다. 〈태종실록〉

⇨ **가정 내에서 남성과 거의 대등. 16세기 이후 성리학의 보급으로 가부장적인 가족윤리가 확대 ⇒ 17C 성리학적 질서 정착**

※**딸 제사 봉양 · 여성도 호주 · 음서 혜택**(외가, 친가, 사위, 외손…) · **서옥제 · 재가허용 · 남귀여가혼**(사위가 처가 호적에 입적)

〈사료3〉 노비 만적, 신분 해방을 부르짖다

국가에서 경계(庚癸) 이래 고관인 천민 계급에서 많이 나왔으니, 장상(將相)이 어찌 씨가 따로 있으랴. 때가 오면 누구나 할 수 있는 것이다. 우리는 힘써 일하고도 매만 맞고 살아야 하는가? 주인을 죽이고 노비 문서를 불살라서 삼한으로 하여금 천민이 없게 하면 공경장상(公卿將相)은 모두 우리가 얻어야 할 것이다. 〈고려사, 동사강목〉

노비 만적이 노비들을 모아 놓고 장수와 재상의 씨는 따로 있는 것이 아니라며 일장 연설을 하였다. 이에 많은 노비들이 호응하여 함께 봉기하기로 약속하였으나 한 노비의 배신으로 만적을 포함하여 많은 노비들이 잡혀 처형당하고 말았다.

⇨ 만적의 난은 비록 실패하였지만 하층민이 신분 해방을 통해 지배층의 착취에서 벗어나려는 의지를 드러냈다는 점에서 큰 의미가 있다. 무신 정권 시기에는 공주 명학소에서 일어난 망이 · 망소이의 난, 전주 관노의 난, 김사미의 난 등 하층민의 신분 해방 운동이 활발히 일어났다. ⇨ **최대 규모의 천민 난 (신분해방 + 정권탈취)**

사료읽기

◈ 중세의 경제

고려는 후삼국 시기의 혼란을 극복하고 전시과 제도를 만드는 등 토지 제도를 정비하여 통치 체제의 토대를 확립하였다. 또 수취 체제를 정비하면서 토지와 인구를 파악하기 위하여 양전 사업을 실시하고 호적을 작성하였다. 아울러 국가가 주도하여 산업을 재편하면서 경작지를 확대시키고, 상업과 수공업의 체제를 확립하여 안정된 경제 기반을 확보하였다.

⇨ 농업에서는 기술의 발달로 농업 생산력이 증대되었고, 상업은 시전을 중심으로 도시 상업이 발달하면서 점차 지방에서도 상업 활동이 증가하였다. 수공업도 관청 수공업 중심에서 점차 사원이나 농민을 중심으로 한 민간 수공업으로 발전해 갔다. 송, 원을 중심으로 거란, 여진, 일본 등과 무역을 전개하였다.

◈ 고려의 농업과 상업

①큰 산과 깊은 계곡이 많아 험하고 평지가 적다. 그러므로 경작지가 산간에 많은데, 오르내리면서 경작하는 데 힘이 많이 들고 멀리서 보면 계단과 같다. 〈고려도경〉

②때에 맞추어 농사를 권장하고 힘써 제언(堤堰)을 수축하여 저수(貯水)하고 물을 대게 하여, 황모지(荒耗地)가 없도록 하여 백성들의 먹을거리를 풍족하게 하라. 〈고려사, 명종 18년(1182) 3월〉

③주와 군의 토산물을 모두 국가에 바치게 되니 상인들이 멀리 가지 않는다. 다만 한낮이 되면 고을(도시)로 가서 각각 자기가 가진 것으로 가지고 있지 않은 것과 바꾸게 되는데, 만족하는 것 같다. 〈고려도경〉

※**시비법**– 밭을 묵혀서 그 밭에 자란 풀을 태우거나 갈아엎어 비료를 주던 방식에서 들의 풀이나 갈대를 베어 와 태우거나 갈아엎은 녹비에 동물의 똥오줌을 풀이나 갈대와 함께 사용하는 퇴비가 만들어졌다.(지력 회복 – 휴경지 감소)

◈ 중세의 사회

고려의 사회 신분은 귀족, 중류층, 양민, 천민으로 구성되었다. 중류층은 새로이 등장한 신분층이었다. 신분은 세습되는 것이 원칙이었고, 각 신분에는 그에 따른 역이 부과되었다. 지배 신분 안에서는 과거 제도를 통하여 계층 이동이 이루어졌으며, 정치적 변동에 따라 신분이 변화하는 경우도 있었다.

⇨ 백성의 대부분을 이루는 양민은 군현에 거주하는 농민으로, 조세, 공납, 역을 부담하였다. 향, 부곡, 소 같은 특수 행정 구역에 거주하는 백성은 조세 부담에 있어서 군현민보다 차별받았으나, 고려 후기 이후 특수 행정 구역은 일반 군현으로 바뀌어 갔다. 흉년이나 재해 등으로 어려움을 겪는 백성의 생활을 안정시키기 위하여 국가는 의창과 상평창을 설치하고, 여러 가지 사회 복지 시책을 실시하였다.

◈ 중세 사회의 성립

고려의 건국과 후삼국의 통일은 단순한 왕조 교체에 그치는 것이 아니라, 고대 사회에서 중세 사회로의 전환을 의미하는 것이었다. 고려는 정치적, 문화적, 사상적으로 신라 사회에 비하여 질적으로 변화, 발전된 사회이기 때문이다. 고려는 우선 사회를 이끌어 가는 지배 세력이 교체되어 폐쇄적인 사회가 보다 개방적으로 변화하였다. 이로 인하여 정치와 사회를 이끌어 가는 이념도 변화하게 되었으며, 문화의 폭과 질이 크게 높아져 중세 문화를 성립시켰다.

한편 고려에서는 강렬한 민족의식이 국가 사회를 이끌어 나갔다. 이러한 민족의식은 외세의 간섭 없이 민족의 통일을 이룩하였다는 자신감과 고구려의 옛 땅을 회복하기 위한 북진 정책을 추진하는 과정에서 북방 유목민족과 항쟁하면서 더욱 성장하였다.

⇨ **고려의 발해 유민 포옹** – 당시 고려에 온 발해 유민 중에는 관리, 학자, 장군, 승려 등이 상당수 이었는데, 태조는 이들을 적재적소에 임명하여 후삼국 통일에 활용하였다. 특히 발해의 왕자 대광현을 우대하여 동족 의식을 분명히 하였다.

고려는 새로운 통일 왕조로서 커다란 역사적 의의를 지닌다.

고려의 성립은 고대 사회에서 중세 사회로 이행하는 우리 역사의 내재적 발전을 의미한다. 신라 말의 6두품 출신 지식인과 호족 출신을 중심으로 성립한 고려는 골품 위주의 신라 사회보다 개방적이었고, 통치 체 제도 과거제를 실시하는 등 효율성과 합리성이 강화되는 방향으로 정비되었다. 특히 사상적으로도 유교 정치 이념을 수용하여 고대적 성격을 벗어날 수 있었다.

고려 시대는 외적의 침입이 유달리 많았던 시기였다. 그러나 우리 민족은 줄기찬 항쟁으로 이를 극복할 수 있었다. 12세기 후반에 무신들이 일으킨 무신정변은 종전의 문신 귀족 중심의 사회를 변화시키는 계기가 되어 신분이 낮은 사람도 정치적으로 진출할 수 있었다. 이후, 무신 집권기와 원 간섭기를 지나 고려 후기에 이르러서는 새롭게 성장한 신진 사대부를 중심으로 성리학이 수용되어 합리적이고 민본적인 정치 이념이 성립되었고, 이에 따른 사회개혁이 진전되었다.

확인학습

6. 고려 경제 · 사회

빈칸 채우기

1. 전시과 제도를 실시하여 관료들에게 ( )의 토지에 대한 ( )을 지급하였고, ( )와 ( )로 나누어 지급하였다. 2006. 국가직 7급

2. 시정 전시과는 ( )과 ( )이 병용된 다원적 기준이 적용되었다. 2010. 법원직

3. 목종때 관리의 등급에 따라 18관등에 따라 토지를 나누어 주는 것으로 ( )전시과를 개정하였다. 법원직

4. 하급 관료와 군인의 유가족에게는 ( )을, 5품 이상의 관리에게는 세습 가능한 ( )을 지급하여 생활 대책을 마련해 주었다. 2009. 법원직

5. 전시과에서 직역에 대한 대가로 지급된 토지는 ( )과 ( )으로 자손이 직역을 세습할 경우 이 토지도 세습할 수 있다. 2003. 행정고시

6. 고려 시대에는 토지만이 아니라, 연료를 채취할 수 있는 ( )가 지급되었다. 2013. 지방직 7급

7. ( )은 매매, 상속, 증여가 가능한 사유지로서 양반은 물론 백정도 소유할 수 있었다. 2007. 국가직 9급

8. 조세, 공물, 부역 등을 부과하기 위해서 그 근거가 되는 ( )과 ( )을 작성하였다. 2010. 지방직 9급

9. 조세는 논과 밭으로 구분하였으며 생산량의 ( )을 국가에 조로 납부하였고, 공전을 경작할 경우는 ( )을, 사전을 경작할 경우 ( )을 지대로 납부하였다. 2007. 대구시 9급

10. 고려 전기에 수공업의 중심을 이룬 것은 ( ) 수공업과 ( ) 수공업이었다. 2008. 국가직 9급

11. 고려의 국제 무역항은 예성강 입구의 ( )이고, 아랍 상인들은 ( )나라를 통해 고려에 들어와 무역을 하였다. 2014. 기상청

12. 고려 중기에 ( )과는 한때 군신 관계를 맺기도 하였으며 농기구, 곡식, 포목 등을 수출하였다. 2014. 기상청

13. 성종 때에 ( )라는 철전을 만들었고, 숙종 대에 만들어진 ( )은(는) 고액 화폐로 사용되었으나 널리 유통되지 못하였으며, ( )과 ( )가 화폐 기능을 하였다. 2008. 지방직 7급

14. 고려 사회는 왕족 및 귀족, 서리 · 남반 · 향리 · 하급 장교 등의 ( ) 계층, 백정 농민 · 상인 · 수공업자인 ( ), 화척 · 재인 · 진척 등의 ( )으로 구성되었다. 2003. 선관위 9급

[빈칸 채우기 정답]

1. 전국, 수조권, 전지, 시지
2. 관품, 인품
3. 개정
4. 구분전, 공음전
5. 군인전, 외역전
6. 식읍
7. 민전
8. 양안, 호적
9. 1/10. 1/4, 1/2
10. 관청, 소(所)
11. 벽란도, 송
12. 여진
13. 건원중보, 은병 또는 활구, 곡식, 삼베
14. 중류, 양인, 천민

15. 고려 시대의 ( )은 궁중의 잡일을 맡는 내료직(內僚職)이고, ( )는 중앙의 각 사(司)에서 기록이나 문부(文簿)의 관장 등 실무에 종사하였다.
2014. 국가직 9급

16. 백정은 ( )에 종사하는, 직역이 없는 일반 농민으로 지방군인 ( )에 편제되었고, 조상에게 물려받은 ( )은 매매, 기증, 임대 등이 가능하였다.
2006. 선관위 9급 변형 | 수능

17. 신분은 양민이지만 일반 군현민보다 더 많은 역(役)을 부담하는 ( )민이 있었는데 이들은 다른 지역으로 이주하는 것이 원칙적으로 금지되었다.
2007. 경북 9급

18. 호장·부호장이라고 불리는 ( )들은 남반, 잡류 등과 함께 ( )층으로 분류되는 신분으로, 직역 수행에 상응하는 토지인 ( )을 국가로부터 받았다. 수능

19. 문벌 귀족들은 ( )품 이상의 고위 관료들이 주류를 형성하였고 ( )나 ( )의 혜택을 받는 특권층이었다. 2007. 세무직 9급

20. 고려 시대에는 공신의 후손을 위한 ( )가 있었고, 10세 미만이 음직을 받은 사례도 있었다. 2014. 사회복지

21. 고려의 농민은 ( )으로 불리었고, 국역 부담을 지웠다. 2003. 국가직 7급

22. 무신 정변에 의해 ( )이 몰락하고 무신이 집권 세력이 되었으나, 무신 정권이 붕괴된 후에는 ( )이 새로운 지배 세력으로 대두되었다. 그 후 성리학을 사상적 바탕으로 한 ( )가 나타나 새로운 왕조를 성립시켰다.
2003. 법원행정고시

23. 첨의부의 재신이나 밀직사의 추신이 되어 도평의사사에서 합좌하여 국정을 보았던 계층은 ( )이다. 세무직

24. 민생 안정책으로 전국 각 주(州)에 춘궁기에 곡식을 빌려 주고 추수한 후에 갚게 하는 ( )을 두었고, 물가조절 기구인 ( )을 ( ), ( ), 12목에 두었다. 2005. 입법고시

25. 매향 활동 등을 하는 불교의 신앙 조직인 ( )는 초기에는 ( )이었다가, 후기에는 점차 마을의 ( )생활을 주도하는 조직으로 바뀌었다. 2008. 국가직 9급

15. 남반, 서리
16. 농업, 주현군, 민전
17. 향·소·부곡
18. 향리, 중류, 외역전
19. 5, 음서, 공음전
20. 음서
21. 백정
22. 문벌 귀족, 권문세족, 신진 사대부
23. 권문세족
24. 의창, 상평창, 개경, 서경
25. 향도, 신앙 조직, 공동체

확인학습

OX 체크

1. 왕토 사상에 의한 토지 국유제를 표방하였으나 실제로는 실현되지 않았다. 2003. 행정고시

2. 전시과 제도를 실시하여 관료들에게 경기의 토지에 대한 소유권을 지급하였다. 2006. 국가직 7급

3. 개정 전시과에서 같은 양의 전지, 시지를 직·산관 및 무관들에게 지급하였다. 2010. 법원직

4. 문종의 경정 전시과는 인품이라는 막연한 기준을 지양하고 관직에 따라 토지를 분급하였다. 2006. 국가직

5. 고려 시대에는 수조권을 기초로 국가 지배층과 토지 소유 농민 사이에 전주 전객제가 형성되었다. 국가직

6. 민전은 매매, 상속, 증여가 가능한 사유지로서 양반은 물론 백정도 소유할 수 있었다. 2007. 국가직 7급

7. 왕실의 경비를 충당하기 위해 내장전을, 관청의 경비를 충당하기 위해 공해전을 두었다. 2013. 지방직 7급

8. 관료에게는 관직 복무의 대가로 전시과 규정에 따라 소정의 과전(科田)을 분급하였으므로 녹봉을 따로 주지는 않았다. 2003. 행정고시

9. 호적과 양안을 만들어 인구와 토지를 파악·관리하는 곳은 삼사이며, 실제적인 조세 수취와 집행은 각 관청에서 담당하였다. 2007. 대구시 9급

10. 농민은 민전을 경작하여 수확의 10분의 1을 세금으로 냈고 역과 공부를 부담하였다. 2013. 지방직 7급

11. 농민이 진전(陳田)이나 황무지를 개간하면 국가에서 일정 기간 소작료나 조세를 감면해 주었다. 국가직

12. 밭농사에는 2년 3작의 윤작법이 전기부터 일반화되었다. 2010. 지방직 9급

13. 고려 후기에는 소(所)에서 죽제품, 명주, 삼베 등 다양한 물품을 만들어 민간에 팔기도 하였다. 지방직

14. 활구를 만들어 통용시켰던 시대에는 대도시에 주점, 다점 등의 관영 상점을 두었다. 2013. 국가직 9급

15. 송(宋)과의 무역에서 수출품은 종이·먹·인삼 등이었으며, 수입품은 비단·약재·서적·자기 등이었다. 2003. 기술·지방행시

[OX 체크 정답]

1. O
2. X
3. X
4. X
5. O
6. O
7. O
8. X
9. X
10. O
11. O
12. X
13. X
14. O
15. O

---

2. 전시과는 전국적 규모로 수조권을 지급한 것이다.
3. 현직 관료보다는 전직 관료에게, 문관보다는 무관에게 적게 지급되었다.
4. 경정 전시과는 현직자에게 지급하였다. 인품을 없앤 것은 목종 때의 개정 전시과이다.
8. 관료는 수조권과 녹봉을 받았다.
9. 호적과 양안을 만들어 인구와 토지를 파악·관리하는 곳은 호부이다.
12. 고려 전기 밭농사에는 2년 3작의 윤작법이 보급되기 시작하여 후기에 일반화되었다.
13. 소에서는 국가에 공물을 납부하였다. 다양한 물품을 민간에 파는 것은 민간 수공업에서 이루어졌다.

16. 양인은 잡과 등의 과거에 응시할 자격이 없었다. 2006. 선관위 9급

17. 문벌 귀족은 과거보다 쉬운 천거를 통해 관직에 나가는 경우가 많았다. 한국사검정 고급

18. 외거 노비 중 일부는 재산을 모으거나 군공을 세워 양인 신분을 획득하기도 하였다. 2003. 선관위 9급

19. 유기장이나 수렵 등의 천업에 종사하는 자를 재인(才人)이라 하였다. 2009. 국가직 7급

20. 무신 집권기에 향·소·부곡이 점차 일반 군현으로 승격하여 그 주민들이 양인화되어 갔다. 2008. 국가직

21. 향·소·부곡의 조직이 있었을 때에는 적서의 차별이 없었으며, 재산은 자녀 균분 상속되었다. 법원직

22. 고려 시대에 백정은 농민으로서 양민에 속하였고, 부모 중 한쪽이 노비이면 그 자식도 노비가 되었다. 2013. 군무원

23. 향리의 자제들은 제술업에 응시할 수 없었다. 수능

24. 고려 시대 향리에게는 양반으로 신분을 상승시킬 수 있는 길을 열어 놓지 않았다. 2014. 국가직 9급

25. 신진 사대부는 가문이 한미하고 지방의 향리 출신이 많았으며 과거를 통하여 중앙의 관리로 진출하였다. 2007. 세무직 9급

26. 고려 시대의 형률은 주로 당나라의 것을 적용하였으며, 때에 따라 고려의 실정에 맞는 율문도 만들었다. 2014. 국가직 9급

27. 고려 시대에는 기본적으로 태형(笞形), 장형(杖刑), 도형(徒刑), 유형(流刑)의 4형 체계를 가지고 있었다. 2014. 국가직 9급

28. 고려 시대에 부모의 유산은 자녀에게 골고루 분배되었고, 아들이 없을 경우 양자를 들이지 않고 딸이 제사를 받들었다. 2009. 국가직 9급

29. 향도는 지방의 향소를 중심으로 활동하였다. 2010. 국가직 7급

30. 향도는 불교 신앙과 관련된 일 외에도 다양한 상호 부조 기능을 수행하기도 하였는데, 후기에는 향도의 지역적 기반이 축소되는 모습을 보였다. 2004. 행시·외시

16. X
17. X
18. O
19. X
20. O
21. O
22. O
23. X
24. X
25. O
26. O
27. X
28. O
29. X
30. O

16. 양인은 양인은 과거 응시가 가능하였다.
17. 천거보다는 과거나 음서를 통해 관직에 나가는 경우가 많았다.
19. 유기장은 녹쇠로 기물을 만드는 장인을 말하며, 수렵 등 도살업에 종사하는 자는 화척이라 하였다.
23. 향리 계층은 과거에 응시할 수 있었다.
24. 고려 시대의 향리는 과거를 통해 양반, 즉 상류층으로 신분 상승할 수 있었다.
27. 기본적으로 태형(笞刑), 장형(杖刑), 도형(徒刑), 유형(流刑), 사형(死刑)의 5형 체계를 가지고 있었다.
29. 향소란 조선 시대에 군현의 수령을 보좌하던 자문기관으로 향청(鄕廳), 유향소(留鄕所)를 말한다.

5 고려의 문화 〈불교 · 귀족 문화〉

⇨ ①불교+유교 융합 문화 ②귀족(중앙)+호족(지방) 문화가 함께 성장 ❸인쇄 – 출판 문화 ❹공예 예술 발달 ⇔ 조형 예술 쇠퇴

1 유학과 역사 인식의 변천

↱ 려말선초(왕조 교체기)

	초기 〈10~11C 요〉	중기 〈12C 금〉	후기 〈13C~14C 원〉	〈말기 14C 홍건적 · 왜구〉	
	〈전기〉 문벌 귀족		⇐〈무신 집권기〉⇒	〈후기〉 권문 세족	
	자주적(목표)	보수적(안정)	〈13C〉 자주적(개혁)	〈14C〉 ①민족적(국난극복) ②개혁적(왕조교체)	

계승의식	고구려 계승	신라 계승	고구려 계승	고조선 계승 (⇨ 국난 극복)	
역사서	[자주적 사관]	[보수적 사관]	〈13C〉[자주적 사관]	〈14C〉 ①[민족적 사관]	②[개혁적 사관] – 성리학적
	7대 실록 (현존×–문화적 자부심)	삼국사기 (김부식 – 현존 최고)	동명왕편(주몽) (이규보 – 고구려전통)	삼국유사 · 제왕운기 (일연 – 단군)(이승휴 – 고조선)	사략(이제현) ↳개혁 명분
	↳거란 격퇴		↳동국이상국집	↳국난극복(반원)	

유학	최승로	최충 · 김부식	(쇠퇴)	〈성리학〉 안향(〈14C〉소개) ⇒ 정몽주(집대성)
한문학	자주적 – 중국 탈피	보수귀족 옹호	세련 · 자유로움[풍자적 패관문학 · 경기체가 · 장가(속요) · 수필 문학]	

↳무신정권 풍자 ↳신진사대부 ↳민간가요

	★성리학 〈송 – 주자학〉 ⇨ 사대부 수용 · 보급(개혁적 세력)
발전	소개(14C 충렬왕 – 안향) ⇒ 보급(백이정 · 박충좌 · 이제현 : 만권당) ⇒ 집대성(정몽주)
성격	유교 철학 〈유학 + 불교 선종〉 – 우주 원리 · 인간 심성 탐구하는 학문
영향	❶개혁 ⇒ 정통 · 대의명분 중시 ⇨ 조선 개창 – 새로운 국가 지도이념 ②실천적 기능강조 ⇨ 유교의식 보급 – 소학 · 주자가례 · 가묘 장려(사당) ↳사대부 필수(孝) ③불교 폐단 지적 ⇨ 정도전 – 척불론 [불씨 잡변]

※ ❶유가(춘추전국) ⇒ ②훈고학(한 · 당) ⇔ ❸성리학(송) ⇔ ④양명학(명) ⇒ ⑤고증학(청)

	삼국사기	삼국유사
시기	중기(인종)	후기(충렬왕)
저자	김부식(개경파)	일연(승려)
서술	기전체(정사체)	야사체(설화적)
성격	유교적 · 보수적	불교적 · 민족적
의의	현존 최고사서	국난극복(단군)

2 교육 제도

↱ 3품–5품–7품 이상 관리자제 대상

초기	국자감 (성종)	〈교육〉	①인문학부(귀족대상) ⇒ 국자학 · 태학 · 사문학 ⇨ 문과	경사 6학
			❷기술학부(중인 · 상민대상) ⇒ 율학 · 서학 · 산학 ⇨ 잡과	
		〈성격〉	⇨ 신분 차등 입학 ⇒ 교육 내용 다름 ↳外해당관청(교육)	
	※비서성 · 수서원(성종 – 도서관 : 학문 연구)			
중기	과거 준비 ⇒ 사학 12도 융성[최충(문헌공도) – 9재 학당] ➡ 관학 쇠퇴			

↳전문 강좌(과목)

◈ 문헌공도 – 최충이 세운 9재 학당으로, 12도 중에서 가장 번성하여 명성이 높았다. 최충이 사망한 후 그의 시호인 문헌을 이름으로 붙였다

	★관학 진흥책 〈 ⇨ 과거 준비 위주 교육〉
숙종	서적포(국자감 内 – 과거 관련 도서 출판) ↱무관교육(자질향상 시도 · 결원보충)
예종	❶7재(전문강좌 1~6재 유학재 – 과거준비 / 7재 무학재 = 강예재) ❷양현고(장학재단)
〈후기〉	①섬학전(장학 재단 – 양현고 보완) ❷성균관 개칭(충렬왕) ③대성전(공자사당) ④향학 = 향교(인종 – 지방교육) ↳공민왕 [인문교육 만 – 기술교육(해당관청)] ⑤청연각 · 보문각(유학 – 학문연구소) ⑥경사교수도감(유학 · 역사 교육 · 방법)

◈사학 융성 – 재상직에서 물러난 최충이 후진을 모아 교육에 힘을 쏟자, 학도들이 거리를 메우게 되었다. …관리의 자제로서 과거에 합격하려는 자는 반드시 이 도에서 공부하였다.

◈ 국학 폐지론 ⇨ 재상 소태보 등이 아뢰기를 국학에서 선비를 양성하는 비용이 적지 않아서 민폐가 되고, 중국의 제도를 우리나라에서 그대로 시행되기 어려우니 이를 혁파하십시오. 라고 하였다.

사료읽기

◈ 중세의 문화

고려 시대에 해당하는 중세 문화는 고대 문화의 기반 위에서 조상들의 노력과 슬기가 보태져 새로운 양상을 보였다. 유교가 정치 이념으로 채택, 적용됨으로써 유교에 대한 인식이 확대되었으며, 후기에는 성리학도 전래되었다. 불교는 그 저변이 확대되어 생활 전반에 영향을 끼쳤다. 이런 가운데 불교 사상이 심화되고, 교종과 선종의 통합 운동이 꾸준히 추진되었다.

중세의 예술은 귀족 중심의 우아하고 세련된 특징을 드러내고 있다. 건축과 조각에서는 고대의 성격을 벗어나 중세적 양식을 창출하였으며, 청자와 인쇄술은 세계적인 수준을 자랑하고 있다. 그림과 문학에서도 중세의 품격 높은 멋을 찾아볼 수 있다.

◈ 고려의 역사 편찬

①김부식은 〈삼국사기〉를 편찬할 때 국사란 세상을 바로잡을 책이니 크게 신이(神異)한 일로써 후세에 보여 줌은 옳지 않다고 생각하여 동명왕의 사적을 매우 간략하게 다루었다. 그러나 동명왕의 사적은 변화·신이하여 사람의 눈을 현혹시키는 것이 아니라, 실로 나라를 창시하신 신의 자취인 것이다. 〈동명왕편〉

②요는 잉태한 지 14개월 만에 태어났고, 한 고조는 그 어머니가 용과 큰 못에서 교접하여 태어났다. 이밖에 많은 것을 어찌 다 기록하겠는가. 그러니 시조들이 모두 신기한 일로 태어났음이 어찌 괴이하겠는가. 이것이 신이로서 다른 편보다 먼저 놓은 까닭이다. 〈삼국유사〉

③요동에 별천지가 있으니, 중국과는 확연히 구분되도다. 큰 파도가 출렁거리며 삼면을 둘러싸는데 북녘에는 대륙이 있어 가늘게 이어졌도다. 가운데에 사방 천리 땅, 여기가 조선이니 강산의 형승은 천하에 이름 있도다. 〈제왕운기〉

◈ 삼국사기를 올리는 글

성상 전하께서 … 고기(古記)에는 문자가 거칠고 잘못되고 사적이 빠져 없어진 것이 많으므로 군후(君后)의 선악이나 신자(臣子)의 충사(忠邪)나 국가의 안위나 인민의 이난(理亂) 등을 모두 잘 드러내어 뒷사람들에게 경계를 전할 수 없게 되었으니 마땅히 삼장(三長)의 인재를 얻어 한 나라의 역사를 이룩하고 이를 만세에 남겨 주는 교훈으로 하고 싶다.

⇨ 삼국사기는 기전체로 서술된 역사서이다. 삼국사기에 들어있는 사관을 유교 사관이라 하는데 이는 왕이 통치에 필요한 자료를 모아 통치의 거울을 삼기 위한 것이었다.

※**기전체**(紀傳體) – 사마천의 사기와 같이 역사를 본기–지–세가–열전 등으로 나누어 편찬하는 정사체〈삼국사기, 고려사〉

※**훈고학**(訓詁學) – 한대에서 당대까지 성행하였던 유학으로 경전의 자구 해석에 치중하였다.

※**역사서 서술** ①기전체(=정사체): 내용별(본기·지·세가·열전) ②편년체: 시기별(년·월·일) 〈~실록·통감·절요〉
③紀事본말체: 사건별 〈연려실기술〉– 이긍익 ④야사체: 설화적 〈삼국유사〉⇒ ※기사본말체

適者生存⇒盡人事待天命

3 불교의 발달 〈**호국적 · 현세 구복적** ⇨ 한국적 불교〉

⇨ ❶**교종 번성**(**화엄종** · 법상종) ②연등회 · 팔관회 · 국사 – 왕사 제도 · 승과 · 별사전

	〈12C〉 **천태종**	〈13C〉 **조계종**	〈14C〉 **라마 불교**
시기	중기〈**의천**〉 – 국청사 – 왕실 · 문벌 귀족	무신정권 지원〈**지눌**〉 – 최씨 무신 정권	후기(원 – 간섭 下) – 권문세가
성격	**원효**(화쟁사상 : 종파통합) ⇒ **교종 + 선종 일치** ※ **의통 · 제관**(광종 – 중국 파견 – 천태종연구) **교종**(화엄종) + 선종 ⇨ 종단 통합시도	**선종** + 교종 ⇨ 교리상의 일치	세속적 = 생활 불교 (정치권력 – 결탁) 양조업 · 목축업 · 고리대… 세속적 사업 종사 ⇒ 폐단
교리	**교관 겸수** (이론 + 실천 중시)	**정혜쌍수**(**수행** 중시) **돈오점수**(**人心** = 佛心)	

※〈**불교 ⇒ 사회 통합**〉 **원효**(화쟁사상) ⇒ 의천 · 지눌(교+선 일치)　　↱불씨잡변

영향	⇨ 反무신 난 전개 [13C 백련 결사 – 요세] ※법화 사상(참회=반성)	⇨ 신앙결사=**개혁** 운동 [**수선 결사** – 송광사]	정도전(**척불론**) – 사대부 보우(교단 통합 시도)

◈ **정혜 결사문**(**지눌** – 수선결사) – 지금의 불교계를 보면…자신을 내세우고 이익을 구하는 데 열중하며 세속의 일에 골몰한다. …하루는 같이 공부하는 사람 10여 인과 약속하였다. 마땅히 명예와 이익을 버리고 산림에 은둔하여 같은 모임을 맺자. 항상 선을 익히고 지혜를 고르는 데 힘쓰고…

의천	[원종문류(화엄사상). 석원사림 천태사교의**주**. 대각국사 문집]
각훈	화엄종 대가[해동 고승전]
혜심	**유+불 일치** ↳자주적 불교사 정리 (지눌 제자 ⇨ 성리학수용 영향)

◈ **유불 일치설**(**혜심**) 〈기세계경〉에서 말하였다. "부처님이 말씀하시기를 나는 두 성인을 중국에 보내어 교화를 펴리라 하셨다. 한 사람은 노자로, 그는 가섭보살이요, 또 한 사람은 공자로 그는 유동(儒童)보살이다." 이 말에 의하면 유(儒)와 도(道)의 종(宗)은 부처님의 법에서 흘러나온 것이다. 방편은 다르나 진실은 같은 것이다. 공자는 "삼(參)아, 내 도는 하나로 꿰었다."하였고, 또 "아침에 도를 들으면 저녁에 죽어도 좋다."하였다.

※ **원효** ⇒ **의통**(중국 천태종 13대 교조) · **제관**[천태사교의] ⇒ **의천 · 지눌**

★**대장경**⇨ ┌ ①**경전 집대성** – 삼장(經 · 律 · 論) 결집
　　　　　└ ❷**호국 불교** 〈국난 극복〉 – 거란 · 몽고 격퇴 기원

①**초조 대장경** (현종)	거란 격퇴 기원(6000 여권) – **몽고** 침입시 ⇒ **소실** (대구 부인사)
②**속장경**(의천)	교장도감(흥왕사. 송 · 요 · 왜 불경 수집 ⇒ 신편 제종교장 총록) ↳불서 목록
❸**팔만 대장경** (=**재조** 대장경)	대장도감(**1251** 최우 – 강화도 천도 시) ⇒ 몽고 격퇴 기원 ➡ 현존 고려 불교 – 높은 수준 · 문화 반영 〈81,352매〉 ※〈15C〉 해인사 경판고 보관(유네스코 기록–문화 유산)

대각국사 의천　　지눌

①**경**(經) – 부처가 설한 근본 교리(**경전**) ②**율**(律) – 교단에서 지켜야 할 윤리 조항과 생활 규범(**계율**) ③**논**(論) – 경과 율에 대한 승려나 학자의 의론과 해석(**논문**)

팔만대장경　　경판고

※ ①**교장**도감 ②**교정**도감 ③**대장**도감　※①국청사 ②흥왕사 ③흥덕사

4 과학 기술과 예술의 발달

(1) 과학과 기술학(국자감에서 기술교육 · 잡과) – 국가 관심

인쇄술	〈목판인쇄〉	초조대장경 · 속장경 · **팔만대장경**(1251 재조대장경)
	〈금속활자〉	①상정고금예문(1234) ❷**직지심체요절**(1377 **청주** 흥덕사) ↳세계 최초(현존×)　↳현존 세계최고 금속 활자본
화약	〈화통도감〉 ⇒ 화약 제조(최무선. **진포 싸움** – 최초 왜구 격퇴) – 원	

※〈**독일**〉 구텐베르크 금속활자(1440 현존 세계최고)　　※향약집성방(세종)

천문학	〈사천대〉	**농업** 진흥[중국 역법 사용 – 선명력 · 수시력 · 대통력]
의학	〈태의감〉	[향약방] [**향약구급방**](13C 현존최고 의서 – 독자적 연구)
농법	심경법(우경) · 윤작법(2년3작) · 시비법 / 목화 · 모내기[이암 – 농상집요] 소개	

직지심경　　금속활자

◈ **상정고금예문** – 12세기 인종 때 최윤의 등이 지은 의례서인데, 강화도로 천도할 때 예관이 가지고 오지 못하여 최우가 보관하던 것을 금속 활자로 28부를 인쇄하였다. ⇨ 동국이상국집(이규보) 기록

◈ **향약구급방** – **현존 최고의 의서**로 각종 질병에 대한 처방과 국산 약재 180여종을 소개하여 우리나라 의학의 독자적 연구 계기가 된 의서이다.

※ 깊이갈이(심경법) · 윤작법(2년 3작) · **시비법**(퇴비– 가축 뒷거름 · 풀태운 재)⇨ 지력 회복(휴경지 감소)

사료읽기

◈ 의천의 교관겸수(천태종)

①가만히 생각하면 성인이 가르침을 편 목적은 행(行)을 일어키려는 데 있는 것이므로, 입으로만 아니라, 몸으로 행동하게 하려는 것이다. … 정원 법사는 관(觀)을 배우지 않고 경(經)만 배우면 오주의 인과를 들었더라도 삼중의 성덕을 통하지 못하며 경을 배우지 않고 관만 배우면 삼중의 성덕을 깨쳐도 오주의 인과는 분별하지 못한다. 그러므로 관을 배우지 않을수 없고, 경도 배우지 않을 수 없다. 고 하였다. 내가 교단에 마음을 쓰는 까닭은 이 말에 깊이 감복하였기 때문이다. 〈대각국사 문집〉

②진리는 말이나 형상이 없지만 말과 형상을 떠나 있는 것도 아니다. 말과 형상을 떠나면 미혹에 빠지고 말과 형상에 집착하면 진실을 미혹케 된다. … 교리를 배우는 이는 내적인 것을 버리고 외적인 것을 구하는 일이 많고, 참선하는 사람은 밖의 인연을 잊고 내적으로 밝히기를 좋아한다. 둘 다 편벽된 집착이고 양극단에 치우친 것이다. 〈대각국사 문집〉

※**교관겸수**(教觀兼修) – 교학과 선을 함께 수행하되, 교학의 수련을 중심으로 선을 포용하려는 통합 이론

※**정혜쌍수와 돈오점수** – 정혜쌍수는 참선 – 지혜를 나란히 수행하되, 선을 중심으로 교학을 포용하자는 이론이다. 돈오점수는 정혜쌍수의 바탕이 되는 이론으로 단번에 깨닫고 꾸준히 실천하자는 방법론이다. 선종은 돈오를 지향한다. 돈오는 인간의 마음이 곧 부처라는 것을 깨닫는 것이며, 점수는 깨달은 뒤에도 꾸준히 수행해야 해탈에 이를 수 있다고 지눌은 주장하였다.

※**보우**(普愚) – 보우는 교단을 통합 · 정리 하는 것이 불교계의 폐단을 바로잡는 우선 과제라고 생각하였다. 그러나 교단과 정치적 상황이 얽혀 이런 개혁을 지속적으로 추진할 수 없었다.

◈ 척불론 〈정도전. 불씨잡변〉

①부처의 말에 사람은 죽어도 정신은 멸하지 않으므로 태어남에 따라 다시 형체를 받는다. 고하였으니, 이에 윤회설이 생겼다. … 하늘과 땅 사이는 붉게 타는 화로와 같아 비록 생물이라 할지라도 모두 다 녹아 없어진다. 어찌 이미 흩어진 것이 다시 합하여지며, 이미 간 것이 다시 올 수 있으랴.

②윤회설이 판명되면 인과설(因果說)은 판명하지 않아도 명백해진다. … 그런데 과연 불씨(佛氏)의 설과 같다면 사람의 화복(禍福)과 질병이 음양오행과는 관계없이 모두 인과응보에서 나오는 것이 되는데, 어찌하여 우리 유가의 음양오행을 버리고 불씨의 인과응보설을 가지고서 사람의 화복을 정하고 사람의 질병을 진료하는 사람이 한 사람도 없느냐. 불씨의 설이 황당하고 오류에 가득 차 족히 믿을 수 없다.

◈ 세계가 인정한 고려의 인쇄 문화

2007년 유네스코는 팔만대장경을 세계기록유산으로 지정하였으며, 이에 앞서 1995년에 해인사의 장경판전을 세계문화유산으로 지정하였다. 몽골의 침입을 물리치려는 염원을 담아 만든 팔만대장경은 한 글자를 새길 때마다 정성을 다했기 때문에, 5,000만 자가 넘는데도 오자가 거의 없고 마치 한 사람이 쓴 것처럼 정연하다. 목판은 750여 년 동안 전혀 썩거나 좀먹지 않아 오늘날에도 인쇄가 가능할 정도이다.

고려는 세계 최초로 금속 활자도 발명하였다. 금속 활자를 만들어 최초로 인쇄했다는 〈상정고금예문〉(1234)은 지금 전해 오지 않고 있다. 하지만 프랑스 국립 도서관에 보관된 〈직지심체요절〉(1377)은 현존하는 가장 오래된 금속 활자본으로서, 그 가치를 인정받아 2001년 유네스코 기록 유산으로 등록되었다.

※①**국청사**(의천– 천태종) ②**흥왕사**(의천– 속장경) ⇔ ③**흥덕사**(청주– 직지심경) ④**송광사**(조계종–수선결사)

※①[고승전](김대문– 통신: 진골)– 중국불교 소개(진골문화 자부심)

②[해동고승전](각훈)– 해동(우리나라) 30여명 승려⇒ 자주적 불교사 정리

③[해동제국기](신숙주– 세종: 일본 견문기)

※①**교장**도감(의천–속장경) ②**교정**도감(최우– 최고 권력기구) ③**대장**도감(8만대장경)

適者生存⇒盡人事待天命

(2) 건축과 조각 〈귀족적 · 불교적 – 화려 · 세련미〉

건축〈웅장미〉		**봉정사 극락전**(안동 ⇒ **현존 최고** 목조 건축) 부석사 무량수전[영주 – **엔타시스**(배흘림) · **주심포**(상단 기교) 기둥양식] 성불사 응진전 · 석왕사 응진전(〈**원**〉 **다포** 양식 ⇒ 조선건축 영향)	
석탑	선종 ⇓ 조형 예술 쇠퇴	➡ **다층 다각** 석탑(신라양식 이탈 – 안정감 무시 · 자유분방 – 향토적 색채)	
		〈**전기**〉 송탑 ⇒ 월정사 8각9층 석탑 – 강원도 평창 〈**후기**〉 원탑 ⇒ 경천사 10층 석탑 – 중앙국립박물관	· 불일사 5층 석탑 · 무량사 5층 석탑 · 현화사 7층 석탑
		※**승탑**(선종 계통) : ①**팔각원당형**(고달사지 승탑) ⇒ **석종형**(고려 후기) ②**장방형**(법천사지 지광국사 현묘탑) – 국내 유일	
불상		➡ 규모가 큰 석불(**관촉사 미륵보살 입상**) · 철불(**광주 춘궁리 철불**)	
		①균형미 무시(향토적 색채) : 관촉사 미륵보살 입상, 개태사지 석불 ❷균형미(신라 양식 계승) : **부석사 소조아미타 여래 좌상**	

※만월대(개경 궁궐터)

부석사무량수전

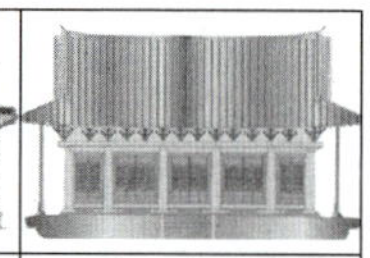
원– 다포양식

관촉사 은진미륵

광주 춘궁리 철불

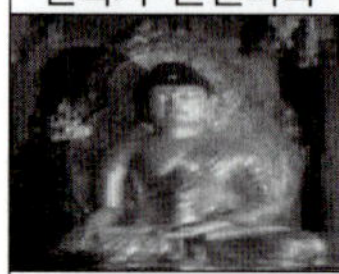
부석사아미타불

개태사지 석불

※〈**부석사**〉 ①경북 영주 ②의상(화엄종) ③무량수전 ④소조아미타여래좌상 ⑤조사당벽화(보살 · 사천왕)

월정사 8각9층탑

경천사 10층탑

불일사 5층탑

무량사 5층탑

현화사 7층탑

고달사지 승탑

지광국사 현묘탑

↳일본 ⇒ 중앙 국립박물관(서울)　　일본 ⇒ 경복궁 ⇒ 국립 문화재연구소(대전)↲

(3) 귀족 문화 발달 〈불교적 · 귀족적 – 화려 · 세련미 – 인공미 – 장식용=완상용〉

공예	토기 ⇒ **자기** (⇐〈**당 · 송**〉 자기 영향)
	①순수청자(비취색 · 곡선미) ⇒ ❷**상감청자** 〈12C **상감법**〉– **독창적 기법**(〈**당**〉나전 + 〈**송**〉은입사 기법) ↱양각 · 음각 문양
	③**나전칠기**(⇐〈**당**〉 영향 : 대표적 수출품) ④**범종**(신라 양식 계승)
서예	〈**전기**〉 구양순체(탄연) – 骨체 〈**후기**〉 송설체(⇐ **원** : 조맹부체 – 이암)
회화	[**천산대렵도**]공민왕, [**양류관음도**]혜허, [예성강도]이령, **사경화** ↳원대 북화 영향 ↳불화(탱화) ↳현존× ↳경전 복사
음악	향악(당악), 아악(송악=대성악), 산대극(가면극), 장가(**속요** – 민간가요) ↳대중 음악 ↳궁중 음악 ※**속악**(조선 – 민간음악)

상감청자

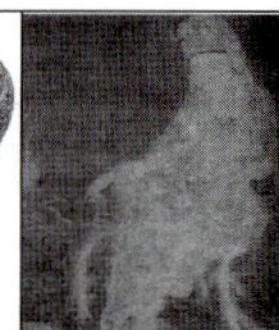
수월관음도

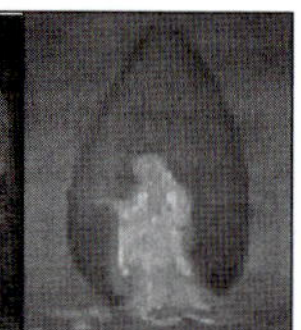
양류관음도

산대극(가면)

정병(불구)

천산대렵도

초기	향가 문학	보현십원가(균여대사) · 삼대목(향가집, 현존×) ※작가(승려 · 화랑) ⇨ **현존 향가 25수**(승려 · 화랑) : 삼국유사 14수(신라) · 균여전 11수(고려초)
중기	당–송문학	최충 · 김부식 ⇨ 보수귀족 찬미(전통문화와 괴리)
후기	경기체가	관동별곡 · 한림별곡 · 죽계별곡 ⇨ 신진 사대부 생활 감정(⇐ 향가)
	장가(속요)	청산별곡 · 가시리 · 쌍화점 ⇨ 서민 감정(서민 가요)
	수필 문학	파한집(이한로) · 보한집(최자) ⇨ 자유로운 문체
	설화 문학	국순전(임춘) · 국선생전(이규보) · 죽부인전(이곡) ⇨ 사물을 의인화
	패관 문학	백운소설 – 동국이상국집(이규보) · 역옹패설(이제현) 목은집(이색) · 포은집(정몽주) ⇨ 풍자적 성격

※**진화**(려말) – 송은 이미 쇠퇴하고, 북방 오랑캐는 아직 미개하니 기다려라 문명의 아침은 동쪽의 하늘을 빛내고자 한다. ⇨ 자주적 성격

이천동 석불

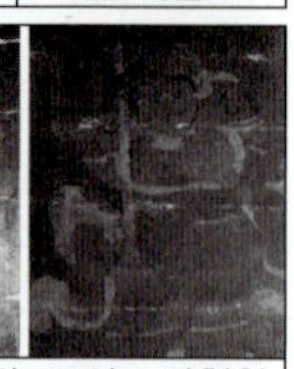
조사당 벽화–보살 · 사천왕

①살으리 살으리랏다 청산에 살으리랏다
②가시리 가시리잇고 날버리고 가시리잇고
③**쌍화점**–만두집에 만두 사러 갔더니만 회회(몽고인) 아비 내 손목을 쥐었어요. 소문이 가게 밖에… ⇨ 퇴폐적인 성(性) 윤리를 풍자적 묘사(남녀 사랑)

사료읽기

◈ **팔만대장경의 목판 제조 기술** 〈한국 과학사의 새로운 이해〉

해인사의 팔만대장경 즉 재조대장경의 목판 제조 기술은 여러 가지 점에서 매우 훌륭한 기술상의 특징을 가지고 있다. 목판의 자재는 주로 산벚나무를 썼다. 크기는 가로 72.6cm, 세로 26.4cm, 두께 2.8～3.75cm이고 무게는 2.4～3.75kg이다. 판목은 양쪽에 편목을 끼워 붙이고 네 귀에는 구리판으로 된 직사각형의 띠를 둘러쳤다. 이것은 판목이 뒤틀리지 않게 할 뿐만 아니라, 보존할 때 판목의 양쪽 면이 다른 판목의 표면과 밀착하지 않고 사이가 뜨도록 해서 통풍이 잘 되어 새긴 글자가 늘 깨끗이 되도록 한 것이다.

… 그래야만 목판이 단단해져 뒤틀리지 않고 새겨 놓은 글자가 갈라지지 않는다. 거기에다 또 전면에는 얇게 옻칠을 했다. 벌레가 먹지 않도록 하고 목판이 부식되지 않게 한 것이다. 또 판의 한쪽 끝에는 작은 글자로 된 경전의 이름과 권수, 장수 및 천자문 순서로 된 함수의 번호가 새겨 있다. 인쇄의 능률을 높이고 판본을 조직적으로 관리 보존하기 위한 분류 기술인 것이다. 8만여 장의 방대한 목판의 보존 관리와 필요에 따라 인쇄를 할 수 있도록 정리하는 작업이 이루어지고 있었다.

재조대장경은 그 내용이 정확하고 글씨가 아름다우며 목판 제작 기술이 뛰어난 세계에서 가장 훌륭한 판본이다. 그래서 그것은 고려대장경으로 널리 알려져 있다. 고려의 목판 인쇄는 팔만대장경의 제작 과정에서 최고의 기술 수준에 도달한 것이다.

⇨ 고려 시대에는 대장경이 세 번 조판되었다. 초조대장경은 거란의 침입을 물리치기 위하여 만들어졌다. 이 초조대장경에 빠진 불경을 모아 의천의 주도로 속장경을 제작하였다. 초조대장경과 속장경은 몽고의 침입으로 불타 없어지자 현재 남아있는 팔만대장경을 다시 조판하였다. 그래서 고려 대장경은 호국 불교의 성격이라 할 수 있다.

◈ **청자 만드는 과정**

청자는 물에는 묽어지고 불에는 굳어지는 자토로 모양을 만들고 무늬를 새긴 후 청색을 내는 유약을 발라 1,250도에서 1,300도 사이의 온도로 구워서 만든다. 유약은 규석과 산화알루미늄이 주성분으로 이들이 높은 온도에서 녹아 유리질화 되는데, 유약에 함유된 철분이 1～3%가 되면 녹청색을 띠어 청자가 된다.

※**상감법** – 나전칠기나 은입사 공예에서 응용된 것으로, 그릇 표면을 파낸 자리에 백토 – 흑토를 메워 무늬를 내는 방법

※**주심포식(柱心包式) 건물** – 지붕의 무게를 기둥에 전달하면서 건물을 치장하는 장치인 공포가 기둥 위에만 짜여져 있는 건축 양식으로 송의 영향을 받은 것이다.(봉정사 극락전, 부석사 무량수전)

※**다포식(多包式) 건물** – 다포식(多包式) 건물 공포가 기둥 위뿐만 아니라 기둥 사이에도 짜여져 있는 건물. 웅장한 지붕이나 건물을 화려하게 꾸밀 때에 쓰였다.(석왕사 응진전, 성불사 응진전)

※**화약 제조법** – 최무선은 중국인(원) 이원에게서 화약의 중요한 원료인 염초(질산 칼륨)를 만드는 기술을 배워 화약제조법을 완저니 알아냈다고 한다.(화통도감)

※**구양순체와 송설체** – 구양순체는 당나라 때 구양순의 굳세고 힘찬 글씨체이며, 송설체는 원나라 때 조맹부의 유려한 글씨체

※**아악(雅樂)** – 고려 때 송나라에서 수입된 궁중 음악으로, 주로 제사에 쓰였다. 고려와 조선 시대의 문묘 제례악이 여기에 해당

◈ **외래문화 수용** **〈당⇒ 고려〉** 나전칠기·당악(⇒ 향악– 대중음악)·훈고학·자기기법

〈송⇒ 고려〉 은입사·송악(=대성악⇒ 아악– 궁중음악)·자기기법·월정사 8각9층 석탑

〈원⇒ 고려〉 송설체·다포양식·화약(최무선)·성리학·경천사 10층 석탑

適者生存⇒盡人事待天命

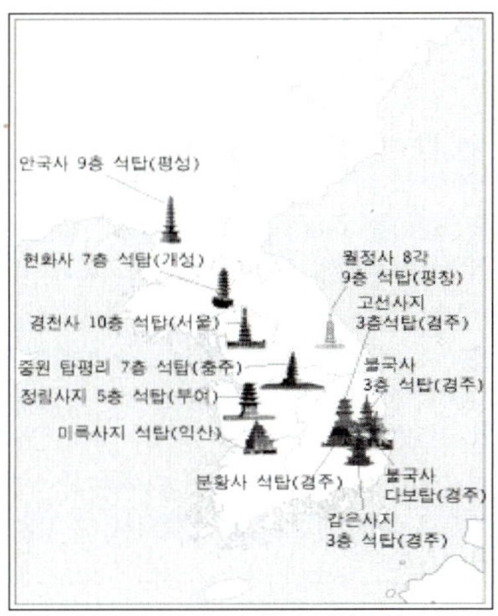

사료읽기

★삼국사기(三國史記): 한국사에서 내용 전체가 현존하는 국내 사료 중 가장 오래된 역사서이며, 현존하는 삼국 시대 관련 사료 중에서 가장 분량이 많기도 하다. 일연의《삼국유사》와 더불어 삼국시대 연구를 위해서 절대로 빠질 수 없는 필수 사료다.

고려 인종의 명에 의하여 국가적 지원 하에 1145년, 편찬 책임자 김부식과 그 외 보조 역할을 담당한 참고(參考) 8명 및 행정사무를 전담한 관구(管句) 2명 등 총 11명이 편찬한 관찬 역사서로, 삼국시대와 통일신라, 후삼국시대의 역사를 다루고 있다. 고전적 역사서술 방식으로 기전체 형식을 따르고 있다. 〈본기〉 28권(신라 12, 고구려 10, 백제 6), 〈연표〉 3권, 〈지〉 9권, 〈열전〉 10권. 총 50권 9책으로 이루어져 있다. 다만 현대에 남아있는 《삼국사기》 원서 중 김부식이 편찬한 원본은 없다. 《삼국사기》 서적 중 가장 오래된 원서는 보물 722호 성암본으로 13세기 후반에 제작된 것으로 추정한다.

이름은 《'삼국'사기》이지만 신라가 삼국통일을 이룬 이후부터 고려 초까지, 즉 '3국'이 있지 않았던 약 260여 년의 역사도 같이 다루었는데, 《삼국사기》는 신라가 아닌 고려에서 작성한 것으로 아무래도 당시 고려인들의 시각으로 봤을 때에는 다시 나눠진 후삼국시대를 고려가 재통일한 것을 통일의 종결로 여겼던 것에서 기인한 것 같다.《삼국사기》는 고대도 고대지만 당시 고려왕조의 현실도 그나마 엿볼 수 있는 역사책이기도 하다.

또한 고려의 칭제건원과 서경천도운동을 실행했던 묘청일파를 반대하고, 몸소 묘청 일파를 숙청한 김부식이 사직하고 집필한 사서로 자주성이 약한 시각에서의 사관이라는 점에서 식민사관론과 관련되어 한국 내의 민족주의 사관으로부터 비판을 받기도 하는 역사서이기도 하다. 중국사서의 내용을 그대로 적은 부분이 다수라는 점에서 이런 비판이 나오는데, 이미 삼국시대로부터 수백 년이 지난 시기였으니 김부식 시대에 이미 국내 사료가 많이 부족해진 상태라는 어쩔 수 없는 현실이었으며, 오히려 김부식은 당대 사회상을 감안하면 상당히 한반도 중심적, 민족주의적으로 기록했다.

하지만 김부식이 중국 기록을 주로 참조했다는건 오해인데, 최근 학계에서 추정하기로는 김부식은 삼국 초기 역사를 서술할 당시 삼국 자체 편찬 사서를 기본으로 참조하고, 중국측 기록과 삼국 자체 기록이 충돌할 시에는 무엇이 더 말이 되는지를 판단하고 둘 중 하나를 실었다고 한다. 근데 웃긴건, 〈고구려본기〉의 경우 중국측 기록과 고구려 자체 기록이 충돌해도 대부분을 고구려 자체 기록을 대부분 신뢰했다는 것이다. 중국에 대한 사대주의적으로 서술했다는건 오해이다.

★삼국유사(三國遺事)는 어떻게 발견되었나? 遺(끼칠–남길 유) 事(일–정치 사)

삼국유사는 한국고대의 역사, 지리, 문화, 종교, 사상등 총체적 문화유산의 보고다. 또한 역사서이고 불교문화서이며 야담설화 모음집, 소중한 문학서이다. 민족의 고전 삼국유사는 발간직후부터 모든이들의 사랑을 받은 책이라고 우리는 착각을 한다. 19세기, 조선인들은 삼국유사란 책을 들어보지 못했다. 13세기말 삼국유사는 저자의 손을 떠난 뒤 오랫동안 잊혀지고 아무도 거들떠보지 않는 책이 되었다. 그런데 20세기 들어, 갑자기 일본에서 나타나 주목받기 시작했다.

일연은 78세에 낙향을 결심하고 그는 경북 군위에 있는 인각사로 들어가서 83세로 세상을 떠나기까지 삼국유사를 다듬었다. 일연이 살았던 시절은 몽고와의 30년 전쟁기간으로 처참했다. 강화도로 피난간 고려조정은 강건너 불보듯 하면서, 대장경으로 적을 물리친다고 백성들의 고혈을 더욱 짜냈다. 일연은 몽고와의 전쟁중에 희생된 민초들도 역사의 일부라고 생각한 것이다. 지금까지의 역사서는 철저하게 왕조사로서 통치자 중심의 역사였다. 일연은 거기에 민초들의 이야기를 더했다. 선조까지의 사서들은 삼국사기, 고려사처럼 한 시대만을 다루었다. 그러나 삼국유사는 단군으로부터 시작해 삼한, 삼국을 거쳐 고려조까지 연결된다.

일연이 죽은후, 간행되었을 삼국유사는 고려말 조선초에 한차례 더 간행된 후, 1512년 경주부윤 이계복이 새로 목판을 만들어 중간하였다. 조선의 사대부들은 이 책을 못마땅하게 생각했다. 황당한 신화, 전설, 설화들이 가득 들어 있을뿐 아니라 불교적 색채가 너무 진했기 때문이었다. 이익은 성호사설에서 이책뿐 아니라 인용한 역사가들까지 비난하였고, 안정복은 이탄허탄, 한치윤은 괴탄하다고 혹평하였다. 19세기가 되자, 마침내 조선에서는 삼국유사를 아는 이가 사라졌다.

1904년 도쿄제대에서 근대식활자로 삼국유사를 찍어 냈다. 원본은 도쿠가와가 소장본으로 현재 나고야 호사문고에 있다. 임진왜란때 조선에서 약탈당한 삼국유사는 조선인쇄술에 반한 도쿠가와의 소장본이 되었다. 일본인들은 조선을 식민지로 만들려고 획책하는 중이었다. 조선을 식민지로 안정되게 운영하려면 조선의 모든 것–역사, 생활, 풍습, 지리등을 알 필요가 있었다. 그런 목적이라면 삼국사기보다 삼국유사가 더 유용했다. 그래서 도쿄제대는 이책을 조선을 가장 잘 알 수 있는 책이라며 학생들의 교재로 출판했던 것이다.

1904년 최남선은 일본유학중이었다. 그의 눈에 삼국유사가 들어왔는데 조선에는 없는 책이었다. 그책은 우리 모두를 단군의 자손, 같은 민족이라고 쓰고 있었다. 또한 지배자중심의 역사가 이닌, 민초들의 삶의 애환이, 신화, 전설, 설화가 가득 담겨있었다. 1927년 잡지 계명 18호에 삼국유사 원문 전체를 실어 전 조선땅에 배포했다. 삼국유사는 전 5권이다. 일연사후, 13세기말 처음 간행되었겠지만 시기는 알 수 없다. 지금 남아있는 조선초 간행본 역시 발문이 없어 인쇄시기, 배포량, 유포경로를 모른다.

일연이 마지막을 보낸 인각사에는 깨진채로 남아있는 그의 비석이 있다. 비면에는 그가 지은 불교서적 180여권의 이름이 적혀있지만, 오늘날 전하는 것은 거의 없고, 적혀 있지 않은 삼국유사만 전하여지고 있다.

※삼국유사의 특징을 정리해 본다.

1. 삼국사기는 중국사료에 크게 의존했지만, 삼국유사는 중국사료 27종뿐아니라 한국자료도 50종 넘게 인용하여 오늘날 전해지지 않는 사료들의 윤곽과 내용을 추측하게 해주고, 각 항목의 주체성을 살렸다.

2. 출처를 수록했고, 내용보충이 필요하거나, 내용이 문제가 있을경우 주를 넣어 실증적으로 서술했다. 14수의 향가, 서기체, 이두문, 전적에 전하는 지명및 인명표기로 한국고대어및 고대문학의 귀한 자료를 주었다.

3. 조선조까지 역사서들은 삼국사기, 고려사같이 시대사였을뿐이다. 따라서 시간적 연결을 중시하는 민족사의 역활을 못했는데, 삼국유사는 단군에서 삼한, 삼국을 거쳐 고려까지 통시대적으로 기술하여 민족사 발전체계의 선구적 모습을 보여주었다. 이는 일제강점기 민족사학자들이 높이 평가했다. 단군, 건국신화, 전설, 설화등을 수록하여 한국의 고유문화를 존중하고, 유교의 도덕적 합리주의 사관에 비판적태도를 취함으로서 민족자주성을 드러냈고, 이는 근대사학에서 높이 평가받았다.

4. 우리 문헌중 가야역사를 전해주는 유일한 역사서이다. 고대 불교사, 불교미술사를 위한 중요한 자료다. 많은 절집, 불상, 탑등 불교의 유물, 유적에 대한 기록이 풍부해, 조사연구의 기본적 문헌으로 꼽힌다.풍류도를 수행하던 화랑과 낭도들에 대해, 삼국사기와는 다른 자료들을 보여준다

新 羅 (BC57–AD935) 〈 992년간 / 56대 〉

세기	代	왕 명	재위
BC–AD 1C	1	**〈상대〉박혁거세**	BC57–AD4
	2	남해 차차웅	4–24
	3	유리 이사금	24–57
	4	탈해 이사금	57–80
2C	6	지미 이사금	112–134
	9	벌휴 이사금	184–196
	10	나해 이사금	196–230
3C	11	조분 이사금	230–247
	13	미추 이사금	262–284
	15	기림 이사금	298–310
4C	16	흘해 이사금	310–356
	17	**내물 마립간**	356–402
5C	18	실성 마립간	402–417
	19	**눌지 마립간**	417–458
	20	자비 마립간	458–479
	21	소지 마립간	479–500
6C	22	**지증왕**	500–514
	23	**법흥왕**	514–540
	24	**진흥왕**	540–576
	25	진지왕	576–579
	26	진평왕	579–632
7C	27	**선덕여왕**	632–647
	28	진덕여왕	647–654
	29	**〈중대〉 무열왕**	654–661
	30	**문무왕**	661–681
	31	**신문왕**	681–692
8C	33	**성덕왕**	702–737
	34	효성왕	737–742
	35	경덕왕	742–765
	36	**〈하대〉** 혜공왕	765–780
	37	선덕왕	780–785
	38	원성왕	785–798
9C	40	애장왕	800–809
	41	헌덕왕	809–826
	42	흥덕왕	826–836
	43	희강왕	836–838
	45	신무왕	839
	49	헌강왕	875–886
	50	정강왕	886–887
	51	**진성여왕**	887–897
	52	효공왕	897–912
10C	53	신덕왕	912–917
	54	경명왕	917–924
	55	경애왕	924–927
	56	**경순왕**	927–935

高句麗 (BC37–AD668) 〈 705년간 / 28대 〉

세기	代	왕 명	재위
BC–AD 1C	1	**동명성왕**	BC37–19
	2	**유리왕**	BC19–AD18
	3	대무신왕	18–44
	6	**태조왕**	53–146
2C	7	차대왕	146–165
	9	**고국천왕**	179–197
	10	산상왕	197–226
3C	11	**동천왕**	227–248
	12	중천왕	248–270
	14	봉상왕	292–300
4C	15	**미천왕**	300–331
	16	**고국원왕**	331–371
	17	**소수림왕**	371–384
	18	고국양왕	384–391
	19	**광개토대왕**	391–413
5C	20	**장수왕**	413–491
	21	**문자명왕**	491–519
6C	22	안장왕	519–531
	23	안원왕	531–545
	24	양원왕	545–559
	25	평원왕	559–590
	26	**영양왕**	590–618
7C	27	영류왕	618–641
	28	보장왕	642–668

百 濟 (BC18–AD660) 〈 678년간 / 31대 〉

세기	代	왕 명	재위
BC–AD 1C	1	**온조왕**	BC18–28
	2	다루왕	28–77
	3	기루왕	77–128
2C	4	개루왕	128–166
	5	초고왕	166–214
3C	6	구수왕	214–234
	8	**고이왕**	234–286
	10	분서왕	298–304
4C	11	비류왕	304–344
	13	**근초고왕**	346–375
	14	근구수왕	375–384
	15	**침류왕**	384–385
	17	아신왕	392–405
5C	19	구이신왕	420–427
	20	비유왕	427–455
	21	**개로왕**	455–475
	22	**문주왕**	475–477
	24	동성왕	479–501
6C	25	**무령왕**	501–523
	26	**성 왕**	523–554
	27	위덕왕	554–598
	28	혜 왕	598–599
	29	법 왕	599–600
7C	30	무 왕	600–641
	31	**의자왕**	641–660

渤 海 (698–926) 〈 227년간 / 15대 〉

세기	代	왕 명	재위
8C	1	**고왕**	698–719
	2	**무왕**	719–737
	3	**문왕**(대흠무)	737–793
	4	대원의	793–794
	5	성왕	794–795
9C	7	정왕	809–812
	8	희왕	812–817
	9	간왕	817–818
	10	**선왕**(해동성국)	818–830
	11	대이진	830–857
	12	대건황	857–871
	13	대현석	871–894
	14	대위해	894–906
10C	15	대인찬	906–926

고조선 (BC2333~BC108) – 삼국유사

환인 → 환웅 → **❶단군 조선**

BC2333~BC405

한민족의 시조

❷기자 조선

기자	BC1126~BC1082 은 왕족(전국시대 말) 연의 침공으로 패주
|	
부왕	BC230~BC220 기자의 40세손
준왕	BC220~BC194 기자의 41세손

❸위만 조선

위만왕	BC194~? 진 – 한 교체기
|	
우거왕	?~BC108 (3대왕) 한무제 침입–멸망
한사군 (직속령)	낙랑군–진번군–임둔군–현도군 ⇨ 유민저항 : 60여개조 ⇒ **부여 · 고구려 성립**

확 인 학 습

7. 고려 문화

빈칸 채우기

1. 내용에 따라 본기(本紀), 세가(世家), 지(志), 열전(列傳) 등으로 구분하는 정사체를 ( )라고 한다. 사회복지

2. 현존 최고(最古)의 역사서인 ( )는 ( )로 서술되었는데, 고구려 계승 의식보다는 ( ) 계승 의식이 좀 더 많이 반영되었다고 평가된다. 2012. 국가직 9급

3. ( )는 현존하는 우리나라 최고(最古)의 정사류(正史類)이다. 2014. 계리직

4. ( )은 이규보가 쓴 것으로 고구려 건국 영웅인 동명왕의 업적을 칭송한 서사시이며, ( )는 우리 역사의 서술을 단군부터 시작하여 중국의 역사만큼 유구하다고 보았다. 2014. 사회복지 9급

5. 고려 말의 성리학자들은 일상 생활에서의 실천적 기능을 강조하여 ( )를 권장하였고 그 결과 사대부의 의무로 ( )를 세우게 되었다. 2003. 행정고시

6. 고려 국립 대학인 ( )은 ( )과 ( )을 가르쳤는데 ( )에 따라 교과 내용이 달라졌다. 2007. 법원직

7. 고려 중기 예종은 관학 진흥책으로 국학에 ( )라는 전문 강좌를 두고 ( )를 설치하여 국학의 재정 기반을 강화하였다. 2009. 지방직 9급

8. 천태종의 ( )은 이론의 연마와 실천을 아울러 강조하는 ( )를 제창하였고, 조계종의 ( )은 선과 교학의 근본이 하나라는 ( )를 사상적인 바탕으로 삼았다. 2011. 국가직 7급

9. '한마음[一心]을 깨닫지 못하고 한없는 번뇌를 일으키는 것이 중생인데, 부처는 이 한마음을 깨달았다. 깨닫고 아니 깨달음은 오직 한 마음에 달려 있는 것이니 이 마음을 떠나서 따로 부처를 찾을 곳은 없다.'는 주장을 한 ( )은 불교계의 개혁 운동인 ( ) 결사를 제창하였다. 2014. 경찰간부

10. ( )은 "선(禪)은 부처의 마음이요, 교(敎)는 부처의 말씀이다. 깨닫는 것[悟]과 수련하는 것[修]은 분리될 수 없으며, 정(定)과 혜(慧) 또한 같이 닦아야 한다."고 주장하였다. 2014. 기상청

11. 속장경을 만든 ( )은 ( )를 근거로 삼아 ( ) 중심으로 교종 통합 운동을 벌였다. 2010. 지방직 7급

12. 의천은 선종을 통합하기 위하여 ( )를 창건하여 ( )을 창시하였다. 2010. 경북 교행 9급

13. 요세는 강진 만덕사에서 ( )에 중점을 둔 ( )를 제창하여 지방민의 호응을 얻었다. 2011. 국가직 7급

14. ( )은 송나라의 영향을, ( )은 원나라의 영향을 받은 석탑이다. 2009. 지방직 7급

[빈칸 채우기 정답]

1. 기전체
2. 삼국사기, 기전체, 신라
3. 삼국사기
4. 동명왕편, 제왕운기
5. 주자가례, 가묘
6. 국자감, 유학, 잡학 또는 기술학, 신분
7. 7재, 양현고
8. 의천, 교관겸수, 지눌, 정혜쌍수
9. 지눌, 수선사
10. 지눌
11. 의천, 흥왕사, 화엄종
12. 국청사, 천태종
13. 법화신앙, 백련(사) 결사
14. 월정사 8각 9층 석탑, 경천사지 10층 석탑

OX 체크

1. 묘청의 난 직후에 편찬된 〈삼국사기〉는 유교적 합리주의 사관을 바탕으로 하여 기전체로 서술되었다. 지방직

2. [동명왕편]은 단군 계승 의식을 반영하여 민족적 자주 의식을 고취하였다. 2010. 국가직 7급

3. 안향이 도입한 성리학은 사장 중심의 유학으로, 인간의 심성과 우주 원리 문제 탐구에 적극적이었다. 서울시

4. 의천은 일심(一心) 사상을 바탕으로, 다른 종파들과 사상적 대립을 조화시키려고 노력하였다. 2010. 경북 교행

5. 지눌은 승려 본연의 자세로 독경과 선 수행, 노동에 고루 힘쓰자는 개혁 운동인 수선사 결사를 제창하였다. 2009. 법원직

6. 의천은 자신의 행동을 진정으로 참회하는 법화 신앙에 중점을 둔 백련결사를 제창하였다. 2009. 법원직

7. 의천은 교종과 선종의 통합에 관심을 가져 광종 사후에 침체되어 있던 천태학을 부흥시켜 천태종을 창립하였다. 2013. 경찰간부

8. 속장경(교장)은 의천이 경(經), 율(律), 논(論) 삼장의 불교 경전을 모아 간행한 것이다. 2011. 지방직 9급

9. 송과 요로부터 경전에 대한 주석서들을 모아 교장도감에 간행한 것은 교장(속장경)이다. 2014. 경찰간부

10. 부석사 무량수전과 수덕사 대웅전은 다포식 건물로 조선 시대 건축에 영향을 주었다. 2012. 경북 교행 9급

11. 경천사지 10층 석탑의 양식은 조선 세종 때 세워진 원각사 10층 석탑에 영향을 주었다. 2009. 지방직 7급

12. [동명왕편]이 저술되던 시기에 만들어진 유적으로 법주사 팔상전이 있다. 2014. 경찰 1차

13. 고려 후기의 글씨는 조맹부의 송설체에서 구양순체로 바뀌었다. 2002. 법원행정고시

14. '청산별곡'과 같은 작품은 민요풍의 가요(속요)로 일반 서민 사이에서 유행하였다. 2014. 경찰간부

15. 고려 때 팔각 원당형의 승탑이 많이 만들어졌는데, 그 대표적인 예로 법천사 지광 국사 현묘탑을 들 수 있다. 2012. 지방직 9급

[OX 체크 정답]

1. O
2. X
3. X
4. X
5. O
6. X
7. O
8. X
9. O
10. X
11. X
12. X
13. X
14. O
15. X

2. 단군 계승 의식이 아니라 고구려 계승 의식을 번영하였다.
3. 성리학은 사장 중심의 유학이 아니다.
4. 원효에 대한 설명이다.
6. 의천이 아니라 요세이다.
8. 속장경(교장)은 경, 율, 논 삼장이 아닌, 그 주석서인 장소를 모아 간행한 것이다.
10. 고려 말 원에서 영향을 받은 다포 양식은 석왕사 응진전, 성불사 응진전, 심원사 보광전이다.
11. 세종이 아니라 세조 때이다.

Ⅳ 조선의 성립과 발전

1 조선의 건국과 통치체제의 정비

1 근세 사회의 성립과 전개 〈1392〉

※고려(475년-34대) ※조선(518년-27대)

1) **위화도 회군** ※〈명〉 **철령위** 설치 통보(직속령) ⇨ 요동 정벌 ⇒ 반대(혁명파)	
〈배경〉	하층민 지지 · 협조[**혁명파** + 농민 군사] ⇨ **역성혁명**=왕조교체 [民心 ⇒ **天心(命)**]
〈의의〉	정치적 · 군사적 실권 장악 ➡ **조선 왕조 개창 기반** 확보
2) **과전법** 〈토지 개혁〉 – 급전도감 토지세(국가 주수입)	
〈의의〉	❶**신진 관료** 경제적 기반 확보 ②자영농 보호 ③국가 재정 확보

↳권문세가 경제적 타격 ↳민심 수습(민전을 공전에 포함 · 관리)

◈ **신진 세력**(사대부 + **무인 세력**)	
온건파(다수)	**급진파**=혁명파(소수)
점진적 개혁 (고려왕조內)	역성 혁명 (왕조 교체)
정몽주 · 최영	정도전 · 이성계
※**4대 불가론** ①소국이 대국을 공격 불가 ②③여름 – 장마철 ④왜구 침략	

↳질병·무기관리×·행군×

3) **신흥 무인세력 성장**(⇐ 국난 극복)
①**홍건적**(개경 함락 – 복주 = 안동 몽진) ⇨ 2차 **요동**정벌 구실(공민왕) ⇒ 쌍성총관부 회복
❷**왜구** 약탈(조운 불통 ⇒ 국가 재정 악화) ➡ **쓰시마 토벌**(창왕 – **박위**) [**진포 전투**(최무선) · 홍산 전투(최영) · 황산 전투(이성계) · 관음포 전투(정지)]

↳최초 왜구격퇴(제작한 화약 · 화포 사용)

①〈**하여가**〉(이방원) – 이런들 어떠하며 저런들 어떠하리, 만수산 드렁칡이 얽혀진들 그 어떠하리, 우리도 이 같이 백 년까지 누리리라. ②〈**단심가**〉(정몽주) – 이 몸이 죽고 죽어 일백번 고쳐 죽어, 백골이 진토 되어 넋이라도 있고 없고, 임 향한 일편단심이야 가실 줄이 있으랴.

※쌍성총관부(원) ⇒ 철령위(명 직속령)

좋은 말 살지게 먹여 시냇물에 씻겨 타고, 서릿발 같은 칼 잘 갈아 어깨에 둘러메고, 대장부의 위국충절을 세워 볼까 하노라.〈**호기가**〉–최영 or 이성계?

4) **조선 왕조의 특징**	
〈정치〉	**유교 국가** ⇨ **유교적** 통치이념(민본적 **왕도정치**) – 신진사대부(성리학)
〈외교〉	**사대 교린 정책** ⇨ 안정 도모 – **실리추구**의 능동적 외교
〈경제〉	**중농 억상 정책**(민생 안정) ⇨ **국가재정 확보** ⇨ **양인** 수 증가 : ①부채노비 해방(노비변정 사업) ②향 · 소 · 부곡(⇒ **현** 승격)
〈사회〉	**양 · 천제** (법적②) ⇨ **과거제도** 중시(능력 · 실력 본위) ⇒ **개방적 사회**
〈문화〉	**숭문 천무 정책** ⇨ 사대부(문치주의)
〈사상〉	**숭유 억불 정책** ⇨ 민간 신앙 ⇒ **유교 사상** 흡수(사대부 – 성리학)

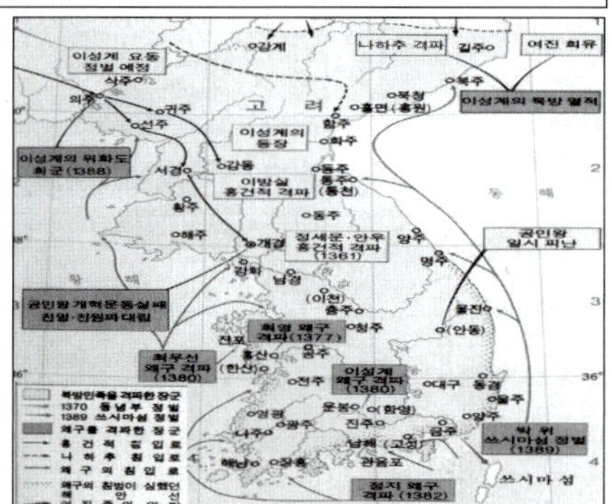
왜구 ⇨ 조운 불통 ⇒ 국가 재정 악화

2 통치 체제의 정비 〈법치국가〉 – **경국대전**으로 법제화

(1) 중앙의 정치 체제

※〈왕권강화〉 ①광종 · 공민왕 ②태종 · 세조 · 영조

1) 〈15C〉(선초) **국왕** 중심의 **통치 체제**의 정비 ※**의정부**(정종 王〉臣)	
①**태조**(王 < 臣)	조선왕조 개창(고조선 계승 · 한양 천도) – 재상 정치(王<臣 도평의사사)
❷**태종**(王 > 臣)	왕권 강화 ➡ 2차 왕자의 난(⇒ 왕족 배척 · 개국공신 숙청) **6조 직계제** · 호패법 · 사병 폐지 · 사원 정리 · 사간원 독립 · 신문고
③**세종**(王 = 臣)	**유교 정치** ⇨ **집현전**(모범적 유교 정치) · **의정부 서사제**(유교적 질서)
❹**세조**(王 > 臣)	왕권 강화 ➡ **6조 직계제**. 집현전 · 경연 폐지. 왕족 지지(등용)
⑤**성종**(王 = 臣)	**유교 국가** ⇨ [**경국대전**](세조~성종) – 유교적 통치체제 확립

◈ **6조 직계제**(태종 · 세조)
– 의정부의 서사를 나누어 6조에 귀속시켰다.…처음 왕(태종)은 의정부의 권한이 막중함을 염려하여… 의정부가 관장한 것은 사대문서와 중죄수의 심의뿐이었다.

◈ **의정부 서사제**(세종)
– 6조는 각기 모든 직무를 먼저 의정부에 품의하고, 의정부는 가부를 헤아린 뒤에 왕에게 아리어 왕의 전지를 받아 6조에 내려 보내어 시행한다.

사료읽기

◈ **신진 사대부의 분화** – 이들은 최씨 정권기부터 학문적 교양과 행정 실무 능력을 겸비하여 자신의 능력에 따라 관료로 진출하기 시작하였다. 무신 정권 붕괴 이후 과거를 통하여 중앙 정계에 진출하여 하나의 정치 세력을 형성하였던 이들은, 고려 왕조의 폐단을 맹렬하게 비판하며 사회개혁을 주장하였으나, 이성계의 정권 장악과 새 왕조 개창을 둘러싸고 온건파와 혁명파로 분열되었다. 온건 개혁파는 비리의 핵심 세력을 제거하고 대토지 사유는 정리하되, 왕조 질서를 파괴하거나 전면적인 토지개혁에는 반대하는 점진적인 사회개혁을 주장하는 개혁파였다. 반면 급진 개혁파(혁명파)는 왕조 자체를 교체하려는 역성혁명을 찬성하고, 권세가에 의한 토지 사유를 축소시키려 하였다.

※ **역성혁명** – 군주는 天命의 대행자로서 德治를 통해 백성을 다스려야 한다는 것이 유교 사상이다. 따라서 민심을 잃은 군주는 천명을 잃는 것이므로 민심을 얻은 다른 덕이 있는 자에게 넘겨주어야 하는데, 이를 역성혁명이라 한다.

◈ **의정부 서사제와 6조 직계제** 〈왕권과 신권과의 관계〉

①〈**태종실록**〉 의정부의 서사를 나누어 6조에 귀속시켰다. … 처음 왕(태종)은 의정부의 권한이 막중함을 염려하여 이를 혁파할 생각이 있었지만, 신중하게 여겨 서두르지 않다가 이때에 이르러 단행하였다. 의정부가 관장한 것은 사대문서와 중죄수의 심의뿐이었다.

②〈**세종실록**〉 6조 직계제를 시행한 이후 일의 크고 작음이나 가볍고 무거움이 없이 모두 6조에 붙여져 의정부와 관련을 맺지 않고, 의정부의 관여 사항은 오직 사형수를 논결하는 일뿐이었다. 그러므로 옛날에 재상에게 위임하던 뜻과 어긋남이 있고, … 6조는 각기 모든 직무를 먼저 의정부에 품의하고, 의정부는 가부를 헤아린 뒤에 왕에게 아뢰어 왕의 전지를 받아 6조에 내려 보내어 시행한다. 다만 이조–병조의 군사업무, 형조의 사형수를 제외한 판결 등은 종래와 같이 각 조에서 직접 아뢰어 시행하고 곧바로 의정부에 보고한다. 만약 타당하지 않으면, 의정부가 맡아 심의, 논박하고 다시 아뢰어 시행토록 한다.

③〈**세조실록**〉 상왕(단종)이 어려서 무릇 조치하는 바는 모두 대신에게 맡겨 논의, 시행하였다. 지금 내(세조)가 명을 받아 왕통을 계승하여 군국 서무처리를 아울러 모두 처리하며, 조종의 옛 제도를 모두 복구한다. 지금부터 형조의 사형수를 제외한 모든 서무는 각각 그 직무를 담당하여 직계한다.

⇨ 조선 초기에는 국왕과 재상 간의 정치 주도권문제로 의정부 서사제와 6조 직계제가 번갈아 시행되었다. 의정부 서사제는 6조에서 의정부에 업무를 보고하면 의정부의 재상들이 이를 심의한 후 국왕의 재가를 얻어 시행하게 하는 제도이다. 이 제도는 재상의 주도권을 높이는 반면왕권을 제한할 수 있었다.

6조 직계제는 6조가 의정부를 거치지 않고 자신들의 정무를 곧바로 왕에게 보고하고 재가를 받아 시행하는 제도이다.

조선에서는 일반적으로 의정부 서사제가 시행되었지만, 태종과 세조 때에는 강력한 6조 직계제가 실시되어 재상권보다 왕권이 강하였다.

※ **의금부** – 의금부는 왕명에 따라 귀족, 고관, 양반들의 중죄를 다스리는 곳으로, 고려 시대 순군만호부가 변한 것으로 왕의 직속 사법기구로 왕권 강화 구실을 하였다. 의금부의 장은 판사였다.

適者生存⇒盡人事待天命

2) **경직**(중앙 관직) ⇔ 외직(지방 관직)		
◀**왕권** 강화▶⇦ ❶**승정원** (왕명출납) ❷**의금부** (직속사법)	★ **王** ★ ↓ ⇩ **의정부** (합의기구) 영 · 좌 · 우의정 ↓ ⇩ ★ **6조** ★	⇨◀왕권 **견제**▶ [⇒유교 정치 : 양사 · 3사] ❶**사헌부**(관리감찰 ⇒**양사** ❷**사간원**(간쟁권) (서경권) ➡ **3사**(언론직)⇒사림 진출 ❸**홍문관**(= 옥당 : 왕실 학술) ④**춘추관**(역사편찬) – **실록청**(임시기구 – 조선왕조실록 편찬) ⑤**성균관**(국립대학)– 인문교육 ※**국자감**(인문+기술교육) ⑥**한성부**(수도행정)⇐内>⑦**포도청**(민생치안)= 경찰청 ⑧**장례원**(노비 문서관리 · 소송업무) – 세조 ※**6조 직계제**(태종 · 세조) ⇔ **의정부 서사제**(세종)
①**6조**(이 · 호 · 예 · 병 · 형 · 공조) ⇨ **기능강화 :** 집행 + 의정부 정책결정 참여(공조 제외) ↳①교육 · 외교 · 행사 ②과거 주관(관리 선발 – 문과 · 무과 · 잡과) ❷**집현전**(세종) · **홍문관**(성종) · **규장각**(정조)⇒〈왕실 학술 연구소〉 경연 · 서연(⇒유교정치)		

↳王의 보좌(자문)집단 ↳초계문신제 정책방향 제시(王)↲ ↳세자교육

◈ **조선 왕조 특징** ⇨ ❶**왕권**(국가) – **강화** ②**하층민 지위 향상** ③**유교 국가**(王 = 臣)
↳법전(법치) · 의정부 · 속군현× ↳양천제 · 장례원 ↳양사 · 삼사

◈ **유교정치** ⇨ 대간은 마땅히 위엄과 명망이 우선되어야 하고 탄핵은 뒤에 해야 한다. … 천하의 득실과 백성을 이해하고 사직의 모든 일을 간섭하고 일정한 직책에 매이지 않는 것은 홀로 재상만이 행할 수 있으며, 대간만이 말할 수 있을 뿐이니, 대간의 지위는 비록 낮지만 직무는 재상과 대등하다.

※**청요직** – 청렴결백한 요직
(홍문관 · 사간원 · 사헌부…)
⇒ 판서 · 정승 진출 유리
※**한품 서용**
(신분 ⇒ 승진 제한 : 중인)

- 승정원(도승지 정3품)
- 의금부(판사 종1품)
- 사헌부(대사헌 종1품)
- 사간원(대사간 정3품)
- 홍문관(대제학 정2품)
- 한성부(판윤 정2품)
- 성균관(지사 정2품)
- 춘추관(영사) – 영의정 겸임

※**선원록**(왕실 계보=족보)

(2) 지방의 행정 조직〈인구 · 토지 기준〉

↱수령 보좌(6방) ↱5가 작통법(인징 – 연대책임)

1) **8도**(관찰사)⇒부 · 목 · 군 · 현(**수령** 권한강화 > 향리 격하)⇒면 · 리 · **통**(5가구)

⇨ **향촌 자치 기반**(**유향소** · 서원 · 향약)⇒강력한 **중앙 집권 체제**

①지방관 파견 ┐⇒ 통제 · 관리
②경재소(중앙) ┘

※**관찰사** – 1년(360일)┐ 외직
※**수령=사또** – 5년(1800일)┘ (지방)

※수령=사또(부사 – 목사 – 군수 – 현령) ※〈**고려**〉 **안찰사**(5도 중앙관직–겸직 : 6月)

※**유수**(개성 · 강화 · 수원 · 광주)
– 특별 행정(국왕 직속 · 경관 파견)

※**지방관**(8도 / 부 · 목 · 군 · 현⇨수령)
상피제 · 임기제 엄격적용 ⇨ 부정방지
↳출신지 임명× · 동일관청 父子임명×

	2) **향촌 자치제**(향반 · **사림** ⇨ 세력 기반)	
유향소	〈성격〉	자치 기구(**향반** – 권익 옹호 – 長좌수) ※현대의 **구 의회**와 유사
	〈기능〉	❶**수령 보좌** ②향리 감독 ③풍속 교정
		※**경재소**[**중앙**(지방 출장소)⇒지방〈**유향소**〉 연락 사무 · 공물 조달] – 경저리(향리子) ※**사심관 제도**(고려)⇒①유향소(지방) ⇔ ②경재소(중앙) 분화 ※**이시애 난**[세조 – **향청**(기능 축소)⇒17C 폐지] ⇨ **서원**이 기능 대행
서원	〈기원〉	**백운동** 서원(중종 – 주세붕)⇒**소수** 서원(최초 **사액**서원 / 명종 – 이황 건의)
	〈기능〉	①선현 제사(사우 = 사당) ②학문 연구 ❸**후진 양성**(사학)
	〈영향〉	〈부정〉 붕당거점(**산림** : 재야학자 – 세력중심), 군역면제 수단(**청금록**) 〈긍정〉 학문 · 교육 – 지방 보급 서원유생 명부↲
향약 약정=좌수	〈성격〉	향촌 자치 규약 [**전통적 미풍양속** + 유교적 덕목] **이황 · 이이** – 실정에 맞게 재구성⇒〈**16C 선조**〉 전국 보급 ❶**여씨향약**(조광조 – 최초)⇒②예안향약(이황) ③서원향약 · 해주향약(이이)
	〈영향〉	**향반**(**약정** – 선출 · 지방관 임명)⇨향민통제⇒향촌 지배력 강화

◈ 조선은 고려에 비하여 중앙 집권체제가 강화되어 전국 모든 군현에 지방관을 파견하였다. 도에 파견된 관찰사는 수령(부윤 · 부사 · 목사 · 군수 · 현령 · 현감)을 감독하는 임무를 가지고 있었으며 수령은 향리(6방)의 보좌를 받아 백성들을 다스렸다.

◈ 고을에서 부모에게 불효하는 자, 형에게 불경하는 자, 친족 간에 불목하는 자, 인척간에 불화하는 자, 남에게 신의가 없고 남을 구휼해 주자 않는 자가 있으면 **유향소**에서 그에 대한 징계를 의논할 수 있으며, 아전으로 백성의 재물을 침탈하는 자가 있으면 이곳에서 징계를 의논할 수 있다.

사료읽기

◈ **유교적 통치 체제의 정비**

①**임금과 신하의 관계 〈왕도 정치〉**

- 임금의 자질에는 어리석은 자질도 있고 현명한 자질도 있으며, 강력한 자질도 있고 유약한 자질도 있어서 한결같지 않으니, 임금의 아름다운 점은 순종하고 나쁜 점은 바로잡으며, 옳은 일은 받들고 옳지 않은 일은 막아서, 임금으로 하여금 가장 올바른 경지에 들게 해야 한다. 〈정도전, 삼봉집〉
- 군주는 천명의 대행자이지만 천명과 천심은 고정불변한 것이 아니라 민심에 의하여 바뀔 수도 있기 때문에, 만약 군주가 자기의 의무와 책임인 인정을 저버려 민심을 잃게 되면, 천심 – 천명이 바뀌고 군주도 교체될 수도 있다. 〈조선경국전, 역성혁명〉

⇨ 정도전은 훌륭한 재상을 선택하여, 재상에게 정치의 실권을 부여하여 위로는 임금을 받들어 올바르게 인도하고, 아래로는 백관을 통괄 하고 만민을 다스리는 중책을 부여하자고 주장하였다. 〈**왕도 정치** – 인과 덕을 바탕으로 하는 정치로, 유교에서 이상으로 삼는 정치사상〉

②**3사의 언관** 〈태종 실록〉

- 들어오면 임금이 모습을 단정히 하고 나가면 백관이 두려워하고 조심하며, 간사한 자가 곁눈질하여 감히 나쁜 짓을 하지 못하는 것은 간관의 말을 두려워하기 때문이다.
- 사간원과 사헌부에서 상언하였다. ... 신 등의 직책이 이 간쟁을 맡았으므로 감히 함묵할 수 없어 삼가 죽음을 무릅쓰고 상언합니다.

⇨ 3사의 언관으로 사관원은 왕을 간쟁하는 언론 기관으로 대사간이 그 우두머리이다. 특히 사헌부 – 사간원 – 홍문관을 3사라 하며 의정부와는 독립적인 주요 관부였다. 벼슬 등급은 높지 않으나, 학문과 덕망이 높은 사람이 주로 임명되었다. 이들은 특별한 일이 없는 한, 나중에 판서나 정승 등 고위관직에 오를 수 있었다.

조선의 통치 이념인 왕도 정치를 실현하기 위한 기구가 언론 3사이다. 이들의 활동을 대간과 간관의 활동이라고 하며 왕권과 신권의 조화를 통한 모범적인 유교 정치 이념을 실현하기 위한 것이다.

※**서경권** – 5품 이하의 관리를 임명할 때, 인물의 경력, 신분 등을 조사하여 그 가부를 승인하는 권한

※**집현전** – 집현전 학사는 학문연구와 아울러 경연에 참여하여 국왕의 통치를 자문하였다. 뒤에 홍문관으로 이어졌다.

◈ **군현의 등급**

조선의 지방 통치에서 기본 행정 구역인 군·현은 그 고을의 인구와 토지의 크기에 따라 부·목·군·현으로 구획되었다. 이에 따라 지방의 총 책임자인 수령도 종2품에서 최하 종6품까지의 부윤(종2품)·대도호부사(정3품)·목사(정3품)·도호부사(종3품)·군수(종4품)·현령(종5품)·현감(종6품)으로 구분되었다. 이들은 행정 체계상으로는 모두 병렬적으로 관찰사의 관할 아래에 있었다.

※**관찰사** – 전국 8도에 각각 임명되었다. 임기는 1년(360일)으로 감찰권·행정권·사법권·군사권을 가진 중요한 직책이었다. 특히 순찰사와 감찰과의 임무를 함께 수행하였으며, 상피제가 실시되었다.〈상피제·임기제 엄격 적용〉

※**수령** – 각 군현의 주민을 다스리는 지방관으로서 대도시에는 부윤, 목에는 목사, 군에는 군수, 그아래 현에는 현령과 현감을 두었다. 조세와 공물의 징수가 주된 임무였으며, 임기는 5년(1800일)이나 자기 출신지에는 임명되지 않았다.

⇨ ①〈고려〉 수령 **5사**(농업 장려·치안 확보·호구 증식·부역 균등·재판 공정)

②〈조선〉 수령 **7사**(농업 장려·치안 확보·호구 증식·부역 균등·재판 공정·교육 진흥·군대 정비)

※**상피제**(相避制)– 가까운 친인척과 같은 관서에 근무하지 않도록 하거나 출신 지역의 지방관으로 임명하지 않는 제도

※**향촌**(鄕村) – 군·현 아래 면·이(里) 등을 설치하였는데, 이는 몇 개의 자연 촌락으로 구성되었다. 면·이에는 중앙에서 관리를 파견하지 않았다. 인구는 세종(800만)·19C말(1000만 이상)·일제 시대(2000만)으로 추정된다.

고려		조선 ※의정부서사제⇔6조직계제
도병마사⇒ 도평의사사(재신+중추원)	〈최고합의〉	의정부(王〉臣 영·좌·우의정)⇒ 비변사(王〈臣)
6부 ↱왕명출납 ↳추밀	〈집행기구〉	6조--⇒ (의정부·비변사 참여)– 공조×
중추원(추밀+승선)	〈왕명출납〉	승정원
어사대 ↳군사기밀	〈관리감찰〉	사헌부---┐ 양사(서경권)┐
낭사	〈간쟁권〉	사간원---┘ │ ⇒ 유교정치(王=臣)
삼사(특별 회계직)– 화폐·곡식	--------	3사(양사+홍문관)– 언론직┘
국자감(인문+기술) ※충렬왕⇒공민왕	〈국립대학〉	성균관(인문교육)
5도(안찰사)⇔양계(병마사)	〈지방행정〉	8도(관찰사)

※유향소 長– 좌수(향반 선출– 지방관 임명: 유대관계) = 구의회

※청금록(서원– 유생명부 – 군역면제 수단)

※선원록(왕실계보) –족보

※보인 = 봉족(비용부담 조역가– 영세농 대상)

– 정병(2~3인 조역)

– 수군(가장 많이 배당)

(3) 군사 조직 〈군역〉

원칙	➡ **양인 개병제**(의무병제)– **농민** 대상 〈**면제 대상**〉 관직자[현직 관리(3대)·중인(국역)], 학생(관·사학), 상공인(국역) 〈**군역**〉 ①**정병**(16~60세) ②보인 = 봉족(정병 – 비용부담 조역가) – 영세농 대상
	1) **군역** ⇨ **자유인**의 권리·의무(출세 – 법적 제한 없음) – 농민(문과응시 가능) 2) **인적 자원 관리** ①호적(3년) ❷호패법(16세 이상 – 남자·노비포함) ③5가 작통법(5가구 – 연대 책임 – **인징**)

↱①②직업군인(높은 품계·녹봉) ③의무병(낮은 품계)

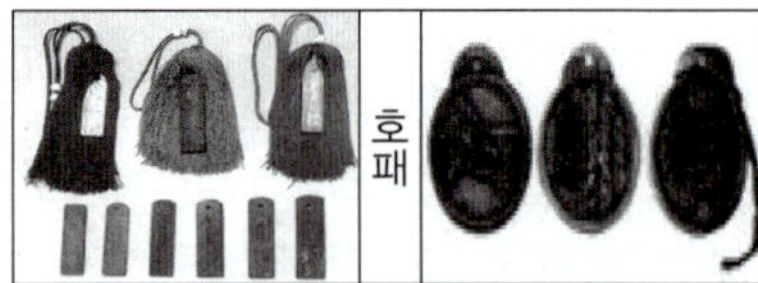
호패 마패

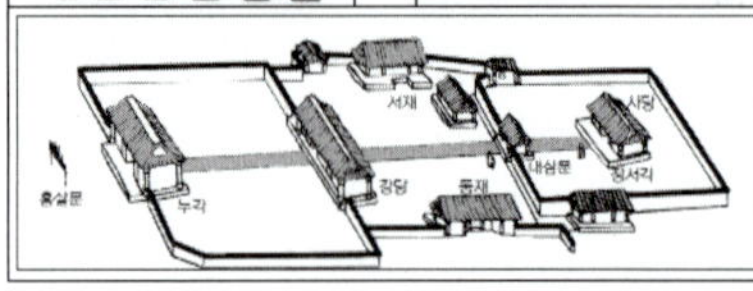
서원

※품계=관직 의미

편성	〈중앙군〉	**5위**	❶**도총부**(핵심 군영 – 왕족·고관 자제 구성 – 고급 지휘관) ②갑사(취재 – 하급 지휘관) ③**정병**(교대병 = 번상군)
	〈지방군〉	영·진군(병영·수영·진군) – 의무병으로 편성	
	〈특수군〉	잡색군(전직 관리~노비) – 농민(정병)을 제외한 전 계층	

↳예비군의 일종(유사시에 대비) ※세종(인구800만) – 군병력(80만)

교통과 통신	➡ **중앙집권 체제** 강화
	①군사 통신(**봉수제** – 연기·불) ※①평상시 ②적 출현~⑤전쟁 ②육로(**역참제=역원제** – 물자 수송·통신) – 마패 ※**파발**(신속한 공무) ③수로(선박 ⇒ **조운제**) : 조창(지방 창고 – 강창·해창) ⇒ 경창(중앙 창고) 운송 〈전라·충청·황해도〉 바닷길 〈강원도〉 (내륙⇒)북한강 〈경상도〉 낙동강(⇒내륙 이동) ⇨ 남한강(⇒북한강)

①**호적 제도** – 3년에 한 번씩 호적을 새로 만들어 호조·한성부·해당 도·해당 고을에 보관한다. 호구 단자에는 주소·직책·이름·나이·본관·4祖·처의 나이·함께 사는 자녀의 이름과 나이를 기록한다. 또 노비와 고공들의 이름과 나이 등도 기록한다. 〈경국대전〉

②**호패법** – 남자 장정으로 16세 이상이면 호패를 가지고 다닌다. …서울은 한성부, 지방은 각 해당 관청에서 발급한다.

③**5가 작통법** – 왕명에 따라 서울과 지방의 양반들은 빼고 상민으로서 5호를 1통으로 하고 그 통내에 도적을 감추어 주는 것은 물론이고 강도, 절도를 하는 자가 있을 경우에는 통내의 모든 가구를 변방으로 옮기게 하였다.

(4) 교육과 과거 제도 〈국가 ⇨ 인재 양성 ⇒ 선발〉

[대학]	**성균관**(중앙 200명) ⇒ 〈**대과**〉	➡ **고급 관리** 진출
[중등]	**4부 학당**(중앙) – **향교**(지방) ⇒ 〈**소과**〉 ↳각100명 ↳정원(인구 비례)	대과 ⇨ 자격 시험 (생원과·진사과)
[초등]	**서당**(전국 – 사학)	천자문(습자 교육) **소학**(예의범절) – 실천

※관료주의(양반=관직자)

※**성균관** – 입학 자격 : ①소과 출신 ②중등교육 추천 ⇨ **향교**(관학) – 구조동일(훈도파견)
명륜당(강의)·문묘(공자 사당)·양재(기숙사)·존경각(도서관)·비천당(과거)

성격	**인문교육** 위주 ⇔ 기술교육(**해당관청** – 교육·선발 : 취재) ⇨ 엄격한 정원제		
과거	자격	**양인** 이상[상공인·승려·서얼·무당 ⇒ 문과응시 제한] ※노비 제외	
	유형	〈정기시〉	**식년시**(3년) ※관리 > 관직 ⇒ 정쟁 발생
		〈부정기시〉	증광시·별시(국가 경사시), **알성시**(성균관 유생 대상)
	관리 선발	**과거** 중시 > 문음(2품 이상), 현량과(천거제), 취재(면접 – 하급관리) ⇨ 〈**문과·무과·잡과**〉 능력(실력) 위주 – 개방적 **양반 관료** 사회	

◈ **고급 관리** 진출
⇧
대과
(초시⇒복시⇒전시)
⇧
소과
(초시 ⇒ 복시)
①생원과(유학)
②진사과(한문학)

※**과거**
– 문과는 1차 시험 **초시**에 **240**명을 각 도의 인구 비례로 뽑고, 2차 시험인 **복시**에서는 지역을 고려하지 않고 성적순으로 **33**명을 선발. 최종 3차 **전시**를 거쳐 관직에 진출.

	교육내용	선발
사역원	외국어	**잡과**(예조)
전의감	의학	
관상감	천문·지리	
형조	율학	**취재**(관청)
호조	산학	
도화서	회화	
소격서	도교	

※**예조**에서 주관하는 **과거**(잡과)를 거쳐야 고급관리로 진출
– 관청에서 주관하는 **취재**는 하급관리(보조직)로 진출

사료읽기

◈ 조선의 지방 행정

①형조에서 아뢰기를, 〈이제 향리로서 영세민을 침해하여 도죄(徒罪, 징역형)를 범한 자는 청하건대, 장형(杖刑)을 집행한 후에 영구히 그 도의 잔폐한 역리로 귀속시키고, … 그 백성을 침해한 향리를 사람들로 하여금 고발하게 하고, 다시 심리하지 않은 관리도 아울러 법률에 따라 죄를 결단하도록 하소서.〉하니, 그대로 따랐다. 〈세종실록, 원악향리 처벌법〉

②고을에서 부모에게 불효하는 자 · 형에게 불경하는 자 · 친족 간에 불목하는 자 · 인척간에 불화하는 자 · 남에게 신의가 없고 남을 구휼해 주자 않는 자가 있으면 유향소에서 그에 대한 징계를 의논할 수 있으며, 아전으로 백성의 재물을 침탈하는 자가 있으면 이곳에서 징계를 의논할 수 있다. 〈경국대전〉

③국가가 향소를 구성하고 향임을 둔 것은 수령을 중히 생각해서였다. 수령이란 임금의 나랏일에 대한 걱정을 나누어 어떤 지역의 사람을 다스리는 자이다. 수령의 임기가 정해져 있어 늘 바뀌고 있다. 늘 새 사람이란 것은 일을 함에 잘못을 저지르기 쉽다. 비록 백성의 일에 뜻을 둔다 하여도 먼 곳까지 상세히 살필 겨를이 없다. 따라서 각 고을에 명령을 내려, 충성스럽고 부지런하며 일을 잘 처리할 수 있는 사람을 골라 한 고을의 기강을 바르게 하고 일정한 임무를 주어 일을 하도록 한다. 그런 뒤에야 왕은 수령을 눈과 귀로 삼고 백성들의 기둥으로 삼아 의지하게 만든다. 〈여원 선생 문집, 유향소〉

④이 팔도 호구의 법식에 따라 2품 이상은 8향 · 6품 이상은 처와 고향을 제외한 6향 · 그 이하는 조부와 증조의 외향을 제외한 4향 · 관직이 없는 의관족의 자제는 부모의 외향을 제외한 2향으로 하여 매 향마다 **경재소**에서 좌수 1명을, 참상은 별감 2명을 정하여 고을의 일을 맡기되, 수령의 정치에 관여하지 못하게 하고, 이를 어긴 가람은 죄로 다스리게 하십시오. 〈세종실록〉

※**갑사** – 간단한 시험을 거쳐 선발된 일종의 직업 군인으로, 근무 기간에 따라 품계와 녹봉을 받았다.

※**잡색군** – 서리 · 잡학인 · 신량역천인 · 노비 등이 소속되어 유사시에 대비하게 한 예비군의 일종이다.

◈ 과거 제도

①과거에 응시할 수 있는 자격은 천인을 제외하고는 특별한 제한이 없었으나, 문과의 경우에는 수공업자 · 상인 · 무당 · 노비 · 탐관오리의 아들 · 재가한 여자의 아들과 손자 · 서얼을 제외하고 양인 이상이면 응시할 수 있었다. 문과의 예비 시험은 생원시와 진사시가 있다. 과거를 거치지 않더라도 음서와 취재를 통하여 벼슬을 할 수 있었다.

②과거는 문과와 무과, 잡과의 세 분야로 나뉘었다. 문과는 생원과 진사 시험(소과)을 거쳐서 성균관에 입학한 다음, 대과에 합격해야 요직으로 나갈 수 있었으며, 무관은 무예시험을 거쳐 무과에 합격해야만 높이 등용되었다. 문과는 초시에 240명을 각 도의 인구 비례로 뽑고, 2차 시험인 복시에서는 지역을 고려하지 않고 성적순으로 33명을 선발 하였다. 최종 3차 전시를 거쳐 관직에 나갈 수 있었다.

※**생진과**(소과) – 사서오경으로 시험을 뽑는 생원과와 시 · 부 · 송 · 책 등 문예로 시험을 보는 진사과를 합칭한 말이다. 합격자를 각각 생원 · 진사라고 부르며, 정원은 각각 100명으로 합격자에 백패를 주었다. 문과의 예비시험으로 생진과(소과)에 합격해야 무과(대과)에 응시할 수 있었다.

◈ 왕의 하루 일정

※**선원록**(왕실계보·족보)

① 새벽 4 ~ 5시경 : 기상
② 새벽 6시경 : 왕실 웃어른에게 아침 문안
③ 7시경 : 아침 식사
④ 8시경 : 아침 공부(조강)
⑤ 10시경 : 아침 조회(조참 또는 상참)
⑥ 11시경 : 오전 업무(보고받기, 신료 접견)
⑦ 정오 ~ 오후 1시경 : 점심 식사
⑧ 오후 2시경 : 낮 공부(주강)
⑨ 오후 3시경 : 신료 접견
⑩ 오후 5시경 : 궁궐 내의 야간 숙직자 확인
⑪ 오후 6시경 : 저녁 공부(석강)
⑫ 오후 7시경 : 저녁 식사
⑬ 오후 8시경 : 왕실 웃어른에게 저녁 문안
⑭ 오후 10시경 : 상소문 읽기
⑮ 오후 11시경 : 취침

⇨ 왕의 일과 중 조강 · 주강 · 석강이 있는 데 이를 경연이라고도 하며 왕과 신하들이 학문과 정책을 토론하는 것을 의한다. 이러한 경연을 주관하는 기관이 홍문관이다.

◈ 선비의 하루 일정

※**청금록**(서원유생 명부)

① 새벽 2 ~ 4시 : 기상(여름철). 앎과 느낌을 개발하는 공부
② 4 ~ 6시 : 기상(겨울철). 새벽 문안. 뜻을 세우고 몸을 공경히 하는 공부
③ 6 ~ 8시 : 자제들에게 글을 가르침. 독서와 사색.
④ 8시 ~ 10시 : 식사. 마음을 가다듬고 고요히 살핌.
⑤ 10 ~ 12시 : 손님 접대. 독서
⑥ 정오 ~ 오후 2시 : 일꾼들을 살핌. 친지에게 편지. 경전과 역사서 독서
⑦ 2 ~ 4시 : 독서 또는 사색. 여가를 즐기거나 실용 기술을 익힘.
⑧ 4 ~ 6시 : 식사. 여유 있는 마음으로 독서. 성현의 기상을 본받는 묵상.
⑨ 6시 ~ 8시 : 가족과 일꾼의 일을 점검함. 자제들 교육.
⑩ 8시 ~ 10시 : 일기 · 장부 정리. 자제 교육. 우주와 인생, 자기 행동에 대한 묵상.
⑪ 10시 ~ 12시 : 수면. 심신을 안정시키고 원기를 배양함.
⑫ 자정 ~ 새벽 2시 : 깊은 잠. 밤기운으로 심신을 북돋음.

3 사림의 대두와 붕당 정치

(1) 사림의 대두와 정치적 성장

사림(정통 성리학자) ⇨ 중앙 진출(성종) – 과거	〈목적〉	훈구세력 견제. 성종의 개인적인 학문적 욕구
	〈진출〉	3사(사헌부 · 사간원 · 홍문관) – 언론직 ↳王을 보필=보좌 · 견제

계보	혁명파 ⇒ 관학파(왕조 개창) ➡ 훈구파 〈기성세력〉 – 세조	온건파 ⇒ 사학파(왕조참여 거부) ➡ 사림파 〈신진세력〉 – 성종
출신	기호 지방(집권세력 – 관학 출신) [대지주(간척 · 매입), 상공업 · 방납 ⇒ 이득]	영남 지방(재야세력 – 사학 출신) [정통 성리학자, 재향 중소 지주]
성격	⇨ 15C 문화 주역 〈민족적〉	⇨ 16C 이후 주도세력〈사대적〉 – 소중화
	〈현실적〉 사장 · 군사 · 기술학 중시 [부국강병 · 중앙 집권 추구]	〈정신적〉 경학 · 의리 · 도덕 중시 [왕도 정치 · 향촌 자치제 주장]

◈ 사림의 계보

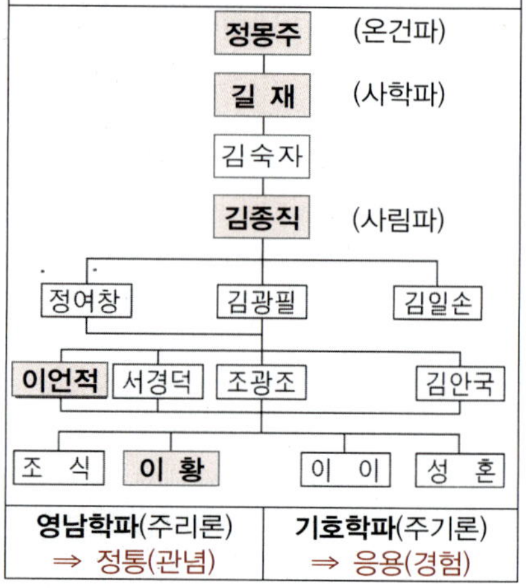

(2) 정치적 갈등

	사화 〈15C 연산군 ~ 명종〉	붕당 〈16C~18C 선조 ~ 정조〉
배경	훈구파(기성) × 사림파(신진세력)	사림內 [이조 전랑직 ⇒ 동인 · 서인]
영향	신진세력 사림 타격(⇒ 낙향) [무오 → 갑자 ⇒ 기묘 → 을사 사화] (무오 ↳김종직, 기묘 ↳조광조) ⇨ 16C 재진출 〈집권〉	〈16C–긍정〉 정치적 – 공존 관계 ⇨ 책임정치(견제 · 균형), 정치적 활성화 ➡ 공론중시(붕당) – 서원거점 – 산림중심 (비변사 · 3사 · 이조 전랑 – 비중 증가)
성격	〈중앙 무대〉 기성 세력 ⇐〈관직〉⇒ 신진 세력 〈전국 무대〉 – 서원거점	

◈ 조의제문(김종직) – 정축년 10월 밀양에서 경산으로 가다가 답계역에서 잠을 잤다. 꿈속에 신선이 나타나서 〈나는 초나라 회왕(의제) 손심인데 서초패왕(항우)에게 살해되어 빈강에 버려졌다.〉고 말하고 사라졌다. 잠에서 깨어나 생각해 보니 회왕은 중국 초나라 사람이고, 나는 동이 사람으로 거리가 만리나 떨어져 있는데 꿈에 나타난 징조는 무엇일까? 역사를 살펴보면 시신을 강물에 버렸다는 기록이 없으니 아마 항우가 사람을 시켜 회왕을 죽이고 시체를 강물에 버린 것인지 알 수 없는 일이다. 이제야 글을 지어 의제를 조문한다.

※ 산림 : 재야학자(붕당 중심 세력)– 정책자문(王)⇒ 영조 인정×

★조광조 개혁(기묘사화 숙청) – 훈구세력 견제	
①현량과(추천 – 사림 등용)	②위훈 삭제(훈구파 – 공훈 · 토지 몰수)
③소격서 폐지(불교 · 도교행사×)	④방납 폐단 시정(수미법)
⑤소학 교육 장려(실천적)	⑥여씨 향약(성리학적 윤리 강화), 향촌자치

◈ 주초위왕(走肖爲王) 모략 : 훈구파는 궁중 동산의 나뭇잎에 꿀로 '주초위왕(走肖爲王)'의 4자를 쓴 뒤, 이것을 벌레가 갉아먹어 글자 모양이 나타나자…'走 · 肖' 2자를 합치면 조(趙)자가 되기 때문에, 주초위왕은 곧 "조(趙)씨가 왕이 된다"는 뜻이었다.

	1) 붕당정치의 전개〈16C 선조~〉
동인 王 > 臣	영남세력(김효원 – 신진세력) – 정여립의 난(선조) ⇨ 남인 ⇔ 북인(광해군)
	➡ 남인(이언적 · 이황 학통 ⇒ 유성룡)⇒ ┌ 경상도(이황 학통) – 정통 성리학 / └ 경기도(이익 · 정약용) ⇒ 중농학파(17C) ↳ 환국(숙종) 이후 쇠퇴
	⇨ 북인(서경덕 · 조식 학통) – 광해군 이후 몰락(의리 · 절의 중시 – 정인홍 · 이이첨)
서인 王 < 臣	기호세력(심의겸 – 기성세력) – 경신환국(숙종) ⇨ 노론 ⇔ 소론
	➡ 노론(김시습 · 이이 학통 ⇒ 송시열) ⇒ 호락 논쟁(18C) ┌ ①호론(충청) ⇒ 척사 운동 / └ ②낙론(한양) ⇒ 개화 운동 ↳대의명분(숭명 반청), 민생 안정
	⇨ 소론(성혼 학통 ⇒ 윤증) – 실리 중시(양명학 관심) · 적극적 북방개척 · 영조 부정

◈ 이조 전랑 – 이조 정랑(정5품)과 이조 좌랑(정6품)을 합쳐 부르던 말로, 3품 이하 문관들의 인사권을 가지고 있었다. 이조 전랑의 자리를 둘러싸고 붕당 정치가 시작되었다

◈ 이기론
①이(理)란 인간의 심성을 포함한 모든 사물의 생성 변화를 가능하게 하는 원리
②기(氣)는 이의 원리가 현실로 구체화되는 데 필요한 현상적 요소로 이해 ⇒ 어느 것을 중시하느냐에 따라 주리론과 주기론으로 구분 된다

사료읽기

◈ **4대 사화**

①**무오사화** 〈연산군일기〉 – 김종직이 병으로 물러나게 되자 성종은 소재지의 관리로 하여금 특별히 미곡을 내려주도록 하여 그 연한을 마치게 하였다. 지금 그의 제자 **김일손**이 찬수한 사초에 부도(不道)한 말로써 선왕조(先王朝)의 일을 거짓으로 기록하고 또한 그의 스승 김종직의 '조의제문(弔義帝文)'을 실었도다. ※김종직계·조의제문(사초)–김일손(사관)

②**갑자사화** 〈연산군 일기〉 – 안양군 항과 봉은 정씨의 소생이다. 왕은 모비 윤씨가 폐위되고 죽은 것이 엄씨와 정씨의 참소 때문이라 여기고, 밤에 엄씨·정씨를 궁정에 결박해 놓고 손으로 함부로 짓밟았다. … 봉은 어머니임을 알고 차마 장을 대지 못하니, 왕이 불쾌하게 여겨 사람을 시켜 마구 치되 갖은 참혹한 짓을 하여 마침내 죽였다. ※폐비 윤씨·비궁중파⇔궁중파

③**기묘사화** 〈중종실록〉 – 조광조·김정·김식·김구 등은 서로 붕당을 맺고서 자기에게 붙는 자는 천거하고 자기들 뜻과 다른 자는 배척하여 … 국론과 조정을 날로 그릇되게 하였다. 조정의 신하들이 그 세력이 번성한 것을 두려워하여 아무도 입을 열지 못하게 된 일과 윤지임·박세희·박훈·기준 등이 궤격한 논의에 화부(和附)한 일 등을 추고하라.

※**〈주초위왕(走肖爲王)의 모략〉** – 신진 사류와의 알력과 반목이 날로 커져가는 가운데 훈구파는, …궁중 동산의 나뭇잎에 꿀로 '주초위왕(走肖爲王)'의 4자를 쓴 뒤, 이것을 벌레가 갉아먹어 글자 모양이 나타나자, 그 잎을 왕에게 보여 왕의 마음을 흔들리게 하였다. '走 · 肖' 2자를 합치면 조(趙)자가 되기 때문에, 주초위왕은 곧 "조(趙)씨가 왕이 된다"는 뜻이었다. …중종은 점차 신진 사류의 급진적 · 배타적인 태도에 염증을 느끼게 되었다. 위훈삭제 사건이 중종반정을 반역사건으로 몰아가는 것으로 의심하게 되었고 중종은 결국 조광조와 신진사류를 몰아내었다.

④**을사사화** 〈명종실록〉 – 정유년 이후부터 조정신하들 사이에는 대윤·소윤의 설이 있었는데 일을 좋아하는 군소인배들이 부회(附會)하여 말이 많았다. 이기·임백령·정순붕·최보한의 무리들은 윤원형 형제와 은밀히 결탁하였다. … 다른 사람들을 두렵게 하니 소문이 위에까지 들리고 자전(慈殿)은 밀지를 원형에게 내렸다. 이에 이기·임백령·정순붕이 이로 인해 변을 고하여 큰 화를 만들어 냈다. (윤임)

◈ **사화(훈구×사림)** ↱부관참시

①**무오사화**(김종직계·조의제문(사초): 김일손(사관))⇒ ②**갑자사화**(폐비 윤씨·비궁중파⇔궁중파)⇨ ❸**기묘사화**(조광조계– 중종) ⇒ ④**을사사화**(명종– 척신=외척 정치: 대윤(윤임)⇔소윤(윤원형)) ↳사림 ↳훈구

※정통성리학 계보: 정몽주(온건파)⇒ 길재(사학파–조선개창 참여거부: 영남– 제자양성)⇒ 김종직(사림파– 신진세력) 〈영남학파〉 ⇒ 이언적⇒ 이황(영남학파)

※ ┌이황(주리론=관념론)– 영남학파(정통)
└이이(주기론=경험론)– 기호학파(응용)

◈ **동인, 서인의 분당**

김효원이 알성 과거에 장원으로 합격하여(이조) 전랑의 물망에 올랐으나, 그가 윤원형의 문객이었다 하여 심의겸이 반대하였다. 그 후에(심의겸의 동생) 심충겸이 장원 급제하여 전랑으로 천거되었으나, 외척이라 하여 효원이 반대하였다. 이때, 양편 친지들이 각기 다른 주장을 내세우면서 서로 배척하여 동인, 서인의 말이 여기서 비롯하였다. 효원의 집이 동쪽 건천동에 있고 의겸의 집이 서쪽 정동에 있기 때문이었다. 동인의 생각은 결코 외척을 등용할 수 없다는 것이었고, 서인의 생각은 의겸이 공로가 많을뿐더러 선비인데 어찌 앞길을 막느냐는 것이었다. 〈연려실기술〉

	서인	남인
정치	대신이 주도하는 정치 지향	왕권 강화, 정책 비판 기능에 큰 비중
경제	부국강병, 상업 – 기술 발전 관심	수취 체제 완화와 자영농 육성에 관심
사회	노비 속량, 서얼 허통에 비교적 적극적	기존의 신분 질서 유지

※**이이 사상의 개혁적 경향** – 대동수미법의 실시, 향약의 전국적 확대 등 16세기의 사회 모순을 극복하기 위한 다양한 개혁 방안을 제시하였다.

◈ **붕당 정치의 올바른 이해**

붕당은 학파적 성격과 정파적 성격을 동시에 가진다. 조정에서 어떤 정책을 논의할 경우, 각 붕당은 그 정책이 이론적으로 타당한지 검토하고, 여론을 광범위하게 수렴하면서 토론을 벌였다. 이렇게 수렴된 여론을 공론이라 하는데, 공론이 중시되면서 합좌기구인 비변사와 언론기관인 3사의 기능이 중시되었다.

재야에서 공론을 주도하는 지도자로서 산림이 출현하였고, 서원이나 향교가 지방사족의 의견을 모으는 수단으로 기능을 하였다. 그러나 붕당이 적극적으로 내세운 공론도 백성들의 의견을 반영하는 것이 아니라 지배층의 의견을 수렴하는 한계를 지니고 있었다. ⇨ 붕당 정치는 공론에 입각하여 몇 개의 붕당이 공존하면서 서로 비판하고 견제하는 정치 체제이다.

	2) 조선 정치의 전개
〈15C〉	**조선 개창** ⇨ **사화**[훈구파(기성세력) × 사림파(신진세력)] – 연산군 시작 ↱사림⇔훈구 ①무오사화(김종직계. 조의제문 : 김일손) ⇒ ②갑자사화(폐비 윤씨. 비궁중파 ⇔ 궁중파) ⇒ ❸**기묘사화**(조광조계 – 중종) ⇒ ④을사사화(명종 – 척신=외척 정치 : 대윤⇔소윤) ↳윤임 ⇔윤원형
〈16C〉 – 사림 주도 **붕당** **시작**	**〈선조〉 이조 전랑직** ⇨ [동인 ⇔ **서인**] – 학문적 이념의 차이로 시작 ➡**〈긍정〉** ┌①붕당(공론) ⇒ 언론 · 여론정치(건전한 정치풍토 · 사림의 정치참여 확대) └❷공존 관계[집권 세력(책임 정치) ⇔ 비판 · 견제 세력] – **자율적 중재** ★**공론 반영**(붕당) ⇨ 비변사 · 3사(언론직) · 전랑직(이조 · 병조) 권한 강화
〈17C〉 – 임란 호란 **붕당** **절정**	**〈현종〉 예송** 논쟁 ⇨ [**서인** ⇔ 남인] ※조대비 상복 ⇨ ①기해예송 ⇒ ②갑인예송 **〈숙종〉 세자 책봉** ⇨ **환국**[**노론** ⇔ 남인] ※①**경신환국**⇒②기사환국(장희빈)⇒③갑술환국 ➡**〈부정〉** ┌극단적 정쟁[공존 관계 파탄 ⇨ **권력** 쟁탈(예송 논쟁 ⇒ 군영 장악)] └⇒ **일당 전제화** ⇨ 특정 붕당의 권력독점 ⇒ 자당이익 추구 – 극단적 정쟁 ★**비변사 강화**(권력 집중) ⇔ 3사 · 전랑직(이조 · 병조) – 권한 약화 **〈붕당정치 변질〉** 16C 학파(학문적 차이) ⇒ 17C 정파(정치적 – 척신정치 · 군영장악 문제)
〈18C〉	**붕당 완화** ⇨ 탕평책(영조 · 정조). 실학 번성
〈19C〉	**세도 정치**(순조 · 헌종 · 철종) ⇨ 왕권 약화 〈 특정 외척가문(안동 김씨 · 풍양 조씨)

이황 / 율곡=이이 / 김종직 / 조식

◈ **붕당 정치**는 상대 세력과의 공존을 특색으로 하여 학파에 토대를 두고 형성된 각 붕당 사이의 공론에 입각한 상호 비판과 견제를 원리로 하는 정치 운영 형태를 말한다.
⇨ 재야에서 공론을 주도하는 지도자로서 산림이 출현하였고, 서원이나 향교가 지방사족의 의견을 모으는 수단으로 기능을 하였다. 그러나 붕당이 백성들의 의견을 반영하는 것이 아니라 지배층의 의견을 수렴하는 한계를 지니고 있었다.

※**환국**(잦은 정권교체) – 특정 붕당의 권력독점

4 조선 초기의 대외 관계 〈독립적 관계〉

※**조공**(예속 관계가 아닌 외교적 관계)

사대 + 교린 정책 ⇨ **국가 실리추구** 외교(안정 도모 – 능동적 외교)

↳〈**여진 · 일본**〉 강경책(정벌 · 토벌) · 회유책(무역) ⇒ **침략 저지**

↳〈**명**〉 사대 외교(정치적 · 군사적) ⇒ **국가 실리 추구**(경제적 · 문화적)

[①긴장(태조) ⇒ ②친선(태종) ⇒ ③지나친 사대(16C **사림** – 소중화 의식)]

※요동 수복운동(진법) ⇒ ↳보류 ※**진법**(병서 – 전술서)

◈ **사대 교린정책** – 조공 관계로 맺어진 중국 중심의 동아시아 국제 질서 속에서 나타난 외교정책이다. 그러나 이것은 서로의 독립성이 인정된 위에서 이루어졌으므로 예속 관계에 의한 것은 아니었다.

◈ **쓰시마섬(대마도) 토벌** – 왜구의 소굴에 대한 토벌로 1419년(세종 1) 이종무는, 병선 227척, 병사 1만 7000 명을 이끌고 쓰시마 섬을 토벌하여 왜구의 근절을 약속받고 돌아왔다.

여진	**〈강경책〉**	❶4군 6진 개척(세종 – 최윤덕 · 김종서) ②진 · 보 설치(세조) ↳압록강~두만강 영토 확보 ↳전략촌(2차 여진정벌) ➡ **토관제도**(토착민 회유) · **사민정책**(이주) ⇒ **국토확장 사업**
	〈회유책〉	조공무역(북평관 – 사신 유숙소). 국경 무역소(경원 · 경성). 귀순장려
일본	**〈강경책〉**	쓰시마 토벌(세종 – **이종무**) – 마산 출발 ※고려말(**박위**)
	〈회유책〉	조공무역(동평관). 무역소[3포 – 부산포(동래) · 제포(웅천) · 염포(울산)]
		↱—— **제한 무역**(세견선 50척 · 세사미두 200석) ——↰ ※**3포 개항**(**계해약조**) ⇨ ①3포 왜란(**임신약조**–제포) ⇒ ②사량진 왜변(**정미약조**) ⇒ ③**을묘 왜변**⇦ ❹**임진 왜란**(1592) ⇨ ⑤**기유 약조**(부산포 개항) (명종 / 국교 단절) (광해군 / 국교 재개 – 통신사 파견) 12회 비정기적(막부요청)↲

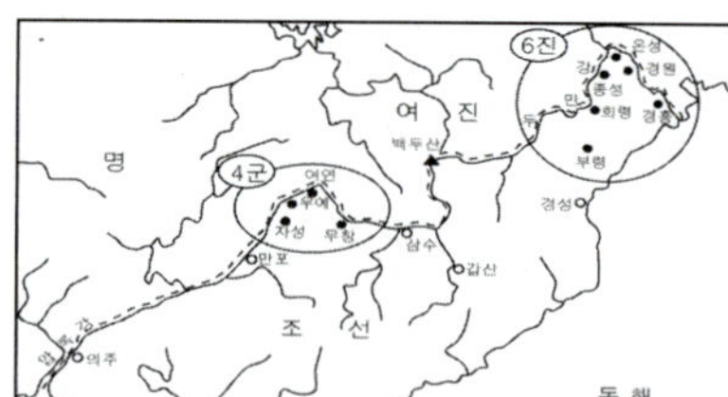

4군 6진

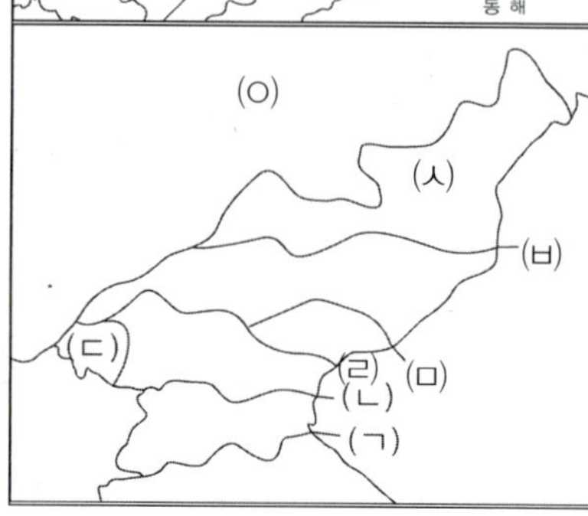

북방한계선 ⇩ 국경선

사료읽기

학파	출신	특징	기반	인물	활동시기 · 성격
훈구파	조선건국에 참여 (정도전 · 조준)	사장 중시. 부국 강병 · 중앙 집권 주장 불교 · 도교에 관대	대지주	신숙주 서거정 윤필상	15C – 세조의 집권 이후에 공신으로서 정치적 실권을 장악하고 막대한 토지를 소유한 대지주층이었다. 이들은 조선 초기에 관학파의 학풍을 계승하여 문물 제도 정비에 크게 기여하였다.
사림파	조선건국에 불참 (정몽주 · 길재)	경학 중시. 왕도 정치 – 향촌 자치, 언론 개방 의리와 도덕 강조	중소 지주 서원. 향약	김종직 김일손 조광조	16C – 고려 말 조선 건국에 반대하고 향촌으로 돌아가 학문과 교육에 힘썼던 길재 등의 후예이다.

◈ **붕당**(사림 內: 기성×신진 세력) ★〈이조전랑직〉 김효원(동인)⇔심의겸(서인)

선조 ┌선조(정여립의 난)– 王선출 주장

16c**사림**주도⇒ 붕당————⇒ ┌동인——————→ ┌남인(이황계)– 성리학 주도———⇒ 17c중농학파

(이조전랑직) | (신진–영남세력) └북인– 광해군(정인홍)·중립외교

└서인——————→ ┌노론(이이계)– 정치주도—⇒18c호락논쟁(호론+락론)→척사운동

(기성–기호세력) ↓ └소론– 영조 혈통(정통성 부정)– ※이인좌의 난 →개화운동

1–3년 9월–1년 ↳숙종(경신환국)

※〈극단적 정쟁〉 ①서인→ ②남인————⇒ ③서인→ ④남인(장희빈)→ ⑤노론

(효종死) (효종비死) ↳경신환국(노론⇔소론)

↳현종(예송논쟁)– 조대비 상복 ↳숙종(환국– 극단적 정쟁)– 탕평시작

◈ **이메노모리 호슈의 성신 외교 〈교린 정책〉**

많은 사람들이 성신(誠信)으로 교류한다고 말을 하는데, 이 글자의 뜻을 잘 모르고 말하는 경우가 많다. 성신이라는 것은 진실된 마음[實意]이라는 뜻으로 서로 속이지 않고 다투지 않으며 진실을 가지고 교제하는 것을 말한다.

조선과 참된 성신지교(誠信之交)를 하기 위해서는 송사(送使)를 전부 사퇴시키고 조금도 그 나라(조선)의 번거로움이 되지 않도록 해야 한다. 그렇게 하지 않고서는 참된 성신이라고 말할 수 없는 것이다. 그 나라(조선)의 서적을 보면 그 밑에 깔려 있는 이런 숨은 뜻을 알 수 있다. 〈교린제성〉

◈ **왜란시 여진족이 원군을 보내겠다고 한 것을 거부함** (1598)

건주(建州)의 달자(㺚子)가 – 누르하치가 이끄는 여진족을 일컬음 – 2만 명의 병력을 보내 왜적을 무찌르겠다고 청해오자 형군문(명군 장수)이 허락하고자 했다. 그러자 양포정(명 사신)이 〈만일 달자에게 왜적을 정벌하도록 허락해 준다면 우리나라[명] 병마의 다소와 조선 병력의 강약은 물론이요, 산천의 형세에 대해서도 모두 세밀히 알게 될 것이니 결코 따르기가 어렵습니다.〉라고 말하니, 형군문이 중지시켰다. 〈선조실록〉

※**삼포왜란** – 삼포에 거주하는 왜인이 정부의 감시에 불만을 품고 폭동을 일으켜 부산첨사 이우중을 죽이고 난을 일으켰다. 이를 계기로 국교를 단절시켰다가 임신약조를 체결하였다. 또한 임시 관청으로 비변사가 설치되었다.(임신약조 – 일보인의 3포 거주금지. 3포 중 제포만 개항. 세견선 25척 · 세사미두 100석으로 제한)

※**을묘왜변** – 3포를 개항한 이후 왜인들은 약조를 지키지 않고 자주 소란을 피웠다. 특히 1555년(명종 10년)에는 왜인이 70여 척의 배를 몰고 전라남도 연안 지방을 습격해 왔다. 이후 일본과의 교류는 일시 단절되었다.

◈ **북방한계선(국경선)**

〈통신〉 ㉠(대동강~원산만)– 만주상실(영토상– 불완전 통일)– ※동북공정(중국)

〈고려〉 ㉡태조말년(청천강~영흥)– 북진정책 결과

〈거란〉 ┌1차– ㉢강동6주(압록강 입구 진출)– 외교적 담판(서희)– 단송 조건

└3차– ㉣천리장성(압록강~도련포)– 귀주대첩(강감찬– 거란 · 여진 수비)– 북진정책 보류

〈여진〉– ㉤동북9성(함경도일부?)– 2차 여진 정벌(윤관– 별무반)

〈몽고〉– ㉥쌍성총관부(철령이북)– 공민왕 회복(홍건적=요동 정벌 구실)

〈조선〉 ㉦4군6진(압록강~두만강)– 세종(최윤덕 · 김종서)⇒ 국토확장사업: 사민정책(이주) · 토관제도(회유)

㉧백두산정계비(압록강~토문강 확보: 숙종)– 송화 · 두만강 해석(간도귀속 분쟁)

※간도협약(1909 청 · 일: 압록강~두만강 확정)⇒ 간도상실

5 왜란(1592)과 호란(1627) = 양란

임진 왜란	왜란 前의 정세	〈조선〉	붕당 정치(선조) ⇨ 국론 분열(김성일 〈동인〉 ⇔ 〈서인〉 황윤길) ↱왜란 대비 ①16C 국방력 약화(군역의 요역화) ②이몽학의 난(민란 – 선조 · 충청도)
		〈중국〉	후금 성장(명 ⇒ 청 교체기) 관심 집중(전쟁준비)↰
		〈일본〉	전국시대 통일(토요토미) ⇨ 사회불안 극복(征明 假道) – 정권유지
	수군의 승리		휴전 ⇒ 정유 재란 ①옥포해전 ⇒ ②사천해전 ⇒ ❸〈한산도대첩〉➡ ④명량(전라도) · 노량 해전 ↳첫 승리 ↳거북선 첫 출전 ↳남해–재해권 장악〈전세 역전〉 ①〈일본〉보급로(수륙병진 작전) 차단 ②〈조선〉호남 곡창지대(군량미) 보호
	의병 [民兵] ↓ 자발적 구성	〈조직〉	〈의병장〉 유생 · 전직 관리 · 승려 〈주축〉 농민
		〈작전〉	비정규군 – 유격 전술(지형 · 지세 이용) – 비정규군(게릴라전)
			〈경상도〉 곽재우(의령 – 홍의장군 – 최초) · 정인홍(합천. 북인) · 김면(고령) 〈전라도〉 고경명(단양) · 김천일(나주) · 김덕령(광주) 〈함경도〉 정문부(길주 – 북관대첩비=승전비 : 일본에서 반환) ↱포로 송환 〈승병〉 휴정(서산대사 – 묘향산). 유정(사명대사 – 금강산 ⇒ 일본 사절단)
	영향	〈중국〉	명 쇠퇴 < 후금 세력 성장(명 ⇒ 청 교체기)
		〈일본〉	중세 문화 발달(도자기 · 인쇄술 · 이황 성리학) – 이삼평(도공 납치)
		〈조선〉	황폐화 [사회 혼란 · 문화재 소실 · 재정 궁핍 ⇒ 납속책(공명첩)]

관직명이 없는 직첩(허직 – 명예직) ⇒ 양반신분 획득↲

1) 왜란 – 승리 요인	①무기 · 전술 우세(거북선 · 화포) ↱소중화(애국심 ⇒ 의병) ②국민적 차원 – 정신력 우세(잠재적 역량 · 문화적 우월감)	
2) 문화재 소실	〈몽고 침입〉	①황룡사 9층 목탑 ②대구 부인사 초조대장경 ③속장경
	〈임진 왜란〉	①불국사 ②경복궁 ❸실록 ④4대 사고(소실 ⇒ 전주 제외)

5대 사고 복원(광해군)↲

호란	호란 前의 정세	1) 광해군(북인 집권) ⇒ 2) 인조 반정(서인 주도) ↳도덕적 결함(영창대군 살해 · 인목대비 폐위)	
		内〉 사림=서인 정치 비판(전후 개혁) 外〉 중립외교(명 · 후금 · 일본) – 기유약조	内〉 16C 사림=서인 정치 부활 外〉 친명 배금(⇒ 호란)
	[1차] 정묘 호란	〈배경〉	❶친명 배금 ②이괄의 난 ③가도 주둔(〈명〉 모문룡 : 후금정벌 준비)
		〈결과〉	강화 성립(형제 관계 – 강홍립 중재) ※강화도 몽진(피난) ※〈의병〉 철산 용골 산성(정봉수) · 의주(이립)
	[2차] 병자 호란	〈배경〉	후금 ⇒ 청(명 정벌 지원 요청) ※남한산성 피난(45일) ⇨ 척화파=주전파(송명보은 명분 – 파병 거부) > 주화파(실리론 – 최명길)
		〈결과〉	삼전도 굴욕(군신 관계) ⇨ 〈영향〉 북벌 운동

※①소현세자 死 ⇒ ❷봉림대군(효종)

북벌 운동 서인 주도	〈배경〉	外〉 ❶숭명 보은=반청(사대적 – 명분론) ②소중화 의식(문화적 자부심) 内〉 ③정권 유지 수단(서인 – 사회혼란 극복) – 관심 집중(전쟁준비)	
	〈전개〉	어영청(효종 – 북벌본영) ⇒ 나선정벌(북벌운동 효과입증) – 2차 조총부대 〈북벌론〉 송시열 · 송준길(노론). 이완 · 임경업. 3학사(윤집 · 오달제 · 김상헌)	
	〈실패〉	〈원인〉	〈外〉 청 – 국력 신장 〈内〉 효종 승하(봉림대군)
		〈영향〉	➡ 북학 운동(재야 세력 – 민생안정 · 부국강병) ⇒ ※실학

※10만 양병설(이이) – 왜적 대비

◈ **임진왜란 3대 대첩**

❶한산도 대첩(1592. 7) – 임진년 7월 8일에 이순신 장군은 와키사키 · 쿠키 등이 지휘하는 왜선 73척을 전멸시켰다. 이 싸움으로 조선 해군이 재해권을 장악하였다. ⇒ 전세역전(휴전)

②행주 대첩(1593. 2) – 경기도 행주산성에서 전라도 순찰사인 권율은 군 · 관 · 민 · 부녀자까지 동원하여 왜군의 침공을 격퇴하여 왜군의 북상을 막았다.

③진주 대첩 – 1차 혈전은 왜병 3만명이 진주성을 공격하였으나, 진주목사 김시민과 의병 곽재우가 합세하여 왜군을 물리쳤다. 2차 혈전은 성이 함락되었다. 논개는 적장 게다니를 안고 투신하는 등 군 · 관 · 민이 혼연일치하여 애국정신을 발휘하였다.

◈ **척화론=주전론(윤집)** – 화의로 백성과 나라를 망치기가…오늘날과 같이 심한 적이 없습니다. 중국(명)은 우리나라에 있어서 곧 부모요, 오랑캐(청)는 우리나라에 있어서 곧 부모의 원수입니다. …차라리 나라가 없어질지라도 의리는 저버릴 수 없습니다. …어찌 차마 화의를 주장하는 것입니까.⇒명분론

◈ **주화론(최명길)** – 우리의 국력은 현재 바닥나 있고 오랑캐의 병력은 강성합니다. 정묘년(1627)의 맹약을 지켜서 몇 년이라도 화를 늦추시고, 그 동안을 이용하여 민심을 수습하고 성을 쌓으며, 군량을 저축하여 방어를 더욱 튼튼하게 하되 군사를 집합시켜 일사불란하게 하여 적의 허점을 노리는 것이 우리로서는 최상의 계책일 것입니다.⇒현실론

◈ **북학론(박제가)** – 청나라가 이미 천하를 차지한 지가 백여 년이 되었으나…덮어놓고 이적(夷狄)이라 하며, 그 법마저 함께 버리는 것은 옳지 않은 일이다. 진실로 백성에게 이로우면 그 법이 비록 오랑캐에게서 나왔더라도 취해야 한다. … 명나라를 위하여 원수를 갚아주고 우리의 부끄러움을 씻으려면 20년 동안 힘껏 중국을 배운 다음, 의논하여도 늦지 않을 것이다.⇒실리론

사료읽기

※**정명가도**(征明假道) – 일본의 도요토미 히데요시가 명을 치러 갈테니 길을 빌리자고 요구한 말. 조선에 보내온 도요토미의 서신에 들어있던 말이다.

※**아리타 이마리 도자기** – 일본의 대표적인 도자기인 아리타 이마리 도자기의 도조(陶祖)로 추앙받는 사람은 임진왜란 때 일본에 끌려간 도공 중 한 사람인 이삼평이다.(임진왜란을 도자기 전쟁이라고도 한다.)

※**공명첩** – 이때(선조 25년 11월 무오) 적의 목을 벤 자, 납속을 한 자, 작은 공이 있는 자에게는 모두 관리 임명장 또는 천인 신분, 국역을 면하는 증서를 주었다. 병사를 모집하고 납속을 모집하는 담당 관리가 이것을 가지고 지방에 내려갈 때 이름 쓰는 데만 비워 두었다가 응모자가 있으면 수시로 이름을 써서 주었다. 〈선조실록〉

※**의병** – 농민이 주축을 이루고, 전직관리와 사림 양반, 그리고 승려가 조직하고 지도하였다. 전쟁이 장기화되면서 상당수가 관군으로 편입되었다.

①〈임란 의병〉 의병장(전작관리·유생·승려)– 주축(농민)-----┐ ⇒ 유격 전술(지형지세 이용)– 게릴라전
②〈한말 의병〉 의병장(전작관리·유생·승평민)– 주축(전국민) ┘

◈ 송시열의 북벌론과 박제가의 북학론

①우리나라는 실로 <u>명 신종 황제의 은혜를 입어</u> 임진왜란 때에 나라가 이미 폐허가 되었다가 다시 보존되고 백성들이 거의 죽었다가 다시 소생하였으니, 우리나라의 나무 한 그루와 풀 한 포기와 백성들의 터럭 하나하나에도 황제의 은혜가 미치는바 아님이 없습니다. 그런즉 오늘날에 있어 원통, 분통한 자가 천하를 들어도 누가 우리만 하겠는가? 〈송자대전〉

②청나라가 이미 천하를 차지한 지가 백여 년이 되었으나… 그 사람들마저 덮어놓고 이적(夷狄)이라 하며, 그 법마저 함께 버리는 것은 옳지 않은 일이다. 진실로 백성에게 이로우면 그 법이 비록 오랑캐에게서 나왔더라도 취해야 한다.… 명나라를 위하여 원수를 갚아주고 우리의 부끄러움을 씻으려면 20년 동안 힘껏 중국을 배운 다음, 의논하여도 늦지 않을 것이다. 〈북학의〉

◈ 새 나라의 이름을 다시 〈조선〉으로 정한 이유는?

통일 신라 시대에도 옛 고구려와 백제 지역의 주민들은 자신들을 〈고구려의 후예〉·〈백제의 후예〉라고 생각하는 이른바 삼국 유민(遺民) 의식을 가지고 있었다. 후백제와 후고구려의 성립은 이를 배경으로 이루어졌다.

고려 시대에도 삼국 유민 의식은 완전히 사라지지 않았다. 묘청의 서경 천도 운동은 고구려 계승 의식과 신라 계승 의식이 대립하고 있음을 보여 주는 사건이었다. 또 무신 집권기에 봉기한 최광수 · 이언년 · 김사미 등이 각각 고구려, 백제, 신라의 부흥을 내세운 것도 삼국 유민 의식이 여전히 존재했음을 보여 준다.

하지만 몽골의 침입과 원의 간섭에 저항하면서 우리 민족은 고구려, 신라, 백제의 후예이기 이전에, 다 같은 <u>단군의 후예라는 역사 인식</u>을 갖게 되었다. [삼국유사]나 [제왕운기]에는 이러한 인식이 반영되어 있다. 조선의 성립은 단군과 그가 세운 고조선을 우리 역사의 기원으로 삼는 역사 인식 위에서 이루어졌다. 조선 시대에 평양에 단군 사당을 지어 제사를 지낸 것도 이러한 단군 계승 의식을 보여 준다.

※**고조선**⇒ 연맹왕국⇒ 고대(삼국→ 남 · 북국)⇒ 고려⇒ **조선**→ 대한제국⇒ 대한민국 임시정부(망명정부)⇒ **대한민국**

適者生存⇒盡人事待天命

확 인 학 습

8. 조선 전기 정치

빈칸 채우기

1. 조선은 국정을 총괄하는 기구인 ( )을(를) 설치하고, 그 밑에 행정을 담당하는 ( )을(를) 설치하였다. 또한 언론 기관인 사간원, 홍문관, 사헌부 등을 ( )(이)라고 따로 지칭해 중시하였다. 이 외에도, 왕명의 출납을 담당하는 승정원과 국가에 관련된 중요 범죄를 담당하는 ( )을(를) 두었다. 2010. 기상청

2. 조선 시대 ( )를 언관이라고 하는 것은 양사와 홍문관이 맡은 업무의 성격 때문에 부르는 명칭이다. 기상청

3. ( )는 시정을 논평하고 모든 관원을 감찰하여 풍속을 바로잡는 일을 관장한다. 2013. 기상청

4. 권력 집중과 부정을 막기 위하여 ( ), ( ) 제도를 마련하였고, 인사의 공정성을 확보하기 위하여 5품 이하 관리의 등용에는 ( )을 거치도록 하였다. 2012. 경북 교행 9급

5. 세종은 의정부에서 정책을 심의하는 ( )를 실시하였고, 세조는 왕권을 강화하기 위해 ( )를 부활시켰다. 2005. 국가직 9급

6. ( )은 즉위한 후 정인지, 정초 등에게 명하여 ( )을 기준으로 천체의 운행을 관측하도록 하고, 수시력과 회회력을 자세히 살펴 우리의 실정에 맞게 바로잡아 [칠정산 내편]과 [칠정산 외편]을 만들게 하였다. 2014. 법원직

7. 궁중의 경서(經書) 및 사적(史籍)을 관리하여 문서를 처리하고 임금의 물음에 응하는 기구는 ( )로 옥당이라 부르기도 했다. 2011. 서울시 9급

8. 전국을 ( )로 나누고 그 아래 ( )으로 구획하고, 또 군현 아래 면·리·통을 두고 ( )호를 하나의 통으로 편성하였다. 2009. 서울시 9급

9. 모든 군현에 지방관을 파견하여 ( )의 권한을 강화시키고, 향리(鄕吏) 세력을 억압하기 위해 ( )의 6방 소속으로 귀속시켰다. 2008. 지방직 7급

10. 조선 시대에 역로(驛路) 행정의 총괄은 6조 가운데 ( )에서 담당하였다. 2014. 계리직

11. 조선 전기에는 재주가 부족하거나 나이가 많은 이들은 ( )라는 특별 채용 시험을 거쳤고, 권력의 집중과 부정을 막고자 친인척을 같은 부서에 두지 않는 ( ) 제도가 실시되었다. 2013. 기상청

12. 조선은 주나라의 제도를 기록한 경전인 ( )를 국가의 통치 이념으로 중요하게 여겼고, ( )는 [소학]을 보급하고 향촌의 성리학적 질서를 강화시켰다. 2007. 법원직

13. 사림 세력은 척신 정치의 잔재를 어떻게 청산할 것인가를 둘러싸고 ( )과 ( )으로 갈라지게 되었다. 경북교행

[빈칸 채우기 정답]

1. 의정부, 6조, 3사, 의금부
2. 3사
3. 사헌부
4. 임기제, 상피, 서경
5. 의정부 서사제, 6조 직계제
6. 세종, 한양
7. 홍문관
8. 8도, 부·목·군·현, 5
9. 수령, 수령보좌
10. 병조
11. 취재, 상피
12. 주례, 사림파
13. 동인, 서인

OX 체크

1. [동문선]이 편찬된 국왕 때에 재가녀 자손의 관리 등용을 제한하는 법을 공포하였다. 2012. 지방직 9급

2. 사헌부는 임금에게 간언하고 정사의 잘못을 논박하는 직무를 관장한다. 2013. 기상청

3. 조선에서 국왕 다음의 최고 권력 기관은 의정부로서 중국에는 없었던 조선 독자의 관청이다. 2013. 서울시

4. 춘추관은 각 관청에서 작성한 업무 일지인 '등록'을 모아 해마다 '시정기'를 편찬하고, 실록이 편찬되면 이를 보관하였다. 2013. 서울시 7급

5. 왕은 5품 이하 당하관을 임명할 때 의정부가 재상과 이조 판서의 동의를 얻어야 했다. 2010. 법원직

6. 문한 기구를 중시하여 예문관, 춘추관, 성균관 등의 관청에는 겸임관을 두지 않고 전임관으로 임명하였다. 2003. 행정고시

7. 의금부는 왕명 혹은 세 의정(議政)의 결정으로 반역 죄인을 심문할 수 있는 기관이었다. 2012. 경찰 3차

8. 관찰사는 감영에 근무하며 부·목·군·현의 지방관을 감찰하였다. 수능

9. 조선 시대에는 지방군을 육군과 수군으로 나누어 군사 요지인 영과 진에 배치하였고, 세조 이후에는 지역 단위의 방어 전략인 진관 체제를 실시하였다. 2014. 기상청

10. 소과의 초시와 복시는 인구 비례에 의해 직역별로 할당되었다. 2012. 국가직 7급

11. 조선 시대 과거제에서 소과에 합격하면 성균관에 입학할 자격이 주어졌다. 2013. 경찰 2차

12. 세조의 집권 이후 공신으로서 정치적 실권을 장악한 훈구파들은 [소학]을 보급하고 향촌의 성리학적 질서를 강화하였다. 2008. 지방직 7급

13. 조광조는 경연을 강화하고 관리들에게 '신언패(愼言牌)'를 차고 다니게 하였다. 2011. 국가직 9급

14. 위훈 삭제, 향약 시행, 소격서 혁파 등은 모두 조광조와 관련되는 내용들이다. 2014. 경찰간부

15. 조 ·일 외교는 교린 정책의 일환으로 중앙 정부끼리의 적례 관계 교린과 대마도를 중심으로 하는 기타 세력과의 기미 관계 교린으로 정비되었다. 2003. 국가직 7급

16. 광해군을 추종한 북인은 동인 중에서 이황 문인을 제외한 파벌들이 연합한 붕당이었다. 2010. 지방직 9급

[OX 체크 정답]

1. O
2. X
3. O
4. O
5. X
6. X
7. X
8. O
9. O
10. X
11. O
12. X
13. X
14. O
15. O
16. O

---

2. 사간원에 대한 설명이다.
5. 서경(署經)권을 갖고 있는 사헌부와 사간원의 동의가 있어야 한다.
6. 겸임이 관행이었다.
7. 의금부는 세 의정(議政)의 결정 없이 왕명에 의해 이루어졌다.
10. 초시에서만 인구 비례가 반영되었다.
12. [소학]을 보급하고 향촌 자치를 추구한 이들은 사림파이다.
13. 신언패(神言牌)라 연산군 때 관리들에게 말을 삼가도록 하기 위해 차게 한 패이다.

2 조선 전기의 경제

1 경제 정책 〈중농 억상책〉

(1) 토지 제도

과전 [1대 원칙 ⇨ 〈세습〉 **수신전**(과부) · **휼양전**(자녀)] ⇒ ①전지 ②경기도 한정

※〈고려〉 **전시과** : ①전지+시지 ②전국 지급

<table>
<tr><td rowspan="3">과전법 체제</td><td>과전법
(공양왕 · 태조)</td><td>⇨ ❶신진관료 경제기반 마련(⇒ 현직 · 전직 관리 지급)
②자영농 육성(민심 수습) ③국가 재정확보(토지세 – 국가 주수입)</td></tr>
<tr><td>⇓
직전법
(세조)</td><td>⇨ 토지 부족(경기도) ⇒ 현직 관리 지급(수신전 · 휼양전 폐지)
〈영향〉 현직 관리(불법적 부정축재) ⇒ 대농장 발생 요인</td></tr>
<tr><td>⇓
관수관급제
(성종)</td><td>➡ 국가(수조권) > 관리(녹봉제) : 직전 폐지(~명종)
〈결과〉 국가 – 수조권 장악 ⇒ 토지 – 농민 지배력 강화
〈영향〉 현직 관리 – 토지소유 욕구증가 ⇒ 대농장(사유지) 확대</td></tr>
</table>

※토지 종류 : **〈고려〉**①공전 ②사전 ③민전 **〈조선〉**①공전(민전 관리 ⇒ 자영농 육성) ②사전

사전	**별사전**(준공신 – 3대 세습 · 면세), **한량전**(첨설직 : 명예직 – 군전 성격)
공전	공해전(중앙 관청) · 늠전(지방 관청) · 궁방전(왕실) · 학전(교육) · 둔전(군대)

※〈고려〉 **별사전**(승려 개인 지급–1대, 면세)

①**손실 답험법**(태종) : 수확량 조사(답험) ⇨ 전주 답험(조사) ⇒ 관리 답험(조사)
⇓
❷**연분 9등급= 공법**(세종) : 국가(직접 조사) – 풍년 · 흉년 기준 ⇨ 수년간 수확평균

〈수조권〉 ①**지주전호제** (**지주** ⇨ 소작농 1/2) ②**전주전객제**(국가 ⇨ **관리** ⇒ 민전 1/10)
└녹봉 · 비용 충당

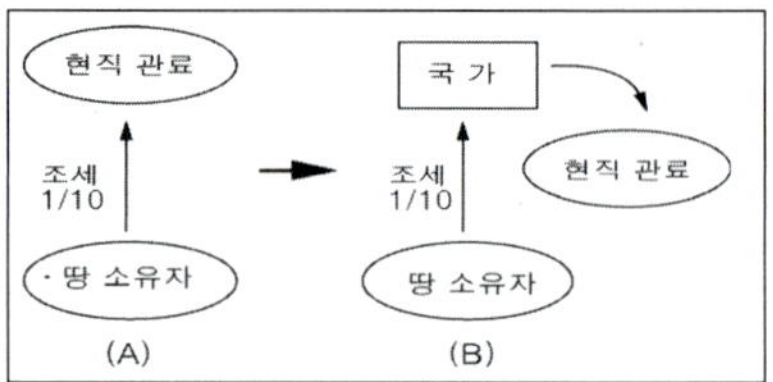

과전법 관수관급제(성종–녹봉)

◈ **관수 관급제** – "직전(職田)의 조세를 ①어떤 이는 백성들로 하여금 스스로 경창에 바치게 한 후 관에서 나누어 주는 것이 좋겠다하고, ②어떤 이는 경창에 바치는 것이나 지주에게 바치는 것이나 민폐는 다를 바 없으니 그전대로 하는 것이 좋겠다고 하는데, 이는 두 가지 가운데 어떤 것이 백성들에게 좋겠는가?" 라고 하셨습니다. 신이 여러 고을의 백성들에게 물었더니 모두 경창에 스스로 바치고자 합니다.

농기구

(2) 경제 활동 〈중농 억상책〉

※**모내기** ⇒ 노동력 감소(제초) · 생산증대(농민 노력 – 전국 확대)

<table>
<tr><td rowspan="2">중농 정책</td><td rowspan="2">〈농법 개량〉</td><td>모내기 실시(경기도 시범실시 · 가뭄재해 우려 ⇒ 정부 반대)
시비법 확대(밑거름 · 덧거름 ⇒ 휴경지 감소)
※건사리(건경법) · 물사리(수경법)</td></tr>
<tr><td>⇨ 토지 개간, 종자 개량, 수리 시설 확충
※재배 품종 확대 ⇨ 목화 · 원예 · 과수 · 약초 재배…</td></tr>
<tr><td rowspan="3">억상 정책
(국역)</td><td>〈상업〉</td><td>시전(관허 점포) – 금난전권(독점 판매권) ※난전(세금×)</td></tr>
<tr><td>〈수공업〉</td><td>관장제=관영제 [공장안 등록] – 경공장(중앙) · 외공장(지방관청 소속)</td></tr>
<tr><td colspan="2">〈장시〉 호남(15C말 – 최초 개설) – 보부상 [관허 행상단] – 생필품 조달
〈화폐〉 유통 부진 – 현물 화폐 사용(쌀 · 포목…)</td></tr>
<tr><td>대외 무역</td><td colspan="2">조공 무역(장려) 〉 사무역(규제) ⇨ 제한 무역 – 국가 통제 · 관리
└①여진 · 일본 ②동남아(류큐 · 사이암 · 자바) ③명(태평관)
(북평관 · 동평관) – 사신 유숙소</td></tr>
</table>

※**공장안**(工匠案) – 수공업자 명부(경공장 2800여명 · 외공장 3500여명)

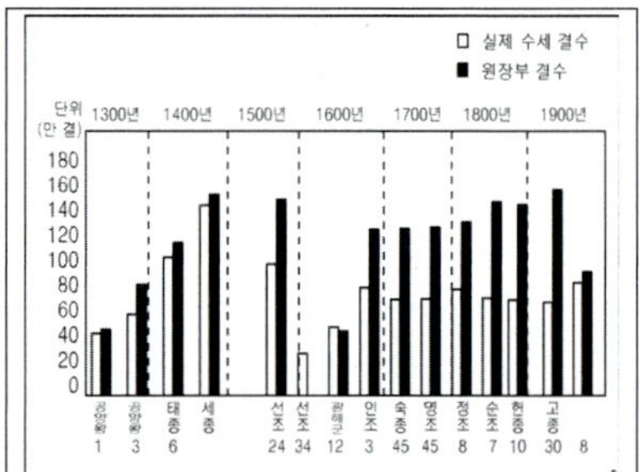

양안(토지대장) 〉 국가수입(수세 결수)

보부상(보+부상)

◈ 경인년(성종 원년, 1470년) 흉년 때 전라도 백성들이 서로 모여들어 점포를 만들어 장문(시장)이라 칭하고, 사람들이 이에 의지하여 목숨을 유지하였다.

〈16C 이후〉 **사족**(특권층) ⇔ **농민부담** 증가(조세 · 역 거부 ⇒ **유민화** · 도적 횡행)

〈지세〉	사유지 = 대농장 확대 ⇒ **병작 반수제** 일반화(1/2 소작료)
〈공납〉	하급 관리 **방납** 폐단 ⇒ **수미법** 제시(조광조 · 이이 · 유성룡) ➡ **대동법**
〈군역〉	군적=방군 수포제 폐단 ⇒ **군역** 폐단(인징 · 족징 · 백골징포…) ➡ **균역법**
〈환곡〉	수령 · 향리 부정 ⇒ 국가적 **고리대**로 변질

┌임꺽정(16C 명종–민란)

◈ **유민화**=토지이탈 **방지**(농민)

①[구황 촬요] 보급(잡곡 가공법)

❷호적 · 호패법 · 오가작통법 강화

③향약 · 사창제 장려(향촌 자치)
– 향반 ⇒ 향민 통제 의도

사료읽기

◈ **사대부의 성리학적 경제관** 〈조선 경국전〉

①검소한 것은 덕(德)이 함께 하는 것이며, 사치는 악(惡)의 큰 것이니, 사치스럽게 사는 것보다는 차라리 검소해야 할 것이다.

②농사와 양잠은 의식(衣食)의 근본이니, 왕도 정치에 우선이 되는 것이다.

③우리나라에는 이전의 공상(工商)에 관한 제도가 없어, 백성 중에서 게으르고 놀기 좋아하는 자들이 수공업과 상업에 종사하였기 때문에 농사를 짓는 백성이 줄어들었으며, 말작(상업)이 발달하고 본실(농업)이 피폐하였다. 이것을 염려하지 않을 수 없다.

◈ **세종대왕, 전국적인 여론조사를 실시하다**

〈서울과 지방의 벼슬아치들은 물론이고 일반 백성들에게도 그 가부를 물어서 아뢰어라!〉⇨ 1430년 위와 같은 세종의 명에 따라 약 17만 명에게 여론을 물었다. 관리의 부정을 막고 백성의 부담을 덜어주려 한 조세 제도가 관리들의 반대에 부딪히자 백성들의 의견을 수렴하여 시행하려 한 것이다. 결과는 찬성이 반대보다 약 2만여 명 많았다. 그런데 세종대왕은 반대가 예상보다 많다는 이유로 시행을 보류하고 찬성과 반대 의견의 이유를 각각 분석하여 6년 동안 세법을 보완하였다. 이는 세종대왕의 애민정신과 백성을 나라의 근본으로 여겼던 조선의 유교적 통치 이념을 잘 보여 주는 일화이다.

◈ **과전법에서 직전법으로의 변화**

①**과전법** : 경기는 전국의 근원이니 마땅히 과전을 설치하여 사대부를 우대한다. 서울에 살면서 왕실을 호위하는 자는 현직과 산직을 막론하고 등급에 따라 토지를 받는다. 땅을 받는 자가 죽은 뒤 그의 아내에게 자식이 있고 절개를 지키면 남편의 과전 전부를 물려받고, 자식이 없이 수절한 자는 절반을 물려받는다. 부모가 모두 사망하고 자식이 어리면 마땅히 부양해 주어야 하므로 아버지의 과전 전부를 물려받는다. 〈고려사〉

②**직전법** : 과전은 사대부를 기르는 것입니다. 장차 직전을 두려고 한다는데, 조정의 신하는 직전을 받게 되지만, 벼슬에서 물러난 신하와 공경대부(公卿大夫)의 자손들은 장차 1결의 토지도 가질 수 없게 되니, 이는 대대로 국록을 주는 뜻에 어긋나는 듯합니다. 〈세조실록〉

③**직전법 폐지** : 근래 흉년이 잇달아 해마다 더욱 심해진데다가 변경의 일까지 생겨 마구 쓰는 것이 수백 가지여서 국고가 고갈되었습니다. 관원을 줄이고 녹봉을 감하여 대전에 기록되어 있는 관리들의 직전까지도 부득이 주지 않고 있는 것입니다. 〈명종실록〉

⇨ 과전법에서는 과전의 지급을 경기도에 있는 토지로 한정하였다. 그러나 1417년(태종 17)에 과전의 3분의 1을 하삼도(충청도·전라도·경상도)에 옮겨 나누어 주었고, 1431년(세종 13)에는 이것을 경기도로 환급함과 아울러 새로운 토지 분급법이 제정되었다. 이 결과, 과전의 결수가 감소하였다. 이후, 과전법은 유지가 어려워 폐지되고 직전법으로 바뀌었다. 과전법이 현직 관료와 퇴직 관료에게 토지를 지급하던 것과는 달리, 직전법은 현직 관료에게만 토지를 나누어 주었다. 또 관료의 유가족에게 나누어 주던 수신전(미망인)·휼양전(자녀)이 폐지되었다.(과전 – 관리에게 지급된 토지로, 소유권이 아니라 수조권이 지급)

◈ **조선의 수취 제도**

각도의 수전·한전의 소출 다소를 자세히 알 수가 없으니 공법(貢法)에서의 수세액을 규정하기가 어렵다. 종래의 하등전 1결의 실적을 기준으로 할 때 상상(上上)의 수전에는 몇 석을 파종하고 한전에서는 무슨 곡종 몇 두를 파종하여, 상상년에는 수전은 몇 석, 한전은 몇 석을 수확하며, 하하년에는 수전은 몇 석, 한전은 몇 석을 수확하는지, 하하(下下)의 수전에서는 역시 몇 두를 파종하고 한전에서는 무슨 곡종을 몇 두를 파종하여 상상년에는 수·한전 각기의 수확이 얼마며, 하하년에는 수·한전 각기의 수확이 얼마인지를, 각 관의 관둔전에 대해서도 과거 5년간의 파종 및 수확의 다소를 위와 같이 조사하여 보고토록 한다. 〈세종실록〉

⇨ 조선 초에 1/10을 징수하던 토지세를 세종 때 연분 9등급과 전분 6등급으로 전환하여 풍년일 때 1결당 20두 흉년일 때 최하 4두를 징수하였다.

※**전분 6등법** – 토지의 비옥도에 따라 1 ~ 6등전으로 나누어 전세를 징수한 제도

※**연분 9등법** – 전세를 풍흉에 따라 9등급으로 나누어 20 ~ 4두까지 납부하게 한 제도

※**조선 전기 양반의 토지 소유 규모** – 대략 200 ~ 300 마지기 정도이나 2000 마지기 이상의 소유자도 있었다. 대체로 논 한 마지기의 넓이는 200 평이다.

適者生存⇒盡人事待天命

※성리학적 농법(이앙법=모내기법): 쌀농사⇒ 노동력절감(제초)·생산 증대

①농상집요(려말–이암– 소개) ❷농사직설(세종– 경기도 시범실시– 경험담– 최초 농서) ③농가집성(신속– 집대성)

3 조선 전기의 사회

1 양반 관료 중심의 사회 〈신분 = 직업〉

〈16C〉 **반 · 상 양극제** 〈실제적④〉

〈15C〉 **양 · 천제** 〈법제적②〉 ──────────⇨

〈자유민〉 ❶**양인**(양반 · 중인 · **상민**) 〈비자유민〉 ②천민(노비 · 백정 · 광대…)	〈지배층〉 ❶**양반**(특권층) ②중인 〈피지배층〉 ③상민=〈경제적〉=④노비

◈ **양반** ┌동반(문반)+서반(무반)

①15C **관직자**(직역) ⇨ **성취 신분**(3대특권)

②16C **특권층**(신분) ⇨ **세습 신분**(사족)

※**신량 역천**(봉수군 · 역졸 · 수군…)

※**일천 즉천**(종부법 · 종모법)

2 사회 정책과 사회 시설

(1) 법률 〈법치 국가〉 ⇨ 국가 · 지배층 의도 ⇒ 백성 – 통제 · 관리 목적

※**강상죄** – 유교적 질서(남성 · 지배층 위주)

형법중시[**경국대전** – 강상죄 · 반역죄 중죄] – 대명률 의거 > **민법**(관습법) – 재량권 허용
〈사법부〉 [**형조 · 사헌부 · 한성부**(內 포도청)]–**3법사**. 의금부(王직속). 장례원(노비) ※**형벌 종류** ①태형(10–60) ②장형(60–100) ③도형(징역) ④유형(귀양) ⑤사형

※①**태**(볼기를 치는 매질) · ②**장**(곤장형) · ③**도**(징역형) · ④**유**(유배 보내는 형) · ⑤**사**(교수형 · 참수형)

◈ **사법기구**(행정+사법권 일치)
갑오개혁 분리(재판소)↲

형조	사법부 – 행정 감독
의금부	국왕 직속(특별수사)
사헌부	관리 감찰 ┌물적 재산
한성부	수도행정(토지 · 가옥소송)
포도청	평민(사법권 – 민생치안)
장예원	노비(문서관리 · 소송)–세조
관찰사 수령	지방관 – 사법권 (민사소송 – 재량권 : 관습법)

(2) 사회 시설 ⇨ 국가 의도〈**민생 안정**〉⇒ 농민의 토지 이탈 방지

┌환곡 기능×

〈**환곡 제도**〉	**의창**(국가 운영) · 사창(양반지주 운영) · **상평창**(물가조절 ⇒ 16C 의창기능 대행)
〈**의료 시설**〉	혜민국 · 대비원 · 제생원(지방) · 활인서(세종 – 여행자 · 유랑자 구휼)

(3) 향촌 사회 〈16C **사족** 지배 체제 ⇨ 향안 · 향회 · 향규〉

자치적 촌락 공동체 ⇒ 〈16C **사림**〉➡ 성리학적 질서(**사족** 지배 강화) [계(친목 도모). 두레(공동 노동체). 향도] ⇒ [16C **향약**으로 대체] ※사림의 기반이 되었던 **향약**은 양반의 농민 통제라는 향촌자치를 유지하는 중요한 수단
〈**특수 마을**〉 신분 · 직역 ⇨ 수공업(**점촌**). 교통(역 · 진 · 원촌). 포구 · 어장(어촌) ①**향음주례**(서원 주관) ②**사족**(동약 · 동계). **농민**(향도계 · 동린계) ③**석전**(상무정신 고취)

└예의범절 교육　　└친목도모(상부상조)↲　　└돌팔매질

◈ 〈**율곡전서 – 향약**〉
가입을 청하는 자는 참가하기를 원하는 뜻을 반드시 단자에 자세히 적어서 모임이 있을 때에 진술하고, 사람을 시켜 약정에게 바치면 약정은 여러 사람에게 물어서 좋다고 한 다음에야 글로 답하고, 다음 모임에 참여하게 한다.

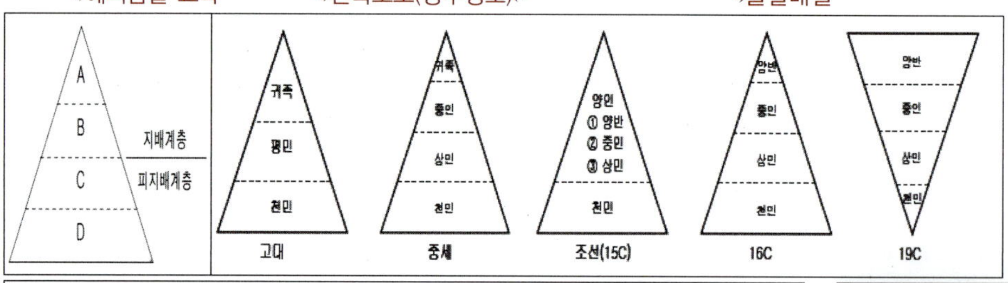

◈ **사족 생활상**(16C 특권층)

정치	왕도정치.관직독점.향촌자치제
경제	**군역면제**. 지주(생업 종사×)
사회	지위보장(유향소 · 서원 · 향약) – **보학 · 예학**
문화	**성리 철학**(주기론 〈 주리론)

◈ 조선은 고려 말의 여러 모순을 시정하면서 국가의 면모를 새롭게 하였다. 농민의 지위가 향상되고 특수 행정 구역(향 · 소 · 부곡)이 사라지는 등 이전 시대와는 다른 면을 보여 주었다. 조선은 성리학적 사회 질서로 농민에 대한 지배력을 강화하여 양반 중심의 사회 체제를 확립해 갔다. ⇨ 엄격한 신분제와 가부장적 가족 제도 중심의 사회 질서로 말미암아 서얼을 차별하였고, 여자의 재가를 금지하였다. 양반은 향촌 사회에서 향약을 시행하여 권익을 옹호하였으며, 일반 백성은 두레와 계로써 자기들의 생활 질서를 유지하고자 하였다.

향음주례(서원) | 친영제도(남성위주) | 노상도(양반–상민)

◈ **재가 금지**(여성의 재가 금지는 성리학적 윤리에 충실한 제도였다.)

경전에 이르기를 '믿음은 부인의 덕이다. 한 번 남편과 결혼하면 종신토록 고치지 않는다.'하였다. 이 때문에 삼종의 의가 있고 한번이라도 어기는 예가 없는 것이다. 세상의 도덕이 날로 나빠진 뒤로부터 여자의 덕이 정숙하지 못하여 사족의 딸이 예의를 생각지 아니해서 혹은 부모 때문에 절개를 잃고 혹은 자진해서 재가하니 한갓 자기의 가풍을 파괴할 뿐만 아니라 실로 성현의 가르침에 누를 끼친다. 만일 엄하게 금령을 세우지 않으면 음란한 행동을 막기 어렵다. 이제부터는 재가한 여자의 자손들은 관료가 되지 못하게 풍속을 바르게 한다. 〈성종실록〉

⇨ 조선은 고려 말의 여러 모순을 시정하면서 국가의 면모를 새롭게 하였다. 농민의 지위가 향상되고 특수 행정 구역이 사라지는 등 이전 시대와는 다른 면을 보여 주었다. 조선은 성리학적 사회 질서로 농민에 대한 지배력을 강화하여 양반 중심의 사회 체제를 확립해 갔다. 엄격한 신분제와 가부장적 가족 제도 중심의 사회 질서로 말미암아 서얼을 차별하였고, 여자의 재가를 금지하였다. 양반은 향촌 사회에서 향약을 시행하여 권익을 옹호하였으며, 일반 백성은 두레와 계로써 자기들의 생활 질서를 유지하고자 하였다.

◈ **일천즉천(종부법·종모법)**

父 母 ⇒ 子

양반 + 첩 ┌상민⇒ 서얼(중인)

양반 + └노비⇒ 서자(노비)

상민 + 노비⇒ 노비┐ (상민확보 정책)

노비 + 상민⇒ 노비┘

⇒ 18c노비종모법(상민)– 영조

※**서얼**: 서자(중인)+얼자(노비)

※**갑오개혁**(노비제도=신분제도 폐지)

◈ **가족 제도의 변화**

	고려 · 조선 전기	조선 후기
특징	여성의 사회진출 제한 – 가정 내 지위는 남성과 거의 대등	가부장적 종법 질서구현 – 적서차별 – 부계친족 중심 – 친영 제도(17C 이후)
가족범위	부계 – 모계 함께	부계 위주
혼인	친족 간의 혼인 성행	친영 제도 정착
재산상속	자녀 균분 상속	장자 우대 상속, 자녀 차등 상속
제사	자녀들의 제사권 공유	적장자 제사권 독점
가계계승	아들이 없을 때 딸 – 외손이 가계 승계, 족보에 모계 – 사위도 기재	양자에 의한 가계 계승과 부계위주 족보
주거지	처가호적에 입적가능 (남귀여가혼)	동성마을 형성(집성촌)과 종중(문중) 형성

◈ **조선 전기의 사회**(중인 차별)

성종 13년 4월 신해 사헌부 대사헌 채수가 아뢰었다. "어제 전지를 보니 통역관, 의관을 권장하고 장려하고자 능통하고 재주가 있는 자는 동서 양반에 발탁하여 쓰라고 특별히 명령하셨다니 듣고 놀랐습니다. 무릇 벼슬에는 높고 낮은 것이 있고 직책에는 가볍고 무거운 것이 있습니다. 약사, 통역관은 사대부의 반열에 낄 수 없습니다. … 의관, 역관 무리는 모두 미천한 계급 출신으로서 사족이 아닙니다."

◈ **신량역천**

칠반천역이라고도 한다. 수군 · 조례(관청의 잡역) · 나장(형사업무) · 일수(지방고을 잡역) · 봉수군 · 역졸(역에 근무) · 조졸(조운 업무) 등 힘든 일에 종사하는 일곱 가지 부류를 말한다. 신분상으로 양인이지만 천역(특수 직업)에 종사함으로써 천민과 다름없는 지위에 놓여있는 계층으로 노비와 다를 바 없는 사회적 천대를 받았다. 여기에는 뱃사공 · 묘지기 · 어부 · 백정 · 광대 · 무당 · 기생 등이 속했다.

※**환곡 제도** – 춘궁기에 빈민에게 양식과 종자를 대여하고 가을에 원곡만 환수하던 종래의 의창이 있었으나, 의창이 상평창에 통합됨으로써, 이 제도는 환곡제로 대체되었다. 환곡이란 원곡과 모곡(10%이자)을 거둬들이는 것을 일컫는다.

※**사창 제도** – 사창은 각 지방의 행정단위로 설치한 곡물 대여기관이다. 의창 · 상평창은 국가에서 운영하지만, 사창은 향약과 함께 향촌 사회를 안정시키기 위하여 지방의 양반지주층에 의하여 운영된 것으로 각종 재난에 대비하였다.

※**향촌**(鄕村) – 군 · 현 아래 면 · 이(里) 등을 설치하였는데, 이는 몇 개의 자연 촌락으로 구성되었다. 면 · 이에는 중앙에서 관리를 파견하지 않았다. 인구는 세종(800만) · 19C말(1000만 이상) · 일제시대(2000만)으로 추정된다.

◈ **농민 통제책**

①**호적 제도** – 3년에 한 번씩 호적을 새로 만들어 호조 · 한성부 · 해당 도 · 해당 고을에 보관한다. 호적에 오른 자는 호구 등본을 작성하여 나누어 준다. 또 노비와 고공들의 이름과 나이 등도 기록한다. 〈경국대전〉

②**호패 제도** – 남자 장정으로 16세 이상이면 호패를 가지고 다닌다. 서울은 한성부, 지방은 각 해당 관청에서 발급한다. 〈경국대전〉

③**5가 작통법** – 왕명에 따라 서울과 지방의 양반들은 빼고 상민으로서 5호를 1통으로 하고 그 통내에 도적을 감추어 주는 것은 물론이고 강도 · 절도를 하는 자가 있을 경우에는 통내의 모든 기구를 변방으로 옮기게 하였다. 〈세조실록〉

適者生存⇒盡人事待天命

확 인 학 습

9. 조선 전기 경제 · 사회

빈칸 채우기

1. 1931년 전국의 토지를 조사한 후, 종래의 공사 전적을 불살라 버리고 ( )을 공포하였다. 2005. 서울시 9급

2. 과전법은 ( ) 지역을 대상으로 관리에게 ( )을 지급한 것이다. 한국사검정 고급

3. 과전법은 세조 때 ( )으로, 성종 때는 수조권을 국가가 대행하는 ( )로 변화하였다. 2008. 지방직 7급

4. 조선 시대의 과전법에서 토지의 소유권은 ( )에게 있었고 수조권은 ( )에게 있었다. 이후 ( )되는 토지가 많아져 관료들에게 지급할 토지가 점차 부족하게 되었다. 2014. 기상청

5. 전시과의 ( )은 군역이 세습됨에 따라 자손에게 세습되었고, 과전법의 토지 분급은 토지에 대한 소유권이 아니라 ( )을 나누어 준 것이다. 2013. 지방직 7급

6. 직전법 폐지로 양반 관료층의 사적 소유권과 병작반수제에 입각한 ( )가 강화되어 갔다. 2005. 서울시 9급

7. 조선 시대의 농민은 토지를 경작하는 데 대한 대가로서 ( )을(를) 내야 했으며, 또한 각지의 토산물을 바치는 ( )의 부담도 지고 있었다. 장정(壯丁)들은 교대로 번상(番上)해야 하는 ( )과 일정 기간 노동에 봉사해야 하는 ( )을 지고 있었다. 2009. 경찰 | 2004. 법원행시

8. 세종 때에는 조세 제도를 체계적으로 운영하기 위하여 토지 비옥도에 따라 ( ), 풍흉의 정도에 따라 ( )을 실시하였다. 2010. 법원직

9. 성종 때 요역은 토지 ( )결을 기준으로 정남의 수를 고려하여 뽑고, 성 · 왕릉 · 저수지 등의 공사에 동원하였다. 2010. 법원직

10. 평안도와 함경도는 ( ) 지역으로 그곳에서 거두는 조세는 ( )으로 수송하지 않고 그곳의 군사비와 사신접대비로 쓰게 하였다. 2008. 국가직 9급

11. 조선 전기 도성 내 특정 상품 판매의 독점권을 보장받기도 한 ( )들이 불법적인 상행위를 감시하기 위해 ( )를 두었다. 2009. 지방직 9급

12. 조선 전기에 ( )은 장시에서 농산물과 수공업 제품 등을 판매하였고, 농업 생산력의 발달에 힘입어 지방에서 ( )가 증가하였다. 2013. 국가직 9급

13. 조선 전기에는 ( )이 발달하여 인분과 재를 사용하면서 경작지를 묵히지 않고 계속 사용할 수 있다. 지방직

[빈칸 채우기 정답]

1. 과전법
2. 경기, 수조권
3. 직전법, 관수 관급제
4. 국가, 전주, 세습
5. 군인전, 수조권
6. 지주 전호제
7. 전조(조세), 공납, 군역, 요역(부역)
8. 전분 6등법, 연분 9등법
9. 8
10. 잉류, 경창
11. 시전, 경시서(평시서)
12. 보부상, 장시
13. 시비법

14. 조선 사회는 자유민인 ( )과 비자유민인 ( )으로 구분하는 ( )를 법제화 하였다. 2008. 국가직 7급

15. 기술관, 향리, 서얼 등은 ( )에 속하였다. 2004. 행정고시

16. [경국대전]에 의해 서얼은 ( ) 응시가 불가능하였다. 2013. 국가직 7급

17. 지위가 높은 문무 관원들의 자손에게는 ( )와 대가 등의 혜택이 주어졌다. 2013. 국가직 7급

18. 고려 백정은 ( )이고, 조선 백정은 ( )로 천민이었다. 2006. 경북 9급

19. 정부는 농민을 효율적으로 통제하기 위해 ( )과 ( )을 실시하였다. 2004. 경북 9급

20. 사법 기관인 사헌부와 의금부는 정치적 사건을, ( )는 수도의 일반 행정과 토지 가옥에 대한 소송을, ( )은 노비 소송을 관장하였다. 2004. 경북 9급

21. 지방에서는 ( )와 ( )이 각각 관할 구역 내의 사법권을 가졌다. 2006. 대구시 교행 9급

22. 향촌 사회의 지배층인 사족들은 그들의 향촌 자치 기구인 ( )을(를) 조직하고, 이것을 운영해 가기 위한 규약으로서 ( )을(를) 작성했으며, 또한 그들의 명부라 할 수 있는 ( )을(를) 작성하였다. 경찰간부

23. 조선 시대의 ( )은 향촌 사회의 질서를 유지하고 치안을 담당하는 향촌의 자치 기능을 맡았고, 전통적 미풍양속을 계승하면서 삼강오륜을 중심으로 한 유교 윤리를 가미하였다. 2013. 국가직 9급

24. 사족 중심의 향촌 질서를 유지하기 위한 자율적 구휼 제도는 ( )였다. 2008. 지방직 9급

25. 선현의 제사와 교육을 주된 목적으로 하는 ( )은 향촌 사람들을 집결시키는 기능을 하였다. 2006. 지방직

26. 16～17세기 재지 사족들은 ( )를 통해 조세이 부과 및 수세 과정에 관여하였고 ( ) 조직을 만들어 마을 공동체에 영향력을 행사하였다. 2010. 지방직 7급

27. 고려 시대의 재산 상속은 ( ) 상속이었는데, 조선 17세기부터 여성은 상속권을 박탈당하였다. 2008. 지방직

28. 조선 후기에는 부계 위주의 ( ) 편찬이 일반화되었다. 수능

14. 양인, 천민, 양천제
15. 중인
16. 문과
17. 문음
18. 농민, 도살업자
19. 5가 작통법, 호패법
20. 한성부, 장례원
21. 관찰사, 수령
22. 유향소, 향규, 향안
23. 향약
24. 사창제
25. 서원
26. 유향소
27. 남녀 균분
28. 족보

확인학습

OX 체크

1. 조선 전기에 농업에서는 유교적 민본주의를 바탕으로 [농가집성]을 편찬하였다. 2010. 지방직 9급

2. 조선 전기 농민의 소득 증대를 통한 재정 확충을 꾀하고자 이앙법을 장려하였다. 수능

3. 지주제의 한 형태인 병작제는 조선 초기에 가장 발달하였다. 2011. 지방직 9급

4. 과전법에서 과전은 지급 대상 지역이 경기로 한정되었으나, 전시과에서는 지급 대상 지역에 대한 규정이 없었다. 2004. 입법고시

5. 과전법하에서 국가는 수조권자들로부터 수조액의 일부를 세로 거두어들였다. 2004. 입법고시

6. 조선의 과전법 체제에서 농민의 생활 안정을 위해 농민의 토지 소유권을 보장하고, 10분의 1세를 공정하게 하여 병작제가 법적으로 허용되었다. 2014. 기상청

7. 과전법에서 관계(官階)만 있고 관직이 없는 사람들은 수조권을 갖지 못하였다. 2014. 기상청

8. 과전법에서 직전법 및 관수 관급제로 바뀌면서 국가의 토지 지배력이 전반적으로 강화되었다. 2012. 지방직

9. 조세는 쌀, 콩으로 냈는데 평안도, 황해도 등은 바닷길로, 강원도는 한강, 경상도는 낙동강과 남한강을 통해 경창으로 운송하였다. 2010. 법원직

10. 세종 때는 공법으로 전분 6등법과 연분 9등법이 시행되었고, 이 법은 조정의 신하와 지방 촌민에 이르기까지 18만여 명이 찬반을 물어 만들었다. 2013. 경찰간부

11. 조선 전기 지방의 사람들이 중국의 강남 농법을 받아들여 수전 농업을 더욱 발전시켰다. 2009. 지방직 7급

12. 조선 초기 시전 상인은 왕실이나 관청에 물품을 공급하는 대신에 특정 상품에 대한 독점 판매권을 부여받았다. 2009. 지방직 9급

13. [칠정산]이 편찬되었던 시기에 농업 기술을 발달시키기 위해 [농사직설]이 간행되었다. 2014. 사회복지

14. 경시서를 두어 시전과 지방의 장시를 통제하였다. 2012. 지방직 9급

15. 양인은 과거에 응시할 수 있는 자유민이다. 2007. 법원직

[OX 체크 정답]

1. X
2. X
3. X
4. O
5. O
6. X
7. X
8. O
9. X
10. O
11. O
12. O
13. O
14. X
15. O

---

1. 전기에는 [농사직설], [금양잡록] 같은 농서가 보급되었다.
2. 조선 정부는 이앙법을 금지하였다.
3. 조선 초기 과전법에서는 병작반수(병작제)를 법으로 금지하였다.
6. 과전법하에서는 병작반수를 금지하였다.
7. 조선의 과전법 체제에서 군전(軍田)은 관계(官階)만 있고 관직은 없는 한량들에게 지급되었다.
9. 평안도, 함경도는 잉류 지역이어서 세금을 걷되 서울로 보내지 않았다.
14. 경시서는 시전 상인들의 상행위를 감시하는 부서이다.

16. 양인은 양반과 중인 그리고 상민을 말하며, 양반은 문반과 무반을 의미한다. 2006. 전남 9급

17. 양반은 문반과 무반을 통칭한 말에서 연유하였는데 점차 신분 명칭으로 자리잡게 되었다. 2003. 법원행정

18. 노비는 소유주의 재산으로서 매매, 양도, 상속되었고 자기 재산을 가질 수 없었다. 2004. 행정고시

19. 공노비는 유외잡직(流外雜織)이라는 하급 기술직에 임명될 수 있었다. 2004. 행정고시

20. 국역 노동이 끝난 공장들은 시장을 상대로 필요한 물품을 만들어 판매하여 이득을 취하였다. 2013. 국가직

21. 농민의 생활이 어려워졌을 때 지방 자치적으로 환곡제를 실시하였다. 2010. 서울시 9급

22. 조선 전기 총액제에 의한 지방 재정의 운영으로 향촌에서 사림의 지위가 강화되었다. 2008. 지방직 9급

23. 조선 시대의 향약은 지방 유력자가 주민을 위협 · 수탈하는 배경을 제공하는 부작용이 있었다. 국가직

24. 16～17세기 재지 사족들은 수령과의 관계를 원활히 하면서 경재소를 만들어 중앙 진출의 발판으로 삼았다. 2010. 지방직 7급

25. 조선 시대의 향촌 사회는 고려 시대와 크게 다를 바 없이 면리제와 별도로 향 · 소 · 부곡이 존재하였다. 2003. 법원행정고시

26. 여말 선초 성리학의 도입으로 인한 조선 후기 사회 풍습으로 사찰 대신 집안에 가묘를 설치하고 영정을 봉안하여 제사를 지냈다. 2010. 국가직 9급

27. '딸이 재혼하였을 경우 후부(後夫)라 하여 재혼한 남편이 성명을 기재하였고, 자녀가 없는 사람은 무후(無後)라 기재하였으며, 양자를 들인 사례는 거의 없다.' 이러한 방식으로 족보를 기재하던 시기에는 형제가 돌아가면서 제사를 지냈을 것이고, 재산 상속에서 아들과 딸의 차별이 없었을 것이다. 2014. 사회복지

28. 조선 전기에는 적서 차별이 없었고 친영 제도가 일반화되었다. 2014. 사회복지 9급

16. O
17. O
18. X
19. O
20. O
21. X
22. X
23. O
24. X
25. X
26. X
27. O
28. X

---

18. 외거 노비는 예외적 존재로 독립된 생활(집, 가족, 토지)을 할 수 있었다.
21. 자치적으로는 사창제가 실시되었다.
22. 총액제에 의한 지방 재정의 운영은 조선 후기의 정책이다.
24. 지방의 사족들은 유향소를 통해 세력을 강화하였다.
25. 향 · 소 · 부곡은 폐지되었다.
26. 영정(초상화)이 아닌, 위패를 모셨다.
28. 조선 전기부터 적서 차별이 있었으며, 친영 제도가 일반화된 시기는 조선 후기이다.

4 조선전기의 민족문화 발전

1 민족 문화의 융성 〈유교 · 양반 문화〉

(1) 한글 창제 〈1443 집현전 – 정음청〉 – 訓民 正音(훈민 정음)

↱ 지배층 ⇔ 피지배층

배경	**애민정책** ⇨ **피지배층** – 지위 · 의식 성장 ⇒ 공식적 의사소통 필요
의의	**국문학** 발전에 기여 ⇨ 민족 문화 발전 기반 [15C **악장 문학** ⇒ 16C **가사 문학**]
	①행정 실무 이용(세종 : 취재 – 서리 선발 시험) ②서적 번역 출간(불경 · 농서)　[용비어천가 · 석보상절 · 월인천강지곡]

◈ **한글 반대** 〈최만리의 상소문〉 ⇨ 우리 조정은 태조 이래 정성을 다해 중국을 섬기고 한결 같이 중화의 제도를 따랐습니다. 이제 글을 같이하고 제도를 같이하는 때를 당하여 언문을 창제한 것은 보고 듣기에 놀라움이 있습니다. …만일 중국으로 흘러 들어가서 비난하는 자가 있으면 어찌 사대모화의 도리에 부끄러움이 없겠습니까?

(2) 역사서 편찬

성격	역사서	내용
〈15C〉 ①**성리학적 사관** (초기 – 왕조개창 정당성) ⇓	[**고려**국사] [**동국**사략]	〈고려말〉 **이제현** –권근　↳사관 계승
❷**자주적 사관** (세종 이후 – 국가 · 왕실 위엄)	[**고려사**](세종~문종) [**동국통감**](성종 – 서거정)	유신 ⇔ **왕실** 갈등 최초– **통사**(고조선~고려)

〈16~17C〉 **존화주의적 사관** [보수적 · 사대적]	**사림** – 소중화 의식(단군 < **기자** 숭상) ※전통 문화 이단시 – [기자실기] 이이 [동국사략] 박상

◈ **〈동국통감 서문〉** 우리 동방은 단군으로부터 기자를 지나 삼한에 이르기까지 증거 할만한 기록이 없고 삼국 시대에 이르러서야 겨우 국사가 있었지만, 매우 간략한데다가 근거 없고 옳지 못한 말들까지 끼었습니다.

◈ **〈기자실기〉** 물론 단군께서 제일 먼저 나시기는 하였으나 문헌으로 상고할 수 없다. 기자께서 우리 조선에 들어오시어 백성을 잘 살게 하고 힘써 가르쳐 주시어 머리를 틀어 얹는 오랑캐의 풍속을 변화시켜… 그 백성이 지금에 이르도록 은혜를 받아 예악의 습속이 왕성하게 계속되고 쇠퇴함이 없었다.

↱연산군 · 광해군 ✕

★조선 왕조 **실록**(25代 태조~철종)	※**국조보감**(**감계주의**) – 모범적 내용
〈서술〉	춘추관(실록청) – 국왕 사망 이후 편찬
〈사료〉	①사초(춘추관) ②시정기(6조 · 관청 정치 기록물) ③승정원 일기(왕명 출납)
〈보관〉	4대 사고(춘추관 · 충주 · 성주 · **전주**) ⇒ 5대사고 복원(광해군 : 강화도 사고…)

↳임란왜란 소실

◈ **실록 편찬** – 한 국왕이 죽으면 다음 국왕 때 춘추관을 중심으로 실록청을 설치하고 사관이 국왕 앞에서 기록한 사초, 각 관청의 문서를 모아 만든 시정기 등을 종합–정리하여 실록을 **편년체**(연대순으로 역사를 서술하는 형식)로 편찬하였다.

(3) 지리서 · 윤리서 · 법전 〈15C 관찬서〉

	종류	의의
지도 ⇑ 〈정치 · 군사적 목적〉 ⇓	**혼일강리**역대국도지**도** (태종)	현존 동양 **최고** 세계지도(중국중심) ⇨ 〈15C〉 **진취적 세계관** 반영
	동국지도(세조 – 양성지)	최초 – 실측도(인지의 이용 – 전국지도)
	조선방역지도(16C)	만주 · 대마도 – 조선 영토로 표기
지리서	**팔도지리지** ⇒ 신찬팔도지리지 ⇒ **동국여지승람**(성종) ⇒ 신증동국여지승람	
윤리서	[삼강행실도 · 효행록] 세종	유교적 질서 확립 〈**주례** ⇨ 국가통치 이념〉 ※주나라의 제도를 기록한 유교 경전
의례서	[국조오례의] 성종 – 국가행사	

혼일강리도(태종)

동국지도(세조)

◈ **삼강행실도**(세종)
충신, 효자, 열녀와 같이 유교 규범을 실천한 사례를 그림과 한글로 설명하여 쉽게 이해하도록 하였다.

◈ **국조오례의**(성종)
제사 의식인 길례, 관례와 혼례 등의 가례, 사신 접대 의례인 빈례, 군사 의식에 해당하는 군례, 상례 의식인 흉례의 오례를 정리한 책이다.

※지도(지명) · 지리서(지역의 특징)

법전 ※**대명률**(大明律)에 근거 – 〈명〉형벌 기본법전	통치 규범의 성문화 ⇨ **법치국가** 면모(백성 – 통제 · 관리)
	①**조선경국전** · 경제육전(태조) ⇒ 속육전(태종) ⇒ 육전등록(세종) 〈육전체제〉 ⬅❷**경국대전**(세조~성종, 기본 법전)➡ 〈대전체제〉 ⇨ ③**속대전**(영조) ⇒ ④**대전통편**(정조) ⇒ ⑤**대전회통**(고종) 육전 조례

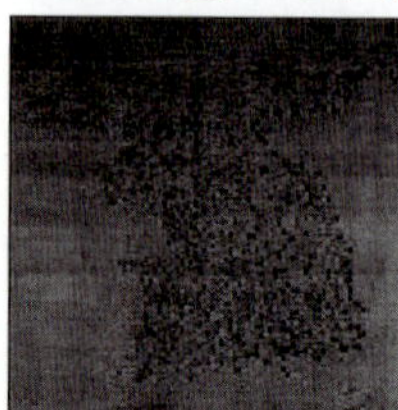

조선방역지도

◈ **경국대전** – 우리 조종의 심후하신 인덕과 크고 아름다운 규범이 훌륭한 전장에 퍼져 있으니, …법의 과목이 너무 복잡하고 앞뒤가 맞지 않아 하나로 크게 정해지지 않았기 때문이다. …만대 성법을 만들고자 한다.

사료읽기

◈ 근세의 문화

조선 전기에는 괄목할 만한 민족 문화의 창달이 이루어졌다. 훈민정음이 창제되고, 역사서를 비롯한 각 분야의 서적이 출판되는 등 민족 문화 발전의 기반이 형성되었다. 성리학이 정착, 발달하여 전 사회에 큰 영향을 끼쳤고, 여러 갈래의 학파가 나타났다. 불교는 국가에 의하여 정비되면서 위축되었으나, 민간에서는 여전히 신앙의 중심으로 자리 잡고 있었다.

천문학·의학 등 과학 기술에 있어서도 큰 발전을 이룩하여 생활에 응용되었고, 예술 분야에서도 민족적 특색이 돋보이는 발전을 나타내었고, 사대부 양반의 검소하고 소박한 생활이 반영된 그림과 글씨 및 자기 공예가 두드러졌다.

◈ 훈민정음

〈나랏말이 중국과 달라 문자가 서로 통하지 않으니, 백성들이 하고 싶은 말이 있어도 제 뜻을 펴지 못하는 이가 많다. 내 이를 위해 새로 스물여덟 자를 만드니, 사람마다 쉽게 익혀 늘 쓰기에 편안하게 해주고자 하노라.〉

⇨ 훈민정음 서문을 보면 구구절절 백성을 생각하는 세종의 마음이 드러나 있다. 이러한 애민 정신은 민본과 덕치를 표방하는 유교 정치 이상의 실현과 관련 있다.

⇨ 너희들이 이 소리를 쓰고 글자를 합하는 것이 옛것에 어긋난다고 하였으나 설총의 이두 또한 다른 소리가 아닌가? 또 이두를 지은 본래의 뜻은 곧 백성을 편하게 하기 위함의 뜻이 없더냐? 만약 그것이 백성을 편하게 하는 것이면 지금의 언문 또한 백성을 편하게 하기 위함이 아닌가? 너희들이 설총을 옳다 하면서 제 임금의 한 일은 그러다 함이 무엇인가? 너희들이 나를 모시는 신하로서 내 뜻을 환히 알면서 이런 말을 하는 것은 옳지 않다. 〈세종실록, 최만리의 한글창제 반대 상소에 대한 세종의 답변〉

◈ 15세기 – 16세기 역사관

① 현재 단군의 신위를 기자 사당에 배향하게 되어서 한방에 함께 계신데 홀로 단군에게 초하루, 보름 제물을 올리지 아니한다는 것 또한 미안하지 않을까 합니다. 신의 생각에는 단군의 사당을 별도로 세우고 신위를 남향하도록 하여 제사를 받들면 거의 제사 의식에 합당할까 하옵니다. 〈세종실록〉

②우리 동방은 단군으로부터 기자를 지나 삼한에 이르기까지 증거할 만한 기록이 없고 삼국 시대에 이르러서야 겨우 국사가 있었지만, 매우 간략한데다가 근거 없고 옳지 못한 말들까지 끼었습니다. 〈동국통감 서문〉

③물론 단군께서 제일 먼저 나시기는 하였으나 문헌으로 상고할 수 없다. 삼가 생각하건데 기자께서 우리 조선에 들어오시어 백성을 잘 살게 하고 힘써 가르쳐 주시어 머리를 틀어 얹는 오랑캐의 풍속을 변화시켜 … 그 백성이 지금에 이르도록 은혜를 받아 예악의 습속이 왕성하게 계속되고 쇠퇴함이 없었다. 〈기자실기〉

※**조선왕조실록 편찬** – 한 국왕이 죽으면 다음 국왕 때 춘추관을 중심으로 실록청을 설치하고 사관이 국왕 앞에서 기록한 사초, 각 관청의 문서를 모아 만든 시정기 등을 종합 – 정리하여 실록을 편년체로 편찬하였다. 편년체라 함은 연대순으로 역사를 서술하는 형식이다.

◈ 사림 문화의 영향

15세기 말부터 새로운 사회 세력으로 대두한 사림은 성리학의 이론에 충실한 사회를 건설하고자 노력하였다. 그들은 정몽주와 길재 계통의 학통을 계승하면서 의리와 도덕을 숭상하고, 성리학의 이기론과 심성론의 탐구에 힘썼으며, 또 예학을 발전시켰다. 16세기 사림은 왕도주의를 내세우면서 단군보다 기자를 더욱 중시하고, 기자에 대한 연구를 심화하였다. 이는 기자가 왕도의 창시자로서 도덕 정치를 폈다고 믿었기 때문이다. 또 사림은 중국 중심의 세계관에 치우치는 경향을 지니고 있었다.

〈영남지방〉 – 경상도	16C **사림**	**〈기호지방〉** – 경기+호서(충청)
영남세력(동인 → 남인)	〈세력〉 |일치×	기호세력(서인 → 노론)
영남학파(정통) | 관념(정신)	〈성리학〉	기호학파(응용) | 경험(현실)
주리론(이황) 주리론적 ⇐――――	〈이기이원론〉	주기론(이이) ――――⇒ 일원론적(주기+주리)

◈ 성리학적 명분론– 각자의 직분에 따라 주어진 의무와 규범을 충실히 지켜야 한다는 주장이다. 즉 임금과 신하·부모와 자식·지아비와 지어미·주인과 노비·양반과 상민·지주와 전호·중화와 오랑캐 사이에는 각자 지켜야 할 사회적 분수가 있고, 이것이 상명하복(上命下服)의 종적 질서 속에 조화를 이룰 때 세상이 안정된다는 것이다.

適者生存⇒盡人事待天命

1) 〈근세〉 ┌①초기(15c)– 훈구·현실(자주·진취적)
　(전기) └②중기(16–7c)– 사림·정신(보수·사대적)
　〈근대〉–③후기(18–9c)– 실학·현실(개혁·민족적)

①**농사직설**(세종– 최초농서, 모내기법 부정– 가뭄재해 우려)·**금양잡록**(경기도– 시흥)·**사시찬요**(4계절)⇒ 농서(농민 경험담)

②화차=신기전(대량살상용– 발칸포)·거북선(모함– 탱크)·비거도선(작고날쌘 공격용 전함)·판옥선(병선)

(3) 과학 기술의 발달 〈15C 부국강병·민생 안정을 위해 국가에서 중요시〉

천문학	농업 진흥[혼천의·간의(천체관측) – 앙부일구·자격루·**측우기**]
토지측량 기구	인지의 = 규형(⇨ 양전 사업·지도 제작 활용)
무기	국방력 강화(화포·**화차=신기전**·거북선·비거도선·판옥선)
인쇄술·제지술	교육·문화 진흥[주자소·조지서 – 계미자(태종)·갑인자(세종)]

※병진자(세종)·임진자(영조)·생생자(정조–목활자)·정리자(정조)·춘추강자(정조–철활자)

〈관찬서〉	**과학 서적**〈15C〉 – **격물치지**(사물 중시)의 경험적 학풍
역법서	[**칠정산** 내편·외편] 한양 기준 ⇨ 최초 제작(세종) – 천체 운동 계산(365일)
천문도	[**천상열차분야지도**] ⇨ 현존 최고(태조) – 고구려 장천1호분 천문도 참조
산학서	[**상명산법·산학계몽**] ↱경기도(시흥) ↱계절농법 ⇨ 수학 교재
농서	[**농사직설**(세종–최초농서)·**금양잡록·사시찬요**] 풍토 ⇨ 농법 개량
병서	[총통등록·병장도설·진법=진도·**동국병감**] 지형 ⇨ 전술 개발
의서	[**향약집성방**(집대성)·**의방유취**(백과서)] 세종 민간 ⇨ 약재 정리

↱세계 최초 강우량 측정기(세종)

혼천의 / 앙부일구 / 자격루 / 측우기 / 화차=신기전 / 거북선 / 판옥선(병선) / 천상열차~ / 향약집성방

◈ 〈**칠정산 내편 서문**〉 태음통궤(달의 운행도수 추산)와 태양통궤(태양의 운행도수)를 중국에서 얻었는데 그 법이 이것과 약간 달랐다. 이를 바로잡아서 한양을 기준으로 내편을 만들었다

※농사직설(모내기법 부정–가뭄재해 우려 ※〈고려〉 향약구급방(현존 최고 의서)
※총통등록·병장도설(군사훈련 지침서)·진법=진도(전술서)·동국병감(고조선~고려말 전쟁)

2 성리학의 발달 〈중기 16C~17C ⇨ **사림** : 정통 성리학자〉

(1) 성리학의 두 흐름

	주 리 론	주 기 론
성격	**관념론** [**정신** > 현실] – 도덕·의리 중시	**경험론** [**현실** > 정신] – 경험세계 중시
	⇨ 절대적 **관념**(만물생성 근원) – 형이상학적	⇨ 객관적 **경험**(만물구성 요소) – 형이하학적
학파	이언적 ⇒ **이황** 〈**영남 학파**〉 – 일본 영향 사단 칠정(심성론)↲ [**성학 십도**·주자서 절요]	**이이** 〈**기호 학파**〉 – 성리학 집대성 [**성학 집요**·동호 문답·만언 봉사]
	⇨ 동인·**남인**(이황 학파). 북인(조식 학파)	⇨ **서인·노론**(이이 학파). 소론(성혼 학파)
영향	❶〈생활이 안정된 사림〉 – **정통 성리학** 주도 ⇨ **유교적** – 신분질서·도덕규범 **확립 기여**	❶〈생활이 불안정한 사림〉 – 응용성리학 ⇨ 진보적 **개혁 사상**의 원류
	②위정척사·의병 운동(민족운동 사상적 기반) ⇨ 향촌자치 주력 – 부국강병 소홀	②**실학**·개화사상·동학사상 형성 ⇨ 중앙집권 체제 주장 – 부국강병 요구

◈ **이황**(남인)이 선조에게 올린 **〈성학십도〉**는 군주 스스로가 성학을 따를 것을 제시(동방의 주자)

◈ **이이**(서인)의 **〈성학집요〉**에서는 현명한 신하가 성학을 군주에게 가르쳐 그 기질을 변화시켜야 한다고 주장(동방의 공자)

①**4단**(측은지심, 수오지심 사양지심, 시비지심)–도덕적 감정
②**7정**(희·노·애·락·애·오·욕)–자연적 감정
⇨③**이기**(4단) **호발설**(7정)

※**이기 이원론** ⇨ 이황(주리론적) ⇒ 이이(일원론적 : 주기론+주리론)

(2) 예학·보학 〈사족 – 사찬서〉

예학 –예의범절	[주자 가례](려말) ⇒ [**가례 집람**](16C 김장생 – 학문적 발전)	
	〈기여〉	종족 내부 – 의례 **규범** ⇨ 상장 제례 의식·유교적 가족 제도 확립
	〈폐단〉	지나친 형식주의·**정쟁** 구실 ⇨ 현종(예송 논쟁 – 상복)
보학 –족보학	〈역할〉	**종족** 내력·관계 **확인** ⇨ 결속력 강화
	〈폐단〉	문벌 형성·신분적 우위 **과시** ⇨ 혼인·당쟁 자료 이용

◈ **의리 명분론** – 도덕성에 기반하여 의리와 명분을 중시한 성리학의 이론

◈ **예치**(禮治) – 개인·사회·국가를 예로 다스리는 것으로, 예를 가르치는 예교와 예를 배우는 예학을 통해서 실현된다.

◈ **강상죄**(綱常罪) – 삼강오륜과 같은 유교적 윤리를 어긴 죄(성리학적 질서 – 지배층·남성 위주)

사료읽기

◈ **의서** – 의학도 15세기에 비약적으로 발달하여 우리 풍토에 알맞은 약재와 치료방법을 정리한 의서들이 나왔다. 세종 15년에 〈향약집성방〉, 세종 27년에 당 · 송 · 원 · 명의 의서를 종합 · 분류별로 수록한 동양의서의 집대성으로 일종의 의학백과서인 〈의방유취〉, 광해군 2년에 조선의학을 집대성한 허준의 〈동의보감〉 등이 간행되었다.

◈ **칠정산** – 세종 24년에 이순지 · 김담 등이 원의 수시력과 대통력을 참작하여 〈칠정산 내편〉을. 아라비아 회회력을 본따서 〈칠정산 외편〉을 각각 만들었다. 칠정산은 해 · 달 · 화성 · 수성 · 목성 · 금성 · 토성의 7개의 운동하는 천체의 위치를 계산하는 방법을 서술한 역법서

※**역법**– 부여(은력) · 신라(당– 선명력) · 고려(원– 수시력) · 조선(명– 대통력, 칠정산) · 조선 후기(시헌력) · 을미개혁(태양력)

※**화차**=신기전(대량살상용– 발칸포)·거북선(모함– 탱크)·비거도선(작고날쌘 공격용 전함)·판옥선(병선)

◈ **이황의 주리론과 이이의 주기론**

①4단과 7정이 다 같이 하나의 정감이지만 4단(측은지심 · 수오지심 · 사양지심 · 시비지심)은 인의예지라는 본성에서 발동해 나오고, 7정(희 · 노 · 애 · 락 · 애 · 오 · 욕)은 기질에서 발동해 나온다. … 4단은 이치가 발동하여 기운이 따라오는 것이고(理發而氣隨之), 7정은 기운이 발하여 이치가 타고 올라오는 것이다.(氣發而理乘之) 〈퇴계집〉

⇨ 주리론은 주자학의 본질로서 理는 氣의 근본이며, 氣를 주재하는 실재를 이성으로 생각하였다. 따라서 사물의 법칙보다는 도덕적 윤리에 대한 인식과 그 실천을 중요시하여 신분 질서를 유지하는데 크게 기여하였다. 이언적이 선구자이며 이황이 주리철학을 대성하였다. 이황의 학풍은 유성룡 – 김성일 등에 계승되어 영남학파를 형성하였다.

②이(理)는 형체가 없고 기(氣)는 형체가 없으며, 이는 작용이 없고 기는 작용이 있다. … 이는 두루 통하고 기는 국한되며(理通氣局), 이는 작용이 없고 기는 작용이 있기 때문에 기가 발하며 이가 타는 것이다.(氣發理乘) 〈율곡집〉

⇨ 주기론은 우주의 근원을 신비적인 理가 아니라 물질적인 氣에 두는 것이며, 사물의 법칙성을 객관적으로 파악하려고 하였다. 따라서 이들은 정치 · 경제 · 국방의 개혁 등 현실적인 문제에 참여를 주장하였다. 서경덕을 선구자로 하여 이이가 주기철학을 대성하였다. 이이의 학풍은 조헌 – 김장생에게 계승되어 기호학파를 형성하였다.

◈ **사단칠정 논쟁**(四端七情論爭, 이황)

이황이 사단(도심) 은 칠정(인심)속에 포함될 수 없다는 점을 강조하여 '사단(四端)은 이(理)가 발하는 것이요, 칠정(七情)은 기(氣)가 발하는 것'이라는 '이기이원론(理氣二元論)'을 주장하자 기대승(奇大升)은 '이와 기는 관념적으로 구분할 수 있지만 사단과 칠정은 모두 정(情)에 속하므로 구체적인 심(心)의 작용에서는 분리할 수 없다는' '이기공발설(理氣 共發說)'을 주장하며 이황과의 편지 왕래를 통하여 8년간 사단칠정에 관한 논쟁을 벌여 후세 학자들에게 큰 영향을 주소 심성론을 높은 수준으로 끌어올렸다.

그 후 이황은 자기의 학설을 수정한 '이기호발설(理氣互發說)'을 통하여 사단은 이발기수(理發氣隨), 칠정은 기발이승(氣發理乘)이라 하였다. 즉 사단(四端)은 이가 발하여 기가 따른 것으로 오직 선(善)한 것이고, 칠정(七情)은 기가 발하여 이가 탄 것으로 선(善)과 악(惡)이 함께 있는 것이라고 하였다.

※**이기론** – 기(氣)는 만물을 구성하는 요소이다. 기가 모이고 흩어짐에 따라 우주 만물이 만들어진다. 이(理)는 기가 존재할 수 있는 근거이자 운동 법칙이다. 일반적으로 이(理)란 인간의 심성을 포함한 모든 사물의 생성 변화를 가능하게 하는 원리이고, 기(氣)는 이의 원리가 현실로 구체화되는 데 필요한 현상적 요소로 이해된다. 어느 것을 중시하느냐에 따라 주리론과 주기론으로 구분 된다.

①**〈성학 십도〉**– 이황(남인– 동방의 주자)⇒ 王(왕권 강화– 스스로) 〉臣
②**〈성학 집요〉**– 이이(서인– 동방의 공자)⇒ 王〈 臣(왕을 보좌)

	이황 〈주리론〉	이이 〈주기론〉
이기론	• **이기이원론**(理氣二元論) 이와 기는 상호 의존적인 관계에 있으면서도 서로 다르다. ⇨ 이(理)는 기(氣)를 움직이는 근본적인 법칙이고, 기(氣)는 형질을 갖춘 형이하학적 존재로 이의 법칙에 기의 형질이 구체화한다.	• **일원론적인 이기이원론**(一元論的 理氣二元論) 우주만물의 존재 근원은 氣에 있으며 모든 현상은 氣의 움직임에 따라 다르게 나타나게 되는데, 이(理)는 이러한 기(氣)의 작용에 내재 하는 보편적인 원리에 지나지 않는다.
이(理)와 기(氣)의 관점	• **이기호발설**(理氣互發說) ⇨ ①**사단**(四端)⇒ 이(理, 본연의 성) : 사물의 원리, 이치 / 절대적으로 선하고 존귀한 것(純善無惡, 순선무악) 〈측은지심, 수오지심, 사양지심, 시비지심〉 ⇨ ②**칠정**(七情)⇒ 기(氣, 기질의 성) : 사물의 현실적 측면(물질적측면) / 선악이 뒤섞여 있으며 비천한 것(可善 可惡, 가선가악) 〈희–노–애–락–애–오–욕〉	• **이통기국론**(理通氣局論) 이(理)는 통하고(보편성), 기(氣)는 국한(특수성) ⇨ ①**이통**(理通) : 본체로서 이가 내재해 있다는 점에서 인간이나 사물은 모두 동일 ⇨ ②**기국**(氣局) : 인간을 포함한 모든 사물의 특성이 다른 것은 기의 국한성 때문임 (이기지묘(理氣之妙) 이와 가는 상호의존 · 보완 · 조화의 관계)

3 불교와 민간 신앙 〈숭유 억불책〉

불교	〈억불〉 = 정비	〈정치적〉	〈고려〉 불교 국가 ⇒ 〈조선〉 **유교** 국가 전환
		〈경제적〉	토지 · 노비 몰수 ⇒ 국가 **재정** 확보 교종18+선종18 통합
		⇨ **도첩제**(태조~성종 : 출가억제) · 사원 정리(태종 – 242外) · 양교 통합(세종 – 36본산)	
	〈명맥유지〉	종교적 기능 [**한국적 불교**(⇒ 호국적 · 구복적 성격) · **내세관**] ⇨ 〈옹호 – 세조〉 **간경도감**(불경 한글 번역 · 간행), **원각사**(10층 석탑)	

※〈고려〉 경천사 10층 석탑(現중앙국립 박물관)⇒ 〈조선〉원각사10층탑(탑골공원)

경천사10층탑⇒원각사10층탑

강화도참성단

민간 신앙	도교	〈성격〉	참성단(일월성신 제사) 〈①무예 – 중시 ②하늘 제사(초제) 중시〉 ★**마니산 초제**⇨ [소격서] ┌ **유교** – ①문약화 ②사대관 ⇒ **약점** 보완 └ ❸단군 – **민족의식 고취** 기여 ⇒ 사회 통합
		〈역할〉	**국조신**(환인 · 환웅 · 단군) ⇨ **국가 신앙** 흡수(⇒ 건국 후 사회 통합) └단군 사당(평양) · 삼성사(구월산)
		⇨ 전통적 **세시 풍속** + 유교 이념 ⇒ 조상 숭배 · 촌락 안정 기원 의식 발전	
	풍수지리설	한양 천도(남경 길지설), 산송 분쟁(명당묘지 선정 ⇒ 소송)	

※가장 많은 소송(산송 · 노비 소유권 분쟁)

◈ **도교 – 초제** : 목멱신사(국사당)가 남산 꼭대기에 있어 해마다 봄과 가을에 초제를 지낸다. 당 안에 화상이 있는데, 속칭 무학대사의 초상이라고 한다. 〈한경지략〉

◈ 우리나라 풍수지리설은 **신라 말**에 신라 정부의 권위를 약화시키고 **고려시**대에는 북진 정책의 사상적 기반을 제공하였다. **조선시대**에는 산송문제를 일으키기도 하였다.

4 문학과 예술 〈15C 발달 ⇒ 16C~17C 쇠퇴(사림)〉

한문학	〈15C〉	발달(훈구 – **사장** 중시) ⇒ 〈16C〉 침체(사림 – **경학** 중시) ※**서거정**(성종) – [동문선] – 역대 문집(시 · 글) ⇨ **자주적 한문학 활동**
설화 문학	〈15C〉	**민족 문학** – 역사 · 전설 · 풍습 · 신앙 묘사 [**금오신화**(김시습 – 최초 한문소설) · 필원잡기(서거정) · 용재총화(성현)]
	〈16C〉	**풍자적** 성격 – 사림 사회모순 · 사대 비판(어숙권 · 임제)
시조 문학 [사대부 문학]	〈15C〉	①훈구 관료(새로운 사회건설 – 희망 · 정열) ②재야 사림(유교적 정절)
	〈16C〉	황진이(인간 본연의 순수한 감정), 윤선도(재야 학자 – 은둔적 생활)
국문학(한글)	〈15C〉	악장 문학 ⇒ 〈16C〉 가사 문학

※**16C 문학의 특징** 〈**주체**〉 재야 지식인 〈**형식**〉 다양(시조 · 가사 · 소설…)
〈**주제**〉 산천의 아름다움 · 은둔적 생활의 즐거움 · 사림의 위선 풍자

◈ 〈**동문선**〉(서거정) 우리의 글은 송 · 원의 글도 아니고, 또한 한 · 당의 글도 아니며, 바로 우리나라의 글인 것입니다.

	예술 활동 ⇨ **한국적 · 유교적 경향** – 〈**사대부**〉 ⇒ 검소 · **위엄미** · 자연미	
건축	〈15C〉	**공공 건축** – 궁궐 · 성문 · **관청** · 학교 건물 – 규모 규제(신분질서) – 99칸 [**숭례문=남대문** · 개성 남대문 · 평양 보통문 · 창덕궁 돈화문 · **해인사 경판고**]
	〈16C〉	**서원 건축** – 주택 + 사원 + 정자 양식(주위 자연과 조화) – 마을부근 한적한 곳 [**옥산 서원**(이언적) · **도산 서원**(이황) · **소현 서원**(이이)] – 선현제사
공예	⇨ **실용성**(생활 용품) · **예술성 – 검소** · 기품 · 자연미 – 서민적 요소	
	〈**자기**〉 ❶**분청사기**(15C 회청색 – 대중적 취향) ②**순수백자**(16C 백색 – 사대부 취향) ※화각 공예(소뿔) · 자수와 매듭(부녀자) · 목공예 · 자개 공예	

◈ **건축**

–〈15c〉 조선 개창⇒ 공공건축(한양천도– 궁궐 · 관청 · 학교)
–〈16c〉 사림 주도⇒ 서원건축(옥산 · 도산 · 소현서원) ↱국내유일 5층 목탑
–〈17c〉 임란 · 호란⇒ 사원건축(금산사미륵전 · 화엄사각황전 · 법주사 팔상전)– ①경제활성화(구복적) ②극락왕생기원(死자)
–〈18c〉 실학⇒ 수원화성(정약용/ 방어+공격용 석성– 실용적)
–〈19c〉 흥선⇒ 경복궁 중건(근정전 · 경회루– 왕실위엄)

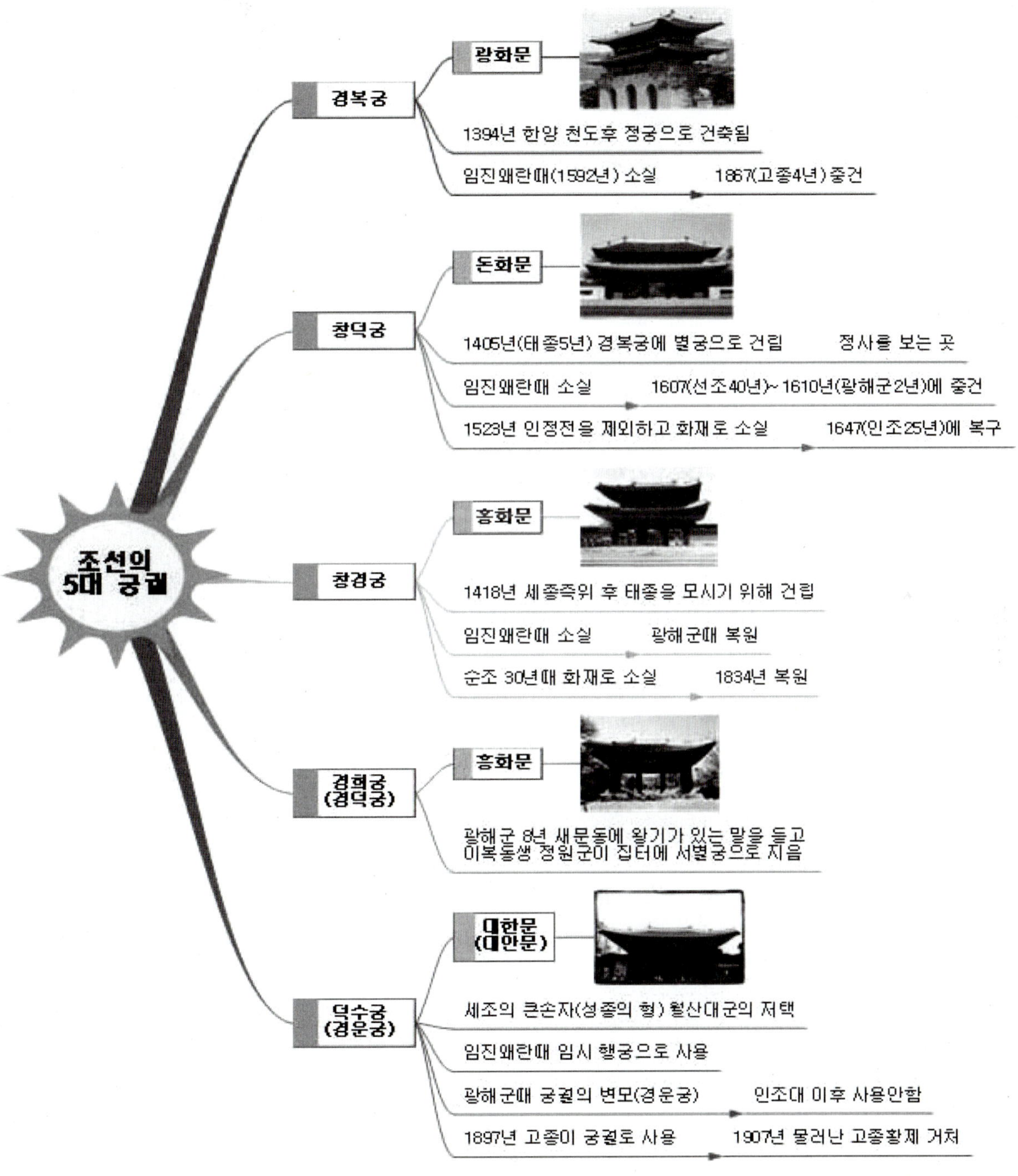

회화 [관념화]	〈초기 15C〉 **진취적 · 낭만적** 화풍 〈**산수화 · 인물화**〉– 특정인×
	❶**안견**(세종) – [**몽유도원도**](신선 – 이상세계 : 안평대군 꿈) ⇨ 독자적 경지개척 ②**강희안** – [**고사관수도**] – 사색하는 인간의 내면세계 묘사(문인화)
	〈중기 16~7C ⇨ 침체〉 **개성적 · 서정적** 화풍 〈**4군자** · **초상화**〉
	③**3절** [**이정**(묵죽) · **황집중**(포도) · **어몽룡**(매화)] – 곧은 절개 묘사 ※이상좌 [**송하보월도**](강인한 기백 – 노비출신), **신사임당** [수박도 · 초충도], 이암(동물화)

음악	〈궁중〉	**아악** ⇨ [아악보](세종) – 기초 정리, [악학궤범](성종) – 집대성
	〈민간〉	**속악** ⇨ 향악 · 가사 · 시조 · 가곡 · 민요 ※**속요**(민간가요 – 고려 말)
무용	〈궁중〉	나례춤 · 처용무
	〈민간〉	①민속 무용(농악무 · 승무…), 무속(촌락제 · 별신굿 · 가정굿…) ②산대놀이(탈춤) · 꼭두각시놀이(인형극) – 풍자적 성격(양반 · 파계승)

※〈**조선**〉 3대 화가 : ①**안견**(세종) ②**김홍도**(정조) ③**장승업**(고종)

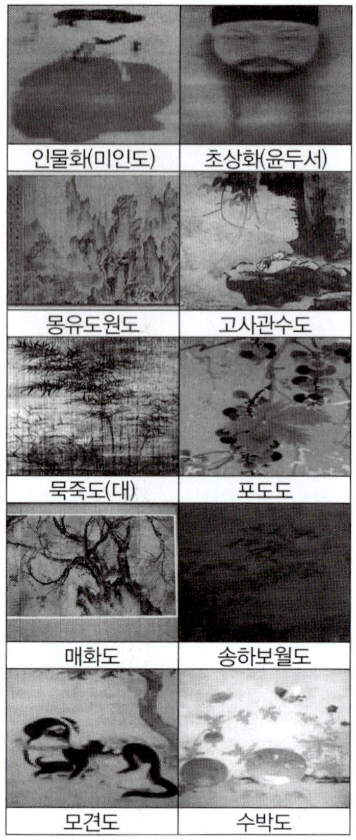
인물화(미인도) | 초상화(윤두서) | 몽유도원도 | 고사관수도 | 묵죽도(대) | 포도도 | 매화도 | 송하보월도 | 모견도 | 수박도

❶**해동제국기**(신숙주 – 세종 : 일본 견문기) ②**이수문 · 문청**(세종 – 일본 무로마찌 화단 영향)
③**정간보**(세종–악보) ④**여민락**(민간가요–노동요) ⑤**화기**(신숙주 – 안평대군 소장품 소개)
※**서예**(교양 필수) : ①조맹부체 – 안평대군(세종) ②왕희지체 – 양사언(명종) · 한호(선조)

※①해동성국(발해–선왕) ②해동고승전(고려–각훈) ③해동제국기(일본 견문기)

	15C 〈**초기**〉	16C 〈**중기**〉 17C	18C 〈**후기**〉 19C	
특징	민족문화 창달	소중화 의식(사대 주의)	**실학 융성**	**서민문화** 전성기
성격	⇨관학파 ⇒ **훈구파** **자주적**(현실적)	⇨ **사림파** 〈주리론〉 **보수적 · 사대적**(관념적)	⇨ **실학자** 〈주기론〉 **개혁적 · 민족적**(현실적)	

◈ 〈**훈민정음 서문**〉
나랏말이 중국과 달라 문자가 서로 통하지 않으니, 백성들이 하고 싶은 말이 있어도 제 뜻을 펴지 못하는 이가 많다. 내 이를 위해 새로 스물여덟 자를 만드니, 사람마다 쉽게 익혀 늘 쓰기에 편안하게 해주고자 하노라.

◈ **가사와 시조**

①**〈동문선〉**(서거정) 우리의 글은 송 – 원의 글도 아니고, 또한 한 – 당의 글도 아니며, 바로 우리나라의 글인 것입니다. 마땅히 중국 역대의 글과 나란히 천지사이에 행하게 하여야 할 것입니다. 어찌 사라져 전함이 없게 하겠습니까? … 삼국 시대로부터 지금에 이르기까지 사 · 부 · 시 · 문 등 여러 가지 문체를 수집하여 이 가운데 문장과 이치가 모두 바르고 교화에 도움이 될 만한 것을 분류하고 정리 하였습니다.
⇨ **서거정의 자주의식**
②**〈원천석〉** 흥망이 유수하니 만월대도 추초로다. 오백년 왕업이 목적에 부쳐시니, 석양에 지나는 객이 눈물 계워 하노라. ⇨ 고려왕조에 대한 감정
③**〈남이〉** 긴 칼을 빼어 들고 백두산에 올라 보니, 환하게 밝은 세상이 전란으로 어지러워라. 언제나 남북의 병란을 평정해 볼까 하노라.
④**〈김종서〉** 삭풍은 나무 끝에 불고, 명월은 눈 속에 찬데, 만리변성에 일장검을 잡고 서서, 긴파람 한 고리에 거칠 것이 없어라. ⇨ 6진 개척
⑤**〈관동별곡〉**(정철 〈송강가사〉) 강호에 병이 깊어 죽림에 누웠더니, 관동 팔백 리에 방면(관찰사)을 맡기시니, 어와 성은이야 갈수록 망극하다. 연추문 들이 달아 경회 남문 바라보며, 하직하고 물러나니 옥절(옥으로 만든 신표)이 앞에 섰다. 평구역 말을 갈아 흑수로 돌아드니, 섬강은 어디 메오, 치악이 여기로다. 소양강 느린 물이 어디로 든단 말고…
⑥**〈청구영언〉**(황진이) 동짓달 기나긴 밤을 한 허리를 베어내어, 춘풍 이불 아래 서리서리 넣었다가, 어룬님 오신 날 밤 이어든 구비 구비 펴리라

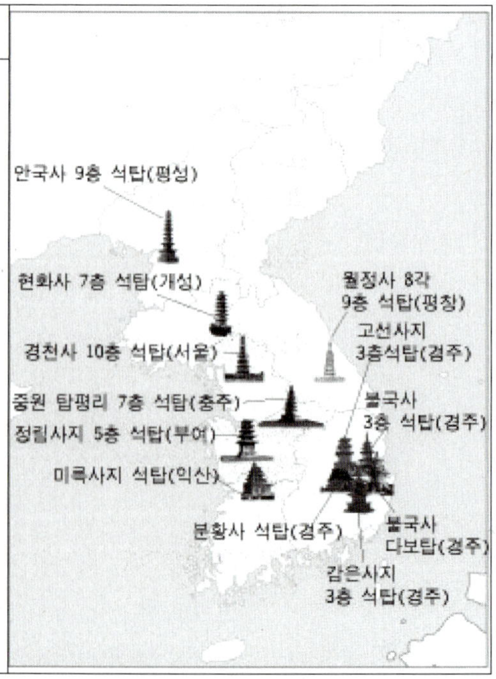

※조선(1392~1897/ 25대– **505년**)⇒ **※대한제국**(1897~1926/ 2대—**29년**)➡ **❶534년** ⇔ **〈일본〉 조선**(1392~1910)⇨ **518년**

❷大韓民國 임정(1919~1948)⇨ **29년** **❸**대한제국+대한민국 임정⇒ **공존기**(1919~1926)**–7년**

1)태조(6)→ ┌2)정종(2)

└3)태종(18)→ 4)세종(32)→ ┌5)문종(2)→ 7)단종(3)

└6)세조(13)→ ┌덕종→ 9)성종(25)→ ┌10)연산군(12)

└8)예종(1) └11)중종(38)→ ┌12)인종(1)

│ 13)명종(22)

└덕흥대원군→ 14)선조(41)→

→ ┌15)광해군(15)

└원종→ 16)인조(26)→ 17)효종(10)→ 18)현종(15)→ 19)숙종(46)→ ┌20)경종(4)

└21)영조(52)→ 장조(사도세자)→

→ ┌22)정조(24)→ 23)순조(34)→ 문조→ 24)헌종(15)

│은원군→ 전계대원군→ 25)철종(14)

└은신군→ 남연군→ 흥선대원군→ 26)고종(44)→ ┌27)순종(12)

│이강

└이은

※고조선⇒ 연맹왕국⇒ 고대(삼국→ 남·북국)⇒ 고려⇒ 조선→ 대한제국⇒ 대한민국 임시정부(망명정부)⇒ **대한민국**

朝鮮	**王의 사망 나이**		(– 재위기간) **王의 사망 요인 –– 특징**
〈평균수명〉 王(47세) –– 양반(51~56세) –– 평민(40~47세) –– 내시(70세)			※**선원록**(왕실계보 – 족보) ※**청금록**(서원 – 명부)
15C	1	**태조**(74세–6)	중풍 – 홧병 ※한씨(1방우 – 2방과 — 4방간) – 강씨(방번 – 방석)
	2	**정종**(63세–2)	자연사 ↳정종 ↳2차 ↳1차(정도전)
	3	**태종**(56세–18)	급성 폐렴 / 1–2차 왕자의 난(빙자 ⇒ 개국공신 숙청)
	4	**세종**(54세–32)	당뇨–풍질–부종–임질–수전증 등 ※1양녕·2효령·3충녕 대군 ※적자녀10명(18남7녀–25) – 정비2+후궁11명
	5	**문종**(39세–2)	등창 ※왕건29명(정비6+후비23)
	6	**단종**(17세–3)	사약–자살–암살 / 12세 즉위–15세 폐위(노산군)–17세 死
	7	**세조**(52세–13)	등창–피부병(문둥병) ※※2수양·3안평·6금성대군
	8	**예종**(20세–1)	급사
	9	**성종**(38세–25)	등창–폐결핵–과음–과색 ※비궁중파(사림 – 폐비 윤씨) ⇔ 궁중파(훈구)
	10	**연산군**(31–12)	화병(아들 사망)–역질
16C	11	**중종**(57세–38)	울화병 / 대장금(여성 주치의) ※세조⇔①사육신(성삼문·박팽년·이개·하위지·유성원·유응부)
	12	**인종**(31세–1)	이질(피고름 섞인 대변) ②생육신(김시습·성담수·원호·이맹전·조려·남효온)
	13	**명종**(34세–22)	심혈(홧병) / 外〉을묘왜변(국교단절) / 內〉임꺽정(민란) / 이황–이이(정치적 학자)
	14	**선조**(54세–41)	심혈(실어증–급성 의식 불명) ※8명 왕비(14남 11녀)
17C	15	**광해군**(67–15)	자연사–홧병–우울증(폐위후 18년)
	16	**인조**(55세–26)	홧병(삼전도 굴욕)–노환
	17	**효종**(41세–10)	등창–과다 출혈(침술) / 봉림대군(※소현세자 死)
	18	**현종**(34세–15)	등창–패혈증(합병증) ┌14세 즉위
18C	19	**숙종**(60세–46)	등창–심홧병–천연두 후유증 ※1세자빈–2민씨(정략)–3장희빈(남인–경종)–4숙빈최씨(영조–눈물의 씨앗)
	20	**경종**(37세–4)	식욕 부진–게장(영조가 진상) ↳20死 (천연두) ↳장옥정 ↳무수리(혈통–피해의식)
	21	**영조**(83세–52)	치매–노환(51년 재위)
	22	**정조**(49세–24)	등창 또는 독살
19C	23	**순조**(45세–34)	변비(두통–소화불량)–패혈증 / 11세 즉위
	24	**헌종**(23세–15)	폐결핵(후궁들과 무리한 정사) / 8세
	25	**철종**(33세–14)	폐결핵 / 19세(강화도령)
	26	**고종**(68세–44)	식혜 독살(심장마비) / 12세(이명복)
20C	27	**순종**(53세–12)	심장병(근시–성불능 : 커피에 독)

확인학습

10. 조선 전기 문화

빈칸 채우기

1. 왕이 죽으면 ( )을 중심으로 실록청을 설치하고 사관들이 기록한 ( )와 각 관청이 문서들을 모아 ( ) 등을 종합 정리하여 편찬한 역사서는 ( )이다. 2007. 대구시 9급

2. 왕의 행적과 국정 전반을 기록한 것으로, 천재지변에 관한 기록까지 소상히 담고 있어 자료적 가치가 매우 높은 것은 ( )이다. 2014. 경찰 1차

3. [경국대전]은 조선의 기본 법전으로 ( )때 편찬하기 시작하여, ( )때 완성되었다. 2008. 지방직 7급

4. 15세기 중엽 고려 시대의 역사를 자주적인 입장에서 재정리하고자 기전체인 ( )와 편년체인 ( )를 편찬하고, 통사로서 ( )을 간행하였다. 2008. 법원직 · 군무원

5. 아라비아 지도학의 영향을 받아 모든 원나라의 세계 지도에 한반도의 지도를 덧붙인 ( )에는 ( ) 대륙이 빠져 있다. 2007. 국가직 7급

6. 기(氣)가 절대적으로 선하다고 주장한 ( )는 임금에게 ( )를 지어 올려, 현명한 신하가 군주에게 성학을 가르쳐 그 기질을 변화시켜야 한다고 주장하였다. 2009. 법원직

7. ( )는 현실 개혁에 관심을 갖고 수미법 등을 제시하였고, ( )은 주자의 이기론을 바탕으로 이기심성론을 발전시켰다. 2014. 경찰간부

8. 군주 스스로가 성학(聖學)을 따를 것을 제시한 ( )은 ( ) 보다는 ( )를 중심으로 세계를 이해하였다. 수능

9. 미술 작품 중 창덕궁과 창경궁의 전모를 그려낸 ( ), 강희안이 무념무상에 빠진 선비의 모습을 그린 ( ), 이상좌가 바위틈에 뿌리를 내린 나무를 그린 ( )가 있다. 2010. 국가직 9급

10. 궁중 화생으로 안평 대군의 총애를 받은 안견이 그린 대표작은 ( )이다. 2013. 군무원

11. 조선 태조 때에는 고구려의 천문도를 바탕으로 ( )를 돌에 새겼다. 2007. 국가직 7급

12. 농사 경험이 풍부한 각 도의 농민들에게 물어서 조선의 실정에 맞는 농법을 소개한 ( )이 편찬되었던 시기에 소리의 장단과 높낮이를 표현할 수 있는 ( )를 창안하였다. 2014. 국가직 9급

[빈칸 채우기 정답]

1. 춘추관, 사초, 시정기, 조선왕조실록
2. 조선왕조실록
3. 세조, 성종
4. 고려사, 고려사절요, 동국통감
5. 혼일강리역대국도, 아메리카
6. 이이, 성학집요
7. 이이, 이황
8. 이항, 기(氣), 이(理)
9. 동궐도, 고사관수도, 송하보월도
10. 몽유도원도
11. 천상열차분야지도
12. 농사직설, 정간보

OX 체크

1. [조선왕조실록]은 태조부터 순종까지 27대의 역사를 기전체로 편찬하였다. 2007. 대구시 9급

2. [경국대전]에서는 유교적 통치 질서가 확립되어 모든 계층의 4대 봉사(奉祀)가 법제화되었다. 입법고시

3. 혼일강리역대국지도가 제작된 왕 때 주자소를 설치하고 구리로 '계미자'를 주조하였다. 2010. 국가직 9급

4. 혼일강리역대국지도는 원나라의 세계 지도에 한반도와 일본 지도를 첨가하여 만들었다. 2013. 서울시 9급

5. [주자서설요], [성학십도] 등을 지어 주자의 이기론을 발전시킨 이황은 경(敬)의 실천을 강조하였다. 수능

6. 서경덕은 만물의 근원을 기(氣)로 설명하는 성리 철학을 전개하였다. 2014. 경찰간부

7. 이황과 이이의 학문은 예송 논쟁을 계기로 조선 사상계에서 확고한 우위를 차지하였다. 수능

8. 이(理)를 강조하였고 [주자서절요], [성학십도] 등을 저술한 이는 이황이며, 기(氣)를 강조하였고 [동호문답], [성학집요] 등을 저술한 이는 이이이다. 2013. 서울시 9급

9. 자격루가 완성된 시기에 한글의 음운 연구서인 [훈민정음운해]를 편찬하였다. 수능

10. [해동제국기]를 쓴 신숙주는 소격서를 폐지하여 도교 의식을 거행하지 못하도록 하였다. 2014. 계리직

11. 길례, 가례, 빈례, 군례, 흉례에 대해 다룬 [국조오례의]가 편찬되었던 시기에 [동국여지승람]이 편찬되었다. 2013. 경찰 2차

12. 조선왕조의궤는 왕의 행적과 국정 전반을 기록한 것으로, 당시 천재지변에 관한 내용까지 소상히 기록하였다. 2014. 경찰 1차

13. 분청사기가 생산되었던 시기에 서울의 중인들은 통청 운동(通淸運動)을 벌이기도 하였다. 2009. 지방직 7급

14. 조선 세종 때에는 밀랍 활자 고정법을 개정하여 종전보다 2배로 인쇄 능률을 높였다. 2007. 국가직 7급

15. 세조는 정간보(井間譜)라는 새로운 악보를 창안하였고, 여민락이라는 속요가 불리워 졌다. 2013. 경찰간부

16. 경복궁, 덕수궁, 창경궁, 창덕궁은 세계 문화 유산에 등록되었다. 2009. 국가직 7급

[OX 체크 정답]

1. X
2. X
3. O
4. O
5. O
6. O
7. X
8. O
9. X
10. X
11. O
12. X
13. X
14. X
15. X
16. X

---

1. 태조부터 철종까지 25대의 역사를 편년체로 편찬하였다.
2. [경국대전]에 따르면 천자는 7대, 제후는 5대, 대부는 3대, 사(士)는 2대만을 제시하도록 되어 있다.
7. 이황과 이이의 학문은 인조반정 이후에 확고한 우위를 차지하였다.
9. 자격루는 세종, [훈민정음운해]는 영조 때이다.
10. 신숙주가 아니라 조광조의 주장이다.
12. [조선왕조실록]에 대한 설명이다.
13. 분청사기는 조선 전기, 중인의 통청(소청)운동은 후기의 상황이다.
14. 종전의 밀랍 대신, 식자판을 조립하는 방법이 창안되었다.
15. 정간보는 세종 때 만든 악보이다.
16. 창덕궁만 등록

V 조선 후기의 사회 변동 – 근대 사회의 태동(시작) = 시발점

1 양난 이후의 정치와 제도의 정비

1 통치 체제의 변화 [王 < 臣 ⇨ 서인 – 지배체제 유지] – 정권유지

(1) 중앙 정치

★비변사 [王 < 臣 최고 합의 기구 ⇒ 관료 연합 정치] ※도평의사사(고려후기 – 권문세가)
을묘왜변 임진왜란 ↱ 국정총괄 기능철폐 ①군사적 임시기구 ⇒ ②상설기구 ⇒ ❸국정 총괄➡ ④기능 분화(흥선대원군 – 왕권 강화) 〈삼포왜란〉 (독립 기구) (군사 + 내치 · 외치) 〈정치 : 의정부 – 군사 : 삼군부〉
〈참여 고관〉 전직 · 현직 정승, 5조 판서(공조 제외), 참판, 군영 대장, 대제학, 강화 유수…

↳고급관리(5품 이상)–현직 · 전직 문무관리

◈ 비변사 ⇨ 요즈음에는 이기구가 큰일이건 작은 일이건 모두 취급합니다. 의정부는 한갓 겉 이름만 지니고 6조는 할 일을 모두 빼앗기고 말았습니다. 이름은 '변방 경비를 담당하는 것'이라고 하면서 과거에 대한 판정이나 비빈의 간택까지도 모두 여기서 합니다. 〈김익희 상소〉

(2) 군사 제도 〈양인 개병제 ⇒ 양 · 천 혼성군〉

	〈5군영〉	성격	편성	역할
중앙군	훈련도감(선조)	➡ 핵심 군영	급료병	–직업군인(녹봉)
		〈편성〉 삼수병(포수 · 사수 · 살수) 〈비용〉 삼수미세(결 2.2두)		–전문군인
	어영청(인조)	➡ 북벌 본영(효종)	번상군 =교대병 =의무병	수도 방어
	금위영(숙종)	궁궐수비(친위부대)		
	총융청(인조)	북한산성 ⇨ 경기일대	속오군	수도외곽 방어 (경기도 일대)
	수어청(인조)	남한산성 ⇨ 광주일대		

★특징
①일관성 결여 (장기적 · 종합적 대책×)
②중앙 – 한정 방어 (한양 · 경기 일대)
❸서인 ⇨ 사병화 역할 (정권 유지 – 군사적 기반) ↳어영청

※〈어영청〉 ①수도 방어→②북벌본영→③사병화(서인)

◈ 훈련도감 – 임란 때 왜군의 조총에 대항하기 위하여 기존의 활과 창으로 무장한 부대 외에 조총으로 무장한 부대를 만들었다. 이에 포수 · 사수 · 살수의 삼수병(전문군인)으로 편제되었다. 이후 중앙군의 핵심이 되었다.

◈ 어영청 – 인조반정 후에 이괄의 난을 계기로 서울의 방비를 목적으로 별초병과 기병으로 구성되었다. 특히 이 군영은 북벌계획의 중심적 기구로서 커다란 활동을 하였다.

지방군	속오군 [영진군+잡색군] – 양 · 천 혼성군 (상민~노비)	〈지역 단위〉 향촌자체 방어체제 ⇨ 평상시 생업종사 – 유사시 전투참여
		을묘 왜변 임란 중 ①진관 체제(세조)---⇒ ②제승방략 체제---⇒ ❸속오군 체제 ⇨ 군현 단위 ⇨ 도 단위(군관 파견) ⇨ 진관체제 복구 〈소규모 전투〉 〈대규모 전투〉 〈군현~도 단위〉 ↳[한계] 군관 도착 전 ⇒ 방어선 확보×

※①속오군(지방군 : 양 · 천 혼성군) ②속오법(군조직 : 오→대→기→) ③속오군 체제(지역단위방어 – 군현+도 단위)

◈ 제승방략 체제 – 한번 위급한 일이 있으면 반드시 멀고 가까운 곳의 군사를 모두 동원하여 빈 들판에 모아 놓고 1000리 밖에서 오는 장수를 기다리게 하였다. 그러므로 장수는 아직 때맞추어 이르지 않았는데, 적은 이미 가까이 오게 되니 군심이 동요하여 반드시 궤멸하는 도리밖에 없다.

(3) 조세 제도 개편

★영정법(전세) · 대동법(공납) · 균역법(군역) ⇒ 조세 감면	
배경	⇨ 농민의 부담 증가(과중한 세금 · 착취로 농민 몰락 ⇒ 토지 이탈화) ①관권 지배력 강화(수령 · 향리 강화 〉 사족 영향력 약화) ②대농장 확대(지주제 강화) ↱관권 ↱경제력 조세 등 뒷돈=뇌물↰
	〈17C〉 향전 ⇨ 구향(사족) ⇔ 신향(서리 · 향리 · 부농 · 부상 – 수령 결탁 ⇒ 부세 협조)
목적	민심 수습(민생 안정) ⇒ 양반 지배 체제 유지(서인 – 정권 안정)
영향	❶조세 ⇨ 전세화(결 단위 부과) ⇒ ②지주 ⇨ 부담 증가

◈ 1810년 여름에는 쇠파리가 크게 들끓어 …이들 쇠파리 죽여서는 안 된다. 작년에 흉년이 들고 작년 겨울 몹시도 추웠고 또 한 질병이 들고 또 여기에 세금을 긁어 갔으므로, 쌓인 시체가 썩어 진물이 나오고 구더기가 생기고 구더기가 변하여 파리가 된 것이니, 오호라 쇠파리가 너희들 아니더냐.
〈정약용, 산문집, 가혹한 세금 징수〉

사료읽기

◈ 근대 태동기의 정치 – 조선 후기 사회의 근대적 요소

붕당 정치가 변질되고 그 폐단이 심화되면서 일당 전제화의 경향이 나타났다. 영조와 정조는 특정 붕당의 권력 장악을 견제하기 위하여 탕평 정치를 추진하였다. 탕평 정치는 특정 권력 집단을 억제하고 왕권을 강화하려는 방향으로 진행되어 어느 정도 성과를 거두었지만, 붕당 정치의 폐단을 모두 없애지는 못하였다.

탕평 정치로 강화된 왕권을 순조 이후 왕이 제대로 행사하지 못하면서 외척을 중심으로 한 소수 가문에 권력이 집중되고, 정치 기강이 문란해지는 세도 정치가 전개되었다. 이로써 부정부패가 널리 퍼지고 백성에 대한 수탈이 심해졌다. 이에 농민의 광범위한 저항 운동이 전개되었다.

⇨ **근대 사회의 의미**를 구체적으로 살펴보면, ①정치적으로는 국민의 참정권이 전제되는 민주 정치가 구현되는 사회를 말한다. 참된 민주 정치가 실현되기 위해서는 개인의 권리가 신장되고 국민 각자가 공동체 구성원의 하나로서 자신의 역할을 충실히 수행해야 한다. ②사회적으로는 사회 각 계층이 평등한 사회를 뜻한다. 평등 사회의 출현은 지난날의 사회 체제를 붕괴시키고 피지배층이 속박에서 벗어나게 하여 자유로운 인간이 되게 하는 것이다. ③경제적으로는 자본주의 사회의 성립을 뜻한다. 즉, 산업 활동이 다양해지고 활발해지면서 누구나 자유로이 생산 활동에 참여하고, 풍부한 자본력과 전문적 경영 방식에 의하여 생산력의 증대가 추구되는 사회를 말한다. ④사상적으로는 과학적이고 논리적인 사고에 바탕을 둔 합리화의 추구를 뜻한다. 즉, 절대적인 가치 체계에 의한 불합리한 구질서에서 인간을 해방시켜, 개인의 존엄성과 개인적 경험을 존중하는 사회를 말한다.

◈ 비변사

⇨ 16세기 초 왜구와 여진족의 침입에 대비해 국방 문제를담당하는 기구로 설치되었다. 그 후 16세기 중엽 을묘왜변을 계기로 상설 기구가 되었으며, 왜란을 거치며 최고 정무 기구가 되었다. 비변사의 구성원은 임진왜란 이후 전·현직 정승을 비롯하여 공조를 제외한 5 조의 판서와 참판, 각 군영 대장, 대제학, 강화 유수 등 국가의 중요 관원들로 확대되었다.

◈ 5군영

①**훈련도감** ②**어영청**

③**총융청** – 인조 2년에 경기 일대의 방어 목적으로 설치되었으며, 군졸은 경기도 속오군으로 편성되었다. 이 군영은 서인정권의 군사적 기반을 제공하는 기능을 지니고 있었다.

④**수어청** – 정묘호란 후 방비의 필요성에 따라 남한산성의 수비군대로 활동했으며, 광주유수가 겸직하였다.

⑤**금위영** – 숙종 8년에 설치된 기병·보병 중심의 군대로서 훈련도감의 중부별대와 함께 궁중수비를 담당하였으며, 6도의 민정이 교대로 근무하였다.

◈ 향촌 단위의 방어 체제 (지역 단위)

①**진관 체제** – 세조때 지역(군현) 단위의 방어 체제로, 각 도에 한두 개의 병영을 두어 병사가 관할 지역 군대를 장악하고, 병영 아래에 몇 개의 거진을 설치하여 거진의 수령이 그 지역 군대를 통제하는 체제였다. 수군도 육군과 같은 방식으로 편제되었다.

②**제승방략 체제** – 을묘왜변 이후 김수문이 전라도에서 처음으로 도내의 여러 읍을 순변사·방어사·도방사·도원수와 병사·수사에게 소속시키니 여러 도에서 이를 본받았다.

⇨ 을묘왜변을 계기로 유사시 필요한 방어 처에 도 단위로 각 지역의 병력을 동원하여 중앙에서 파견되는 장수가 지휘하게 하는 방어 체제이다.

③**속오군 체제** – 임진왜란 중에 진관 체제를 복구함으로 작게는 군현 단위의 소규모 전투로부터 크게는 도 단위의 대규모 전투를 치를 수 있는 체제이다.

適者生存⇒盡人事待天命

2 정쟁의 격화와 탕평 정치

〈15C〉	**조선 개창**(관학파 ⇒ 훈구파) ⇨ **사화**[훈구파(기성세력) × 사림파(신진세력)] – 연산군 시작
〈16C〉 –사림주도	**〈선조〉 이조 전랑직** ⇨ [동인 ⇔ **서인**] – 학문적 이념의 차이로 시작
붕당 시작	⇨ **〈긍정〉** 공존 관계 [집권 세력(책임 정치) ⇔ 비판 · 견제 세력] – **자율적** 중재(균형) ※**공론** 반영(붕당) ⇨ 비변사 · 3사(언론직) · 전랑직(이조 · 병조) 권한 강화
〈17C〉 –임진왜란 호란	**〈현종〉 예송** 논쟁 **〈숙종〉 세자 책봉**(**환국** : 잦은 정권교체) ⇨ [**서인**(⇒**노론**) ⇔ 남인]
	➡ **〈부정〉 일당 전제화**(자당 이익 추구 – 극단적 정쟁 ⇒ 특정 붕당의 권력 독점) ※**비변사 강화**(권력 집중) ⇔ 3사 · 전랑직(이조 · 병조) 권한 약화
붕당 절정	①**붕당 변질** : 16C 학파(학문 · 예론) ⇒ 17C 정파(정치 · 군사적 : 척신=외척 정치 · 군영 장악) ②**서원 변질** : 16C **붕당** 거점(학문적) ⇒ 17C **사우=사당** 봉사(남인 – 경상도 특정 가문 조상)

〈18C〉 – 영조 정조	**〈목적〉**	신권 균형➡ **왕권 강화** [**왕권** ⇒ 권력 집중 · **타율적** 중재] **[탕평책]**– 붕당인정× ↳⇒ 외척세력 성장(세도정치)
붕당 완화 [탕평책]	**〈한계성〉**	**〈숙종〉** 시작(세자 책봉 ⇒ **노론** 국정 주도) – 편파적 인사 관리 **〈영조〉** 노론(벽파) – 국정 주도 **〈정조〉** 남인(시파) – 국정 주도 ⇐사도세자 죽음(〈**벽파**〉 ⇔ 〈**시파**〉) ↳임오화변(뒤주) ↳노론 ↳남인

〈19C〉	**〈부정〉**	**정치 질서의 파탄** [특정 **세도가문**(외척)의 권력 독점] ⇨ **왕권 약화**(**비변사** 권력 집중) – **정2품** 이상 고급관료 참여
세도 정치		①**순조**(11세 안동 김씨 – 시파) ②**헌종**(8세 풍양 조씨 – 벽파) ③**철종**(19세 안동 김씨)
	〈폐단〉	⇨ **왕권 약화** ⇒ 정치 기강 문란 ⇒ 경제 · 사회 혼란 ⇨ **민란** **수령** 권한 절대화(⇒매관 매직)↲ ↳**삼정** 문란(전정 · 군정 · 환곡)

◈ **동인**
이황학파⇒**남인**(유성룡)
조식학파⇒**북인**(정인홍)

◈ **서인**
이이학파⇒**노론**(송시열)
성혼학파⇒**소론**(윤증)
⇨**노론**(대의명분 · 민생)
소론(실리중시 · 북방)

◈ **공론** – 붕당 내부에서 토론 과정을 거쳐 형성된 여론을 의미한다. 지방 사족의 공론을 조성하는 역할은 서원(산림)과 향약이 담당

영조

정조(이산)

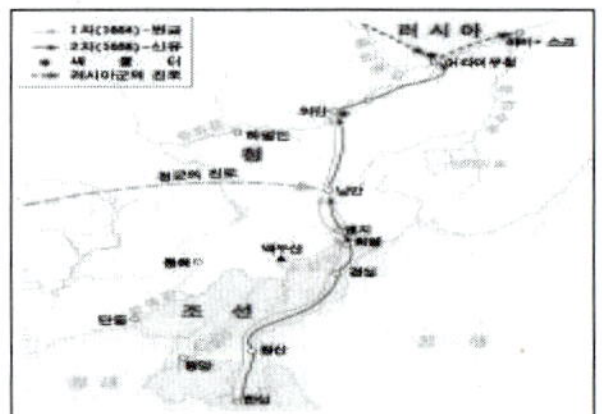
러시아 – 나선정벌

	〈18C〉 **왕권 강화**(정치 · 문화 중흥기 = 안정기) – 실학 융성기
영조 ⇨왕권 강화	**완 탕평책**(비 · 파 · 채) · **서원 정리**(**산림** 부정) · 이조전랑직 권한축소 · 속대전 균역법 · 신문고 부활 · 청계천 정비 · 사형수 삼심제 · [무원록](관리 – 행정 지침서) ※**이인좌**의 난 · **나주괘서** 사건(영조 정통성=혈통 부정 · 탕평책 반대) ⇒ 왕권강화 시도
정조 ⇨개혁	**준 탕평책** · 대전 통편 · 규장각(**초계 문신제** – 하급관리 재교육) · 장용영(친위 부대) **수령**권한강화(향약 주관) · 수원 화성건설 · 격쟁 · 문체반정(노론견제 – 자유로운 문체) 억상 철폐(통공정책) [무예도보통지(병서) · 규장전운(어학서 – 음운정리)] [홍재전서(자서전) · 일성록(일기) · 동문휘고(외교집) · 탁지지(호조) · 추관지(형법)]
〈숙종〉 탕평책 시작(경신→기사→갑술환국) · 백두산정계비(토문강) · 안용복(울릉도 · 독도) · 금위영	

↳2차 도일 확인(①동래 ②강원도 입국)– 조선영토 확인

◈**〈정조 실록〉 정조**는 행차 때면 길에 나온 백성들을 불러 직접 의견을 들었다. 또한 척신 세력을 제거하여… 당색을 가리지 않고 어진 이들을 모아 학문을 장려하였다. 침전에는 〈탕탕평평실〉이라는 편액을 달았으며, [하나의 달빛이 땅 위의 모든 강물에 비치니 강물은 세상 사람이요, 달은 태극이며 그 태극은 바로 나(王)다.]라고 하였다.

3 대외 관계의 변화

청	**호란**(인조–삼전도 굴욕) ⇨ **북벌운동**(효종–어영청) ⇔ **북학운동**〈민생안정 · 부국강병 추구〉
	〈국경 분쟁〉 백두산 정계비(1712 숙종. 압록강 ~ **토문강**) ⇨ **간도 귀속 분쟁** ①서북경략사 · 토문감계사 ②**간도 관리사**(이범윤) ③간도 파출소(1907) ⇒ **❹간도협약**(1909 청 · 일)
일본	국교 재개(광해군 [**기유약조**] – 12회 **통신사** 파견 : 막부요청) ⇨ 실리추구 **중립 외교**
	〈울릉도〉 안용복(숙종 – 동래어민 – 일본 어민 축출) ⇒ **〈일본〉** 영토 확인(2차 – 독도관할)

※간도(독립운동 거점)

간도(두만강 지역)=북간도

사료읽기

◈ 예송 논쟁 〈현종〉

예송은 차남으로 왕위에 오른 효종의 정통성과 관련하여 1659년 효종의 사망 시(기해예송)와 1674년 효종 비의 사망 시(갑인예송)에 두 차례에 걸쳐 일어났다. 이때 인조의 계비 자의대비의 복제가 쟁점이 되었다. 대신(大臣) 주도 정치를 지향한 〈**서인**〉은 효종이 적장자가 아님을 들어 왕과 사대부에게 주자가례를 따라 동일한 예가 적용되어야 한다는 입장에서 1년설과 9개월설을 주장하였고, 〈**남인**〉은 왕에게는 일반 사대부와 다른 예가 적용되어야 한다는 입장에서 3년설과 1년설을 각각 주장하여 대립하였다.

⇨ 〈서인〉의 입장은 효종이 차남임을 주장하여 신권 중심의 정국 운영을 추구하였고, 〈남인〉의 입장은 왕과 일반 사대부는 다르다는 입장에서 왕권 중심의 정국 운영을 추구하고 있었다. 예송 논쟁은 성리학의 명분론과 현실 정치 문제가 얽혀 일어난 사건으로 1차 기해 예송은 서인, 2차 갑인예송은 남인이 각각 승리한다. 이 예송 논쟁까지는 서인과 남인의 공존하는 현상이 이어진다.

※**환국**(숙종) – 강력한 왕권을 통한 잦은 정권교체로 서인(노론)과 남인간의 갈등으로 극단적 정쟁으로 특정 붕당의 권력 독점으로 3차례에 걸친 일당 전제화 현상을 가져왔다. 서인이 남인을 역모로 몰아 정권을 독점한 경신환국(1680) 이후 서인은 노론과 소론으로 나뉘었다.

※**노론과 소론** – 노론은 송시열을 중심으로 결집하여 대의명분을 존중하고, 민생 안정을 강조하는 경향을 보였다. 반면에, 소론은 윤증을 중심으로 결집하여 실리를 중시하고, 적극적인 북방 개척을 주장하는 경향을 보였다.

※**공론**(公論) – 붕당 내부에서 토론 과정을 거쳐 형성된 여론을 의미한다. 지방 사족의 공론을 조성하는 역할은 서원(산림)과 향약이 담당하였다.

◈ 정조의 문물 제도 정비

①정조는 민생의 안정과 문화 부흥에도 힘썼다. 정조는 서얼과 노비에 대한 차별을 완화하였으며, 재정 수입을 늘리고 상공업을 진흥시키기 위하여 자유로운 상업 행위를 허락하는 통공 정책을 시행하는 등 사회 전반에 걸쳐 제도와 그것의 운영을 개선하려는 노력을 기울였다.

②전통 문화를 계승하면서 중국과 서양의 과학 기술을 받아들였다. 중국의 고금 도서집성을 수입하여 학문 정치의 기초를 다졌고, 왕조의 통치 규범을 전반적으로 재정리하기 위하여 〈대전통편〉을 편찬하였다. 그밖에 외교 문서를 정리한 〈동문휘고〉, 국가 각 기관의 기능을 정리한 〈탁지지 · 추관지〉 등과 병법서인 〈무예도보통지〉 등을 편찬하여 문물제도를 재 정비하였다.

③정조의 개혁 정치는 장용영을 설치하여 군권을 장악하고 규장각을 설치하여 개혁을 뒷받침하는 등 왕권 강화를 위한 것이었다.

※**규장각** – 정조 즉위 직후 역대 왕의 글과 책을 수집 · 보관하기 위한 일종의 왕실 도서관으로 설립되었다. 정조는 이를 강력한 정치 기구로 육성하고자 비서실 기능을 부여했고, 과거 시험과 관료 교육까지 담당하게 하였다.(초계 문신제). 실제로 진보적인 학자들을 모아 붕당의 비대화를 막는 등 왕권을 강화하기 위한 정치적 목적으로 활용하였다. 그리하여 박제가 · 유득공 · 정약용 등이 정치에 참여하기에 이르렀다.

※**탕평비** – 신의가 있고 아첨하지 않는 것은 군자의 마음이요, 아첨하고 신의가 없는 것은 소인의 사사로운 마음이다.

※**탕평채** – 채를 썬 청포묵에 쇠고기 · 미나리 등을 한데 담아, 간장 · 참기름 · 식초로 버무린 후, 노란 지단과 김 · 고추를 잘게 썰어 고명으로 얹어낸다. ⇨ 영조 때 만들어진 이 궁중 요리는 〈탕평책〉의 실시와 관련이 깊다고 한다. 흰색의 청포묵(서인)과 붉은색의 쇠고기(남인), 푸른색의 미나리(동인)와 검은색의 김(북인) 등 서로 다른 맛과 향의 재료를 섞어서 맛있는 음식을 만들듯이, 각 붕당의 조화를 통해 정국을 안정되게 이끌어가고자 했던 영조의 의지가 반영되어 있다.(영조는 조선 왕들 중 최장 기간인 53년간 재위하였다)

◈ 세도 정치의 폐단

가을에 한 늙은 아전이 대궐에서 돌아와서 처와 자식에게 "요즘 이름 있는 관리들이 모여서 하루 종일 이야기를 하여도 나랏일에 대한 계획이나 백성을 위한 걱정은 전혀 하지 않는다. 오로지 각 고을에서 보내오는 뇌물의 많고 적음과 좋고 나쁨만에 관심을 가지고, 어느 고을의 수령이 보낸 물건은 극히 정묘하고 또 어느 수령이 보낸 물건은 매우 넉넉하다고 말한다. 이름 있는 관리들이 말하는 것이 이러하다면 지방에서 거둬들이는 것이 반드시 늘어날 것이다. 나라가 어찌 망하지 않겠는가."하고 한탄하면서 눈물을 흘려 마지않았다. 〈정약용, 목민심서〉

⇨ 어떻게 하면 저 늙은 아전의 눈물을 멈추게 할 것인가? 고위 관리들은 사리사욕을 채우기에 급급하고, 수령은 백성에 대한 수탈을 일삼고 있다. 조선 왕조가 지향하던 민본과 덕치의 유교적 통치 이념은 어디로 가고, 이와 같은 모습이 나타나게 된 것일까? 조선 사회가 당면했던 19세기 세도 정치는 왕의 외척에 의한 족벌 정치로 왕권 약화와 민생 파탄의 문제를 가져왔다.

사회적 입제 · 경제적 수탈 · 사상적 경색 등의 상황이 정치적 문란과 어울어지는 속에서도 세도정권은 역사발전을 저해하는 요인이 되었다. 왕권은 추락되고 매관매직이 성행하는 등 정치기강의 혼란을 초래한 결과, 삼정이 극도로 문란해졌으며 농촌 경제가 파탄되어 각지에서 민란이 일어났다.

심화학습

사극으로 보는 조선왕조 계보도

제16대 인조부터 23대 순조까지 (1623~1834)

○ 학습개요 ○

사극에 출연한 인물들을 통해 조선시대 중기 인조부터 순조까지 왕실 계보에 대해 더 쉽게 이해하도록 한다.

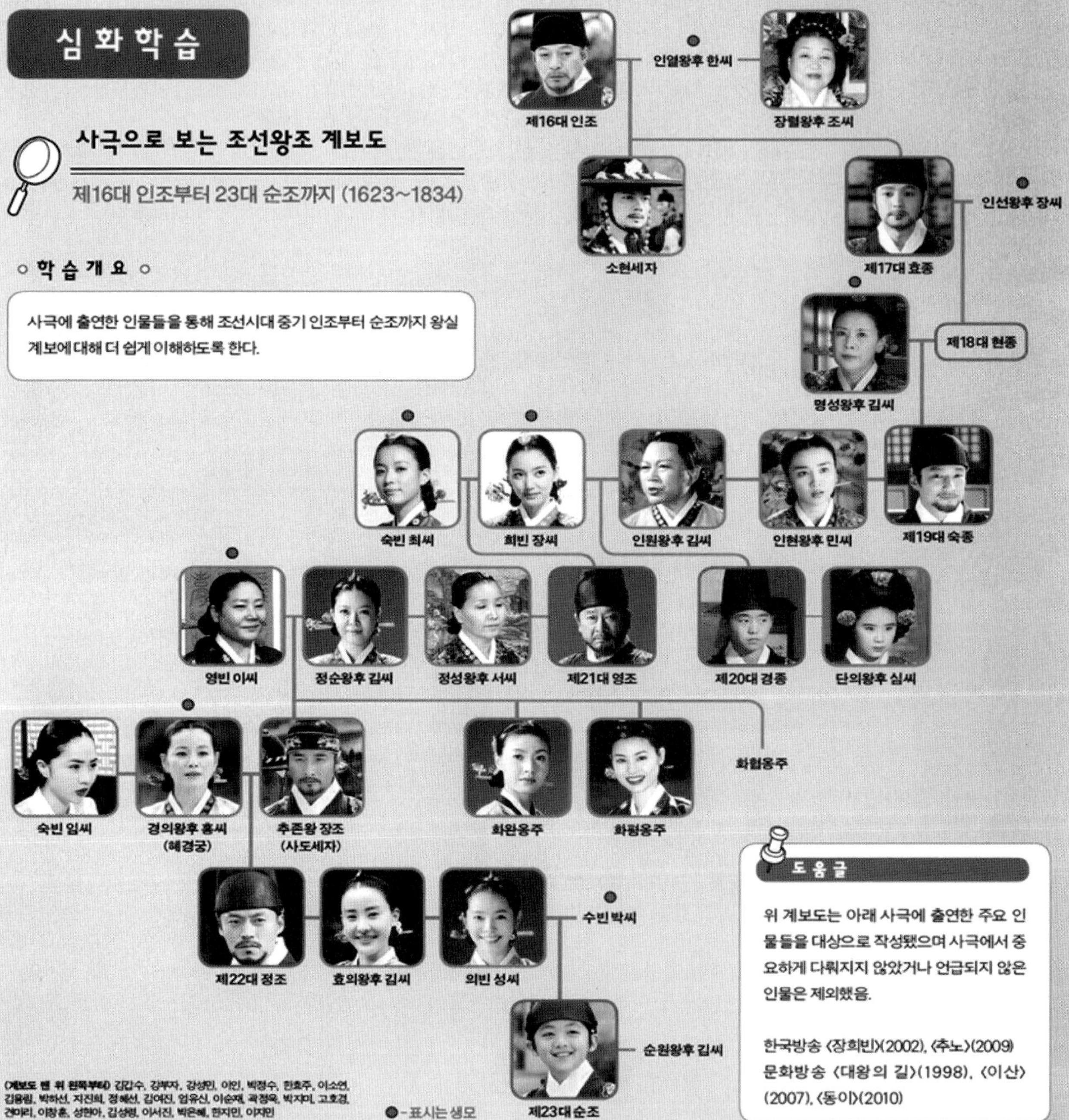

도움글

위 계보도는 아래 사극에 출연한 주요 인물들을 대상으로 작성됐으며 사극에서 중요하게 다뤄지지 않았거나 언급되지 않은 인물은 제외했음.

한국방송 〈장희빈〉(2002), 〈추노〉(2009)
문화방송 〈대왕의 길〉(1998), 〈이산〉(2007), 〈동이〉(2010)

탐구문제

위의 자료를 읽고, 다음 문제에 대해 생각해보자.

인조 시대를 배경으로 하는 〈추노〉 마지막회에는 이러한 내레이션이 나온다. "(대길이 죽은) 이듬해인 1649년 여름 인조는 재위 27년 만에 승하한다. 세자 봉림이 왕위를 이으니 이가 바로 효종이다. 효종 6년인 1655년을 끝으로 도망노비를 쫓는 노비추쇄는 중지되었고, 다음해 석견은 귀양에서 풀려났다." 숙종 시대를 배경으로 하는 〈동이〉의 주인공인 동이는 현종 11년인 1670년 태어났고, 숙종 시대 천민 지하조직인 '검계'의 핵심요원인 차천수는 동이보다 9살 위다. 그렇다면 〈추노〉에 등장했던 송태하와 노비들이 〈동이〉에 등장하는 차천수 등과, 비록 허구의 인물들이지만, 같은 시공간에 존재할 수 있지 않을까? 만약 같은 시공간에 존재할 수 있다면 어떤 대화를 주고받을까?

1) 초기〈15c〉 ★〈평균수명〉 王(47세) · 양반(51~56세) · 평민(40~47세) · 내시(70세)

태조– 조선개창 ※한씨(1방우–2방과–4방간)–강씨(방번–방석) ※태조(74세): 중풍 · 홧병

⇓ ↳정종 ↳2차 ↳1차(정도전) ※정종(63세): 자연사

태종(방원)– 왕권강화(1 · 2차 왕자의 난. 6조직계제)– 부인12명(자녀29명) ※태종(56세): 급성 폐렴

⇓ ↳빙자⇒ 개국공신 숙청 ※세종(54세): 당뇨 · 풍질 · 부종 · 임질 · 수전증 등

★세종– 유교정치(집현전·의정부서사제) ※1양녕 · 2효령 · 3충녕 대군 ※적자녀10명(18남7녀–25)– 정비2+후궁11명

⇓ 단종(노산군) ※12세즉위(15세폐위 · 17세 死) ※문종(39세): 등창 ※단종(17세): 사약 또는 자살 또는 암살

세조(수양대군)– 왕권강화(계유정란 · 6조직계제 · 경국대전 시작) ※2수양 · 3안평 · 6금성대군

⇓ ↱16남12녀(부인12명–후궁 30명) ※세조(52세): 등창 · 피부병(문둥병)

성종– 유교정치(완성)– 경국대전 · 홍문관(옥당) · 사림성장(신진세력) ※비궁중파(사림– 폐비 윤씨)⇔궁중파(훈구)

⇓ 연산군(사화 시작) ※예종(20세): 급사 ※성종(38세): 등창 · 폐결핵 · 과음 · 과색

※연산군(31세): 화병(아들 사망) · 역질

2) 중기(16c~17c)

⇓연산군

중종(반정)– 훈구⇒ 사림(조광조–기묘사화) · 대장금(여성 주치의) ※중종(57세): 울화병

⇓ 정통 성리학(주리론– 영남학파)↰ ↱주기론– 기호학파 ※인종(31세): 이질(피고름 섞인 대변)

명종– 外〉 을묘왜변(국교단절) 内〉 임꺽정(민란) · 이황–이이(정치적 학자) ※명종(34세): 심혈(홧병)

⇓ ↳일원론적 이기이원론

선조– 임란 · 붕당시작 ↱강홍립(선조치–후보고) ※선조(54세): 심혈(실어증–급성 의식 불명)

⇓광해군(북인)– 중립외교(명 · 후금 · 일본: 기유약조– 국교재개·통신사) ※광해군(67세): 자연사 · 홧병 · 우울증(폐위후 18년)

인조(반정)– 서인(친명배금) ※인조(55세): 홧병(삼전도 굴욕) · 노환

⇓ ↱청(명 정벌– 파병요청 거부)

호란: ①정묘(후금– 형제)→ ②병자(청– 군신)⇒ 삼전도굴욕(포구)

⇓ ↱봉림대군(소현세자 死)

〈북벌운동〉 효종(어영청)⇒ 〈러〉 나선정벌(2차 조총부대)– 북벌운동 효과 입증 ※효종(41세): 등창 · 과다 출혈(침술)

⇕ ⇓ 현종(예송논쟁)– 상복(조대비)– 3↔1년 · 1년↔9개월 ※현종(34세): 등창–패혈증(합병증)

〈북학운동〉(⇒ **실학**) ★인조 · 호란 · 북벌운동⇒ 서인 주도

3) 후기(18c~19c) ↱20死 (천연두) ↱장옥정 ↱무수리(혈통– 피해의식)

숙종– 환국(서인→남인 : 장희빈→노론) ※1세자빈(10세 김씨)–2민씨(정략)–3장희빈(남인–경종)–4숙빈최씨(영조– 눈물의 씨앗)

⇓ ↳탕평 시작 ※숙종(60세): 14세 즉위 · 등창 · 심홧병 · 천연두 후유증

영조– 완탕평책– 왕권강화 ※경종(37세): 식욕 부진 · 게장(영조가 진상)

⇓사도세자(장조)–임오화변(뒤주死) ※영조(81세): 치매 · 노환(31세 즉위 · 51년 재위)

정조– 준탕평책 · 장용영– 왕권안정(개혁) ※정조(47세): 등창 또는 독살

⇓ ※순조(45세): 변비(두통 · 소화불량) · 패혈증

세도정치(순조·헌종·철종)– 특정 외척가문(안동김씨·풍양조씨) ※헌종(23세): 폐결핵(후궁들과 무리한 정사)

⇓ 11 8 19 ※철종(33세): 폐결핵(강화 도령)

고종(12 흥선대원군)⇒ 순종(27대) ※고종(68세): 식혜 독살(심장마비)

↳死 3.1운동 ↳死 6.10만세운동 ※순종(53세): 심장병(근시 · 성불능: 커피에 독)

★⑤100원(이순신–선조) ②1000원(이황–명종) ④5000원(이이–명종) ①10000원(세종) ③50000원(사임당)⇒ 시대순?

확인학습

11. 조선 후기 정치

빈칸 채우기

1. 16세기 초 여진족과 왜구에 대비하기 위하여 설치한 ( )는 ( )을 계기로 왜란을 막기 위한 상설 기구로 승격되었다. 2007. 인천시 9급

2. ( )는 의정부의 3정승, 공조판서를 제외한 판서 등 주요 관직자가 참여하는 합좌 기관으로, 세도 정치기에 핵심적인 정치 기구로 자리 잡았다. 2014. 경찰 1차

3. 조선 후기 중앙에 ( )를(을) 설치하여 군사를 모집해서 포수·사수·살수로 나누어 훈련시켰다. 이때에 이르러 지방에도 ( )를(을) 설치했는데, 신분을 막론하고 장정을 선발하여 정원을 채웠다. 수능

4. 16세기 유사시에 필요한 방어처에 병력을 동원하는 ( ) 체제가 수립되었으나 왜란을 맞아 별로 실효를 거두지 못하였다. 그러자 왜란 중에 다시 ( ) 체제를 복구하고 속오법에 의한 ( ) 체제를 갖추었다. 2010. 국가직 7급

5. 선조 때 ( ) 자리를 두고 심의겸을 지지하는 기성 사림을 중심으로 ( )이 형성되고, 김효원을 지지하는 신진 사람을 중심으로 ( )이 형성되었다. 2012. 법원직

6. 동인은 정여립 모반 사건 등을 계기로 ( )과 ( )으로 나뉘어져 처음에는 ( )이 정국을 주도하였으나 임진왜란 이후 ( )이 집권하였다. 2014. 경찰 1차

7. 숙종 때 지금까지의 당파 연립 방식을 버리고 붕당을 자주 교체하는 ( )이 대두되었는데, 폐비 민씨의 복위로 서인 정권이 재수립된 사건을 ( )이라고 한다. 2012. 법원직 | 2008. 지방직 9급

8. ( )는 당파와 관계없이 인물을 등용하는 ( ) 탕평을 실시하였고, ( )는 충역(忠逆)·시비(是非)·의리(義理)를 분명히 하는 ( ) 탕평을 실시하였다. 2012. 국가직 9급

9. 서얼과 노비에 대한 차별을 완화하였고, 왕조의 통치 규범을 재정리한 [대전통편]을 편찬하였던 ( )는 규장각을 설치하고 서얼 출신을 규장각 ( )으로 등용하였다. 2014. 경찰간부

10. 거중기를 이용하여 수원 ( )을 건축할 시기에 군현 단위의 향약을 ( )이 직접 주관하게 하여 지방 사족의 향촌 지배력을 억제하였고, 중·하급 관리 중에서 유능한 인사를 재교육하는 ( ) 제도를 실시하였다. 2014. 기상청

11. 조선 ( ) 때 [속대전]을 편찬하였고, 균역법을 시행하였으며, 서원을 상당수 정리하였다. 2013. 국가직

[빈칸 채우기 정답]

1. 비변사, 을묘왜변
2. 비변사
3. 훈련도감, 속오군
4. 제승방략, 진관, 속오군
5. 이조 전랑직, 서인, 동인
6. 남인, 북인, 남인, 북인
7. 환국, 갑술환국
8. 영조, 완론, 정조, 준론
9. 정조, 검서관
10. 화성, 수령, 초계문신
11. 영조

12. ( ) 때 당하관 관료의 재교육을 위해 ( ) 제도를 시행하고, 통치 규범을 재정리하기 위하여 ( )을 편찬하였다. 2012. 국가직 9급

13. ( )에 따르면 6세기 초 신라 지증왕 때 이사부가 현재의 울릉도와 독도 일대에 있던 우산국을 정벌하여 신라에 복속시켰다. 2003. 입법고시

12. 정조, 초계문신, 대전통편
13. 삼국사기

OX 체크

1. 조선 후기 비변사는 전·현직 정승을 비롯한 6조의 판서와 참판 등으로 구성되었다. 2009. 서울시 9급

2. 비변사의 기능이 강화되면서 의정부와 6조 중심의 행정 체계가 유명무실해졌다. 2007. 국가직 9급

3. 3사의 언론 기능은 영조 때에 폐지되었다. 2007. 국가직 9급

4. 붕당은 학문의 경향과 상관없이 정치적 이념에 따라 결집하였다. 2010. 서울시 9급

5. 사림이 동인과 서인으로 나뉜 후, 동인이 우세한 가운데 정국이 운영되었다. 동인은 온건파인 남인과 급진파인 북인으로 나뉘었다. 그 후 서인과 남인이 격렬하게 대립하였으며, 나중에는 서인에서 갈라져 나온 노론과 소론이 치열하게 경쟁하였다. 2014. 경찰 1차

6. 서인과 남인 예송 논쟁에서 나타난 예론의 차이는 신권을 강화하려는 서인과 왕권을 강화하려는 남인 사이의 정치적 입장과 연결되었다. 2014. 경찰 1차

7. 이조 전랑 임명을 둘러싼 대립으로 두 파의 갈등이 표면화되어 김효원 등 신진 관료는 동인, 심의겸을 중심으로한 기성 관료는 서인이라 하여 분당이 생겼다. 2013. 경찰 2차

8. 인조반정 이후 효종이 즉위하기까지 북학 사상(北學思想)이 팽배하였다. 2009. 경찰

9. 균역법을 실시한 후 국왕은 초계문신 제도와 청에서 사용하는 시헌력을 채택하였다. 2012. 법원직 | 2008. 선관위

10. 정조 때 서얼 출신 이덕무, 박제가를 규장각 검서관으로 등용시켰고 [무예도보통지]를 편찬하였으며, 민(民)의 상언과 격쟁의 기회를 늘려 주었다. 2012. 지방직 9급

11. 서얼과 노비에 대한 차별을 완화하였으며, 재정 수입을 늘리고 상공업을 증진시키기 위하여 통공 정책을 시행한 정조는, 강화도에 외규장각을 두어 왕실의 행사를 기록한 의궤 등 서적을 보관하였다. 2014. 계리직

12. "하나의 달빛이 땅 위의 모든 강물에 비치니 강물은 세상 사람들이요, 달은 태극이며 그 태극은 바로 나다."와 관련된 왕은 육의전을 제외한 시전 상인의 특권을 폐지하였다. 2014. 국가직 9급

13. 17세기에 정묘호란과 병자호란의 패배로 인해 청에 대한 문화적 열등감이 팽배해졌다. 2012. 지방직 9급

[OX 체크 정답]

1. X
2. O
3. X
4. X
5. O
6. O
7. O
8. X
9. X
10. O
11. O
12. O
13. X

---

1. 6조 판서 중 공조 판서는 제외이다.

3. 조선의 3사는 19세기 세도 정치기에 유명무실화되었다.

4. 붕당은 학문적 성향과 정치적 이념에 따라 결집하였다.

8. 청을 정벌하자는 북벌론이 제기되었다.

9. 균역법 – 영조, 초계문신 제도 – 정조, 시헌력 도입 – 인조, 시헌력 채택 – 효종

13. 조선 지배층 안에서는 청에 대한 반발감이 고조되면서 북벌론이 전개되었는데, 이 북벌론은 중국 중심의 화이(華夷) 사상을 반영한 것이다.

14. 18세기 청과 국경 분쟁이 일어나 양국 대표가 백두산 일대를 답사하고 정계비를 세웠다. 2012. 지방직 9급

15. 순조 초에 훈련도감이 벽파 세력에 의해 혁파되고, 군영 대장 후보자를 결정할 권한은 당시 권력 집단이 장악한 비변사가 가지고 있었다. 2011. 국가직 9급

14. O
15. X

15. 훈련도감을 혁파하지 않고 오히려 권력 기반으로 장악하고 있었다.

2 근대 태동기의 경제

1 수취 체제의 개편

	영정법(인조) · 대동법(광해군~숙종) · 균역법(영조) – 조세감면 정책
목적	집권층(서인) ⇨ 민심 수습 ⇒ 양반 지배체제 유지(정권유지)
영향	❶조세 – 전세화 결 단위 부과 – 결당 20.2두) ⇨ ②지주 – 부담 증가

◈ 임진왜란의 7년에 걸친 전쟁으로 조선의 인구는 격감했고, 농촌이 황폐해져 토지에서 이탈한 농민들이 도적 떼가 되어 양반 지배층과 정부에 항거하는 일도 빈번하였다.

전세

➡〈토지세〉 결 단위(수확량) – 면적× ⇒ ★국가 주(고정) 수입

①과전법 ⟶ ② ┌ 전분 6등법(토지 질) ⟶ ❸영정법〈인조〉
〈선초〉 〈세종〉 └ 연분 9등법(풍년 · 흉년) 고정 세율
30두 〈1/10〉 차등 세율 〈⑨ 20~4두. 수등 이척법〉 〈4두. 양척 동일법〉

영정법	
〈배경〉	연분 9등법 유명무실화(왜란 · 호란) ⇨ 최저세액 적용 일반화
〈실시〉	결당 4두(고정 세율 ⇨ 양척 동일법 – 연분 9등급 폐지)
〈결과〉	⇨ 토지 소유자 적용 (전주) ┌〈한계〉 소작농 혜택 없음 └〈영향〉 지주 부담 감소, 국가 수입 감소 〈세원보충〉 ①부과세 징수(징수료 · 운송료) ②개간 장려 · 양전 사업

전분6(면적–㎡)		연분9(전세–결)	
1등급	227.529	①상상년	20 두
2등급	268.324	②상중년	18 두
		③상하년	16 두
3등급	324.900	④중상년	14 두
		⑤중중년	12 두
4등급	423.449	⑥중하년	10 두
5등급	570.020	⑦하상년	8 두
		⑧하중년	6 두
6등급	912.020	⑨하하년	4 두
⇨ 20년 조사 (양안 기록)		⇨ 1년마다 조사 (풍 · 흉년 기준)	

↳전세 징수
↳①–⑥등급 : 면적 4배⇒수확량 동일

공납

➡〈특산물〉 호 단위(현물 징수 – 마을 단위 연대 책임) ⇒ ★농민 가장 큰 부담

①상공 ⟶ [⇒ 방납(하급 관리)] → 〈수미법〉 ⟶ ❷대동법(광해군)
(정기적 징수 – 상납미 · 유치미) ↳폐단(대리 징수) (결당12두 – 대동미 · 전 · 포)

대동법	
〈배경〉	방납 폐단(하급 관리 징수 ⇒ 농민 부담 증가 · 국가 수입 감소)
〈내용〉	①결당 12두 – ②대동미(포 · 전) – ③공인(선혜청 : 공납청부업자) ⇩ ⇩ 〈대동미 징수〉⇩〈관수품 조달〉
〈영향〉	❶전세화 ❷금납화 ❸상 · 공업 발달 (호 ⇒ 결 단위) (현물 ⇒ 화폐 단위) (유통 경제 전환) ↳ 현물징수 존속(수시징수 – 진상 · 별공 명목) ↳ 지주 부담 증가
〈실시〉	❹지주반발 ⇨ 광해군(1608 이원익 – 경기도) ~ 숙종(1708 전국 확대)
	※잉유지역 제외(평안 · 함경도 · 제주도) – 자체경비 충당(군사비 · 사신 접대비)

※상납미(봄 – 중앙경비) · 유치미(가을 – 지방경비)

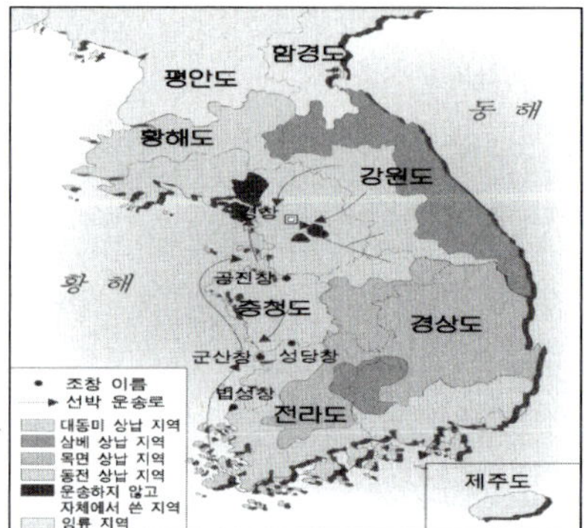

◈ 방납의 폐단 – 지방에서 토산물을 공물로 바칠 때 (중앙 관청의 서리들이) 공납을 일체 막고 본래 값의 백배가 되지 않으면 받지도 않습니다. 백성들이 견디지 못하여 세금을 못 내고 도망하는 자가 줄을 이었습니다. 〈선조실록〉

※강원도(대동포 징수)––동예(누에 · 삼베)

군역

➡〈노동력〉 정남 대상(16~60세) ①정병 ②보인 = 봉족(조역가) – 영세농 대상

[대립제] ⇒ 〈양성화〉 – 국가적 차원 확대
①정병 ⟶ ⇨ ②군적 수포제 ⟶ ❸균역법(영조)
(군역 기피) (군포 2필) (군포 1필)
의무병제 ⇐〈16C〉⇒ 급료병제 〈모병제〉 – 용병제 성격

균역법	
〈배경〉	군적 = 방군 수포제 폐단(군사질 저하 · 정남 부담 증가)
〈내용〉	군포 2 필 ⇒ 군포 1 필 〈균역청〉 ↳인징 · 족징 · 백골징포 …
〈세원 보충〉	〈상류층=특권층〉 선무군관(군포 1필) ⇨ ❶군역 평준화(특권 폐지) 〈지주〉 결작(결당 2두) ⇨ ❷군역 전세화(일부) 〈잡세〉 농민外 징수 세금(선세 · 어세 · 염세 · 상세…) – 균역청 징수
〈폐해〉	19C 군정 ⇨ 문란 극심(⇒ 납속 양반의 급속한 수적 증가 요인)

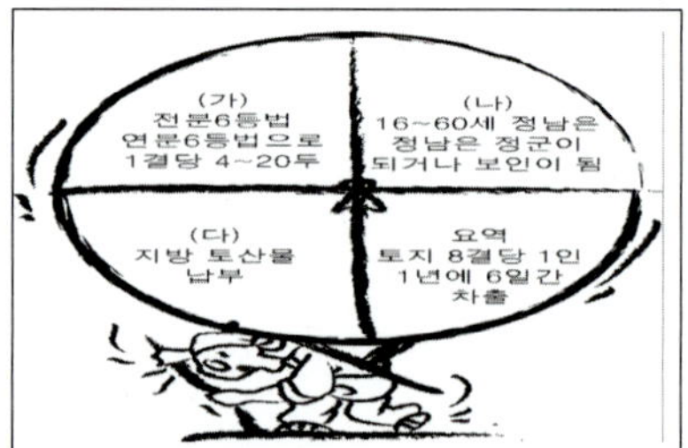

◈ 군역의 폐단 – 혹 한 집안에 아비와 아들, 할아비와 손자가 군적에 한꺼번에 기록되어 있거나, 또한 이웃의 이웃이 견책 당하고(인징), 친척의 친척이 견책 당하고(족징), 어린아이는 젖 밑에서 군정에 편성되고(황구첨정), 죽은 자는 지하에서 징수 당하며(백골징포), 한 사람이 도망가면 열 집이 보존되지 못하니…

사료읽기

◈ 대동법과 균역법의 실시

1) 방납의 폐단 〈선조실록〉

각 고을에서 공물을 상납하려 할 때 각 관청의 사주인(방납인)들이 여러 가지로 농간을 부려 좋은 것도 불합격 처리하기 때문에 바칠 수가 없습니다. 이리하여 사주인은 자기가 갖고 있는 물품으로 관청에 대신내고 그 고을 농민들에게는 자기가 낸 물건 값을 턱없이 높게 쳐서 열 배의 이득을 취하니 이것은 백성들의 피땀을 짜내는 것입니다.

※**방납**(防納) – 농민이 납부하는 공물을 중간에서 서리·상인 등이 대납하고, 더 많은 대가를 농민에게 요구하는 행위로, 16세기부터 성행하여 농민의 공납 부담을 가중시켰다.

2) 대동법의 실시

①강원도에는 대동법을 싫어하는 이가 없는데, 충청·전라도에는 좋아하는 이와 싫어하는 이가 있습니다. 왜 그렀겠습니까? 강원도에는 토호가 없으나 충청·전라도에는 토호가 있기 때문입니다. …이렇게 볼 때 토호들만 싫어할 뿐, 백성들은 모두 대동법을 보고 기뻐합니다. 〈조익, 포저집〉

②선혜청을 설치하였다. 처음에 영의정 이원익이 제의하기를 [각 고을의 진상과 공물이 각급 관청의 방납인에 의해 저지되어, 한 물건의 값이 3~4배 혹은 수십~수백 배까지 되어 그 폐해가 극심하고 특히 경기 지방은 더욱 그러합니다. 지금 마땅히 별도로 1청을 설치하여 매년 봄-가을로 백성에게서 쌀을 거두되, 토지 1결마다 2번에 걸쳐 8두씩 거두어 본청에 수납하게 하고, 본청은 그 때의 물가의 시세를 보아 쌀로서 방납인에게 지급하여 수시로 무역해서 납부하소서]라고 하니 임금이 이에 따랐다. 이때 왕의 교지 중에 선혜라는 말이 있어 이로써 청의 이름을 삼았다. 〈광해군 일기〉

3) 군역의 폐단

① 현재 10여 만 호로써 50만 호가 져야 할 양역을 감당해야 합니다. 한 집안에 비록 남자가 4~5명 있어도 모두 군역에서 벗어나지 못합니다. 군포를 마련할 길이 없어 마침내 죽거나 도망을 가게 되고, 이러한 자의 몫을 채우기 위해 백골징포·황구첨정의 폐단이 생겨나는 것입니다. 〈영조실록〉

② 나라의 100여년에 걸친 고질 병폐로서 가장 심한 것은 양역이다. … 혹 한 집안에 아비와 아들, 할아비와 손자가 군적에 한꺼번에 기록되어 있거나 혹은 3~4명의 형제가 한꺼번에 군포를 납부해야 하며, 또한 이웃의 이웃이 견책 당하고(인징)·친척의 친척이 견책 당하고(족징)·어린아이는 젖 밑에서 군정에 편성되고(황구첨정)·죽은 자는 지하에서 징수 당하며(백골징포)·한 사람이 도망가면 열 집이 보존되지 못하니·비록 좋은 재상과 현명한 수령이라도 역시 어찌할 바를 모른다. 〈영조실록, 23년 10월〉

③ 시아버지 죽어서 이미 상복 입었고, 갓난아기 배냇물도 안 말랐는데 삼대의 이름이 군적에 실리다니. 달려가서 억울함을 호소하려도, 범 같은 문지기 버티어 있고 이정이 호통하여 단벌 소만 끌려갔네. 남편 문득 칼을 갈아 방 안으로 뛰어들자 붉은 피 자리에 낭자 하구나. 스스로 한탄하네. 아이 낳은 죄로구나. 〈정약용, 애절양〉

◈ 수취 체제의 개편 배경

①봄철에 좀먹은 것 한 말 받고, 가을에 정미 두 말을 갚는데, 더구나 좀먹은 쌀값 돈으로 내라니, 정미 팔아 돈으로 낼 수 밖에, 남은 이윤은 교활한 관리 살찌워, 환관 하나가 밭이 천 두락이고, 백성들 차지하는 고생뿐이어서, 긁어 가고 벗겨 가고 걸핏하면 매질이라 〈정약용, 여름날 술을 마시며, 환곡의 문란〉

②1810년 여름에는 쇠파리가 크게 들끓어 … 이들 쇠파리 죽여서는 안 된다. 작년에 흉년이 들고 작년 겨울 몹시도 추웠고 또한 질병이 들고 또 여기에 세금을 긁어 갔으므로, 쌓인 시체가 썩어 진물이 나오고 구더기가 생기고 구더기가 변하여 파리가 된 것이니, 오호라 쇠파리가 너희들 아니더냐. 〈정약용. 산문집, 가혹한 세금 징수〉

③선조 26년(1593년) 10월, 국왕의 행차가 서울로 돌아왔으나 성안은 타다 남은 건물 잔해와 시체들로 가득하였다. 굶주림에 시달린 사람들은 인육을 먹기도 했고, 외방에는 곳곳에서 도적들이 일어났다. 〈유성룡, 서애집〉

⇨ 임진왜란의 비참한 실상을 보여 주는 글이다. 7년에 걸친 전쟁으로 조선의 인구는 격감했고, 농촌이 황폐해져 경작 면적도 크게 줄었다. 기근과 질병이 전국을 휩쓸고 농촌 경제는 파탄에 빠졌다. 토지에서 이탈한 농민들이 도적 떼가 되어 양반 지배층과 정부에 항거하는 일도 빈번하였다. 이러한 상황을 양반 지배 체제의 위기로 인식한 지배층은 수취 체제의 개편을 통해 농민의 조세 부담을 줄임으로써 이를 극복하고자 하였다.

◈ 토지세

※20.2두⇒ 영정4+대동12+균역2+삼수미세2.2두

①전세(지주⇒ 국가): 과전법(1/10– 30두)⇒ 연분9등급(세종 20~4두)⇒ 영정법(인조– 4두)

②지세(작인⇒ 지주–소작료): 병작반수제(1/2)--⇒ 〈조선후기〉 타조법(1/2정률– 예속) 〉 도조법(1/3정액– 계약)

※〈대동법〉 현물⇒ 대동미 징수→ 관수품 조달⇒ 전문적 수공업 발달

↳중앙–지방·지방–지방 연결⇒ 상공업 발달(유통경제 전환)

2 서민 경제의 발전 〈17C 경제의 활성화 – 서민 참여〉

배경		
배경	〈정부〉	제도 개편(억상 철폐 : 정조) ⇒ 민심 수습(⇒ 양반 지배체제 유지)
	〈서민〉	소득 증대 노력 ⇒ 경제 구조 변동(농업 · 상공업 발달) ➡ 서민 경제력 ⇒ 의식(서당교육) · 지위 향상 ⇒ **사회변동 촉진**

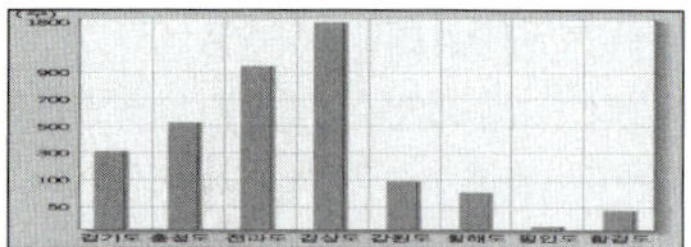

저수지(제언사 · 제언절목) – 숙종

↳양반 중심 ⇒ 피지배층 참여 개인소유 금지↲

농업

1) **광작**
- 〈긍정〉 농법 개량 ⇒ **노동력** 절감 · **생산력** 증대 ※부익부⇔빈익빈
- 〈부정〉 농촌 ⇨ **농민 계층 분화** 〈소작농 몰락 – 임금 노동자 · 이주〉

❶**상품 = 상업 작물**(농업 경영의 전문화) ⇨ **농가 소득 증대** ↱식용 대용

※지역 특산물 – 쌀 · 인삼 · 담배 · 고추 · 구황작물[고구마(일본–조엄) · 감자(청)]…

②논농사(직파법 ⇒ **모내기**) – 전국 보급(수리 시설 확대) ⇨ **이모작** 확대(쌀 · 보리)

③밭농사 : 농종법(이랑) ⇒ **견종법** 확대(고랑에 파종). 가을갈이(시비법)

2) **지대**의 변화 〈소작료〉

①타조법(1/2 – **정률** 지대) : **지주** ⇐ 작인〈**예속 관계** – 신분적〉 – 전국적 시행(일반적)

⇓ **항조 운동**(조세 항거)

❷**도조법**(1/3 – **정액** 지대) : 지주 ⇔ **작인**〈**계약 관계** – 경제적〉 – 일부지방 시작

↳〈의의〉 **작인** – 경제력 · **지위 향상** 〈**도지권** –토지 권리 : 경작권〉

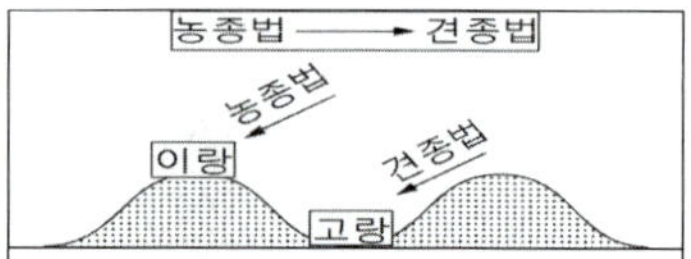

◈ **도조법** – 농사의 풍작과 흉작에 관계없이 해마다 정해진 일정 지대액을 납부하는 것으로 이지대율은 수확량의 1/3로 소작인에게 유리하다. **도지권**(영구 경작권)을 가진 농민은 보다 자유로운 관계를 가지면서 부를 축적할 수 있었다.

모내기

수공업

국역 폐지〈**정조** – **공장안** 등록 폐지〉 ※**통공 정책**(정조 – 억상 철폐)

⇨ 민영 수공업 발달(국역 기피 · 정부의 재정 악화 ⇒ 관영 수공업 쇠퇴)

①**납포장**(장인세 – 자유 수공업자) ⇒ ❷**선대제 수공업**[**상인**(물주) – 〈**결탁**〉 – 장인]

〈**관수품 조달**〉 ①**공인**(공가 지불) ⇒ **매입** ②**사장**(관청 고용) ⇒ **생산**(임금 지불)

대장간

광업

은점 설치 ⇒ 세금징수↰ ↱은 거래 점포

사채 –개인 채굴
- 〈17C〉 허용(16C이후 – 부역기피) ⇨ 정부감독 – 세금징수(**설점 수세법** : **은점**)
- 〈18C〉 금지(⇒ 불법적 **잠채** 성행) – 민간 전문 광산 채굴업자(**덕대**)
  - ↑농업 지장(유민증가) 상인(물주) 결탁↲

◈ 조정에서 은이 나는 곳에 은점 설치를 허가해 주면… 은을 캐서 호조와 각 영 · 고을에 세를 바치고 남는 대로 물주에게 돌릴 것이니 공사 간에 유익한 일입니다.

상업

↱독점 판매권

억상 폐지(**정조** – 신해 통공) ⇒ 시전의 **금난전권** 철폐(**육의전 제외**)

※**육의전** – 특허 시전[비단 · 무명 · 명주 · 모시 · 어물 · 종이]

⇨ **도고**(매점 매석 – 대자본가) : 〈**부정**〉 도시 ⇨ **상인 계층분화** 〈중소 상인 몰락〉

★사상의 유형(자유상인 – 상인세 납부)

❶**송상**(개성) : 인삼(재배 · 판매). 송방(지점망). 송도 사개부기 ⇨ **대청무역 주도**

②**경강상인**(경기도) : 운송업(한강) – 미곡 · 소금 · 어물(수송 · 판매) ⇨ **국내무역 주도**

③**만상**(의주 – 대청무역) ④**유상**(평양 – 대내 · 대청무역) ⑤**내상**(동래 – 대왜무역)

〈**중간 상인**〉 **객주**(위탁 판매업) · **여각**(숙박업) · **거간**(중개업자) ⇨ 금융 · 창고 · 운송업 대행

〈**장시**〉 15C말 호남 시작 ⇒ 18C 1천 여 개소 증가(교통요지 · 포구) ⇨ **상업 도시** 성장

※**한양**의 3대 자유(상설) 시장 ⇒ **종루 · 이현 · 칠패**

부상(등짐)-<보부상>-보상(봇짐)

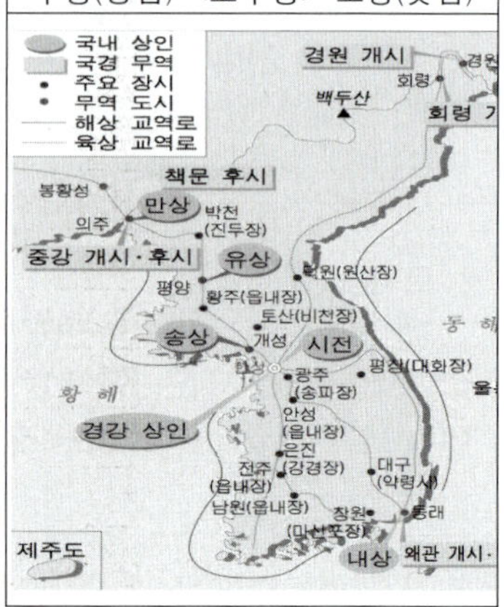

대외무역

개시 무역(공무역) < **후시 무역**(사무역 · 밀무역 · 자유 무역)

⇓ ⇓

〈**대청**〉 두만강 유역(경원 · 회령) / **압록강** 유역(책문 · 중강 후시 ⇨ 쌍시)

〈**대일**〉 왜관 개시 · 후시 무역(동래) ⇒ 중계 무역(청 ⇔ 일본) – 중간에서 이득

사료읽기

◈ 조선 후기 농업과 수공업 부분의 생산력 증대

①광작의 유행과 상품 작물의 재배

• 부유한 백성들이 토지를 겸병하여 한꺼번에 많은 농사를 짓습니다. 이 백성들은 적게는 3, 4석씩, 많게는 6, 7석씩 모를 한꺼번에 붓고 모내기를 하여 노동력을 절약하고 수고를 줄입니다. 〈정조실록〉

⇨ 이법은 제초에 편하나 만일 한 번만 큰 가뭄을 만나면 실수하니 농가의 위험한 일이다. 〈농사직설〉
부종은 양곡의 소출이 적고 주앙은 양곡의 소출이 배이며 공력은 반뿐인데 부종은 공력이 배가 된다. 〈일성록〉

• 농민들이 밭에 심는 것은 곡물만이 아니다. 모시 · 오이 · 배추 · 도라지 등의 농사도 잘 지으면 그 이익이 헤아릴 수 없이 크다. 도회지 주변에는 파 밭 · 마늘 밭 · 배추 밭 · 오이 밭 등이 많다. 특히 서도 지방(진안)의 담배 밭 · 북도 지방의 삼 밭 · 임천과 한산의 모시 밭 · 안동과 예안의 왕골 밭 · 전주의 생강 밭 · 강진의 고구마 밭 · 황주의 지황 밭에서의 수학은 모두 상상등전(上上等田)의 논에서 나는 수확보다 그 이익이 10배에 이른다. 이곳들은 부유한 이들이 이익을 얻는 원천이다. 〈택리지〉 · 〈경세유표〉

②장인 등록제의 폐지

사섬시, 전함사 등 여러 관청들이 지금은 없어졌고, 내자시 · 내섬시 · 사도시 등 관청은 소속 장인이 없어졌다. … 장인들을 공조에 등록하던 규정들은 점점 폐지되어 시행되지 않는다. 〈대전통편〉

※**타조법** – 지주와 작인이 수확량의 절반씩 나누어 갖는 방식으로 지주 전호제의 일반적인 지대 수취 방법이다.(병작 반수제). 이러한 소작관계는 지주에게 유리하고 소작농은 종자 · 비료 · 농기구까지도 자신이 부담하므로 경작농민에게는 불리하였다.

※**도조법** – 일정한 액수를 소작료로 내는 방식으로, 농사의 풍작과 흉작에 관계없이 해마다 정해진 일정 지대액을 납부하는 것으로 이 지대율은 수확량의 1/3로 소작인에게 유리하다. 특히 도지권(영구 경작권)을 가진 농민은 보다 자유로운 관계를 가지면서 부를 축적할 수 있었다. 조선 후기 일부지방에 시작되었으며, 점차 화폐로 내는 경향도 나타났다.

※**부세의 금납화** – 토지세와 각종 역을 돈으로 환산하여 납부하는 것이다.

(송방) ⇩ (송방)
◈ **〈청〉**-----(만상)--------송상---------내상--**〈일본〉**----------⇒ **중계무역**(〈청–일〉 중간에서 〈조선〉이득)
└-----경강상인(운송업)----┘

	1) 상평 통보
〈주조〉	①〈17C〉 **인조** 주조 – 보조적 수단(**현물 화폐** – 쌀 · 포목) ②〈18C〉 **숙종** 전국 유통 – 1차 유통 수단(**조세 금납화**) ※**호조 · 상평청** 주조(外 국가 인정 – **기타 기관** 주조 할 수 있음)
〈영향〉	〈**교역 수단×**〉 재산 축척 · 치부(뇌물) 수단 이용 ⇨ **전황** 발생(화폐 부족 – 물가 하락) ⇒ **폐전론**(이익) ⇔ 용전론(중상학파)

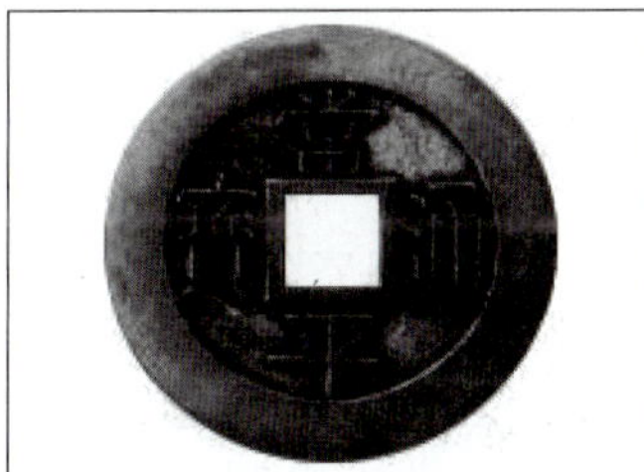
상평통보

※당백전(흥선대원군) ⇒ 물가 상승

※전황 · 당백전 ⇒ 경제 혼란

	2) 〈19C〉 삼정 문란
전정	**은결**(양안 누락), **진결 · 황무지**(생산×), 도결(사적 공금 보충), 백지(공지 징수)
군정	**인징**(이웃 – 5가작통법 : 연대책임), **족징**(인척), **백골징포**(사망자), 강년채(60세 이상), 황구첨정(16세 이하), 마감채(면역 대가)
환곡	늑대(강제 대여), 탄정(흉년 – 감액분 징수), 가분(저장 곡식 대여) 허류(실물이 있는 듯 작성), 입본(미곡 시세 예측 미리 징수) 증고(기준보다 높은 이자), 분석(잡곡 – 양 증가)

◈〈정약용, 가혹한 세금 징수〉 1810년 여름에는 쇠파리가 크게 들끓어 … 이들 쇠파리 죽여서는 안 된다. 작년에 흉년이 들고 작년 겨울 몹시도 추웠고 또 한 질병이 들고 또 여기에 세금을 긁어 갔으므로, 쌓인 시체가 썩어 진물이 나오고 구더기가 생기고 구더기가 변하여 파리가 된 것이니, 오호라 쇠파리가 너희들 아니더냐.

	3) 화폐의 종류	
명도전 · 포전 · 반량전 · 오수전	고조선	중국의 화폐 ⇨ 철기 문화 전래와 중국과의 교역
건원중보	고려 성종	최초의 철전
활구=은병	고려 숙종	우리나라 지형을 본따서 은 1근의 고액 화폐 – 은병 하나의 값은 포100여 필
주전도감	고려 숙종(의천)	화폐주조 기구(철 · 동) – 삼한통보 · 삼한중보 / 해동통보 · 해동중보 / 동국통보 · 동국중보
저화	고려 공양왕 – 조선 태종	최초의 지폐 = 어음(조선 초 까지 사용)
상평통보	조선 인조	인조11년, 효종2년, 숙종4년에 3차례 주조 ⇨ 1차 유통수단
당백전	조선 고종	대원군이 경복궁 중수 비용을 조달하기 위하여 발생(고액 화폐) ⇨ 물가 상승(경제 혼란)
당오전	조선 고종	임오군란에 의한 재정 궁핍을 타개하기 위하여 강화도 · 의주에서 제조

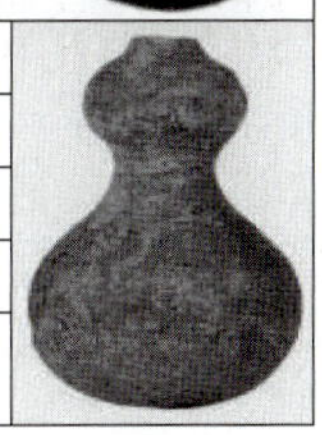

3 근대 태동기의 사회

1 사회 구조의 변동 [신분 상승 운동 ⇒ 성리학적 신분 질서 동요]

↳소수 지배층(양반)⇒ 다수

	〈16C〉	〈17~18C〉	〈19C〉	
양 · 천제				→ 폐지〈**갑오개혁**〉
[15C법적❷]	**반⇔상 양극제**	⇒ **양반** 신분 강화	⇒ **신분제** 동요	
〈자유민⇔비자유민〉	〈지배층⇔피지배층〉	[**납속책**(공명첩) ⇒ 특권 보장]	[**양반** 증가 〉 **상민** · 노비 감소]	

↱권세 ↱지방 ↱몰락 양반　　↳상향 평준화(상민⇒ 상것=상놈)

양반	**증가** ⇒ 계층 분화[권반 · **향반**(토반) · 잔반] ⇒ **정치권력 성장×**(향반)
중인	신분상승 추진(전문직 · 소청 운동 – **청요직** 진출) ⇒ 지위 향상(신분상승×) ※**서얼**(규장각 검서관 – 유득공 · 박제가…), **역관**(외래문화 수용 선구적)

↳문관직 진출(하급관직)

상민	경제력 신장 ⇒ 신분 상승(⇔ 소작농 몰락) ⇨ **감소** ※**신향** 등장 – **관권** 결탁(부농 · 부상 – 향안 · 향회 참여 ⇒ 수령 협조)]
노비	도망 · 군공 · 납속 · 신분 해방(순조 – 공노비 일부 : 6만 여명) ⇒ 감소 ※**노비 해방**(상민 수 확보 ⇒ 재정상 · 국방상 문제 해결) ❶**노비 종모법**(18C 영조) ②공노비 일부(19C 순조) ③공 · 사노비(갑오개혁)

↳상민 신분 인정　↳6만 여명(외거노비)　↳신분제 폐지(노비제도 폐지)

〈**대구 지방**〉 – 신분 변동

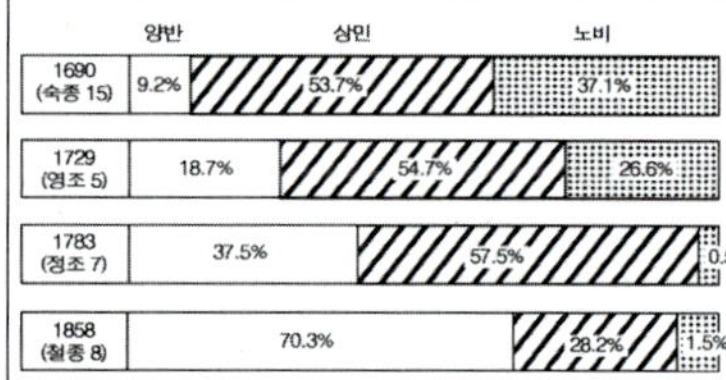

잔반 ⇩ 자리 짜기

	★**근대**= 평등 **사회로의 움직임**(임진 왜란~)
〈특징〉	**내재적** 역량 ⇨ **자율적–주체적** 변화(**경제** · 사회 · 문화) 〈지배층 위주 사회적 모순 반발 ⇒ **피지배층** 노력〉

근대적 **발전**	〈경제〉	활성화 ⇨ 광작(농업) · 도고(상업) · 납포장(수공업) · 잠채(광산)
	〈사회〉	봉건적 신분 제도 동요(부의 축척 ⇒ 납속 **양반** – 수적 증가)
	〈문화〉	현실 개혁 지향(근대적 · 진보적 ⇒ 서학 · 동학 · 양명학 · 실학)

↱ 前근대적

퇴보	〈정치〉	〈17C〉 극단적 붕당정치(환국) ⇒ 〈19C〉 세도정치(행정기강 · 수취체제 문란)

◈ **근대 사회 정의**

사회	평등 사회(신분 폐지)
정치	민주 주의(민중 참여)
경제	자본 주의(상 · 공업)
문화	현실 중시(합리적 · 과학적)

◈ **탕평 정치**로 강화된 왕권을 순조 이후 외척을 중심으로 한 소수 가문에 권력이 집중되고, 정치 기강이 문란해지는 세도 정치가 전개되었다. 이로써 부정부패가 널리 퍼지고 백성에 대한 수탈이 심해졌다. 이에 농민의 광범위한 저항 운동이 전개되었다.

2 사회 변혁의 움직임

(1) 예언 사상 유행 〈왜란 · 호란 이후 ⇒ 극도의 혼란 시기〉

※**도교** ⇒ 민간신앙 기둥 역할 – 예언서(비기=참서)

배경	사회 불안의 고조 ⇒ **현실 부정적**(변란예고 · 말세도래 · 왕조교체…)	
성격	**도교적 요소**(현세 구복적) ⇨ ①예언서(정감록 · 토정 비결) ②무격 · 미륵 신앙	
영향	〈피지배층〉	①안정 요구 ⇨ 현세 구복적 **정신적** 피난처 제공
		❷**혁명적**=저항 기운 고취(민란 · 동학 · 민화에 직접 영향)

◈ 〈**홍경래의 격문**〉 평서대원수는 급히 격문을 띄우노니… 무릇 관서는 …버림이 분토와 다름없다. 심지어 권문의 노비들도 서토의 사람을 보면 반드시 평안도 놈이라 한다. …지금 임금이 나이가 어려 권세 있는 간신배가 그 세를 날로 떨치고 …이제 격문을 띄워 먼저 열부군후에게 알리노니, 절대로 동요하지 말고 성문을 활짝 열어 우리 군대를 맞으라.

사료읽기

◈ **신분제의 동요**

①근래 이전의 풍속이 나날이 변하여 하찮은 아전이 길에서 양반을 만나도 절을 하지 않으려 한다. 아전의 아들, 손자로서 아전의 역을 맡지 않은 자가 고을 안의 양반을 대할 때, 맞먹음이 너 나 하며 자(字)를 부르고 예의를 차리지 않는다. 〈목민심서〉

②적 1명을 베면 공사노비는 면천하고, 양인으로서 과거에 급제하여 관직을 받는 자는 관품을 올려 준다. 2명을 목 베면 직급을 올려 준다. 〈승정원일기〉

③백성에게 납속을 모집하여 상으로 관직을 주었다. 납속의 많고 적음에 따라 벼슬의 높낮이를 정하였다. 금과 옥같이 귀한 벼슬이 천하고 한미한 무리들에게까지 간다. 〈선조실록〉

④옷차림은 신분의 귀천을 나타내는 것이다. 그런데 어찌된 까닭인지 근래 이것이 문란해져 상민・천민들이 갓을 쓰고 도포를 입는 것이 마치 조정의 관리나 선비와 같이 한다. 진실로 한심스럽기 짝이 없다. 심지어 시전 상인들이나 군역을 지는 상민들까지도 서로 양반이라 부른다. 〈일성록〉

⑤호적법이 분명하지 않고 국가 기강이 해이해진 뒤로 밭 갈고 농사짓는 자나, 다른 사람의 노비에서 풀려나 먹고 사는 데 좀 여유가 있는 자들은 모두 유학이라 칭하면서 과거보러 몰려간다. 그 가운데 돈이 많은 자는 자기 이름으로 문필에 능한 자 3 ~ 4명을 각처에 나누어 시험 보게까지 한다. 〈일성록〉

⑥정선 고을에 한 양반이 살고 있었다. 그는 어질고 글 읽기를 매우 좋아하였다. … 하지만 그는 몹시 가난하여 환곡을 타 먹은 지 여러 해가 되어 천 섬의 빚을 지게 되어 옥에 갇히게 되었다. … 때마침 그 동네에 부자가 이 소문을 듣고 가족끼리 비밀회의를 열어 말하였다. 〈 … 이제 저 양반이 환곡을 갚을 길이 없어서 곤란한 모양이니 그 양반 자리를 더 유지할 수 없을 것이다. 이 기회에 내가 양반 신분을 사서 가지는 것이 어떨까?〉 〈박지원, 양반전〉

⇨ 위 글을 보면 곤궁한 양반의 모습과 양반 신분을 사려 하는 부유한 상민의 모습이 잘 대비되어 있다. 양반과 상민의 경제적 처지가 뒤바뀐 것이다. 당시에는 양반이 몰락하여 김홍도의 자리 짜기에 묘사된 바와 같이 생활하는 경우도 있었다.

조선 후기 신분 제도의 동요는 경제적 변동이 기본 요인이었다. 경제의 발달로 부를 축적한 평민들이 양반의 특권을 누리기 위하여 양반의 지위를 획득했기 때문이다. 합법적으로 공명첩을 구입하는 방법이나 족보를 위조하는 방법으로 양반이 되었다.

※**납속**(納粟) – 부족한 재정 보충 및 빈민구제를 목적으로, 돈이나 곡물을 납부한 사람에게 특혜를 준 정책. 면천・면역은 물론 관직을 주는 경우도 있었다.

※**공명첩**(空名帖) – 나라의 재정을 보충하기 위하여 부유층으로부터 돈이나 곡식을 받고 팔았던 명예직 임명장

◈ **중인 차별**〈성종①〉 – **지위 향상**〈영조②③④〉

①성종 13년 4월 신해 사헌부 대사헌 채수가 아뢰었다. "어제 전지를 보니 통역관, 의관을 권장하고 장려하고자 능통하고 재주가 있는 자는 동서 양반에 발탁하여 쓰라고 특별히 명령하셨다니 듣고 놀랐습니다. 무릇 벼슬에는 높고 낮은 것이 있고 직책에는 가볍고 무거운 것이 있습니다. 약사, 통역관은 사대부의 반열에 낄 수 없습니다. … 의관, 역관 무리는 모두 미천한 계급 출신으로서 사족이 아닙니다." 〈성종실록〉

②영조 45년 이수덕이 상소를 올려 서얼 허통을 청하였다. 옛날에는 융숭한 예와 폐백으로 이웃나라 선비를 대우하였습니다. 그러고도 그들이 오지 않을까 걱정하였습니다. 지금은 법으로 나라 안의 인재를 묶었습니다. 그런데도 그들을 등용하면 어찌할까 염려 합니다. … 시골 천인의 자식은 때때로 훌륭한 벼슬을 하는데 세족 명가의 서얼들은 자자손손 영원히 묶여 있습니다. 인재를 등용하고 버리는 것이 너무나 앞뒤가 맞지 않습니다. 〈규사〉

③오래도록 막혀있으면 반드시 터놓아야 한다. 원한은 쌓으면 반드시 풀어야 하는 것이 하늘의 이치이다.. 중인 – 서얼을 가로 막는 것은 우리나라의 편백된 일로 이제 몇백년이 되었다. 서얼은 다행히 조정의 큰 성덕을 입어 문관은 승문원, 무관은 선전관에 임용되고 있다. 그런데도 우리 중인은 홀로 이 은혜를 알지 못하니 어찌 탄식조차 없겠는가? 이제 바야흐로 의논을 모아 글을 써서 원통함을 호소하고자 먼저 통문을 띄운다. 이달 29일 마동에 있는 홍현보의 집에 모여 상의코자 한다. 〈상원과방자료, 신해(1851) 4월, 중인의 통청 운동〉

④서얼이 소통하면 면분이 문란해질 것이라고 합니다. 그러나 이는 그렇지 않습니다. 적서의 구분은 명가 집 가문에 국한되는 일입니다. 조정에서 훌륭한 인재를 취하여 등용할 뿐입니다. 이들이 비록 귀하게 된 후라도 만일 명분에 범하는 일이 있으면 국법이 진실로 엄하니 문란해지는 것은 말할 바가 못 됩니다. 〈영조실록, 서얼의 신분 상승 운동〉

◈ **예언 사상의 유행** – 정씨 성과 최씨 두 진인을 얻어 먼저 우리나라를 평정하여 정씨 성의 사람을 임금으로 세운 뒤에 주국을 공격하여 최씨 성의 사람을 황제로 세울 것이다. 〈정감록〉 ※정도령(正道令)

(2) 농민 항거

〈소극적 저항〉 ①피역 · 항조 운동 ⇒ ②소청 · 벽서 운동 ➡ 〈적극적 저항〉 ❸**민란**		
배경	〈과정〉	세도 정치 ⇒ 〈탐관오리 착취〉 ⇒ 삼정 문란(경제 혼란) – 조세제도
	〈전개〉	❶**홍경래의 난**(순조 – 선구) – 지역적 차별대우 불만(서북인 – **평안도**) ❷**임술 민란**(철종 – 전국 확대) – **진주 민란**(목사 **백낙신** 탐학에 대항)
의의		〈농민〉 자율적 개혁 의지 ⇒ **사회의식 성장 반영** ↳탐관오리 ※**민란 수습**(국가) ①암행어사 파견 ②**삼정 이정청** 설치(철종) ⇒ 미봉책에 불과

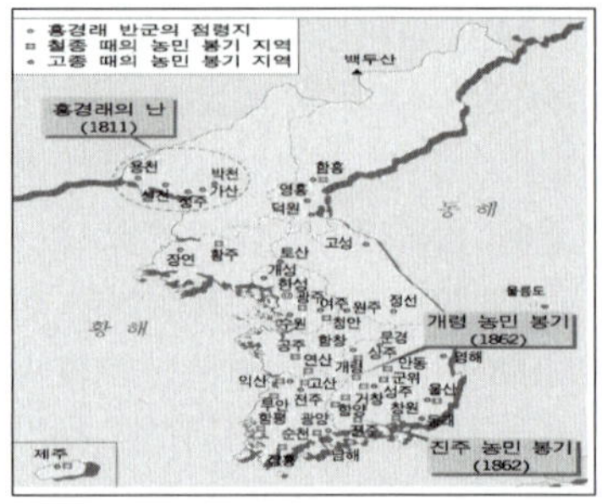

※〈압록강 입구〉 홍경래의 난. 강동 6주(고려)

(3) 서학과 동학

↱ 이익(신앙× ⇒ 학문적 관심)

서학 〈천주교〉	**성격**	❶서**학**(17C 천주학 – 학문적 수용) ⇒ ②천주**교**(18C 신앙적 발전 – **남인** 계열) [〈청〉자발적 수용 – 사신 · 상인] [**전통 사상**(토대) + 천주교(수용)]
	박해	①교리상 문제[만민평등(신분질서×) · 내세관문제(제사×)] ⇒ 사교규정(정조) ⇨ **신해 박해**(정조) : 진산사건(충청도 **윤지충** 처형 – 불효죄 적용)–모친상
		❷정치적 갈등 : 〈**세도 정치下**〉 노론(벽파) ⇒ **남인**(시파) ➡ **신유 박해**(순조) ┌〈**처형**〉 이승훈 · 이가환 · 정약종 / 주문모(청–신부) ├〈**유배**〉 정약용(강진), 정약전(흑산도 – [자산어보] 최초어류학) └〈**영향**〉 남인=실학 세력 위축 ※**황사영** 백서사건 ⇨ **기해 박해**(헌종 / 벽파 풍양 조씨 ⇒ 시파 안동 김씨 탄압) ↳밀정
		③**서세 동점**(위기의식 – 이양선 출몰) – 표교 명분(밀정 – 본국에 보고) ➡ **병인 박해**(흥선대원군) : 강력한 쇄국의지(**프랑스** ⇒ 러시아 남하저지)
	영향	서세 동점(위기 의식) ⇔ 외세 배격(**위정척사 운동 · 동학 운동**)
		※**최초** ⇨ ①전래자(이수광 – 천주실의) ②세례자(이승훈) ③순교자(윤지충) ④한국 신부(김대건 – 병오박해 처형) ⑤중국 신부(주문모 처형)

↱ 예수(예루살렘=중동)–황인종

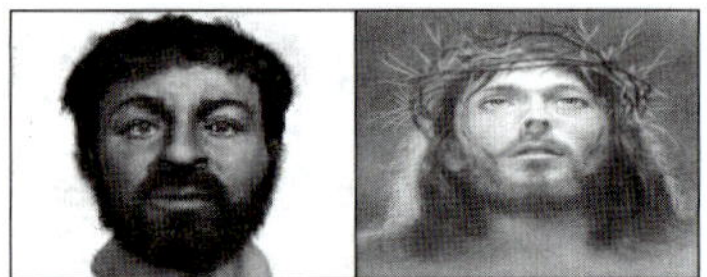

◈ 죽은 사람 앞에 술과 음식을 차려 놓은 것은 **서학**에서 금하는 일입니다. 살아 있을 동안에도 영혼은 술과 밥을 받아먹을 수 없는데 하물며 죽은 뒤에 영혼이 어찌하겠습니까?… 자식 된 도리로 어찌 허위와 사기의 예로써 이미 죽은 부모를 섬기겠습니까?
〈천주교 전파와 유교 의례의 대립〉

◈ **백서사건**(황사영) – 신유박해가 일어나자 청의 베이징 주교에게 조선에 군대를 보내 도와 달라는 내용의 청원서를 보내려다 국경선 근처서 발각된 사건

◈ **동학** – 부적은 샤머니즘 및 음양오행 사상과 관련이 깊은 것으로… 또한 弓은 활이고, 乙은 새를 제압하는 것인데, 東은 弓을 상징하고, 西는 乙을 상징하므로 동학이 서학을 제압한다고 하였다.

※**추조적발 사건**(형조 – 역관 김범우) ⇒ 사교규정(정조 – 금압령)

동학 1860	**발생**	〈外〉 **서학 대항** 〈内〉 관념적 유교사상 극복 – 대체신앙(농민 대변) [**잔반** 주도 + 중소 상인 + **농민 주축** ⇨ 역사상 **최대 규모 농민 운동**]
		〈**계보**〉❶최제우(창시 : 혹세무민 – 처형) ⇒ ②최시형(발전) ⇒ ③손병희(**천도교**) 〈**교단 조직**〉 포 > 남 · 북 접 > 장(삼남 농촌 – 충청도 · 전라도 · 경상도)
	사상	**민족 신앙** 바탕 ⇨ 종합적 [**도교** 바탕 + 유교 · 불교 + 천주교 수용]
		①종교(**도교 · 샤머니즘** – 부적 · 주술 중시) ②철학(주기론) ③사회(人乃天 · 侍天主 – 노비 · 여성 · 아동 ⇒ **평등주의**)
		[**동경 대전**](경전 – 교리서 : 한문) [**용담 유사**](포교용 – 가사집 : 한글)
	성격	❶**민중적** [제폭 구민] ┐⇨ 内 사회 개혁(反 봉건적) ⇒ 1차 봉기(1 · 2 · 3기) ②혁명적 [운수 사상]┘– 조선 왕조 부정
		③민족적 [보국 안민] ⇨ 外 외세 배격(反 침략적) ⇒ 2차 봉기(4기)

↱경주 향반 출신

최제우

최시형

손병희

사발통문

전봉준(녹두 장군) – 남접(전라도)

◈ 사발통문 – 동학이나 민란에서 사용한 것으로 사발을 엎어, 참여 · 주동자를 둥글게 기록함으로, 주동자의 순위를 알 수 없게 했다.

◈ **예언 사상의 유행 〈정감록 집성〉**

정이 말했다. "후세에 만약 지각이 있는 사람이 먼저 십승지(十勝地)에 들어가면, 가난한 자는 살고 부자는 죽으리라." 연이 말했다. "어찌하여 그런가?" 정이 말했다. "부자는 많은 돈과 재물이 있으므로 섶을 지고 불에 들어가는 것과 같고 가난한 자는 일정한 생업이 없음으로 가난하게야 어디 간들 못살겠는가. 그러나 조금이라도 지각이 있는 사람이라면 시국을 보아 행하리라."

심이 말하였다. "금강산으로 옮겨온 산천의 기운이 태백산·소백산으로 이르러 뭉쳐져서 계룡산으로 들어가니, 정시의 팔백년 도읍할 땅이로다. 그 후 원맥(백두 산맥)이 가야산으로 들어서니 조씨의 천년 도읍할 땅이로다. 전주는 범씨의 육백년 도읍할 땅이요, 송악으로 말하면 왕씨가 다시 일어나는 땅인데 나머지는 상세하지 않아서 무엇이라 할 수 없다."

⇨ 정씨 성과 최씨 두 진인을 얻어 먼저 우리나라를 평정하여 정씨 성의 사람을 임금으로 세운 뒤에 주국을 공격하여 최씨 성의 사람을 황제로 세울 것이다. 〈정감록〉

◈ **세도 정치 시기의 민란**

①홍경래의 난(1811)

• 태조가 나라를 창건하고는 [서북 지방 사람은 높은 벼슬에 임용하지 말라.]라는 명을 내렸다. 그런 까닭으로 평안·함경 두 도에는 삼백년 이래로 높은 벼슬을 한 사람이 없다. … 또 나라의 습속이 문벌을 중하게 여겨서 서울 사대부는 서북 지방 사람과 혼인 하거나 벗하지 않았다. … 그리하여 서북 양도에는 드디어 사대부가 없게 되었다. 〈서북인에 대한 차별〉

• 평서대원수는 급히 격문을 띄우노니 관서의 부로와 자제와 공사 천민들은 모두 이 격문을 들으라.… 이제 격문을 띄워 먼저 열부군후에게 알리노니, 절대로 동요하지 말고 성문을 활짝 열어 우리 군대를 맞으라. 만약 어리석게 항거하는 자가 있으면 철기 5,000으로 남김없이 밟아 무찌르리니, 마땅히 속히 명을 받들어 거행함이 가하리라. 〈홍경래의 격문〉

⇨ 몰락양반과 광산노동자, 몰락한 농민들이 주축이 되어 세도 정치의 폐단과 평안도에 대한 차별 등을 내세며 시작

②임술 민란 〈철종, 임술록, 진주 민란〉

임술년 2월 19일 진주민 수 만 명이 머리에 흰 수건 두르고 손에는 나무 몽둥이를 들고 무리를 지어 진주 읍내에 모여 서리들의 가옥 수십 호를 불사르고 부셔서 그 움직임이 결코 가볍지 않았다. 병사가 해산 시키고자 장시에 나가니 흰 수건을 두른 백성들이 당 위에서 그를 빙 둘러싸고는 백성의 재물을 회령 한 죄목, 아전들이 세금을 포탈하고 강제로 징수한 일들을 면전에서 여러 번 문책하는데 그 능멸하고 핍박함이 조금도 거리낌이 없었다.

※벽서(掛書)·소청 – 남을 비방하거나 민심을 선동하기 위해 여러 사람이 볼 수 있는 곳에 몰래 붙이는 게시물로 벽에 억울한 일을 써서 알리는 것이고 소청은 관청에 가서 호소하는 것이다.

※항조·거세– 소작료를 깎거나 납세를 거부하는 행동

◈ **서학**(西學)

①죽은 사람 앞에 술과 음식을 차려 놓은 것은 서학에서 금하는 일입니다. 살아 있을 동안에도 영혼은 술과 밥을 받아먹을 수 없는데 하물며 죽은 뒤에 영혼이 어찌하겠습니까. … 비록 지극한 효자라 할지라도 맛 좋은 것이라 하여 부모가 잠들어 있는 앞에 차려 드릴 수 없는 것은 잠들었을 동안에는 먹고 마시는 때가 아닌 까닭입니다. … 자식 된 도리로 어찌 허위와 사기의 예로써 이미 죽은 부모를 섬기겠습니까? 〈천주교 전파와 유교 의례의 대립〉

②천주학은 오로지 천주를 가장 높이는 것이니, 천주란 곧 유가에 있어서의 상제이나, 천주를 공경하고 · 섬기며 · 두려워하고 믿음은 마치 불교의 석가와 같다. 〈이익, 성호사설〉

⇨ 우리나라의 천주교는 종교로서가 아니라 학문적 측면에서 수용하기 시작하여 서학으로서 전래된 것이다. 즉 이수광은 광해군 초엽(17세기)에 〈지봉유설〉에서 천주교 해설서인 〈천주실의〉를 처음 소개 하였고, 정조 8년에 이승훈이 세례를 받고 베드로란 이름으로 귀국한 이래 신앙으로 발전하였다.

※**백서 사건** – 천주교 신자인 황사영이 1801년 신유박해가 일어나자 청의 베이징 주교에게 조선에 군대를 보내 도와 달라는 내용의 청원서를 보내려다 발각된 사건이다.

◈ **동학**(東學)

사람이 곧 하늘이라. 그러므로 사람은 평등하며 차별이 없나니 사람이 마음대로 귀천을 나눔은 하늘을 거스르는 것이다. 우리 동학은 차별을 없애고 선사의 뜻을 받들어 생활하기를 바라노라. 〈최시형〉

⇨• 내 마음이 곧 네 마음이요, 사람의 마음이 곧 하늘의 마음이다[吾心卽汝心人心卽天心]. – 최제우
• 사람 섬기기를 하늘같이 하라 [事人如天]. – 최시형
• 사람이 곧 하늘이다[人乃天]. – 손병희

확인학습

12. 조선 후기 경제 · 사회

빈칸 채우기

1. 양난 이후 조선 정부는 농경지의 황폐와 전세 제도의 문란을 극복하기 위해 ( )을 실시하였다. 국가직

2. 인조 때 ( )을 제정하여 풍흉에 관계없이 토지 1결당 ( )로 전세를 고정하였다. 2011. 지방직 9급

3. 집집마다 부과하여 ( )을 징수하던 공물 납부 방식을 ( ) 결수에 따라 ( ), 삼베나 무명, 동전 등으로 납부하게 하는 ( )을 실시하였다. 2012. 경북 교행 9급

4. ( )에서는 연분 9등법을 따르지 않고 풍흉에 관계없이 전세를 토지 1결당 미곡 4두로 고정시켰고, ( )의 시행으로 공납이 전세화되어 농민은 대체로 토지 1결당 미곡 ( )두만 납부하면 되었다. 2014. 경찰

5. 대동법은 광해군 즉위년에 이원익 등의 주장에 따라 ( )에서 처음 시행되었다. 그 후 실시 지역이 확대되어 ( ) 때 평안도와 함경도를 제외한 전국에서 실시되었다. 이를 관할하는 관청으로 ( )을 두었다. 2013. 경찰 1차

6. 대동법의 실시 결과 ( )이 활약하여 수공업이 활기를 띠고 상품의 수요가 증가하였다. 2013. 지방직 9급

7. 영조는 ( )을 실시하여 농민은 12개월에 군포 ( )필을 납부하였다. 2005. 서울시 세무직 9급

8. ( )는(은) 본래 엄격히 금지되었는데, 조선 후기 농민들이 노동력이 절감되고 생산력이 증대되는 ( )를(을) 행하였다. 2008. 국가직 7급

9. 이앙법이 등장하던 시기에 일분 농민은 인삼, 담배, 채소, 면화 등과 같은 ( )을 재배해 높은 수익을 올렸고, 지주에 대한 지대 납부 방식이 타조법에서 ( )으로 바뀌어 갔으며, 수공업에서 자금과 원자재를 미리 받아 제품을 만드는 ( )가 활발해졌다. 2013. 서울시 9급

10. 조선 후기 수확량의 반을 소작료로 내는 ( )에서 일정한 액수를 지급하는 ( )으로 바뀌었다. 2006. 서울시

11. 조선 후기 특정 상품들을 독점 판매하는 ( ) 상업이 성행하였다. 2012. 국가직 9급

12. 조선 후기 민간 수공업자들이 상인 자본으로부터 주문뿐만 아니라 자금과 원료를 미리 받아 제품을 생산하는 ( )가 성행하였다. 2008. 지방직 7급

13. 정조 때 ( )을 제외한 나머지 시전 상인의 ( )을 철폐하였다. 2009 지방직 7급

[빈칸 채우기 정답]

1. 양전 사업
2. 영정법, 4두
3. 토산물 또는 현물, 토지, 쌀
4. 영정법, 대동법
5. 경기도, 숙종, 선혜청
6. 공인
7. 균역법, 1
8. 이앙법, 공작
9. 상품 작물, 도조법, 선대제
10. 타조법, 도조법
11. 도고
12. 선대제(수공업)
13. 육주비전 또는 육의전, 금난전권

14. 조선 후기 한강 유역의 포구를 중심으로 활동한 사상은 ( )으로, 그들의 선박은 정조 때 ( ) 설치에 이용되기도 하였다. 한국사검정 고급

15. 조선 후기의 신분 제도를 보면 ( )의 수가 늘어나는 대신 ( )의 수는 크게 줄어들었다. 2007 세무직 7급

16. 고종에 의해 노비 ( ) 제도가 혁파된 후 ( )으로 신분 제도가 폐지되어 노비는 사라지게 되었다. 기상청

17. 조선 후기 양반 수가 증가하고 상민 수가 감소하면서 사회적 문제가 발생하자 영조는 ( )을 실시하고, 순조 때 ( ) 6만여 명을 해방시켰다. 2010. 국가직 7급

18. 영조는 양인 인구를 증가시키기 위하여 ( )을 실시하였는데 그 결과 노비의 수가 감소하였다. 2005. 입법

19. 정조 때 유득공, 이덕무, 박제가 등 서얼 출신이 ( ) 검서관으로 등용되어 능력을 발휘했다. 2010. 서울시

20. 반촌(班村)의 경우 조선 전기 ( )에서 후기에는 점차 ( )로 변화하였다. 2002. 법원행정고시

21. 조선 후기에 ( )은 종래의 재지 사족이 담당하던 정부의 부세 제도 운영에 적극 참여하였으며, ( )에 진출하거나 기존 향촌 세력과 타협하면서 상당한 지위를 얻었다. 2013. 지방직 9급

22. ( )이 일어나자 정부에서 삼정의 개선을 위해 ( )을 설치하였으나 근본적인 해결이 이루어진 것은 아니었다.

23. 조선 후기 민란이 가장 빈번하게 일어난 시기는 ( ) 대이다. 2003. 입법고시

24. 19세기에는 왕조 부정 논리를 담고 있는 [정감록]과 ( ) 신앙이 농민들 사이에 퍼졌고, 평안도 지방에서 일어난 ( )의 난에서는 신흥 상공업 세력과 광산 노동자들이 대거 가담하였다. 2013. 지방직 7급

25. 조선 후기 삼정의 문란은 ( ), ( ), ( )의 조세 제도의 착취이다. 2007. 국가직 7급

26. 인내천 사상을 강조한 ( )은 최제우에 의해 ( )를 중심으로 포교를 시작하였다. 2008. 국가직 9급

27. 1791년 ( )박해 때 ( )은 어머니 상(喪)에 유교 의식을 거부하여 신주를 없애고 제사를 지내 권상연과 함께 처형을 당하였다.

28. ( )사옥 때 황사영은 군대를 동원하여 조선에서 신앙의 자유를 보장받게 해달라는 서신을 북경에 있는 주교에게 보내려다 발각되었다. 2014. 국가직 9급

14. 경강상인, 배다리
15. 양반, 상민
16. 세습, 갑오개혁
17. 균역법, 공노비
18. 노비종모법
19. 규장각
20. 이성 잡거, 동성 마을(집성촌)
21. 부농층, 향임직
22. 임술 민란, 삼정이정청
23. 철종
24. 미륵, 홍경래
25. 전정, 군정, 환곡
26. 동학, 경상도
27. 신해, 윤지충
28. 신유

확인학습

OX 체크

1. 인조 대에 풍년이나 흉년에 따라 전세를 조절하는 영정법을 시행하였다. 2012. 경찰 1차

2. 영정법에 따라 전세의 비율이 이전보다 다소 낮아져 대다수 농민의 부담이 경감되었다. 2014. 경찰 1차

3. [허생전]이 묘사하는 시기에 보부상들은 보호할 목적으로 해상공국이 설치되었다. 2012. 국가직 9급

4. 대동법 실시로 감소된 재정은 지주에게 결작이라고 하여 토지 1결당 미곡 2두를 부담시켰다. 2012. 경북

5. 대동법의 시행으로 공물 납부는 모두 쌀을 납부하는 것으로 바뀌었다. 2011. 지방직 9급

6. 군역의 고질적 폐단을 해결하기 위해 영조 때 농민들에게 1년에 군포 1필만 부담시키고 줄어든 수입은 선무군관포 등으로 보충하였다. 2013. 기상청

7. 금난전권이 폐지되어 시전 상인의 활동이 크게 활성화되었다. 2008. 법원직

8. 이앙법이 등장하던 시기에 모내기법이 확산되어 벼와 보리의 이모작이 가능해졌고 노동력이 크게 절감될 수 있었다. 2013. 서울시 9급

9. 모내기법이 확대된 시기에 소작농들은 보리농사를 선호하지 않았다. 2009. 경찰

10. '이른 새벽 보슬비에 담배 심기 참 좋다네'라는 농가가 불린 시기에 활구로 토지를 사들이는 양반의 모습을 볼 수 있다. 2014. 법원직

11. 조선 후기 대도시에는 서적점, 약점과 주점, 다점 등 관영 상점을 두기도 하였다. 2011. 기상청

12. 김홍도의 '서당도'가 그려지던 시기에 모내기법이 확산되고 광작 현상으로 부유한 농민이 생겨났으며, 객주나 여각을 중심으로 금융업, 운송업 등이 발달하였다. 2014. 기상청

13. 조선 후기에는 정부 자본의 통제를 받는 선대제 수공업이 발달하였다. 2014. 기상청

14. 조선 후기 상인이 자금과 원료를 미리 제공하여 상품을 생산하는 민영수공업이 성행하였다. 2008. 지방직

15. 조선 후기 보부상은 자신들의 이익을 지키고 단결을 위하여 상단을 조직하기도 하였다. 2006. 전남 9급

[OX 체크 정답]

1. X
2. X
3. X
4. X
5. X
6. O
7. X
8. O
9. X
10. X
11. X
12. O
13. X
14. O
15. O

---

1. 영정법은 풍년이나 흉년에 관계없이 1결당 4두씩 냈다.
2. 영정법의 변화로 전세 자체는 4두로 줄었으나, 농민 대부분이 소작농(전호)이었기에 영정법의 혜택을 받지 못하였다.
3. 해상공국은 1883년에 고종에 의해 설치되었다.
4. 결작은 균역법과 관련된 세이다.
5. 화폐나 면포로도 낼 수 있었다.
7. 시전 상인의 활동이 위축되었다.
9. 보리는 수취 대상이 아니었기 때문에 소작농들은 보리농사를 선호하였다.
10. '담배 농사'는 조선 후기에 이루어졌으며, 활구는 고려 숙종 때 발행하였다.
11. 지문은 고려의 모습으로 조선 후기에는 민영 상점이 발달하였다.
13. 선대제 수공업은 정부의 자본이 아니라, 대상인 자본의 통제를 받았다.

16. 조선 후기 전황(錢荒)에도 불구하고 소작료를 화폐로 지불하는 현상이 발생하였다. 2009. 국가직 9급

17. 조선 후기 정부는 전쟁 이후 늘어난 관청의 운영비를 충당하기 위하여 관노비의 신공(身貢)을 강화하려는 정책을 폈다. 2005. 입법고시 | 2002. 기술 · 지방고시

18. 공명첩이 발급되었을 시기에 아들이 없을 때에는 일반적으로 양자를 들였다. 2012. 경북 교행 9급

19. 영 · 정조 때에 중인들은 대규모의 소청 운동을 일으켜 신분 상승에 성공하였다. 2011. 기상청

20. 사역원(司譯院) 한학과(漢學科)에 합격한 이들은 조선 후기에 소청 운동을 통해 신분 상승 운동을 전개하였다. 2012. 지방직 9급

21. 조선 후기 향촌 양반들은 향약을 바탕으로 군현 단위의 농민 지배를 계속 유지하였다. 2004. 서울시 9급

22. 조선 후기 양반들은 향약을 바탕으로 군현 단위의 농민 지배를 계속 유지하였다. 2004. 서울시 9급

23. 지방 고을의 향전(鄕戰)이 전개되고 있을 시기에 수령의 향촌 지배력이 점차 약화되어 갔고 향리의 역할도 비례하여 축소되었다. 2007. 국가직 9급

24. 세도 정치기에 향회는 수령과 향리들을 견제하고 지방 통치를 대리하는 기구로 성장하였다. 2012. 국가직

25. 친영 제도가 정착되었던 시기에 장남 이외의 아들은 제사에서 그 권리를 잃어 갔다. 2011. 법원직

26. 조선 후기의 가족 제도에 있어서 동성 마을이 많아지고 부계 중심의 족보가 편찬되었다. 2014. 경찰 1차

27. 조선 전기에는 족보에 남녀 관계없이 출생순으로 기록하였으나, 후기에는 아들들을 출생순으로 기록한 다음 딸들을 기록하였다. 2013. 경찰간

28. 조선 후기에 혼인은 친영제에서 남귀여가혼으로 변화되었고, 재산은 균등하게 상속되었다. 2014. 경찰 1차

29. 조선 후기에는 아들이 없을 경우 양자(養子)를 맞는 풍속이 보편화되었다. 2014. 계리직

30. 19세기에는 농민들의 불만이 조직적으로 확산되어 정부와 탐관오리를 비방하는 괘서 사건으로 표출되었다. 2013. 지방직 7급

16. O
17. X
18. O
19. X
20. O
21. X
22. X
23. X
24. X
25. O
26. O
27. O
28. X
29. O
30. O

---

17. 영조는 노비공감법을 실시하여 신공(身貢)을 반감해 주었다.
19. 영 · 정조 때에 중인이 아니라, 서얼들이 대규모 소청 운동을 일으켜 어느 정도 신분 상승에 성공하였다.
20. '이들'은 중인이다.
21. 향촌 양반이 아니라 부농(신향)의 역할이다.
22. 양반들은 군현 단위의 향약지배가 어렵게 되자 동약으로 세력을 유지하려고 하였다.
23. 향촌 사회에서는 수령의 권한이 강화되었고, 관권을 맡아보던 향리(아전)의 역할도 상대적으로 커졌다.
24. 양반의 입장을 대변해 오던 향회는 조선 후기 부농들이 장악하면서 수령이 세금을 부과할 때 의견을 물어보는 자문 기구로 전락하였다.
28. 조선 후기는 남귀여가혼에서 친영제로 변화되었고, 재산은 자녀 균분 상속에서 장자 중심으로 변화되었다.

31. 1862년 임술 민란에서 농민들은 신분 해방과 더불어 지주제 철폐를 주요 안건으로 제기하였다. 기술직

32. 기해사옥 때 흑산도로 유배를 간 정약전은 그 지역의 어류를 조사한 [자산어보]를 저술하였다. 국가직

31. X
32. X

31. 동학 농민 운동(1894)에서 나온 안건이다.
32. 정약전은 기해사옥(기해박해, 1839)이 아니라 신유사옥(신유박해, 1801) 때 흑산도로 유배되었다.

適者生存⇒盡人事待天命

4 근대 태동기의 문화 〈실학적 – 서민적 성격 문화〉

1 성리학의 변화

주리론	〈성리학 주도〉⇨ **上命下服**(상명하복 – **명분론**) – 성리학적 질서 강화 ⇒ 주자 학설 **절대화**(= **교조화**) : 성리학 外 – 학문 · 사상 – 이단 취급 ⇒ **사문난적**(배신자) – 윤휴 · 박세당 등 – 유적(유생 명부) 박탈 · 처형
⇳	
주기론	〈재야층〉➡ [**反주자학**] ⇒ 주자 학설 **상대화** ⇒ 근대 지향적 – 서학 · 동학 · 양명학 · 실학 운동 전개

◈ 천하의 많은 이치를 어찌하여 주자만 알고 나는 모르겠는가. 주자는 다시 태어난다 하여도 내 학설을 인정하지 않겠지만, 공자나 맹자가 다시 태어난다면 내학설이 승리하게 될 것이다. 〈윤휴〉⇨ 사문난적(배신자)으로 유적에서 박탈 – 이언적과 이황을 비판하다 처형

〈명〉 **양명학**의 수용 – 복고적(공자 · 맹자)	
〈성격〉	**知行 合一** (**실천 중시** 유학) ①**심즉리**(인간 본성 ⇒ 天理) ②**치양지**(양지=보편적 마음 실현)
〈연구〉	**정제두** 〈18C **강화 학파**〉 – **재야 관심**(소론계열 · 종친 출신)
〈영향〉	〈**한말**〉 국학자 · 애국계몽 사상가

1) **이기론 논쟁**(16C 정치적 붕당)
①**주리론** – 영남학파(동인 ⇒ 남인 : 이황)
②**주기론** – 기호학파(서인 ⇒ 노론 : 이이)

★2) **호락 논쟁**(18C 노론 內)
①**호론**(호서 지역) ⇒ **척사 운동** 〈**인간** ⇔ 사물 본성〉 – 인물성 **이론**
❷**낙론**(한양 지역) ⇒ **개화 운동** 〈**인간** = **사물** 본성〉 – 인물성 **동론**

※조선후기 개혁(재야세력) : ①노론 ⇒ 호락논쟁 ②남인 ⇒ 실학운동 · 서학(천주교)

◈ **박세당의 탈 성리학 사상(反주자학)** – 경전에 실린 말은 그 근본이 비록 하나이지만 그 가닥은 천 갈래 만 갈래이니, 이것은 이른바 [한 가지 이치인데도 백 가지 생각이 나오고 귀결은 같으면서도 길이 다르다.]는 것이다. 〈사변록〉

◈ 시비(是非)를 가리는 마음은 생각을 가다려서 아는 것이 아니고 학(學)을 가다려서 아는 것이 아니다. 그러므로 양지(良知)라 한다. …지(知)는 行의 시작이고 행은 지의 완성이다. 성학(유학)은 단지 하나의 공부이나 지와 행을 두 가지 일로 나눌 수 있다. 〈왕수인〉

2 실학의 발달 [북학 운동]

(1) 실학 발전(실용적 학문)

성격	**실사구시 학문**(실용적 학문) ⇒ 민족적 · 근대 지향적 – 실증적 · 민중적 학문	
발생 배경	〈内〉	❶관념적 성리학(주리론) – **한계성** ②영조 · 정조(정치 · 경제 · 사회 **안정**) – 학문 장려
	〈外〉	③고증학(실증적 · 객관적 – **학문 연구**) ※북학 운동 ⇒ **실학** ④서학(합리적 · 과학적 – 서양의 **사고 방식**)
	〈선구〉	①16C 동인 · 북인 계열(정여립 · 정인홍) ②서양 문물에 관심(이수광 · 한백겸 · 김육…)
한계성	❶**정책** 반영 안됨(주기론 – **재야 세력** ⇒ 학문 연구) ②**성리학적** 한계 탈피 못함(양 · 천제 ⇒ **신분 전제**) – 위로부터 개혁	

◈ **경세치용 학파**나 **이용후생 학파**(북학파)는 민본 · 민족의식을 강조하는 면에서 공통성을 갖고 있으나, 전자는 중농주의를, 후자는 중상주의를 주장하면서 청의 문물을 수용하였다. 경세치용 학파는 유형원 · 이익 · 정약용 등이 이에 속하며, 이용후생학파에는 유수원 · 박지원 · 홍대용 · 박제가 등이 속한다. 실학의 또 하나의 계열은 고증적 · 실증적인 입장을 취한 실사구시의 학파도 김정희가 대표자이다.

	〈17C〉 **중농 학파**〈경세치용〉 ⇒ 〈18C〉 **중상 학파**〈이용후생 학파 = **북학파**〉	
계열	남인 계열(농촌) ⇦――〈**재야층**〉――⇨ 노론 · 소론 계열(도시 – 서얼)	
농업	토지 분배 ⇒ **자영농 육성**	규모 확대(전문화 · 기술화 · 상업화) ⇒ **소득 증대**
상공업	규제(억상) ⇐――〈**국가 통제**〉――⇒ 발전적(자유방임 배제)	
영향	국학자 · 애국계몽 운동	**개화 운동**
목적	문벌 타파 · 현실 개혁 ⇒ **민생 안정 · 부국 강병**	

◈ 청의 문화와 청을 통한 서양 근대문명의 영향을 받았으므로 **북학파**라고도 하며, 농업 · 상공업의 진흥과 기술혁신이라는 주장의 내용으로 볼 때, 이용후생 학파라고도 불렀다. ⇨ 북학파 실학사상의 대두는 병자호란 이후 굳어졌던 화이론적 명분론에서 탈피한 것을 의미하기도 한다.

사료읽기

◈ 성리학 연구의 학통

성리학은 지배층의 이론적 도구이며, 사상적 무기로서 정국의 흐름과 밀접하게 관련되어 연구가 진행되었다.

①**영남학파** – 17세기에 이르러 동인인 영남학파가 정계에 대거 진출하였고, 동인은 그 내부에서 동인과 북인으로 갈라졌다. 남인은 이황의 학통을 내세워 정계보다는 향촌 사회에서 영향력이 컸다. 북인은 영남학파 중에서도 조식의 학통을 이었으며 특히 절의를 중시하였다. 정인홍·곽재우와 같은 의병장이 많이 배출되었다.

②**기호학파** – 서인에 의해 인조반정이 성공함으로써 정계의 주도권은 북인에서 서인으로 넘어갔다. 서인의 집권은 다시붕당의 변화를 가져와 노론과 소론으로 붕당이 생겨났다. 노론은 송시열을 중심으로 이이의 학통을 정통으로 이었다고 자부하였다. 18세기에 이르러 주기론을 고집하는 충청도 지방의 노론과 주리론을 포괄적으로 이해하고자 한 서울지방의 노론사이에 논쟁이 벌어지기도 하였다.(호락논쟁) 소론은 같은 기호학파에 속하면서도 성혼의 사상을 바탕으로 한 이황의의 학설을 일부 수용하였으며 양명학에도 깊은 관심을 보였다.

※**호락논쟁**(湖洛論爭) – 인간과 사물의 본성이 다르다고 주장하는 충청도 노론(호론)과 인간과 사물의 본성이 같다고 보는 서울·경기 노론(낙론) 사이에서 시작되었다.

※**사문난적**(斯文亂賊) – 유교에서 교리를 어지럽히고 사상에 어긋나는 행동을 하는 사람

※**양명학** – 명 왕조 후반에 왕양명이 주장한 이론으로 주자학을 비판하면서 지행합일(知行合一)의 실천성을 중시하였다. 양명학이 우리나라에 처음 들어온 시기는 16세기 중반(1558) 심통원이 사은사로 명나라에 갔다가 양명집을 구입한데서 비롯되었다.

◈ 실학의 의의

①**〈양반도 생업에 종사해야 한다.〉** – 지금 양반이 명분상 상공업에 종사하는 것을 부끄러워하지만 그들의 비루한 행동은 상공업자보다 심한 자가 많다. 상공업은 자신의 성향을 안 사람이 관직에 나가지 않고 스스로의 노력으로 물품 교역에 종사하면서 남이 아니라 자기 힘으로 먹고사는 것이다. 어찌 천하거나 더러운 일이겠는가. 〈유수원, 우서〉

②**〈권력은 백성으로부터 나온다.〉** – 대체 천자는 어찌하여 있게 되었는가? … 다섯 가(家)가 하나의 인(隣)이 되는데, 다섯 가의 추대를 받은 자가 인장(隣長)이 될 것이며, 다섯 인이 일 리(一里)가 되는데 다섯 인의 추대를 받은 자가 이장(里長)이 될 것이며, … 여러 현 우두머리들의 공동 추대를 받은 자가 제후가 될 것이며, 제후들의 공동 추대를 받은 자가 천자가 될 것이므로, 천자란 무릇 군중이 밀어서 그 자리에 오른 것이다. 무릇 군중이 밀어서 이룬 것 이라면 또한 군중이 밀지 아니 하면 천자가 될 수 없는 것이다. 〈정약용, 탕론(湯論)〉

③**지방관의 도리**

백성을 위해서 목(牧지방관)이 존재하는가? 백성이 목을 위해 태어났는가? 백성들은 곡식과 피륙을 내어 목을 섬기고, 백성들은 수레와 말을 내어 추종하면서 목을 보내고 맞이하며, 백성들은 고혈과 진수를 모두 짜내어 목을 살찌게 하니, 백성들이 목을 위해서 태어난 것인가? 아니다. 목이 백성을 위해서 존재하는 것이다. 옛적에는 백성만이 있었을 뿐이니 어찌 목이 존재하였을 것인가. 〈정약용, 여유당전서〉

適者生存⇒盡人事待天命

중농학파	〈17C〉 ❶유형원	⇨ **실학** 체계화(**중농 선구**) [**반계 수록**] ⇒ **자영농 육성** 〈신분=직업 전제〉 ※**자영농 육성** ⇒ 제도 개혁 [사농 일치(교육), 농병 일치(군사 – 양역 변통론)] 〈**한계**〉 가정(적서 차별–사회차별×), 군대(양 · 천 구분), 노비제도 인정(세습×)
	〈18C〉 ❷이익	⇨ **실학** 학문화 〈성호 학파〉 [**성호 사설**] ①**6좀 개혁**(**과거** · **특권 양반** · 노비 · 사치 · 미신 · 승려) ②**사창제** ③**폐전론** ④**한전론**
	〈19C〉 ❸정약용	➡ **실학** 집대성(**중농**+중상)[**여유당 전서**] – 〈**3부작**〉 목민심서 · 경세유표 · 흠흠신서 〈**3논설**〉①**탕**론(정치 : 민본적 왕도 **정치**) ②**전**론(**경제** : 여전론 – 공동 농장제) ③**원**목(**군사** : 향촌 단위 방어 체제)
	★**토지 제도** ⇨ 분배 ⇒ **자영농 육성** ①유형원(**균전론** – 사농공상 균등=차등 분배) ②이익(**한전론** – 영업전 매매×) ❸정약용(**여전론** 구상 – **정전제** 실시 주장)	

↳기본생활 토지 ※ **이익** ⇨ 과거×(⇒ 천거제) · 특권 양반×(⇒ 농 · 상 · 공 : 생업종사)

◈ …1여마다 여장을 두며 무릇 1여의 인민이 공동으로 경작하도록 한다.…여민들이 농경하는 경우 여장은 매일 개개인의 노동량을 장부에 기록하여 두었다가 가을이 되면 오곡의 수확물을 모두 여장의 집에 가져온 다음 분배한다. 이 때 국가에 바치는 세와 여장의 봉급을 제하며, 그 나머지를 가지고 노동 일수에 따라 여민에게 분배한다. 〈**여전론**, 정약용〉
⇨ **여단위 – 공동 농장제**

중상학파	〈18C〉 ❹유수원	⇨ **중상** 선구 [**우서**] ⇒ **소득**(=생산) **증대** 〈신분 전제 · 직업 평등〉※경제규모 확대(전문화) ⇒ 농업(광작 · 지주제) · 상업(상인 합자) · 수공업(선대제 수공업)
	〈19C〉 ❺박제가	➡ **중상** 집대성 [**북학의**] – 〈**청**〉 4회 왕래(문물 소개) ※**소비 권장**(⇒ **생산 촉진**), 〈**청**〉과 통상 강화(수레 · 선박 이용 확대)
	❻**홍대용** [**담헌서**] – 의산문답(지전설) ❼**박지원** [**열하일기**] – 수레 · 선박 이용 ❽**최한기**(경험 철학) [명남루총서] ⇒ 〈19C〉 **개화 운동** 발전의 교두보 역할	
	☆**토지 제도** ⇨ **생산=소득 증대** ①홍대용(균전제) ②박지원(한전론)	

◈ 비유컨대, 재물은 대체로 우물과 같은 것이다. 퍼내면 차고, 버려두면 말라 버린다. 그러므로 비단옷을 입지 않아서 나라에 비단을 짜는 사람이 없게 되면 여공이 쇠퇴하고, …기교를 숭상하지 않아서 장인이 작업하는 일이 없게 되면 기계가 망하게 되며 농사가 황폐해져 구제할 수 없게 된다.〈**북학의**〉

(2) 국학 연구의 확대

1) 실학적 사관 〈18C~19C 자주적 · 민족적〉

특징	역사서	내용
❶민족 – 정통성 · 주체성 강조	[**동사강목**] 안정복	삼한 정통론(고증사학 기초)
②한반도 중심 협소한 사관 극복 〈만주 관심〉	[**동사**] 이종휘	고구려사
	[**발해고**] 유득공	발해사(**남북국** 시대 – 최초기록)
③고증적 사관 〈학문적 역사연구 – 실증적 · 객관적〉	[**해동역사**] 한치윤	단군~고려(500여종 사료)
	[**연려실기술**] 이긍익	조선(정치 · 문화사 – 400여종 사료)

◈ 〈**동사강목**〉 ⇨ **삼한 정통론**
삼국사에서 신라를 으뜸으로 한 것은 신라가 가장 먼저 건국되었고, 뒤에 고구려와 백제를 통합하였으며, 고려는 신라를 계승하였으므로…
⇨ 고조선에서 고려 말까지의 역사를 서술한 것으로, 우리 역사의 독자적 삼한 정통론을 세워 이를 체계화하였다.

2) 민족 문화 관심 〈사찬서〉 – 경제적 · 문화적 목적

지도	[**동국지도**] 정상기 – **방안 도법**(실측도, 백리**척** 축척법) – 백리=1척 [청구도, **대동여지도**] 김정호(철종 – 10리 간격마다 점 표시)
	①**혼일강리도**(태종, 동양최고 세계지도) ⇨ 〈15C〉 **진취적 세계관**(중국 중심) ❷**곤여만국전도**(마테오리치) ⇨ 〈조선후기〉 **세계관 확대**(중국 ⇒ 유럽 중심)
지리서	〈**인문지리서**〉 [**택리지**] 이중환(인물 · 성씨 · 고적 · 특산물 등 – 지역특징 기록) 〈**자연지리서**〉 [**강계고**] 신경준(강 · 산 · 하천 등 – 자연특징 기록) 〈**역사지리서**〉 [아방강역고] 정약용, [해동역사 지리고] 한진서(역사적 고증)
국어학	〈**음운서**〉 [훈민정음 운해] 신경준 [언문지] 유희 –원리서(문법) 〈**어휘집**〉 [고금석림] 이의봉 [아언각비] 정약용 –낱말사전
★**백과서**	[**지봉유설**] 이수광 [**성호사설**] 이익 [동국문헌비고] 영조 · 정조 [청장 관전서] 이덕무 [오주연문 장전산고] **이규경**(최초 개항론자)

『혼일강리역대국도

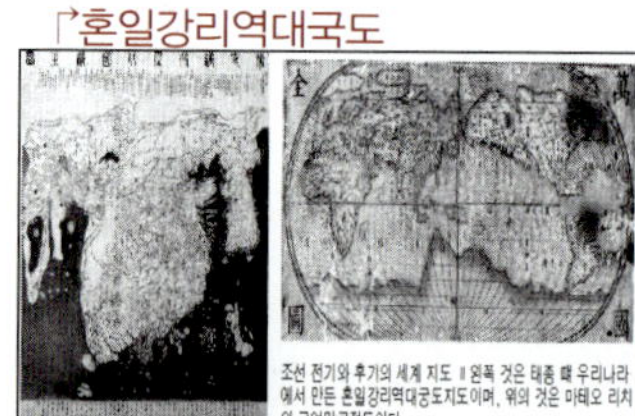

곤여만국전도

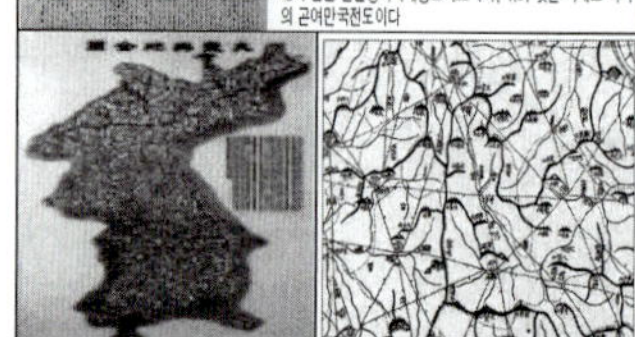

대동여지도

혼천의

허준

사료읽기

◈ **중농학파의 토지개혁론**⇨ 조선 후기 사회의 문제점을 대토지 소유로 보아 토지 분배의 한 방법을 제시한 것이다.

①**균전제** (유형원) 〈반계수록〉

- 옛날의 정전법은 아주 이상적인 제도이다. 토지 제도가 한번 바로잡히면, 만사가 제대로 되어 백성은 일정한 직업을 갖게 되고, 군사 행정에는 도피자를 찾는 폐단이 없어지며, 귀천상하가 모두 자기 직책을 갖게 될 것이므로 민심이 안정되고 풍속이 도타워질 것이다. … 진실로 현재의 적절하고 마땅한 점을 바탕으로 하여 옛 정전 제도의 취지를 살려 행한다면 할 수 있는 방법도 있으니, 지형이 반드시 넓지 않고 공전을 두지 않아도 1/10세를 확립할 수 있을 것이다.
- 토지개혁이 근본이다. 토지 경영이 바로잡히면 모든 일이 제대로 될 것이다. 백성은 일정한 직업을 갖게 되고, 군사 행정에는 도망자를 찾는 폐단이 없어지며, 모두 자기 직책을 갖게 될 것이므로, 민심이 안정되고 풍속이 도타워질 것이다.

⇨ 유형원은 사 – 농 – 공 – 상 등 신분에 따라 차등 있게 토지를 재분배하고, 조세와 병역도 조정하자고 주장하였다.

②**한전제** (이익) 〈성호집〉

정전제는 이미 회복할 수 없게 되었다. 그렇기 때문에 정치가 예전만 못하다. … 부유한 사람은 농토가 두둑이 연결되어 수없이 많고, 가난한 사람은 송곳 하나 꽂을 땅도 없다. … 국가에서 마땅히 한 집의 생활에 맞추어 재산을 계산해서 한전과 영토 몇 부를 한 집의 영업전으로 만들어 주어 농토가 많은 사람도 빼앗지 않고, 모자라는 사람도 더 주지 아니하며, 동이 있어 사려고 하는 사람은 비록 100결, 1000결이라도 모두 허락하고, 농토가 많아서 팔려고 하는 사람은 영업전 몇 부를 제외하고 역시 허락하며 … 이렇게 되면 가난한 집은 당장에 집이 없어지는 걱정이 없을 것이고, 부유한 가정은 비록 파산하는 지경에 이르더라도 영업전만은 남아있을 것이다.

⇨ 이익은 한 가정의 생활을 유지하는데 필요한 규모의 토지를 영업전으로 정한 다음 영업전은 법으로 매매를 금지하고 나머지 토지만 매매를 허용함으로서 토지소유의 평등을 이루고자 하였다.

※**정전제** – 전국의 토지를 점진적으로 국유화하여 정전(井田)을 편성한 후, 그중 9분의 1은 공전으로 만들어 조세를 충당하고, 나머지는 농민에게 분배하자는 토지개혁론이다. 분배된 토지는 농민의 공동경작으로 생산한다.

③**여전론** (정약용) 〈여유당전서〉–여를 단위로 한 공동농장제

◈ **중상학파** (이용후생 – 북학파)

①**유수원의 상공업관**

지금 양반이 명분상으로 상공업에 종사하는 것을 부끄러워하지만, 그들의 비루한 행동은 상공업자보다 심한 자가 많다. … 상공업을 말업이라 하지만 본래 부정한 것이거나 비루한 것이 아니다. 그것은 스스로 재간 없고 덕망 없음을 안 사람이 관직에 나가지 않고, 스스로의 노력으로 물품의 교역에 종사하며, 남에게 얻지 않고 자기의 힘으로 먹고 사는데, 그것이 어찌 천하거나 더러운 일이겠는가? 〈우서〉

②**박제가의 소비관 〈소비가 생산을 촉진한다.〉**⇨ 생산을 위한 소비를 강조하는 것으로 중상주의 실학(북학파)의 입장

※**북학파** – 북학파 실학사상의 대두는 병자호란 이후 굳어졌던 화이론적 명분론에서 탈피한 것을 의미하기도 한다.

※**유수원의 농업론** – 토지제도의 개혁보다 농업의 상업적 경영과 기술혁신을 통해 생산성을 높이자고 하였다.

◈ **실학자들의 역사의식**

①**이익의 역사 인식** 〈성호집〉

지금 사람들은 조선에서 나서 조선의 일은 전혀 모른다. 심지어는 〈동국통감〉이 있어도 [누가 읽는가?]라고 말하니 그 글됨이 이와 같다. 동국은 스스로 동국이니 그 역사의 규제와 처세도 스스로 중국사와는 다름이 있는 것이다.

②**안정복의 삼국 인식** 〈동사강목, 삼한 정통론〉

삼국사에서… 고려는 신라를 계승하였으므로 편찬한 것이 모두 신라의 남은 문적을 근거로 하였기 때문이다. 그러므로 편찬한 내용이 신라에 대하여는 약간 자세히 갖추어져 있고 백제에 대하여는 겨우 세대만을 기록했을 뿐 없는 것이 많다. 고구려의 강대하고 현저함은 백제에 비할 바가 아니며 신라가 자처한 땅의 일부는 남쪽에 불과할 뿐이다. 그러므로 김씨(김부식)는 신라사에 쓰여진 고구려 땅을 근거로 했을 뿐이다.

③**유득공의 발해 인식** 〈발해고〉⇨ 최초로 발해와 신라를 남북국 시대로 파악한 역사학자이다.

부여씨가 망하고 고씨(고구려)가 망한 다음, 김씨(신라)가 남방을 차지하고 대씨(발해)가 북방을 차지하고는 발해라 하였으니, 이것을 남북국이라 한다. 남북국에는 남북국의 사서가 있었을 텐데, 고려가 편찬하지 않은 것은 잘못이다. 저 대씨가 어떤 사람인가? 바로 고구려 사람이다. 그들이 차지하고 있던 땅은 어떤 땅인가? 바로 고구려 땅이다.

適者生存⇒盡人事待天命

1) **조선**⇒ 갑돌이– 3등급 2결+5등급 3결의 토지 소유(5결) ※1결(사방 평균 33보)

①세종– 토지세(중중년 평가)? 5결×12두⇒ 60두=4섬(1섬=15두)

②정조– 토지세(중중년×– 연분9 폐지)? 5결×4두⇒ 20두

3 과학 기술의 발달

천문학 –지동설	①**천동설**(중국 중심 · 성리학적 세계관) ⇒ ❷**지동** = 지전**설**(민족적 · 실학적 세계관)
	❶김석문[역학도해] – 동양최초 이론정리 ②김육(시헌력 – 서양역법 소개) ③정약용 ④홍대용[의산문답] – **수학**(기하원본 도입 – [주해수용]) – 천문학자 · 수학자
의학	⇨ 실증적 의학(이론 + 임상=해부학 일치) ※〈17C〉 서양 **해부학** 전래
	〈17C〉 [**동의보감**](허준 – 동양 의학 집대성) – 동양 최대의서(광해군) 〈19C〉 [**동의수세보원**](이제마 **〈사상 의학〉** – 체질에 따른 처방) [침구경험방](허임 – 침술 연구) ↳태양 · 태음인–소양 · 소음인 [마과회통](정약용 – 종두법 연구 · 실험) – 천연두=마마

◈ **중화사상의 탈피**
①**〈의산문답〉** 실옹이 말하였다. [대저 땅덩어리는 하루에 한 바퀴를 돈다. 지구의 둘레는 9만 리이고 하루는 12시간이다. 9만 리 넓은 땅이 12시간에 도니 그 속도는 번개나 포탄보다 더 빠르다.
②**〈담헌서〉** 사람과 사물이 귀하고 천함에 차이가 있다고 해도 하늘이라는 절대적 관점엣 보면 사람과 사물은 균등하다. 인간의 관점에 집착하여 사물을 천하게 보고 인간을 가장 귀한 존재로 보는 생각이야말로 진리를 해치는 가장 근본 요인이다.

농업	①성리학적 농법 〈수전 농법〉 – 모내기법(이앙법) ⇓ 탈피 [**농가집성**](〈17C〉 효종 – 신속) – 수전 농업 집대성(모내기법) ❷**실학적 농법** 〈소득 증대〉 – 실정에 맞는 농사작물 제시(상품작물 재배) [색경](박세당) – 견종법(밭농사) – 고랑에 파종 [산림경제](홍만선) – 농업 의학서 [임원경제지](서유구) – 농업 백과서

◈ 조선 후기 사회에서는 새로운 변화가 일어나고 있었다. 특히, 경제면에서 변화의 모습이 두드러졌다. 그 움직임은 궁극적으로 근대 경제로 넘어가는 준비 과정이었다.
농민은 생산력을 높이기 위하여(소득 증대) 농기구와 시비법을 개량하는 등 새로운 영농 방법을 추구하였고, 상품 작물을 재배하여 소득을 늘리려 하였다.

※농상집요(려말) · 농사직설(세종) · 농가집성(효종)

1) **정약용**의 과학 기술 : 기술 발달 ⇒ 생활 풍요 〈**기**술 **예**찬**론**〉 – 기예론 ①한강 – 주교 = 배다리 = 부교 설계 ⇒ 가설 ②수원성 축조(옹성) – 거중기 제작(사용) ③과학 지식 보급 – 선박 · 총포 · 병차 제조 기술
2) **표류인** ①[**하멜** 표류기] 조선 ⇨ 최초 유럽 소개 – 네델란드(조선14년 거주) ②**벨테브레** : 홍이포 제작(서양포 – 훈련도감 內) – 제주도 표류
3) **서양문물 소개** : ①이광정(곤여만국전도) ②김육(시헌력) ③이수광(천주실의) ④정두원(천리경 · 화포 · 자명종) ⑤소현세자(천주교 · 과학 서적)

수원성(방어+공격)

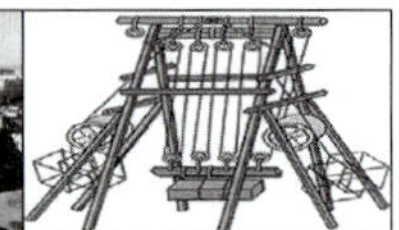
거중기

배다리(부교)

홍이포(서양포)

※〈**김**〉 김여익(전라도 광양 – 진상)

4 문학과 예술의 새 경향 〈**실학적** – **현실** 관심 – **서민적** 요소〉

서민 문화	**배경**	**중인 · 서민** ⇨ 경제력 · 의식 성장 반영(서당 교육) – **실학 정신** 반영
	특징	창작 폭 확대(**중인 · 서민**이 문화 주체이자 향유 계층으로 성장) ⇒ 서민 생활과 감정을 자유롭게 표현. 양반 중심의 사회 비판
		〈**창작**〉 지배층 ⇒ **서민층** 확대 〈**배경**〉 관념적 ⇒ **현실적** 세계 〈**주인공**〉 영웅적 ⇒ **서민적** 인물
	분야	①**한글 소설**(홍길동전 · 춘향전) – 현실사회 비판(정의사회) · 평등의식 고취 ②자유로운 문체(**사설 시조** · 한문학) ③**판소리**(**신재효** 창작 · 정리) ④**시사 조직**(**중인** · 서민) – 시조 모임 ⑤**풍자시인**(정수동 · 김병연) ⑥**민화**(현세 구복적 – 도교적 성격) ⑦탈춤(산대놀이) ↳김삿갓

◈ 양난 이후 **새로운 기운**이 나타났다. 경제력 성장과 더불어 중인층과 서민층이 문화의 한 주역으로 등장하면서 문화의 질적 변화와 함께 문화의 폭이 확대되었다.

판소리

호작도

운룡도

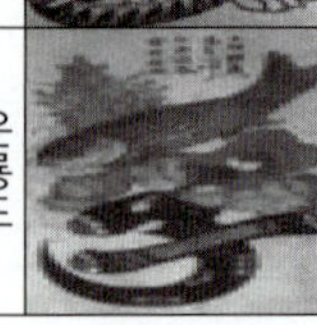
문자도

※홍길동전(최초 한글소설 – 정의로운 사회 구현) · 춘향전(신분 – 평등의식 고취)

1) **민족문학** ①〈15C〉 **설화 문학**(역사 · 전통 · 신앙…) ②〈19C〉 **판소리**(사대부 + 서민 문학)
2) **민화**(호작도 · 운룡도 · 문자도…) – 작자 미상 ❶**도교적 요소**(**기복적** 염원) ②한국적 정서(소재) ③미의식(익살 · 소박 · 대담한 구상)

인왕제색도

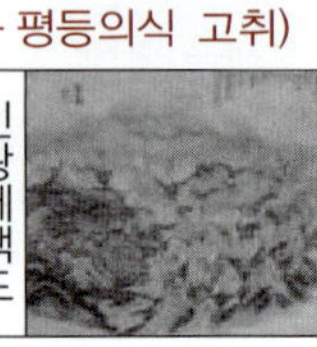
금강산전도

사료읽기

◈ **정약용의 기예론**(기술예찬론)

①물(物)은 번식하는 이치만을 부여받았다. 인간은 본래부터 신령스러움을 갖고 태어나기 때문에 物보다 월등하게 뛰어난 존재이며, 物을 이용할 수 있는 권리를 갖는다. 사람과 物은 주인과 노예와 같다.
② 하늘은 짐승에게 발톱과 뿔과 발굽과 이빨 등을 주었는데 사람에게는 벌거숭이로 제 생명도 구하지 못하게 하였다. 어찌하여 하늘은 천한 짐승에게는 후하게 하고 귀한 인간에게는 박하게 하였는가? 인간에게는 지혜로운 생각이 있으므로 기예를 익혀서 제힘으로 살게 한 것이다.

※**택리지**(이중환 – 인문지리서)– 각 지역의 자연환경과 물산 · 풍속 · 인심 등을 서술하고, 어느 지역이 살기 좋은 곳인가를 논한 책

※**100리척** – 100리를 1척으로 정한 지도 제작 방식(정상기– 동국지도)

◈ **홍대용의 세계관 〈지전설〉**

①**중화 사상의 탈피**

하늘이 낳고 땅이 기르는 것 중에 혈기를 가진 것은 다 같은 사람이다. 그들 가운데 뛰어난 사람이 어느 한 지방을 다스린다면 모두 다 같은 임금이다. 성문을 튼튼하게 하고 해자를 깊게 파서 영토를 잘 지켜 나간다면, 어느 것이나 다 나라가 되는 것이다. 화려한 예복이나 몸에 문신을 그리는 것이나 다 같은 풍습에 불과하다 하늘의 입장에서 보면 무슨 안팎의 차별이 있겠는가, 그러므로 저마다 제 국민을 사랑하고, 제 임금을 존중하고, 제 나라를 지키고, 제 풍습을 좋아하는 것은 중국과 오랑캐가 다 마찬가지이다. 〈의산문답〉

②**지전설** – 천체가 운행하는 것이나 지구가 자전하는 것은 그 세가 동일하니 분리해서 설명할 필요가 없다. 다만, 9만 리의 둘레를 한 바퀴 도는 데 이처럼 빠르며, 저 별들과 지구와의 거리는 겨우 반경(半經)밖에 되지 않는데도 몇 천만억의 별들이 있는지 알 수 없는데 하물며 천체들이 서로 의존하고 상호 작용하면서 이루고 있는 우주 공간의 세계 밖에도 또 다른 별들이 있다. … 칠정(七政, 태양 · 달 · 화성 · 수성 · 목성 · 금성 · 토성)이 수레바퀴처럼 자전함과 동시에 맷돌을 돌리는 나귀처럼 둘러싸고 있다. 지구에서 가까이 보이는 것을 사람들은 해와 달이라고 학, 지구에서 멀어 작게 보이는 것을 사람들은 오성(五星, 수성 · 금성 · 화성 · 목성 · 토성)이라 하지만 사실은 모두가 동일한 것이다. 〈담헌서〉

⇨ 성리학적 세계관(중국 중심의 세계관)에서 벗어나고 있는 모습이다.

※**시헌력**(時憲曆 김육 소개) – 태음력에 태양력의 원리를 부합시켜 24 절기의 시각과 하루의 시각을 정밀히 계산하여 만든 역법

◈ **조선의 세자, 베이징에서 서양인과 만나다.**

1644년 청나라가 명을 무너뜨린 그 해, 베이징에서 소현 세자는 선교사 아담 샬을 만났다. 두 사람의 만남은 서양과 직접 교류할 통로가 없던 조선 시대에 매우 특별한 사건이었다. 당시 소현 세자는 청의 인질이었다. 8년 전 병자호란에서 패한 조선은 소현 세자와 봉림 대군을 포함한 수많은 인질들을 청에 보내야 하였다. 조선의 왕자로서 처음으로 외국에서 생활하게 된 소현 세자는 자신의 상황을 매우 능동적으로 헤쳐 나갔다.

특히 외국의 우수한 문화를 마땅히 받아들여야 한다고 생각하여 청의 문물뿐 아니라 아담 샬을 통해 서양 문물도 적극 수용하였다. 귀국할 때에는 아담샬의 소개로 천주교 신자인 청의 환관과 궁녀를 데리고 들어왔으며, 망원경 · 자명종 · 천구의 등 서양물건을 가져왔다. 그러나 이와 같은 소현 세자를 조선의 국왕과 신하들은 반기지 않았다. 자신이 청에서 보고 느낀 것을 인조에게 말하며 서양 책과 물건들을 보여 주었으나, 분노한 인조는 벼루로 세자를 내려치기까지 했다고 한다. 상심한 소현 세자는 병이 들어 귀국한 지 두 달 만에 사망하였다.

인조는 소현 세자의 장례식을 아주 간소하게 치른 뒤, 관례를 깨고 반청 의식이 강한 둘째 아들 봉림 대군을 후계자로 정하였다. 세자빈 강씨에게는 누명을 씌워 사약을 내리고 소현 세자의 세 아들은 귀양을 보냈다. 왕위에 오른 봉림 대군(17대 효종)은 북벌을 적극 추진했는데, 여기에는 오랑캐에게 당한 치욕을 씻어야 한다는 당시 지배층들의 인식이 반영되어 있었다.

◈ **건축**

–〈15c〉 조선 개창⇒ 공공건축(한양천도– 궁궐 · 관청 · 학교)
–〈16c〉 사림 주도⇒ 서원건축(옥산 · 도산 · 소현서원) ┏국내유일 5층 목탑
–〈17c〉 임란 · 호란⇒ 사원건축(금산사미륵전 · 화엄사각황전 · 법주사 팔상전)– ①경제활성화(구복적) ②극락왕생기원(死자)
–〈18c〉 실학⇒ 수원화성(정약용/ 방어+공격용 석성– 실용적)
–〈19c〉 흥선⇒ 경복궁 중건(근정전 · 경회루– 왕실위엄)

회화	〈18C〉 **실학적 화풍** [현실 생활 반영]	
	〈초기〉	⇨ [**진경산수화**] – **정선** : 새로운 구도 · 화법 창안(중국모방 탈피) [인왕제색도 · 금강산 전도]
	〈중기〉	➡ **풍속화** (생활화) – 회화 중흥기
		❶**김홍도**(농촌 – 정조) : 사실적 · 익살적 / 선 – 굵고 · 간결(배경 생략) ②**신윤복**(도시) : 풍자적–여성 / 선 – 가늘고 · 섬세(진경산수화 배경)
	〈말기〉	⇨ **서양 화법**(원근법 · 명암법) – 강세황 [영통골 입구도] · 김수철 [산사만종도]
	〈19C〉 **복고적 문인 화풍** [관념화]	
	김정희[**세한도**](선비–이념세계), **장승업**(고종 [군마도]), 이하응(난초), 신위(대)	

↳ 소나무 · 잣나무(곧은 절개)

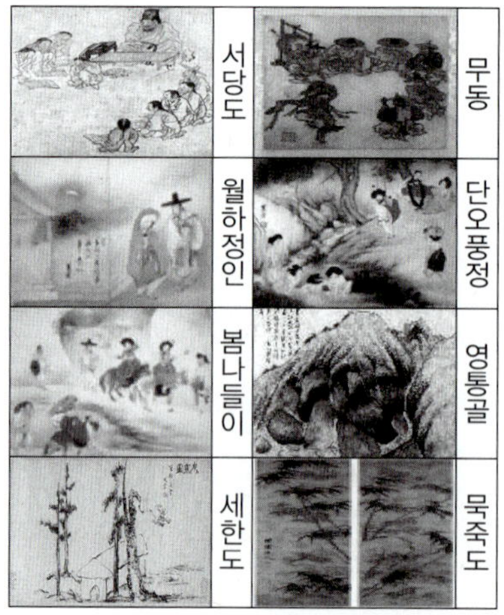

※〈**조선**〉 3대 화가 : ①**안견**(세종) ②**김홍도**(정조) ③**장승업**(고종)

건축	〈17C〉	**사원 건축**[**금산사** 미륵전 · **화엄사** 각황전 · **법주사 팔상전**(5층 목탑)]
	〈18C〉	❶**수원성**(**정약용** ⇒ 전통 성곽 : **방어** + 중국 · 서양 축성법 : **공격**) – 실용적 ②**불국사** 대웅전 중건 · 논산 쌍계사 · 부암 개암사 · 안성 석남사
	〈19C〉	경복궁 內(15C) ⇒ 근정전 · 경회루 중건(**흥선 대원군**) – 왕실 위엄
도자기	❶**청화백자**(청아한 한국적 정취) ②진사백자 · 철사백자(구리 · 철 문양)	
서예	김정희(**추사체** – 금석문 연구 [금석과안록] ⇒ 북한산비가 진흥왕 순수비임을 고증)	

청화백자 진사백사 철사백자

추사체(김정희)

☻☺ **열심히 수업 듣고 열공한 내 새끼들 꼭 합격하자!!!** ☺☻

◈ **유네스코 세계 유산**(1712)	
문화 유산	①석굴암 ②불국사 ③경주고적지구 ❹해인사 경판고 ⑤왕릉 40기(연산군, 광해군묘×) ❻창덕궁–⑦비원 ⑧수원성 ⑨서울 종묘 ⑩고인돌 유적(고창 · 화순 · 강화) ⑪역사마을(양동마을 · 하회 마을) ⑫남한산성 ⑬백제역사유적지구(부여 · 공주) ⑭사원(안동봉정사 · 순천선암사 · 보은법주사 · 양산통도사 · 영주부석사~) ⑮서원(옥산 · 도산 · 소현서원~)…
기록 유산	①훈민정음 해례본 ②조선왕조실록 ③직지심체요절(직지심경) ④승정원일기 ⑤동의보감 ❻팔만 대장경 ⑦조선왕조 의궤 ⑧수원화성역 의궤 ⑨일성록(조선후기) ⑩5 · 18기록물 ⑪새마을운동 기록물 ⑫난중일기 ⑬이산가족 찾기(80년대) ⑭유교책판 ⑮조선어보와 책 ⑯국채보상운동 기록물 ⑰조선통신사기록물…
무형문화유산	①종묘 제례 · 제례악 ②대목장 ③판소리 ④강릉 단오제 ⑤강강수월래 ⑥남사당놀이 ⑦영산재 ⑧제주칠머리당영등굿 ⑨매사냥술 ⑩택견 ⑪줄타기 ⑫한산 모시짜기 ⑬아리랑 ⑭김장문화 ⑮줄다리기 ⑯해녀문화 ⑰가곡 ⑱처용무 ⑲농악…
자연 유산	①제주 용암동굴 – ②화산섬 (한라산 천연보호구역, 성산일출봉 응외환, 거문오름 용암동굴)…
북한	①고구려 고분군 (63기) ②개성 유적지 ③아리랑 ④김장문화…

◈ 근대 태동기의 문화

양난 이후 사회 각 분야의 변화와 함께 문화에서는 새로운 기운이 나타났다. 양반뿐만 아니라, 중인층과 서민층이 문화의 한 주역으로 등장하면서 문화의 질적 변화와 함께 문화의 폭이 확대되었다.

학문에서는 양명학을 받아들였으며, 사회 변화를 반영한 실학이 나타나 개혁 추진을 주장하기도 하였다.
천문학과 의학 등 각 분야의 기술적 성과가 농업과 상업 등 산업 발전을 촉진하였다. 서양 문물의 유입도 이런 발전을 가속화하는 데 이바지하였다.

예술 분야에서는 새로운 기운이 넘쳐났다. 판소리 · 탈춤 · 한글 소설 · 서민 음악이 유행하였고, 백자 등 공예도 생활 공예가 중심이 되었다. 우리의 산수와 삶을 소재로 하는 문예 풍토가 진작되어 문학과 서화에 큰 영향을 끼쳤다.

⇨ 중국 명대에는 지행합일(知行合一)의 실천을 강조하는 양명학이 발달하였고, 청대에는 실증적이며 객관적으로 학문을 연구하는 고증학이 발달하였다. 이러한 중국의 학문은 조선 후기에 우리나라에 전해져 강화 학파의 형성, 실학의 발달 등에 영향을 끼쳤다.

⇨ 명나라 말, 청나라 초에는 예수회 선교사를 비롯한 서양의 크리스트 교 선교사가 중국에 들어와 서양 문물을 전하였다. 중국의 베이징에 다녀온 조선의 사신은 이들 서양 선교사와 접촉하여 서양의 과학 기구와 각종 서적을 조선에 들여왔다.

◈ 조선 후기의 서민 문화

①하회 탈춤의 대사

〈양반〉 나는 사대부의 자손인데 〈선비〉 아니, 나는 팔대부의 자손인데
〈양반〉 팔대부는 또 뭐야? 〈선비〉 아니, 양반이란 게 팔대부도 몰라? 팔대부는 사대부의 갑절이지 뭐 …
〈양반〉 첫째, 지식이 있어야지. 나는 사서삼경을 다 읽었네
〈선비〉 뭣이, 사서삼경? 나는 팔서육경도 읽었네 〈양반〉 도대체 팔서육경이 뭐냐?
〈초랭이〉 나도 아는 육경, 그걸 몰라? 팔만대장경, 중의 바라경, 봉사 아경, 처녀 월경, 약국 길경(도라지), 머슴 새경(품삯)

②판소리 – 18세기 이래 사대부문학과 서민문학이 합쳐진 판소리가 등장하여 서민의 문화생활을 보다 풍요롭게 하였는데, 읽는 소설에서 노래와 연기를 기법으로 하는 공간예술로, 광대가 청중을 상대로 장편의 줄거리를 창으로 부르는 것이다. 광대가 한편의 이야기를 노래에 해당하는 창과 이야기에 해당하는 아니리와 몸놀림인 발림으로 연출한다.

③한글소설

향단이는 미음상 이고 등롱 들고, 어사또는 뒤를 따라 옥문간 당도하니, 인적이 고요하고 사정이도 간 곳 없네. 이때 춘향이는 비몽사몽간에 서방님이 오셨는데, 머리에는 금관이요, 몸에는 홍삼이라. 상사일념에 목을 안고 만단정회하는 차라, "춘향아."부른들 대답이 있을쏘냐. 어사또 하는 말이, "크게 한번 불러 보소." "모르는 말씀이오. 예서 동헌이 마주치는데, 소리가 크게 나면 사또 염문할 것이니 잠깐 지체하옵소서." 〈춘향가〉

※**시사**(詩社) – 시사는 시인동우회였다. 중인은 중인끼리, 상민은 상민끼리 시사를 조직하였는데, 중인층의 시인들은 서울 주변 지역에서 시사를 조직하여 문학 활동을 전개하면서 자신들의 사회적 지위를 높였고, 역대 시인의 시를 모아 시집(동인지)을 간행하기도 하였다.

※**가곡**(歌曲) – 관현악의 반주가 따르는 전통 성악곡. 선율로 연결되는 27곡의 노래 모음으로, 노래말은 짧은 시를 쓴다.

※**산조**(散調) – 느린 장단으로부터 빠른 장단으로 연주하는 기악 독주의 민속 음악으로, 장구 반주가 따르며, 무속 음악과 시나 위에 기교가 확대되어 19세기경에 탄생하였다.

※**잡가**(雜歌) – 조선 후기에 평민이 지어 부르던 노래의 총칭

◈ 역사서(24권)

①〈고대〉 **유기**(?)⇒ 신집(이문진–영양왕) · **서기**(고흥–근초고왕) · **국사**(거칠부–진흥왕)
②〈고려〉 **7대실록**– **삼국사기**(김부식)– **동명왕편**(이규보)– **삼국유사**(일연) · **제왕운기**(이승휴)– **사략**(이제현)
③〈조선전기〉 **고려국사** · **동국사략**(권근)– **고려사** · **동국통감**(서거정)– **조선왕조실록**(25대)– **기자실기**(이이)– **동국사략**(박상)
④〈조선후기〉 **동사강목**(안정복)– **동사**(이종휘) · **발해고**(유득공)– **해동역사**(한치윤)– **연려실기술**(이긍익)
⑤〈근대〉 **독사신론**– **조선상고사** · **조선사연구초**(신채호)–**한국통사** · **한국독립운동지혈사**(박은식)–**서사건국지** · **안중근전**
※**홍길동전**(광해군– 최초 한글소설– 허균– 정의로운 사회 구현) · **춘향전**(평등사회 지향– 신분질서 부정)

확인학습

13. 조선 후기 문화

빈칸 채우기

1. 정통 성리학을 강조한 송시열의 유지에 따라 ( )를 세워 명나라 신종과 의종을 제사 지냈다. 2009. 국가직

2. 호락 논쟁(湖洛論爭)은 인간과 사물의 본성이 다르다는 ( )을 주장한 충청도 지역의 ( )과 인간과 사물의 본성이 같다는 ( )을 주장한 서울·경기 지역의 ( ) 사이의 논쟁이다. 뒤의 호론은 ( ) 사상으로 연관되었으며, 낙론은 ( ) 사상으로 연결되었다. 2011. 지방직 9급 | 2009. 국가직 9급 | 2008. 지방직 7급·법원직

3. 주로 서경덕 학파와 이황 학파는 ( ), 조식 학파가 ( )을 형성하였고 이이 학파는 ( )와 성혼 학파가 ( )을 형성하였다. 2008. 지방직 9급

4. 17세기 후반 [반계수록]을 저술한 유형원은 ( )을 내세워 자영농을 육성하기 위한 토지 제도개혁을 주장하였고, 18세기 전반 이익은 ( )을 토지 제도개혁론으로 제창하였으며, 실학을 집대성한 정약용은 ( ), ( )을 내세웠다. 2009. 지방직 7급·경찰 | 2008. 지방직 7급

5. 양반 사회를 비판한 ( )은 [한민명전의]에서 ( )을 주장하였고, [호질]을 통해 양반의 위선을 풍자하였다. 2013. 국가직 7급

6. 안정복은 ( )에서 독자적인 ( ) 정통론을 세워 ( ) 사학의 토대를 닦았다. 2004. 행정고시

7. 태종때 제작된 ( )는 당시 조선의 진취적 세계관을 엿 볼 수 있으며, 조선 후기 소개된 ( )는 유럽으로의 세계관 확대를 가져왔다. 2014. 국가직 9급

8. 유득공은 ( )에서 신라의 삼국 통일을 불완전한 것으로 규정하고, 남의 신라와 북의 발해를 병립시켜 ( ) 시대라고 할 것을 제안하였다. 2008. 지방직 7급

9. 정상기는 ( )에서 최초로 ( )을 고안하였고, 김정호의 ( )는 산맥, 하천, 포구, 도로망의 표시가 정밀하고, ( )으로 인쇄하여 지도의 대중화를 도모하였다. 2010. 국가직 7급

10. 조선 후기 판소리와 같은 서민 문화적 경향을 지닌 문화로 ( )시조, ( ) 소설, ( ) 등이 있다. 경북교행

11. 이제마는 ( )에서 ( )에 입각한 체질의학을 주장하였다. 2011·2000. 국가직 7급

12. 조선 후기에는 우리나라의 산천을 화폭에 담는 ( )가 등장하였고, 현실 사회를 풍자하는 가면극으로 ( ) 등이 인기를 끌었으며, 기존의 형식에 벗어나 자유롭게 심정을 표현한 ( )가 유행하였다. 경찰간부

[빈칸 채우기 정답]

1. 만동묘
2. 인물성이론(人物星移論), 낙론, 위정척사, 개화
3. 남인, 북인, 노론, 소론
4. 균전론, 한전론, 여전론, 정전제
5. 박지원, 한전법(제)
6. 동사강목, 삼한(마한), 고증
7. 혼일강리도, 곤여만국전도
8. 발해도, 남북국
9. 동국지도, 100리척, 대동여지도, 목판
10. 사설, 한글, 민화
11. 동의수세보원, 사상 의학
12. 진경 산수화, 산대놀이, 사설시조

OX 체크

1. 주로 서경덕 학파와 조식 학파로 구성된 북인은 서인보다 성리학적 의리 명분론에 구애를 덜 받았다. 지방직

2. 18세기 호락(湖洛) 논쟁은 노론과 소론 간의 학문적 논쟁이었다. 2008. 지방직 9급

3. 18세기에는 인간과 사물의 본성이 다르다고 주장하는 호론과, 이를 같다고 주장하는 낙론 사이에서 논쟁이 벌어졌다. 2014. 국가직 9급

4. 이익은 6좀의 폐지와 전황 발생에 따른 폐전론, 사창제를 주장하였다. 2011. 지방직 9급

5. 박제가는 생산과 소비와의 관계를 우물물에 비유하면서 생산을 자극하기 위해서는 절약보다 소비를 권장해야 한다고 주장하였다. 2010. 법원직

6. 이익의 실학 사상을 계승하였으며, 삼정의 문란을 폭로하는 '애절양(哀絕陽)'이라는 시를 남겼고, 마진(痲疹)에 대한 연구를 진전시켜 의서(醫書)를 편찬한 정약용은 [흠흠신서]를 저술하였다. 2014. 계리직

7. 안정복의 [동사강목]은 성리학적 명분론을 비판하였다. 2009. 국가직 9급

8. 한백겸은 [동국지리지]에서 고구려의 발상지가 만주 지방이라는 것을 처음으로 고증하였다. 2008. 지방직

9. 홍봉한의 [동국문헌비고]는 중국의 역사, 풍속, 제도 등을 소개한 백과서이다. 2006. 국가직 7급

10. 지석영은 서양 의학의 성과를 토대로 서구의 종두법을 최초로 소개하였다. 2012. 국가직 9급

11. 실용과 검소를 중요하게 여기는 사회 기풍으로 인하여 백자와 분청사기가 널리 사용되었다. 2011. 기상청

12. 홍대용이 지전설을 주장하는 시기에 천문과 역법을 맡은 관청으로 사천대가 설치되었다. 2010. 법원직

13. '실제는 하늘을 이고 땅을 밟는 사람은 땅에 따라서 모두 그러한 것이니 중심도 변두리도 없이 모두가 중심이다.'라고 주장한 홍대용은 [임하경륜]을 통해서 성인 남자들에게 2결의 토지를 나누어 줄 것을 주장하였다. 2014. 국가직 9급

[OX 체크 정답]

1. O
2. X
3. O
4. O
5. O
6. O
7. X
8. O
9. X
10. X
11. X
12. X
13. O

2. 18세기의 호락(瓠落) 논쟁은 노론 내부의 학문적 논쟁이었다.
7. 안정복은 명분론을 고수하였다.
9. 우리나라의 지리, 정치, 경제, 문화를 체계적으로 정리하였다.
10. 정약용의 [마과회통]에서 종두법이 처음 언급되었다.
11. 조선 후기에는 청화 백자가 유행하였다.
12. 사천대는 고려 시대에 설치되었다.

14. '무릇 땅덩어리는 하루에 한 바퀴를 돈다. 땅의 둘레는 9만 리고 하루는 12시이다. 9만 리 넓은 둘레를 12시간에 도니 그 빠름이 번개보다 빠르고 포환보다도 급하다.'라는 주장을 한 홍대용의 저술은 [의산문답]이다. 2014. 경찰간부

15. 조선 후기에 서예 부문에서는 중국에서 새로 들어온 송설체가 풍미하였다. 2014. 경찰간부

14. O
15. X

15. 송설체(조맹부체)는 고려 후기에 유행하였다. 조선 후기에는 추사체(김정희)와 동국진체(이광사)가 유행하였다.

▣ 조선왕조 왕릉(27대)	
1대〉 **태조**	• 건원릉(健元陵) : 경기도 구리시 인창동 산 2-1 동구릉 내 (사적 제 193호) • 제릉(齊陵, 1대 太祖의 元妃 神懿王后 韓氏) : 개성직할시 판문군 상도리 • 정릉(貞陵,1대 太祖의 繼妃 神德王后 康氏) : 서울시 성북구 정릉2동 (사적 제 208호)
2대〉 **정종**	• 후릉(厚陵, 定宗과 定安王后 金氏) : 개성직할시
3대〉 **태종**	• 헌릉(獻陵, 太宗과 元敬王后 閔氏) : 서울시 서초구 내곡동 산 13-1 (사적 제 194호)
4대〉 **세종**	• 영릉(英陵, 世宗과 昭憲王后) : 경기도 여주군 능서면 왕대리 산 83-1 (사적 제 195호)
5대〉 **문종**	• 현릉(顯陵(文宗과 顯德王后 權氏) : 경기도 구리시 인창동 산 동구릉 내 (사적 제 193호)
6대〉 **단종**	• 장릉(莊陵, 端宗) : 강원도 영월군 영월읍 영흥리 산 12-1 (사적 제 196호) • 사릉(思陵(端宗 妃 定順王后 宋氏) : 경기도 남양주시 진건읍 사릉리 (사적 제209호)
7대〉 **세조**	• 광릉(光陵, 世祖와 貞熹王后 尹氏) : 경기도 남양주시 진접읍 부평리 (사적 제 197호) • 경릉(敬陵, 追尊 德宗과 昭惠王后 韓氏) : 추존왕릉 – 경기도 고양시 덕양구(사적 제98호)
8대〉 **예종**	• 창릉(昌陵, 睿宗과 繼妃 安順王后 韓氏) : 경기도 고양시 덕양구 용두동 서오릉내(사적 제198호) • 공릉(恭陵, 睿宗의 元妃 章順王后 韓氏) : 경기도 파주시 조리면 공순영릉내 (사적 제205호)
9대〉 **성종**	• 선릉(宣陵,成宗과 繼妃 貞顯王后 尹氏) : 서울시 강남구 삼성동 131 (사적 제 199호) • 순릉(順陵,成宗의 元妃 恭蕙王后 韓氏) : 경기도 파주시 조리면 공순영릉내 (사적 제205호)
10대〉 **연산군**	• 연산군묘(연산군과 거창군부인 신씨 묘) : 서울시 도봉구 방학동 산 77 (사적 제 362호)
11대〉 **중종**	• 정릉(靖陵, 中宗) : 서울시 강남구 삼성동 131 (사적 제 199호) • 온릉(溫陵, 中宗의 元妃 端敬王后 愼氏) : 양주시 장흥면 일영리 산 19 (사적 210호) • 희릉(禧陵, 中宗의 繼妃 章敬王后 尹氏) : 고양시 덕양구 원당동 서삼릉내 (사적 제 200호) • 태릉(泰陵, 中宗 의繼妃 文定王后 尹氏) : 노원구 공릉동 313-19 (사적 제 201호)
12대〉 **인종**	• 효릉(孝陵,仁宗과 仁聖王后 朴氏) : 고양시 덕양구 원당동 서삼릉내 (사적 제 200호)
13대〉 **명종**	• 강릉(康陵, 明宗과 仁順王后 沈氏) : 노원구 공릉동 313-19 (사적 제 201호)
14대〉 **선조**	• 목릉(穆陵, 宣祖, 元妃 懿仁王后 朴氏, 繼妃 仁穆王后 金氏) : 경기도 구리시 동구릉내 (사적 제 193호)
15대〉 **광해군**	• 광해군묘(광해군과 문성군 부인 유씨 묘) : 경기도 남양주시 진건읍 (사적 제 363호) • 장릉(章陵, 追尊 元宗과 仁獻王后 具氏) : 추존왕릉 –김포시 풍무동(사적 제 202호)
16대〉 **인조**	• 장릉(長陵, 仁祖와 元妃 仁烈王后) : 파주시 탄현면 갈현리 산 25-1 (사적 제 203호) • 휘릉(徽陵, 仁祖의 繼妃 莊烈王后 趙氏) : 경기도 구리시 인창동 동구릉 내 (사적 제 193호)
17대〉 **효종**	• 영릉(寧陵, 孝宗과 仁宣王后 張氏) : 경기도 여주군 능서면 왕대리 (사적 제 195호)
18대〉 **현종**	• 숭릉(崇陵,顯宗과 明聖王后 金氏) : 경기도 구리시 인창동 동구릉 내 (사적 제 193호)
19대〉 **숙종**	• 명릉(明陵, 肅宗과 繼妃 仁顯王后 閔氏) : 경기도 고양시 덕양구 서오릉내(사적 제198호) • 익릉(翼陵, 肅宗의 元妃 仁敬王后 金氏) : 경기도 고양시 덕양구 용두동 서오릉내(사적 제198호) 明陵에서 肅宗의 繼妃 仁元王后 金氏는 單陵 형태로 있다.
20대〉 **경종**	• 의릉(懿陵, 景宗과 繼妃 宣懿王后 魚氏) : 서울시 성북구 석관동 1-5 (사적 제 204호) • 혜릉(惠陵,景宗의 元妃 端懿王后 沈氏) : 경기도 구리시 인창동 동구릉 내 (사적 제 193호)
21대〉 **영조**	• 원릉(元陵, 英祖와 繼妃 貞純王后 金氏) : 경기도 구리시 인창동 동구릉 내 (사적 제 193호) • 홍릉(弘陵, 英祖의 元妃 貞聖王后 徐氏) : 경기도 고양시 덕양구 용두동 서오릉내(사적 제 198호) • 영릉(永陵, 追尊 眞宗과 孝順王后 趙氏) : 추존왕릉 – 파주시 조리면 공순영릉 내 (사적 제205호) • 융릉(隆陵, 追尊 莊祖와 獻敬王后) : 추존왕릉 – 화성시 태안면 안녕리 (사적 제 206호)
22대〉 **정조**	• 건릉(健陵,正祖와 孝懿王后) : 화성시 태안면 안녕리 1-1 (사적 제 206호)
23대〉 **순조**	• 인릉(仁陵, 純祖와 純元王后) : 서울시 서초구 내곡동 산 13-1 (사적 제 194호) • 수릉(綏陵, 追尊 文祖와 神定王后) : 추존왕릉 – 기도 구리시 인창동 동구릉 내 (사적 제 193호)
24대〉 **헌종**	• 경릉(景陵, 憲宗과 元妃 孝顯王后 金氏, 繼妃 孝定王后 洪氏) : 경기도 구리시 인창동 산동구릉내 (사적 제 193호)
25대〉 **철종**	• 예릉(睿陵, 哲宗과 哲仁王后 徐氏) : 고양시 덕양구 원당동 서삼릉내 (사적 제 200호)
26대〉 **고종**	• 홍릉(洪陵, 高宗과 明成王后 閔氏) : 남양주시 금곡동 141-1 (사적 제 207호)
27대〉 **순종**	• 유릉(裕陵, 純宗과 純明王后, 純貞王后) : 남양주시 금곡동 141-1 (사적 제 207호)

▣ 조선 전기의 주요 건축

1. 경복궁(景福宮)

(1) 태조 3년(1394)에 한양으로 수도를 옮긴 후 세웠다. 궁의 이름은 정도전이「시경」에 나오는"이미 술에 취하고 이미 덕에 배부르니 군자 만년 그대의 큰 복을 도우리라."에서 큰 복을 빈다는 뜻의'경복(景福)'이라는 두 글자를 따서 지은 것이다.

(2) 궁의 왼쪽에는 역대 왕들과 왕비의 신위를 모신 종묘가 있으며, 오른쪽에는 토지와 곡식의 신에게 제사를 지내는 사직단이 자리 잡고있다. 경복궁 앞에는 육조 거리가 조성되었다.

(3) 경복궁의 앞부분에는 국가의 큰 행사를 치르거나 왕이 신하들의 조례를 받는 근정전과 왕이 일반 집무를 보는 사정전을 비롯한 정전과 편전 등이 있으며, 뒷부분에는 왕과 왕비의 거처인 침전과 휴식 공간인 후원이 자리 잡고 있다.

(4) 임진왜란(1592)으로 인해 모두 불에 타 273년간 폐허로 방치되었던 것을 고종 4년(1867)에 흥선 대원군이 다시 세웠다.

(5) 1910년 국권을 잃게 되자 건물을 헐고, 근정전 앞에 총독부 청사를 짓는 등, 일본인들의 파괴 행위로 궁의 옛 모습을 거의 잃게 되었다. 광복 이후 궁궐 안에 남아 있는 주요 건물은 근정문, 근정전, 사정전, 천추전, 수정전, 자경전, 경회루, 재수합, 함화당, 향원정, 집옥재 등이다.

① 광화문 : 경복궁의 정문

② 근정전 : 정전(正殿)으로 국가 의식을 치르고 신하들의 하례와 사신을 맞이하던 곳(양쪽 좌우에 품계석 배치)

③ 사정전 : 왕이 평상시 거처하면서 정사를 보는 곳(경연)

④ 천추전 : 사정전의 기능을 보완하는 전각(온돌)

⑤ 수정전 : 왕실의 도서를 비치(세종–집현전, 고종–침전과 편전의 역할)

⑥ 강녕전 : 왕의 침전　⑦ 교태전 : 왕비의 침전

⑧ 경회루 : 중국 사신의 접대나 연회장

⑨ 자선당 : 왕세자의 생활

⑩ 자경전 : 흥선 대원군이 고종의 양어머니 조 대비(신정 왕후)를 위해 지은 건물

⑪ 향원정 : 고종이 건청궁을 만들 때 지은 정자

⑫ 건청궁 : 고종 내외가 거처하기 위해 지은 별궁으로 명성 황후가 시해 당한 곳

⑬ 태원전 : 태조 이성계의 어진을 모신 건물

2. 창덕궁(昌德宮)–1997년에 유네스코 세계 문화유산

–조선 제3대 태종이 1405년 이궁(離宮)으로 지은 궁궐로서, 경복궁의 등쪽에 위치한다 하여 창경궁과 함께 동궐로 불렸다. 임진왜란 때 모든 궁궐이 불에 타자 광해군 때 다시 지었으며, 이후 고종이 경복궁을 중건하기까지 법궁(法宮)의 역할을 하였다. 조선 궁궐 중 가장 오랜 기간 임금들이 기거한 곳이다. 궁궐의 후원으로 비원 조성

①돈화문 : 창덕궁의 정문

②인정전 : 창덕궁의 중심 건물로서 조정의 각종 의식과 외국 사신 접견 장소로 사용

③선정전 : 왕의 집무실(편전–청기와 건물)

④희정당 : 조선 후기에 왕이 평상시에 거처하던 곳(본래 침전으로 사용–편전의 기능)

⑤대조전 : 왕비의 침전　⑥성정각 : 세자의 동궁

⑦후원(비원) : 창덕궁 북쪽에 창경궁과 붙어 있는 우리나라 최대의 궁중 정원

3. 종묘

(1) 종묘(宗廟)는 조선 왕조의 역대 왕과 왕비의 신주를 모신 조선 왕조의 사당으로, 조선 시대의 가장 장엄한 건축물 중의 하나이다. 정면이 매우 길고 수평성이 강조된 독특한 형식의 건물로, 종묘 제도의 발생지인 중국에서도 유래를 찾아볼 수 없는 건축물이다.

(2) 종묘는 의례 공간의 위계질서를 반영하여 정전(正殿)과 영녕전(永寧殿)의 기단과 처마, 지붕의 높이, 기둥의 굵기를 그 위계에 따라 달리하였다. 조선 시대에는 정전에서 매년 각 계절과 섣달에 대제를 지냈고, 영녕전에서는 매년 봄, 가을과 섣달에 제향일을 따로 정하여 제례를 지냈다. 제사를 지낼 때 연주하는 기악과 노래, 무용을 포함하는 종묘 제례악이 거행되고 있다.

(3) 종묘는 사적 제125호로 지정· 보존되고 있으며, 1995년 12월에 유네스코 세계 문화유산으로 등록되었다.

4. 문묘

1) 문묘는 유교의 성인(聖人)인 공자를 모시는 사당으로, 통일 신라 때인 714년(성덕왕 13년) 국립 대학에 해당되는 국학(國學)에 모신 것에서 비롯되었다. 주자 성리학이 전래됨에 따라 대성전(大聖殿) 건립이나 배향자 정비가 이루어졌다. 조선에서 문묘는 태조 7년(1398)에 창건되었다

2) 문묘에는 성현들의 위패를 모시는 대성전(大成殿, 보물 제141호)에 공자를 비롯한 4성(聖) 10철(哲)과 송조(宋朝) 6현(賢)의 위패를 봉사(奉祀)하였고, 동(東)·서(西) 양 무에는 공자의 72제자와 한·당·송·원 대의 현인과 우리나라 18명현 등 112명의 위패를 종향(從享)하였다.

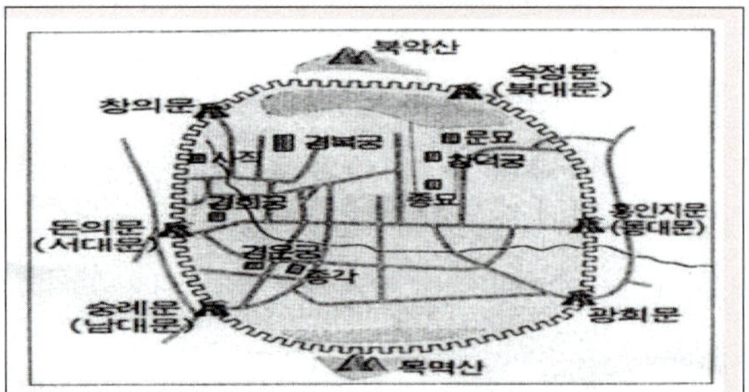

조선의 궁궐 배치도

이름(시호)	시기	이름(시호)	시기
최치원(문창공)	1020	설총(홍유공)	1022
안향(문성공)	1319	정몽주(문충공)	1517
김굉필(문경공)	1610	조광조(문정공)	1610
이황(문순공)	1610	정여창(문헌공)	1610
이언적(문원공)	1610	이이(문성공)	1682
성혼(문간공)	1682	김장생(문원공)	1717
송시열(문정공)	1756	송준길(문정공)	1756
박세채(문순공)	1764	김인후(문정공)	1796
조헌(문열공)	1883	김집(문경공)	1883

〈문묘 종사 8현〉

3) 이이·성혼의 문묘 배향과 당색 –①1663 남인(문묘 배향 반대), 서인(찬성) ②1682 문묘 배향 단행 ③1689 남인(문묘 출향) ④1694 서인(문묘 재 배향)

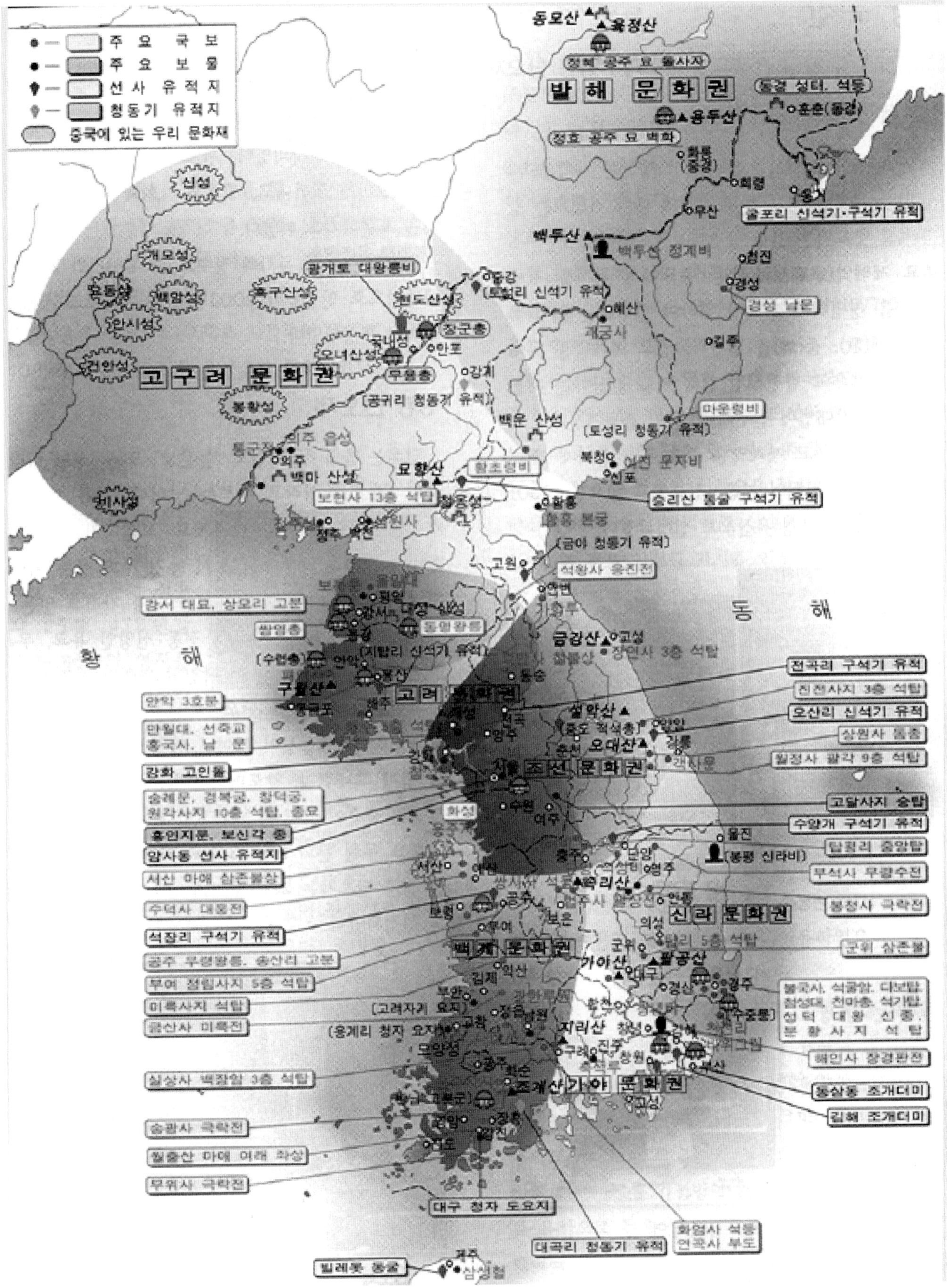
주 요 국 보
주 요 보 물
선 사 유 적 지
청동기 유적지
중국에 있는 우리 문화재
발 해 문 화 권
고 구 려 문 화 권
고 려 문 화 권
조 선 문 화 권
신 라 문 화 권
백 제 문 화 권
가 야 문 화 권
동모산
육정산
정혜 공주 묘 돌사자
동경 성터, 석등
용두산
정효 공주 묘 벽화
굴포리 신석기·구석기 유적
백두산
백두산 정계비
광개토 대왕릉비
장군총
무용총
마운령비
황초령비
승리산 동굴 구석기 유적
보현사 13층 석탑
강서 대묘, 삼묘리 고분
쌍영총
동명왕릉
금강산
구월산
안악 3호분
설악산
오대산
전곡리 구석기 유적
진전사지 3층 석탑
오산리 신석기 유적
상원사 동종
월정사 팔각 9층 석탑
강화 고인돌
흥인지문, 보신각 종
암사동 선사 유적지
서산 마애 삼존불상
고달사지 승탑
수양개 구석기 유적
부석사 무량수전
수덕사 대웅전
석장리 구석기 유적
공주 무령왕릉, 송산리 고분
부여 정림사지 5층 석탑
미륵사지 석탑
금산사 미륵전
속리산
봉정사 극락전
군위 삼존불
팔공산
가야산
지리산
해인사 장경판전
동삼동 조개더미
김해 조개더미
실상사 백장암 3층 석탑
조계산
송광사 극락전
월출산 마애 여래 좌상
무위사 극락전
대구 청자 도요지
대곡리 청동기 유적
화엄사 석등
연곡사 부도
빌레못 동굴
제주
삼성혈
황 해
동 해

제 2 편 근현대사

I 근대 사회의 전개

1 흥선 대원군의 개혁 정치와 양요

흥선 대원군(1860년대) ⇨ **합병**(1910. 8. 29) ⇨ **광복**(1945. 8. 15)

②식민 통치

❶근대----------------------→
①서세동점⇒ 외세배격
②근대개혁

〈일제〉 강제 점령기
①식민통치 ⇔ ②민족운동
(무장투쟁 – 실력양성)

❸현대------→
①광복 ⇒ 정부수립
②6. 25 ⇒ 경제개발
③독재 ⇒ 민주화 운동
④분단 ⇒ 통일 노력

흥선대원군 | 명성왕후 | 고종(이명복)

1 흥선 대원군의 정책

국내정책

배경 〈19C〉 **세도정치**(왕권 약화) ⇨ **민란**(⇐①삼정 문란 ②동학 · 천주교 확산)
↳경제혼란 ↳평등의식 확대

1) 왕권 강화 [⇨➡ **전제왕권의 재확립**] – 흥선대원군의 핵심 정책

①통치기구 정비 ⇒ **비변사 폐지**(⇒의정부 · 삼군부). 법전정비(**대전회통** · 육전조례)
②**경복궁 중건**(근정전 · 경회루 – 국가 · 왕실 위엄) ⇒ 하야 요인(上 · 下 불만)
〈재정 확보〉 원납전(강제 기부금) · **당백전**[고액화폐 ⇒ 경제 혼란(물가 상승)]
〈부역 동원〉 노동력 징발(무임금) ⇒ 농민 반발 ※ ┌묘지림 벌목 └성문 통과세
③문벌 타파(세도정치 가문 탄압 ⇒ 능력에 따라 인재 등용)

2) 민생 안정 [⇨ 재정확보] ↱〈양반 책임 전가 ⇒ 반발〉↰

①삼정 개혁 ⇨ 전정(양전 사업) · **군정**(**호포제 = 동포제**) · 환곡(사창제)
↳조세제도 ↳토지겸병 금지 ↳호당2냥(**양반** 군포 부과 – 특권 폐지)
②**서원 철폐**(47개소 外). 만동묘 철폐(송시열 – 소중화 본산) ⇒ 유생 반발(최익현)
↳지방 양반의 거점 ↳사당(임란 파병–〈명〉신종 봉안)–경북 괴산군

근정전(경복궁内)

경회루(경복궁内)

최익현(도끼상소)

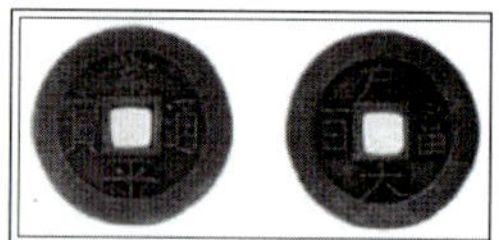
〈당백전의 앞과 뒤〉

◈ **서원을 철폐하면서 유생들이 반발** 하자 〈백성에게 해를 끼치는 자라면 공자가 살아난다 해도 용서하지 않을 것이다.〉고 하였다.

외규장각(강화도)

↳산림(붕당 중심 세력) ⇒ 흥선대원군 하야

대외정책

배경 〈19C〉 이양선 출몰(통상 요구) ⇨ **서세동점**(서양 세력 접근 – 위기의식)
〈**일본**〉 메이지 개혁 ⇨ 수교 요청(서계 = 국서) ⇒ 〈**조선**〉거부 ⇒ **정한론** 대두

3) 쇄국 정책 [⇨ 부국강병책] – 통상 수교(문호 개방) 거부 정책 ↱2011반환

사건
①〈**프**〉 병인양요(⇒1866 정족 · 문수 **산성** : **양헌수** · **한성근**) – 외규장각(강화도)
②〈**독일**〉 상인–옵페르트 도굴사건(충청도 덕산 – 남연군묘) ⇒ 쇄국지지
③〈**미국**〉 제너럴셔먼호 소실 ⇒ 신미양요(⇒ 광성진 · 갑곶 **싸움** : **어재연**)

결과
〈**프랑스 · 미국**〉 포함 외교(책임 추궁) ⇨ **통상 요구**(문호 개방)
〈**조선**〉 병인양요 · 신미양요 **격퇴** ⇨ **쇄국정책** 강화 〈**척화비**〉

※**척화비** 〈西洋侵犯 非戰側和 主和賣國〉 ⇨ 서양 오랑캐가 침범함에 싸우지 않음은 곧 화의하는 것이오, 화의를 주장함은 나라를 파는 것이다.
병인년에 비문을 짓고(**양이 보국책** 유시) **신미년**에 비석을 세운다.(**척화비**)

의의

〈부정〉	外〉 근대화 시기 지연(⇒ 국제적 고립) 內〉 한계성 ⇨ **전통체제 內에서의 개혁**(⇒ 전제왕권 강화)
〈긍정〉	外〉 **외세 배격**(민족 운동 ⇒ 일시적 외세 침략 저지) 內〉 일시적 국가기강 확립 ⇒ 민생안정에 기여

◈ **경복궁 중건** – 남문열고 파루 치니 계명산천이 밝아온다. 석장수 거동보소 방 망치 갈라잡고 눈만 꿈벅 거린다. 도편수란 놈 거동보소 먹통 들고 갈팡질팡 한다. 우리나라 좋은 나무 이 궁궐 짓는데 다 들어간다.

남연군 묘 | 어재연 장군기(07) | 척화비

◈ **세도정치 타파** – 대원군이 집권한 후 어느 회의석상에서 음성을 높여 여러 대신들에게 말하기를 "나는 천리(千里)를 끌어다 지척(咫尺)을 삼겠으며, 태산을 깎아 내려 평지를 만들고, 또한 남대문을 3층으로 높이려 하는데, 여러분들은 어떻게 생각하오?"라고 물었다. ⇨ 남대문 3층이란 말은 남인을 천거하겠다는 뜻이요, 태산을 평지로 만들겠다는 말은 노론을 억압하겠다는 의사이다.

사료읽기

◈ 흥선 대원군의 왕권강화 정치

①**호포제 실시**(군포를 호 단위로 부과하여 양반에게도 징수하려 한 제도)

흥선 대원군이 양반에게도 군포를 징수하는 호포법을 실시하려 했을 때 조정의 관리들은 〈만약 이러한 법을 시행하면 국가에서 충신과 공신을 포상 장려하는 후한 뜻이 자연이 사라지게 됩니다.〉라고 간언하였다. 흥선 대원군은 이에 대하여 〈충신과 공신이 이룩한 사업도 나라와 백성을 위한 것이었는데 지금 그 후손이 면세 받음으로 인하여 일반 백성들이 무거운 부담을 지게 되는 것이 충신의 본뜻이 아닐 것이다. 만약 그들의 혼령이 살아 있다면 어찌 이와 같은 포상을 편케 여기겠는가.〉 고 하여 단연 그 법을 시행하였다. 〈박제형 [근세조선정감]〉

②**서원 철폐 〈화양동 서원에서 몰매 맞은 대원군〉**

이 지경으로 굶주린 백성 널리는데, 족치고 볼기 쳐 온갖 것 다 빼앗아 들이니, 이 무슨 선비더냐 막된 짐승 아니더냐. 이런지라 대원군 세도 잡아, 서원 7백 개 다 태워 버리고 47개 남겼으니, 이따위 서원 선비들 걸핏하면 헐뜯는 상소, 이거이 무슨 수작인고. 〈고은, 화양동 서원〉

⇨ 화양동 서원 옆에는 임진왜란 때 구원병을 보낸 명나라 신종과 마지막 황제인 의종을 제사 지내기 위해 세운 사당인 만동묘가 있었다. 당시 만동묘에 들어가거나 그 앞을 지나가려면 누구나 말에서 내려 걸어야 하였다.

그런데 만동묘를 찾은 대원군이 말에서 내리지 않은 채 지나치자 묘지기가 뛰어나와 그를 말에서 끌어내려 발길로 걷어차는 등 갖은 모욕을 주었다. 이는 당시 서원이 가지고 있던 권력과 횡포가 어떠했는지를 잘 보여주는 사례이다.

※ **원납전**(願納錢) – 본래의 뜻은 '스스로 원하여 바치는 돈'이었으나, 경복궁 중수를 위해 강제로 징수하였다.

◈ 흥선 대원군의 대외 정책

①**너희와 같은 하늘을 이고 살 수 없다.** 〈고종 실록 1868〉

너희 나라와 우리나라 사이에는 원래 왕래도 없었고 은혜를 입거나 원수를 진일도 없다. 이번 덕산 묘지에서 저지른 사건은 사람으로서 차마 할 수 없는 일이다. 또한 무기를 빼앗고 백성들의 재물을 강탈하는 것도 사리로 볼 때 용납할 수 없다. 따라서 우리나라 신하와 백성들은 있는 힘을 다하여 한마음으로 네놈들과 같은 하늘을 이고 살 수 없다는 것을 다짐할 뿐이다.

②**흥선 대원군의 정책에 대한 평가**

〈화선〉 준비가 전혀 안 된 상태에서 서양 세력의 무력에 무릎을 꿇고 문호를 개방했다면, 결국 그들의 식민지가 되고말았을 거야.

〈성환〉 과연 그럴까? 흥선 대원군의 정책은 서양 세력의 침략을 일시적으로는 막았지만, 결국 우리나라의 근대화를 늦추는 결과를 초래했을 뿐이야.

適者生存⇒盡人事待天命

2 문호 개방과 개화 정책의 추진

1 강화도 조약과 문호 개방 〈1876 병자 수호 조약〉

배경	外〉 타율적	**운요오호 사건** 구실(75 측량 · 탐험선 – 충돌 ⇒ **포함외교**) – 책임추궁
	內〉 자율적	흥선 대원군 하야(1873) ⇒ **명성왕후** 집권(통상 개화론자 성장)
성격	➡ 최초의 근대적 조약	박규수 · 오경석 · 유흥기(대치)↵
	內〉 긍정	쇄국정책(흥선대원군) ⇒ 문호 개방 ➡ **근대화 시발점**(시작점)
	外〉 부정	자주권 침해 ⇨ 불평등 조약(①치외 법권 ②해안 측량권) ↳정치적 ↳군사적 침략발판

영향	內〉 〈일본〉 경제적 침략	**〈부속조약〉** ⇨ 각종 제한 철폐(구체적 침략발판 ⇒ 국내산업 보호×)
		1) **조 · 일 수호 조규 부록** ⇨ ①일본 **외교관** 여행 자유(정보수집) ②**일본인** 거주 지역 설정(조계) ❸**일본 화폐** 사용 2) 1차 **통상장정** ⇨ ❶선박 항세 · 수출입 **무관세** ❷**양곡** 무제한 유출 3) 2차 **통상장정**(83) – ①관세부과 ②최혜국 ❸미곡유출 금지시(사전통보)
	外〉 〈열강〉 침략 발판	**〈1880년대〉** 개항 이후 ⇨ **〈청〉중재** ⇒ 각국과의 조약 체결 **〈청〉의 알선 의도** ⇨ 外〉 **러 · 일 견제** 內〉 조선 종주권 인정
		❶**조 · 미 수호 통상조약** ⇨ **최초 수교**(82 **최혜국 · 거중 조정**) ②영국 · 독일 · 프랑스(천주교 포교 허용) ↳불평등(최고 혜택) ❸러시아(**청 · 일본** 거부 ⇨ **직접 수교**) – 베베르 공사

※방곡령 배상 ⇒ **통상장정** : 1차(**양곡** 무제한 유출)--2차(미곡유출 금지시–사전통보)

◈ 강화도 조약 –강화도 연무당

1. 조선 – 자주국. 일본과 평등한 권리
 ⇨ **청 – 종주권 부정**(간섭 저지)

4. 조선 – 부산外 두 곳 개항. 통상 허가
⇨ **침략발판 마련**(①부산 ②원산 ③인천)
(경제 · 군사 · 정치적) ↳1876 80 83

⇨ **자주권 침해 〈불평등 조약〉**
7. 일본인 – 일본 관원이 심판(치외 법권)
10. 일본국 – 조선 **해안 측량** 허가
 (**영토주권 침해** – 군사적 침략발판)

◈ 중국 · 한국 · 일본의 문호개방을 가져온 조약들의 공통적인 불평등 내용
❶치외법권 인정 ②관세 자주권 상실
(5%관세 부과 또는 무관세 무역 규정)

↱〈러〉 용암포 불법점령(남하정책)

◈ 거문도 사건(1885) – 영국 주도
①러시아(남하) ⇔ **영국**(헤밀턴 군항)
❷제국주의 횡포 ⇨ **중립론** 대두
 (〈독일〉부들러 · 유길준)

〈사료1〉 운요오호 사건(1875) ⇨ **강화도 조약**(1876) 〈일본 외무성 관리의 군함 파견 건의서 1875년 4월〉

운요오호가 허락도 없이 강화도로 다가오자 강화 수비대가 위협 포격을 가했는데, 운요오호는 물러가기는커녕 초지진에 포격을 가하고, 해병대를 영종도에 상륙시켜 살인과 약탈–방화를 저질렀다. 일본은 이 과정에서 조선 수비대가 일본 국기를 모독했다고 억지를 부리며 1876년 1월 대규모 군함과 병력을 보내 조선에 개항을 강요하였다. 그 결과 체결된 강화도 조약(조 · 일 수호 조규)이 체결 되었다.
〈우리의 힘을 조선에서 행사하기 위해 이때를 좋은 기회로 삼아 금일 1~2척의 군함을 소규모로 파견하는 것은 타일 혹은 대규모로 파견해야만 하는 근심이 없을 것임을 바라는 뜻으로 … 삼가 이에 상신하니 빨리 영단을 내리시기를 바랍니다.〉
⇨ 윗글을 보면 한두 척의 군함만을 파견하여 대규모 전쟁이나 침략의 효과를 노리면서, 이를 통해 조선을 개항시키고자 하는 일본의 의도가 드러나 있다. 이에 따라 일본은 1875년 8월 측량–탐험을 구실로 운요오호를 강화도에 파견, 구실을 만들었다.

〈사료2〉 유길준의 중립론 ⇦거문도 사건(1885)

우리나라가 아시아의 인후에 처해있는 지리적 위치는 유럽의 벨기에와 같고 중국의 조공하는 처지는 터키에 조공하는 불가리아와 같다. 그런데 불가리아가 중립조약을 체결한 것은 유럽의 여러 대국들이 러시아를 막으려는 계책에서 나온 것이었고, 벨기에가 중립을 체결한 것은 유럽의 여러 대국 들이 자국을 보전하려는 계책에서 나온 것이었다. … 대저 우리나라가 아시아의 중립국이 된다면 러시아를 방어하는 큰 기틀이 될 것이고, 또한 아시아의 여러 대국들이 서로 보전하는 정략도 될 것이다.
오직 중립만이 우리나라를 지키는 방책인데, 우리 스스로가 제창할 수도 없으니 중국에 청하여 처리 하여야 할 것이다. 중국이 맹주가 되어 영국, 프랑스, 일본, 러시아 같은 아시아에 관계있는 여러 나라들과 화합하고, 우리나라를 참석 시켜 같이 중립 조약을 체결토록 해야 될 것이다. 이것이 비단 우리나라만을 위한 것이 아니라 중국의 이익도 될 것이고, 여러 나라가 서로 보전하는 계책도 될 것이니, 무엇이 괴로워 하지 않겠는가.

〈사료3〉 황쭌셴 **[조선책략]**(1880 친중 · 연미 · 결일) ⇨ 外〉 미국 수교(조 · 미 수호 통상 조약) 內〉 척사 운동(영남만인소 사건)

조선이라는 땅덩어리는 실로 아시아의 요충을 차지하고 있어 그 형세가 반드시 다툼을 불러올 것이다. 조선이 위태로우면 중동(中東)의 형세도 위급해진다. 따라서 러시아가 강토를 공략하려 한다면 반드시 조선이 첫 번째 대상이 될 것이다. 그렇다면 오늘날 조선의 책략은 러시아를 막는 일보다 더 급한 것이 없을 것이다. 러시아를 막을 수 있는 조선의 책략은 무엇인가? 오직 중국과 친하고[親中] 일본과 맺고[結日] 미국과 연합[聯美]함으로써 자강을 도모하는 길 뿐이다
⇨ 일본 주재 청국의 외교관 황쭌셴이 조선이 위협적인 러시아의 남하정책을 막기 위해서는 중국, 일본, 미국과 연대해야 한다는 방아책을 제시한 것이고, 조선이 발전하기 위해서는 중국, 일본뿐만 아니라 미국 등 여러 나라와도 수교 통상하고, 서양의 과학 기술을 수용하여 근대적 산업을 개발하고 군사력을 증강해야 한다는 자강책을 제시한 것이다. ⇒ 유생들에 배포(개화 정책)

사료읽기

◈ 근대 사회의 특성

조선 후기 사회에서는 내부적으로 자본주의적 경제 요소가 싹트고 평등 사회를 지향하는 움직임이 여러 면에서 나타나고 있었다. 이러한 시대 상황을 토대로 19세기 후반의 조선 사회는 안으로 자주적 근대화를 이루고, 밖으로는 제국주의 열강의 침략으로부터 국권을 수호해야하는 이중의 과제를 안고 있었다.

그러나 근대 사회로의 주체적 발전이 좌절되고 제국주의 열강의 침략으로 근대 국민 국가의 수립에 실패하여 우리나라는 일제의 식민지로 전락하였다. 그리하여 역사상 유례없는 가혹한 식민 통치와 수탈로 인해 민족 말살의 위기를 겪었지만, 우리 민족은 독립을 위한 항일 투쟁을 줄기차게 전개하였다.

◈ 청과 일본의 개항과 불평등 조약

①**난징조약**(1842 청 · 영국)– 5개 항구의 통상을 허용한다. 홍콩을 영국에 할양한다. 공행을 폐지하고 자유롭게 통상한다.

②**후먼 추가 조약**(1843 청 · 영국) – 영국의 영사 재판권을 인정한다. 청은 영국의 최혜국 대우를 인정한다.

③**미 · 일 화친 조약**(1854) – 미국 선박에 연료 및 식량을 공급한다. 2개 항구의 개항과 영사의 주재를 인정한다. 미국의 최혜국 대우를 인정한다.

④**미 · 일 수호 통상 조약**(1858) – 5개 항을 개항하고 에도, 오사카의 시장을 개방한다. 일본의 관세를 상호 협의하여 결정한다. 미국의 영사 재판권을 인정한다.

◈ 조 · 미 수호 통상 조약의 체결 배경과 그 의의

①**황쭌셴의 〈조선책략〉**(1880)

조선이라는 땅덩어리는 실로 아시아의 요충을 차지하고 있어… 중국과 친하다는 것은 무엇을 말함인가. 조선은 동 · 서 · 북이 러시아를 등지고 있으며 경계를 잇고 있는 것은 중국뿐이다. 중국은 땅이 크고 물자가 풍부하며, 그 형국이 아시아를 차지하고 있기 때문에 천하는 러시아를 제어할 나라로는 중국만한 나라가 없다고 생각하고 있다. 또한 중국이 사랑하는 나라로는 조선만한 나라가 없다. … 미국과 친하다는 것은 무엇을 말함인가. 그 국세는 대동양에 두루 가깝고, 그상무는 홀로 대서양에 성 하였다. 조선으로서는 마땅히 항상 만리 대양에 사절을 보내서 그들과 더불어 수호해야 할 것이다. 하물며 그들이 연이어 사신을 보내어 조선과 연결을 유지하려는 의사가 있음에 있어서랴. 미국을 끌어들여 우방으로 하면 도움을 얻고 화를 풀 수 있을 것이다. 이것이 바로 미국과 이어져야 하는 까닭이다.

②**보빙사의 한글 국서** 〈뉴욕헤럴드, 1883. 9. 19〉

대조선국 대군주는 대미국 백니쇠텬덕('President)께 글월을 올리옵니다. 이 사이 두 나라가 조약을 바꾸고 화의가 도타움에 전권대신 민영익과 부대신 홍영식을 귀국에 파견하여 예물과 함께 예를 갖추오니 … 바라노니 정성을 미루어 서로 믿어서 더욱 화목케 하며 한 가지 태평을 누리게 하시옵소서. … 개국 사백구십 이년 유월 십이일

※**최혜국**(最惠國) – 통상, 항해 조약 등에서 한나라가 가장 유리한 대우를 상대국에도 부여하는 것.(불평등)

適者生存⇒盡人事待天命

2 개화정책의 추진과 반발

(2) 〈명성 왕후〉 개화정책의 추진 〈1880년대 [일본] 메이지 개혁 모델 ⇒ [청]식 개혁〉

주도세력	➡ 온건 개화파(사대당) – 동도 서기론(전통체제 – 점진적 개혁)	
〈外〉 사절단	〈수신사〉	[일본] 〈1차〉 김기수 [일동기유]-보고서 〈2차〉 김홍집 [조선책략]-소개
	〈산업 시찰단〉	[일본] 조사 = 산업 시찰단(1881 개화승려 김동인 주선) – 비공식적
		[청] 영선사(톈진–김윤식) [미국] 보빙사절단(83 민영익 · 유길준)
〈內〉 개혁	〈정치〉	통리기무아문(12사) – 최초 근대 행정기구(1880) – 〈청〉기구 모방
	〈군사〉	①2영(중앙군 – 무위영 · 장어영) ❷별기군(신식군대 – 호리모토 교관)

◈ **동도서기** 〈곽기락의 상소〉 – 외국의 교(敎)는 사(邪)로서 마땅히 멀리해야 하지만 그 기(器)는 이(利)로서 가히 이용후생의 바탕이 될 것인 즉 농 · 상 · 의학 · 군대 · 주차(舟車)등은 어찌 이를 꺼려 멀리하겠는가?

◈ **연무공원**(1883) – 별기군 해체이후 최초의 근대식 사관 양성학교(신식군대와 장교양성 – 미국 군사교관 초빙)

※[조선책략] 황준헌(청)–친중 · 연미 · 결일 ⇨ 〈러〉견제 ⇒ 外〉미국 수교 內〉척사운동(영남 만인소 사건–이만손)

(2) 개화 정책에 대한 반발

1) 위정 척사 운동 〈주리론 – 보수적 유생〉

성격	〈부정〉	內〉 개혁 반대(보수적 – 전통적 · 성리학적 ⇒ 사회 질서 유지)
	〈긍정〉	外〉 외세 배격(자주적 민족운동 ⇒ 전통문화 보호) = 쇄국(흥선대원군)
전개	〈1860년대〉	병인양요 ⇨ 통상 반대(양화 배척 · 척화 주전론) · 이항로 · 기정진계 유생
	〈1870년대〉	강화도 조약 ⇨ 개항 반대(최익현 – 왜양일체론) – 5불가소(상소)
	〈1880년대〉	조선책략 유포 ⇨ 개화정책 반대(이만손 – 영남 만인소 사건)
	〈1890년대〉	을미사변 ➡ 항일 의병운동 계승(을미의병)

◈ **〈1860년대 이항로 – 척화 주전론〉**
서양 오랑캐의 화(禍)가 오늘날에 이르러서는 홍수나 맹수의 해(害)보다 더 심합니다. …안으로는 관리들로 하여금 사학(邪學)의 무리를 잡아 베게 하시고, 밖으로는 장병으로 하여금 바다를 건너오는 적을 정벌케 하소서.

◈ **〈1870년대 최익현 – 왜양일체론〉**
그런 강화를 믿을 수 없습니다. …저들이 비록 왜인이라고 하나 실은 양적(서양 오랑캐)입니다. 강화가 한번 이루어지면… 사학이 온 나라 안에 퍼지게 될 것입니다.

상소
- **이항로** ⇨ [병인양요 〈척화주전론〉]
- **최익현** ⇨ ①서원철폐〈흥선대원군 하야〉 ❷강화도 조약 〈5불가소〉 ③을사의병 〈창의토적소〉
- **이만손** ⇨ [개화정책 [조선책략] 반대 상소 ⇒ 〈영남 만인소〉]
- 홍재학 ⇨ [개화정책 전면 반대 상소 〈만언 척사소〉] ⇒ 처형
- **유인석** ⇨ [을미의병 〈격고 내외백관〉 상소]

이항로

최익현

	개혁(근대적)		
외세이용(개방적)	개화운동	동학운동	외세배격(민족적)
	나쁜놈(기회주의)	척사운동	
	개혁×(보수적)		

2) 임오 군란 〈1882 구식 군인 주도 – 보수 세력 지지〉

배경	〈內〉	개화 정책 반대 ↳보수 세력(흥선 대원군) ⇔ 개화 세력(명성 왕후)
	〈外〉	외세 침략 반발 ※차별 대우(민겸호 – 선혜청 당상관) – 도봉소 습격 ↳〈도화선〉 구식 군대(2영) ⇔ 신식 군대(별기군) – 녹봉 차별지급
과정		명성 왕후 축출(충주) ⇒ 〈일본〉 별기군 교관 살해 · 공사관 습격–소실 ⇒ 흥선대원군 재집권 ⇒ 개화정책 중단(통리기무아문×, 별기군× ⇒ 5군영) ⇒ 〈청〉 군대 파병(명성왕후 요청) ⇒ 흥선대원군 톈진 피납

◈ **빈민층의 임오군란 합세**
당시 구식 군인들은 서울 변두리에 많이 거주하였는데, 이 지역의 빈민들이 임오군란에 다수 합세하였다.

박영효

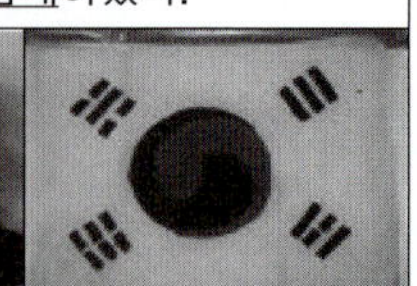
최초 태극기

※결과 ⇒ 〈청〉정치적 경제적 · 주도권 〈일본〉군대 주둔 〈조선〉개화정책 중단

결과	〈內〉	⇨ 명성왕후 재집권 〈친청 내각 ⇒ 내정 간섭 · 경제적 침략〉
		〈내정 간섭〉 마젠창(재정) · 위안스카이 = 원세계(군사) · 묄렌도르프(외교) 〈경제 침략〉 조 · 청 상민수륙 무역 통상장정(통상특권 허용) – 속국대우 ⇨ ①일본상인 내륙진출(최혜국) ②청 ⇔ 일 상인 대립
	〈外〉	➡ 제물포 조약[조선 · 일본] – 배상금 지불(사절단 : 박영효 – 최초 태극기) ↳〈일본〉 군대 – 국내 주둔(최초 허용) – 경비병 수준(조선 경비부담)

◈ **조 · 청 상민 수륙 무역 장정** 오직 금번 체결하는 수륙 무역 장정은 중국이 속방을 우대하는 후의에서 나온 만큼 다른 각국과 일체 균점하는 예와 같지 않다. 제1조) 청의 상무위원을 서울에 파견하고 조선 대관을 톈진에 파견한다. 청의 북양 대신과 조선 국왕은 대등한 지위를 가진다.

사료읽기

◈ **위정척사 운동의 전개 과정과 특징**

①**〈1860년대 척화 주전론, 이항로〉** ②**〈1870년대 왜양일체론, 최익현〉**

③**〈1880년대 영남 만인소, 이만손〉** 수신사 김홍집이 가져와 유포한 황준헌의 사사로운 책자를 보노라면 어느새 털끝이 일어서고 쓸개가 떨리며 울음이 북받치고 눈물이 흐릅니다. … 중국은 우리가 신하로서 섬기어 속방의 직분에 충실한지가 벌써 2백년이나 되었는데 이제 무엇을 더 친할것이 있겠습니까. … 일본은 우리에게 매어 있는 나라입니다. 임진왜란의 숙원이 가시지 않았는데 그들이 우리의 수륙요충을 점령 하였습니다. 만일 방비하지 않았다가 저들이 산돼지처럼 돌진해 오면 전하께서는 장차 어떻게 이를 제어 하시겠습니까. … 미국은 우리가 모르는 나라입니다. 우리가 스스로 끌어들였다가 저들이 우리의 빈약함을 업신여겨 들어주기 어려운 청을 강요하면 전하께서는 장차 어떻게 이를 구제 하시겠습니까. … 러시아는 본래 우리와 혐의가 없는 나라입니다. 공연히 남의 이간을 듣고 원교를 핑계로 근린을 배척하였다가, 만일 이것을 구실삼아 분쟁을 일어키면 전하께서는 장차 어떻게 이를 구제 하시겠습니까.

러시아 · 미국 · 일본은 같은 오랑캐입니다. 그들 사이에 누구는 후하게 대하고, 누구는 박하게 대하기는 어려운 일입니다. … 더욱이 세계에는 미국 · 일본 같은 나라가 헤아릴 수 없이 많습니다. 만일 저마다 불쾌해 하며, 이익을 추구하여 땅이나 물품을 요구하기를 마치 일본과 같이 한다면, 전하께서는 어떻게 이를 막아 내시겠습니까?

※**위정척사**(衛正斥邪) 운동 – 위정이란 정학인 성리학을 고수하는 것이고, 척사란 불교, 도교, 천주교는 물론 양명학 등 성리학 이외의 모든 종교와 사상을 배격하는 것이다.

◈ **개항 5불가소** 〈척화의소(斥和義疏), 최익현〉 지금 왜와 강화하면 대략 다음과 같은 폐단이 있습니다. …

①저들의 물화(상품)는 그 양이 끝이 없는데 비하여 우리 물화는 대개 백성의 생명이 달린 것이고 땅에서 나는 것으로서 생산량이 제한되어 있습니다.

③저들은 비록 왜인이라고 하지만 본질적으로 서양 오랑캐와 다를 것이 없습니다. 강화가 이루어진다면 사악한 서적과 천주교가 다시 들어와 사악한 기운이 다시 온 나라를 뒤덮을 것입니다.

④강화가 이루어진다면 그들은 재물을 빼앗고 부녀자들을 겁탈할 것입니다.

⑤저 왜적들로 말하면 사람의 도리를 모르는 짐승들이옵니다.

⇨ 1876년 1월 최익현은 도끼를 앞에 놓고 꿇어 앉아 일본과의 조약 체결에 적극 반대하는 상소를 올렸다. 자신의 상소를 받아들이든지 아니면 도끼로 자신을 죽여 달라는 단호한 의지를 나타낸 것이다. 여기에서 최익현은 일본의 강요에 의해 어쩔 수 없이 조약을 맺어서는 안 되며, 일본도 서양과 마찬가지로 오랑캐라는 점을 강조하고 있다.

◈ **임오군란** – 조선의 왕족들 살해되다. 〈1882. 8. 29 뉴욕타임스기사〉

7월 23일 반란군이 서울의 주요 도로를 장악하고 궁궐과 일본 공사관을 습격하였다. 일본 공사는 공사 관원들과 함께 탈출하여 보호를 요청하기 위해 궁궐로 향했으나, 궁궐은 이미 반란군에게 함락되어 있었다. … 서울은 현재 무정부 상태라고 알려 왔다. 궁궐에 거주하던 왕족들 중, 오직 왕만이 죽지 않고 살아남았다. 왕비는 살해당하였다. …

①**제물포 조약**(1882. 7)

〈제1조〉 금일부터 20일 안에 조선국은 흉도를 체포하고 그 괴수를 엄중히 취조하여 중죄에 처한다. 일본국은 관리를 보내 입회 처단케 한다. 만일 그 기일 안에 체포하지 못할 때는 응당 일본국이 처리한다.

〈제3조〉 조선국은 5만 원을 내어 해를 당한 일본 관리들의 유족 및 부상자에게 주도록 한다.

〈제5조〉 일본 공사관에 군인 약간을 두어 경비한다. 그 비용은 조선국이 부담한다.

②**조 · 청 상민 수륙 무역 장정**(1882. 8)

〈제2조〉 조선에서 청의 상무위원의 치외 법권을 인정한다.

〈제3조〉 선박의 조난을 구호하고, 평안도 · 황해도와 산둥 성 · 펑텐 성 연안에서 어업 활동을 허용한다.

〈제4조〉 중국 상민은 베이징과 조선의 양화진과 한성에서 행잔(行棧, 상점 · 창고 · 여관 등)을 개설할 수 있다. 그러나 양국 상민은 피차의 내지에서 상점을 개설하지 못하고 상품 판매도 불가하되, 피차의 상무위원과 지방관이 발행하는 호조(護照, 여행권)를 받을 경우에는 토화(土貨, 상품)를 구매할 수 있다.

〈제5조〉 책문과 의주, 그리고 훈춘과 회령 간의 국경 무역을 존속시킨다.

〈제7조〉 청 선박의 항로 개설권, 청 병선의 조선 연해 내왕권 및 조선 국방 담당권을 허용한다.

1) 근대개혁 　　　　　　　　　　適者生存⇒盡人事待天命

①갑오개혁(1894)——(홍범14조)——⇒ ②을미개혁(95)—⇒ ③독립협회(96)—⇒④광무개혁(97)

2) 성리학–
- 주리론〉 위정척사운동⇒ 의병운동——(병합)——⇒ 무장독립군(무장투쟁– 직접적 · 적극적 저항)
- 주기론〉 개화운동——⇒ 애국계몽운동—⇒ 사회운동(실력양성– 간접적 · 소극적 저항)

3 갑신정변과 개항이후 경제적 변화

1 개화 세력의 대두

(1) 개화 세력의 대두

	〈19C〉 **개화 운동** 박지원(중상) 손자↰ 백의정승(한의원)↰
전개 〈1870년대〉	**개항론** ⇨ 자주적 문호개방(오경석 · 박규수 · **유흥기** = 유대치) 역관– ↳〈해국도지 · 영환지략〉 소개
〈1880년대〉	부국강병 ⇒ 근대체제 개선(박영효 · 김옥균) ⇨ **갑신정변**(1884)
〈1890년대〉	주권 · 민권 수호(서재필 · 윤치호 · 이상재) ⇨ **독립협회**(1896)
〈1900년대〉	➡ **애국계몽 운동** 계승(개화+민족 운동 ⇒ 실력 양성 운동)

◈ **〈19C 후쿠자와 유치키의 문명개화론〉**
외국의 문명을 취해서 미개한나라에 퍼뜨릴 때에는 모름지기 적절히 취사선택해야 한다. 그러나 문명에는 밖에서 드러나는 사물과 그 안에 담겨있는 정신의 구별이 있는데 밖으로 드러나는 문명은 취하기 쉽고 그안에 담겨있는 문명은 찾아내기 어렵다. 나라의 문명화를 꾀함에 있어서는 어려운 쪽을 먼저 하고 쉬운 쪽을 나중에 해야 한다
⇨ 김옥균 · 박영효 · 유길준 등 직접적 영향

분화	
	1) **사대당** 〈**온건 개화파**〉 – 집권관료(**김홍집** · 김윤식 · 어윤중) ⇨ **개화정책** 〈**청**〉 양무 운동 ⇨ 전통 체제 – 점진적 개혁 [**동도 서기론**]
	2) **개화당** 〈**급진 개화파**〉 – 신진관료(**박영효** · **홍영식** · **김옥균**) ⇨ **갑신정변** 〈**일본**〉 메이지 개혁 모델 ⇨ 근대 체제 – 급진적 개혁 [**문명 개화론**] 〈**활동**〉 ①우정총국(우편 사무) ②박문국(한성순보) ③개혁 ⇒ 차관도입 시도

①**동도서기론**(東道西器論) – 우리의 전통적인 제도와 사상[**동도**]을 지키면서 서양의근대적인 기술과 과학[**서기**]을 받아들이자
②**문명개화론** – 서양의 기술 · 문화를 뒷받침하는 근대적 사상 · 제도까지도 수용

(2) 갑신 정변 〈1884 신진 관료 – **개화당** 주도〉

과정		청군 철수(청 · 프 전쟁 : 베트남) ⇒ **우정국 사건**(개국 축하연 ⇒ 정변) ⇒ 개화당 정부 수립 〈**개혁 요강 14조**〉 ↳〈**일본**〉 공사관 지원약속 ⇒ 청군 개입〈**3일 천하**〉 ⇒ 실패(일본 망명) ⇒ 김옥균 피살〈**청**〉
결과	〈内〉	〈**청**〉 ➡ 내정간섭 강화(⇒ 일시적 개화세력 몰락 = 개화운동 중단)
	〈外〉	❶**텐진 조약**(청 · 일 – 공동 파병권) ②**한성 조약**(조선 · 일본) ↳**청 · 일 전쟁** 공사관 신축 비용 지불↲

성격			➡ **근대국가 수립** 최초 시도 ⇒ 근대 민족운동 방향 제시(선구)
	〈外〉		〈**청**〉 사대 청산(간섭 배제) ⇨ 자주 독립 국가 수립
	〈内〉	〈**정치**〉	근대 국가 건설 ⇨ 〈**입헌 군주제** 수립〉
		〈**사회**〉	봉건적 폐습 타파(**신분**제도 개선) ⇨ **인민** 평등
실패 원인	〈内〉		**소수 선각자**(신진관료) ⇨ 급진적 개혁(개혁 주체세력의 기반미약) ※대다수 관료 · 민중 지지× ⇒ ①토지 제도× ②군사제도 개혁 소홀
	〈外〉		일본의 침략의도 파악 부족(〈**일본**〉 우호적 ⇔ 〈**청**〉 배타적) ↳외세의존 ↳외세배격

◈ **갑신 정변 – 14개조 개혁요강**– 80여개조

外	1. 청에 잡혀간 **흥선대원군**을 돌려보내고, 청에 행하던 **조공의 허례를 폐지**한다.
정치 内	〈**왕권제한 – 내각권한** 강화⇒ **입헌군주제**〉 2. **규장각 – 내시부**를 폐지한다. 3. **의정부 · 6조** 외 조직 정비 / 정령을 논의 · 결정 · 반포 한다 4.〈군사〉 4영 → **1영** 통합 · **근위대** 신설
경제	5. 모든 **재정은 호조에서 통활**한다. 6. **지조법을 개혁**하여 관리의 부정을 막고 **국가 재정**을 넉넉히 한다.(조세 제도) 7. **상환미** × (환곡 제도 – 부채 탕감) 8. **혜상공국**을 폐지한다.(보부상 특권폐지)
사회	9. 문벌을 폐지하여 **인민평등의 권리**를 세워 **능력**에 따라 관리를 임명한다. 10. 급히 **순사를 두어** 도둑을 방지한다.

◈ **갑신정변 부정**〈윤치호〉 – 4~5명이 사건을 일으켜서 나라를 위태롭게 한 다음 …종전에는 개화가 이롭다고 말하면 그다지 싫어하지 않았으나 이사건 이후 〈개화당은 충의를 모르고 외인과 연결하여 나라를 팔고 겨레를 배반하였다〉고 말하였다.

◈ **텐진 조약** 〈1조〉 청국은 조선에 주둔한 군대를 철수한다. 일본국은 공사관 호위를 위해 조선에 주재한 병력을 철수한다.
〈3조〉 앞으로 만약 조선에 변란이나 중대사건이 일어나 청–일 두 나라나 어떤 한 국가가 파병을 하려고 할 때에는 마땅히 그에 앞서 쌍방의 문서로서 알려야 한다. 그 사건이 진정된 뒤에는 즉시 병력을 전부 철수 시킨다.(⇨ **공동 파병권**)

◈ **한성 조약** 〈1조〉 조선국은 국서를 일본에 보내 사의를 표명한다.
〈5조〉 일본 호위병의 영사는 공관부지를 택하여 정하고 임오군란 5관에 따라 시행한다 (⇨ 공사관 신축 비용 지불)

사료읽기

◈ **동도 서기론** 〈윤선학 상소〉

군신 · 부자 · 부부 · 붕우 · 장유의 윤리는 인간의 본성에 부여된 것으로서 천지를 통하는 만고불변의 이치이고, 위에 존재하는 것으로서 도(道)가 됩니다. 이에 대하여 배 · 수레 · 군사 · 농사 · 기계의 편민이국(便民利國)하는 것은 외형적인 것으로서 기(器)가 됩니다. 신(臣)이 변혁을 꾀하는 것은 기(器)이지 道가 아닙니다. 옛날의 범선과 오늘의 화륜선은 배의 고금에 다름일 뿐이며, 옛날의 우마 수레와 오늘의 기차는 차재의 고금에 다름입니다. … 전하께서는 준재를 널리 선발하여 기계 제조의 관리를 두시고, 그들로 하여금 해외에 출입케 해서 제조법을 배워 오게 하여 급속히 그 효용을 보게 하면, 재주와 지략과 정교한 기술이 어찌 다른 나라에 뒤떨어지겠습니까?

◈ **갑신정변의 개혁 내용**

①지금 천하대세는 나날이 변하고 있습니다. 나라 안의 상황은 날로 위급해지고 있으며, 청국과 프랑스 사이에는 전쟁이 임박하였습니다. 청국과 일본 역시 그러한 상황에 이르게 될지도 모르겠습니다. 그리고 십여 년 전부터 서양 여러 나라의 동양 각국에 대한 정책이 갑자기 변하였습니다. 만약 옛 법도만을 굳게 지킨다면, 곧바로 위기가 닥쳐와 거의 망하게 될 것입니다. … 밖으로는 널리 구미 각국과 친교하고, 안으로는 정치를 개혁하여 어리석은 인민을 문명의 도로써 가르쳐야 합니다. 또한 상업을 일으켜서 재정을 확충하고 군사를 길러야 합니다. 〈정교, 대한 계년사〉

⇨ 위의 내용은 김옥균이 고종에게 국내외 정세에 대해 자신의 의견을 솔직하게 털어놓은 것이다. 그는 조선을 둘러싼 열강의 각축이 심해지고 서양의 정책이 급변하는 상황 속에서 개혁을 추진하지 않을 경우 나라가 망하게 될지도 모른다고 역설하였다. 이로부터 며칠 후 마침내 김옥균을 비롯한 급진 개화파는 무력을 동원하여 갑신정변을 일으켰다.

②무릇 백성에게 자유의 권리가 있고, 군주권이 한정되어 있으면 민국은 영원히 평안하게 된다. 그러나 백성에게 자유의 권리가 없고, 군주권이 무한하면 비록 잠시 강성의 날이 있다고 하여도 오래 가지 못하고 망한다. 〈박영효의 상소문〉

⇨ 정치적으로 청에 대한 사대 외교를 폐지하고, 입헌 군주제적 정치 구조를 세우려고 하였다. 경제적으로는 지조법을 개정하고 재정 기관을 호조로 일원화하여 국가 재정을 충실히 하려고 하였으며, 혜상공국(보부상을 보호하기 위하여 설치한 기관)을 폐지하고 자유로운 상업의 발전을 꾀하였다. 사회적으로는 인민 평등권과 능력에 따른 인재 등용으로 정치 참여의 기회를 확대하고자 하였다. ⇨ 입헌군주제와 인민 평등권 수립을 위한 최초의 정치개혁 운동이다. 하지만 외세 의존과 국민의 지지가 없었다는 한계점을 가지고 있다.

※**톈진 조약** – 이 조약에 의하여 일본은 청과 동등하게 조선에 군대를 파견할 권리를 얻었다. 뒷날 동학 농민 운동이 일어나게 되자 일본은 이 조약을 구실로 조선에 군대를 파견하였다.

※**지조법**(地租法) – 토지에 부과된 각종 조세에 대한 규정으로 토지에 부과하는 세금을 생산량 기준이 아니라 토지 가격에 따라 부과하는 방식. 종래의 삼정의 문란을 해결하려는 방안으로, 일본에서 실시된 것을 수용한 것이었다.

※**혜상공국**(惠商公局) – 보부상을 보호하기 위하여 설치한 기관

	內〉개혁○(근대적)			––국내〉
外〉외세이용 (개방적)	개화운동	동학운동	外〉외세배격 (민족적)	
	나쁜놈 (기회주의)	척사운동		–국외〉
	內〉개혁×(보수적)			

⇒ 근대민족운동 방향(갑신정변 · 동학…)

1895 을미의병
1905 을사의병
07 정미의병
08 서울진공작전(13도창의군 – 이인영)
09 (일)남한대토벌작전
〈1910년대〉 국외 이주(간도 · 연해주)

척사운동	⇔	개화운동	
①통상반대(척화주전)	〈1860년대〉쇄국		
②개항반대(왜양일체)	〈1870년대〉강화도	①개항론	
③정책반대(영남 만인소)	〈1880년대〉정책	②갑신정변(84)	입헌 군주제
⇒ ④을미 **의병운동**	〈1890년대〉청 · 일전쟁	③독립협회(96)	
⇒ 무장독립군	〈1900년대〉러 · 일전쟁	⇒ ④**애국계몽운동**	

〈1860년대〉쇄국(흥선)⇒ 통상요구⇒ 병인→ 도굴→ 신미양요⇒ 〈척화비〉 ★〈1870년대〉개항⇒ 강화도조약 適者生存⇒盡人事待天命
〈1880년대〉혼란⇒ 정〉 임오·갑신 외〉 거문도 경)방곡령 / 개화정책 · 열강수교
〈1890년대〉 外〉 청 · 일전쟁 內〉 갑오개혁기(갑오 · 을미 · 광무개혁)
〈1900년대〉반식민지[독점권승인(을사)] 外〉 러 · 일전쟁 內〉 국권침탈(고문→ 통감→ 차관→ 총독정치)
★〈1910년대〉무단(헌병)– 3.1운동(19) 〈1920년대〉 문화(경찰)– 만주사변(31) 〈1930년대〉말살(전쟁)– 황국신민화
※식민통치⇔민족운동–①무장투쟁론 ②실력양성론 (③민중투쟁론 ④외교독립론)
★〈1940년대〉광복⇒ 정부수립 〈1950년대〉6.25전쟁 〈1960년대〉경제개발(62~86 5차) 〈1970년대〉독재(유신정권)
〈1980년대〉민주화(60 4.19⇒ 87 6.29) ※9차개헌(5년 단임 직선제) 〈1990년대〉 IMF(97)
〈2000년대〉분단⇒ 통일노력(72 7.4⇒ 2000 6.15)

2 농민층의 불만 고조

┌①**정치**〉 임오군란 · 갑신정변 ②**외교**〉 거문도사건 ③**경제**〉 방곡령–동학봉기

⇨ 〈**1880년대**〉 문호 개방 이후 ⇒ 극도의 혼란 시기		
〈内 **국내**〉	지배층 수탈[①〈**관권**〉 탐관오리 ②〈**경제력**〉 양반지주] ⇨ 사회 혼란	
〈外 **국외**〉	**일본**의 본격적 경제 침략 ⇨ 경제 혼란(미곡 유출 ⇒ 곡가 상승)	
방곡령 〈1889〉	〈**전개**〉	함경도(콩) · 황해도(쌀) ⇒ 미곡유출 금지령(감사 **조병식**)
	〈**결과**〉	[1–2차 통상장정] ⇨ 손해 배상(항일 감정 고조) ⇒ **동학 봉기** 〈강화도조약 内〉 ①1차 통상장정(76 미곡 – 무제한 수출) ②2차 통상장정(83 수출 금지 시 – 1개월前 통보)

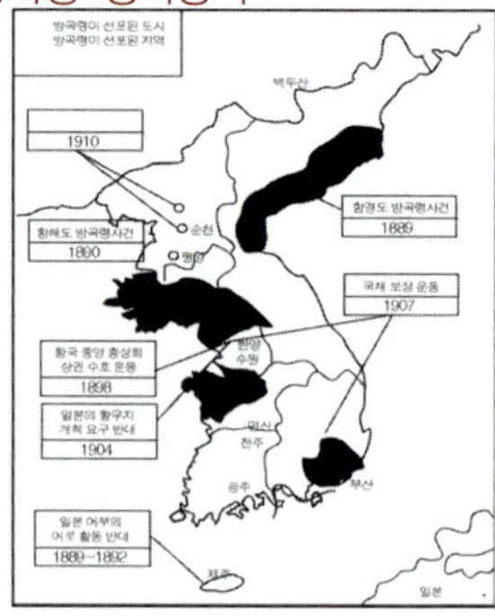

방곡령 선포지역

└전국 확대(동래지역 까지)

4 동학 농민 운동과 갑오개혁

1 동학 농민 운동(1894)

교세	❶대 교주 최제우 ⇒ 〈혹세무민 – 처형〉 ⇒ ②대 교주 최시형 ⇒ ③대 교주 손병희 (인내천 · 외세 배격) (교세 확장) – 동경대전 · 용담유사 〈**천도교**〉

①〈교조신원복구 운동〉 전라도 삼례집회 ⇒ 서울 복합상소 ⇨ ❷〈사회개혁〉충청 **보은집회**

└신앙자유 운동 └40여명의 대표 └정치적 개혁운동

전개	⇨➡ 1차 봉기〈1 · 2 · 3기〉 ⇒ 〈内〉 **사회 개혁** [**제폭구민** – 反봉건적] └남접 주도(전라도 – 전봉준) ⇔ 지도부 = 북접 – 봉기반대(충청도 – 손병희)	
	〈1기〉**고부 민란기**	**전봉준** – **만석보 사건**(군수 **조병갑**) ⇒ 안핵사 파견(이용태)
	〈2기〉**절정기**	①**백산** 봉기 ⇨ ❷전주 **황토현 전투** → 황룡성 전투 ⇒ ③**전주성** 점령
	〈3기〉**타협기**	内〉 ④**전주화약**(폐정 개혁안 12조) – **집강소**(자치적 최초 민정기구)
		外〉 ❺**청 · 일 전쟁**(⇒ 전쟁 중 **갑오개혁** 강요 · 추진)
	⇨➡ 2차 봉기〈4기〉 ⇒ 〈外〉 **외세 배격** [**보국안민** – 反침략적]	
	〈4기〉**항일 투쟁기**	❻공주 **우금치 전투**(혈전) ⇨ 남접(전봉준) + 북접(손병희)
영향	〈内〉 反 봉건적〈**사회 개혁**〉 ⇒ **갑오 개혁** 반영(근대 = 평등 사회 전환) 〈外〉 反 침략적〈**외세 배격**〉 ⇒ **의병 운동** 계승(민족 운동)	
의의	①최대 규모 농민 운동 ⇒ **농민** 주축 + 잔반 주도 + 중소상인(경제적 지원) ❷근대 민족 운동 성격 ⇒ 内〉 근대개혁 外〉 외세배격	
한계	〈内〉	①농민 外 – 지지기반 확보× ⇒ 농민 주축 ※**민보군**(동학 진압군 – 양반지주 조직 – **사병**) – 신분 간 갈등(지주 ⇔ 농민) ②근대국가 건설 – 구체적 방안 제시× ⇒ 왕권 옹호 – 전근대적
	〈外〉	③무력적 = 전투력 열세(일본군 > 동학군) └참여 의식×

◈ **동학 〈폐정개혁 12개조〉**–전주화약

1. 동학도는 **정부 서정에 협력** 한다.	
2. **토지**는 평균하여 분작(소작농70%) 3. 무명의 **잡세**는 일체 폐지(조세제도) 4. **공사채**를 물론하고 무효(부채탕감)	농민
5. **탐관오리**는 그 죄상을 조사하여 엄징 6. **횡포한 부호**를 엄징 한다. 7. **불량한 유림과 양반**의 무리를 엄징	무리징벌
8. **노비문서**를 소각 한다. 9. 7종의 천인차별을 개선하고 **백정**이 쓰는 평량갓을 없앤다. (신분폐지)	봉건적 폐습타파
10. **청상과부**의 개가를 허용 한다. 11. 관리 채용에는 **지벌을 타파**하고 인재를 등용 한다.	
12. **왜와 통하는 자는 엄징 한다.**	

최제우 최시형 손병희

전봉준

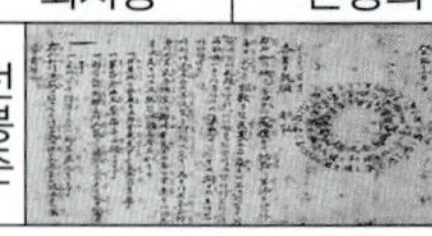

사발통문

◈ **농민 봉기를 알리는 격문** : 우리가 의(義)를 들어 이에 이르렀음은 그 뜻이 결코 다른 데 있지 않다. 백성을 도탄에서 건지고 국가를 반석 위에 두고자 함이라. 안으로는 탐학한 관리의 머리를 베고 밖으로는 횡포한 강적의 무리를 구축하고자 함이라. 양반과 부호 앞에 고통을 받는 민중들과 수령과 방백 밑에 굴욕을 받는 아전들은 우리와 같이 원한이 깊은 자이라. 조금도 주저치 말고 이 시각으로 일어서라. 만일 기회를 잃으면 후회해도 미치지 못하리다. 〈동학 1차 봉기 때의 격문(1894 백산 격문)〉

⇨ 1894년 3월 25일 동학 농민군 수천여 명이 전라도 고부군의 백산(현 전북 부안)에 모여 전봉준을 대장으로, 김개남과 손화중을 총관령으로 선출하고 위와 같은 격문을 발표하였다. ⇒ **동학 농민 운동은 반봉건 · 반외세의 민족운동이었다.**

사료읽기

◈ 청 · 일 상인의 경제적 침투

① 강화도 조약(1876) – 치외법권, 일본상인의 자유 활동보장

② 조 · 일 1차 통상 장정과 수호 조규 부록(1876), 2차 통상 장정(1883) – 일본상인의 독점적 진출. 거류지 무역

③ 조 · 미 수호 통상 조약(1882) – 최혜국 대우, 관세권 설정

④ 조 · 청 상민 수륙 무역 장정(1882) – 청 · 일 상인의 상권 경쟁. 외국 상인의 내륙 진출

⇨ 개항 이후 우리나라와 일본의 무역액이 5년 만에 무려 30배가 늘어났다.

※**방곡령**(防穀令) – 흉년 등으로 쌀이 부족해질 경우, 지방관이 쌀의 수출을 금지하던 명령으로 조 · 일 통상 장정에는 1개월 이전에 일본 상인에게 통보하도록 규정되어 있었다. 함경도는 콩, 황해도는 쌀이 방곡령의 주요 대상 품목이었다.

◈ 동학 농민 운동의 시대적 배경

①**되살아난 삼정의 문란** 〈황현, 오하기문〉

군전(군역세)은 아무 때나 마구 부과하고, 환곡은 원본을 회수하고도 이자를 독촉하며, 세미(稅米)는 명목도 없이 징수하고 있습니다. 민가에 부과되는 각종 잡역은 나날이 늘어가고, 인척의 재물을 빼앗는 것도 마다하지 않습니다.

②**외세의 경제 침탈** 〈동학교도들이 공주 집회에서 충청 감사에게 보낸 글, 1892.〉

이제 서양 오랑캐의 종교와 학문이 들어오고, 일본인들의 독이 곳곳에 넘쳐나고 있으며, 나라를 위험하게 할 외적들이 서울에 가득 차 있으니, 이들은 모두 우리가 물리치고자 하는 것들입니다. 심지어 일본 상인들이 각 항구에 들어와 무역의 이익을 독차지하고, 곡식을 모조리 가져가 버리고 있으니 백성들은 생활을 지탱하기 어렵습니다.

③**정치 운동으로 발전한 교조 신원 운동**

교조 신원 운동은 동학의 창시자 최제우가 처형된 후 그 억울함을 벗고 동학 신앙의 자유를 얻기 위해 동학 교단에서 벌인 운동이다. 동학교도들은 1892년 10월에 공주에서 집회를 갖고 교조의 신원과 갇혀 있는 동학교도의 석방, 동학 포교의 자유 등을 요구하였다. 이에 대해 충청감사 조병식은 동학은 이단이라고 하면서도, 동학 금지 과정에서 일어난 각종 폐단은 금지할 것을 지시하였다. 여기에 고무된 동학교도들은 그 해 11월에 전라도 삼례에서 집회를 열어 동학교도에 대한 관리들의 부당한 수탈을 금지한다는 조처를 이끌어 냈다.

1893년 2월에는 동학교도 40여 명이 광화문 앞에서 복합 상소를 하였으나 실패하자, 1893년 3월에 충청도 보은에서 2만여 명이 모인 대규모 집회를 열었다. 보은 집회에는 동학교도뿐 아니라 농민들도 많이 참여하여 척왜양창의(斥倭洋倡儀)를 내세우는 등 교조 신원의 차원을 넘어섰다.

◈ 〈새야 새야 녹두새야. 녹두밭에 앉지 마라. 녹두꽃이 떨어지면. 청포장수 울고 간다. 새야 새야 팔왕새야. 네 무엇하러 나왔느냐. 솔잎 댓잎이 푸릇푸릇 하절인가 하였더니. 백설이 펄펄 흩날리니. 저 강 건너 청속 녹죽이 날 속인다.〉

⇨ 이 민요는 동학 농민 운동의 실패를 애석하게 여기는 뜻에서 불려진 것이다. 녹두는 전봉준을 의미한다. 이는 그가 키가 작아서 붙은 별명이다.

※**조병갑의 탐학** – 고부 군수로 있으면서 만석보를 개수할 때 농민들을 강제로 동원하였고, 추수 때 수세(水稅)로 700여 석을 착복하였다. 또한 자기 부친의 공덕비 건립 명목으로 1000냥을 거두기도 하였다.

※**만석보** – 농사에 사용하기 위해 강물에 둑을 쌓아 물을 가두던 보가 있었던 곳이다. 1894년 과중한 세금에 시달리던 농민들이 이 만석보를 때려 부숨으로써 동학 농민 운동이 시작되었다.

※**집강소**(執綱所) – 전주 화약 이후 동학 농민군이 내정을 개혁할 목적으로 전라도 53개 군에 설치한 민정 기관. 한 사람의 집강과 그 아래에 서기, 성찰, 집사, 동몽 등의 임원을 두었다.

※**민보군** – 동학 농민 운동 당시 농민군을 진압하기 위해 보수적 유생들이 조직한 군대

適者生存⇒盡人事待天命

2 갑오개혁 · 을미개혁 〈1890년대 **갑오 개혁기**〉

↱208건의 의안을 3개월 만에 통과

추진	〈1차〉	**갑오개혁** [교정청(고종) ⇒ **군국기무처**(80아문)] – 개혁추진 : 초정부적 성격
	⇓ ⇓	〈2차〉 **홍범 14조**(갑오개혁 ⇒ 명문화) ⇨ 〈정부〉 **자주적 개혁의지** ↳1차 갑오개혁 실행 ⇒ 삼국간섭 중단(친러 내각)
	〈3차〉	**을미개혁**(갑오 개혁 연장) ⇒ 아관파천 중단(친러 내각)
의의	〈정치〉 〈경제〉 〈군사〉	⇨外〉 [**부정적**] **일본**의 강요 ⇒ 침략기반 조성 [**타율적** · **급진적** · **불완전** 개혁] ⇒ 경국대전 체제 붕괴
	〈사회〉	➡內〉 [**긍정적**] **근대 = 평등 사회 전환** [**자율적**] – 개혁의지 반영
		신분 제도 철폐 ⇒ 봉건적 폐습 타파 ※갑신정변 · 동학 개혁요구 반영 ⇨ 자주적 개화운동 연장

↳인민평등 ↳노비문서 소각

◈ **청 · 일 전쟁**(1894~5 시모노세키 조약)

〈배경〉	內〉 **동학** 봉기 外〉 텐진조약(공동 파병권) – 갑신
〈결과〉	종주권 이양(청 → **일본**). 요동할양
〈영향〉	**삼국간섭**(러시아 · 독일 · 프랑스)

〈청〉 아산만 3천(5월 5일) 파병
⇒ 〈일〉 인천 7천(5월 9일) 파병

◈ 우리 정부는 왕명을 받들어 **교정청**을 설치하고 당상관 15명을 두어 먼저 폐정 몇 가지를 개혁했는데, 모두 동학당이 사정을 하소연한 일이었다. 자주적 개혁을 추진함으로써 일본인들의 요구와 끼어 듦을 막고자 하였다.
〈김윤식 [속음청사] 1894년 6월 24일〉

	1) 〈1차〉 **갑오개혁**(1894) – **김홍집** 내각(흥선 대원군 섭정) ⇒ 〈**청**〉 견제 의도	
정치	〈外〉	①〈**청** 간섭저지〉 ⇨ **연호** 사용(개국기원) – 조선개창(1392 ⇒ 개국기원 1년)
	〈內〉	②〈**왕권** 제한〉 ⇨ 왕실사무(**궁내부**) ⇔ 정부사무(의정부) 분리
		❸〈**지방관** 권한 축소〉 ⇨ **군사권** · **사법권** 박탈. 과거제 폐지(⇒근대적 관리 선발제도) ↳**경무청**(순사) ↳법관양성소 규정 ⇒ **재판소**(2차 홍범14조)
경제	재정 일원화(**탁지부**). **은**본위제. 조세 금납제. 도량형 개정 · 통일	
군사	〈**불완전 개혁**〉 ⇨ 훈련대 창설. 사관 양성소(지휘관) 설치 **시도**	

※조세금납제⇒ 전환국 (백동화 · 적동화 · 황동화)

◈ **제1차 개혁** – 일본 공사 오토리의 지도하에 일본인들이 추진했다는 설이 있다. 그러나 처음에 개혁을 강요했던 일본 측은 이권 침탈에 힘쓰면서 개혁 추진에는 거의 방관적인 자세를 취하였다. 당시 일본은 청 · 일 전쟁을 수행하는 과정에서 조선인들이 반발할 것을 우려하여 적극적인 간섭을 피하였던 것이다. 일본은 국왕을 감금한 채 정부에 개혁을 강요했으며, 청 · 일 전쟁을 도발하였다. 교정청을 없앤 이후 군국기무처가 설치되어 새롭게 개혁이 추진되었다. 여기에는 총재 김홍집을 비롯하여 박정양, 유길준 등 개화 인사들이 참여하였다. ⇨국정 전 분야에 걸쳐 약 208건의 의안을 3개월만에 통과)

※백동화 (2전 5푼=상평통보 25개)

사회	〈**봉건폐습 타파**〉 신분제도 폐지(**노비**제도 폐지 = 인신 매매 금지) – 사민 평등
	가혹한 고문(**태형**) · 연좌제 폐지. 혼인(과부 재가 허용 · 조혼 금지) 국한문 혼용(공문서에 사용) ↳男20 女16세

◈ 〈**조선 주재영사 우치다**〉 이번에 우리군이 조선에 파견한 이상 좋은 기회를 놓치지 말고 제국 공사관 · 영사관 및 거류 제국 신민을 보호하는 것 외 조선국으로 하여금 일본 제국의 보호를 받도록 조약을 체결하고, 조선의 내치에 간여하고…

2) **홍범 14조**(1895 〈2차〉 갑오 개혁) – **박영효**(급진) + 김홍집(온건) 연립 내각	
정치	군국기무처 폐지. **재판소**(사법권 분리). 7부(←80아문). 23부(←8도)
교육	근대교육 입국조서(한성 **사범학교**) – 외국어학교 관제 · 소학교 관제 공포
★〈**독립서고문**〉 갑오개혁 추진 = 실행의 자주적 의지를 밝히며 고종이 종묘에서 반포 ⇒ 정부차원에서의 자주적 개혁의지 표현(1차 통과된 갑오개혁을 조선정부 주도의 실행)	

◈ **제2차 개혁** – 제 2차 개혁은 호흡이 맞지 않는 과거의 온건 개화파와 급진 개화파의 합작이라는 제약성 때문에 원만하게 추진되지 못하였다. 정동파 서울 정동에 있던 주한 외교관과 조선 고관들의 사교 단체, 민영환, 윤치호, 이상재, 서재필, 이완용 등이 속하였다.

	3) **을미개혁**(1895 〈3차〉 갑오개혁) – **김홍집** 친일 내각
정치	①**연호** 사용(건양) ❷**군제 개편**(〈**중앙군**〉 친위대 – 〈**지방군**〉 진위대)
사회	❸**단발령** ❹**양력**(태양력) ※종두법 · 소학교 · 우편 업무 재개(우정국)

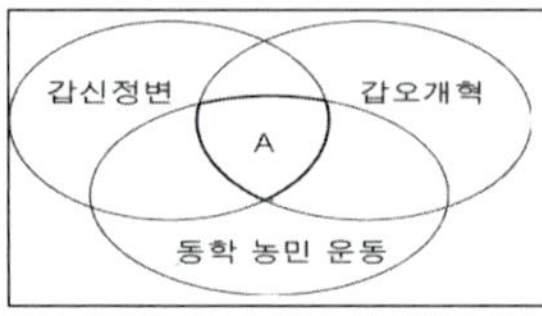

〈A 공통〉
①**신분제도**
②조세제도

◈ **갑오개혁**은 갑오년에 착수되어 을미년까지 계속되었기 때문에 갑오 · 을미개혁이라고도 한다. 정부가 동학 농민군과 전주 화약을 맺은 이후 교정청을 설치하여 개혁을 추진하는 상황이 나타나 있다. 정부는 동학 농민군의 요구를 반영하는 자주적 개혁을 추진하여 일본의 간섭을 막고자 했던 것이다.

사료읽기

◈ 청 · 일 전쟁 당시 조선에 대한 일본의 정책

일본은 동학 농민군의 봉기를 계기로 "일본 공사관과 거류민을 보호 한다"는 구실로 조선에 군대를 파견하였고, "조선의 독립을 공고히 하고 내정개혁을 도모 한다"는 명분을 내세워 청 · 일 전쟁을 도발하였다. 그러나 일본이 조선에서 추구한 궁극의 목표는 조선 왕국을 일본 제국의 식민지로 삼는 것이었다. 일본군이 서울～인천 간의 군사적 요충지를 장악했을 때, 서울 주재 일본 영사는 "조선에 대군을 파견한 기회에 조약을 체결하여 조선을 일본의 보호국으로 만들 것"을 외무대신에게 건의하였다.

일본이 청국에 선전을 포고한 뒤, 조선 주재 일본 공사도 "조선을 독립국으로 치켜세우되 일본의 보호 하에 둘 것"을 건의하였다. 이와 같이 일본은 청 · 일 전쟁 기간에 겉으로는 조선의 독립과 '내정개혁'의 후원을 표방하면서 속으로는 조선의 보호국화를 추구하였던 것이다.

※**삼국 간섭** – 한반도와 만주에 관심을 가지고 있던 러시아가 프랑스와 독일을 끌어들여 일본이 청 · 일 전쟁에서 승리하여 얻은 요동 반도를 포기하도록 만든 사건

◈ 홍범 14조(2차 갑오개혁) ①청에 의존하는 생각을 버리고 자주 독립의 기초를 세운다. ④왕실 사무와 국정 사무를 나누어 서로 혼동하지 않는다. ⑥납세는 법으로 정하고 함부로 세금을 징수하지 아니한다. ⑦조세의 징수와 경비 지출은 모두 탁지아문에서 관할한다. ⑪총명한 젊은이들을 파견하여 외국의 학술, 기예를 견습시킨다. ⑫장교를 교육하고 징병을 실시하여 군제의 기본을 확립한다. ⑬민법, 형법을 제정하여 인민의 생명과 재산을 보전한다. ⑭문벌을 가리지 않고 인재 등용의 길을 넓힌다.

※**군국기무처**(軍國機務處) – 입법권을 가진 초정부적 회의 기구로서, 이곳에서 심의, 통과시킨 의안을 국왕이 재가하면 국법으로 시행하였다. 1차 개혁 기간 중에 국정 전 분야에 걸쳐 3개월 동안 208건의 의안을 의결 · 실행

◈ 단발령 관련 에피소드 (을미개혁)

친일 대신들의 종용으로 어쩔 수 없이 단발을 하게 된 고종은 1895년 11월 15일에 백성들에게 상투를 자르라는 단발 조칙을 내렸다. 그러나 유생들뿐 아니라 백성들도 단발령에 반대하여 많은 사회적 물의를 빚었다. 학부대신 이도재는 단발령에 반대하여 벼슬을 버리고 낙향하였으며, 유림의 지도자 최익현은 "내 머리는 자를지언정 머리카락은 자를 수 없다"고 강력하게 반대하였다. 또 경상도 안동에서는 아들이 상투를 자르자 아버지가 자살하는 사건도 있었다.

한편 단발령이 실시되면서 사진관들은 때 아닌 호황을 맞았다. 조상으로부터 물려받은 신체를 훼손당하기 전에 온전한 모습을 사진으로나마 보전하겠다는 사람들이 사진관으로 몰려들었던 것이다.

	1차 내각 〈1차 개혁〉	2차 내각 〈2차 개혁〉	4차 내각 〈3차 을미개혁〉
정치	•정부와 왕실 사무 분리 •개국 연호 사용 •6조제 → 8아문제 •경무청 신설 •과거제도 폐지, 왕의 인사권 제한	•내각제 시행 •8도 → 23부 •8아문 → 7부	•'건양' 연호 사용 •친위대 · 진위대설치(군사제도 개편)
경제	•재정의 일원화(탁지아문), 은 본위제 •도량형 통일, 조세 금납제	•징세기관 일원화 (탁지아문)	
사회	•공 · 사노비제도 폐지 •연좌제 폐지 •과부 재가 허용 •조혼 금지	•재판소 설치 •사법권과 행정권 분리	•단발령 반포 •태양력 사용 •종두법 시행 •우편사무 재개(시작)
교육		•한성사범학교 설립 •외국어 학교 관제 공포	•소학교 설치

適者生存⇒盡人事待天命

5 독립 협회와 대한 제국의 국권 수호 운동

1 독립 협회 〈1896 아관 파천 직후 ⇒ 최초 민간단체〉

만민 공동회	⇨ 최초 – 정치적 **민중 집회**
〈外〉 국외	①**자주 국권 운동** 〈**민족주의**〉 – **국정 자주** 노선 [고종 환궁 · 구국선언 상소(이상설 · 최익현) / 열강 – 이권 회수 운동]
〈內〉 국내	❷**자유 민권** 운동 〈**민주주의**〉 – **입헌 군주제** [**민중 참여** 운동 – 하원 모방 ⇒ **의회** = **민회(중추원)** 구성] ➡ ★**관+민 공동회** [**헌의 6조**] – **민중** 대표 – 국정 참여
	③**자강 개혁** 운동 〈**국력 배양**〉 ⇒ 애국 계몽 운동 계승 [민중계몽 ⇒ 강연회 · 토론회 · 독립신문 / 독립문 · 독립관(모금)]

첫 발행(95 정부의 지원)⇒모금↲ ↳자주 독립의식 고취(국내–외)

춘생문 사건(미국 공사관)⇒

◈ **아관 파천** (1896)

①內〉 내정간섭(**러시아**)

(알렉셰프 – 조 · 러 은행설립 추진)

②外〉 이권 침탈(열강) – 각축장

서재필–이상재

◈ **연호** 〈자주적 **독립 국가**〉

①〈갑오개혁〉 개국 기원(1894)

②〈을미개혁〉 건양(1896)

③〈대한제국〉 광무(1897)

④〈순종〉 융희(1907)

주도	⇨ **도시 지식층**(민중 참여 유도 ⇒ 지방에 지회 설치)	
	〈外〉	서구 시민 사상(**서재필** · 윤치호)
	〈內〉	개신 유학 사상(남궁억 · 이상재)
의의	➡ **민중 참여** ⇒ 근대화 운동(外〉 국권수호 · 內〉 민권신장) ※관료적(**양반**) 사회단체 ⇒ **민중** 기반 사회단체로의 변화	

만민 = 관민 공동회

◈ 나는 大韓의 가장 천한 사람이고 무지 몰각합니다. …많은 장대를 합한즉 그 힘이 공고 합니다. 官民이 合心하여 우리 皇帝의 성덕에 보답하고, 國運이 만만세 이어지게 합시다. 〈**백정 박성춘**–연설문〉

한계성	〈外〉	외세배척(**러시아 배타적**) ⇔ **미국 · 영국 · 일본 우호적**
	〈內〉	동학 · 의병 부정 – 테러 집단으로 규정
해산	**황국 협회**(보부상 – 어용단체) ⇒ 만민공동회 충돌 야기 ⇒ 해산 ※**익명서 사건**(윤치호 대통령선출 – 조작), **노륙법**(연좌제 부활)	

↳독립협회 탄압

◈ 만민공동회에서 **시전상인을 회장**에 선출 (현덕호 – 쌀장수) ⇨ 민권의식 성장(평등사회)

◈ **익명서 사건** – 독립 협회에서 25명의 민선 의관을 선출에 대해 보수 반동세력은 독립 협회가 왕정을 폐지하고 윤치호를 대통령으로 삼으려 하다는 익명서를 날조(조작)하여, 황국협회를 이용해 독립협회를 해산시키고 간부 17명을 체포

〈**1기**〉 (96. 7~)	**친목 단체** 성격(관 + 민) ⇒ 독립신문 · 독립문 · 독립관 건립
〈**2기**〉 (97. 8~)	內〉 민중계몽(토론 · 강연회) 外〉 외세의존 비판(보수관료 이탈)
〈**3기**〉 (98. 2~)	內〉 **의회**설립 추진(민중참여) 外〉 이권침탈 · 내정간섭 비판
〈**4기**〉 (98. 9~)	만민 = **관민 공동회**(**헌의 6조**) – 진보적 **박정양** 내각구성

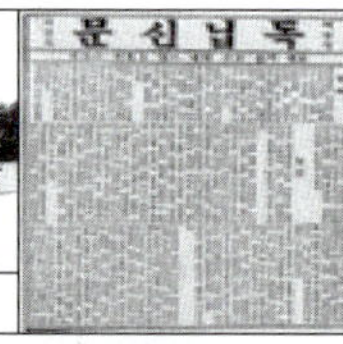

모화관⇒독립관 러시아 공사관

★〈관+민 공동회〉 ⇒ **헌의 6조** –민중의 정치참여	
〈外〉 아관 파천	1. **외국인**에게 의지하지 말 것.(러시아 견제) 2. 외국과의 **이권에 관한 계약과 조약**은 합동 날인하여 시행할 것.
〈內〉 민중 참여	3. 국가재정은 **탁지부**에서 전관하고, 예산과 결산은 국민에게 공포할 것. 4. 중대범죄를 **공판**(공개재판)하되, 피고의 인권을 존중할 것. 5. **칙임관**을 임명할 때에는 정부에 그 뜻을 물어서 중의에 따를 것.
	6. 정해진 규정을 실천할 것.

영은문

독립문

◈ 주춧돌만 덩그러니 남아 있는 **영은문**은 청뿐 아니라 열강의 간섭에서 벗어나려는 강력한 의지의 표현이며, 위풍당당하게 우뚝 서 있는 **독립문**은 대내외에 천명한 **조선의 자주와 독립을 상징**한다.(**청과 서구열강**에 대한 선포)

◈ **만민 공동회 토론(이권 회수 운동)** – ①재물정사는 사람의 온몸의 피와 · 맥과 같으니 혈맥을 보호하여 기르는 것은 자기들에게 있지 남이 보호하여 주고 길러주지 못한다는 것이다. ②나라를 부유하게 하려면 금 · 은 · 동 · 철 · 석탄 등 광산을 확장하여야 한다. 국내에 있으면 마땅히 스스로 취하여 이익을 얻을 것이지 외국에 넘겨 본국은 날로 가난케 하고 타인으로 하여금 부강케 하리오. ③대한 토지는 선왕의 크신 업이오. 일천 이백만 인구가 사는 땅이니 남의 나라에 빌려주는 것은 선왕의 죄인이요, 동포의 원수이다. 우리 국토를 남에게 빌려주는 것은 온당치 못하다

◈ **중추원 관제의 내용(대한제국)** – 중추원은 관선 25명, 민선 25명의 의원으로 구성되며, 법률 및 칙령의 개정 및 폐지, 의정부가 국왕에게 건의하는 사항, 국민의 헌의 사항 등을 심사 · 결정하는 권한을 가진다. ⇨ 의회식 중추원 관제로 민선 의관은 처음에는 독립 협회에서 선출하도록 되어 있었다. 이것은 제한된 의미에서나마 최초로 국민 참정권을 공인한 점에서 역사적의미를 가진다.

사료읽기

◈ **독립 협회의 의의**
독립 협회는 청의 사신을 맞이하던 영은문을 헐고 그 앞쪽에 독립문을 세웠으며, 청 사신의 영접 장소인 모화관을 독립관으로 개조하였다. 독립신문은 이를 〈조선이 독립된 것을 세계에 광고도 하며, 또 조선 후손들에게도 이때에 조선이 영원히 독립된 것을 전하는 표적〉이라며 축하하였으며, 조선의 독립과 근대적 개혁을 달성하기 위해 민중 운동을 펼쳐나갔다.

◈ **서재필의 독립 협회에 관한 회고** 〈김도태, 서재필 박사 자서전〉
나는 신문만으로는 대중에게 자유주의·민주주의적 개혁 사상을 고취하기가 곤란할 듯하여 여러 가지로 생각하다가, 무슨 정치적 당파를 하나 조직하여 여러 사람의 힘으로 그 사상을 널리 전파시켜야겠다고 독립신문을 창간한 지 칠, 팔삭 후 우리 집에서 비로소 독립 협회라는 것을 창설하였는데 …

◈ **자주 국권을 주장한 구국 운동 상소문** 〈독립신문, 1898. 3. 21〉
신들은 나라의 나라됨이 둘이 있으니, 자립(自立)하여 타국에 의뢰하지 않는 것이요, 자수(自修)하여 한 나라에 정치를 행하는 것이라고 생각합니다. 이 두 가지는 하느님께서 우리 폐하에게 주신 바의 하나의 대권입니다. 이대권이 없은즉 그 나라가 없습니다.

◈ **조선 정부가 행세만 잘하면 …** 〈독립신문, 1899. 5. 5〉
조선에서는 해·육군을 많이 길러 외국이 침범하는 것을 막을 까닭도 없고, 다만 나라 안에 해·육군이 조금 있어 동학이나 의병 같은 지방의 도둑 떼나 평정시킬 만하면 넉넉하다. 만일, 어떤 나라가 조선을 침범하고자 하여도 조선 정부가 세상에 행세만 잘했을 것 같으면 조선을 다시 남의 나라 속국이 되게 가만 둘리가 없다. 그러므로 조선에서 외국과 싸움할 염려가 없는데, 만일 조선이 싸움이 되도록 일을 할 것 같으면 그때는 화를 면하지 못할 것이다.

◈ **독립 협회의 평등사상**
①독립 협회 운동에 동조하기 위하여 가게문을 닫는 상인에게 순검이 와서 문을 열라고 했을 때 〈**지금세상은 옛날과 다르니 당신 말을 따를 수 없다.**〉 … ⇨ 민중 의식 – 성장(고양)
②**정부의 벼슬하는 사람은 임금의 신하요 백성의 종이라**. 종이 상전의 경계와 사정을 자세히 알아야 그 상전을 잘 섬길터인데 朝鮮은 거꾸로 백성이 정부의 종이 되었으니 백성은 죽도록 일하여 官人에게 주면서 상전 노릇을 하여 달라고 하니…
⇨ 독립신문 사설 (백성의 국가에 대한 권리주장 – 백성의 위치)
※**서재필** – 미국 망명 중 서양의 민주주의를 직접 체험했던 서재필은 귀국 후에 나라의 자주 독립, 자강 개혁을 이루기 위해서는 무엇보다 국민을 계몽하여 근대 의식을 일깨워야 한다고 생각하였다.
※**황국 협회**(皇國協會) – 전국의 보부상으로 조직된 단체로서, 보수 세력은 이들에게 만민 공동회가 열리는 곳에서 소란을 피우게 한 다음, 이를 빌미로 독립 협회를 해산하였다.

◈ **만민 공동회 당시 종로는 대한의 아고라**
1898년 무렵 서울 인구는 17만 명으로 추산되는데, 만민 공동회에는 보통 1～2만 명이 모였으며 종로의 상인들도 가게문을 닫고 집회에 참여하였다. 만민 공동회는 종로에 연단을 만들고 신분과 나이의 구별 없이 어린이조차 연단에 올라 연설을 하는 등 〈한국의 직접 민주주의〉또는 〈대중의 정치적 의사 표현〉의 원형이 되었다고 평가되고 있다.
⇨ 만민 공동회가 열리면 밥장사는 장국밥을 수백그릇 날라 왔고, 어떤 부자는 집 판 돈 500원을 모두 기부했으며, 거지조차 닷 푼의 기부금을 내놓는 등 참여자들 사이에는 일종의 운명 공동체 의식이 형성되었다. 서대문, 자하문 밖은 물론 과천에서 배를 타고 건너온 나무꾼들이 기부한 장작은 밤하늘을 훤하게 비추었고, 구경꾼들까지 포함하여 사람들이 산처럼 모여 밤을 지새우기도 하였다. 그래서 이를 〈장작 집회〉라고도 불렀다.

適者生存⇒盡人事待天命

2 대한제국과 광무개혁 〈1897 광무〉

성립 배경	〈부정〉	外〉 아관파천 ⇒ **러시아 견제** – 열강의 여론 · 지원
	〈긍정〉	内〉 근대 주권 국가 지향 – 국민적(독립협회) 요구 반영
광무 개혁	〈긍정〉	〈자주적 개혁의지〉 **舊本新參**(구본신참) = 東道西器(동도서기) ❶자율적 · 점진적 개혁 추구 ⇨ 갑오개혁 · 을미개혁 비판 ②근대 산업 · 교육 · 시설 ⇨ 단기간 확충
	〈부정〉	〈정치〉 복고적 개혁(보수적 · 피상적) ⇨ **전제 군주제** 강화(**황제**) [内〉 전통 체제 · 집권층 보수적 성향 外〉 열강 간섭 – 각축장]

※중추원(관선25 + 민선25인 구성)

정치	➡ **전제왕권** 강화(무한한 **황제권** 명시) ⇒ 〈**대한국제 9조**〉 – 최초 근대헌법 중추원 설치(민의반영 기구). 지방 제도(23부 ⇒ 13도). **원구단 · 황궁우**
군사	〈중앙군〉 친위대 ⇒ **시위대** ※**원수부**(최고 군통수기구) · **근대해군** 체제
경제	양전사업[양지아문(토지조사) · 지계아문(**지계** 발급 – 근대토지문서 – 외국인 토지소유 제한) 식산흥업 정책(상공업 지원). 궁내부 · 내장원 분리(정부 · 황실 재정분리). 상무사(보부상)
교육	근대교육 입국조서(**신교육령** ⇒ 사범 · 소 · 중 · 외국어 · 실업 학교 설립)
외교	간도 관리사(이범윤). 해삼위 통상사무 관리관(러시아 – 블라디보스톡)

↳함경도 행정 편입시도 ↳교민 보호(연해주)

※〈**근대개혁**〉 ①흥선대원군–명성왕후 개혁 ⇒ ②갑신 14조–동학 12조 ⇒ ❸갑오–을미개혁 ⇒ ❹독립협회 6조–광무개혁

원구단(제단)–〈황제 즉위〉–황궁우(사당)

- 사례소(역사편찬기구 – 역대왕 업적)
- 교전소⇒**교정소**(입법기구 – 황제직속)

◈ **대한국제 9조** ※**교정소**(입법기구)

1조 大韓國은 **자주 독립제국** 이다.

2조 大韓國은 불변의 **전제정치** 이다

3조 大韓國 **大皇帝**는 **무한한 군권**을 누린다.(자위군대 강화)

6조 大韓國 **大皇帝**는 법률을 제정 – 집행하고, 특사 · 감형 등을 명한다.

9조 大韓國 **大皇帝**는 사신을 파견하고, 선전 · 강화 · 제반조약을 체결한다.

3 일제의 국권 침탈 = 피탈 〈식민지화 계획 추진〉

1) **일본** – 조선 독점 지배 외교 ⇨ **국제적 승인**

청 · 일 전쟁(1894~5 시모노세키 조약) – 종주권 이양(청 ⇒ **일본**)

❷**러 · 일 전쟁**(1904~5 ⑤포오츠머드 강화 조약) ⇒ 〈**일본**〉 **국제적 독점권 인정**

↳영 · 미 협조 ┌ ①1차 영 · 일 동맹 – 청 ④2차 영 · 일 동맹 – 인도
└ ③카쓰라 · 태프트 밀약(일본 · 미국 – 외교관) – 필리핀

※〈러〉 용암포 불법점령 사건(03 압록강 입구)

2) **국권 침탈** = 피탈 〈**식민지화 계획 추진**〉

⇓☆중립화 선포(대한 제국)

★**러 · 일 전쟁**(1904)

⇓☆**한 · 일 의정서**(04 러 · 일 전쟁 군사기지 선점) – 조 · 러 조약 파기. 중립화 무산

⇓①**고문 정치**(04 1차 한 · 일 협약) – 내정간섭 〈**외교**〉 스티븐슨 〈**재정**〉 메가다

⇓☆**독도 강탈**(05 군사적 거점 : 시마네현 편입) ⇒ 포오츠머드 강화조약(독점권 승인)

❷**통감 정치**(1905. 10. 2차 한 · 일 협약 = **을사늑약**) – **외교권** 박탈. 내정권 장악

⇓③**차관 정치**(1907 한 · 일 신 협약 = **정미조약**) – 행정권 장악(차관 – 일본인 등용)

⇓☆**기유 각서**(1909 항일 운동 탄압) – 사법권 · 감옥 사무권 박탈 ⇒ 경찰권 박탈

❹**총독 정치**(1910. 8. 29 합병 조약) – 국왕대행(입법 · 행정 · 사법 · 군대 통수권)

↳※경술 국치

이완용 총독부 고종 · 순종

◈ **카쓰라 · 태프트 밀약** – 첫째〉 일본은 필리핀에 대하여 하등의 침략의도를 품지 않으며 미국의 필리핀 지배를 확인한다.

◈ **제2차 영 · 일 동맹** – 영국은 일본이 한국에 가지고 있는 이익을 옹호 · 증진하기 위해 필요하다고 인정하는 지도 · 통제 · 보호조치를 한국에서 행하는 권리로 승인한다.

◈ **포오츠머드 강화조약** – 첫째〉 한국은 오로지 일본의 자유 처분에 맡길 것

◈ **한 · 일 병합 조약** – 1조〉 한국 황제 폐하는 한국 전부에 관한 모든 통치권을 완전 또는 영구히 일본 황제 폐하에게 양여한다.

◈ **을사 늑약**(1905) 제2조〉 일본 정부는 한국과 타국 간에 현존하는 조약의 실행을 완전히 하는 책임을 맡고, 한국 정부는 금후에 일본 정부의 중재를 거치지 아니하고 국제적 성질을 가진 어떠한 조약이나 약속을 맺지 않을 것을 서로 약속함.

※이완용 – 육영공원입학 · 미대사 파견 · 총리대신 · 흑룡회 · 1926死(67세)

◈ **정미 조약**(1907 **차관 정치**) – 행정권 장악(일본인 등용)

제1조〉 한국 정부는 시정 개선에 관하여 **통감**의 지도를 받을 것.

제4조〉 한국 고등 관리의 임면은 **통감**의 동의로써 이를 행할 것.

제5조〉 한국 정부는 **통감**이 추천하는 일본인을 한국 관리에 임명할 것.

◈ **한 · 일 의정서**(1904) – **조 · 러 조약 파기 근거**

제4조〉 제3국이나 내란에 의하여 한국 황제와 영토에 안녕이 위험해질 경우 일본 정부는 이에 필요한 조치를 취하고, 이 목적을 위하여 군사 전략상 필요한 요충지를 사용할 수 있다.

제5조〉 한국 정부는 일본의 승인(동의) 없이는 제3국과 자유로이 조약을 맺을 수 없다.

사료읽기

◈ 대한국은 황제국이다

고종 34년(1897) 10월 13일, 오직 내가 덕이 없다 보니 어려운 시기를 만났으나, 하늘이 도와 위기를 모면하고 안정되었으며, 독립의 터전을 세우고 자주의 권리를 행사하게 되었다. 여러 신하들과 백성들, 군사들과 장사치들이 한결같은 소리로 수십 차례나 글을 올려 반드시 황제의 칭호를 올리라고 일제히 제의하였다. 내가 끝내 사양 할 수 없어서, 올해 9월 17일 백악산 남쪽에서 하늘과 땅에 제사를 지내고, 황제의 자리에 올랐다.

⇨ 나라 이름을 〈대한〉이라고 정한다. 이해를 광무 원년으로 삼고, 종묘와 사직의 신위판을 고쳐 쓰며, 왕후 민씨를 황후에 책봉하고, 왕태자를 황태자로 책봉한다. 이에 밝은 운명을 크게 가다듬어 의식을 성대하게 진행하려고 한다. 역대의 옛 관례를 상고하여 특별히 대사령을 내린다.

※ **지계**(地契) – 대한 제국 정부가 조세 수입을 늘리고 근대적 토지 소유권을 확립하기 위해 1898년에 양지아문(量地衙門 ⇒ 지계아문)을 설치하고, 토지를 조사하여 토지 소유권을 증명하는 문서로 근대적 토지소유권이란 토지의 명분상 소유주와 실제 소유주를 일치시키고, 토지를 자유롭게 매매할 수 있도록 한 권한을 말한다.

※ **식산흥업**(殖産興業) – 생산을 늘리고 산업을 일으키는 것

◈ 외교권을 박탈한 을사늑약 (1905. 11. 17)

〈제1조〉 일본국 정부는 동경에 있는 외무성을 경유하여 금후에 한국의 외국에 대한 관계 및 사무를 감리・지휘함이 가하고, 일본국의 외교 대표자 및 영사는 외국에 거주하는 한국의 신민 및 이익을 보호함이 가함.

〈제2조〉 일본국 정부는 한국과 타국 간에 현존하는 조약의 실행을 완수하는 임무에 당(當)하고 한국 정부는 금후에 일본국 정부의 중개에 경유치 않고서 국제적 성질을 가진 하등의 조약이나 또는 약속을 하지 않기를 서로 약속함.

〈제3조〉 일본국 정부는 그 대표자로 하여금 한국 황제 폐하의 궐하에 1명의 통감을 두되, 통감은 외교에 관한 사항을 관리하기 위하여 경성에 주재하고, 친히 한국 황제 폐하에게 알현하는 권리를 가짐.

※ **일제 강점기 서울의 명칭** – 조선 시대 서울의 공식 명칭은 한성부(漢城府)였다. 그러나 1910년 일제는 대한 제국을 강제 합병하면서 경성(京城)이라 고쳤고, 당시 일본 사람은 서울을 게이조(경성의 일본식 발음)라 불렀다.

◈ 한일 병합 조약

①한국 황제 폐하는 한국 정부에 관한 일체 통치권을 완전 또는 영구히 일본국 황제 폐하에게 양여(讓與)한다.

②일본국 황제 폐하는 전조(前條)에 게재한 양여(讓與)를 수락하고, 또한 한국 전체를 일본 제국에 병합함을 승낙한다.

⑤일본국 황제 폐하는 훈공(勳功)있는 한국인으로서 특히 표창 받을 만한 자에 대하여 영구히 작위를 수여하고 또 은급(恩給)을 지급한다.

◈ 일진회의 합방 성명서 〈합방만이 살 길〉(1909. 12. 4)

… 우리 황제와 대일본 천황 폐하의 마음을 움직이는 일단 정성으로 애소하여 우리 황실의 만세 존숭하는 기초를 확고히 하며, 우리 인민을 일등 대우하는 복리를 향유하여 정부와 사회를 더욱 발전시킬 것을 주창하여 하나의 큰 정치 기관을 설립할 지면, 우리 한국의 보호, 열등에 있는 수치에서 벗어나 동등 정치에 있는 권리를 획득하는 것이니, 이는 법률상 정합방이라 일컫는 문제이다. – 국사 편찬 위원회 〈한국 독립 운동사 2〉 –

◈ 침략적이지 않되 한국의 식민지화를 명확하게 표현한 〈병합〉

특히 〈합병〉이라는 문자는 적절하지 않다. 그렇다고 해서 〈병탄〉이어서는 아무래도 침략적이어서 이것역시 사용할 수 없었다. 여러 가지로 고심한 결과 나는 지금까지 사용된 적이 없는 〈병합〉이라는 문자를 새롭게 고안해냈다. 이것이라면 다른 영토를 제국 영토의 일부로 삼는다고 하는 의미가 〈합병〉보다 강하다. …

한국이 아주 폐멸(廢滅)되어서 제국 영토의 일부가 되었다는 뜻을 명확하게 함과 동시에, 그 어조가 너무 과격하지 않는 문자를 선택하려고 갖가지 고려를 했지만, 끝내 적당한 문자를 발견할 수가 없었다. 따라서 당시 아직 일반적으로 사용되고 있지 않는 문자를 선택하는 편이 득책이라고 여기고, 〈병합〉이라는 문자를 사용하였다.

※ **한・일 협약도**(韓日脅約圖, 신한민보) – 순종 황제가 마지막 비준 절차에 해당하는 칙유에 서명하지 않았기 때문에 〈한・일 병합 조약〉은 국제법상 불법이다. 〈협〉자를 〈協(화합할 협)〉이 아닌 〈脅(으를 협)〉으로 쓰면서 이를 풍자하고 있다.

◈ 조선은 일본의 〈이익선〉이다. 〈야마가타 아리토모, 외교 정략론, 1890〉

바야흐로 지금 열국의 시대에서 국가의 독립을 유지하려 한다면, 오로지 주권선(영토)을 지키는 것만으로는 충분치 않다. 반드시 나아가 이익선을 방호하고 항상 요충지의 위치에서 있어야 한다. … 우리나라 이익선의 초점은 실로 조선에 있다. … 시베리아 철도가 완성되는 날은 곧 조선에서 수많은 사건이 일어나는 때라는 점을 잊어서는 안 된다.

4 일제의 국권 침탈에 대한 항거

(1) 을사늑약에 대한 반발(1905. 10) ⇒ 반식민지 몰락(보호 정치 강요)

본격적➡ **항일 운동**	①을사 의병(민종식 · **최익현 · 신돌석**) – 본격적 의병활동 ②과격한 상소(이상설 · 최익현) ③〈미국〉 스티븐스 사살(장인환 · 전명운) ④순국(**민영환** · 조병세 · 송병선) ⑤5적 암살단(**대종교** : 나철 · 오기호) ⑥황성신문(**장지연** 애국 논설 : 시일야 방성대곡) ↱하얼삔역 ❼통감 이토히로부미 처단(1909 **안중근** – 동양평화론 : 한 · 중 · 일 협력)
외교적 노력 (특사 파견)	①미국 헐버트(워싱턴 ⇒ **근거**〉 거중조정 **실패**〉 카쓰라 · 태프트 밀약) ❷네델란드 **헤이그 특사**(이상설 · 이준 · 이위종) – 만국평화회담 ※영국 · 일본 방해–실패 ⇒ 책임 ➡ **고종 퇴위 · 군대** 해산

※덕수궁(중명전) ↳정미의병(1907)

◈ 〈을사 5적〉 이완용(학부 대신)
이지용(내부), 이근택(군부)
박제순(외부), 권중현(농상부)

◈ **민영환의 유서** 슬프다. 삶을 원하는 자 반드시 죽고, 죽기를 기약한 자 살아갈 수 있으니, 이는 여러분이 잘 알 것이다. 나(민)영환은 죽음으로써 황제의 은혜를 갚고 2천만 동포에게 사과하노라. 마지막으로 고별하노라.

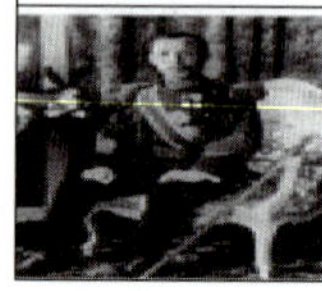
민영환
↳父 민겸호

헤이그 특사
※안중근(32세 死)

◈ **고종의 을사늑약 무효 선언** – 각 대신은 일본과 동복(同腹)이 되어 짐(朕)을 협박하여 조약을 조인하였으니, 짐의 적자(赤子)는 일제히 일어나 이 슬픔을 함께하라. ⇨ 일본의 무력적인 강압 속에서 이에 동조한 이완용을 비롯한 을사 5적이 찬성하여 체결된 것으로 전해지고 있으나, 조약의 과정이 강제적으로 이루어졌고, 고종이 끝까지 서명하지 않았기 때문에 조약은 성립될 수 없다. 문서의 끝 부분 대한 제국의 외부대신과 주한 일본 공사의 도장만 찍혀 있을 뿐 양국의 최고 통수권자인 고종 황제와 일왕의 날인이 없다.

①중립화 선포 ②독도 강탈 ③통감정치 ④**러 · 일 전쟁** ⑤**포오츠머드 강화조약** ⑥고문정치 ⑦한 · 일 의정서	⇨ **순서대로**
①외교권 · 내정권 박탈 ②내정간섭 ③사법권 · 감옥사무권 박탈 ④경찰권 박탈 ⑤군대 해산 ⑥고종 퇴위 ⑦행정권 박탈	나열하시오 !!!

※--④**러 · 일 전쟁**--⑤**포오츠머드 강화조약**-- ※②고문--①통감--⑦차관--총독정치

(2) 항일 의병 전쟁의 전개

※한말⇒ ①의병장(전직관리 · 유생 · 평민) ②의병구성(전 국민)

〈성격〉		**존왕 양이적** 항일 운동 ⇨ 생존권 사수 ⇒ 직접적 · 적극적 저항
1) **을미 의병** 〈1895 전개 – 발단〉	〈배경〉	을미사변(명성왕후 시해) · 단발령(을미개혁)
	〈해산〉	단발령 철회 ⇒ 국왕 해산 권고 조칙 ⇒ 자발적 해산 [**문석봉**(최초) · **유인석** · 이소응 · 허위…]
		⇨ 해산 후 농민 ⇒ **활빈당 · 영학당 · 동학당** 조직 계속적 저항
2) **을사 의병** 〈1905 재연 · 본격화〉 – 조직적 저항 (유격전 = 게릴라전)	〈배경〉	을사 늑약(외교권 박탈 – 보호 정치 강요) ⇒ 반식민지 몰락
	〈전개〉	❶**최익현**(순창) ❷**신돌석**(영해 – 최초 평민장) ③민종식(홍성)
		※**최익현**(전령문) – 관군 대치 ⇒ 너희들이 왜군이라면 즉각 결전하겠으나 동족끼리 죽이는 일은 차마 못하겠다.(⇒ 대마도 유배) ※**민종식**(선언문) – 일본을 토벌하고 5적을 몰살하여 국권을 회복하고…
3) ①**정미 의병** 〈1907 절정 = 전쟁화〉 격화	〈배경〉	고종 강제 퇴위 · 군대 해산
	〈전개〉	군대해산(시위대장 **박승환** 자결) ⇒ **의병**가담(무장화 · 조직화) ❷서울 진공작전(08 **이인영** – 13도 창의군 ⇒ **의병 연합작전**)
	〈위축〉	③일본군 ⇨ 남한 대토벌작전(09 호남지방 – 살육 · 방화 · 약탈)
		※**채응언**(1907~15 처형, 함경도 · 평안도 ⇒ 마지막 의병장)

〈의의〉		
		❹**무장 독립군 계승**[1910년대 독립운동 기지 건설(간도 · 연해주) ⇒ 20년대 독립전쟁] ⇨ **국권회복** ⇒ 구국운동(⇒ 강인한 민족 저항 정신 표출) ↱신돌석 · 홍범도
	한계성	内〉 **결속력 약화**(보수유생 지도노선 – 피지배층 반발 ⇒ 평민 의병장 등장) 外〉 무력적 열세(의병 < 일본군), 국제적 고립(외교권 박탈 – 교전단체 인정×)

◈ **을미의병** – ①원통함을 어찌하리, 국모의 원수를 생각하면 이미 이를 갈았는데, 참혹한 일이 더욱 심하여 임금께서 우리 부모에게서 받은 머리털을 풀 베듯이 베어 버리니 이 무슨 변고란 말인가. 〈창의문, 유인석〉
②머리를 깍이고 의복 제도를 바꾸니 나라의 풍속은 오랑캐로 변하였구나. 국모를 시해하고 임금을 협박하니… 〈이강연〉

◈ **을사 의병** – 작년 10월에 저들이 한 행위는 오랜 옛날에도 일찍이 없던 일로서, 억압으로써 한조각의 종이에 조인하여 500년 전해 오던 종묘사직이 드디어 하룻밤에 망하였으니, 천지신명도 놀라고 조종(祖腫)의 영혼도 슬퍼하였다. 〈**최익현** 포고팔도사민〉

정미의병

◈ **해외동포에게 드리는 격문**(대한 관동 창의 대장 이인영) – 동포들이여! 우리는 함께 뭉쳐 우리의 조국을 위해 헌신하여 우리의 독립을 되찾아야 한다. …우리는 일본 놈들과 첩자 · 동맹인 · 야만스런 제국주의 군인을 모조리 죽이는데 힘을 다해야 한다.

사료읽기

◈ **을미의병**

①원통함을 어찌하리. 국모의 원수를 생각하면 이미 이를 갈았는데, … 머리털을 풀 베듯이 베어 버리니 이 무슨 변고란 말인가. … 말의 피를 입에 바르고 맹세하매 … 이에 감히 의병을 일으켜 마침내 이 뜻을 세상에 포고하노니, 위로는 공경에서 아래로 서민에 이르기까지 어느 누가 애통하고 절박한 뜻이 없겠습니까? 〈창의문, 유인석, 의암집〉

②머리를 깍이고 의복 제도를 바꾸니 나라의 풍속은 오랑캐로 변하였구나. 국모를 시해하고 임금을 협박하니 갑오-을미의 원수를 아직 갚지 못하였다. 저들의 죄를 세자면 하늘도 미워할 것이니, 우리 국민된 자 모두가 일어나서 저들을 죽일 의무가 있는 것이다. 무릇 의병을 일으킴에 응모한 우리 충의의 지사들은 모두 마음을 다져 먹고 나라에 보답할 뜻을 가졌다. 〈운강 이강연 선생의 창의 일록〉

③국모(國母)가 섬 오랑캐의 해를 입었으니 하늘과 땅이 바뀌었고, 성상(聖上)이 단발의 욕을 받았으니 해와 달이 빛을 잃었도다. 〈민용호, 관동 창의록〉

◈ **을사의병**

전술을 알지 못하는 유생이나 무기도 없는 농민이 순국을 각오하고 맨손과 맨주먹으로 적과 싸워 뼈를 들판에 파묻을지언정 조금도 후회하지 않았으니, 이것이야말로 오랜 역사적 전통 가운데 배양된 민족정신의 발로였다. 〈박은식, 한국독립운동지혈사〉

※**태백산 호랑이라 불리던 신돌석** - 그의 순국 소식을 들은 한 노인은 〈우리들이 구차하게 산 것은 신장군이 일본군을 소탕하리라고 기대했기 때문인데, 이제 모든 것이 끝이로구나.〉라고 한탄하면서 울음을 터트렸다고 한다.

◈ **정미의병**

①**〈대한 관동 창의대장 이인영〉** - 동포들이여! 우리는 함께 뭉쳐 우리의 조국을 위해 헌신하여 우리의 독립을 되찾아야 한다. 우리는 야만 일본 제국의 잘못과 광란에 대해서 전 세계에 호소해야 한다. 간교하고 잔인한 일본 제국주의자들은 인류의 적이요, 진보의 적이다. 우리는 모두 일본놈들과 그들의 첩자, …

②**〈맥켄지, [한국의 독립 운동]〉** - 당신들은 언제 전투를 했습니까? 오늘 아침에 저 아랫마을에서 전투가 있었습니다.
일본을 이길 수 있다고 생각합니까? 이기기 힘들다는 것은 알고 있습니다. 우리는 어차피 싸우다 죽게 되겠지요. 그러나 좋습니다. 일본의 노예가 되어 사느니 자유민으로 싸우다 죽는 것이 훨씬 낫습니다.

⇨ 어린 소년이 총을 들고 항일 의병 투쟁에 나서게 된 까닭은 무엇일까? 총을 든 어린 소년 의병의 모습에서 외세의 총칼 앞에서도 꺾이지 않은 우리 민족의 독립 정신을 확인할 수 있다. 의병들은 일본의 노예로 사느니 차라리 싸우다 죽겠다는 비장한 각오로 일본 제국주의 침략에 맞서 항전하였다.(허위 - 서울 진공 작전 실패 후 재차 탈환 작전을 준비하던 1908년 6월 일제에 체포되었다. 일본의 한국침략에 대항해 〈사마귀가 수레를 막듯〉의병을 일으켰다.)

◈ **의병 제군에게 경고 한다.** 〈황성신문, 1907. 9. 25〉

… 실로 충의의 마음이 격렬하게 일어나 의병으로 나선 사람도 있는 동시에, 저 교활한 도적들과 지난날의 부랑아나 파호의 못된 무리가 때가 왔다고 하면서 의병이라 일컫는 경우 또한 적지 않을 것이다. … 군들의 오늘 이러한 행동이 … 실은 도리어 동포를 해치고 조국을 상하게 할 뿐이요, 털끝만치도 실효가 없을지니, … 국권을 되찾으려고 한다면 눈앞의 치욕을 참고 국가의 원대한 계획을 도모하여 모두 병기를 버리고 각자 고향으로 돌아가 농부는 농업을 열심히 하고, 공장(工匠)은 공업을 열심히 해야 한다.

※**마지막 의병장 채응언** - 1915년 성천에서 체포되어 〈살인 강도죄〉로 사형을 언도받자 〈나라와 민족을 위해 목숨을 걸고 싸웠는데, 강도란 당치 않다.〉라며 당당히 항의하였다.

◈ **고종의 의병 해산 권유에 대한 의병장의 개탄**

선비와는 함께 일을 할 수 없구나. 장수가 밖에 있을 때에는 임금의 명령도 받지 아니 하는 수가 있거늘, 이는 적의 협박을 받은 것으로 우리 임금의 본심이 아님에랴. 이군사가 한번 파하면 우리 무리는 모두 왜놈이 될 뿐이다.
〈1896. 2 단발령 후 장성에서 거의한 기삼연이 정부의 명령으로 의병 해산을 선언한 기우만의 행동을 개탄하면서 한 말〉

適者生存⇒盡人事待天命

(3) 애국 계몽 운동 〈1900년대 개화+민족 운동〉

성격	**개화 지식층** 주도 – **실력양성 운동** ⇨ 간접적 · 소극적 저항 ↳민족교육 · 민족자본 육성
단체	①**독립협회**(1896) ⇒ 헌정 연구회 ⇒ 대한 자강회 ⇒ 대한 협회(친일적) ※갑신정변 ↳입헌군주제 ↳고종퇴위 반대 ⇒ 해산 ➡ ❷**신민회**(1907) – 최초 **민주 공화정체** 주장(대통령제) ③**보안회**(1904) – 일본의 토지약탈 저항운동(황무지 개간요구 – 반대 ⇒ 좌절) ※교육 단체〈교육진흥 · 신교육 – 서북 학회 · 기호 흥학회 · 사립 학교…〉

※헌정연구회(일진회 반대 ⇒ 해산)

언론	❶**대한 매일 신보**(〈영국〉베델 + 양기탁) : 검열× ⇨ **항일운동 선봉** ↳※**신민회** 기관지 역할 ※매일신보(총독부)→서울신문(현대) ↳⇒ 애국계몽 운동 지원(국채보상운동 · 의병운동 · 고종퇴위 – 기사) ②**황성 신문**(남궁억 · 장지연) : 항일 논설(시일야방성대곡) ⇨ 민족적 색채 ③**제국 신문** : 부녀자 · 하층민 대상(순 한글) ⇨ 사회 계몽 성격 ※**만세보**(천도교) · **경향신문**(천주교) · 해조신문(연해주) · 신한민보(미국)
	〈친일어용 신문〉 **매일 신보**(총독부 기관지) · 국민 신보(일진회 – 이완용) ※**신문지법**(1907) – 민족언론 탄압(검열강화) ※**보안법**(1907) – 민족운동 탄압
	①**한성 순보** ⇒ 주보(1883 박문국) : 최초 신문(개화당 – 관보 성격) – 한문판 ②**독립 신문**(1896 독립 협회) : 최초 민간지(일간지) – 한글판 · 영문판

의의	〈항일 운동〉	❶**이념** 제시([개화 + 민족운동] 국권 회복 ⇒ 근대 국민 국가 건설) ②**전략** 제시(실력양성 – **다윈 사회 진화론** 수용) – **유길준** 소개(1880년대) ③**기반** 구축(준비론 ⇨ 장기적 투쟁 – 경제력 · 군사력 양성)
	〈한계〉	外〉 국내에서 전개(일제의 간섭 · 탄압 · 지배 下 – 소극적 저항) ※일본 침략 – 간접적 합리화 ⇒ 타협적 민족주의(친일)로 변절
		內〉 민중 – 계몽 대상으로만 파악

※**사회 진화론** – 적자생존(適者生存) · 약육강식(弱肉强食)

◈ **신민회**(1907) – 비밀결사 창립	
국내	**애국계몽 운동**(실력 양성) – **안창호** · 양기탁
	①민족**교육**(대성 · 오산학교) ②민족**자본**(태극서관 · 도자기회사)
국외	독립 운동기지 건설 – 선구 – 신채호 · 이동휘
	서간도 삼원보(신흥강습소)
해산	**105인 사건**– 600→105명구속 (1911 총독 테라우찌 암살 미수)

안창호	신채호	유길준

◈ **신민회 설립 취지문** – 신민회는 무엇을 위하여 일어남이뇨? 민습(民習)의 완고 부패에 신사상이 시급하며, 민습의 우미(愚迷)에 신교육이 시급하며, 정치의 부패에 신개혁이 시급아리. …간단히 말하면 오직 신정신을 불러 신정신을 불러 깨우쳐서 신단체를 조직한 후에 신국(新國)을 건설할 뿐이다.

◈ **대한 자강회** – 무릇 우리나라의 독립은 오직 자강(自强)의 여하에 있을 따름이다. 우리나라가 과거에 자강의 방법을 강구하지 않아,…자강의 방법은 다른 데 있는 것이 아니라 교육을 진작하고 산업을 일으키는 데 있다. …교육과 산업의 발달이 곧 하나뿐인 자강의 방도임을 알 수 있을 것이다

※일진회(송병준, 1926死)

5 간도(독립운동 거점 – 동북공정)와 독도(동도 · 서도 – 89부속 도서)

간도 (북만주) = 동간도 = 북간도	➡ **간도 귀속문제**[숙종 1712 〈**백두산정계비**〉 압록강~**토문강**] 송화강 ⇔ 두만강 〈**청**〉 간도개간 구실(여진 발상지) ⇒ 조선인 철수 요구	
	①**조선 후기**	서북 경략사(어윤중) · 토문 감계사(이중하) 파견
	❷**대한 제국**	**간도 관리사** 파견(이범윤 – 함경도 행정구역 편입 시도)
	③1907 **일본**	간도 파출소 설치 – 조선 영토로 인정
	❹1909. 9. 4 〈**청 · 일본**〉	**간도 협약**(토문강 ⇒ **두만강** 인정) ➡ **간도 상실** 〈**일본**〉 이권획득 ⇨ 안봉선 = 만주 철도 부설권 · 푸순 광산 채굴권

※**공도정책**(태종) – 섬을 비우는 정책

독도	①관리(1900 **대한제국 칙령** : 울릉군 승격 – 이주 · 관리 파견, 독도 관리)–부속 도서 ❷강탈(05 **러 · 일 전쟁 중** – 군사적 거점 : 시마네현–다케시마 = **죽도**) ⇒ 반환(광복 後)
	※조선시대(**강원도** 소속) ⇒ 〈現 **경상북도** 울릉군 울릉읍 독도리 산 137번지〉 ※**팔도총도**(16C 신증동국여지승람 부록) ⇒ 최초 단독(독도) 기록 ※**리앙쿠르 암초**(19C 헌종 프랑스 포경선) ⇒ 최초 유럽 소개(1894)

◈ **백두산 정계비**(18C 숙종)
西爲鴨綠 **東爲土門** 故於分水嶺…

◈ **대한제국 칙령 제41호**(1900)
1조〉 울릉도를 울도로 개칭하여 강원도에 부속하고 도감을 군수로 개정하여 관제 중에 편입하고 군등(郡等)은 5등으로 할 것.
2조〉 군청 위치는 태하동으로 정하고 구역은 울릉 전도(全島)와 죽도(竹島) · 석도(石島)를 관할할 것

사료읽기

◈ **애국계몽운동** 〈**사회 진화론**(다윈)〉 – 자연 생태계와 마찬가지로 인간 사회에도 적자생존 · 우승열패(優勝劣敗) 등 생존 경쟁의 논리가 적용된다고 생각하고 있다. 즉, 나라와 나라, 민족과 민족 사이에서도 강자가 약자를 지배하게 된다는 것이다. 이러한 주장을 사회 진화론이라 한다. 사회 진화론은 본래 제국주의의 식민지 침략 논리였지만, 개화기의 지식인들은 이를 약육강식의 국제적 질서에서 생존하기 위한 사회사상으로 인식하였다.

이러한 인식 위에서 을사늑약을 전후하여 나라가 위기에 놓이게 되자, 무장 투쟁을 펼쳐 일제를 몰아내려 한 의병과는 달리 실력 양성을 통해 국권을 수호하려는 애국 계몽 운동이 활발히 일어났다.

◈ **신민회의 목적** – 한국의 부패한 사상과 습관을 혁신할 국민을 유신(維新)케 하며, 쇠퇴한 발육과 산업을 개량하여 사업을 유신케 하며, 유신한 국민이 통일 연합하여 유신한 자유 문명국을 성립케 한다고 말하는 것으로서, 그 깊은 뜻은 열국 보호하에 공화 정체의 독립국으로 함에 목적이 있다고 함. 〈1909 주한 일본 공사관 기록, 일본 헌병대 기밀 보고〉

◈ **신민회의 국외 독립 운동 기지 건설** 〈105인 사건 판결문, 1911〉

… 남만주로 집단 이주하려고 기도하고, 조선 본토에서 상당한 재력이 있는 사람들을 그곳에 이주시켜 토지를 사들이고 촌락을 세워 새 영토로 삼고, 다수의 청년 동지들을 모집 · 파견하여 한인 단체를 일으키고, 학교를 세워 민족 교육을 실시하고, 나아가 무관 학교를 설립하여 문무를 겸하는 교육을 실시하면서, 기회를 엿보아 독립 전쟁을 일으켜 구한국의 국권을 회복하려고 하였다. …

※ **105인 사건**(1911) – 안중근의 사촌 동생 안명근이 황해도 일원에서 독립 자금을 모금하다가 적발되었다. 일제는 이를 빌미로 항일 기독교 세력과 신민회를 탄압하기 위해 총독 암살 미수 사건을 날조하여 그중 105인을 구속하였다.

◈ **간도협약** 〈순종 실록 1909. 9. 4〉

①일 – 청 두 나라 정부는 토문강을 청국과 한국의 국경으로 하고 강 원천지에 있는 정계비를 기점으로 하여 석을수를 두 나라의 경계로 한다. ③청 정부는 이전과 같이 토문강 이북의 개간지에 한국 국민이 거주하는 것을 승인 한다. 그 지역의 경계는 별도로 표시한다. ⑤토문강 이북의 한국인과 청나라 사람들이 함께 살고 있는 구역 안에 있는 한국 국민 소유의 토지와 가옥은 청 정부가 청 국민들의 재산과 똑같이 보호하여야 한다. ⑥청 정부는 앞으로 길장 철도를 연길 이남으로 연장하여 한국의 회령에서 한국의 청도와 연결할 수 있다.

◈ **안용복의 활동** 〈조선왕조실록〉

도주가 묻기를, '어찌하여 들어왔는가?'하므로, 답하기를 '전일 두 섬의 일로 서계를 받아 낸 것 이 명백할 뿐만이 아닌데, 대마도주(對馬島主)가 서계를 빼앗고는 중간에서 위조하여 두세 번 차왜(差倭)를 보내 법을 어겨 함부로 침범하였으니, 내가 장차 관백에게 상소하여 죄상을 두루 말하려 한다' 하였더니, 도주가 허락하였습니다. … 관백에게 품정(稟定)하지는 못하였으나, 전일 경계를 침범한 왜인 15인을 적발하여 처벌하였습니다. 이어서 저에게 말하기를, '두 섬은 이미 너희 나라에 속하였으니, 뒤에 혹 다시 침범하여 넘어가는 자가 있거나 도주가 혹 함부로 침범하거든, 모두 국서(國書)를 만들어 역관(譯官)을 정하여 들여보내면 엄중히 처벌할 것이다'하고, 이 어서 양식을 주고 차왜를 정하여 호송하려 하였으나, 제가 데려가는 것은 폐단이 있다고 사양하였습니다.

◈ **독도의 역사**

①〈**삼국사기, 신라 지증왕 본기, 이사부 열전**〉 – 지증왕 13년(512) 이사부가 우산국를 흡수한 이래 한국의 고유영토

②〈**조선 태종**(1417)〉 – 섬 주민을 본토로 옮겨 살게 하는 공도 정책(空島政策) 실시로 울릉도와 독도 관리가 소홀

③〈**세종실록지리지, 강원도 울진현 조**(1454, 독도에 대한 최초의 기록물)〉 – 무릉도(우산도)와 별도로 우산도(독도)의 존재를 형제섬으로 최초 기록

④〈**은주시청합기**(1667)〉 – 울릉도(당시 일본 호칭 竹島)와 독도(당시 일본 호칭 松島)는 고려 영토이고 일본의 서북쪽 경계는 은기도(隱岐島)를 한계로 한다고 일본 기록

⑤〈**러 · 일 전쟁 중**(한 · 일 의정서서 이후 1905)〉 – 일제는 독도를 1905년 2월 한국 정부 몰래 다케시마라는 이름으로 시마네 현(島根縣)에 불법 편입시켰다. 을사조약 이후인 1906년 4월 비로소 한국에 편입 사실이 알려졌다. (울릉 군수 심흥택에게 편입 사실 고지)

⑥〈**광복 후**(1946)〉 – **연합국 최고 사령부는 지령(제677, 1033호)**에서 독도를 본래 한국 영토로 확인하여 일본의 영토에서 제외하였다. 그 국제법적 효력은 아직도 살아 있다.

⑦〈**샌프란시스코 강화조약**(1951)〉 – 연합국은 일본을 재 독립시켜주기로 하고 이에 앞서 1951년 대일본 강화 조약을 체결하려 하였다. 연합국은 그 준비로 1950년 '연합국의 구일본 영토처리에 관한 합의서'를 작성하였다. 이 합의서 제3항에서 한국에 반환할 영토는 한반도 본토와 그 주변의 모든 섬인데, 그 대표적 예로 제주도, 거문도, 울릉도와 함께 독도를 리앙쿠르 바위섬이라는 서양 호칭으로 명기하여 한국에 반환해 한국 영토로 처리됨을 극히 명료하게 밝혔다.

6 경제 자주권 수호운동과 근대 문물의 수용

1 열강의 경제 침탈 – 일본 상인의 무역 독점 〈입도선매〉 – 약탈무역 방식

①중계 무역(1880년대 [일본]영국 공산품 ⇒ 조선) – 거류지 무역(개항장 중심–10리 이내 제한)

❷시장 독점(1890년대 청 · 일 전쟁 이후 – 일본상품 대체) ↳外〉 중개무역(조선상인)

※청 · 일 전쟁 이후(식량 확보) ⇒ 대농장 경영(호남평야 – 전주 · 군산 · 나주…)

본격적	〈열강〉	**이권 침탈**(철도 · 광산 채굴권 · 산림 채벌권) ⇨ **아관파천** ⇔ 독립협회
	〈일본〉	**토지 약탈**(철도부지 · 군용지 확보 – 역둔토) ⇨ **러 · 일 전쟁** ⇔ 보안회 ※**동양척식 주식회사**(1908) – 국책 회사(토지 · 자원 수탈–관리)
일본		재정적 **예속화** 시도(차관 제공 · 금융 지배) ⇨ 예속 경제(일본 간섭) ★**화폐정리 사업**(1905 **메가다** – 제일 은행권 화폐 발행) – 〈**금** 본위제〉

※**은** 본위제(갑오개혁)

열강 ⇨ 이권침탈(철도 · 광산 · 산림)

※은산금광(영국) · 운산금광(미국)

1) 이권침탈–
- ①산림 채벌권 ⇒ 러시아(압록강 · 두만강 · 울릉도 산림채벌권)
- ②광산 채굴권 ⇒ 열강–은산금광(영국) · 운산금광(미국) · 직산금광(일본)
- ❸철도 부설권 ⇒ 일본–
  - 경인선(1899) : 미국(모스) 착공 ⇒ 일본 완공 ⇨ 최초 철도(1889)
  - 경부선(1904~5) : 일본 ⇒ 러 · 일전쟁 수행
  - 경의선(1905~6) : 프랑스 착공 ⇒ 일본 완공

2) 제국주의 경제적 침략 조약

〈일본〉 ❶조 · 일 수호 조규 부록(1876 강화도 조약) – 거류지 무역(개항장 10리 이내). 일본화폐 유통 ②조 · 일 수호 조규 부록 속약(1882) – 내륙 통상 허용(50리 – 1년 뒤 100리) ③1차 조 · 일 통상장정(1876) – 수출입 상품 무관세. 양곡의 무제한 유출 ④2차 조 · 일 통상장정(1883) – 수출입 상품 관세 규정(10% 수입세 · 선박세). 최혜국 대우. 방곡령 조항(미곡 미유출 시 사전 통보)

〈미국〉 조 · 미 수호 통상 조약(1882) – 협정 관세 부과. 최혜국 조관 처음 허용(다른 외국의 유리한 대우를 상대국에도 부여 – 불평등)

〈청〉 조 · 청 상민 수륙 무역 장정(1882 임오군란) – 내륙 통상 처음 허용. 청 · 일 상인의 상권 경쟁. 외국 상인의 내륙 진출

2 한국인의 경제적 저항

시전 상인(관허)	**황국 중앙 총상회**(1898 서울) : 상권 수호 운동(철시…)
사상(토착상인) –1880년대 이후	**상회사** – 동업 조합(개항장 – 근대적 주식회사 초기 형태) ↳ 대동 상회 · 장통 회사…(객주 · 여각 · 보부상 등 – 자본합자)
	※**경강 상인**(경기도. 한강 – 운송업자) : 증기선 구입(열강 경쟁)

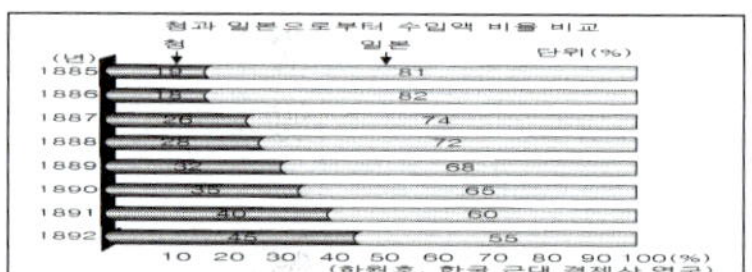

〈청 ⇔ 일본〉 상인의 경쟁

↳임오군란 ⇒ 청 · 일 전쟁

독립 협회	〈外〉	❶러시아 남하정책 저지 ⇒ 도서매도 요구 저지(목포 고하도). 절영도 조차 저지(저탄소). 재정 · 군사고문단 철수. 한 · 러 은행 폐쇄 ②열강 – 이권 수호 운동 ⇒ 독일 · 프랑스 광산 채굴권 요구 저지
	〈内〉	상권 수호 운동 지원 ⇨ **황국중앙 총상회**(서울 시전상인)
대한 제국		**식산흥업** 정책(민족기업 육성) – 민족 산업자본(상 · 공업) 지원정책 ⇒ 해운 · 육운 · 철도 · 광업 회사 (조선 유기 상회 · 대한 직조 공장 · 종로 직조사 · 연초 공장…)
보안회(1904)		토지약탈 저항(일본 황무지 개간요구 – 반대 ⇒ 좌절) – 농광회사 설립추진
민족 금융		민간 은행 ⇨ **조선은행**(최초 – 관료 합자) · 천일은행(상인합자) · 한성은행

◈ **황무지 개간권 반대 운동** – 일본이 우리나라 전국토의 4분의 1에 해당하는 황무지 개간권을 요구하자, 한국인 관리와 실업가 들이 이를 막기 위하여 농광회사를 설립하고, 개간 특허를 요구 하였다. 정부는 1904년에 이를 허가 하였다.

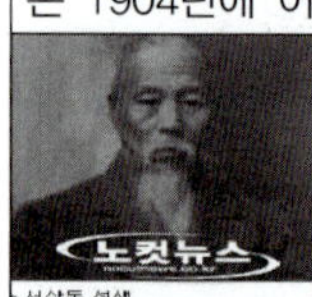

서상돈

김광제

◈ **국채보상운동** – 국채 1300만 원은 우리 대한의 존망에 관계가 있는 것이다. 갚아 버리면 나라가 존재하고 갚지 못하면 나라가 망하는 것은 대세가 반드시 그렇게 이르는 것이다. …장차 삼천리 강토는 우리나라와 백성의 것이 아닌 것으로 될 위험이 있다.

★**국채 보상 운동**(1907 대구) – 경제 자립 운동(신민회 · 대한매일신보 지원)	
〈배경〉	차관 제공(〈**일본**〉 통감부 – 시설개편 명목 1300만원) ⇒ **예속경제 정책**
〈전개〉	국채보상 기성회(**대구** – 서상돈 · 김광제) ⇒ 전국 확대(모금운동) – 횡령죄 구속

사료읽기

◈ **만민 공동회의 상소** 〈이상재가 정부에 올린 상서문〉

근대 우리나라 국유 광산이라든지, 철도 기지 · 서북 삼림(西北森林) · 연해 어업(沿海漁業) 등등, 이 모든 것에 대한 외국인들의 권리 취득 요구를 우리 정부에서 한 가지라도 허락해 주지 않은 것이 있었는가. 이렇게 외국인들의 요구가 그칠 줄 모르는데, 오늘에 이르러서는 일인들이 또다시 국내 산림천택(山林川澤)과 원야(原野) 개발권까지 허가해줄 것을 요청하기에 이를 정도로 극심해졌으니, 정부는 또 이 요구를 허가할 작정인가. 만일 이것마저 허가한다면 외국인들이 이 위에 또다시 요구할 만한 무엇이 남아있겠으며, 우리도 또한 무엇이 남아서 이런 요구에 응할 것이 있겠는가. 이렇게 되면 그야말로 500년의 마지막 날이 될 것이요, 삼천리의 종국(終局)이 될 것이니, 우리 정부에서는 반드시 이를 거절할 줄로 안다. ⇨ 1896년 아관파천으로 우리나라에 대한 열강의 자원 약탈이 심화되었다. 이에 독립 협회가 열강의 이권침탈 저지 운동을 벌였다.

◈ **철도에 집착한 일본**

열강의 경제적 침탈 속에서 일본은 특히 철도에 집착하였다. 철도는 인적 · 물적 자원을 대량으로 운송할 수 있는 육상 운송 수단이다. 대륙 침략을 의도하고 있던 일본은 일본군의 수송과 조선의 쌀을 일본으로 실어 가기 위한 수단으로 철도를 주목하였다. 그리하여 미국이 처음 획득한 경인선 부설권을 사들이고, 이어서 경부선, 경의선, 경원선의 부설권을 차지하여 개통시켰다. 그 철도들은 모두 일본으로 물자를 실어 나르기 편하게 항구까지 놓여졌다. 그러한 야욕을 알게 된 한국인들은 철도 공사를 방해하거나, 공사장이나 일본인 감독관을 습격하기도 하였다. 이에 일본은 공사장 주변에 군대를 파견하여 공사를 방해하는 사람은 그 자리에서 처형하기도 하였다.

◈ **화폐 정리 사업**(1905) – 러 · 일 전쟁 중에 메가다(目賀田種太郎)의 주도

①**질이 나쁜 백동화는 바꿔주지 않는다.** 〈탁지부령 제1호 1905. 6〉

②**예고되지 않고 실시되었다.** 〈경성 상업 회의소 의원이 일본 정부에 제출한 청원서〉

⇨ ③**화폐 교환과 한국인의 피해**

한국의 화폐를 일본의 화폐 제도에 따라 금본위제로 하고 일본의 제일은행권을 본위 화폐로 하여 일본의 금융이 한국을 지배하도록 하였다. … 소액을 가진 농민은 교환하기도 어려웠다. 한국 사람은 앉은 자리에서 막대한 화폐 자산을 상실 당하였으나, 이러한 정보를 미리 알고 있던 일본 상인들은 부당 이익을 챙기는 경우도 적지 않았다. 경제적 어려움에 빠졌던 많은 회사가 이때 일본인에게 넘어가기도 하였다.… 불과 3일의 짧은 기간 내에 화폐 교환을 하지 못한 한국인은 막대한 손해를 보게 되었다. 메가다의 화폐 정리 사업은 한국의 경제를 일본에 예속화시키는 작업이었으며, 그 결과 한국에는 극심한 금융 공황이 일어나 많은 한국 상인들이 도산하고 농촌 경제는 파탄에 이르렀다.

◈ **황국 중앙 총상회의 외국인 내륙 상행위 반대** 〈독립신문, 1898. 10. 18〉

근일 외국인이 내지의 각부 각군 요지에 점포 가옥을 사서 장사를 하고 또 전답을 구입한다고 하니 이는 외국과 통상에도 없는 것이요, 외국인들이 내지에 와서 점포를 열어 장사를 하고 전답을 사들이면 대한 인민의 상권이 외국인에게 모두 돌아가고 … 우리나라 각부 각군 지방에 잡거한 외국 상인을 모두 철거하게 하고 가옥과 전답 구매를 모두 엄금하여 대한 인민의 상업을 흥왕케 하여 달라.

◈ **상인들의 의식 변화** 〈독립신문, 1898. 10. 13.〉

서울 시전 상인들이 말하기를 우리가 상업을 하는데 올바른 대신들의 공정한 법률 밑에서 장사를 해야 생명과 재산을 보호하지, 근일 정부 대신들 밑에서는 상업도 못 하겠다 하고, 그저께부터 각기 폐시하고 독립 협회와 총상회의 목적을 따라 비록 군밤 장사까지라도 모두 일심이 되어 회중 소청에 가서 합동하였다는데, 경무관 안환 씨가 순검들을 많이 데리고 각 상인을 압제하여 억지로 가게 문을 열라고 한즉, 상인 제씨가 서로 말하기를 우리도 충군 애국하는 마음으로 소청에 가서 합동하겠는지라, 지금은 전과 달라 관인의 무례한 압제를 아니 받겠노라, 경무청에서 우리에게 자본금을 주어 장사시키기에 가게 문을 열어라 어찌하라 무슨 참견이뇨, 우리도 자유 권리로 하는 일이니 다시는 이따위 수작을 말라 하니, 안 경무관도 어찌할 수 없는 것으로 알더라고 하더라.

◈ 10돈중 짜리 〈별〉을 내놓은 옛 장군이 있는가 하면 5천만원 상당의 가게 금붙이를 들고 온 금은방 주인도 있다. 자식들 돌 선물로 받은 금반지는 수집 창구마다 그득하다. ○○은행 남대문 지점에서는 금을 맡기려는 시민들이 출입문까지 장사진을 쳐 다른 일을 못할 지경'이라고 하였다. 〈○○신문, 1998. 1. 9〉

⇨ 1997년 닥쳤던 외환위기를 극복하기 위해 국민들이 자발적으로 전개한 〈금 모으기 운동〉을 보도한 신문 기사이다. 당시엔 이를 두고 〈제2의 국채 보상 운동〉이라고 불렀다. 지금으로부터 100여 년 전에도 우리 민족은 일본을 비롯한 제국주의 열강의 경제 침탈을 극복하기 위해서 '국채 보상 운동'을 비롯한 다양한 경제적 구국 운동을 전개하였다.

3 근대 = 평등의식의 성장

	갑신 정변	동학 운동	갑오·을미개혁
세력	소수 개화당-신진관료 〈上 ⇒ 급진적 개혁〉	동학 농민군 〈下 ⇒ 사회 개혁〉	개화 관료 〈정부 ⇒ 근대화 정책〉
의의	근대국가 수립 ⇨ 최초 시도 - 입헌군주	봉건적 신분사회 ⇨ 붕괴 기여	봉건적 신분타파(법적) ⇨ 근대 평등사회 전환
한계성	대중적 지지 × ⇨ 前 근대적 사고방식	민중참여 요구× ⇨ 근대 사회의식 결여	민권 확립× ⇨ **타율적**·급진적·불완전

└➡ 〈**한계성 - 공통점**〉 **민중 참여 결여**

❶민중과 유리된 **한계성 극복** ⇨ **독립 협회**의 **민중 참여 운동**

②독립 협회(자강개혁) ⇒ 애국 계몽 운동(실력양성) ⇨ **근대 = 평등 의식**의 보편화

의생활	일부 상류층과 개화인사(양복 착용). 일반 남성(저고리위에 마고자와 조끼를 입는 풍속이 생김). 신교육을 받은 여성(개량한복 착용). 일반 여성(두루마기 착용, 장옷이나 쓰개치마 대신 양산 사용)
식생활	식사법 변화(겸상, 두레상 ⇨ 남녀, 반상이 한자리에 둘러앉아 먹는 식사법이 등장). 서양 음식 소개(커피·홍차·양과자·빵 등). 중국 음식 소개(중국 요리, 만두·찐빵 등). 일본 음식 소개(초밥·어묵·우동·단팥죽·단무지·청주 등)
주생활	신분에 따른 규제 철폐, 근대식 건물 출현(서양식 건물, 일본식 주택·2층집 출현·종교건물 - 독립문·석조전·명동성당 등)

※서양식 제도·문화 도입(⇨ 상류층 중심 : 양복·커피…)

	★**신분제 변화**(근대 = 평등 사회로의 이행)
동요	〈17C〉 **경제 활성화**(부농·부상), 실학, 개화 사상가 ⇒ 신분 제도 개혁 주장
변화	①〈18C〉 노비 종모법(= 종부법). 공노비 일부 해방(1801 순조 - 6만 여명) ②모든 계층 관직진출 허용(1882 **양인** : 자유민) - 서얼·중인 ❸**인민 평등권** 선언(1884 갑신 정변) - 신분제도 개선 요구 ④노비 세습제 철폐(1886)
폐지	⑤법적 **신분제 폐지**(1894 갑오개혁) ❻법적 신분제 완전 소멸(〈**대한 제국**〉 **호적** : 신분 ⇒ **직업** 기재)

◈ **정부의 벼슬하는 사람은 임금의 신하요 백성의 종이라.**〈독립신문 사설〉

종이 상전의 경계와 사정을 자세히 알아야 그 상전을 잘 섬길터 인데 朝鮮은 거꾸로 백성이 정부의 종이 되었으니 백성은 죽도록 일하여 官人에게 주면서 상전 노릇을 하여 달라고 하니… ⇨ 백성의 국가에 대한 권리주장

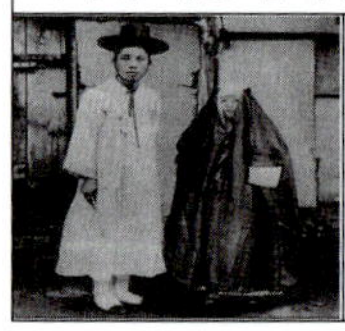

두루마기·장옷

◈ **평등사회로의 이행**(근대개혁) ❶**갑신정변** - 문벌을 폐지하고 인민평등의 권리를 제정하여 능력에 따라 인재를 등용 한다.
❷**동학** - 노비문서를 소각한다. 7종의 천인 차별을 개선하고 백정이 쓰는 평량갓을 없앤다.
❸**갑오개혁** - ①공·사노비 제도를 모두 폐지하고, 인신매매를 금지한다. ②과부의 재혼은 귀천을 막론하고 그 자유에 맡긴다. ③남녀의 조혼을 엄금하여, 남자는 20세, 여자는 16세에 혼인을 허락한다. ④연좌법을 모두 폐지하여 죄인 자신 외에는 처벌하지 않는다. ⑤지금까지 내려온 문존무비(文尊武卑)의 차별을 폐지한다. ⑥문벌에 따른 차별과 양반, 상민 등의 계급을 타파하고, 귀천의 구별 없이 인재를 뽑아 등용한다.

4 근대 문물의 수용

[**부국강병 수단**] 개화 세력 ➡ **東道 西器論** 〈전통적 **정신**문화 + 서양기술〉

〈부정〉 **침략 도구** 이용(〈**일본**〉 **철도**·〈**청**〉 전신) ⇒ 외세 이권·침략 목적과 연관
↳약탈·전쟁 수행

청 ⇨	조선		⇦ 일본
양무 운동 〈中體 西用〉 ⇨ 강력한 전제 군주제 ※일본을 가상적국 - 군사부분 근대화	⟶ 개화 운동 ⟵ ①**개화 정책** 〈**東道 西器論**〉 (온건 개화파-사대당) ②**광무 개혁** 〈舊本 新參〉	**갑신 정변** (급진 개화파-개화당 - 신진관료) 〈**문명 개화론**〉	**메이지 개혁** (**천황** > **의회**) ⇨ 동양적 **입헌 군주제** 〈**천황** - 절대적 권한〉 〈**의회** - 민중 참여〉 ※**화혼 양재**〈和魂 洋才〉 - 전통사상 토대+서양기술 수용
〈**온건파**〉 전통 체제 ⇒ 점진적 개혁 ↳ **전제 군주제**(강력한 왕권)		〈**급진파**〉 근대 체제 ⇒ 급진적 개혁 ↳ **입헌 군주제**(王 < **수상**)	

전차(서울)-〈1899〉-철도(경인선 개통)

황궁우(원구단 内)

독립문

덕수궁 석조전

명동성당

사료읽기

◈ **평등 사회로의 이행**

①**독립 협회의 평등 사상**

• 독립 협회 운동에 동조하기 위하여 가게문을 닫는 상인에게 순검이 와서 문을 열라고 했을 때 〈지금세상은 옛날과 다르니 당신 말을 따를 수 없다.〉 … ⇨ 민중 의식- 성장(고양)

• **만민 공동회에서 시전상인을 會長에 선출**(현덕호, 쌀장수) – 나는 大韓의 가장 천한 사람이고 무지 몰각합니다. … 많은 장대를 합한즉 그 힘이 공고 합니다. 官民이 合心하여 우리 皇帝의 성덕에 보답하고, 國運이 만만세 이어지게 합시다. 〈백정 박성춘- 관민공동회연설문〉⇨ 평등 사회로의 이행

②**평등 사회를 추구한 동학** 〈황현, 오하기문〉

간혹 양반 중에는 주인과 노비가 함께 적(동학교도)을 추종한 경우도 있었는데, 이들은 서로를 '접장'이라고 부르면서 적의 법도를 따랐다. 백정이나 재인들 또한 평민이나 양반과 더불어 평등한 예를 행하여 … 적은 서로 대하는 예가 매우 공손했으며 신분의 귀천이나 나이에 상관없이 평등한 예로 대하였다. 비록 접주라고 불리는 사람 중에서 남보다 뒤처지는 사람이 있다 하여도 적들은 정성껏 섬겼다.

③**윤치호 등의 인권 옹호 상소** 〈승정원일기〉

어떤 자는 말하기를 백성의 권한이 성하면 임금의 권한이 반드시 줄어들리라 하니, 사람의 무식함이 … 이보다 심하겠습니까. 만일 오늘날에 이와 같은 민의가 없다면, 정치와 법률은 따라서 무너져서 어떤 모양의 재앙의 기미가 어디에서 일어날지 모르는데, 폐하께서는 홀로 생각이 여기에 미치지 아니하십니까. 신 등의 충성된 분노가 격하여 품고 있는 생각을 진술하였지만 대단히 황송하여 조처할 바를 알지 못하겠습니다. 엎드려 바라옵건대 폐하께서는 재량하여 살펴 주십시오.

◈ **여성의 사회적 지위에 대한 의식 변화**

①1890년대 후반에 독립신문은 논설을 통해 여성을 억압하는 혼인 제도의 개혁, 애정과 평등한 인격에 기반을 둔 부부 중심의 가족 제도, 여성의 교육권과 사회적 활동의 필요성 등을 주장하였다. 또 1898년에는 서울의 북촌 부인들을 중심으로 찬양회가 조직되어 우리나라 최초의 여권 운동을 전개하였다. 찬양회는 독립신문과 황성신문에 여성의 참정권, 직업권, 교육권을 주장하는 '여성 통문'을 발표하였다. 찬양회는 여성 계몽을 위한 연설회와 토론회를 개최하였으며, 여성 교육을 위해 여학교를 설립하기도 하였다.

②국채 보상 운동에 참여한 한 여성 단체는 발기문에서 "남녀의 분별은 있으나 권리는 남녀가 일반인데, 어찌 녹녹히 옛 법을 지키고 가만히 앉아 있겠느냐."고 하여, 여성의 동등한 사회 참여를 강조하였다.

③하느님이 세계 인류를 낳으실 때에 사나이나 아낙네나 사람은 다 한가지라. 여성도 남성의 학문을 교육받고, 여성도 남성과 동등권을 가져 인생에 당한 사업을 다 각기 하난 것이 당연한 도리어날 동양 풍속은 어찌하여 여자가 남자에게 압제만 받고 … 〈독립신문 1898. 1〉

◈ **독립신문 창간 논설**

정부에서 하시는 일을 백성에게 전할 터이요, 백성의 정세를 정부에 전할 터이니 만일 백성이 정부 일을 자세히 알고 정부에서 백성의 일을 자세히 아시면 피차에 유익한 일이 많이 있을 터이오, 불평한 마음과 의심하는 생각이 없어질 터임. … 우리가 이 신문 출판하기는 취리(取利)하려는 게 아닌 고로 값을 헐하도록 하였고, 모두 언문으로 쓰기는 남녀 상하 귀천이 모두 보게 함이요, 또 구절의 띄어쓰기는 알아보기 쉽도록 함이라.

… 우리는 바른 대로만 신문을 할 터인 고로 정부 관원이라도 잘못하는 이 있으면 우리가 말할 터이요, 탐관오리들을 알면 세상에 그 사람의 행적을 펼 터이요, 사사 백성이라도 무법한 일 하는 사람은 우리가 찾아 신문에 설명할 터임 … 그러한즉 이 신문은 똑 조선만을 위함을 가히 알 터이요, 이 신문을 인연하여 내외 남녀 상하귀천이 모두 조선 일을 서로 알 터임. 우리가 또 외국 사정도 조선 인민을 위하여 간간이 기록할 터이니 그걸 인연하여 외국은 가지 못하더라도 조선 인민이 외국 사정도 알 터임.

◈ **근대 생활 모습** 〈한성주보, 1886. 2. 22〉

이번 저희 세창 양행이 조선에서 개업하여 외국에서 자명종 시계 · 각종 램프 · 서양 단추 · 각색 서양 직물 · 서양 천을 비롯해 염색한 옷과 선명한 염료 · 서양 바늘 · 서양 실 · 성냥 등 여러 가지 물건을 수입하여 공정한 가격으로 팔고 있으니 모든 손님과 상인은 찾아와 주시기 바랍니다. … 아이나 노인이 온다 해도 속이지 않을 것입니다.

⇨ 우리나라 최초의 신문 광고 문구이다.(황성신문의 잡화점 광고) 독일의 상점인 세창 양행에서 여러 가지 서양 물건들을 두루 갖춰 놓고 손님을 불러 모으고 있다. 개항 이후 외국 상인들은 석유나 면제품뿐만 아니라 안경 · 성냥 · 모자 · 구두 등 다양한 서양 물건을 들여와 팔았다. 이러한 분위기 속에서 우리나라 사람들의 생활 모습(의식주 문화)도 조금씩 변화해 갔다.

인쇄	박문국(개화당 – 한성 순보) < 광인사(민간 출판사)
전기	경복궁(1887 전등). 한성 전기회사(황실 + 〈미〉콜브란 ⇒ 전기 · 전차 · 전등 · 전화…)
교통	철도(**1899 경인선** / 1904–5 경부선 · 1905–6 경의선 ⇒ 러 · 일 전쟁). 전차(**1899** 서울)
통신	전화(1898 궁궐 ⇒ 민가 확대). 전신(전보 총국 – 국제 통신망). 우편(우정국)
의료	광혜원(⇒ **제중원** 1885 최초 병원 – 알렌). 세브란스 병원(1904 개신교 ⇒ 연세대) 광제원(1900 지석영 – 종두법 연구 실험). 대한 의원(1907 중앙 국립 – 지석영) 적십자 병원(1905). 자혜의원(1909 지방 국립)
건축	독립문(개선문 모방). 명동성당(**1898** 고딕식). 덕수궁 석조전(1910 르네상스식)
※기기창(⇐**영선사** : 근대무기 제조) · 농무목축 시험장(서양농법 연구) · 광무국(광산) · 전환국(화폐)	

↳※69명(학생38명+관리31명) – 임오군란 시 귀국

〈1860년대〉	①흥선 대원군(서양 무기 **제조술 관심** – 무기 개발 · 이양선 건조)
〈1870~80년대〉	②개항 이후(서양 **기술 도입** – 방직 · 광산 기계 도입 · 기술자 초빙)
〈1890년대〉	③갑오 개혁 이후(**제도 도입** – 유학생 파견 · 기술학교 설립)

◈ **동도 서기론**〈윤선학〉 옛날의 범선과 오늘의 증기선은 선박의 예와 지금이 다름입니다. …오늘날 나라를 다스리는 이가 서법(西法)의 편리함을 인정하지 아니하고, 옛 제도의 불편하고 현실에 맞지 아니한 것을 전적으로 쓴다면 부강의 도를 생각하지 않는 것입니다.

◈ 아리랑 고개에 정거장 짓고 전기차 오기를 기다린다 / 문전의 옥토는 어찌 되고 쪽박신세가 웬 말인가 / 밭은 헐려서 신작로 되고 집은 헐려서 정거장 되네.

◈ 화륜차 소리는 우레와 같아 천지가 진동하고, 기관차의 굴뚝 연기는 하늘 높이 솟아오르더라. 차창에 앉아서 밖을 내다보니 산천초목이 모두 움직이는 것 같고, 나는 새도 미처 따르지 못하더라.

⇨ 1904년 9월에 경기도 시흥의 군민 1만여 명은 경부선 철도 건설의 노동자 징발에 대해 항의하였다. 일본인들과 언쟁하였는데, 갑자기 장검과 철봉을 휘둘러 한국인들을 공격하여 살상하였다.

5 근대 교육의 전개 〈근대 애국계몽 운동〉

(1) 근대 교육의 성립

〈1880년대〉 사립 교육	〈개화기〉 **개화 운동**(초기 개화 사상가 · 선교사)
	❶**원산학사**(1883) : 최초 근대교육(덕원 주민 ⇒ 근대 학문 + 무술 교육) ⇓②**동문학**(1883) : 영어 교습소(정부 – 외아문内) – 관료 대상 ⇓〈기독교계(선교사)〉 ③**배제학당**(1885 男) · 이화학당(86 女) · 경신학교 · 숭실학교(평양) ❹**육영공원**(1886) : 본격적 근대교육(〈미국〉헐버트 · 알렌) – 상류층 자제 대상
〈1890년대〉 관립 교육	〈갑오 개혁기〉 **개화** = 근대화 **정책**(국가 주도)
	근대교육 입국 조서 ①**갑오 개혁**(홍범 14조) ⇒ 타율적 근대 교육(한성사범) (1895) ②**을미 개혁** ⇒ 소학교령 ❸**광무 개혁**(신 교육령) ⇒ **자율적** 근대 교육(중 · 외국어 · 기술 학교)
〈1900년대〉 사립 교육	〈애국 계몽 운동기〉 **민족 운동**(민족 교육)
	[**신민회**] ①國内〉 대성학교 · 오산 학교 ②外〉 신흥 강습소(서간도 삼원보) [**여학교**] 진명 · 숙명 · 순성(최초 사립 – 부녀자 대상) · 한성 고등 여학교(최초 관립)
	※**사립 학교령**(1908) – 민족 교육 탄압(설립 · 운영 · 교재 통제)

◈ **원산 학사**(1883)
덕원(원산) 부사 정현석이 장계를 올립니다. 신이 다스리는 이곳 읍은 해안의 요충지에 있고 아울러 개항지가 되어 소중함이 다른 곳에 비할 바가 못 됩니다. …그러므로 학교를 설립하여 연소하고 총명한자를 뽑아 교육하고자 합니다. 〈덕원부계록〉
⇨ 산수 · 과학 · 기계 · 농업 · 양잠 · 채광 · 일어 · 법률 · 세계 역사 · 지리를 **필수 과목**으로 교육하였다. 또 문예반은 한문, 무예반은 병서와 · 무예를 **전공과목**으로 채택

◈ **4대 악법**
①신문지법(1907) ②보안법(1907)
③학회령(1908) ④출판법(1909)

◈ **근대교육 입국 조서** [①1895 2차 갑오개혁 – 신교육 실시 천명⇨② 대한제국(신교육령) – 각종 관립학교 설립]

세계의 정세를 보면 부강하고 독립하여 사는 모든 나라는 다 국민의 지식이 밝기 때문이다. 교육은 실로 국가를 보존하는 근본이 된다. 교육은 그 길이 있는 것이니, 헛된 것과 실용적인 것을 먼저 구별하여야 한다. …이제 짐은 정부에 명하여 널리 학교를 세우고 인재를 양성하여 너희들 신민의 학식으로 국가 중흥의 큰 공을 세우고자 하노니, 너희들 신민은 충군하고 위국하는 마음으로 덕과 몸과 지식을 기를지어다. 왕실의 안전이 너희들 신민의 교육에 있고, 또 국가의 부강도 너희들 신민의 교육에 있도다.
⇨ ①학무아문(1894 1차 갑오개혁 – 교육관련 사무전담) ②교육입국 조서(2차 갑오개혁) ③소학교령(을미개혁) ④신교육령(광무개혁)

사료읽기

◈ 일본의 철도 부설에 대한 민중의 항쟁

①시흥 민중의 항거 – 1904년 9월에 경기도 시흥의 군민 1만여 명은 한 철교에 모여 경부선 철도 건설의 노동자 징발에 대해 항의하였다. 이들은 군청이 있는 읍으로 가서 군수의 요청을 받고 달려온 일본인들과 언쟁하였는데, 언쟁 중에 일본인들이 갑자기 장검과 철봉을 휘둘러 한국인들을 공격하여 살상하였다. 이에 성난 한국인들은 군수 박우양과 그 아들을 죽이고 관사와 기물을 파괴하였다.

정부는 안핵사를 파견하여 진상을 조사하고 민용훈 · 성우경 · 김원록 등의 주동자들을 체포하여 재판에 회부하였고, 사망한 일본인 2'명과 부상당한 4'명에게 3,200여 원의 배상금을 지급하였다. 재판 결과 김원록은 교수형, 성우경 · 민용훈 등은 태 100대에 종신 징역형에 처하였다. 〈시흥 직산 안핵사 주본, 규장각 문서〉

②김성삼 · 이춘근 · 안순서 3인의 의병 처형 – 러 · 일 전쟁 중에 당시 용산역에 있었던 일본군 보급 기지창을 폭파하려다가 여의치 않자 경기도 고양에서 경의선 철도에 폭발물을 매설하여 철도를 폭파하였다. 일제의 침략 수단인 철도를 파괴하다가 잡힌 김성삼 · 이춘근 · 안순서 등은 서울 마포 부근 야산 언덕에서 일본군에게 총살되었다. 이들은 비적으로 취급되어 군법 회의에서 사형을 언도받은 직후 곧바로 처형되었다(1904년 9월 21일). 당시 일본이 파손된 철도를 복구하는 데는 20여 일이나 걸렸다. 〈프랑스 신문에 보도〉

※**동도서기론(東道西器論)**– 1880년대에 우리 나라가 내세웠던 서구 문명 수용 논리. 우리의 정신세계는 유지하고 서양의 과학 기술만 받아들이자는 주장으로, 중국의 중체서용론(中體西用論), 일본의 화혼양재론(和魂洋才論)과 비슷하다.

※**광혜원(= 제중원)**– 최초의 서양식 병원으로 갑신정변 당시 칼에 맞아 목숨이 위태롭던 민영익을 미국 선교사이며 의사였던 알렌이 살려낸 일이 있었다. 이를 계기로 서양 의학의 우수성을 알게 된 정부는 광혜원을 세웠다.

◈ 민족 교육 운동

을사조약 이후 애국 계몽 운동가들은 실력이 없어 빼앗긴 국권의 회복은 민족 실력의 양성만으로 가능하고, 그 실력의 핵심은 근대 교육에 있다고 보았다. 따라서 그들은 “아는 것이 힘이다”라는 구호를 내걸고 교육 구국 운동을 벌였다. 교육 구국 운동의 영향으로 대성 학교, 오산 학교, 보성 학교, 진명 여학교, 숙명 여학교 등 수많은 사립학교가 곳곳에 세워졌다.

◈ 대학 교육의 시작

대한제국 말기에는 우리나라에서 대학교육도 실시되었다. 일찍이 갑오개혁의 추진자들은 학무아문의 관제를 제정할 때 장차 대학교의 설치를 염두에 두고 있었다. 1900년대에 들어 안중근은 천주교 교구에 대학의 설립을 건의하기도 하였다. 을사조약 이후 교육구국 운동이 전개되는 가운데 기독교 선교사들과 한국인들 사이에서 대학설립의 기운이 무르익었다.

이러한 분위기 속에서 우리나라 최초의 전문학교로서 보성 전문학교가 설립되었다(1905). 그리고 숭실 학교가 중학부와 대학부로 분리되어, 우리나라 최초의 근대 대학으로서 평양 숭실 대학이 설립되었다(1906). 이때 평양 주민들은 많은 모금으로 숭실 대학의 설립을 성원하였다.

한편 이화 학당에 대학부가 설치되어 우리나라 최초로 여성을 위한 대학 교육도 실시되었다(1910). 그 후 경신 학교에도 대학부가 설치되었다. 이처럼 1920년대에 일제에 의해 경성 제국 대학이 설립되기 이전에 우리나라에는 3개의 대학 교육 기관이 존재하였다. 그러나 한국인을 위한 대학 교육을 원하지 않은 일제의 강압에 의하여 이들 교육 기관은 모두 전문학교로 개편되었다.

◈ 평등 사회로의 이행

①독립 협회의 인권 사상

• 백성마다 얼마만큼 하느님이 주신 권리가 있는데, 그 권리는 아무도 빼앗지 못하는 권리 … (1897. 3)

• 하느님이 세계 인류를 낳으실 때에 사나이나 아낙네나 사람은 다 한가지라. 여성도 남성의 학문을 교육받고, 여성도 남성과 동등권을 가져 인생에 당한 사업을 다 각기 하난 것이 당연한 도리어날 동양 풍속은 어찌하여 여자가 남자에게 압제만 받고 … (1898. 1)

• 정부에서 국민의 생명과 재산에 관계된 권리를 어디까지든지 보장할 일 … (1898. 8)

②**천주교의 신분 평등** 〈조선 천주교회사〉

황일광 알렉시스는 백정의 집에서 태어났다. 이들은 읍내나 동네에서 멀리 떨어져 살아야 하며, 아무와도 일상적인 교제를 할 수 없었다. 천주교에 입교하자 교우들은 그의 신분을 잘 알고 있으면서도 형제처럼 대하였다. 어디를 가나 양반 집에서까지 그는 다른 교우들과 똑같이 집에 받아들여졌는데, 그로 말미암아 그는 자기에게는 자기 신분으로 보아, 사람들이 너무나 점잖게 대해 주기 때문에, 이 세상에 하나 또 후세에 하나, 이렇게 천당이 두 개가 있다고 말하였다.

(2) 국학 연구 ⇨ 〈한계성〉 애국계몽 운동(애국심 고취) – 학문적 깊이×

계몽 사학	➡ 민족 역사의식 고취(애국심 고취) ❶**신채호** ⇨ **고대사** 연구[독사 신론] ⇒ 근대 민족사학 연구방향 제시 ※**고대사** 인식 체계 확립 [**고조선**(단군) ⇒ 부여 · 고구려~] ❷**박은식** ⇨ **근대사** 연구[안중근전 · 연개소문전 / 스위스 독립사 · 서사 건국지]
	①항일 저작물 간행 – 의병 등 항일민족운동 ②구국 위인전 [을지문덕전 · 강감찬전 · 이순신전 · 최도통전(최영) · 안중근전 · 연개소문전] ③외국 흥망사 번역 [베트남 망국사 · 미국 독립사 · 스위스 독립사]

계몽 국어	⇨ 민족전통의 계승 · 보급(애국심 고취) ❶**국문 연구소**(1907 지석영 · 주시경) – 국 · 한문 혼용 교과서 제작 ②**조선 광문회**(1910 최남선 · 박은식) – 민족 고전 번역 정리 · 간행 · 보급 [동사강목 · 목민심서 등 실학자들의 저서를 정리하고 간행]

※**유길준** [**서유견문**] – 최초 국 · 한문 혼용서(1895 서구 문물 소개)
※〈**문법서**〉 ⇨ 유길준[대한문전] · 주시경[국어문법] · 지석영[신정국문] · 이봉운[국문정리]

◈ **신채호의 [독사신론]**(1908) – 국가의 역사는 민족의 소장 성쇠의 상태를 서술할지라. 민족을 빼면 역사가 없을 지며, 역사를 빼어 버리면 민족의 그 국가에 대한 관심이 크지 않을 지니, 오호라 역사가의 책임이 그 역시 무거울 진저 … 내가 요즘 각 학교의 교과용 역사를 보건대 가치 있는 역사가 거의 없도다. 제1장을 보면 우리 민족이 중국 민족의 일부인 듯하며, … 마침내 전편을 다 읽으면 어떤 때는 말갈족의 일부인 듯 하다가 어떤 때는 몽골 족의 일부인 듯 하며,…

지석영 | 주시경 | 최남선

◈ 〈**주시경 선생 유고**〉 나라를 빼앗고자하는 자는 그 나라의 말과 글을 먼저 없이하고, 자기 나라의 말과 글을 전파하며, 자기 나라를 흥성케 하고자 하거나 나라를 보전하고자 하는 자는 자국의 글과 말을 먼저 닦고, 백성의 지혜로움을 발달케 하고, 단합을 공고케 한다.
⇒〈한글〉명칭 사용(1913)

6 문예와 종교의 새 경향 〈근대 애국계몽 운동〉 – 근대의식 · 민족의식 고취 기여

계몽 문학	〈신소설〉	근대소설 ⇨ 사회 계몽(봉건적 유교도덕 배격 · 미신타파 · 남녀평등) [혈의 누(이인직) · 자유의 종(이해조) · 금수 회의록(1908 안국선)]
	〈신체시〉	근대시(전통시가 탈피) [해에게서 소년에게](최남선)
	〈번역 문학〉	[성경 · 천로역정(게일 – 최초 번역 소설) · 이솝우화 · 로빈슨표류기]
	⇨〈한계성〉 문명개화 치중 ⇒ 식민지 문화 터전 마련 [의병 비난 · 일본 침략 간접적 합리화 ⇒ 다소 反민족적 경향]	
계몽 예술	〈음악〉	근대음악 = **창가** 〈찬송가 · 애국가 · 독립가 · 권학가〉
	〈연극〉	신극 = **창극**(1인1역) 활동〈**원각사** · **토월회**〉 – 은세계 · 치악산 공연
	〈미술〉	서양 화풍 〈**유화**〉 – 이중섭(서양화 – **소**) · 안중식(동양화)

※**토월회** – 은세계 · 치악산 공연(1920년대 일본 도쿄)

◈ 〈**금수 회의록**〉 – 동물의 입(여우 · 게 · 개구리 등)을 빌려 개화기 당대의 인간 사회를 풍자–비판하고, 인간의 행위에 신랄한 규탄을 가한 작품으로 일제에 의해 금서 목록에 오른 책이다
◈ **최남선 〈해에게서 소년에게〉**
처얼썩 처얼썩 척 쏴아아 / 때린다 부순다 무너 버린다. / 태산 같은 높은 뫼 집채 같은 바윗돌이나 …
처얼썩 처얼썩 척 튜르릉 꽉

원각사(최초극장)

소(이중섭)

계몽 종교	〈천주교〉	사회사업(양로 · 고아원…), 언론활동(경향 신문 · 잡지)	⇨ 사회 계몽
	〈개신교〉	근대 – **의술 · 교육** · 문화 · 사회 사업	
	⇨〈기여〉 한글 보급(성서) · 미신타파 · 평등사상 · 근대문명 소개		
	〈유교〉	**박은식** [유교 구신론] – 양명학자(知行合一)	⇨ 실천적 유교
	〈불교〉	**한용운** [조선불교 유신론] – 미신타파 · 승려교육(학교파견)	⇨ 자주성 회복
	〈천도교〉	손병희(동학 ⇒ **천도교** 개칭) ⇔ **시천교**(이용구 – 일진회)	➡ **민족 종교**
	〈대종교〉	나철 · 오기호(단군신앙 모체) – 무장투쟁 전개(**중광단**)	

◈ **박은식 〈유교 구신론〉** – 유교가 끝내 불교나 기독교같이 세계에 대발전을 하지 못함은 무슨 까닭이뇨. 나는 외람됨을 무릅쓰고 3대 문제를 들어 개량 구신의 의견을 바치노라. 첫째는 유교가…
◈ **한용운 〈조선불교 유신론〉** – 모든 문명은 교육에 의한 것이고 인생 목적의 달성 방법을 아는 것도 배움에 의한 것이다. 조선 불교 유신의 첫걸음은 승려 교육에 있다.…

박은식

한용운

사료읽기

◈ **신채호, 〈역사와 애국심과의 관계〉중에서** 〈대한 협회 회보 2호, 1908. 5〉

오호라, 어떻게 하면 우리 이천만의 귀에 항상 애국이란 한 글자가 울리게 할까. 가로되 오직역사로써 할지니라. 오호라, 어떻게 하면 우리 이천만의 눈에 항상 나라라는 한 글자가 배회하게 할까. 가로되 오직 역사로써 할지니라.

오호라, 어떻게 하면 우리 이천만의 손이 항상 나라를 위하여 움켜잡게 할까. 가로되 오직 역사로써 할지니라. 오호라, 어떻게 하면 우리 이천만의 발이 항상 나라를 위하여 용약하게 할까. 가로되 오직 역사로써 할지니라. 오호라, 어떻게 하면 우리 이천만의 뇌가 나라를 위하여 심사(沈思)하게 할까. 가로되 오직 역사로써 할지니라. 오호라, 어떻게 하면 우리 이천만의 피 눈물이 나라를 위하여 끓게 할까. 가로되 오직 역사로써 할지니라.

역사가 어떠한 것이기에 그 효과의 신성함이 이와 같은가. 가로되 역사라는 것은 그 나라 그 국민의 변천 소장(消長)한 실제의 자취이니, 역사가 있으면 그 나라가 필흥(必興)하나니라. 나라가 허다하매 역사도 허다하나 외국사를 읽음은 타를 알고 자기를 알며 경쟁에 도움을 주는 것뿐이니, 애국심을 방조함은 능히 가하나 애국심을 주동함은 불가능할지라.

그러므로 여기서 말한 역사는 본국사만 가르킴인 것이다. 오호라, 내가 나라를 사랑하려거든 역사를 읽을 지며, 사람들로 하여금 나라를 사랑케 하려거든 역사를 읽게 할지어다.

◈ **영웅을 통한 민족정신의 제고** 〈고구려 영락 대왕 묘비 등본을 읽고, 박은식〉

무릇 역사는 국가의 정신이요, 영웅은 국가의 원기(元氣)라. 살펴보건데, 지구상에 야만적이지 않은 국가의 국민들은 모두 그 역사를 존중하고 영웅을 숭배하는데 그 국민의 문명 수준이 높을수록 역사를 더욱 존중하고 영웅을 숭배하나니, 그 역사를 존중함과 영웅을 숭배함이 곧 그 국가를 사랑하는 사상이라.

◈ **안국선 〈금수회의록〉** – 〈여우〉 매국노와 남의 나라를 침략하는 제국주의자들을 꾸짖음 〈게〉 온갖 압제를 받아도 자유를 찾을 생각이 없는 인간을 야유 〈개구리〉 나라를 망하게 하면서도 백성들을 가렴주구 하는 지배 세력과 남의 나라를 침략하는 강대국의 형태를 비판

◈ **권학가**

학도야 학도야 청년 학도야, 벽상의 괘종을 들어 보시오. 한 소리 두 소리 가고 못 오니, 인생의 백 년 가기 주마 같도다.

◈ **이해조의 [자유종]**

설헌〉 변변치 못한 구변이나 내 먼저 말씀하오리다.… 우리 이천만 민족 중에 일천만 남자들은 응당 고명한 학교를 졸업하여 정치·법률·군대·농·상·공 등 만 가지 사업이 족하겠지마는, 우리 일천만 여자들은 학문이 무엇인지 도무지 모르고 유의유식으로 남자만 의뢰하여 먹고 입으려 하니 국세가 어찌 빈약치 아니하겠소?

옛말에, 백지장도 맞들어야 가볍다 하였으니 우리 일천만 여자도 일천만 남자의 사업을 백지장과 같이 거들었으면 백 년에 할 일을 오십 년에 할 것이요, 십년에 할 일을 다섯 해면 할 것이니 그 이익이 어떠하뇨? … 세계 문명국 사람들은 남녀의 학문과 기예가 차등이 없고, 여자가 남자보다 해산하는 재주한 가지가 더하다 하며, …

※**서유견문**(西遊見聞 유길준 1895) – 최초의 국·한문 혼용서로, 서양의 여러 나라를 돌아보면서 듣고 본 역사·지리·산업·정치·풍속 등을 기록한 책으로, 24편으로 이루어졌다.

◈ **한국을 진정으로 사랑한 두 서양인** – 현재 서울의 양화진에 있는 외국인 공동묘지에 묻혀 있다.

①**베델**(Ernest Thomas Bethell, 1872 ~ 1909)

러·일 전쟁이 일어나자 1904년에 베델은 영국의 런던 데일리 뉴스의 특파원으로 양기탁과 함께 서울에서 대한매일신보와 영문판 코리아 데일리 뉴스를 창간하여 사장이 되었다. 대한매일신보는 영국인으로서의 치외법권을 이용하여 일본의 침략 정책을 과감하게 비판하고 배일사상을 고취하였다. 또 1907년에는 국채 보상 운동을 후원하였다.

⇨ 이 신문은 '일본인 출입 불가'라는 푯말을 내걸었으며, 을사조약을 인정하지 않는다는 고종 황제의 친서를 발표하였고, 일제는 베델을 영국 총영사의 재판에 회부하였다. 상하이에서 3주간 금고형을 받았고, 형 집행이 끝난 후 서울에 돌아왔다가 1909년 5월에 37세의 젊은 나이로 심장병으로 병사하였다. "나는 죽더라도 신문만은 오래 살려 한국 동포를 구원해야 된다."라는 그의 유언은 앞으로도 길이 한국인의 심금을 울릴 것이다.

②**헐버트**(Homer Bezaleel Hulbert, 1863 ~ 1949)

미국의 선교사로 육영공원의 교사로 초빙되어, 외국어를 가르쳤으며, [사민필지]를 순 한글로 써서 세계 각국의 지리와 역사, 풍습, 정치 제도 등을 소개하였다. 1905년에 헐버트는 고종 황제의 친서를 가지고 미국으로 돌아가 국무 장관과 대통령을 만나려 하였으나 미국 정부의 비협조로 실패하였다. 1907년에는 헤이그 만국 평화 회의에 특사를 파견할 것을 건의하였으며, 이에 고종은 이상설·이준·이위종을 특사로 임명하여 함께 네덜란드의 헤이그에 파견하였다.

⇨ 국권 피탈 이후에는 미국으로 돌아가 성직자 생활을 하다가 은퇴하였다. 대한민국이 수립된 후 1949년에 국빈으로 초대되어 한국을 방문한 헐버트는 그해 8월에 86세의 고령으로 서울에서 사망하였다. 그의 묘비에는 "나는 웨스트민스터 성당보다도 한국 땅에 묻히기를 원하노라."라는 글귀가 적혀있다.

확인학습

1. 근대 사회의 전개

빈칸 채우기

1. 흥선 대원군은 안으로는 ( )와 ( )을 도모하였고 밖으로는 ( ) 정책을 전개하였다.

2. 흥선 대원군은 민생 안정을 위해 군정개혁으로는 ( )을 실시하였고, 환곡 제도를 없애고 ( )를 실시하였다. 2010. 서울시 9급, 2006. 국가직 9급

3. ( )은 "백성을 해치는 자는 공자가 다시 살아난다 하여도 내가 용서 못 한다. 하물며 ( )은 우리나라의 선유에 제사 지내는 곳인데 어찌 이런 곳이 도적이 숨는 곳이 되겠느냐."라고 하면서 군졸을 시켜 유생들을 해산시켰다. 2014. 계리직

4. 흥선 대원군은 통치 체제의 정비를 위해 ( ), ( ) 등을 편찬하였다. 2007. 법원직

5. 다음의 사건을 순서대로 나열하시오. (신미양요, 운요호 사건, 조·미 수호 통상 조약, 오페르트 도굴 사건, 병인양요) 2008. 국가직 7급

6. 병인양요를 일으킨 ( )는 독일, ( )와 함께 삼국 간섭에 참여하였다. 2010. 경북 교행 9급

7. 강화도에서 일어난 ( )양요와 ( )양요를 계기로 전국 각지에 ( )를 세웠다.

8. ( )양요는 척화비문을 만드는 계기가 되었고, ( )양요 직후 전국 각지에 척화비를 건립하였다. 2011 경찰

9. 최초의 근대적 조약인 ( )에서 부산, ( ), ( )이 차례로 개항되었다. 2008. 법원직

10. 불평등 조약인 강화도 조약에서 특히 결정적으로 불평등한 내용은 ( )과 ( )이다. 2005. 서울시 9급

11. 황쭌셴의 〈조선책략〉에서는 ( )의 남하를 막기 위하여 친 ( )·결 ( )·연 ( )을 주장하였다. 서울시

12. 〈조선책략〉이 유포된 것을 계기로 하여 ( ) 사상이 다시 확산되었다. 2013. 경찰간부

13. 조·미 수호 통상 조약에서 처음으로 ( ) 조항이 포함됨으로써 미국은 조선과 조약을 맺는 열강과 동일한 이권을 주장할 수 있게 되었다. 한국사 검정 고급

[빈칸 채우기 정답]

1. 왕권 강화, 민생 인정, 통상 거부
2. 호포법, 사창제
3. 대원군, 서원
4. 대전회통, 육전조례
5. 병인양요(1866) -> 오페르트 도굴 사건(1868) -> 운요호 사건(1875) -> 조 · 미 수호 통상 조약(1882)
6. 프랑스, 러시아
7. 병인, 신미, 척화비
8. 병인, 신미
9. 강화도 조약, 원산, 인천
10. 해안 측량권, 치외 법권
11. 러시아, 중국 , 일본, 미국
12. 위정척사
13. 최혜국 대우

14. 조・미 수호 통상 조약은 불평등 조약이기는 하지만 조선이 협정 ( )를 부과할 수 있는 권한을 명시하였다. 2008. 법원직

15. 최익현은 개항 당시 ( )을 주장하고 고종에게 개항 반대 5불가소를 바쳤다. 2008. 지방직 7급

16. 위정척사 사상을 가진 세력들은 흥선 대원군의 ( )을 지지하였으나 ( )과 ( )철폐는 반대하였다. 수능

17. 〈조선책략(朝鮮策略)〉을 비난한 것은 ( ) 사상이며, 왜양일체론은 개항 당시 위정척사 사상가인 ( )의 주장이다. 2014. 기상청

18. ( )은 청이 조선에 군대를 주둔시키고 조선의 내정과 외교 문제에 깊이 관여하는 계기가 되었다. 법원직

19. 개화 사상은 ㉠ ( ) 개화론과 ㉡ ( ) 개화론으로 대별되는데, 갑신정변은 ( )의 입장에서 ( )의 메이지 유신을 모델로 하였다. 2010. 지방직 7급・법원직・경북 교행 9급

20. 홍영식은 박정양, 조병식, 이상재, 윤치호 등과 함께 ( )의 일원으로 일본에 파견되었고, 왕의 명령으로 서울 전동의 전의감(典醫監) 건물을 개수한 후 ( ) 청사 건물로 사용하였다. 2014. 계리직

21. 보빙사는 ( )에서 근대 산업과 문물을 시찰하였고, 조사 시찰단은 ( )에서 근대 산업 시설과 공장을 둘러보았다. 2013. 지방직 7급

22. ( )은 안으로는 봉건적 지배 체제에 반대하여 개혁 정치를 요구하고, 밖으로는 외세의 침략을 물리치려는 ( )・( ) 성격을 띠고 있다. 수능

23. 동학 농민군의 제1차 봉기 이후 조선 정부는 개혁을 추진하기 위해 ( )을 설치하였다. 2004. 행정고시

24. 전주 화약 체결 이후에 농민군은 ( )지역에 ( )를 두고 여러 폐습을 개혁하려고 하였다. 2013. 해양경찰

25. 2차 갑오개혁 당시 ( ), ( )의 연립 내각이 구성되어 ( )가 폐지되고 ( )가 발표되었다. 2005. 국가직

26. 독립 협회는 최초의 민중 대회인 ( )를 개최하고 ( )를 결의하여 국왕에게 건의하였다. 2012. 법원직

27. 대한 제국의 ( ) 개혁은 '옛 것을 근본으로 하고 새로운 것을 참작한다.'는 ( )의 원칙 아래 이루어졌다.

28. 황제권 수호와 절대화를 위한 ( ) 제정, 양전과 지계 발급 사업 실시 등은 ( )의 개혁 정책이다. 경찰

13. 최혜국 대우
14. 관세
15. 왜양일체론
16. 통상 거부 정책, 서원, 만동묘
17. 위정척사, 최익현
18. 임오군란
19. 변법적(급진), 개량적(온건)
20. 조사 시찰단, 우정총국
21. 미국, 일본
22. 동학 농민 운동, 반봉건적, 반침략적
23. 교정청
24. 전라도, 집강소
25. 김홍집, 박영효, 군국기무처, 홍범 14조
26. 만민 공동회, 헌의 6조
27. 광무, 구본신참
28. 대한국 국제, 대한 제국

확인학습

29. 일본의 황무지 개간에 반대하여 설립된 단체는 ( )이고, 유신한 국민이 통일 연합하여 유신한 자유 문명국을 성립하는 취지로 설립된 단체는 ( )이다. 2010. 지방직 7급

30. 1882년 ( ) 결과 청과 ( )을 체결하였다. 2012. 법원직

31. 다른 나라에 본 조약으로 부여되지 않은 특혜를 허가할 경우 동등한 특혜는 미국 관민에게도 균점된다는 조항은 ( ) 조관으로, ( )년에 맺은 ( ) 조약에서 처음 채택되었다. 수능 근현대사.

32. 1833년에 부분 수정한 조·일 통상 장정은 1876년 조·일 통상 장정의 무관세 내용을 수정하여 수출입 상품에 대한 ( ) 규정, ( ) 규정, ( ) 조항이 추가되었다. 2009. 국가직 7급

33. 어재연 등이 이끄는 부대가 광성보와 갑곶 등지에서 ( )의 침입을 격퇴한 사건은 ( )양요로, 이 사건을 일으킨 ( )은 이후 평안도 ( )의 금광 채굴권을 차지하였다. 2010. 경북 교행 9급

34. ( )을 계기로 열강의 이권 침탈장인 돼버린 조선은 평북 운산 금강 채굴권을 ( )에게, 경부선 철도 부설권을 ( )에게, 평남 은산 금광 채굴권을 ( )에게 넘겨주게 되었다. 2011. 법원직. 2002. 법원행정고시

35. 보빙사가 파견된 ( )은 ( ) 금광 채굴권을 차지하였다. 한국사검정 고급

36. 화폐 ( )은 경복궁을 중건하기 위해 발행하였다. 이후 주전소에서 발행한 ( )은 일본에 대한 배상금 등을 충당하기 위해 임시방편으로 사용되기도 하였으나 곧 발행이 중단되었다. ( )에서 발행한 백동화는 정부가 재정난 해소를 위해 남발하여 악전(惡錢)으로 전락하였다. 이후 1905년 메가다의 ( )을 통해 백동화는 사라졌고 조선인 상인들이 피해를 입었다. 수능 근현대사

37. 일본의 황무지 개간권 요구를 철회시킨 단체는 ( )이다. 2005. 대구시 9급

38. 1907년 일본으로부터 빌린 정부 차관을 변제하기 위한 ( )은 ( )에서 시작되어 전국적으로 확산되었다. 2005 서울시 세무직 9급

39. '이 단체는 독립 협회가 사회 운동의 일환으로 전개한 노륙법과 연좌법의 부활 저지 운동에 적극 참가하였다.' 여기서의 이 단체는 ( )이며, 시전 상인들이 경제적 특권 회복을 요구하였다. 2014. 사회복지 9급

40. 황국 협회에 가입하여 독립 협회의 활동을 방해한 상인들은 ( )이다. 한국사검정 고급

41. 간도 협약의 결과, 일본은 청으로부터 ( ) 철도 부설권을 획득하였다. 한국사검정 고급

29. 보안회, 신민회
30. 임오군란, 조 · 청 상민 수륙 무역 장정
31. 최혜국, 1882, 조 · 미 수호 통상
32. 관세, 최혜국 대우, 방곡령
33. 미국, 신미, 미국, 운산
34. 아관 파천, 미국, 일본 프랑스, 영국
35. 미국, 운산
36. 당백전, 당오전, 전환국, 화폐 정리 사업(화폐 개혁)
37. 보안회
38. 국채 보상 운동
39. 황국 중앙 총상회
40. 보부상
41. 안봉선

42. '문벌을 폐지하고 인민 평등의 권리를 재정하여 능력에 따라 인재를 등용한다.'라는 개혁안을 주장한 것은 ( )의 14개조 개혁안이다. 2006. 경북 9급

43. '노비 문서를 소각한다. 7종의 천인 차별을 개선하고 백정이 쓰는 평량갓을 없앤다.'라는 개혁안을 주장한 것은 ( )의 12개조 폐정 개혁안이다. 2006. 경북 9급

44. '문벌과 양반 · 상민 등의 계급을 타파하기 위하여 귀천에 구애되지 않고 인재를 뽑아 쓸 것, 공 · 사노비의 법을 혁파하고 인신의 매매를 금지할 것'이라는 개혁안을 주장한 것은 ( )의 내용이다. 경북

45. 내시노비는 ( )년에 없어졌으며, 공 · 사노비제는 ( )년에 모두 폐지되어 노비제의 역사가 모두 종료되었다.

46. ( )을 계기로 과거제가 폐지되고 관리 임용 제도가 실시되었다. 2009. 법원직

47. ( )는 근대적 지식과 국권 · 민권 사상으로 민중을 계몽하였고 국권 수호 운동과 민권 보장 운동을 전개하였으며, ( ) 설립을 통한 국민 참정 운동까지 벌이게 되었다.

48. 1898년 관민 공동회에서 ( ) 박성춘이 연사로 나선 것은 새로운 사회의 출현이었다.

49. 신민회는 최초로 서간도 ( )와 밀산부 ( )에 국외 독립 운동 기지를 건설하였다. 2005. 경북 9급

50. ( )는 연해주를 개척할 목적으로 한인의 이주를 허가하였고 연해주 한인들은 집단으로 거주하면서 ( )을 세웠다.

51. 국권 강탈 이후 의병들은 ( )에 모여 13도 의군을 조직하였다.

52. 구국 계몽 운동은 다윈의 ( )을 수용함으로써 제국주의의 침략 논리를 극복하지 못하였다. 2003. 입법고시

53. 1880년대에 ( )의 일본 파견과 ( )의 청국 파견은 근대적 기술 도입에 중요한 계기가 되었다. 법원행정

54. 근대적 인쇄술의 도입은 ( )의 설립에서 비롯되었는데 이곳에서 ( )가 발간되었다. 2004. 전북 9급

55. ( )와 같은 민간 출판사가 설립되어 근대 기술에 관한 서적이 출판되었다. 2000. 서울시 7급

56. 1895년 고종은 ( )를 발표하고 소학교, 사범 학교, 외국어 학교 등 각종 관립 학교를 세웠다. 수능

42. 갑신정변
43. 동학 농민 운동
44. 갑오개혁
45. 1801, 1894
46. 갑오개혁
47. 독립 협회, 의회
48. 백정
49. 삼원보, 한흥동
50. 러시아, 신한촌
51. 연해주
52. 사회 진화론
53. 신사 유람단, 영선사
54. 박문국, 한성순보
55. 광인사
56. 교육 입국 조서

확인학습

57. 영국인 베델이 경영하는 ( )는 1907년 ( ) 운동을 주도하였다. 2011. 국가직 9급

58. ( )은 국한문 혼용으로 발간되었고 '시일야 방성대곡'을 게재하였다. 2013. 서울시 9급

59. 고종은 통리기무아문 내에 근대적 인쇄소인 ( )을(를) 설치하여 ( )을(를) 발간하였다. 2014. 계리직

60. 장지연은 ( )에 을사 조약 체결을 비판하는 ( )이라는 사설을 발표하였다. 2011. 국가직 9급

61. 갑오개혁 직후 고종은 교육의 필요성을 강조하는 ( )를 발표하였다. 2005. 경기도 9급

62. 을사 조약의 불법성을 폭로하는 고종의 친서를 발표한 신문은 ( )으로, ( ) 혼용체로 발간되었다. 한국검정

63. ( )은 일본 불교계의 침투에 대항하면서 민족 불교의 자주성을 지키기 위해 노력하였다. 2011. 국가직 9급

64. 손병희는 일진회가 동학 조직을 흡수하려 하자, ( )를 창설하고 정통성을 지키려 하였다. 2011. 국가직

65. 박은식은 ( )을 지어 유교가 민주적이고 평등한 종교로 거듭나야 한다고 주장했다. 2011. 국가직 9급

66. 나철, 오기호의 단군신앙을 근간으로 만들어진 ( )는 간도에 ( )을 만들어 무장 투쟁을 전개하였다. 사회복지

57. 대한매일신보, 국채 보상 운동
58. 황성신문
59. 박문국, 한성순보
60. 황성신문, 시일야 방성대곡
61. 교육 입국 조서(1895)
62. 황성신문, 국한문
63. 한용운
64. 천도교
65. 유교 구신론
66. 대종교, 중광단

OX 체크

1. 1863년 ~ 1873년 시기에 의정부와 삼군부의 기능을 축소시켰다. 2007. 법원직

2. 흥선 대원군은 전통적 공동 조직과 미풍양속을 계승한 향약을 강화했다. 2010. 서울시 9급

3. 흥선 대원군은 군역 제도를 개혁하여 사창제를 실시하였다. 2010. 기상청

4. '사족들은 한평생 한가하게 놀며 신역이 없었으므로 과거의 명신들도 이에 대한 여론이 있었으나 시행하지 못하였다.' 이 문제를 해결하기 위하여 대원군은 균역법을 실시하였다. 2013. 해양경찰

5. 흥선 대원군의 정책 중 은결을 적발하고 양전 사업을 실시한 것은 양반 계층의 불만을 불러 일으켰다. 경북

6. 병인양요를 일으켰던 이 나라는 1895년에 독일, 러시아와 함께 삼국 간섭에 참여하였다. 수능, 2010. 경북

7. 운요호 사건이 일어나기 전에 고종이 친정하였다. 2006. 국가직 9급

8. 1876년 일본과 맺은 조 · 일 통상 장정(병자 수호 조약)에서 최혜국 대우 조항이 포함됨으로써 이후 조선에서 일본은 조선과 조약을 맺는 서구 열강과 동일한 이권을 주장할 수 있게 되었다. 2005. 입법고시

9. 황쭌셴의 [조선책략]은 조 · 일 수호 통상 조약의 후속 대책으로 다른 나라와 수교의 확대를 주장하였다. 2013. 경찰간부

10. 조 · 미 수호 통상 조약 체결 과정에서 속방조회(屬邦照會) 문제가 쟁점으로 대두되었다. 한국사검정 고급

11. '해양 측량권'과 '치외 법권'이 들어간 일본과의 이 조약에서는 청을 의식하여 조선을 자주국으로 인정하였고, 부산, 인천, 원산에 이어 군산, 마산까지 개항하기로 하였다. 2013. 국가직 7급

12. '이 장정은 청이 속방을 우대하는 뜻에서 상정한 것이고, 각 조약국들에게 부여하는 모든 균점이 예외는 다르다.'라는 조약이 체결된 시기는 임오군란과 갑신정변 사이 시기이다. 2013. 지방직 7급

13. 강화도 조약과 조 · 청 상민 수륙 무역 장정으로 개항장 객주가 몰락하게 되었다. 수능 근현대사

[OX 체크 정답]

1. X
2. X
3. X
4. X
5. X
6. O
7. O
8. X
9. X
10. O
11. X
12. O
13. X

1. 흥선 대원군 집정기(1863~1873)에 비변사를 축소(→폐지)시키고 의정부와 삼군부로 부활시켰다.
2. 대원군은 서원을 대거 정리화였다.
3. 군역 제도를 개혁하여 호포제(또는 동포제)를 실시하였다.
4. 균역법이 아니라 호포제(법)를 실시하였다.
5. 지주의 반발을 일으켰다.
8. 최혜국 조관은 조 · 미 수호 통상 조약에 처음 들어갔다.
9. [조선책략]은 러시아를 견제하기 위해 연미론을 주장하였다.
11. 이 조약은 강화도 조약으로, 부산, 원산, 인천을 개항하였다.
12. 조 · 미 수호 통상 조약(1882) 내용이다.
13. 개항장 객주의 몰락은 조 · 청 상민 수륙 무역 장정 이후에 거류지 무역이 깨지면서부터이다.

확인학습

14. 위정척사 사상가들은 왜양일체론(倭洋一體論)으로 친정(親淸) 사대당을 결성하였다. 2009. 국가직 7급

15. 1880년 설치된 통리기무아문은 일본의 총리아문의 영향으로 설치된 것이다. 2005. 국가직 7급

16. 임오군란은 정학인 성리학을 지키고 다른 모든 종교와 사상을 배격해야 한다는 사상이 배경이 되었다. 2007. 법원직

17. 러시아가 조선에 세력을 확장하는 것을 막기 위하여 영국의 거문도 사건이 일어났다. 2013. 서울시 7급

18. 임오군란과 갑신정변은 모두 일본 군대의 개입으로 실패하였다. 2010. 경북 교행 9급

19. 갑신정변 이후부터 동학 농민 봉기에 이르는 시기까지 조선의 일본과의 무역은 청과의 무역보다 그 성장세가 더 높았다. 2008. 지방직 9급

20. 갑신정변 14개조 개혁안에는 조혼의 금지와 과부의 재가 허용이 들어 있다. 2014. 경찰간부

21. 삼국 간섭 이후 김홍집 내각이 출범하여 '홍범 14조'를 발표하였다. 2009. 지방직 9급

22. 동학 농민 운동을 이끈 전봉준은 단발령과 왕비 시해를 계기로 의병 운동을 일으켰다. 2012. 법원직 9급

23. '이제 의기(義旗)를 들어 보국안민(輔國安民)으로써 생사를 같이 할 맹세로 삼는다.'는 만민 공동회에서 나온 주장이다. 2014. 경찰간부

24. 제2차 김홍집 · 박영효 내각은 과거 제도를 폐지하고 재정을 탁지아문으로 일원화시켰다. 2010. 법원직

25. 독립 협회는 서구식 민주 공화국 설립을 목표로 활동하였다. 2011. 법원직

26. '외국인에게 의지하지 말고 관민이 힘을 합하여 전제 황권을 견고하게 할 것'을 주장한 단체는 자유 민권 운동과 국민 참정권 운동을 전개하였다. 2013. 경찰 2차

27. 조선 정부는 서부 근대의 회사 조직을 본떠 보부상 조직을 설립하고 이름을 해상공국이라 하였다. 서울시

28. 명동 성당과 원각사 완공 사이에 최초의 서양식 병원인 광혜원이 설립되었다. 2012. 법원직

14. X
15. X
16. X
17. O
18. X
19. X
20. X
21. X
22. X
23. X
24. X
25. X
26. O
27. O
28. X

---

14. 왜양일체론(倭洋一體論)은 위정척사의 주장이나, 친정(親庭) 사대당의 결성은 온건 개화당에 대한 설명이다.
15. 청의 총리아문의 영향으로 설치된 것이다.
16. 구식 군대에 대한 차별 대우가 배경이다.
18. 둘 다 청이 진압하였다.
19. 조선에서의 청의 무역은 그 성장세가 일본보다 높았다.
20. 동학 농민 운동의 폐정 개혁안에 들어 있다.
21. 홍범 14조는 삼국 간섭(1895)전이다.
23. 동학 농민 운동의 주장이다.
24. 제1차 김홍집 내각(1차 갑오개혁) 때 사실이다.
25. 입헌 군주제를 목표로 하였다.
28. 명동 성당(1898), 원각사(1908), 광혜원은 1885년에 설립되었다.

29. 개항 직후 일본 상인은 조선에서 주로 소가죽 · 쌀 · 콩을 사들이고 면직물을 팔았다. 수능

30. 1876 ~ 1882년에는 상권 수호 운동이, 1882 ~ 1894년에는 개항 반대 운동이 전개되었다. 수능

31. 강화도 조약을 계기로 내지 통상이 이루어졌다. 2011. 사회복지 9급

32. 조 · 청 상민 수륙 무역 장정과 조 · 영 수호 통상 조약으로 개항장 객주와 상회사 · 보부상 등은 외국 자본에 의한 손실을 소상인에게 전가했다. 2004. 행정고시

33. 1883년 부분 수정된 조 · 일 통상 장정에서 방곡을 금지하였다. 2009. 국가직 7급

34. 신미양요를 일으킨 이 나라가 거문도를 불법 점령하였다. 2010. 경북 교행 9급

35. 경복궁 중건 비용으로 충당하기 위해 발행한 당백전의 남발로 물가가 급등하였다. 수능 근현대사

36. 경의선의 부설권을 획득했던 프랑스가 러 · 일 전쟁 중 일본에 권리를 양도하였다. 한국사검정 고급

37. 혜상공국과 관련된 상인들은 관리와 결탁하여 대동미 수송을 전담하였다. 한국사검정 고급

38. 국채 보상 운동은 '내 살림 내 것으로'라는 구호를 내세웠다. 수능 근현대사

39. '국채 1,300만 원은 바로 우리 대한의 존망에 직결된 것이다. 갚아 버리면 나라가 존재하고 갚지 못하면 나라가 망하는 것은 대세가 반드시 그렇게 이르는 것이다. … 2천만인이 3개월 동안 담배를 끊고 그 대금으로 매 1인마다 20전씩 징수하면 1,300만 원이 될 수 있다.' 이 운동은 대한매일신보 등의 적극적 홍보에 힘입어 전국으로 확산되었다. 2014. 경찰간부

40. 국채 보상 운동은 조만식 등이 중심이 되어 평양에서 운동을 시작하였다. 2014. 경찰간부

41. 메가다의 화폐개혁으로 일본 제일은행이 중앙은행의 역학을 하게 되었고, 한국 상인들이 경제적으로 큰 타격을 입게 되었다. 2013. 국가직 9급

29. O
30. X
31. X
32. O
33. X
34. X
35. O
36. X
37. X
38. X
39. O
40. X
41. O

30. 개항 반대 운동, 상권 수호 운동의 순서가 바뀌었다.
31. 조 · 청 상민 수륙 무영 장정에서 처음 내륙(지) 통상이 이루어졌다.
33. 방곡을 허용하는 방곡령 조항이 추가되었다.
34. 신미양요(미국), 거문도 사건(영국)
36. 프랑스의 경의선 부설권은 조선 저부에 반환되었다가 일본의 강요에 못 이겨 일보에게 넘겨 주었다.
37. 혜상공국 관련 상인들은 보부상이다. 대동미 수송을 담당한 상인은 공인이다.
38. 물산 장려 운동 구호이다.
40. 물산 장려 운동에 대한 설명이다.

확인학습

42. 메가다의 화폐개혁은 액면가대로 바꾸어 주는 화폐 교환 방식을 따랐다. 2013. 국가직 9급

43. 갑신정변에서의 개혁안은 일반 민중의 적극적인 지지를 받았다. 2010. 경북 교행 9급

44. 갑신정변의 14개조 개혁안에서는 토지 소유에 대한 개혁을 주장하였다. 2006. 세무직 9급

45. 갑신정변은 민생 안정을 위한 조세 제도의 개혁을 주장하였다. 2006. 세무직 9급

46. 동학 농민 운동은 양반 중심의 전통적인 신분제를 붕괴시키는데 크게 기여하였다.

47. 1801년에 내수사 노비를 비롯한 관노비를 해방함으로써 관노비 제도가 혁파되고, 1894년 갑오개혁에서 사노비 제도가 폐지되었다. 2008. 선관위 9급

48. 아래로부터의 개혁인 갑신정변은 우리 역사상 국민 평등의 근대 사회를 추구한 첫 시도였다.

49. 갑신정변과 갑오·을미개혁은 근대적 사회 의식을 보여 주었으나, 민권 확립에 의한 민주주의 사회를 기약하는 것은 아니었으며, 민중과 유리된 한계성도 가지고 있었다.

50. 갑오개혁에서 자영농을 위한 토지 제도개혁에 착수하였다. 2005. 군무원

51. 광무개혁으로 조세 수취를 중심으로 하여 국가의 농민층이 대립하는 문제와 개항 이후 열강의 경제적 침투에 따른 민족적 모순이 해결되었다. 2008. 지방직 7급

52. 갑오개혁 이후 과거제가 폐지되고 관리 임용 제도가 실시되었다. 2009. 법원직

53. 사회 진화론은 항일 의병 운동에 영향을 주었다. 2004. 서울시 교행 9급

54. 정부는 1860년대 기기창에서 화폐 주소를, 전환국에서 무기를 제조하였다. 2004. 전북 9급

55. 대한매일신보는 국민의 힘으로 국채를 갚아야 한다는 운동을 주도하였다. 2011. 국가직 9급

56. 제국신문은 천도교의 기관지로 창간되었다. 수능 근현대사

57. 독립신문이 창간될 즈음에 고종은 러시아 공사관으로 거처를 옮기에 따라 김홍집 내각이 무너지고 이범진, 이완용의 내각이 새로이 출발하였다. 2013. 경찰 1차

42. X
43. X
44. X
45. O
46. O
47. X
48. X
49. O
50. X
51. X
52. O
53. X
54. X
55. O
56. X
57. O

---

42. 액면가 교환 방식을 따르지 않았고, 질이 나쁜 백동화는 교환해 주지 않았다.
47. 갑오개혁에서 공·사노비 제도가 폐지되었다.
48. 갑신정변은 위로부터의 개혁이다. 아래로부터의 개혁은 동학 농민 운동을 들 수 있다.
50. 동학 농민 운동에서 요구한 토지개혁은 시행하지 않았다.
54. 기기창(무기 제조), 전환국(화폐 발행)
56. 천도교 기관지로 발간되었던 신문은 만세보이다.

58. 교육 입국 조서(1895) 결과 미국인을 고용하여 상류층 학생을 가르쳤다. 수능 근현대사

59. '경부철도가'를 쓴 육당(六堂)은 '해에게서 소년에게'라는 신체시를 발표하여 근대시의 형식을 새로이 개척하였다. 2010. 경북 교행 9급

60. 독립신문은 한글과 영문을 동시에 기록하였으며, 근대적인 지식의 보급과 국권, 민권 사상을 고취하였다. 2013. 서울시 9급

61. 1876～1884년 시기에 국한문 혼용체 신문을 읽는 양반의 모습을 볼 수 있었다. 한국사검정 고급

62. 우리나라 최초의 신문인 한성순보는 관보의 성격을 띠고 10일에 한 번 한문을 발행되었다. 2013. 서울시

63. 영국인 베델을 발행인으로 내세운 대한매일신보는 양기탁을 중심으로 국채 보상 운동에 앞장섰다. 서울시

64. 20세기 초 종교계의 민족 운동 중 김택영은 전국의 유림들과 더불어 대동 학회를 결성한 후 유교를 통한 애국 계몽 운동을 펼쳐나갔다. 2011. 국가직 9급

65. 박은식은 [유교 구신론]을 지어 유교가 민주적이고 평등한 종교로 거듭나야 한다고 주장했다. 2011. 국가직

66. '나는 웨스트민스터 성당보다 한국 땅에 묻히기를 원하노라.'라는 묘비를 새긴 외국인은 1907년에 고종의 밀명을 받고 헤이그 만국 평화 회의에서 한국의 입장을 호소하였다. 한국사검정 고급

58. X
59. O
60. O
61. X
62. O
63. O
64. X
65. O
66. O

---

58. 육영 공원(1886)에서 미국인을 고용하여 상류층 학생을 가르쳤다.
59. 육당(六堂)은 최남선이다.
61. 1886년 한성주보에서 처음으로 국한문 혼용체를 실현하였다.
64. 대동 학회는 한말 대표적인 친일 유교 단체이다.
66. 헐버트에 대한 내용이다.

Ⅱ 일제의 강제점령 지배(식민 통치)와 민족 독립운동의 전개

1 일제의 강제점령 지배정책〈식민통치〉 ⇨ 자주적 근대화의 발전 장애

일제 강점기	식민 통치	경제 수탈	★ 민족 독립 운동
①**10년대**(1910~19)	무단 통치 (**헌병** 경찰)	**토지** 약탈 ⇨ 토지 조사 사업	⇨ **민족운동 약화**(무단 통치) 内〉 비밀 결사(지하조직) 外〉 독립운동 기지 건설
1919 ⇓ 〈**3 · 1 운동**〉			
❷**20년대**(1919~31)	문화 통치 (보통 **경찰**)	**식량** = 미곡 수탈 ⇨ 산미 증산 계획	➡ **민족운동 활성화**(좌익 등장) 内〉 사회 운동 활성화 外〉 임시정부 · 무장투쟁
1931 ⇓ 〈**만주 사변**〉			
③**30년대**(1931~45)	말살 통치 (**전쟁** 수행)	**병참 기지화** ➡ 총동원령 · 배급제 – 인적 · 물적 자원	⇨ **민족운동 약화**(침략 전쟁) 國内〉 민족운동 중단 國外〉 **한국 광복군**(1940)

↳ ※**황국신민화**(인적 · 물적 자원 동원 ⇒ 자발적 전쟁참여 유도)

◈ **한 · 일 협약**에 순종 황제가 마지막 비준 절차에 해당하는 칙유에 서명하지 않았기 때문에 〈한 · 일 병합 조약〉은 국제법상 불법이다.

◈ **〈황현의 절명시〉**
요망한 기운이 가려서 재성이 옮겨지니, 구궐은 침침하여 주루가 더디 구나. 이제부터 조칙을 받을 길이 없으니, 구슬 같은 눈물이 주룩주룩 조칙에 얽히는 구나. 새 짐승도 슬피 울고 강산도 찡 그리네. 무궁화 온 세상이 이젠 망해 버렸어라. 가을 등불 아래 책 덮고 지난날 생각하니, 인간 세상에 글 아는 사람 노릇하기 어렵기만 하구나.

1 일제의 강제점령 통치〈식민지배 정책〉 – 일제 강점기

〈1910년대〉 **무단통치** – **헌병** 경찰 ⇨ 조선인 **기본권 박탈**(언론 · 집회 · 출판 · 결사 자유 박탈)

❶조선 태형령(12) ②즉결 심판–처분(헌병) ③보안법(07 언론 · 집회 · 출판 · 결사자유 박탈)

1) 무단 통치 ⇒ **문화 통치** ❶内〉 민족 저항 〈**3 · 1운동**〉 ②外〉 국제 여론 무마
2) **조선 총독부**(식민통치 최고기관) ⇒ 〈자문기구〉 **중추원**(조선인 구성–회유 · 참여위장)
①**정무총감**(행정 : 총독관방 · 총무부 · 내무부 · 탁지부 · 농공상부 · 사법부) ②**경무총감**(치안)

◈ **헌병경찰 제도**
①헌병 사령관(경무총감) ②각도의 헌병대장(경무부장) ③위관급 장교(경찰서장) ④하사관(경부) ⑤사병(순사)

〈1920년대〉 **문화통치**–보통 **경찰** ⇨ **친일파 양성**(민족분열 조장 ⇒ 고등술수의 통치)
※**친일파** ⇨ 타협적 민족주의 · 기회주의(변절자) · 민족 개조론 · 자치 운동(참정권)

❶헌병 ⇒ 보통 **경찰제** 전환 – 수 · 비용 증가
※**고등 경찰**(독립군 전담). 보안법(07) ⇒ **치안 유지법**(1925 사회주의 탄압 명분)
②무관 총독 ⇒ 문관 · 무관 **총독** 임명 ③식민지 **교육** 〈4차 조선 교육령〉
④**기본권** 보장(**민족단체 · 민족운동 · 민족지 발행** 허가) – 조선인의 동향 파악 명분
※신간회(27). 물산장려운동(22). 조선 · 동아 일보(20) 허가 – 통제 · 검열 강화
⑤참정권 부여 명분(**지방** ⇨ 도 평의회. 부 · 면 협의회) – 조선인 회유

※〈친일파〉 이광수 · 최남선 · 최린…

◈ **조선태형령**(1912)

◈ **이왕직**(李王職)
궁내부를 계승한 대한제국의 왕실 업무 담당
⇒ 총독부 관할 (일본 궁내부소속)

▣ **치안 유지법**(1925) – 천황제나 사유제산제를 부정하는 운동을 단속하는 것을 목표로 해서 제정된 법률로서 1923년 간토 대지진 직후의 혼란을 막기 위해 공포된 긴급칙령을 전신으로 한다. ⇒ 일본 및 타이완, 사할린에도 적용된 법률로 민족운동 탄압

〈1930년대〉 **민족말살 통치** ⇨ **침략전쟁 수행**(자발적 전쟁참여 유도 ⇒ 일본인 동화정책)

황국 신민화 ➡ ①내선일체[내지인(일본)+조선] ②일선동조론(동일한 조상)
③신사참배(조상신) ④창씨개명(39) ⑤궁성요배(황궁) ⑥정오묵도(천황 감사)

※**침략 전쟁** ⇧ 〈**시작**〉 ①**만주사변**(1931 봉천 유조구 사건 – 관동군 만주철도 폭파 조작)
〈본격화〉 ❷**중 · 일 전쟁**(1937) ⇒ 황국 신민화 강화(침략 전쟁 수행)
⇩ 〈**절정**〉 ③태평양 전쟁(1941) – 진주만 공격(하와이)

◈ **민족 말살 통치** – 침략 전쟁을 확대하면서, 한국인의 민족의식을 말살하여 저항을 잠재우고 침략 전쟁에 효율적으로 동원하려는 것이었다.
◈ **내선일체론**〈1939 미나미 총독〉
◈ **황국 신민의 서사** ①우리는 대일본 제국의 신민(臣民)입니다. ②우리들은 마음을 합하여 천황 폐하에게 충의를 다합니다. ③우리들은 인고단련(忍苦鍛鍊) 하여 훌륭하고 강한 국민이 되겠습니다.

사료읽기

◈ 무단 통치의 실상

①**경찰범 처벌 규칙**(1912) – 경찰관서에서 구류 또는 과료(벌금)로 처벌하였고, 이는 조선인의 모든 행동을 구속한 것.

②**조선 태형령과 시행 규칙**(1912)

〈제7조〉 태형은 태 30 이상일 경우 이를 한 번에 집행하지 않고 30을 넘길 때마다 1횟수를 증가시킨다. 태형의 집행은 하루 한회를 넘을 수 없다.

〈제11조〉 태형은 감옥 또는 즉결 관서에서 비밀리에 행한다.　　〈제13조〉 본령은 조선인에 한하여 적용한다.

⇨ 시행 규칙

〈1조〉 태형은 수형자를 형판 위에 엎드리게 하고 그자의 양팔을 좌우로 벌리게 하여 형판에 묶고 양다리도 같이 묶은 후 볼기 부분을 노출시켜 태로 친다.

〈12조〉 집행중 수형자가 비명을 지를 우려가 있을 때는 물로 적신 천으로 입을 막는다.

※**조선 총독** – 조선 총독은 일본군 현역대장 또는 대장 출신자 중에서 임명되었고, 일본 국왕에 직속되어 입법권, 사법권, 행정권 및 군대 통수권까지 장악하였다.

※**중추원** – 조선 총독의 자문 기구로 설치했으나 3·1 운동 때까지 단 한 번도 소집된 적이 없었다. 일제가 친일파를 우대하고, 조선인의 정치 참여를 선전할 목적으로 설치하였다.

◈ 문화 통치 〈사이토 마코토, 시정 방침 1919. 9〉

총독은 문무관 어느 쪽이라도 임용될 수 있는 길을 열고, 나아가 헌병에 의한 경찰 제도를 바꿔 보통 경찰에 의한 경찰 제도를 채택할 것이다. 그리고 복제를 개정하여 일반 관리·교원의 금테 제복과 대검(帶劍)을 폐지하고, 조선인의 임용·대우에 더 많은 고려를 하고자 한다.

⇨ 3·1 운동에 놀란 일제는 새로 부임한 조선 총독 사이토 마코토를 통해 위와 같은 시정 방침을 발표하고 〈문화의 창달과 민력(民力)의 충실〉을 기한다는 이른바 〈문화 통치〉를 내세워 국면을 수습하고자 하였다. 하지만 이것은 민족의 저항과 악화된 국제 여론을 무마하려는 고등 술수에 의한 기만책에 불과하였다.

◈ 조선 민족 운동에 대한 대책 〈총독 사이토 마코토, 1920〉 〈박경식, 일본 제국주의의 조선 지배〉

①친일 분자를 귀족·양반·유생·부호·실업가·교육가·종교가 등에 침투시켜 그 계급과 사정에 따라 각종 친일 단체를 조직케 할 것.　②종교적 사회 운동을 이용하기 위해 사찰령을 개정하여 불교 각 종파의 총본산을 경성[서울]에 두고, 이를 관장하거나 원조하는 기관의 회장에 친일 분자를 앉히는 한편 기독교에 대해서도 상당한 편의와 원조를 제공할 것.　③친일적인 민간 유지자(有志者)에게 편의와 원조를 제공하고, 수재 교육의 이름 아래 조선 청년을 친일 분자의 인재로 양성할 것.　④조선인 부호·자본가에 대해 일·선(日鮮) 자본가의 연계를 추진할 것.

◈ 말살 통치 – 〈황국 신민화〉 구호 아래 민족의 희생을 강요당하다.

내선일체(內鮮一體)는 반도 통치의 최고 목표이다. 내가 늘 역설하는 내선일체는 서로 손을 잡는다든가, 형태가 융합한다든가 하는 그런 미적지근한 것이 아니다. … 형태도, 마음도, 피도, 육체도 모두 일체가 되지 않으면 안 된다. … 내선일체의 강화 구현이야말로 동아시아 신건설의 핵심을 이루는 것이니, 그것이 아니 되고는 만주국을 형제국으로 하고 중국과 제휴하는 것은 말할 수도 없다. 〈1939 국민정신 총동원 조선 연맹에서 총독 미나미 지로가 한 인사말〉

⇨ 만주 침략(1931), 중·일 전쟁(1937), 태평양 전쟁(1941)으로 침략 전쟁을 확대하면서 일제는 〈내선일체〉(內鮮一體 내지 – 일본과 조선이 하나라는 주장), 〈일선 동조론〉(日鮮同祖論 일본인과 조선인이 같은 조상에서 나왔다는 주장)과 같은 터무니없는 주장을 내세워 한국인에게 이른바 황국 신민화 정책을 강요하였다. <u>한국인의 민족의식을 말살하여 저항을 잠재우고 침략 전쟁에 효율적으로 동원</u>하려는 것이었다. 이를 민족 말살 통치라 한다.

◈ **황국 신민의 서사**(아동용)　①우리는 대일본 제국의 신민(臣民)입니다.　②우리들은 마음을 합하여 천황 폐하에게 충의를 다합니다.　③우리들은 인고단련(忍苦鍛鍊) 하여 훌륭하고 강한 국민이 되겠습니다.

※**창씨 개명**(1939) – 일본식 성명을 사용하지 않는 사람은 자녀를 학교에 입학시킬 수 없도록 하였고, 학교에 다니던 아이들도 교사로부터 심한 학대를 받았다. 또한 취직을 할 수 없음은 물론 다니던 직장에서도 해고 대상자가 되었다. 행정 기관에서는 민원사무를 처리해 주지 않았으며, 노무 징용 우선 대상자가 되었다. 식량을 비롯한 배급에서도 제외되었으며, 철도 수송에서도 조선인 이름으로 쓰여진 화물은 취급하지 않았다.(행정 – 사법 – 교육 – 우편 – 철도 – 물자배급 미지원, 체포 – 투옥 대상자)

※**내선 일체**(內鮮一體 1939 미나미 총독 – 內는 내지인 일본, 鮮은 조선〉 – 내선일체는 반도 통치의 최고 지도 목표이다. …내선은 융합이 아니라 악수가 아니라 심신 모두 참으로 일체가 되지 아니하면 안 된다

2 식민지 - 경제 수탈의 심화 〈총독부 ⇨ 철도 · 광산 · 항공 · 통신 · 전매사업 독점〉

시기	구분	내용
〈1910년대〉 토지 조사 사업 (1912~18)	〈과정〉	**토지 조사령** [기한부 신고제] ⇒ 〈증거 주의〉 ⇒ 짧은 기간 · 복잡한 신고 절차 – 동양척식 주식회사 관리(40%)
	〈목적〉	❶토지 약탈 ②식민재정 확보 ③지주 · 친일파 회유
	〈결과〉	⇨ **지주제 강화** ⇔ 농민 몰락(계약–임금 소작농 · 도지권 인정×)
	〈산업자본 침탈〉	**임야령**(산림령) · **광업령** · **어업령** · **회사령**(허가제)
〈1920년대〉 산미 증산 계획 (1920~34) –15년	〈목적〉	**미곡 = 식량 수탈**(한반도 식량 공급 기지화)
	〈결과〉	세계 경제공황 중단(1933 內〉 소작 쟁의 · 外〉 일본 자국 농민보호) ⇒ 조선 – 식량 부족 [만주산 잡곡 수입, 단작형(밭 ⇒ **벼농사** 전환)]
	〈영향〉	⇨ **지주제 강화** – 쌀 수출 이익 증가 ⇕ ┌수리 조합비 · 품종 개량비 · 비료 공급… 농민 몰락 – 증산 = 생산 비용 부담, 고율 소작료(지주 착취)
		★**농촌진흥 운동**(32~40) : 소작쟁의 회유 – 소작 조정령 · 자작농지 선정사업
〈1930년대〉 ❶병참 기지화 정책 (1937~45)	〈배경〉	대륙 침략 전쟁 수행(전체주의 국가) – 세계 경제공황 타개
	〈과정〉	38 **총동원령 · 배급제** ⇒ 침략전쟁 수행(인적 · 물적 자원 징발)
		②**남면북양** 정책(공업화 = 공업원료 증산정책) ⇒ 식민지 상품시장 확보 └남(면화)+북(모직) 생산

지주+친일파+일본인 지주┐

	1916년	1932년
지주	2.5	3.5
자작농	20.1	16.3
자작 겸 소작농	40.9	25.4
소작농	36.5	52.7

토지조사 사업 결과

연도	생산량	수탈량
1920	1,270	185
1922	1,432	340
1924	1,517	475
1926	1,497	544
1928	1,730	742
1930	1,370	540
1932	1,590	760
1933	1,630	870

산미증산 계획 결과

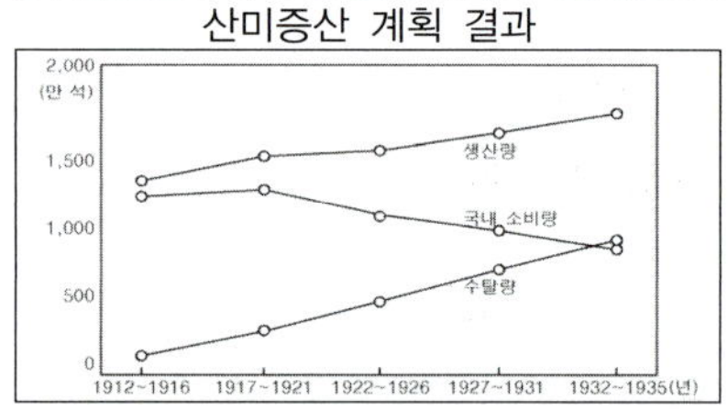

인적 · 물적 자원 수탈	구분	내용
인적 · 물적 자원 수탈	〈배경〉	**중 · 일 전쟁**(37), 태평양 전쟁(41) ⇒ 인력 · 자원 부족
	〈병력 동원〉	①지원병제(1938) ③학도병(1943) ❹징병제(1944)
	〈노동력 수탈〉	❷국민 징용령(1939) – 탄광 · 철도 · 군수 공장 동원
	〈전쟁물자 수탈〉	식량 배급 · 수탈(공출 63%), 쇠붙이 공출
❹여자 **정신대** 근로령(1944) – 여성 노동력 강제동원 ⇒ ★군**위안부**(성적 노예)		

※〈1937 **중 · 일 전쟁**〉 ①38 · ❷39 ── ③43 · ❹44 〈1945 **광복**〉

◈ **토지 조사령**(1912 신고제 – 증거주의)

제4관〉 토지 소유자는 조선 총독이 정하는 기간 내에 주소 · 씨명, 명칭 및 소유지의 소재, 지목, 자번호(字番號), 사표(四標), 등급, 지적, 결수(結數)를 임시 토지 조사국장에게 신고해야 한다. 단, 국유지는 보관 관청이 임시 토지 조사국장에게 통지해야 한다.

제17관〉 임시 토지 조사국은 토지 대장 및 지도를 작성하고, 토지의 조사 및 측량에 대해 사정(査定)으로 확정한 사항 또는 재결을 거친 사항을 이에 등록한다. 〈조선 총독부 관보, 1912. 8. 13.〉

◈ **산미 증식 계획의 본질적 목적**(1920년대의 경제 침탈) – 일본은 해마다 6, 70만 명씩 급증하는 인구로 인해 매년 평균 200만 석의 쌀이 부족한 형편이다. 이미 1918년에 쌀 부족으로 인해 두려울 만한 소란을 경험한 예에 비추어 보아도, 식량 문제는 가장 중요한 국가의 문제이다. 다행히 조선의 수리 시설을 개선하면 1천만 석의 쌀을 증산할 수 있고, 미간지를 개척하면 1천만 석을 추가로 증산할 수 있다. 또한 만주 지역을 개발하면 2천 만 석의 쌀을 얻을 수 있다. 따라서 조선과 만주를 일본의 식량 공급지로 만드는 일을 신속히 추진하여야 한다.

◈ **총동원령** ⇨ 지원병제(38 1만 8000명), 국민 징용령(39 113~146만명), 학도 지원병제(43 4,500명 동원), 징병제(44 20만명 징집)

◈ **일본군 위안부 피해자 문제**

1) **한 · 일 청구권 협정**(1965) ⇨ 일본군위안부 피해자 문제는 배상으로 이미 해결〈일본〉 ⇔ 〈한국〉일본 정부의 법적 책임이 존재
2) **고노(河野) 담화**(1993) ⇨ 일본군 위안부 문제에 대해 사죄와 반성의 뜻 표현
3) **민간주도의 '아시아여성기금'을 설립**(95) ⇨ 일본 정부의 법적책임 회피(국가 차원이 아닌 민간 차원의 인도적 자선사업의 대상)

사료읽기

◈ **산미증식 계획의 본질적 목적**(1920년대의 경제 침탈) 〈박경식, 일본 제국주의의 조선 지배〉

…1918년, 1919년에 쌀 수입 대금으로 거액을 지출하였는데, 이 자금을 조선의 천수답에 관개 시설을 하는 데 돌린다면 해마다 5백만 석의 쌀을 증산할 수 있다. 이 경우 사업 자금은 대부분 인부 임금으로 지출되어 지방 경제가 활성화되고, 최종적으로 상품 구입 자금이 되어 시장으로 모이게 되므로 자금은 다시 일본으로 환원되는 것이다.

⇨ 조선에 거주했던 한 일본인 지주 겸 자본가가 산미 증식 계획과 수리 사업의 목적에 관해 쓴 글.

◈ **도시 빈민의 비참한 삶**(1920년대)

산미 증식 계획으로 몰락하는 농민들은 갈수록 많아졌다. 춘궁기에 풀뿌리와 나무껍질 등으로 끼니를 잇는 극빈층(궁민)의 수가 1926년 약 30만 명이었던 것이 1933년에는 약177만여 명으로 크게 늘어났다. 농촌에서의 비참한 생활을 견딜 수 없게 되면 깊은 산속으로 들어가 화전민이 되거나 도시로 밀려 나와야 하였다. 하지만 도시로 나오더라도 지게꾼이나 넝마주이 생활로 연명하며 도시 변두리나 하천 변에 거적을 두른 토막을 짓고 살아가야 하였다.

◈ **침략 전쟁에 협력하는 사람들(1930년대 – 친일파)**

①**징병제와 반도 여성의 각오** 〈김활란, 1942. 7〉

이제야 기다리고 기다리던 징병제라는 커다란 감격이 왔다. … 지금까지 우리는 나라를 위하여 귀한 아들을 전장으로 보내는 내지(內地, 일본)의 어머니들을 물끄러미 바라만 보고 있었다. 실제로 내 아들이나 남편을 나라에 바쳐보지 못한 우리에게는 대단히 막연한 일이다.

그러나 우리는 아름다운 웃음으로 내 아들이나 남편을 전장으로 보낼 각오를 가져야 한다. 과연 우리에게 그런 각오가 있을까? … 이제 우리에게도 국민으로서의 책임을 다할 기회가 왔고, 그 책임을 다함으로써 진정한 황국 신민으로서의 영광을 누리게 된 것이다. 생각하면 얼마나 황송한 일인지 알 수 없다.

⇨ 위 글에서 김활란은 징병제의 실시로 한국인도 황국 신민으로서의 영광을 누리게 되었다고 감격하고 있다.

②**오장 마쓰이 히데오 송가** 〈서정주, 1944〉

마쓰이 히데오! 그대는 우리의 오장, 우리의 자랑. 그대는 조선 경기도 개성 사람. 인씨의 둘째 아들 스물한 살 먹은 사내 …. 우리의 동포들이 밤과 낮으로. 정성껏 만들어 보낸 비행기 한 채에. 그대, 몸을 실어 날았다간 내리는 곳 … . 조각조각 부서지는 산더미 같은 미국 군함. 우리의 땅과 목숨을 뺏으러 온. 원수 영미의 항공모함을. 그대 몸뚱이로 내리쳐서 깨었는가. 깨뜨리며 깨뜨리며 자네도 깨졌는가 …

⇨ 서정주의 대표적인 친일시로, 태평양 전쟁에 참전하여 가미카제특공대로 전사한 한국 청년을 칭송하고 있다.

※**애국 헌납기 1444호** – 중 · 일 전쟁 이후 일제가 대대적인 국방헌금을 강요하는 상황에서 일제와 협력 관계에 있던 각 지역의 유지들은 국방헌금을 내는 데 앞장섰다. 특히 전국적으로 비행기 헌납 기성회를 조직하여 8대의 군용기를 헌납하였다.

※**금차 봉납도**(김은호) – … 친일 매국노의 부인과 친일 여성 지식인들이 참여한 애국 금차회라는 여성 친일 단체의 결성식 때, 즉석에서 모은 금붙이 등을 조선 총독 미나미 지로에게 증정하였다.

※**강제 공출** – 쇠붙이 공출 · 폐품 수집 · 농산물 공출 등이 있었다. 쇠붙이 공출 대상에는 놋그릇 · 수저 · 제기 · 농기구는 물론 교회와 학교의 종 · 동상까지 포함되었다.

◈ **일본군 〈위안부〉로 끌려갔다가 살아남은 사람들의 증언** 〈한국 정신대 문제 대책 협의회〉

12세가 되던 국민 학교 6학년 때 교장이 나를 정신대에 보냈다. 아오모리 현에서 위안부로 있다가 귀국하였다. 큰언니는 내 과거가 알려지면 조카들이 시집도 못 간다고 조용히 지내라고만 한다. 1943년 1월, 집을 보던 중에 건장한 남자 2명에게 강제로 끌려가 만주에서 위안부 생활을 하였다. 하루 평균 20명쯤의 군인을 상대해야 했고, 한국말을 하거나 남자 받기를 거부하면 구타를 당하였다.

⇨ 이들은 만주 · 중국 · 미얀마 · 말레이시아 · 인도네시아 · 파푸아 뉴기니 · 태평양에 있는 여러 섬들과 일본 · 한국 등에 있는 점령지에서 성노예로 혹사당했다. 전쟁이 끝난 후 귀국하지 않은 피해자들 중에는 현지에 버려지거나, 자결을 강요당하거나, 학살당한 경우도 있다.

適者生存⇒盡人事待天命

2 3 · 1 운동과 대한민국 임시 정부

1 3 · 1 운동의 전개(1919)

배경		❶〈内〉 **무단 통치** ❷〈外〉 **2 · 8 독립 선언** ⇨ 도화선(도쿄, 최팔용 유학생)
	〈국제적〉	〈러시아〉 공산세력 확장(1917 레닌) ⇔ 〈미국〉 민족 자결주의(19 **윌슨**)
	〈민족적〉	성명회 선언(10 연해주) · 무오 독립선언(18 만주) ⇒ 피의 투쟁 결의(무장 투쟁) 신한청년단(**김규식**) · 대동단결선언(17 신한혁명당–**신규식**) · 고종 승하(독살)
전개	❶점화기	**종교계 33인 주도**(**천도교** 주도) ⇒ 평화적 운동(**비폭력** 저항)
	②도시 확산기	지식층(교사 · 학생) 주도 + 상인 · 노동자 참여
	❸농촌 확산기	**농민** 참여 ➡ **무력적 저항**(⇒ 일본의 무력탄압 빌미)
	④국외 확산기	만주 · 연해주 · 일본 · 하와이 · 멕시코 · 미국(필라델피아)···
	〈탄압〉	경기도 화성 제암리 학살 사건 · 유관순 순국 ※**보안법**(07)

태화관

탑골공원

◈ **민족자결주의 한계** – 전승국들이 의논하여 국제연맹이 위임 통치하는 방식으로 독일과 같은 패전국이 지배하는 식민지에만 적용되고, 미국이나 일본과 같은 승전국이 지배하는 식민지는 대상에서 제외

◈ **독립 선언서 〈공약3장〉** – 금일 오인의 차거는 정의 · 인도 · 생존 · 존영을 위하는 민족의 요구이니 오직 자유 정신을 발휘할 것이요, 결코 배타적 감정으로 일주하지 말라 / 일체의 행동은 가장 질서를 존중하야 ···광명정대하게 하라.

의의	범 민족적	➡ **본격적 – 민족운동 전개**(⇒ 독립 운동 – **분수령**)
		内〉 민족저력 과시(민족 정통성 회복) · 外〉 민족 독립 의지 천명
영향	〈國內〉	①무단 통치 ⇒ **문화 통치** ❷대한민국 **임시정부 수립**(1919. 4 상하이)
	〈國外〉	反 제국주의 민족운동 선구[중국 5 · 4운동(베이징대) · 인도 · 중동 = 아프리카]

항일운동[독일 이권(21개조)⇒일본(+군벌결탁)]↲ 반영운동(간디 · 네루)↲ ↳중동(패전국 식민지독립운동 지원)

유관순 18세死

서대문 형무소

2 대한민국 임시정부의 수립

의의	〈민족사〉	〈**망명 정부**〉 ⇒ 민족 정통성 회복 ↱ 입법 · 행정 · 사법
	〈정치사〉	**최초 민주공화정체**〈**대통령제** ⇒ 3권 분립〉 – **임시의정원 · 국무원 · 법원**
	〈독립사〉	➡ 〈**통합 정부**〉 ⇒ 독립 운동의 중추적 역할 ①〈**법통**〉 **한성정부**(국내 13도대표) ❷〈**국호**〉 **대한민국 임시정부**(상하이)

※**각지의 임시 정부 ⇒ 통합 정부〈1919. 9. 안창호 주도〉**
①**조선** 〈서울〉 **한성 정부**(1919. 4 13도 대표) – 집정관 총재(**이승만**), 국무총리 총재(이동휘)
②**중국**〈상하이〉 **대한민국 임시정부**(1919. 4) – 국무총리(**이승만**), 내무총장(안창호), 군무총장(이동휘)
③**러시아**〈연해주〉 **대한 국민의회**(1919. 3) – 대통령(손병희), 부통령(박영효), 국무총리(**이승만**)
④〈만주〉 다수의 군 정부

임시정부 청사

애국공채

◈ **임시정부 헌장** – 1조〉 대한민국은 민주 공화정제로 한다. 2조〉 대한민국은 임시 정부가 임시 의정원의 결의에 의하여 이를 통치한다.

◈ **한성정부의 법통** – 법통을 잇는다는 것은 한성정부의 인선에 따라 내각을 구성하며, 한성정부의 제도를 계승한다는 뜻

※**입헌군주제**(갑신정변–독립협회–헌정연구회) ※**민주공화정체**(신민회, 대한민국 임정)

활동	〈연락사무〉	**연통제**(비밀 행정 조직망 ⇒ 상하이–국내 연결), 교통국(통신망)
	〈군자금〉	애국공채 발행 · 이륭양행(만주) · 백산상회(부산–안희제) · 연락망 이용
	〈외교〉	김규식(외교 총장 – 파리 강화 회의 파견), 이승만(구미 위원부)
	〈문화〉	독립신문 발행, 사료편찬소([한 · 일 관계 사료집] – 한민족 우수성 부각)
	〈군사〉	❶직할 군단 ⇒ 육군 주만 **참의부**(1923), 광복군 사령부 · 총영 ②군무부 산하 ⇒ 서로 군정서, 북로 군정서 ↳※한국 광복군(1940)

이승만

김구

김규식

안창호

※신한청년단(김규식, 상하이)⇒ 대한민국 임정(1919. 4)

◈ **연통제** – 임시 정부가 국내의 독립운동을 연결하기 위해 설치한 국내비밀 행정 · 연락 조직으로, 정부 문서와 명령 전달 · 군자금의 송부 · 정보 보고 등의 업무를 담당하였다. 서울에는 총판 · 도에는 독판을 두고 그 아래 군감 · 면감 등을 두었다. 주로 평안도 · 함경도 · 황해도 등 북부 지방을 중심으로 조직되었으나, 1921년 일제에 발각되어 해체되었으나, 이후에도 기본조직은 독립운동에 이용

◈ **교통국** – 임시 정부의 통신 기관(정보의 수집 · 분석 · 교환 · 연락 등의 업무를 관장). 이륭양행을 임시 교통국 안동지부로 이용

사료읽기

◈ 2·8 독립 선언 결의문 〈1919 이광수 작성〉

①우리는 한·일 합병이 우리 민족의 자유의사에서 비롯되지 않았으며 그것이 우리 민족의 생존 발전을 위협하고 동양의 평화를 저해하는 원인이 된다고 생각하므로 독립을 주장하는 것이다.
②우리는 일본 의회 및 정부에 대해 조선 민족 대회를 소집하고 대회의 결의에 따라 우리 민족의 운동을 결정할 기회를 부여할 것을 요구한다.
③우리는 만국 평화 회의에 대해 민족 자결주의를 우리 민족에게 적용할 것을 청구한다.
④앞의 세 가지 요구가 실현되지 않을 경우, 우리 민족은 일본에 대하여 영원한 혈전(血戰)을 선언한다.

◈ 윌슨의 민족 자결주의 〈1918 윌슨의 14개조 평화 원칙〉 – 약소민족의 독립 운동 지원

〈제5조〉 모든 식민지의 요구에 대한 자유롭고 편견 없는 절대 공평한 조정을 위해, 식민지 주권과 같은 모든 문제를 결정하는 데에는 해당 식민지 주민의 이해가 그 지배권에 대해서는 결정권을 가지는 정부의 정당한 요구와 대등한 비중을 가진다.
⇨ 민족 자결주의 – 자기 민족의 운명은 한 민족이 다른 민족이나 국가의 간섭을 받지 않고 자신의 정치적 운명을 스스로 결정하는 권리를 실현하려는 사상이다. 우리의 3·1 운동을 비롯하여 약소민족의 독립 운동에 영향을 주었다.

◈ 3·1 기미 독립 선언서 〈최남선이 기초하였으며, 공약 삼장은 한용운이 작성〉

… 오등(吾等)은 이에 아(俄) 조선의 독립국임과 조선인의 자주민임을 선언하노라. 이로써 세계만방에 고하여 인류평등에 대의(大義)를 극명하며, 이로써 자손만대에 고하여 민족자존(自存)의 정권(正權)을 영유(永有)하게 하노라. 반만년의 역사의 권위를 장(仗)하여 이를 선언함이며, 2천만 민중의 충성을 합하여 이를 포명함임, 민족의 항구여일(恒久如一)한 자유 발전을 위하여 이를 주장함이며, …

◈ 독립 선언서에 서명한 민족 대표 33인

3·1 운동의 독립 선언서와 독립 통고서에 서명할 민족 대표의 선정은 각 종교 단체별로 이루어졌다. 천도교 측에서는 손병희·권동진·오세창 등 15명이, 기독교 측에서는 이승훈·길선주 등 16명이 선정되었고, 불교 측에서는 한용운과 백용성이 참여하여 33인으로 확정된 민족 대표들이 독립 선언서에 서명하였다. 한편 최남선·현상윤·함태영 등 16명은 3·1 운동의 준비와 수행에 중요한 역할을 하였으면서도 다음 단계의 운동을 지도하기 위하여 일부러 서명하지 않았다.

◈ 아시아 민족들의 〈동병상련〉

우리의 독립 운동도 다른 나라의 주목을 받았다. 1919년 우리나라에서 3·1 운동이 일어나자 상하이의 신보(申報)가 두 달 동안 약 30여 편의 관련 기사를 보도하였다. 5·4 운동 당시 뿌려진 격문에도 한국의 3·1 운동 내용이 인용될 정도였다. 인도의 독립 운동가 네루도 1932년 옥중에서 딸에게 보낸 편지에 〈3·1 운동은 숭고한 독립 운동이었다.〉라고 소개하였다. 아시아의 여러 민족들은 독립이라는 목표를 함께하며 서로에게 깊은 관심과 애정을 보인 것이다.

◈ 임시 정부 헌장(1919. 4. 11)

신인 일치(神人一致)로 중외 협응(中外協應)하야 한성에서 의(義)를 일으킨 이래 30여 일에 평화적 독립을 3백여 주에 광복하고, 국민의 신임으로 완전히 다시 조직한 임시 정부는 항구 완전한 자주 독립의 복리로 아(我) 자손 여민(子孫黎民)에 세전(世傳)하기 위하여 임시 의정원의 결의로 임시헌장을 선포하노라.

◈ 각 시기의 여러 헌법

①**대한제국 대한국 국제**(1899)
〈제2조〉 대한국의 정치는 만세불변의 전제 정치이다. 〈제3조〉 대한국의 대황제는 무한한 군권을 누린다.
②**대한민국 임시 정부 임시 헌장**(1919. 4) – 〈제1조〉 대한민국은 민주 공화제로 함.
③**대한민국 임시 정부 헌법**(1919. 9) – 〈제1조〉 대한민국은 대한 인민으로 조직함.
〈제2조〉 대한민국의 주권은 대한 인민 전체에 재함. 〈제3조〉 대한민국의 강토는 구한국(舊韓國)의 판도로 함.
④**대한민국 제헌 헌법 전문**(1948. 7) … 우리들 대한 국민은 기미년 3·1 운동으로 대한민국을 건립하여 세계에 선포한 위대한 독립 정신을 계승하여 민주 독립 국가를 재건함에 있어서 정의·인도와 동포애로써 민족의 단결을 공고히 하며, 모든 사회적 폐습을 타파하고 민주주의 제도를 수립하여 …

◈ 현재 헌법 제1조(1987. 9차 개헌)

〈제1항〉 대한민국은 민주 공화국이다. 〈제2항〉 대한민국의 주권은 국민에게 있고, 모든 권력은 국민으로부터 나온다.
⇨ 유구한 역사와 전통에 빛나는 우리 대한 국민은 ①3·1 운동으로 건립된 ②대한민국 임시정부의 법통과 불의에 항거한 ③4·19 민주 이념을 계승하고 …

1) **국민 대표 회의** 소집(1923 **안창호**)	
〈배경〉	이승만 위임통치 청원(국제연맹) ⇒ 노선 갈등(외교 독립론 ⇔ 무장 투쟁론) ⇨ 임시정부의 활동 침체
〈경과〉	**개조파**(안창호 – 임정 존속) ⇔ **창조파**(신채호 – 새정부 수립) ⇔ **현상유지파**(김구)
〈영향〉	결렬(130여 단체 – 158명 – 4개월) ⇒ 임시정부 활동 침체(**김구** – 명맥 유지)
〈극복노력〉	**애국단** 조직(1931 ⇒ 의거:1932 **이봉창 · 윤봉길**). 한국 **광복군** 조직(1940)

※한국 독립 유일당 북경 촉성회 (1926 안창호 상하이)

❶이승만 〈외교 독립론〉

일본을 상대로 무장 투쟁을 벌인다는 것은 공연한 힘의 낭비입니다. 우리는 일본을 압박할 수 있는 강대국을 상대로 일제의 부당성과 우리의 독립 열망을 전하여 독립을 얻어 내야 합니다. 외교적 노력의성과에 따라 민족의 운명이 결정될 것입니다. 전 미국정부에 국제 연맹이 우리나라를 **위임 통치**해 줄 것을 요구하였습니다.

2) **헌정 변화**(⇨ 지도 노선의 갈등 : 외교 독립론[상하이] ⇒ 무장 투쟁론)	
1차〉 19	**대통령 중심제**+내각책임제 절충(이승만) ⇒ 탄핵(국제연맹 – 위임통치 청원)
2차〉 25	**내각책임 지도제**(국무총리) – 사법부 폐지　　↳※박은식(2대 대통령)
3차〉 27	**집단 지도제**(국무 위원) ⇨ 가장 장기적 실시(결원시 – 조직 해체 방지)
4차〉 40	**주석** 지도제(김구 – 강력한 지도력)
5차〉 44	**주석 · 부주석** 중심제(김구 · 김규식) – 사법부 부활

※**1940** ⇒ 충칭(중경) 이동. 주석제(김구). 한국광복군

❷안창호 〈실력 양성론 – 개조파〉

독립을 위해서 우선적으로 필요한 것은 우리 민족의 실력을 길러야 하는 것입니다. 우리 모두 애써 만든 임시정부를 잘 이끌어 봅시다. 3 · 1 운동에서 나타난 민족적 열망을 바탕으로 출범한 임시 정부는 민족의 대표기관이다. 문제가 있다면 조직과 체제를 개선해서 임시 정부를 활성화시키는 것이 옳다.

※①임시헌법(1–2차) ⇒ ②임시약헌(3–4차) ⇒ ③임시헌장(5차)

❸신채호 〈무장 투쟁론 – 창조파〉 이완용은 있는 정부를 팔아먹었지만, 이승만은 없는 정부까지 팔아먹은 사람입니다. 임시 정부도 이승만도 우리에게는 필요하지 않습니다. 미국 정부에 일본 대신 국제 연맹이 우리나라를 위임 통치해 줄 것을 청원한 이승만은 대통령으로서의 자격이 없다. 항일 무장 투쟁을 보다 효율적으로 하기 위해서는 만주나 연해주로 가서 임시 정부를 대체할 새로운 조직을 만들어 투쟁해야 한다.

❹김구 〈현상 유지론〉 국민대표 회의는 임시 정부의 분열만 일으키므로 애초부터 불필요하였다. 서로의 갈등만 증폭시키고 있는 국민대표 회의를 즉각 해산해야 한다. ⇨ 국민대표 회의에 불참한 임시 정부 옹호파

3 무장 독립운동의 전개

1 1910년대(무단통치) 국내 · 국외 민족 운동 〈3 · 1 운동 **이전** – 교육 기관 · 종교 단체〉

국내 〈비밀 결사〉 ⇑ 애국계몽 운동 〈1900년대〉 – 실력양성	⇨ 군자금 모금 · 친일파 처단 · 독립의식 고취(선전문 · 격문) **❶대한 광복회**(박상진 · 김좌진 – 군대식 조직 – 군자금 모금 ⇒ 독립운동 기지건설) 일본 · 친일부호 강도질↲　　독립전쟁 ⇒ 국권회복(공화국 수립)↲ ②**독립 의군부**(임병찬 – 고종 밀명 – 복벽 주의) – 국권반환 요구서배송(총독) ③**송죽회**(평양 숭의 여학교 교사) – 여성 조직　　※**근우회**(조선자매~) ※조선 국권 회복단[박상진. 대구 – 유림 – 독립청원서(파리강화회의)] · 자립단 · 선명단 · 민단 조합 · 국민회 · 공진회(⇐황국협회 – 보부상 조직)···

※대한 광복회–대한 광복군정부–한국 광복군

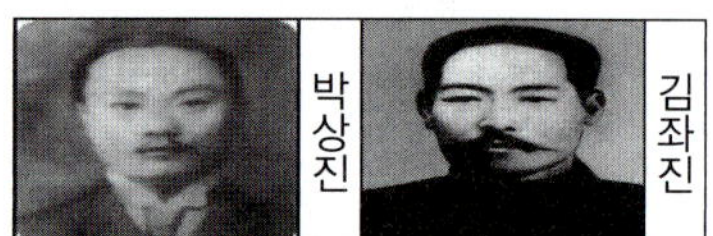

◈ **대한 광복회** – 1917년 경주에서 대구로 향하던 일제의 수송 차량을 습격하여 거액의 현금을 강도질 한 뒤 이 자금으로 무기를 구입하였고, 각 지방 부호들의 재산에 비례하여 독립운동 자금을 납부 하도록 배당하였다.

※**조선혁명선언**(신채호 : **강도** 일제~)

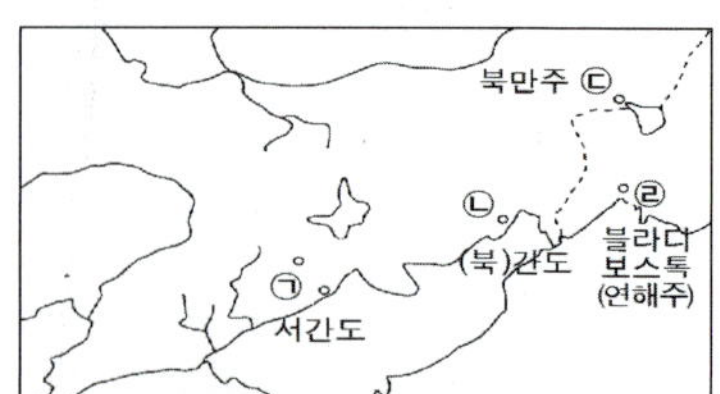

국외 〈독립기지 건설〉 ⇑ 의병 운동 〈무력적 저항〉	➡ 독립운동 **거점** = 기반 구축(민족 산업 · 교육 · 군사력 양성) ↳독립된 자치적 임시정부 성격 ⇒ 무장 독립 전쟁 수행		
	중국	**❶간도** (동 = 북간도)	용정 · 명동촌. 서전서숙(이상설) ⇒ 명동학교(김약연) 중광단(**대종교** ⇒ 북로군정서군). 간민회(한인 자치)
		②**서간도** (남만주)	〈**서간도 삼원보**〉 – **신민회** 주도(이회영 · 이동녕 · 신채호) 신흥 무관학교(⇐ 신흥 강습소). 경학사(⇒ 부민단 ⇒ 한족회) ③**북만주** 〈밀산부 한흥동〉 – 신민회
	러시아	④**연해주**	권업회 ⇒ **대한 광복군 정부**[1914 **이상설**(대통령) · 이동휘] ↳민간 정부 수립 단서 마련(대한민국 임정 모델) **대한 국민의회**(1919 손병희). **신한촌**(한인 집단촌)

※신한 청년단(상하이 · **김규식** – 외교 활동). 국민군단(하와이 · **박용만** – 군사훈련)
동제사(중국 유학생) · 조선청년독립단(일본 유학생). 숭무학교(멕시코). 흥사단(안창호). 국민회(이승만)

◈ **박용만**은 대한국민회(이승만) 초청으로 하와이에 가서 국민 군단을 조직.군제(軍制)는 미국 군제를 따랐으나 총은 사용하지 못하고 목총(木銃)으로 대신.

사료읽기

◈ **대한 광복회 강령**
①부호의 의연 및 일본인이 불법 징수하는 세금을 압수하여 무장을 준비한다.
②만주에 사관학교를 설치하여 독립 전사를 양성한다.
③중국·러시아 등에 의뢰하여 무기를 구입한다.
④종래의 의병 및 해산 군인과 만주 이주민을 소집하여 훈련한다.
⑤무력이 준비되는 대로 일본인 섬멸전을 단행하여 최후 목적을 달성한다.
⇨ 재무부와 선전부를 설치하고 각도에 지부장을 두었으며 서울·인천·대구·광주·괴산에 연락 사무소를 설치하였다. 그리고 만주에는 만주 지부를 설치하였다.

◈ **신한청년당의 활동**(상하이. 김규식) 〈신용하, 3·1운동과 그 민족사적 의의〉
신한청년당이 파리 평화 회의에 한국 대표로 김규식을 파견한 사실은 그 후에 3·1운동이 일어나는 데 중요한 역할을 하고, 중대한 의미를 갖게 되었다.
김규식이 파리 평화 회의에 파견된 사실은 본국의 민족 지도자들과 재일 유학생들에게 밀사를 통해서 통보되었다. 그 후 2·8 독립 선언과 3·1 만세 시위가 일어남으로써 신한청년당 대표 김규식의 한국 독립 주장이 우리 민족 전체의 의사와 주장임을 전 세계에 선언하고 과시하였던 것이다. 또한 신한청년당은 국내에 제1차로 선우혁·김철 등을 파견하고, 제2차로 서병호·김순애(김규식의 부인)·백남규 등을 파견하였다. 이들은 국내에서 독립 운동을 일으킬 것과 파리평화 회의에 파견하는 한국 대표에게 자금을 지원할 것을 종용하였다.
신한청년당은 또한 일본에 제1차로 조용은을, 제2차로 장덕수와 이광수를 파견하였다. 조용은은 일본 도쿄에 도착하여 재일 유학생들에게 한국 대표 김규식이 파리에 파견된 사실을 통보하고 독립 운동을 권유했으며, 장덕수도 도쿄에서 유학생들을 접촉한 후 서울로 잠입했다가 일제 관헌에게 체포되었다. 뒤이어 이광수가 중국으로부터 도쿄에 도착하여, 재일 유학생들의 2·8 독립 선언문'을 작성하였다.

◈ **이회영과 형제들의 노블레스 오블리주** 〈이은숙, 민족 운동가 아내의 수기, 서간도 시종기〉
이회영 형제들이 만주로 망명하면서 처분한 전 재산을 바탕으로 남만주의 삼원보에 신한민촌을 건설하고, 신흥 학교를 만들어 무료로 운영하면서 민족 교육과 독립군 양성을 추진하였다. 이회영 자신은 일경에 체포되어 고문을 받다가 숨졌고, 그 형제들 중 다섯째인 이시영만이 임시 정부의 국무위원으로 활동하다가 광복 후 초대 부통령을 역임 하였다. 이들처럼 온 집안이 전 재산을 쏟아 부어 독립 운동에 투신하여, 조국 독립을 위해 모든 기득권을 포기하고 고난의 가시밭길을 걸어갔다. 우리 역사에서 노블레스 오블리주(높은 사회적 신분에 상응하는 도덕적 의무)의 귀감이었다.
⇨ 일제의 한국 강점을 전후하여 1910년대 나라 밖의 여러 지역에서 애국지사들은 북간도와 남만주, 연해주, 그리고 미주 지역 등지에 장기적인 독립 운동의 거점 역할을 할 기지를 건설하고자 하였다. 이에 따라 여러 지역에 한인 집단촌이 세워졌고, 그곳에는 민족 학교가 세워지고 한인 자치 단체가 조직되어 독립군을 양성하였다.

適者生存⇒盡人事待天命

2 1920년대 국외 무장 독립전쟁 〈3·1 운동 **이후** ⇒ 민족 운동 활성화〉

1) **승리**	①**봉오동** 전투(1920. 6) : **홍**범도 – **대**한 독립군 ⇓ ※**훈춘 사건** 조작(일본 – 마적매수 ⇒ 일본 공사관 습격) – 군대출동 여론조성 ❷**청산리** 대첩(1920.10) : **김**좌진 – **북**로 군정서군 ⇒ 연합 전투(홍범도 참여)
2) **수난** (일군 보복)	①〈**중국**〉 **간도 참변**(= **경신참변** 1920. 10~11) – 독립군 · 민간인 초토화(3500) ⇓ ※**대한 독립 군단**(서**일** – 노령) – 러시아로 이동(⇒ 재무장) ②〈**러시아**〉 **자유시 참변**(1921) : 적색군 배반(⇐ 〈내전〉 ⇒ 백색군) – 무장 해제
3) **재정비**	**3부**(통구 **참의부** · 남만주 **정의부** · 북만주 **신민부**) – 독립적 자치정부(민정 · 군정) – 세금징수
4) **통합** 좌익 ⇔ 우익	〈**좌익**〉 **김원봉** ⇨ 남만주 **국민부** ⇒ **조선 혁명당**(조선 혁명군 – 양세봉) 〈**우익**〉 **김구** ⇨ 북만주 **혁신의회** ⇒ **한국 독립당**(한국독립군 – 지청천)
※**일+중**(만주 군벌) **연합** ⇨ **미쓰야 협정**(1925 독립군 소탕 – 3부 탄압) ※**한+중**(국민당 정부) **연합** ⇨ **만주사변**(31 연합 시작) ⇒ **홍커우 의거**(32 본격적 연합)	

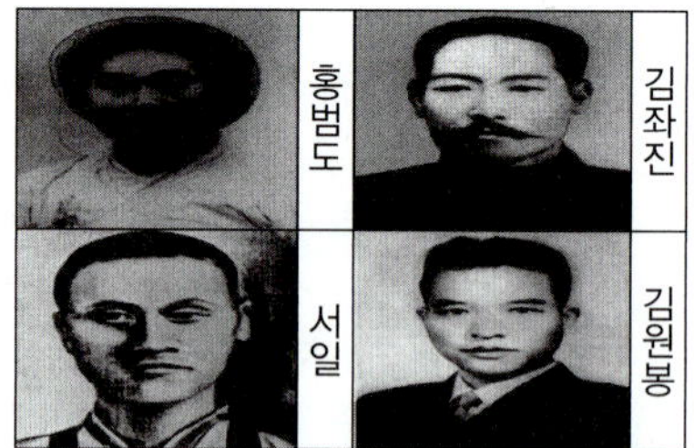

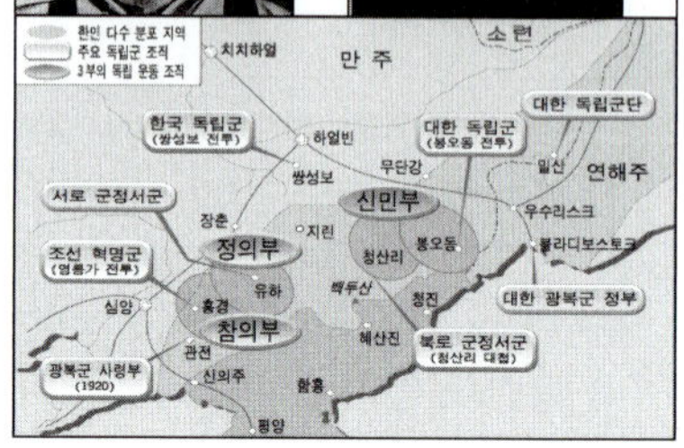

※**홍커우 의거**(윤봉길) ⇨ 국민당 정부의 지원(중국내 무장활동 승인) ⇒ 1940 충칭 이동 · 한국광복군 창설

3 1930년대 만주에서의 항일 무장 투쟁 (일본의 침략 전쟁 ⇒ 민족운동 약화)

30년대 전반	**한+중 연합 작전** ⇨ **시작**(1931 만주사변)	
	〈**좌익**〉	조선 혁명군(+ 중국 의용군) ⇒ 〈남만주〉 **영**릉가 · **흥**경성 전투
	〈**우익**〉	한국 독립군(+ 중국 **호로군**) ⇒ 〈북만주〉쌍성보 · 사도하자 · 대전자령 · 동경성 전투

⇳ 〈**1937 중 · 일 전쟁**〉 본격적 침략 전쟁 ⇒ 민족운동 약화

30년대 후반 | 40년대 광복 이전	1) **항일 유격대** = 게릴라전 투쟁〈만주〉 ⇐ 무장 투쟁 약화
	①추수 투쟁 · 춘황 투쟁 – 친일지주 공격 ⇒ 항일 무장투쟁 성격(공산주의자 주도) ❷**보천보 전투**(1937 함경남도 – **갑산** : 김일성?) – 경찰 주재소 · 면사무소 파괴 ↳ 동북 항일 **연합군** 주도(+ 중국 공산 유격대)
	2) **민족 연합 전선** 형성 노력 ⇒ 독립운동 통합(유일당 운동)
	※**조선 민족혁명당**(35 **김원봉** 좌+우 연합) – 민주공화국 수립 · 토지국유화 주장 ①전국 연합 진선 협회(1939) : 중국 관내 민족 통일 전선 ⇓ ※**김구**(대한민국 임시정부) + **김원봉**(조선 민족혁명당) ★❷**좌+우 통합정부**(1942) ⇧ 통일 전선 교섭 진행(⇒ 일본 패망 – 실패) ※조선 독립 동맹(1942 **김두봉** ⇐1941 화북 조선 청년 연합회)
〈1938〉⇨	※〈**조선 혁명군**〉 ⇒ 38 **김원봉**(조선 **의용대**) ⇔ **김두봉**(조선 **의용군**) ❶조선 **의용대**(+ 중국 **팔로군** ⇒ 호가장 전투) ⇨ **한국 광복군** 합류(42 김구) ②조선 **의용군**(화북 – 조선독립 동맹) ⇒ 중국내전 참가 ⇨ **조선 인민군** 합류(50 김일성)

◈ **한국 독립군과 중국 호로군의 합의 내용**(1931) ①한 · 중 양군은 최악의 상황이 오는 경우에도 장기간 항전할 것을 맹세한다. ②중동 철도를 경계선으로 서부 전선은 중국이 맡고, 동부 전선은 한국이 맡는다. ③전시의 후방 전투 훈련은 한국 장교가 맡고, 한국군에 필요한 군수품 등은 중국군이 맡는다.

◈ **조선 혁명군과 중국 의용군의 합의 내용**(1932년) – 중국과 한국 양국의 군민은 한뜻으로 일제에 대항하여 싸우고, 인력과 물자는 서로 나누어 쓰며, 합작의 원칙하에 국적에 관계없이 그 능력에 따라 항일 공작을 나누어 맡는다.

한국 광복군	**창설** (1940)	〈**임정 이동**〉 ①**상하이** ⇒ 32 항저우 → 난징 → 류저우 → 구이양 → 치장 ⇒ ⑦40 **충칭**
		대한민국 임시정부(충칭 = 중경) – 정규군(지정천) ⇨ **통합군**(**우익** + 좌익) [**신흥 무관 출신**(주축) + 조선 의용대(42 김원봉) + 국민부…]
	활동	①대일 · 대독 선전 포고(1941) ⇒ 태평양 전쟁 참전 〈**연합 작전 전개**〉 영국군(버마 미얀마 전선 · 인도 전선), 중국군(만주) ※심리전 참여 ⇨ 일본군 포로 심문 · 암호 번역 · 회유 방송 · 선전 전단 작성
		❷국내 진입 작전 계획(45. 9.) : 국내 정진군(미국oss지원 – 비행대 편성) ★일본의 항복(1945. 8. 15) ⇒ **실패** ➡ 국제적 발언권 약화(연합국 승리)

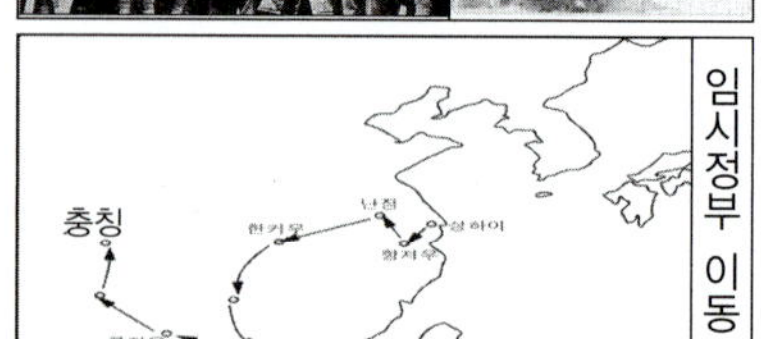

◈ **[백범일지]** 왜적이 항복한다 하였다. 아! 왜적이 항복! 이것은 내게 기쁜 소식이라기보다는 하늘이 무너지는 듯 한일 이었다. 천신만고 끝에 수년 동안 애를 써서 참전할 준비를 한 것도 다 허사이다.

사료읽기

◈ **청산리 전투(대첩)**

청산리 전투는 1920년 10월 21일 단 하루 만에 끝난 전투가 아니었다. 21일 아침 8시에 시작되어 26일 저녁까지 꼬박 6일간을 꼬박 새우며 싸운 6일 전쟁이었다. 10월 21일의 백운평 전투를 시작으로 완루구 전투 · 천수평 전투 · 어랑촌 전투 · 맹개골 · 만기구 · 쉬구 · 천보산 · 고동하 전투 등 6일간에 걸친 일련의 접전을 통틀어서 청산리 전투라 하는 것이다. … 북로 군정서 사령부 발표에 의하면 적의 전사자와 부상자가 1천6백 명에 달했으며 중국 관변 측 발표에 의하여도 전상자를 1천3백 명으로 추산하였다.

※훈춘 사건(1920. 10) – 일제에 매수당한 마적들이 훈춘을 공격하여 살인 · 약탈을 자행하고 일본 영사관에 불을 지른 사건이다. 일제는 이를 독립군의 소행이라 주장하면서 대규모 군대의 만주 출병 명분으로 삼았다.

◈ **미쓰야 협정**(1925)

정식 명칭은 〈재만 한인 단속 방법에 관한 협약〉으로 총독부 경무 국장 미쓰야(三矢)와 동삼성 경무 국장 우진(于珍) 사이에 맺어진 협정이다.(일 + 중 연합)

①한국인이 무기를 가지고 다니거나 한국으로 침입하는 것을 엄금하며, 위반자는 검거하여 일본 경찰에 인도한다.
②만주에 있는 한인 단체를 해산시키고 무장을 해제하며, 무기와 탄약을 몰수한다.
③일본이 지명하는 독립 운동가를 체포하여 일본 경찰에 인도한다.

⇨ 이 협약에서 중 · 일 양국 경찰은 합작하여 봉천 동부에서 활동하는 한인의 독립 운동을 방지할 것이며 중국(군벌) 당국은 한인 독립 운동자를 체포하여 일본 당국에 양도하기로 되어 있다. 이 경우 일본 영사관은 인도 대가로 상금을 지불하며 그 상금 가운데 일부는 체포한 중국 관리에게 주도록 되어 있다. 이로부터 상금에 눈이 먼 중국 관원들이 혈안이 되어 한국 독립군을 체포하여 일본 당국에 팔아넘겼다.

◈ **한국 광복군의 활동** – 대한민국 임시 정부 대일 선전 성명서 〈대한민국 임시 정부 주석 김구, 외무부장 조소앙〉

우리는 삼천만 한국 인민과 정부를 대표하여 삼가 중국 · 영국 · 미국 · 캐나다 · 호주 · 네덜란드 · 오스트리아 등 기타 제국의 대일 선전이 일본을 격패케 하고 동아를 재건하는 가장 유효한 수단이 됨을 축하하여 이에 다음과 같이 성명하노라.

①한국 전 인민이 현재 이미 반침략 전선에 참가했으니 한 개의 전투 단위로서 추축국에 선전한다.
②거듭 1910년의 합방 조약 및 일제 불평등 조약의 무효와 동시에 반침략 국가들의 한국에서의 합법적인 기득 권익을 존중함을 선포한다.
③한국 · 중국 및 서태평양으로부터 왜구를 완전히 구축하기 위하여 최후의 승리를 얻을 때까지 혈전한다.
④일본 세력 하에 조성된 창춘 및 난징 정권을 절대로 승인하지 않는다.
⑤루스벨트 · 처칠 선언의 각 조를 견결히 주장하며, 한국 독립을 실현하기 위하여 이것을 적용하여 민주 진영의 최후 승리를 축원한다.

◈ **김구의 한탄 〈백범일지〉**

왜적이 항복한다 하였다. 아! 왜적이 항복! …시안과 푸양에서 훈련을 받은 우리 청년들에게 여러 가지 비밀 무기를 주어 산둥에서 미국 잠수함에 태워 본국으로 들여보내어 국내의 중요한 곳을 파괴하거나 점령한 뒤에 미국 비행기로 무기를 운반할 계획까지도 미국 육군성과 다 약속이 되었던 것을 한 번 해 보지도 못하고 왜적이 항복했으니 … .

適者生存⇒盡人事待天命

4 사회적 · 경제적 민족 운동 〈1920년대 – 3 · 1 운동 이후 – 국내 **실력양성 운동**〉

1 실력 양성 운동과 농민 · 노동 운동

(1) 사회주의 사상의 본격 수용 〈⇒ 사회운동의 활성화〉

사회주의 사상 〈계급투쟁〉	〈대두〉	3 · 1 운동 이후(1917 러시아 공산정권 지원) – **조선 공산당**(1925)
	〈영향〉	사회 · 경제적 – 민족운동 활성화(청년 · 여성 · 소년 · 소작 · 노동 운동…)
	〈폐단〉	좌익 ⇔ 우익 대립 · 갈등 ⇨ 민족운동 분열 ※치안유지법 탄압(1925) ⇒ **유일당 운동** 대두(1927~31 **신간회**)

민족 · 민주 주의	〈지식층 주도〉	민족 독립 ⇒ **실력양성 운동** 노선
사회 · 공산 주의	〈청년 주도〉	민족 독립 ⇒ **계급투쟁** 노선(농민 · 노동자 대상)

〈1920년대 초반〉 항일 유격대	천마산 **천마산대**(평북). 동암산 보합단대(평북). 구월산 구월산대(황해도) ⇒ 식민 통치 기관 파괴 · 친일파 처단 · 군자금 모금 · 정보 교환…

◈ **민족주의 운동** – ①민족 해방(독립) ②실력양성 운동(민족교육 · 경제자립) ③자본주의 체제국가 수립

◈ **사회주의 운동** – ①민족 해방(계급 해방) ②일본 제국주의 타도(농민 · 노동자 주축 ⇒ 지주 · 자본가 계급 타도) ③대중 운동(청년 · 학생 운동–소작 · 노동 운동)

◈ **아나키스트 운동**(무정부주의) – 모든 정치조직 · 권력 · 사회적 권위 부정

(2) 물산 장려운동 〈1922 **평양 – 조만식** – 총독부 허가(합법적 운동)〉

※**국채보상 운동**(1907 대구 – 서상돈 · 김광제)

배경	❶**회사령** 제정(허가제 – 1910년대 : 민족기업 억압) ⇒ ②**철폐**(신고제 – 1920년대 : 일본기업 진출) – 소규모 **민족기업** 등장. 노동운동 시작
목적	민족기업 육성(민족자본 육성) ⇒ **민족 경제자립** 운동(우익 주도 ⇔ 좌익 반대)
전개	**조선 물산 장려회**(1922 **평양 – 조만식**) ⇒ 국산품 애용(일본 상품 배격) ※**자작회**(학생). 토산애용 부인회(부녀자) / 금주 · 금연 운동 / 근검 · 저축 · 생활 개선 운동
결과	〈실패〉 총독부의 부실기업 정비령 – 민족 기업 억압(강제 청산 · 흡수 통합) 일본 기업(자본력 · 기술력 · 생산력 열세). 경제 불황 ※**일본기업 지원** ⇨ 회사령(신고제) · 관세철폐(23 3차 통상장정). 신은행령(27 부실은행 정리)

※**경성방직 주식회사**(김성수–민족)
※흥남비료공장(일본 기업)

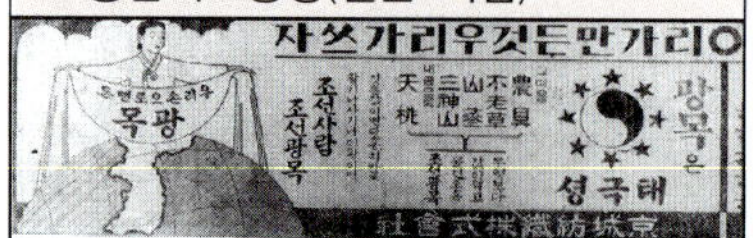

◈ 내 살림 내 것으로 / 보아라 우리의 먹고 입고 쓰는 것이 다 우리의 손으로 만든 것이 아니었다. …입어라 조선 사람이 짠 것을 / 먹어라 조선 사람이 만든 것을 / 써라 조선 사람이 지은 것을 / 조선 사람, 조선 것

※**통상장정** – 1차(1876). 2차(1883). 3차(1923)

◈ **물산 장려운동 반대 〈물산 장려운동은 중산계급의 이기적 운동이다〉** – 좌익은 반대(부르조아 · 친일파 지원) 〈23 동아일보〉
물산 장려 운동의 사상적 도화수가 된 것은 누구인가? 저들의 사회적 지위로 보나 계급적 의식으로 보나 결국 중산 계급을 벗어나지 못하였으며, 적어도 중산 계급의 이익에 충실한 대변인인 지식 계급이 아닌가? … 노동 계급의 후원을 갈구하는 것이다.

(3) 민족 교육 운동

식민 교육	우민화 ⇨ **민족성 말살**(**황국 신민화** ⇒ 일본인 동화 · 차별 주의)	
	〈다수〉	도구적 인간 양성(실용 주의 ⇨ 초등 · 기술 교육)
	〈소수〉	친일파 양성(민족의 이간 · 분열 ⇨ 고등 교육)
	※**중 · 일 전쟁**(1937) 이후 – 전쟁수행 ⇒ 황국신민화(민족말살) 교육 강화 ⇨ **조선어 · 조선역사** 교육 금지. 황국신민 서사 암송. 내선 일체 강요	

◈ **민족 교육 억압**
①사립 학교령(1908)
②사립학교 규칙(1911)
③개량 서당 규칙(1918)
④4차 조선 교육령
(1911 · 22 · 38 · 43)

조선교육령	1차(11)	**유화정책** ⇨ ❶**조선어 · 사 선택** / ❷**수업연한 단축**(4년) / 실업 · 전문학교 / 사립학교억제(사립학교 규칙 · 서당 규칙)
	2차(22)	**친일파 양성** ⇨ 조선어 · 사 **필수** / 수업연한 연장(6년) / ❸**3면 1교** / 대학 규정(민립대학 설립운동 · 경성제국대학)
	3차(38)	**황국신민화 강화**(전쟁수행) ⇨ 조선어 · 사 **선택**(수의과목) / 1면 1교 / 보통학교 ⇒ ❹**소학교**(1938) ⇒ **국민 학교**(41)
	4차(43)	**전시교육** ⇨ 조선어 · 조선사 **폐지** / 수업연한 단축(기본교육) / 군사훈련(교련) / 국민복(男) · 몸빼(女) 착용

사료읽기

◈ **사회운동(실력양성)** – 워싱턴 회의를 취재하고 돌아온 동아일보 기자(김동성)의 말

평소 우리가 큰 신뢰와 경의를 표하고 있는 미 · 영 양국 또한 모두 자기 나라의 이익을 도모하는 데만 급급했을 뿐만 아니라 조선 문제 때문에 일본측의 감정을 상하는 일에는 양국이 다 회피하였다. 조선 독립은 당분간 절망적이므로 우리들 조선인은 힘써 교육과 산업과 문화적 시설에 열중하여 실력 양성에 주력하지 않으면 안 된다.

⇨ 3 · 1운동 이후 여러 국제회의에 한국 문제를 제기하고 열강의 도움으로 독립을 이루려는 노력이 전개되었으나, 별다른 성과를 거두지 못하였다. 그러자 독립이 당장은 불가능하므로 우선 경제 · 문화 방면에서 민족의 힘을 길러야 한다는 실력 양성론이 다시금 대두하였다.

◈ **조선 물산 장려회 궐기문** – 물산 장려회는 1940년 일제에 강제 해산될 때까지 존속

내 살림 내 것으로… 이것이 세상에서 제일 무섭고 위태한 일인 줄을 오늘에야 우리는 깨달았다. 피가 있고 눈물이 있는 형제 자매들아. 우리가 서로 붙잡고 서로 의지하며 살고서 볼일이다. 입어라 조선 사람이 짠 것을 …

◈ **식민지 교육 정책**

①**제1차 조선교육령에 의한 보통 학교 교육 과정**(1911) – 수신 · 국어(일본어) · 조선어 및 한문 · 산술 · 창가 · 체조

②**제2차 조선교육령에 의한 학교 제도의 특징**(1922)

- 한국인의 학교 제도와 한국 내에 거주하는 일본인의 학교 제도를 수업 연한은 동일하게 하였으나, 그 체계를 별도로 만들어, 전자를 일본어를 상용하지 않는 자의 학교 제도, 후자를 일본어를 상용하는 자의 학교 제도라 하여 차별
- 종래 4년이었던 초등학교의 수업 연한을 6년으로 연장하였으나, 지방 사정에 따라 5년 또는 4년으로 단축
- 남녀의 사범학교를 신설. 일본인 학교인 소학교와 한국인 학교인 보통 학교의 교원을 별도로 양성
- 새로이 대학에 관한 규정을 마련하였고, 그 결과 경성 제국 대학이 설립

③**제3차 조선교육령에 의한 소학교 규정**(1938)

〈1조〉 소학교는 국민 도덕의 함양과 국민 생활의 필수적인 보통의 지능을 갖게 함으로서 충량한 황국 신민을 육성

〈13조〉 심상소학교의 교과목은 수신 · 국어(일어) · 산술 · 국사 · 지리 · 직업 · 수공 · 창가 · 체조이다. 조선어는 수의 과목(선택)

◈ **조선 민립 대학 설립 기성회의 발기 취지서**(1923)– **1원씩 1천만 모금 운동**

우리의 운명을 어떻게 개척할까? 정치냐, 외교냐, 산업이냐? 물론 이와 같은 일이 모두 필요하도다. 그러나 그 기초가 되고 요건이 되며, 가장 급한 일이 되고 가장 먼저 해결할 필요가 있으며, 가장 힘 있고, 필요한 수단은 교육이 아니면 아니 된다. … 민중의 보편적 지식은 보통 교육으로도 가능하지만 심오한 지식과 학문은 고등 교육이 아니면 불가하며, 사회 최고의 비판을 구하며 유능한 인물을 양성하려면 … 오늘날 조선인이 세계 문화 민족의 일원으로 남과 어깨를 견주고 우리의 생존을 유지하며 문화의 창조와 향상을 기도하려면, 대학의 설립이 아니고는 다른 방도가 없도다.

◈**야학(夜學) – 대중의 교육열에 호응하다.**

일제가 세운 공립 보통 학교는 수용 능력이 부족하고 학비가 비쌌기 때문에, 배움에 목마른 사람들을 위한 야학이 전국 방방곡곡에 우후죽순처럼 생겨났다. 야학은 생활이 어려운 농민 · 노동자 · 도시 빈민의 자녀뿐만 아니라 성인들까지도 대상으로 했기 때문에 대중들의 강한 교육열을 어느 정도 충족해 줄 수 있었다. 야학은 실력 양성 운동의 일환으로 전개된 계몽 야학도 있었지만, 갈수록 농민 · 노동자에게 계급의식을 고취하는 경우도 있어, 소작 쟁의 · 노동 쟁의에도 영향을 주었다.

◈ **최초의 비행사 안창남**

비행기에 관심이 많았던 안창남은 1921년 일본에서 최초로 실시된 비행사 시험에 1등으로 합격하였다. 우리나라 최초의 비행사인 안창남은 1922년 12월에 여의도 상공에서 수만 관중이 지켜보는 가운데 고국 방문 비행을 성공적으로 마쳐 열렬한 환영을 받았다. 관동 대지진 이후, 자신의 비행 기술로 독립 운동에 헌신하고자 중국 상하이로 망명한 안창남은 중국 혁명을 통해 민족 광복을 이룰 수 있다는 신념을 가지고 중국 혁명군 부대의 항공 교관으로서 중국인과 독립 운동가들에게 비행술을 가르쳤다. 그러나 1930년에 비행기 사고로 사망하였다.

適者生存⇒盡人事待天命

민족 교육 –민족의식 고취 –근대지식 보급	**민립대학 설립운동**(1923 이상재. 조선 교육회) – 1원씩 1천만 모금운동 ⇒ 총독부 탄압(1924 **경성 제국대학** 설립 – 1/3 조선인 입학 허가)
	①문맹퇴치 운동(**야학** · **조선일보** · 동아일보 · 강습소 · 조선어학회…) ②과학 대중화 운동(발명 학회 · 과학 문명 보급회 – 과학의 날)

※민립대학 설립운동 ⇒ 보성전문학교 ⇒ 고려대

◈ **개량 서당** – 기존 서당과 달리 국어, 역사, 지리, 산수, 체조, 과학 등을 가르쳤고, 학년제를 도입하기도 하였다. 1910년대에 많이 세워져 근대 학문을 가르치고, 민족의식을 일깨우는 역할을 하였다.

◈**안창남**(고국방문 비행) – 최초비행사

(4) 소작 · 노동 운동(쟁의)

	소작 운동	노동 운동
10년대말~ **20년대**초	①〈**시작**〉 ⇨ **경제적 저항** – 생존권 투쟁(합법적 투쟁)	
	소작권 이전 고율 소작료 반대	임금 인상 · 노동시간 단축 작업 환경 · 비인간적 대우 개선
20년대말~ **30년대**초	❷〈**절정**〉 ➡ **항일 민족 운동** – 조직적 불법적 투쟁 ⇐※**신간회** 지원	
	식민 지배 부정	노동조합의 지하 조직화

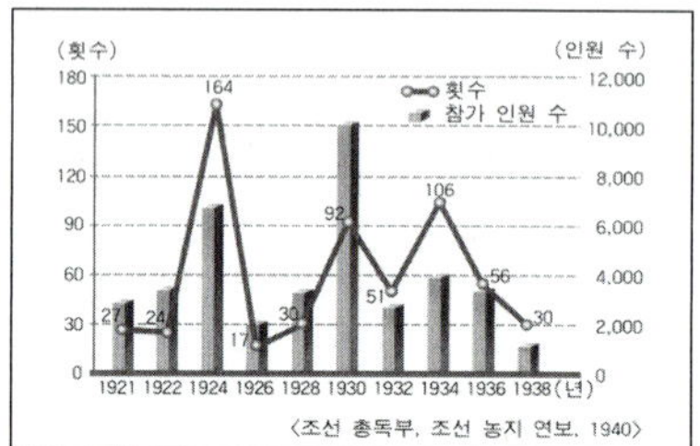

소작쟁의 발생 횟수–참가 인원수

1) **소작 · 노동 운동**(계급 투쟁적 성격) – 조직적 운동 전개(소작 · 노동 조합) – **좌익** 주도
※조선 **노농** 총동맹(1924) ⇨ 1927 조선 **농민** 총동맹 ⇔ 조선 **노동** 총동맹
〈소작 운동〉 **암태도 농장**(1923 전남 무안). 불이흥업 회사 농장
〈노동 운동〉 **원산 노동자 총 파업**(1929 최대 규모의 노동운동) – 영국계 기업(일본인 감독)

2) **농촌진흥 운동**(1932~40) ┌ 內〉 소작쟁의 회유(1933 소작 조정령 · 1934 조선 농지령)
└ 外〉 군량미 확보(산미증산 계획 재개) └임대차 3년

◈ 〈**토지를 농민에게**〉 민족적 당면 과제를 두고 **민족주의 진영**은 민중을 '무지몽매'에서 벗어나게 하는 것이 무엇보다 시급하다고 역설하고 있는 반면, **사회주의 진영**은 토지 혁명, 일제 타도 등 보다 근본적인 변혁을 주장하고 있다. ⇨ 1930년경부터 쟁의 형태가 차츰 전투적으로 변해 갔다.

2 청년 · 학생 운동과 다양한 사회 운동 〈3 · 1운동 이후 – 청년 · 학생의 역할 자각〉

(1) 학생 주도 항일 운동 〈⇨ 25 **치안 유지법** 적용 탄압〉

1) **6 · 10 만세운동**(26) [조선학생 과학연구회]	**순종 인산일** = 장례일 계기(3 · 1 운동 계승 ⇨ 전국 확산) ➡ 최초 **좌익**+우익 갈등극복 계기[⇒ 1927 **신간회** 창립]
	⇒ 일본 수탈 정책 반대 · 식민지 교육 반대

〈**민족 운동**〉 동맹(휴학) 투쟁 ⇨ 비조직적 ⇐〈**6 · 10 만세운동**〉 ⇒ 조직적(비밀결사 조직)

2) **광주 학생운동**(29) [열차 – 박기옥 · 박준채]	3 · 1 운동이후 **최대 민족운동**(⇐ **신간회** 변호 · 지원)
	⇒ 식민 지배 정책 비판, 식민지 교육 철폐(조선인 본위 교육)

◈ **6 · 10 만세 운동** – 조선 민중아. 우리의 철천지 원수는 자본 '제국주의' 일본이다 / 2천만 동포야 / 죽음을 각오하고 싸우자 / 만세 만세 조선 독립 만세 / 조선은 조선인의 조선이다. … 일제를 타도하자 / 학교의 용어는 조선어로 / 학교장은 조선 사람이어야 한다.

순종

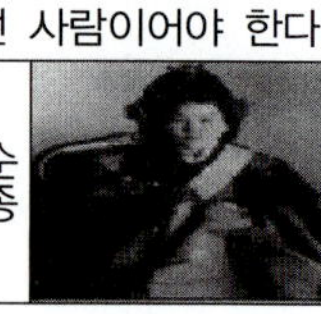
순종비

◈ **광주 학생 운동** – **학생**, 대중이여 궐기하라! / 검거된 **학생**은 우리 손으로 탈환하자. / 언론, 결사, 집회, 출판의 자유를 획득하라. / 식민지 교육 제도를 철폐하라. / 조선인 본위의 교육 제도를 확립하라. / 용감한 **학생**, 대중이여! / 최후까지 우리의 슬로건을 지지하라.

◈ **광주 학생 항일 운동에 참여한 학생 수** – 광주 고보의 한국 학생과 광주 중학교의 일본 학생의 충돌이 발단. 194개 학교에 5만 4,000여명이 참가. 퇴학 582명. 무기정학 2,330명. 구속 1,642명이나 되었다. 당시 중학교 이상의 조선 학생 수는 전국에 약 9만명

◈ 〈**희망가**〉 이 풍진 세상을 만났으니 너의 희망이 무엇이냐 / 부귀와 영화를 누렸으면 희망이 족할까 / 푸른 하늘 밝은 달 아래 곰곰이 생각하니 / 세상만사가 춘몽 중에 또다시 꿈 같도다. ⇨ 3. 1운동 후의 1920년대 조선 사회상을 표현. 생활 속 좌절감 만연

◈ 〈**신고산 타령**〉 ①신고산이 우루루 화물차 가는 소리에 / 지원병 보낸 어머니 가슴만 쥐어 뜯고요 / 어랑어랑 어허야 / 양곡배급 적어서 콩깻묵만 먹고 사누나 ②신고산이 우루루 화물차 가는 소리에 / 정신대 보낸 어머니 딸이 가엾어 울고요 / 어랑어랑 어허야 / 풀만 씹는 어미소 배가 고파서 우누나 ③신고산이 우루루 화물차 가는 소리에 / 금붙이 쇠붙이 밥그릇마저 모조리 긁어 갔고요 / 어랑어랑 어허야 / 이름 석자 잃고서 족보만 들고 우누나 ⇨ 1930년대 일제의 침략전쟁 당시의 상황

사료읽기

◈ **암태도 소작 쟁의**(1923)

암태도 소작 쟁의는 전라남도 무안군(현 신안군) 암태도에서 전개된 1920년대 전반기의 대표적인 소작 쟁의이다. 70% 이상의 고율 소작료를 징수하던 지주 문재철의 횡포와 일제 경찰의 억압에 맞서 소작인회를 중심으로 똘똘 뭉친 소작인들이 1년여에 걸친 투쟁을 전개하여 소작료 40% 등 자신들의 요구를 대부분 관철시켰다.

⇨ **조선 농민의 처지** – 지주에 대한 소작인의 불평과 불만은 가는 곳마다 없는 곳이 없다.… 너야 굶든 죽든 말든 내 배만 부르면 그만이라는 셈으로, 한번 매겨 놓은 토지는 수확이 좋든 나쁘든 조금도 감해주지 않고 그대로 받아 가는데, …원성의 표적이 되는 것은 대부분 일본인 지주가 생긴 후부터라고 한다. 〈동아일보 1925. 2. 22.〉

◈ **원산 총파업**(1929)

원산 총파업은 한 석유 회사에서 일본인 감독이 한국인 노동자를 구타한 사건에서 비롯되었다. 감독 파면과 근무 조건 개선을 요구하며 시작한 파업에 회사가 약속을 어기고 탄압을 가하자, 원산 노동자들은 총파업에 돌입했고, 일반 사무원들까지 가세하였다. 일본 경찰과 군대, 깡패들까지 동원되어 노동자들을 탄압하고 노조 간부들을 검거하였다. 원산의 노동자들은 이에 굴하지 않고 항쟁을 계속하였다.

⇨ 투쟁 소식이 알려지자 전국 각지에서 성금과 식량을 보내왔고, 일본의 부두 노동자들이 동조 파업을 전개했으며, 중국, 소련, 프랑스의 노동자들이 격려 전문을 보내왔다. 그러나 일제 경찰의 철저한 봉쇄와 탄압으로 4개월 만에 실패로 돌아가고 말았다. 하지만 원산 총파업은 일제 강점기 최고의 투쟁 강도를 보여 준 최대 규모의 노동 쟁의였다. 또한 일제 경찰력과 일본인 자본가에 맞서 치열하게 투쟁한 반제국주의 항일 운동이었다.

◈ **6 · 10 만세 운동 때의 격문**

조선 민중아. 우리의 철천지원수는 자본 '제국주의' 일본이다. 2천만 동포야. 죽음을 각오하고 싸우자. 만세 만세 조선 독립 만세. 조선은 조선인의 조선이다. 횡포한 총독 정치를 구축하고 일제를 타도하자. 학교의 용어는 조선어로, 학교장은 조선 사람이어야 한다. 일본인을 조선의 영역으로부터 구축하자.	조선은 조선인의 조선이다. 8시간 노동제를 실시하라. 학교의 용어는 조선어로 동일노동 동일임금 학교장은 조선 사람이어야 한다. 소작제를 4 · 6제로 하고 공과금은 지주가 납부한다. 동양 척식 회사를 철폐하자. 소작권을 이동하지 못한다. 일본인 물품을 배격하자. 일본인 지주의 소작료는 주지 말자.

⇨… 식민지에 있어서는 민족 해방이 곧 계급 해방이고 정치적 해방이 곧 경제적 해방이라는 것을 알지 않으면 안 된다. 즉, 식민지 민족이 모두가 무산 계급이며 제국주의가 곧 자본주의이기 때문이다. 그러므로 현재 우리는 당면한 적인 정복국의 지배 계급으로부터 정치적 또는 경제적인 모든 권리를 탈환하지 않으면 사선에서 탈출하는 것은 불가능하다. 형제여! 자매여! 눈물을 그치고 절규하자! …

◈ **광주 학생 항일 운동 때의 격문**

학생, 대중이여 궐기하라! 검거된 학생은 우리 손으로 탈환하자. 언론. 결사. 집회. 출판의 자유를 획득하라. 식민지 교육 제도를 철폐하라. 조선인 본위의 교육 제도를 확립하라. 용감한 학생, 대중이야! 최후까지 우리의 슬로건을 지지하라.	①검속된 학생을 탈환하라. ②교내 학생 자치권을 옹호하라. ③일체의 식민지 교육에 항쟁하라. ④전국 동맹 파교로써 모든 요구를 관찰하라. ⑤일본 제국주의를 타도하라. ⑥경찰의 교내 침입을 절대 반대한다. ⑦사회 과학 연구의 자유를 획득하자. ⑧전국 학생 대표자 회의를 개최하라.

⇨ 경애하는 전 조선 피압박 계급 제군이여! 일본 제국주의는 전 조선 민족의 피를 착취하는 데 한순간도 쉬지 않고 있다. … 3 · 1 운동 때 수만 명의 동포를 학살한 것을 비롯하여 불같이 일어난 노동자의 파업 · 농민의 봉기 · 학생의 동맹 휴학 · 사회단체의 집회 등을 얼마나 유린하고 우리의 전위를 검거 · 학살해 가고 있는가를!

… 피 끓는 용감한 학생 제군이여! 일어나라 자유를 획득할 기회는 왔다. 우리들이 활동할 때도, 또한 모든 결함과 불평불만을 배제하고 혁명을 일으키는 것도 이때다. 학생 · 청년 · 교원 제군이여! 우리는 공장 · 농촌 · 광산 · 학교로 몰려가서 우리의 슬로건을 철저히 관철할 것을 기약하자.

適者生存⇒盡人事待天命

(2) 민족 유일당 운동과 신간회 〈민족 협동 · 연합 전선〉

〈배경〉	이념 · 노선 대립 극복 ⇨ 독립 운동 역량 강화 ┌국민당+공산당 內〉 6 · 10 만세 운동(최초 **좌**+우익 공감대) 外〉 제1차 국+공 합작(중국)	
〈성립〉	〈사회주의〉	**정우회 선언**(1926) ➡ **신간회**(이상재 · 홍명회) •우익(서울 활동) – 다수 •좌익(지방 활동) – 소수
	〈민족주의〉	〈비타협적〉 = 민족적 – **조선 민흥회**
		〈타협적〉 = 친일(일제 협조) – 자치운동(참정권) 전개(이광수 · 최린) ※**이광수** – 민족적 경륜(24 동아일보 – 참정권 요구). 민족 개조론(개벽)
★**신간회 – 3대 강령** ❶민족 단결 촉구(**유일당** – 민족 최대 단체 – 총독부 허가를 받은 **합법적**) ②정치적 · 경제적 각성 촉구(광주학생 운동 · 소작운동 · 노동운동 – 간접적 지원) ③기회주의 배격(친일파 배격)		
〈해산〉	〈1927~1931〉 **좌익**(해소파) ⇔ 우익 이념 대립. 일제의 탄압 ※민중대회 이후 ⇒ 새 지도부 – 일본과 타협적(개량적 – 친일적 변질) 경향 ⇒ 해소론 등장	
〈활동〉	**조선인 본위** 교육 · 산업 정책 / 광주학생 · 농민 · 노동 · 어민 운동 지원 식민지 억압정책 폐지(언론 · 집회 · 결사 자유) / 일본인 이민 반대 / 재만 동포 옹호	

◈ **신간회 해소론** – 소시민의 개량주의적 정치집단으로 변질된 현재의 신간회는 무산 계급의 투쟁욕 성장에 장애가 되고 있다. 노동자 투쟁과 농민 투쟁을 강력히 펼치기 위해서는 신간회를 해소하고 노동자는 노동조합으로, 농민은 농민 조합으로 돌아가야 한다. 〈삼천리 1931〉

최남선   이광수

◈ **이광수 〈민족적 경륜〉** – 조선 민족은 지금 정치적 생활이 없다. … 우리는 무슨 방법으로나 조선 내에서 전 민족적인 정치운동을 하도록 신생면(新生面)을 타개할 필요가 있다. 우리는 조선 내에서 허하는 범위 내에서 일대 정치적 결사를 조직하여야 한다는 것이 우리의 주장이다.

◈ **정우회 선언** – 우리가 승리를 향해 구체적으로 전진하기 위해서는 현실적으로 가능한 모든 조건을 충분히 이용하지 않으면 아니 될 것이다. …민족주의적 세력에 대해서는 그 부르주아 민주주의적 성질을 명백하게 인식하는 동시에 또 과정적 · 동맹자적 성질도 충분히 승인하여, 그것이 타락하는 형태로 출현되지 아니하는 것에 한해서는 적극적으로 제휴하여, 대중의 개량적 이익을 위해서도 종래의 소극적 태도를 버리고 분연히 싸워야 할 것이다. …비타협 민족주의자와 일시적인 공동 전선이 필요하다. ⇒ 계급투쟁〈민족해방투쟁〉

※조선 민흥회 ⇒ 조선물산 장려회

(3) 사회 운동

형평 운동	[**조선 형평사**] – 평등 대우 요구(1923 진주. **백정** = 도한) ⇨ **온건파** 주도(신분해방 운동 – 우익) > 급진파(계급 투쟁적 성격 – 좌익)
여성 운동	[**근우회**] – 여성 계몽단체(1927 **김활란**) – 신간회 자매단체 ⇒ 여성 교육 · 생활개선(문맹 · 구습 타파) · 여성 노동자 권익옹호 · 남녀평등
소년 운동	[**천도교 소년회**](방정환). 조선 소년 연합회(1927) – 어린이날 제정(1923.5.1)
청년 운동	[조선 청년 **총** 동맹 · 조선 청년 **연합**회]

◈ **형평운동** – 공평(公平)은 사회의 근본이고 애정은 인류의 본령이다. 그러한 까닭으로 우리는 계급을 타파하고 모욕적 칭호를 폐지하여, 우리도 참다운 인간이 되는 것을 기하자는 것이 우리의 주장이다.

 형평운동  방정환

◈ **근우회 취지문**(1927 김활란) – 세계 자매는 수천년래의 악몽으로부터 깨어서 우리의 생활 도정(生活 途程)에 횡재(橫在)하고 있는 모든 질곡을 분쇄하기 위하여 온 지 이미 오래이다. …우선 조선 자매 전체의 역량을 공고히 단결하여 운동을 전반적으로 전개하지 아니하면 아니 된다. 일어나라! 오너라! 단결하자! 분투하자! 조선의 자매들아! 미래는 우리의 것이다.

3 항일 의열 투쟁 〈애국지사 – 비밀 결사 운동〉

⇨ 3 · 1 운동의 무력 탄압 실패에 대한 반성(⇒ 무장 조직 · 투쟁 전개 결의)

의열단	〈성립〉	**김원봉**(1919 만주) ⇨ **착취기관 파괴**(투탄) [실천강령 – 5파괴+7가살]
	〈활동〉	❶**나석주**(동양척식회사 투탄 – 농민불만 대변 의거) – 토지조사사업 ❷**김익상**(총독부 투탄) ❸**김지섭**(일본 황궁 투탄) 김상옥(종로경찰서) · 박재혁(부산경찰서) · 최수봉(밀양경찰서) ⇒ 투탄 ☆**신채호** 지원〈23 조선혁명 선언〉 – 민중혁명으로 **강도 일제** 타도
	〈변화〉	⇨ 〈1930년대〉 한+중 공동 항일투쟁(**조선혁명 간부학교** 설립) 〈중국 국민당〉 황푸 군관학교에 파견(김원봉)↲

◈〈**조선혁명 선언**〉(신채호) – 민중은 우리 혁명의 대본영이다. 폭력은 우리 혁명의 유일한 무기이다. 우리는 폭력(암살 · 파괴 · 폭동)으로써 강도 일본의 통치를 타도하고, …강도 일본과 타협하려는 자(내정 독립 · 자치 · 참정권 주장)나 기생하려는 자(문화운동자)나 다 우리의 적임을 선언 하노라… 강도 일본의 구축을 주장하는 자(외교론 · 준비론)…
⇨ 이상의 이유에 의하여 우리는 외교 · 준비 등의 미몽을 버리고 민중 직접 혁명의 수단을 취함을 선언 하노라. 혁명의 길은 파괴로부터 개척할지니라.

사료읽기

◈ **신간회의 해소론(좌익)에 반대(우익)** 〈1931. 7월호 안재홍, 해소파에 여함, 비판〉

단결은 힘이다. 약자의 힘은 단결이다. 모든 역량을 집중하여 단결을 공고히 하자 … 조선인의 대중적 운동의 목표는 정면의 일정한 세력을 향해 집중 되어야 할 것이니, 민족 운동과 계급 운동은 동지적 협동으로 함께 나란히 나아가야 할 것이요, 그 내부에 영도권이 다른 세력에 섞여 있으므로 전체적으로 협동하여 일을 진행하기 어려우므로, 역량을 분산시키거나 제살 깍아 먹는 식의 과오를 범하지 않도록 하는데 주력해야 한다.

※**신간회 해소론** – 해소는 단순히 해체하는 것이 아니라 다른 운동 형태로 발전한다는 의미로 쓰였다. 사회주의자들은 신간회를 해소하고, 노동자·농민이 중심이 되는 계급투쟁을 더욱 적극적으로 전개할 것을 주장하였다.

※**신간회의 설립 배경**– '신간출고목(新幹出古木 고목에서 새 가지가 솟는다)'이라는 말에서 그 명칭을 정하였다.

◈ **조선 혁명 선언 〈1923 신채호〉** – 의열단(김원봉) 지원

강도 일본이 우리의 국호를 없이 하며, 우리의 정권을 빼앗으며, 우리 생존의 필요조건을 다 박탈하였다. … 이상의 사실에 의거하여 우리는 일본 강도 정치 곧 이족 통치가 우리 조선민족 생존의 적임을 선언하는 동시에, 우리는 혁명 수단으로 우리 생존의 적인 강도 일본을 살벌함이 곧 우리의 정당한 수단임을 선언하노라.

… 강도 일본을 쫓아내려면 오직 혁명으로만 가능하며, 혁명이 아니고는 강도 일본을 쫓아낼 방법이 없는 바이다. … 우리의 민중을 깨우쳐 강도의 통치를 타도하고 우리 민족의 신생명을 개척하자면 양병 10만이 폭탄을 한 번 던진 것만 못하며, 천억 장의 신문, 잡지가 한 번의 폭동만 못할지니라. …사회를 박탈하지 못하는 이상적 조선을 건설할지니라.

⇨ 내정간섭이나 참정권이나 자치를 운동을 주장하는 자 누구인가? … 3·1운동 이후에 강도일본이 또 우리의 독립 운동을 완화시키려고 송병준, 민원식 등 매국노 한둘을 시키어 이따위 광론을 부름이니,… 너희들이 '동양 평화'·'한국 독립 보전'을 담보한 조약에 먹물이 마르기전에 삼천리강토를 집어먹던 역사를 잊었느냐?

⇨ **문화운동론을 부르짖는 자** 누구인가? … 검열, 압수 등 모든 압박 중에 몇몇 신문 잡지를 가지고 … 강도의 비위에 거스리지 아니할 만한 언론이나 주창하여 이것을 문화 발전의 과정으로 본다면, 문화 발전은 도리어 조선의 불행이다. … 경제 약탈의 제도 하에서 생존권이 박탈된 민족은 '그 종족의 보존'도 의문이거든 하물며 문화 발전의 가능이 있으랴.

⇨ **외교론의 주장**은 … 최근 3·1운동에 일반 인사의 평화 회의, 국제 연맹에 대한 과신의 선전이 도리어 2천만 민중의 용기 있게 분발하여 전진하는 의기를 쳐 없애는 매개가 될 뿐이었도다.

⇨ **준비론을 주장하는 자** 있으니, … 입고 먹을 방법도 단절되는 이때, 무엇으로 어떻게 실업을 발전시키며, 교육을 확대하며, … 군인을 양성한들, 일본 전투력의 백분의 일에 비교라도 되게 할쏘냐?

혁명의 길은 파괴부터 개척할지니라. 그러나 파괴만 하려고 파괴하는 것이 아니라 건설하려고 파괴하는 것이니, 만일 건설할 줄을 모르면 파괴할 줄도 모를 지며, 파괴할 줄을 모르면 건설할 줄도 모를지니라. 건설과 파괴가 다만 형식상에서 보아 구별될 뿐이요, 정신상에서는 파괴가 곧 건설이니 이를테면 우리가 일본 세력을 파괴하려는 것이 제1은, 이족 통치를 파괴하자 함이다.

※**의열단** – 1919년 11월 만주 길림성 파로문에서 김원봉·윤세주 등 13명이 조직하였다.

適者生存⇒盡人事待天命

한인 애국단	〈성립〉	**김구**(1931 대한민국 임정) ⇨ **요인 암살** 〈배경〉 **만보산 사건**(중국 반한 감정 고조) ⇒ 한 · 중 공감대 형성
	〈활동〉	①이봉창(32 일본 국왕 폭살 시도) – 상하이 언론 보도 ⇒ 상하이 사변 ⇓ ❷**윤봉길**(32 홍코우 공원 투탄) ⇨ **본격적 한+중 연합작전 전개** ⇒ 內〉 중국 – 무장활동 승인(⇒40 한국 광복군) 外〉 독립의지 천명
※**단독의거** ⇨ ①**강우규**(사이토 총독 저격) ②**조명하**(타이중 의거 – 일본 왕족 가족 폭살)		

↳동상(서울역 광장– 3대 총독 저격)–65세 · 대한국민노인동맹단

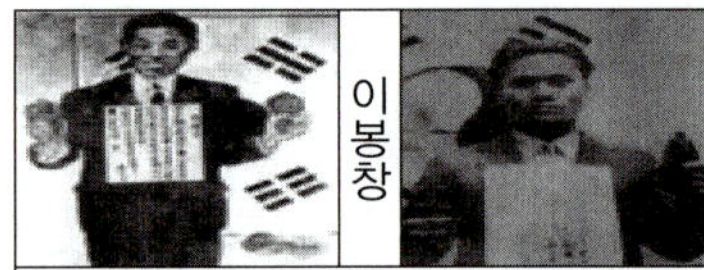
이봉창 · 윤봉길

◈ **홍코우 공원의 의거**에 중국 장제스는 중국의 1억이 해내지 못할 일을 한국의 한 청년이 해냈다고 감탄하였으며, 중국영토 내에서 한국독립의 무장활동을 승인함으로써 한국 광복군이 창설(1940)될 수 있었다.

※윤봉길(24세 死), 이봉창 · 안중근(32세 死)

4 국외 이주 동포의 활동과 시련

만주	〈19C 후반〉 생활 터전(계절이민) ⇒ 〈20C〉 무장 항일운동 거점 ⇨ 20 **간도 참변**
연해주 〈러시아〉	〈1910년 이후〉 독립운동 이주 ⇒ 13도 의군(1910), 대한국민의회(19 손병희) **대한 광복군 정부**(1914 ⇐권업회, 이상설 – 임시정부 모델) ⇨〈수난〉 **자유시 참변**(21), **중앙아시아 강제이주**(37 러시아 – 민족운동 중단)
일본	〈초기〉 유학생 이주 ⇒ 〈후기〉 노동자 이주 – 2 · 8 독립 선언, 3 · 1 운동 참가 ⇨〈수난〉 **관동 대학살**(1923 대지진 책임전가) · 노동력 착취 · 민족 차별
미주	〈20C 초〉 노동자 이주(1903 **하와이** 최초 공식적 이민 · 멕시코 · 쿠바…) ⇨ 임시정부 재정지원 · 외교활동 – 구미 위원부(이승만) · 대한인 국민회(1910)

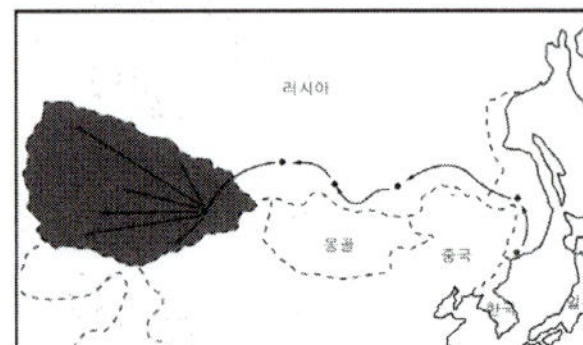
중앙아시아 이주

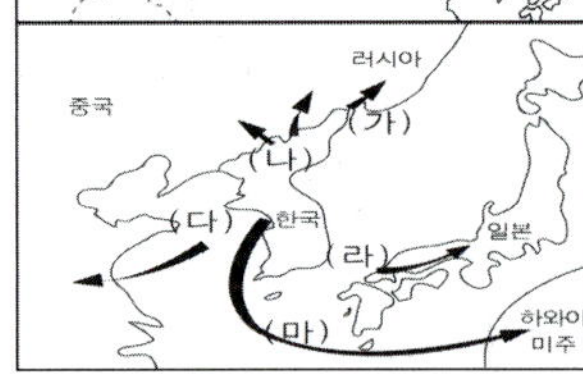

국외이주동포

◈ **[신 아리랑]** – 밭 잃고 집 잃은 동무들아 / 어디로 가야만 좋을까 보냐. 괴나리봇짐을 짊어지고, 아리랑 고개로 넘어 간다. 아버지 어머니 어서 오소, 북간도 벌판이 좋다더라. 쓰라린 가슴을 움켜쥐고, 백두산 고개로 넘어 간다. 〈임중빈 편, 한말 저항 시집〉
◈ **관동 대지진** – 일본 당국이 한국인에 대한 적대감을 조장하여, 대지진으로 인한 일본의 사회 불안을 마치 한국인 탓인 것처럼 위장했기 때문이다. 일본 당국과 언론은 〈조선인이 방화했으며, 우물에 독약을 뿌리고 일본인을 살해하며, 일본 여인을 강간한다.〉라는 등의 유언비어를 날조하여 퍼뜨렸고, 한국인에게 적개심을 갖게 된 일본인에 의해 적어도 6,000명 이상의 재일 동포들이 무참하게 학살

5 민족 문화 수호 운동

1 국내의 민족 운동

※우리말큰사전 편찬(6권 1921~57)
↳광복직후– 경성역 자료발견

(1) 국어 연구와 문맹 퇴치 운동 〈민족 문자 수호 ⇒ 한글 대중화 운동〉

국어 연구(애국 계몽 운동 ⇒ 민족 운동) ↱④ 한글 학회(1949)
①국문 연구소(1907) ⇒ ②조선어 연구회(1921) ⇒ ❸**조선어 학회**(1931)

조선어 연구회	[한글] **잡지** 발행 · **가갸날** 제정(한글날)
조선어 학회	⇨ 우리말 큰 사전 편찬 시도 · 한글 교재 출판 한글 맞춤법 통일안 · 한글 표준어 제정 · [한글] **잡지 발행**

↳1942 해산(조선어학회 사건) – 치안유지법(내란죄) 적용 – 16명 구속(독립운동 단체)

◈ **조선일보의 문자보급 운동**
그들이 아는 것이 없고 사리에 어둡기 때문에 생활이 한층 더 어렵고 나아가지 못하고 있다. 전 인구의 1000분의 20밖에 문자를 이해하지 못하고 취학 연령 아동의 10분의 3밖에 학교에 갈 수 없는 조선 현실에서 간단하고 쉬운 문자의 보급은 우리 민족이 해결해야할 가장 시급한 일이라 하겠다.

문자 보급운동(29)	= 문맹퇴치 운동 〈**조선일보**〉 ⇨ 아는 것이 힘 배워야 산다.
브나로드 운동(31)	〈**동아 일보**〉 ⇨ 배우자! 가르키자! 다함께 **브나로드** ⇨ [민중 속으로] ⇒ 민중생활 개선과 문화생활을 계몽 하려는 의도에서 러시아 어원 활용 – 학생(농활 활동)

문자보급운동 · 브나로드운동

◈ **동아일보의 브나로드 운동** – 학생 여러분, 여러분은 여름방학에 고향의 동포를 위하여 공헌하지 아니하시렵니까? 글을 모르는 이에게 글을 가려쳐 주고, 위생 지식이 없는 이에게 위생 지식을 주고, 이러한 일을 하지 아니하시렵니까? 당신이 일주일만 노력하면 당신의 고향에 문맹이 없어질 것이요, 당신이 일주일만 노력하면 당신의 고향에 위생사상이 보급될 것입니다

사료읽기

◈ **애국지사들의 의거 활동**

너희도 만일 피가 있고 뼈가 있다면, 반드시 조선을 위해 용감한 투사가 되어라. 태극의 깃발을 높이 드날리고, 나의 빈 무덤 앞에 찾아와 한 잔의 술을 부어 놓아라. 그리고 너희들은 아비 없음을 슬퍼하지 마라. 사랑하는 어머니가 있으니 …

⇨ **윤봉길 의사**가 거사를 이틀 앞두고 어린 두 아들에게 남긴 유언의 일부이다. 국외로 망명할 당시 〈장부가 집을 나가면 살아서 돌아오지 않는다.〉라며 집을 나섰던 윤봉길은 어린 아들에게 조국을 위해 투사가 되라고 당부하고 있다.

⇨ 항일 무장 투쟁을 전개하는 과정에서 의거를 일으켜 민족의 독립 의지를 고취하고 일제의 침략을 저지하려 한 사람들이 있었다. 이들은 개별적으로 활동하거나 김구가 조직한 한인 애국단과 김원봉이 조직한 의열단과 같은 단체에 가담하여 활동하기도 하였다. 일찍이 한국 침략의 원흉인 이토 히로부미를 살해한 안중근을 비롯하여 이봉창, 윤봉길, 강우규, 김상옥, 김익상, 나석주 등의 활동이 특히 두드러졌다.

※**홍코우 공원 의거** … 미국의 뉴욕 타임스는 〈상하이 사건은 일본에 대한 정치적 암살이다.〉, 〈한국인은 일본의 통치에 반항하는 민의를 가지고 있으며 아직도 동화되지 않았음을 알 수 있다.〉라고 보도하였다.

◈ **만보산 사건**(1931. 7) – 중국 길림성 장춘현 만보산 지역에서 조선인 농민과 중국인 농민이 벌인 유혈 사태. 이 지역에 이주한 한국인들이 농지를 개척하기 위한 수로 공사를 하여 현지인과 자주 충돌하였는데 일본 경찰은 고의적으로 조선 농민을 편들면서 조선인과 중국인 사이를 이간시켰다. 결국 중국 농민들이 수로를 일부 매몰시키자, 일본군경이 중국인에게 발포하여 많은 사상자가 발생하였다. 중국 정부측은 이에 대해 강력하게 항의하였으나 일본은 사태 해결에 아무런 성의도 보이지 않았다.

게다가 조선 내 각 신문에 한민족의 감정을 자극하여 중국인을 적대시하는 운동을 도발시켰다. 이 때문에 인천・경성・논산・ 평양 등지에서 중국인을 공격하는 유혈 폭동이 일어났다. 한・중 농민 간에 발생한 수로 싸움에서 일본 경찰이 이를 계기로 국내와 만주에서 두 민족 사이에 유혈 충돌이 여러 차례 발생하였다. 그 결과 중국인의 반한 감정이 확산되어 만주 지역의 동포들과 독립군은 활동에 큰 어려움을 겪게 되었다.

◈ **황국 신민이 되려 했던 이봉창, 왜 일왕을 저격했을까?**

〈인생의 목적이 쾌락이라면 31년 동안 육신의 쾌락은 대강 맛보았으니, 이제는 영원한 쾌락을 꿈꾸며 우리 독립 사업에 헌신할 목적으로 상하이로 왔습니다.〉

⇨ **이봉창 의사**가 김구 선생을 만나서 한 말이다. 그는 세속적 쾌락을 즐겼으며, 본래는 황국 신민이 되려고 애쓰는 식민지 청년이었다. 용산역에서 근무하던 그는 열심히 일을 해도 보수나 승진에서 일본인과 차별이 있음을 알고, 일본으로 건너가 이름도 일본식 기노시타 쇼조로 바꾸었다. 완전한 일본인으로 살고 싶어서였다.

그러나 여러 해 동안 일본 각지를 떠돌았지만 식민지 '이류 국민'의 딱지는 뗄 수 없었다. 히로히토 일왕의 즉위식을 보려고 교토에 갔을 때는 한국인이라는 이유만으로 9일간 유치장에 갇히기도 하였다. 이러한 차별의 경험을 통해 그는 식민지 백성의 한계를 절감했고, 그 부당함에 분노하였다. 그리고 조국의 독립을 위해 몸 바치겠다는 생각에 이르자, 곧바로 상하이로 건너가 한인 애국단에 가입하였다.

※**상하이 사변** – 상하이의 중국 신문들이 일제히 이봉창의 의거를 보도하면서 "일본 국왕이 불행히도 명중되지 않았다"(日皇不幸不中)라고 표현하자, 이에 분격한 일본군이 상하이를 공격한 상하이 사변이 일어났다. 중국의 지도자 장제스는 〈중국의 1억 인구가 해내지 못한 일을 한국의 한 청년이 해내었다〉고 감탄하면서 이후 대한민국 임시 정부에 대하여 관심을 기울이고 지원을 강화하였다.

◈ **국외 이주 동포**

19세기 후반 이후 부패한 지배층의 수탈과 이어진 일제의 식민지 압제에 시달리다 못해 새 삶을 찾아 만주, 연해주, 미주, 일본 등지로 이주하는 사람들이 늘어났다. 낯선 이국땅에서 약소민족으로서 겪어야 했던 온갖 설움과 고난을 감내하면서 꿋꿋하게 살아간 국외 이주 동포들의 삶은 어떠하였을까?

◈ **중앙아시아 강제 이주**(1937) 〈국학 자료원, 재소 한인의 항일 투쟁과 수난사〉

5～6일간 먹을 식량만 가지고 떠나도록 허가되었다. 나호트카로 끌려가 4일 동안 머무르다가 화물 열차에 실렸다. 그것이 1937년 10월 초 어느 날이었다. 식량 배급은 거의 없고, 의복과 이불도 받지 못하여 추위에 떨었다. 외출도 금지되었다. 소독도 하지 않아 이가 바글바글하였는데, 기차가 멈추면 여자들은 차창을 열고 머리칼을 터는데 이가 먼지처럼 떨어졌다. 이동 중에도 남자들은 잡혀가 숙청되었다. 40일 만에 도착한 곳은 집 한 채 없는 벌판이었다. 살림터를 마련하기 위하여 땅굴을 팠는데, 위생 상태가 나빠 특히 어린이들이 많이 죽어갔다.

⇨ 소련은 일본과 전쟁이 일어날 것에 대비하여 일본인과 외모가 비슷한 한인들을 중앙아시아로 강제 이주시켰다.

(2) 한국사 연구

식민 사관	[**타율성**(= 반도성 = 사대성) · **정체성 · 당파성**] ⇒ 식민통치 합리화 ⇨ 고대사 연구 치중(한국사 왜곡 · 부정적인 면 강조) – 만선사관(만주역사)
〈친일 **어용단체**〉	**청구학회 · 조선사편수회**[조선사 37권] · 고적조사 위원회 · 법전조사국
〈**민족 단체**〉	❶**진단학회**(1934 실증 사학 = 사실적 / 이병도 · 손진태) ⇒ 청구학회 대항 ②**문화재 수호**(총독부 허가) : ①**전형필**(간송 박물관) ②**고유섭**(개성 박물관)

└서울 성북동

◈ **일본의 역사 왜곡과 한반도 위협설**(지정학적 숙명론) – 일본은 섬나라이다. 이 일본을 향하여 대륙에서 하나의 팔처럼 조선 반도가 돌출되어 있다. 당시 조선 반도가 일본에 적대적인 대국의 지배하에 들어갔다면, 일본을 공격하는 절호의 기지가 되고 배후지를 갖지 못하는 섬나라 일본은 자주 방위가 곤란하였다.

민족 사관	⇨ 민족 역사 ⇒ 주체적 민족 발전. 올바른 민족사 고취 (한민족 기원 규명 ⇒ 민족의 우수성 · 자주성 · 독자성 부각)
	❶단재 **신채호** ⇨ **고대사 연구** ≪**낭가** ⇒ **민중** 투쟁론≫ [**조선** 상고사] (**역사** – 我와 非我의 **투쟁 기록**) [**조선**사 연구초] (**묘청** 운동 – 1천년래 일대 사건) ①근대 계몽 사학 [독사 신론] ②서간도삼원보 ③조선혁명선언(의열단)
	❷백암 **박은식** ⇨ **근대사 연구** ≪**혼** ⇒ 독립 운동사≫ [**한국** 통사] (나라 – 形 / **역사 – 神**) [**한국** 독립운동 지혈사] (흥선대원군~합병 **항일 투쟁**) ①계몽사학(안중근전 · 스위스) ②조선 광문회(고전 번역 · 정리) ③유교 구신론(양명학 – 실천적 유교) ④망명 사학자(대한민국 임정 활동)

└2대 대통령 역임

◈ **식민사관** – 우리 일본 민족은 …한국에 대하여 그 부패 쇠망의 극에 달한 민족적 특성을 밑바닥부터 소멸시킴으로써 이를 동화시켜야 할 자연적 운명과 의무를 가지는 유력 우세한 문화의 사명을 자임해야 하지 않을까.

◈ **일본 교과서의 역사 왜곡** – 한반도의 지정학적 특성을 일본에 대한 위협으로 해석한다. / 일본의 이익을 위한 침략 전쟁의 책임을 다른 국가에 전가한다. / 일본군의 침략과 만행을 부정, 축소, 왜곡하면서 책임과 배상을 회피한다. / 일본의 무력 동원은 정당화하고, 다른 국가의 것은 침략 행위로 규정한다.

신채호

박은식

공산주의 사학	❸**백남운**(**사회 · 경제 사학** = 유물 사관) : 식민 사관 **정체성론** 비판 (임진왜란 이후 **민중 참여** 민족역사 ⇒ **보편적인 세계사적 발전** 단계) [조선 사회경제사] [조선 봉건 사회경제사]

신민족주의 사학	〈**중도파**〉 (1940~50년대 – 안재홍 · 손진태 · 이인영 · 홍이섭…) ⇨ **실증 사학**(문헌고증 – 사회 · 경제 사학)
조선학 연구	⇨ 〈18C〉 **실학 재평가** ⇒ **정약용** [**여유당 전서**] 편찬(500여권) ⇒〈**1930년대**〉 비타협적 민족주의자들이 주도 – 조선 문화의 특색을 학문적 으로 체계화 ⇒ 우리 민족의 전통 사상과 문화 속에서 민족의 고유한 특색을 찾아내어, 문화적으로 민족의 주체성을 유지하려는 민족 운동
	①위당 **정인보**(**얼**) : 신채호 계승 – 〈18C〉 실학사상 연구 [조선사 연구] ②**문일평**(조선 **心**) [조선사화]

◈ **정체성 이론** – 한국사의 전개 과정에서 왕조의 교체가 내부적 발전의 결과가 아니라 단순한 왕실의 변동에 불과하다는 것이다. …근대 사회로의 이행에 필요한 봉건 사회를 거치지 못하고 전 근대 단계에 머물러 있다고 설명하는 것이다.

백남운

정인보

◈ 〈가 ________〉 역사란 무엇인가? 조선인은 조선을 아라 하고 영 · 러 · 불 · 미… 등을 비아라 하지만, 영 · 러 · 불 · 미 … 등은 각기 제 나라를 아라 하고 조선을 비아라 하며, …아에 대한 비아의 접촉이 잦을수록 비아에 대한 아의 분투가 더욱 맹렬하여 인류 사회의 활동이 쉴 사이가 없으며, 역사의 전도가 완결될 날이 없다. 그러므로 **〈역사는 아와 비아의 투쟁의 기록〉**인 것이다. 〈조선 상고사〉

◈ 〈나 ________〉 대개 국교(國教) · 국학 · 국어 · 국문 · 국사는 혼(魂)에 속하는 것이요, 전곡 · 군대 · 성지(城池) · 함선 · 기계 등은 백(魄)에 속하는 것으로서… 옛사람이 말하기를 나라는 멸망할 수 있으나 그 역사는 결코 없어질 수 없다고 했으니, 이는 나라는 형체라면 역사는 정신이기 때문이다. 이제 **우리나라의 형체는 없어져 버렸지만, 정신은 살아남아야 할 것이다.** …정신이 살아서 없어지지 않으면 형체도 부활할 때가 있을 것이다. 〈한국통사〉 └나라는 形이요, **역사는 神** 이다.

◈ 〈다 ________〉 우리 조선의 역사적 발전의 전 과정은 가령 지리적 조건, 인종학적 골상, 문화 형태의 외형적 특징 등 다소의 차이는 인정되더라도, 외관적인 이른바 특수성은 다른 문화 민족의 역사적 발전 법칙과 구별되어야 하는 독자적인 것이 아니며, 세계사적인 일원론적 역사 법칙에 의해 **다른 민족과 거의 같은 궤도로 발전 과정**을 거쳐 온 것이다. 〈조선 사회경제사〉

◈ 〈라 ________〉 누구나 어릿어릿하는 사람을 보면 **'얼' 빠졌다고 하고, '멍'하니 않은 사람을 보면 '얼'하나 없다고** 한다. '얼'이란 이같이 쉬운 것이다. 그런데 '얼'하나의 있고 없음으로써 그 광대 · 웅대함이 혹 저렇기도 하고 그 잔루(孱陋), 구차함이 이렇기도 하니, '얼'에 대하여 명찰통조(明察通眺)함을 실로 거론하기가 어렵다 할 수도 있다.

※신채호–박은식–백남운–정인보

사료읽기

◈ 식민 사관이란 무엇인가?

식민 사관은 한 국가가 다른 국가 · 민족 · 지역을 정치적으로 지배하고 경제적으로 수탈하는 정책이 역사적으로 필연적이며 또한 문화적으로 유익하다고 믿는 역사의식이다. 일제도 한국에 대한 식민 지배를 정당화하기 위해 식민 사관을 날조하였는데, 이를 요약하면 크게 타율성 이론과 정체성 이론으로 구분할 수 있다.

①〈**타율성 이론**〉은 한국사의 전개 과정이 우리 민족이 자주적인 역량에 의해 자율적으로 이루어지지 못하고 외세의 간섭과 압력에 의하여 타율적으로 이루어졌다고 보는 것으로 반도적 숙명론으로 이해되기도 한다.

②〈**정체성 이론**〉은 한국사의 전개 과정에서 왕조의 교체가 내부적 발전의 결과가 아니라 단순한 왕실의 변동에 불과하다는 것이다. 그러므로 한국사는 역사적 발전 단계를 제대로 겪지 못하여 근대 사회로의 이행에 필요한 봉건 사회를 거치지 못하고 전 근대 단계에 머물러 있다고 설명하는 것이다. 이 외에도 식민 사관에는 〈당파성 이론〉 · 〈사대성 이론〉 등이 있으나 이것들은 타율성 이론과 정체성 이론에 부수되는 것에 불과하다.

◈ 식민 사관 〈타율성 · 정체성 · 당파성〉

①한국인에게 더욱 결핍한 용감한 무사적 정신의 대표자인 우리 일본 민족은 … 봉건적 교육과 이를 바탕으로 하는 경제 단위의 발전을 결한 한국과 한국인에 대해서는 그 부패 쇠망의 극에 달한 〈민족적 특성〉을 밑바닥에서부터 소멸시킴으로써 이를 동화시켜야 할 자연적 운명과 의무를 가지는 '유력 우세한 문화'의 사명을 자임해야 하지 않을까. 〈1914 후쿠다 도쿠조, 한국의 경제 조직과 경제 단위〉

②아시아 대륙의 중심에 가까이 부착된 이 반도는 정치적으로도 문화적으로도 반드시 대륙의 여파를 받음과 동시에, 또 주변 위치 때문에 항상 그 본류로부터 벗어나 있었다. 여기서 한국사의 두드러진 특징인 부수성이 말미암은 바가 이해될 것이다. 〈1940 미지나 쇼에이, 조선사 개설〉

⇨ 식민사관은 한 국가가 다른 국가, 민족, 지역을 정치적으로 지배하고 경제적으로 수탈하는 정책이 역사적으로 필연적이며 또한 문화적으로 유익하다고 믿는 역사의식이다. 일제도 한국에 대한 식민 지배를 정당화하기 위해 식민사관을 날조하였다.

◈ 식민사관 극복? 〈정체성 · 당파성 · 타율성 = 사대성 = 반도성 이론〉

1960 ~ 1970년대의 한국 사학계는 다음 ① ~ ④가 식민 사학의 어떤 이론을 극복하는 내용인가를 생각해 보자.

① 조선 후기의 사회와 경제는 여러 가지 면에서 근대 지향적인 변화가 있었다. 농업 분야에서는 생산력의 증대와 함께 새로운 경영 방식인 광작이 유행하고 상업 작물의 재배가 활발하였다. 이러한 변화에 따라 농촌 사회에서 전통적인 구조와 질서에 변화가 나타났고, 그와 함께 신분제의 해체가 촉진되었다.

② 지정학적 숙명론은 본래부터 그릇된 발상이다. 지정학적 조건은 인간이 그것을 어떻게 활용하느냐에 따라 다른 결과를 낳을 수 있는 것으로서, 그것에 어떤 숙명성은 있을 수 없다.

⇨ 임나 경영설 – 4세기경 왜의 야마토 조정에서 가야 지방에 진출하여 임나일본부라는 통치 기관을 세우고 백제와 신라를 지배했다는 억지 주장이다. 일제는 객관적인 근거가 전혀 없는 이러한 주장을 날조하여 타율성론의 근거로 삼았다.

③ 오늘날의 국제법에서 볼 때는 조공 · 책봉 관계를 예속 관계로 파악할 수 있다. 그러나 전 근대 동아시아의 국제 관계를 당시 상황과 관련하여 이해할 때 반드시 그렇게 해석할 수만은 없다.

④ 조선 중기 이후의 붕당 정치는 적극적으로 해석되어야 한다. 이는 보다 많은 사대부들이 정치에 참여하는 공론 정치로 보아야 하며, 전 근대 시기의 정치 형태 중에서 보다 진전된 정치 유형으로 보아야 한다.

◈ 실증 사학 (1934 진단 학회)

문헌 고증을 통하여 있었던 사실을 그대로 밝혀내는 것이 우리 학회의 목적이다. 역사에 어떤 일반적인 법칙이 있다고 가정하여 사실을 이론에 끼워 맞추기보다는, 객관적인 사실을 정확하게 인식함으로써 한국사를 깊이 이해할 수 있다. 진단 학회는 한국의 역사, 언어, 문학 등 인문학에 대한 연구를 목적으로 설립한 학술 단체이다.

※**랑케** – 독일의 역사학자. 역사적 사실에 대한 실증적 · 객관적 서술을 중시하여 근대 역사학의 정립에 크게 기여

◈ 우리 문화재 수호천사 〈간송 전형필〉

간송 전형필은 뭉칫돈을 싸들고 일본까지 날아가 영국인 변호사 존 개츠비가 수십 년 동안 모은 고려 청자를 인수하였다. 이를 두고 〈금싸라기 땅을 팔아 사기그릇을 사는 바보〉라거나, 〈나라도 없는 주제에 골동품을 모으는 놈〉이라 손가락질하는 사람들도 있었다. 하지만 이와 같은 그의 노력 덕분에 조선 총독부나 일본인 수집가 · 전문 도굴꾼 등이 마구잡이로 국외로 반출하는 수많은 문화재들을 지킬 수 있었다. 그는 문화 독립 운동가였다.

⇨ 그가 거부인 부친으로부터 물려받은 전 재산을 쏟아 부어 수집한 문화재의 상당수는 국보나 보물급이다. 유일하게 전해오는 훈민정음 해례본과 김정희 · 정선 · 신윤복 · 김홍도 · 장승업 등의 회화 · 서예 작품, 자기 · 불상 · 서적 등은 우리나라 문화사 연구의 귀중한 자료들이다. 그의 수장품은 1938년 서울 성북동에 건립된 최초의 사설 박물관인 보화각(현 간송 미술관)에 전해온다.

(3) 종교 활동

민족 운동	〈개신교〉	하나님(유일신) ⇨ 신사참배 거부운동 – 근대의료 · 근대교육
	〈천주교〉	**무장**투쟁(만주 – **의민단**). [경향] – 사회사업(고아원 · 양로원)
	〈천도교〉	제 2의 **3 · 1 운동** 계획 〈**자주 독립 선언문**〉 [만세보 · 개벽 · 어린이 · 신여성]
	〈대종교〉	단군 신앙 – **무장 투쟁**(중광단 ⇒ **북로 군정서군** : 김좌진)
	〈불교〉	민족 불교 전통 유지(일본 불교 – 통합 반대운동) – 조선불교 유신회(21 **한용운**) ※유교(**박은식**)
	〈원불교〉	1916 **박중빈** ⇨ ❶경제 자립 운동(개간 · 저축) ②새 생활 운동(허례허식× · 미신× · 남녀평등 · 금주 · 금연)

◈ **천도교〈자주독립 선언문〉**
존경하는 천도교인과 民衆 여러분! 우리 大韓은 당당한 자주 독립국 이며… 지난 기미년의 독립 만세 운동은… 뜻 맞는 동지끼리 다시 모여 기미년의 감격을 재현하기 위해 재차 일어나…

◈ **임오교변**(1942) – 일제가 대종교도이자 조선어학회 회원인 이극로가 교주 윤세복에게 보낸 편지글을 〈조선 독립 선언서〉로 조작하고, 조선어 학회 사건과 때를 맞추어 대종교 간부 21명을 구속 – 10명이 사망한 사건이다.

◈ **사찰령**(11) – 총독부 관리 하에 조선불교를 선 · 교 양종으로 구분. 30본사와 1300여 말사를 설치

종교 탄압	〈기독교〉	**신사참배** 강요. 안악사건(안명근 – 황해도) ⇒ 105인 사건 조작
	〈불교〉	사찰령 · 승려법 제정 – 총독부 관리(주지 임명권 · 재산권)
	〈민족 종교〉	천도교 · 대종교 탄압

◈ **안악 사건** – 안중근 의사의 사촌 동생인 안명근이 황해도 안악지방을 중심으로 독립 운동 자금을 모금하였는데, 일제는 이와 관련된 황해도 지방의 기독교 세력을 암살사건으로 조작 탄압하였다.

2 문학과 예술 활동

식민지 문학	〈1910년대〉	**계몽 문예**(사회 계몽 – 최남선 · 이광수)
	〈1920년대〉 – 3.1운동 후	**민족 문예**(식민지 – **현실 직시**) – **사실주의** · **사회주의** 문학 〈좌익〉 **신경향파 문학** = **프로**(계급) **문학** – **카프**(KAPF) 조직 〈우익〉 **국민 문학**
	〈1930년대〉	**어용 문예**(일제 탄압 – 침략전쟁 찬양. 순수 문학 활동) ⇒ 〈1940년대〉 말살 정책(문단의 암흑기)
	〈저항문학〉	**이상화**(빼앗긴 들에도~) · **이육사**(광야) · **심훈**(그날이오면) · **윤동주**
	〈어용문학〉 – 친일	서정주(마쓰이히데오 송가) · 이광수(민족적 경륜) · 최남선 · 정비석 노천명(님의 부르심 받들고서) · 주요한 · 모윤숙
		※**동인지** [창조(최초) · 폐허(퇴폐주의) · 백조(낭만주의)] ※**종합잡지** [개벽(천도교) · 경향(천주교) · 신생활 · 조선지광]

이육사 심훈 윤동주 홍난파

◈ **윤동주 〈별 헤는 밤〉**
계절이 지나가는 하늘에는 / 가을로 가득 차 있습니다. …나는 아무 걱정도 없이 / 가을 속의 별들을 다 헤일 듯합니다. …어머님 …멀리 북간도에 계십니다. …나는 무엇인지 그리워 / 이 많은 별빛이 내린 언덕 위에 / 내 이름자를 써보고 / 흙으로 덮어 버리었습니다. …따는 밤을 새워 우는 벌레는 / 부끄러운 이름을 슬퍼하는 까닭입니다.…

영화	**나운규**(1926 **아리랑**) – 민중의 아픔을 표현
연극	신파극 유행(일본 답습 ⇒ 전통 탈피 · 현대 풍속 비하 · 대중문화 확대 비판) ⇨ 토월회(1923) · 극예술 연구회(1931 서양 근대 연극). 동양 극장(연극 전용)
음악	안익태(코리아 환상곡) · 홍난파(정의의 개가 – 친일) · 현제명(장성의 파수 – 친일)
미술	이중섭(서양화 : 민족 정서 대변 ⇒ **소**) · 안중식(동양화) · 이상범(한국화 발전) · 안희동
	※친일어용 단체 〈**조선** ⇐문인 · 음악가 · 연극 · 영화사 ⇒ **협회**〉

나운규 안익태

◈ **코리아 환상곡** – 1938년 아일랜드에서 첫 번째 공연을 한 후 안익태의 지휘로 유럽 여러 나라에서 연주되었는데 합창의 대부분은 우리말로 불려졌다.

사료읽기

◈ **한용운의 〈조선 불교 유신론〉**

불교의 유신은 마땅히 먼저 파괴를 해야 한다. 유신이란 무엇인가? 파괴의 자손이다. 파괴란 무엇인가? 유신의 어머니이다. 세상에 어머니 없는 자식이 없다는 것은 대개 말로써는 할 줄 알지만, 파괴 없는 유신이 없다는 점에 이르러서는 아는 사람이 없다. 어찌 비례의 학문에 있어서 추리해 이해함이 이리도 멀지 못한 것일까? 그러나 파괴라고 해서 모든 것을 무너뜨려 없애 버리는 것을 뜻하지는 않는다. 다만, 구습 중에서 시대에 맞지 않는 것을 고쳐서 이를 새로운 방향으로 나아가게 한다는 것뿐이다.

※**임오교변**(1942) – 일제가 대종교도이자 조선어 학회 회원인 이극로가 교주 윤세복에게 보낸 편지글을 〈조선 독립 선언서〉로 조작하고, 조선어 학회 사건과 때를 맞추어 대종교 간부 21명을 구속한 사건이다.

※**박중빈** – 원불교의 창시자로 사회개혁가・농촌 운동가로서 많은 활동을 하였다.

※**한용운** – 호는 만해(卍海)이다. 3・1운동 때 민족대표 33인의 한 사람으로서 독립선언서에 서명했으며, 항일운동 전개

※**사찰령** – 조선 총독이 사찰주지 임명권과 사찰의 재산권을 통하여 불교계를 장악하려는 법령이었다.

◈ **기독교계의 신사 참배 거부** 〈매일신보, 1940. 9. 22.〉

… 최근 기독교의 일부 신자 중에는 이 비상시국에 용납 못할 불순한 행동과 반국책적인 결사를 조직하는 혐의가 있어 총독부 경무국에서는 각도 경찰부를 동원시켜 전 조선적으로 많은 교역자(敎役者)를 검거하고 취조를 개시하였다. … 이번 검거의 내용에 대하여는 치안 유지법・보안법・군기 보호법(軍機保護法) 등을 위반한 행동을 하였다는 것이며 그 외에 불경죄(不敬罪)가 될 만한 행동도 있다는 것인데 검거된 범위는 목사・장로・전도사・전도 부인・이전 목사 등 전부 교역자들이라고 한다.

※**주기철** – 목사로서 일제의 신사 참배를 거부하다가 고문을 당하여 옥중에서 순교하였다.

◈ **민족 문학 〈저항 시인〉**

①심훈 〈그날이 오면, 1930〉

그날이 오면 그날이 오면은. 삼각산이 일어나 더덩실 춤이라도 추고. 한강물이 뒤집혀 용솟음칠 그날이. 이 목숨이 끊이기 전에 와 주기만 할양이면. 나는 밤하늘에 나는 까마귀같이. 종로의 인경 머리로 드리받아 울리오리다. 두개골이 깨어져 산산 조각 나도. 기뻐서 죽사오매 오히려 무슨 한이 남으리까.

⇨ 일제의 폭정 아래서 고통 받던 한국인들이 꿈에도 그리던 광복의 그날이 왔다. 그날이 오면 기뻐서 죽는다고 해도 여한이 없을 것이라고 하였다. 한국인들은 8・15 광복을 만세를 부르며 환호하였다.

②이상화 〈빼앗긴 들에도 봄은 오는가?〉

지금은 남의땅 – 빼앗긴 들에도 봄은 오는가? … 나는 온몸에 햇살을 받고, 푸른 하늘 푸른 들이 맞붙은 곳으로, 가르마 같은 논길을 따라 꿈속을 가듯 걸어만 간다. … 입술을 다문 하늘아, 들아, 내맘에는 나 혼자 온 것 같지를 않구나! 네가 끌었느냐, 누가 부르더냐, 답답워라 말을 해 다오. … 나는 온 몸에 풋내를 띠고 푸른 웃음, 푸른 설움이 어우러진 사이로 다리를 절며 하루를 걷는다. 아마도 봄 신령이 지폈나 보다. … 그러나 지금은 – 들을 빼앗겨 봄조차 빼앗기겠네

③이육사 〈광야〉

까마득한 날에. 하늘이 처음 열리고. 어데 닭 우는 소리 들렸으랴 … 모든 산맥들이. 바다를 연모해 휘달릴 때도. 차마 이곳을 범하던 못하였으리라. … 다시 천고의 뒤에. 백마 타고 오는 초인이 있어 … 이 광야에서 목놓아 부르게 하리라.

④윤동주 〈십자가〉

… 괴로웠던 사나이. 행복한 예수 그리스도에게처럼. 십자가가 허락된다면. 모가지를 드리우고. 꽃처럼 피어나는 피를. 어두워 가는 하늘 밑에. 조용히 흘리겠습니다.

①노천명 〈님의 부르심을 받들고서〉

남아면 군복에 총을 메고. 나라 위해 전장에 나감이 소원이리니. 이 영광의 날. 나도 사나이 였드면. 귀한 부르심 입는 것을 … 이제 아세아의 큰 운명을 걸고 우리의 숙원을 뿜으며, 저 영미(英美)를 치는 마당에랴 …

⇨ 1943년 매일신보에 발표된 노천명의 친일시 〈님의 부르심을 받들고서〉로, 학도 지원병을 장려하고 있다.

②나운규 영화 〈아리랑〉

나운규는 한국 영화계의 선구자로서 뛰어난 감독이자 배우였다. 그는 민중의 삶이 생생하게 담긴 영화들을 만들어 인기를 끌었고, 영화를 통해 민족의식을 일깨우기도 하였다. 1926년 그가 직접 각본을 쓴 아리랑은 나라를 잃은 민중의 울분과 설움을 생생하게 그려내 큰 호응을 받았다.

※**홍난파** – 일제 강점기의 대표적인 민족 음악가이지만, 1930년대 후반부터 현제명 등과 함께 친일 문예단체에서 활동

확인학습

2. 일제의 식민 지배와 민족 독립 운동의 전개

빈칸 채우기

1. 카쓰라 · 태프트 밀약 ⇨ 제2차 영 · 일 동맹 ⇨ 포츠머스 조약은 ( )에 직접적인 영향을 주었다. 국가직

2. 재정 고문과 외교 고문이 들어와 한국을 식민지로 만들기 위한 내정간섭을 강화하기 위해 맺은 조약은 ( )이다. 2011. 법원직

3. 일제 침략이 무단 정치에서 문화 정치로 바뀌게 된 계기는 ( )이고, 1929년 ( )이 일어나자 일본은 ( )을 발발하고 민족 말살 정치로 정책을 수정하였다. 2006. 국가직 9급

4. 일제는 1910년대에 ( )을 공포한 후 전국적인 토지 조사 사업을 실시하였고, ( )을 제정하여 갑오개혁 때 폐지된 태형 제도를 부활시켰다. 2014. 경찰간부

5. 1910년대에는 조선인에 한해 태형령이 적용되었고, ( )이 경찰들을 지휘하며 일반 경찰 업무까지 간여하였다. 2013. 서울시 7급

6. 문화 통치기에는 ( ) 경찰 제도를 ( ) 경찰 제도로 바꿨다. 2008. 군무원

7. 1920년대 일제의 소위 '문화 정치' 시기에 ( )을 제정하여 사회주의 운동에 대한 탄압을 강화하였다. 국가직

8. 1910년대에 이루어진 ( )은 토지에 대한 지주의 권리만 일방적으로 인정하여 농민이 오랫동안 누려왔던 관습적인 경작권을 부정하였다. 2011. 서울시 9급

9. 1910년대 920만 석 쌀 증산을 목표로 ( )을 추진하였고 그 결과 농촌 경제는 더욱 피폐해졌다. 2003. 법원

10. 1920년대 더 많은 쌀을 일본으로 가져가기 위해 ( ) 계획을 추진되었으며, 수리 시설의 확대와 품종 교체, 화학 비료 사용 증가 등을 통해 이루어졌다. ( )년대 이후 일제는 일본을 발전된 공업 지역으로, 만주를 농업과 원료 생산지대로 만들고, 한반도를 경공업 중심의 중간 지대로 만들기 위해 조선 공업화 정책을 펼쳤다. 2014. 경찰 1차

11. 1930년대에 일제가 남부 지방에는 면화 재배를, 북부 지방에는 양을 기르도록 강요했던 정책은 ( )이다. 한국사검정 중급

[빈칸 채우기 정답]

1. 을사 조약
2. 1차 한 · 일 협약
3. 3 · 1 운동, 세계 대공황, 만주 사변
4. 토지 조사령, 조선 태형령
5. 헌병
6. 헌병, 보통(고등)
7. 치안 유지법
8. 토지 조사 사업
9. 산미 증식 계획
10. 산미 증식, 1930
11. 남면북양 정책

12. 1910년 회사령은 ( )이고 1920년대 ( )로 수정하였다. 한국사검정 중급

13. 1920년대 중반 이후 일본인의 자본 투자는 ( )에서 ( ) 분야로 옮겨졌다. 2003. 법원행정고시

14. 1915년 신규식은 박은식과 함께 중국 상하이에서 ( )을 만들었다. 2008. 국가직 7급

15. 1910년대 국내에 만들어진 비밀 결사 단체인 ( )는 대한 제국의 회복을 추구하였다. 2008. 국가직 7급

16. 1901년대 고종의 밀명을 받아 복벽주의 노선에 입각하여 조직된 독립 운동 단체는 ( )이다. 2014. 경찰간부

17. 이상설, 이동휘를 중심으로 ( )년에 연해주 블라디보스토크에 수립된 최초의 정부는 ( )이다. 2013. 경찰

18. 3·1 운동 이후 국내에서는 13도 대표로 조직된 국민 대회를 개최하고 ( ) 수립을 선포하였다. 중국 상해에서도 각 지역의 독립지사들이 모여서 ( )의 수립을 선포하였다. 연해주에서도 ( )을(를) 조직하여 임시 정부의 수립을 선포하였다. 이후 통합을 모색하여 마침내 1919년 9월에 상해에 통합 정부를 두고 ( )을(를) 대통령으로 하는 민주 공화제 정부를 수립하였다. 2011. 지방직 7급

19. 상해 임시 정부의 활동으로 ( )라는 통신망을 통해 국내외를 연결하였고 기관지로 ( )을 간행하였으며 미국에 ( )를 두어 외교 활동을 전개하였다. 2011. 서울시 9급

20. 중국 정부가 중국 영토 내에서 우리 민족의 무장 독립 활동을 승인함으로써 한국 광복군이 탄생할 수 있었던 계기는 1932년 ( )의 ( ) 의거 때문이다. 2012. 지방직 9급 | 2011. 국가직 9급

21. 의열단은 신채호의 ( )을 활동 지침으로 삼았고, 단원들이 황푸 군관 학교에 입교하여 간부 교육을 받았으며, 중국 국민당의 북벌에 참가하여 장제스의 지원을 이끌어냈다. 2014. 경찰간부

22. 홍범도의 대한 독립군은 ( ) 전투에서, 김좌진의 북로 군정서군은 ( ) 전투에서 크게 승리하였다. 2011. 지방직 9급

23. ( )은 양세봉을 총사령으로 하여 남만주 지역에서 활동하였다. 2014. 경찰간부

24. 1930년대 초 만주에서의 독립 전쟁은 ( )과 ( )이 중심이 되어 추진되었다. 2011. 지방직 9급

12. 허가제, 신고제
13. 경공업, 중공업
14. 대동 보국단
15. 독립 의군부
16. 독립 의군부
17. 1914, 대한 광복군 정부
18. 한성정부, 임시 정부, 대한 국민 의회, 이승만
19. 연통제, 독립신문, 구미 위원부
20. 윤봉길, 상하이 홍커우 공원
21. 조선 혁명 선언
22. 봉오동, 청산리
23. 조선 혁명군
24. 한국 독립군, 조선 혁명군

확인학습

25. 1930년대 이후 중국 본토에서 세워진 무장 독립 부대로는 조선 민족 혁명당의 ( ), 대한민국 임시 정부의 ( ), 조선 독립 동맹의 ( )이(가) 있다. 2009. 법원직

26. 대한 광복군 정부, 대한 국민 의회가 설립된 지역은 ( )이다. 2009. 경찰

27. 미주 지역에서는 동포 사회를 중심으로 ( )가 조직되었고, 서간도 지역에서는 ( )이 중심이 되어 삼원보에 ( )를 조직하였다. 2013. 경찰간부

28. 1910년대에는 유학생, 1930년대 후반 이후 노동자의 이주가 증가하였던 지역은 ( )이다. 수능 근현대사

29. 3·1 운동 이후에 나타난 민족 독립 운동은 무산 계급을 위한 혁명에 매진하자는 ( ) 계열의 계급 투쟁론, 독립의 기초가 되는 경제와 문화 분야의 실력을 양성하자는 ( ) 계열의 실력 양성론, 재만 독립군 부대의 전위대가 되어 일제에 투항하자는 ( ) 등으로 나뉘어졌다. 2014. 서울시 교행 9급

30. 이광수는 현실적 여건을 고려하여 참정권을 얻은 연후에 자치권을 획득하고, 이어서 독립을 실현하는 것이 현실적인 최선의 방안이라는 ( ) 민족주의, 즉 ( )을 주장하였다. 수능 근현대사

31. 이광수의 자치·참정론을 배격하면서 ( )가 조직되었다. 2008. 법원직

32. 1927년 각 당파가 망라된 통일 조직인 ( )는 전국 각지에 150여 개의 지회를 두고 활발한 활동을 전개하였다. 부녀자들의 통일 단체인 ( ) 역시 이 무렵 창설되었다. 2011. 서울시 9급

33. 조선사정연구회, 정우회와 같은 좌우 협력 운동의 단체로 결성된 ( )에서는 조선인 본위의 교육 제도를 실시할 것을 주장하였고, 광주 학생 의거의 진상을 보고하기 위한 민중 대회를 열 것을 계획하였다. 2013. 경찰 1차

34. '우리는 정치적, 경제적 각성을 촉구한다, 우리는 단결을 공고히 한다'의 강령을 채택한 ( )는 민족 유일당 운동의 일환으로 조직되었고, 여성 단체인 ( )의 결성에 자극을 주었다. 2013. 지방직 7급

35. 민족주의 운동과 조선 공산당의 연대가 본격화된 계기는 ( ) 운동이다.

36. 1920년대 최대 규모의 항일 운동은 ( ) 운동이다. 수능 근현대사

37. '공평은 사회의 근본, 모욕적 칭호를 폐지하자!'라는 구호는 1923년 조직된 ( )의 ( ) 운동으로 ( ) 이념의 영향을 받았다. 수능 근현대사

38. 조선 시대에 자신들만의 마을을 이루어 거주하였으며, 상투를 틀거나 두루마기를 입을 수 없었고, 도살 및 고기 파는 일, 가죽신을 만드는 일, 유기 그릇 따위를 만드는 일에 종사하였던 ( )은 일제 강점기에 ( ) 운동을 주도하였다. 2014. 계리직

25. 조선 의용대, 한국 광복군, 조선 의용군
26. 연해주
27. 대한인 국민회, 이회영, 경학사
28. 일본
29. 사회주의, 민족주의, 무장 투쟁론
30. 타협적, 자치·참정론
31. 신간회
32. 신간회, 근우회
33. 신간회
34. 신간회, 근우회
35. 6·10 만세
36. 광주 학생
37. 조선 형평사, 형평, 사회주의
38. 백정, 형평

39. 어린이날은 ( ) 소년회에서 제정하여 전국적으로 확대되었다.

40. '내 살림 내 것으로'를 구호로 걸었던 ( )은 ( )를 중심으로 전개되었다. 2011. 서울시 9급

41. 민족주의 계열의 경제 저항 운동은 ( )이고, 사회주의 계열의 경제 저항 운동은 ( ) 운동이다.

42. 물산 장려 운동은 ( ), 민립 대학 설립 운동은 ( )를 지도자로 전개되었다. 2014. 법원직

43. '우리가 우리의 손에 산업의 권리 생활의 제일 조건을 장악하지 아니하면 우리는 도저히 우리의 생명, 인격, 사회의 발전을 기대하지 못할지니 … 우리 조선 사람의 물산을 장려하기 위하여 조선 사람은 조선 사람이 지은 것을 사서 쓰자.' 이는 ( )과 관련된 것으로, 이를 주장한 단체는 조선과 일본 간의 관세 철폐 정책에 대항하였다. 2013. 지방직 9급

44. 1920년대 노동 운동 중에서 가장 규모가 큰 투쟁은 1929년의 ( ) 노동자 총파업이었다. 2009. 지방직 9급

45. 1920년대 후반기로 넘어가면서 사회 운동의 방향 전환론이 활성화되면서 조선 노농 총동맹은 ( )과 ( )으로 분리되었다. 2004. 행정고시

46. 조선 물산 장려 운동에 대응하여 조선 총독부는 ( )을 철폐하였다. 수능 근현대사

47. 농민·노동 운동은 처음에는 ( ) 투쟁이었다가 시간이 지나면서 ( ) 투쟁으로 변화되었다.

48. 1907년 통감부 치하에서의 나라 빚을 갚기 위한 운동인 ( ) 운동은 소비 절약 운동이었고, 총독부 치하의 경제 저항 운동인 물산 장려 운동은 소비 절약은 물론 ( ) 애용 운동을 주장하였다.

49. '고율의 소작료 인하와 소작권 이전 반대 운동', '민족 차별과 낮은 임금과 열악한 노동 조건 개선 운동'을 전개한 운동은 1920년대 유입된 ( )의 영향을 받았다. 2012. 경북 교행 9급

50. 일제는 '보통학교의 수업 연한을 4년에서 6년으로, 고등보통학교는 4년에서 5년으로 연장한다. 조선인과 일본인의 공학을 원칙으로 한다.'는 ( )차 조선 교육령으로 ( ) 이후 격화된 한국인의 반일 감정을 무마하고자 하였다. 2010. 지방직 9급

51. 조선어는 수의(隨意) 과목으로 한 것은 ( )차 조선 교육령으로 이 시기에 일제는 ( )를 제정하였다. 법원

39. 천도교
40. 물산 장려 운동, 조선 물산 장려회
41. 물산 장려 운동, 농민 · 노동
42. 조만식, 이상재
43. 물산 장려 운동
44. 원산
45. 조선 노동 총동맹, 조선 농민 총동맹
46. 관세령
47. 생존권, 항일
48. 국채 보상, 국산품(또는 토산품)
49. 사회주의
50. 2, 3 · 1운동
51. 3, 황국 신민 서사

확인학습

52. 식민 사관의 이론 중 임나일본부설, 만선 사관, 일선 동조론 등은 ( ) 이론이다. 2005. 서울시 9급

53. 일제 식민 사학자들이 한국 사회의 정체성(停滯性)을 강조하기 위하여 내세웠던 중심 이론은 ( )이다. 2003. 기술고시

54. '우리 조선의 역사적 발전의 전 과정은 가령 지리적 조건, 인종학적 골상, 문화 형태의 외형적 특징 등 다소의 차이는 인정하더라도, 외관적인 특수성은 다른 문화 민족의 역사적 발전 법칙과 구별되어야 하는 독자적인 것이 아니며, 세계사적인 일원론적 역사 법칙에 의해 다른 민족과 거의 같은 궤도로 발전 과정을 거쳐 온 것이다.' 이는 ( )의 글로, 한국사를 세계사적인 ( ) 위에서 체계화하여 ( )을 극복하려 하였다. 2014. 경찰간부

55. 민족주의 사학자 ( )는 [조선상고 문화사]를 저술하여 대종교와 연결되는 전통적 민간 신앙에 관심을 보였고, ( )는 광개토 대왕릉비문을 연구하여 일본 학자의 고대사 왜곡을 바로잡는 데 기여하였다. 국가직

56. [한국통사]의 저자인 ( )은 우리의 민족정신을 ( )으로 파악하였고 [대동고사론]을 집필하였다. 지방직

57. '지금 한국의 形은 허물어졌으나 神은 가히 홀로 존재하지 못하겠는가. 이것이 내가 역사를 쓰는 까닭이다.' 이를 저술한 ( )은 혁신적이고 실천적인 양명학을 발전시킬 것을 주장하였다. 2013. 군무원

58. ( )는 임시 정부에서 국민 대표 회의 개최를 주장하고 ( )파의 주도적 역할을 하였으며, [조선 상고사], ( ) 등을 저술하여 민족 사학의 기반을 확립하였다. 2013. 군무원

59. ( ) 사학은 식민주의 사관의 정체성론을 비판하였다. 2013. 군무원

60. '가갸날 제정, 잡지 [한글] 간행'과 관련된 단체는 ( )이다. 2012. 경북 교행 9급

61. 1920년대 중반에는 ( ) 문학이 대두하여 문학의 사회적 기능이 강조되었다. 2010. 국가직 9급

62. 1926년 영화계에서는 ( )가 ( )을 발표하여 한국 영화 발전에 기여하였다. 2010. 국가직 9급

52. 타율성
53. 봉건제 결여론
54. 백남운, 보편성, 식민 사관
55. 신채호, 정인보
56. 박은식, 혼
57. 박은식
58. 신채호, 창조, 조선사 연구초
59. 사회 경제
60. 조선어 연구회
61. 신경향파
62. 나운규, 아리랑

OX 체크

1. 1차 한·일 협약⇨한·일 의정서⇨군대 해산 순서로 조약이 체결된 후 한·일 병합 조약이 체결되었다. 2011. 법원직

2. 일본의 한반도 지배를 인정한 국제적 합의에는 포츠머스 조약, 가쓰라·태프트 밀약, 제2차 영·일 동맹이 해당 된다. 2014. 경찰간부

3. 제1차 세계대전 이후 연해주의 신한촌에서는 의병과 계몽 운동가들이 힘을 모아 권업회를 조직하였다. 2011. 국가직 9급

4. 조선 태형령과 태형 시행 세칙이 제정되었을 시기에 대한 독립 의군부와 대한 광복회 등의 비밀 결사들이 활동하였다. 2011. 법원직

5. 1910년대에 일제는 치안 유지법을 적용하여 한국인에 대한 사상적 탄압과 감시를 강화하였다. 2014. 경찰

6. 토지 조사 사업이 시행되었던 시기에 의병장 채응언의 활약이 있었다. 2009. 법원직

7. 1910년대 시작된 토지 조사 사업은 토지의 소유권, 토지 가격, 지형 및 용도를 조사한 것으로, 토지에 대한 지주의 권리와 농민의 경작권을 함께 인정하였다. 2014. 경찰 1차

8. 토지 조사 사업은 전국의 토지를 측정하여 수조권, 가격 그리고 지적(地籍)을 정확히 확정한다는 명분으로 실시되었다. 2009. 지방직 7급

9. 몸뻬라는 이름의 바지를 입게 하던 시기에 산미 증식을 위하여 보국대를 동원하였다. 2012. 지방직 7급

10. 1930년대 초 일본에 불어 닥친 농업 공황에 대처하기 위해 산미 증식 계획을 강화하였다. 한국사검정고급

11. 1930년대 초반 산미 증산 정책이 실패하고 쌀값이 폭락하였다. 2009. 국가직 7급

12. 1920년대 후반 수리 조합 사업으로 3정보 이상 조선인 지주가 증가하였다. 2009. 국가직 7급

13. 만주 사변 이후 남면북양 정책을 실시하여 일본 방직 자본가를 보호하였고, 태평양 전쟁 이후 징병제를 실시하여 조선인 청년을 국내외로 동원하였다. 2013. 국가직 7급

[OX 체크 정답]

1. X
2. O
3. X
4. O
5. X
6. O
7. X
8. X
9. O
10. X
11. O
12. X
13. O

---

1. 한·일 의정서(1904년 2월) -> 1차 한·일 협약(1904년 8월) -> 군대 해산(1907)

3. 제1차 세계대전(1914), 권업회(1911)

5. 치안 유지법은 1925년에 제정되었다.

7. 토지 조사 사업은 토지에 대한 지주의 권리만 인정하였고 소작농의 권리는 일체 인정받지 못하였다.

8. 토지 조사 사업에서는 수조권이 아니고 소유권을 조사하였다.

10. 농업 공황으로 산미 증식 계획을 중단하였다.

확인학습

14. 일제의 전시 총동원 정책 시기에 황국 신민화 정책을 본격적으로 시행하였고, 주민 생활 통제 중심 기구로 '국민정신 총동원 조선연맹'을 결성하였다. 2013. 경찰간부

15. 친일파들은 일본 권력을 등에 업고 흥남에 대규모 질소 비료 공장을 설립하였다. 2008. 선관위 9급

16. 1913년 안창호는 뉴욕에서 흥사단을 조직하였다. 2008. 국가직 7급

17. 태형령이 제정되었을 당시 대한 독립 의군부와 대한 광복회 등의 비밀 결사 단체들이 활동하였다. 법원직

18. 1910년대 서울에서 교사들이 중심이 되어 조선 산직 장려계를 결성하였다. 2008. 국가직 7급

19. 3월 1일 오후 2시 탑골 공원에는 수많은 학생과 시민이 모여들었고, 민족 대표 33인이 군중들 앞에서 독립 선언서를 낭독하였다. 2004. 법원행정고시

20. 3·1 운동은 독립 운동의 중요한 분기점이 된 대규모의 만세 운동으로, 일제는 무단 통치를 이른바 ' 문화 통치'로 바꾸었다. 이 운동은 세계 약소민족의 독립 운동에도 커다란 자극을 주었다. 2014. 국가직

21. 대한민국 임시 정부는 연해주에 있는 임시 정부를 정통으로 상해에서 통합되어 세워졌다. 2008. 군무원

22. 대한민국 임시 정부가 중국 영토 안에서 만든 광복군은 중국군과 화북 지방에서 공동 작전을 전개하였다. 2014. 법원직

23. 독립군의 통합 운동으로 참의부, 정의부, 신민부가 조직되어 각각 입법부, 사법부, 행정부의 역할을 담당하였다. 2011. 지방직 9급

24. 만주 지방에서 군정 기관과 민정 기관의 기능을 함께 한 독립군 3부가 조직되기 이전의 사건으로 자유시 사변, 봉오동·청산리 전투, 간도 참변이 있다. 2014. 기상청

25. 소학교 선생이 제복과 칼을 찼던 시기에 독서회에 가입했다가 발각되어 치안 유지법 위반 혐의로 체포되는 모습을 볼 수 있다. 수능 근현대사

26. 1930년대 김구는 한인 애국단을 조직하여 강우규와 김상옥의 의열 투쟁을 지원하였다. 2009. 지방직 7급

27. 한인 애국단은 신채호의 '조선 혁명 선언'을 활동 지침으로 삼았다. 2014. 경찰간부

28. 조선 혁명군은 지청천의 지휘하에 중국군과 연합하여 쌍성보 전투를 승리로 이끌었다. 한국사검정 고급

14. O
15. X
16. X
17. O
18. O
19. X
20. O
21. X
22. X
23. X
24. O
25. X
26. X
27. X
28. X

---

15. 흥남 질소 비료 공장은 일본인의 투자에 의해 이루어졌다.
16. 미국 로즈엔젤레스(L.A.)에서 조직(샌프란시스코로 보는 입장도 있다.)
21. 한성에 있는 정부(한성 정부)를 정통으로 하였다.
22. 화북 지방에서 중국군과 연합 작전을 전개한 것은 조선 의용군이다.
23. 참의부, 정의부, 신민부는 각각 입법부, 사법부, 행정부의 역할을 담당한 것이 아니라 입법부·사법부·행정부의 모습을 모두 갖춘 자치 정부의 역할을 하였다.
25. 선생이 제복을 입고 칼을 찼던 시기 – 1단계 무단 정치기, 치안 유지법(1925) – 문화 정치기
26. 강우규는 개인적으로, 김상옥은 의열단으로 활동하였다.
27. '조선 혁명 선언'을 활동 지침으로 삼은 단체는 의열단이다.
28. 쌍성보 전투는 한국 독립군이다.

29. 조선 의용군은 김두봉을 위원장으로 한 조선 독립 동맹의 산하 무장 단체로 조직되었다. 2014. 경찰간부

30. 1940년대 대한민국 임시 정부가 창설한 한국 광복군은 중국 국민당 정부와 미국의 지원하에 활동하였다. 2009. 지방직 7급

31. 6·10 만세 운동 당시 치안 유지법에 의하여 탄압을 받았다. 수능 근현대사

32. 6·10 만세 운동은 신간회의 지지와 후원 하에 전개되었다. 수능 근현대사

33. 물산 장려 운동은 일제의 강제 침탈에 대항하여 민족주의와 사회주의 진영을 통합한 민족 협동 전선으로 전개되었다. 2004. 대구시 9급

34. 정우회 선언문은 타협적 민족주의에 대항하여 비타협적 민족주의와 사회주의가 결합하는 결정적 계기가 되어 1927년에 신간회가 결성되었다. 2008. 지방직 7급

35. 비밀 결사 단체인 신간회는 민중 혁명에 의한 민중적 조선의 건설을 지향하였다. 2008. 지방직 7급

36. 1920년대 중엽에는 신간회가 해소되고 혁명적 농민 조합 운동이 격렬하게 전개되었다. 2014. 사회복지 9급

37. 1920년대에는 민족주의 운동과 사회주의 운동으로 분화되었고, 1930년대 후반에는 통일 전선 운동과 무장 투쟁이 활발하게 전개되었다. 2014. 사회복지 9급

38. '민족 단일당의 매개 형태'로 이해된 신간회는 개인 본위 조직이 아닌 단체 본위 조직이었다. 2012. 계리직

39. 광주 학생 항일 운동에 진상 조사단을 파견한 이 단체가 활동할 시기에 국민 총동원령이 발표되어 징병, 징용, 학도병 등으로 우리 민족은 일본의 전쟁터로 끌려가게 되었다. 2011. 기상청

40. 여성들은 전근대 의식에서 탈피하지 못하여 사회 운동에는 참여하지 않았다. 2004. 대구시 9급

41. '한민족 1천만이 한 사람이 1원씩'이라는 구호로 1,000만 원 모금 운동이 전개될 시기에, 김원봉이 주도하여 민족 혁명당과 군사 조직인 조선 의용대를 만들었다. 2010. 기상청

42. 1928년에 코민테른에서는 조선 공산당이 노동자·농민을 적극 포섭하지 못했다고 판단하여 조선 공산당의 해체를 결의하였다. 2003. 입법고시

43. '공평은 사회의 근본이고 사랑은 인간의 본성이다.'의 내용을 주장한 조선 형평사는 민족 해방 운동의 성격까지 내포하게 되었다. 2013. 서울시 7급

29. O
30. O
31. O
32. X
33. X
34. O
35. X
36. X
37. O
38. X
39. X
40. X
41. X
42. O
43. O

---

32. 6 · 10 만세 운동(1926), 신간회(1927~1931)
33. 민족주의 계열에서 전개한 운동이다.
35. 신간회는 좌 · 우 합작의 합법 단체였으며, 민중 혁명에 의한 민중적 조선의 건설을 지향하지는 않았다.
36. 신간회는 1927년에 창립되어 1931년 해소(체)되었다.
38. 단체 본위 조직이 아닌 개인 본위 조직으로 출발하였다.
39. 신간회(1927~1931), 국가총동원령(1938)
41. 민립 대학 설립 운동(1920년대), 민족 혁명당과 조선 의용대(1930년대)

확인학습

44. 천대를 받던 백정 신분들은 1910년대 자신들에 대한 신분 차별과 멸시를 타파하려고 진주에서 조선 형평사를 조직하였다. 2014. 계리직

45. 물산 장려 운동은 주로 1910년대부터 시작되어 해방이 될 때까지 계속되었다. 2011. 서울시 9급

46. '비록 우리 재화가 남의 재화보다 품질상 또는 가격상으로 개인 경제상 다소 불이익이 있다 할지라도 민족 경제의 이익에 유의하여 이를 애호하며 장려하여 수요하며 구매하지 아니치 못할지라.' 이 운동은 사회주의자들의 주도로 전개되었다. 2014. 법원직

47. 물산 장려 운동은 토산물의 장려를 내걸면서 소생산자 중심의 자급을 주장했다. 2011. 서울시 9급

48. '이 운동의 사상적 도화수가 된 것은 누구인가? 저들의 사회적 지위로 보나 계급적 의식으로 보나 결국 중산 계급임을 벗어나지 못하였으며, 적어도 중산 계급의 이익에 충실한 대변인인 지식 계급 아닌가? … 실상을 말하면 노동자에게는 … 말할 필요가 없는 것이다.' 이 글에서 비판하고 있는 것은 물산 장려 운동이다. 2013. 법원직

49. 민립 대학 설립 운동과 물산 장려 운동이 성과를 거두지 못하자 비타협적 민족 운동이 강화되었다. 법원직

50. 1920년대 소작 쟁의는 주로 소작인 조합을 중심으로 전개되었다. 2009. 지방직 9급

51. 1920년대에 이르러 농민·노동자의 쟁의가 절정에 달하였다. 2009. 지방직 9급

52. 농민 운동을 전개한 소작인 조합은 1940년대 이후 자작농까지 포괄하는 농민 조합으로 바뀌어갔다. 지방직

53. 소작 쟁의는 처음에 일제의 수탈에 저항하는 민족 운동의 성격을 띠다가 소작권 이전이나 고율 소작료에 대한 반대 투쟁으로 전개되었다. 2000. 행정고시

54. 조선 물산 장려 운동에 대응하여 조선 총독부는 회사령을 철폐하였다. 수능 근현대사

55. 만주 사변과 태평양 전쟁을 일으킨 일본은 2차 조선 교육령을 통해 조선에서 황국 신민화 교육을 더욱 강화하고자 하였다. 2010. 지방직 9급

56. 3차 조선 교육령이 발표된 시기에 한국인의 전시 동원을 위한 국가 총동원령을 발표하였다. 2008. 법원직

57. '보통학교의 수업 연한은 6년으로 함.'의 시행령이 있었을 시기에 조선어 학회 사건이 발생하였다. 법원직

44. X
45. X
46. X
47. O
48. O
49. X
50. O
51. X
52. X
53. X
54. X
55. X
56. O
57. X

---

44. 조선 형평사는 1923년에 조직되었다.
45. 1922년에 시작되어 1923년에 절정을 이루었으나 이후 점차 흐지부지되었다.
46. 사회주의자들은 물산 장려 운동을 비판하였다.
49. 비타협적 민족 운동이 강화되게 된 이유는 이광수의 자치·참정론(타협적 민족주의) 때문이다.
51. 1930년대 초에 절정에 달하였다.
52. 1920년대 전반기에는 주로 소작인 조합이 중심이 된 소작 쟁의였으나, 1920년대 후반기에는 자작농까지 포함하는 농민 조합이 소작 쟁의를 주도하였다.
53. 소작 쟁의는 초기에는 생존권 투쟁이었다가 점차 항일 투쟁으로 전환되었다.
54. 물산 장려 운동에 대응하여 관세령을 철폐하였다.
57. 제2차 조선 교육령(1922), 조선어 학회 사건(1942) 당시는 제3차 조선 교육령(1938) 시행

58. [조선사 37권] 편찬자들은 조선의 역사를 정체성 · 타율성으로 설명하려 하였다. 2009. 지방직 9급

59. 일제에 대항하여 유물 사관은 우리나라는 오랫동안 정체된 상태를 벗어나지 못하다가 개항 이후 비로소 성장하기 시작하여 근대화를 달성하였다고 주장한다. 수능

60. 안재홍은 우리나라 역사를 통사 형식으로 쓴 [조선사연구]를 편찬하였다. 2011. 국가직 9급

61. 정인보, 안재홍 등의 조선학 운동은 최남선의 역사학을 계승한 것이었다. 2008. 지방직 7급

62. 1920년대에는 민족주의 역사가들 사이에서 이른바 '조선학' 운동이 일어났다. 2013. 경찰간부

63. '인류 사회의 아(我)와 비아(非我)의 투쟁'을 언급한 역사학자는 북경에서 대한 독립 청년단을 조직하였다. 2008. 지방직 7급

64. 조선어 학회는 한글 기념일인 '가갸날'을 제정하여 우리말 쓰기를 권장하였다. 2009. 경찰

65. 일제 강점기에 미술에서는 안중식이 서양화를 대표하였다. 2010. 국가직 9급

66. 1920년대에는 문학과 예술 분야에서 사실주의적 경향이 강화되기 시작하였다. 2013. 경찰간부

67. 1920년대에는 민족의 정서를 담은 영화 '아리랑'이 조선 영화인에 의해서 제작 · 상영되었다. 2013. 경찰

58. O
59. X
60. X
61. X
62. O
63. O
64. X
65. X
66. O
67. O

---

59. 유물 사관(사회 경제사학)에 의하면 조선 후기에 자본주의적 싹이 이미 발생하였다.
60. [조선사연구]는 정인보의 저술이다.
61. 조선학 운동은 신채호의 역사학을 계승 · 발전시켰다.
63. 신채호에 대한 설명이다.
64. 조선어 연구회(1921)의 활동이다.
65. 안중식은 동양화를 대표하였다.

Ⅲ 현대 사회의 발전

1 광복과 통일 정부 수립 노력과 6 · 25 전쟁

1 광복 직전의 건국 준비 활동 ⇨ 보통선거(국민선거) ⇒ 민주주의 공화국 수립

국내	〈중도파〉	❶조선 **건국동맹**(1944 서울. **여운형** · 안재홍 – 좌익 · 우익 **중도파** 연합) ⇐〈광복〉⇒ **조선 건국 주비 = 준비 위원회**(1945) ⇨ 조선 인민 공화국 선포 ※총독부와 치안 유지권 이양 교섭(**치안대** 조직 ⇒ 전국에 지부 설치)
		〈**한국 민주당**〉 1945. 8 김성수 · 송진우 – 우익(민주주의) 보수계 – 미군정 참여 〈**조선 공산당**〉 1945. 9 박헌영 – 좌익(사회주의 = 공산주의)
국외	〈우익〉	한국 민주당(김구) + 한국 독립당(조소앙) + 조선 혁명당(지청천) + 김원봉⇒ ❷**한국 독립당**(1940 대한민국 임시정부 연합) ➡ **건국 강령** 제정(1941 **조소앙**) – **삼균주의**(정치 · 경제 · 교육 균등 ⇒ 건국)
	〈좌익〉	③조선 독립 동맹(1942 김두봉. 화북 – 사회주의 계열)

◈ **조선 건국 동맹** – 중앙과 각도에 부서를 설치하고 군사조직(노동군)과 외곽조직(농민동맹)을 조직하여 징용 · 징병 · 공출 회피운동 전개. 식량 확보와 치안 유지 등을 담당

2 전후 처리 회담과 8 · 15 광복

⇨ **독립** 약속(정부수립 지원) – 外〉 태평양 전쟁 참전 보상 內〉 독립 운동 결실

재확인

〈소련 참전〉 ⇐**광복**⇒ 4국(+중국)

①**카이**로 회담 ⇒ ❷**얄**타 회담 ⇒ ③**포츠**담 회담 ➡ ❹**모**스크바 3국 외상회의

〈1943 미 · 영 · 중〉 〈미 · 영 · 소〉 〈1945 미 · 영 · 중 · 소〉 〈미 · 영 · 소〉+중

⬆(일군 무장 해제) ⬆(신탁통치 5년)

➡ **군정** 실시(38° 국토 분단) – 外〉 미국 · 소련 등 열강 요구

◈ **카이로 선언** : … 동맹국의 목적은 일본국으로부터 일본군이 탈취 또는 점령한 태평양에 있는 일체의 도서를 박탈하는 것과 아울러 만주 · 대만 등 일체의 지역을 중화민국에 반환하는데 있다. … 전기 3대국은 한국인민의 노예 상태에 유의하고, 적당한 순서를 밟아 한국을 자유롭게 독립된 것으로 할 결의를 가지고 있다.

※카–얄–포–모 ⇒ ①**카포**–**얄모** ②⇐**광복**⇒

경자유전 원칙(농민 토지소유) / 대리 통치 / 남한 단독정부 수립

	정치	경제	친일파	토지개혁	신탁통치	5.10총선
우파	민주주의 (민족계 · 보수계)	사유재산 (자본주의)	처단(민족) 온건(보수)	유상 매입 유상 분배	반대	찬성(보수) 반대(민족)
좌파	사회주의 (공산주의)	국유화	처단	무상 몰수 무상 분배	반대⇒찬성	반대
중도파	신민족주의	병용	처단(유보– 입법기구)	유상 매입 무상 분배	찬성 (주체적 활용)	

◈ **샌프란시스코 강화조약**(1951. 9) 〈제2조〉 일본은 한국의 독립을 인정하고, 제주도 · 거문도 · 울릉도를 포함한 한국에 대한 모든 권리 · 권원 · 청구를 포기한다. ⇨ 이 조약으로 2차 세계대전이 공식적으로 종전되었고 일본은 독립을 인정받고 미국의 점령 상태에서 벗어났다. 일본은 이 조약의 영토 반환 목록에 한국의 독도가 없다는 이유로 독도에 대한 영유권을 주장하고 있다.

★광복 후 **좌익 · 우익 분열** ⇒ 극도의 혼란	
〈우익〉	한국 독립당(김구) · 대한 독립촉성 국민회(이승만) · 한국 민주당(김성수 · 송진우)
〈중도파〉	〈중도 **우파**〉 민족 자주 연맹(**김규식**) 〈중도 **좌파**〉 근로 인민당(**여운형**)
〈좌익〉	**남로당**(**박헌영** – (남)조선 공산당) ⇔ **북로당**(김일성 [북조선 공산당] + **김두봉**)

◈ **좌익 ⇔ 우익 대립의 격화**
⇨ 8.15 해방 후에 처음 맞이하는 3.1절 기념식을 〈**우익**〉은 서울 운동장에서, 〈**좌익**〉은 남산 공원에서 따로 거행할 정도로 극도의 이념대립이 있었다.

사료읽기

◈ **대한민국 임시정부 건국강령**(1941 **조소앙의 삼균주의**) – 일본의 패망에 대비하여 채택

〈제1장 총강〉 임시정부는 13년(1931) 4월에 대외선언을 발표하고 삼균제도의 건국원칙을 천명했으니, 이른바 〈보통선거 제도를 실시하여 정권을 균등히 하고, 국유제도를 채용하여 이권(利權)을 균등히 하고, 공비(公費) 교육으로써 학권(學權)을 균등히 하며 국내외에 대하여 민족자결의 권리를 보장하여 민족과 민족, 국가와 국가의 불평등을 과감히 제거할지니,…

〈제3장 건국〉 삼균(三均) 제도를 골자로 한 헌법을 실행하여 정치와 경제와 교육의 민주적 실시로 실제상 균형을 도모하며, 전국의 토지와 대생산 기관의 국유화가 완성되고 전국 학령 아동의 전수가 고급 교육의 무상 교육이 완성되고 보통 선거 제도가 구속 없이 완전히 실시되어 … 극빈 계급의 물질과 정신상 생활 정도와 문화 수준이 최고 보장되는 과정을 건국의 제2기라 함.

◈ **미 · 소의 한반도 분할 점령 – 미국 태평양 방면 육군 총사령부 맥아더 사령관 명의 포고 1호**(1945. 9. 9)

… 일본 천황의 명령에 의하여 또 그를 대표하여 일본 제국 정부의 일본 대본영이 조인한 항복 문서의 조항에 의하여 본관의 지휘 하에 있는 승리에 빛나는 군대는 금일 북위 38도 이남의 조선 영토를 점령하였다. … 본관은 본관에게 부여된 태평양 방면 미군 사령관의 권한으로써 이에 북위 38도 이남의 조선과 조선 주민에 대하여 군사적 관리를 하고자 이에 다음과 같이 포고한다.

〈제1조〉 북위 38도 이남의 조선 영토와 조선 인민에 대한 통치의 전 권한은 당분간 본관의 권한 하에 시행된다.

〈제2조〉 정부, 공공 단체 및 기타의 명예 직원과 고용인 또는, 공익사업, 공중위생을 포함한 전 공공사업 기관에 종사하는 유급 혹은 무급 직원과 고용인 또 기타 제반 중요한 사업에 종사하는 자는 별도의 명령이 있을 때까지 종래의 정당한 기능과 업무를 실행하고 모든 기록과 재산을 보존 보호하여야한다.

〈제3조〉 주민은 본관 및 본관의 권한 하에서 발표한 명령에 즉각 복종하여야 한다. 점령군에 대한 모든 반항 행위 또는, 공공 안녕을 교란하는 행위를 감행하는 자에 대해서는 용서 없이 엄벌에 처할 것이다.

◈ **카이로 선언 – 한국 관련 부분**

3대 동맹국은 일본국의 침략을 저지하고 다만 이를 벌하기 위하여 현재의 전쟁을 수행하고 있는 바이다. 위 연합국은 자국을 위해서 어떤 이득을 요구하는 것이 아니며 또한 영토를 확장할 어떠한 의도도 없다. 위 연합국의 목적은 일본국으로부터 1914년 제1차 세계대전의 개시 이후에 일본국이 탈취 또는 점령한 태평양의 모든 도서를 박탈할 것과, 아울러 만주 – 타이완 등 일본국이 중국인들로부터 절취한 모든 지역을 중화민국에 반환함에 있다.

일본국은 또한 폭력 및 탐욕에 의하여 일본국이 약취한 다른 모든 지역으로부터도 쫓겨날 것이다. 앞에서 말한 3대국은 조선 민중의 노예 상태에 유의하여 적절한 시기에 조선을 자유 독립시키기로 결의하였다.

適者生存⇒盡人事待天命

3 대한민국의 수립 〈1948. 8. 15〉

(1) 갈등
- ❶단독 정부 수립 〈김일성〉좌익 ⇔ 우익〈이승만〉
- ②좌+우 합작 정부 수립(중도파 – 여운형 + 김규식)
- ❸민족 통일 정부 수립(김구 · 조만식)

※반탁 ⇒ 친탁 〈좌익〉 ⇔ 〈우익〉 반탁

1) 모스크바 3국 외상회의(5년간 – 신탁통치 문제) ⇨ 반탁운동 전개(좌익 ⇔ 우익 대립)

⇒2) 미 · 소 공동위원회(1 · 2차 신탁통치 협의) – 결렬(찬탁 〈소〉 ⇔ 〈미〉 찬탁 · 반탁 참여)

★❶1차 결렬⇒ (덕수궁)
- ❷정읍 발언(1946 이승만 – 최초 남한 단독정부 수립론 주장)
- ⇳
- ❸좌+우 합작 정부수립 운동(1946 여운형 + 김규식) ↱여운형 암살(1947)
  - ↳〈찬성〉 미군정 · 김구 〈반대〉 좌익 · 한민당 〈유보〉 이승만

⇒3) UN 총회(1947 한반도 총선거 결의 – 北 거부) ⇒ UN 소총회(UN 임시 위원단 파견)

⇒4) 南 5 · 10총 선거 (1948 UN – 감시下)
- 〈찬성〉 이승만 · 한국 민주당 – 남한 단독정부 수립 주장
- 〈반대〉 김구 · 중도파 · 좌익 – 남북 협상 총선거 주장

※①UN 소총회 ②5 · 10총 선거(UN 임시 위원단 파견) ⇨ 남한 단독 정부수립 과정

◈ **신탁 통치**(信託統治)
한민족이 완전한 독립 국가를 건설할 때까지 미 · 영 · 중 · 소 4개국이 한반도를 최고 5 년간 공동 관리하겠다는 방안으로 국제 연합의 감독 아래 시정국(신탁 통치를 하는 나라)이 일정 지역이나 국가를 통치하는 특수한 통치 형태이다. 국제 연합에는 이를 관리 감독할 목적으로 신탁 통치 이사회가 설치되었다.

◈ **좌 · 우 합작 7원칙**(1946)
1. 조선의 민주 독립을 보장한 3상 회의의 결정에 의하여 남북을 통합 좌우 합작으로 민주주의 임시 정부를 수립할 것.
2. 미 · 소 공동 위원회 속개를 요청하는 공동 성명을 발할 것.
4. 친일파, 민족 반역자를 처리할 조례를 본 합작 위원회에서 제안한 입법 기구로 하여금 심의 결정 할 것.

◈ **이승만의 정읍발언**(1946년 6월 3일) – 이제 우리는 무기 휴회된 미 · 소 공동 위원회가 다시 열릴 기색도 보이지 않으며 통일 정부를 고대하나 여의치 않게 되었다.(1946 북조선 개혁 – 과도정부 수립) 우리는 남한만이라도 임시 정부 또는 위원회 같은 것을 조직하여 38도선 이북에서 소련이 철퇴하도록 세계 공론에 호소해야 될 것이니, 여러분도 결심해야 할 것이다.

(2) 정부(권) 수립 [南〉 이승만 · 이시영 / 北〉 김일성]

↱간선(국회)

南	1948. 5.10 총선[국회 구성 → 헌법 제정 → 대 · 부통령 선출] ➡ 정부 수립(8. 15)
北	①평남건국 준비위원회(조만식) ⇒ ②인민위원회 ⇒ ③북조선 5도 인민위원회(조만식+김일성) ⇒ ❹임시 인민위원회(김일성) ➡ ⑤정권 수립(1948. 9. 9.) ↳★북조선 개혁(1946 토지 · 산업 국유화, 남녀 평등법) ⇨ ※과도정권 수립 ※남한 ⇨ 미군정 과도정부 수립(1947. 2)
	①조선 공산당 북조선 분국 책임 비서(김일성 – 소련 장교) → 북조선 공산당 ⇒ 북조선 노동당(북조선 공산당 김일성 + 김두봉) ⇨ 조선 노동당(49 북로당 김두봉 + 박헌영 남로당) ↱김두봉(중국파) ❷연합 정권 ⇨ 갑산파(김일성) + 국내파(남로당–박헌영) + 국외파(연안파 · 소련파)

◈ **남북 분단 배경**
①일본군의 옥쇄 작전(미군 피해)
②미국의 소련군 참전 요청
③한반도 전 지역에 대한 소련군의 지배를 막기 위해 미국이 38도선 설정 제의
④미 · 소간의 냉전구도 정착
⑤반탁운동으로 통일정부수립 불가능

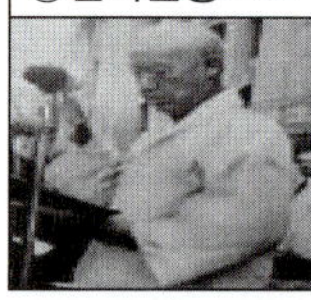
이승만

조만식

※카⇒얄⇒포⇒〈광복〉⇒모⇒미 · 소⇒UN⇒UN소⇨5 · 10⇒정부 수립(48. 8. 15)
↳남한 단독정부 수립과정

(3) 건국 초기의 국내 정세(1948)

방해(반대) 교란(혼란)
- ❶제주도4 · 3 사건 ⇦〈5.10 총선〉 ⇒ 〈정부 수립〉 ⇨ ❶여수 · 순천 10 · 19 사건
- ②남북연합 지도자 연석회의(김구 · 김규식+김일성) 제주도 출동 항의 · 통일정부 요구
- ➡ 남한 단독정부 수립 반대 ➡〈결과〉 남한 군대 内 좌익 숙청

◈**김구**는 자택인 경교장에서 육군소위 안두희에 의해 암살(49. 6)
◈**김규식**은 6. 25전쟁 때 납북(행불)

※남북연지도자 연석회의 참여⇒ 김구(공산주의자로 비난⇒ 암살) ※〈비속어〉 빨갱이(좌익) ⇔ 쪽바리(우익) = 토착왜구 ⇒ 사용함 안됨

◈ **제주도 4 · 3 사건**(1948) – 제주도에서 벌어진 단독선거 반대 시위를 진압하는 과정에서 수만 명의 인명 피해가 일어난 사건
◈ **여수 · 순천 10 · 19 사건**(1948) – 제주도 4 · 3 사건의 진압출동 명령을 거부한 14연대 일부 좌익 군인들이 반란을 일으켜 여수 · 순천 일대를 점령한 사건 ⇨ 남한内 공산주의 활동 완전 중단(숙청) ⇨ ①월북 ②우익 전향(보도연맹 가입) ③빨찌산 활동(게릴라 – 유격전)

↱〈南〉김구 · 김규식 · 김원봉 + 김일성〈北〉

◈ **김구의 통일 정부론**(1948. 2 **남북연합 지도자 연석회의** 참가 직전) 우리 독립이 원칙인 이상 독립이 희망 없다고 자치를 주장할 수 없는 것을 왜정 하에서 충분히 인식한 것과 같이 우리는 통일 정부가 가망 없다고 단독 정부를 주장할 수 없는 것이다. … 나는 통일된 조국을 건설하려다가 삼팔선을 베고 쓰러질지언정 일신에 구차한 안일을 취하여 단독정부를 세우는데는 협력하지 아니하겠다. 나는 내 생전에 38 이북에 가고 싶다. 그쪽 동포들도 제 집을 찾아가는 것을 보고서 죽고 싶다. … ⇒ 5.10 총선 반대

사료읽기

◈ 모스크바 3국 외무장관 회의 결정서(1945. 12 워싱턴, 미 국무성 문서)

①조선을 독립국가로 재건하여 민주주의 원칙하에 발전시키는 동시에 일본의 가혹한 정치의 잔재를 급속히 청소하기 위하여 조선민주주의 임시정부를 수립하여 이로써 조선의 산업·교통·농업 발전과 민족의 문화향상을 도모케 할 것이다.

②조선에 임시 정부 수립을 실현하며 이에 대한 방침을 강구하기 위하여 남조선의 미국 군사령부 대표와 북조선의 소련 군사령부 대표로서 공동 위원회를 설치한다. 이에 대한 제안을 준비하기 위하여 공동 위원회는 조선민주주의 정당과 사회단체와 협의할 것이다.

③위 공동 위원회는 조선민주주의 임시 정부를 기타 각 민주주의 단체와 협력하여 조선을 정치적, 사회적 및 경제적으로 발전시키며 민주주의적 자치 정부를 수립하여 독립 국가로 육성시키는 데 사명이 있다. 공동 위원회의 제안은 조선 임시 정부와 타협한 후, 미국·소련·영국·중국 정부에 제출하여 최고 5년간의 4개국 조선 신탁 통치(원조·협력 또는 후견)에 관한 협정을 할 것이다.

④남·북조선에 관련된 긴급한 제 문제를 고려하기 위하여 또한 남조선 미합중국 관구와 북조선 소련관구의 행정·경제면의 항구적 균형을 수립하기 위하여 2주일 이내에 조선에 주둔하는 미·소 양군 사령부대표로써 회의를 소집할 것이다.

⇨ 신탁통치 반대 국민총동원 위원회의 반탁 시위 선언문 ⇔ 조선공산당 중앙 위원회의 모스크바 3국 회담지지 담화문

◈ 이승만의 정읍발언(1946. 6. 3.)

신탁 통치 반대와 즉시 독립 노선을 걸었던 이승만은 제1차 미·소 공동 위원회가 결렬되자 소련 공산주의의 위협을 지적하면서 남한에서만이라도 정부를 수립해야 한다고 주장하였다. 당시 그의 주장은 소련과 협력하여 한국 문제를 해결하고자 했던 미국의 정책과 달랐기 때문에 현실화되지 못하였다. 그러나 1947년 트루먼 대통령이 대소 봉쇄 정책을 밝히고, 한국 문제가 국제 연합으로 이관된 뒤에는 현실화되었다.

◈ 이승만 초대 대통령 취임사(1948. 7. 24)

여러 번 죽었던 이 몸이 하나님의 은혜와 동포의 애호로 지금까지 살아 있다가 오늘에 이와 같이 영광스러운 추대를 받은 나로는 일변 감격한 마음과 일변 감당키 어려운 책임을 지고 두려운 생각을 금하기 어렵습니다.…

이북 동포 중 공산주의자들에게 권고하노니 우리 조국을 남의 나라에 부속하자는 불충한 사상을 가지고 공산당을 빙자하여 국권을 파괴하는 자들은 우리 전 민족이 원수로 대우하지 않을 수 없나니,…

새 나라를 건설하는 데는 … 새 백성이 아니고 결코 될 수 없는 것입니다. 부패한 백성으로 신성한 국가를 이루지 못하나니 이런 민족이 날로 새로운 정신과 새로운 행동으로 구습을 버리고 새 길을 찾아서 날로 분발 전진하여야 지나간 40년 동안 잃어버린 세월을 다시 회복해서 세계 문명국에 경쟁할 것이니 나의 사랑하는 3천만 남녀는 이날부터 더욱 분투 용진해서 날로 새로운 백성을 이룸으로써 새로운 국가를 만년 반석 위에 세우기로 결정합니다.

◈ 김구의 통일 정부론(1948. 2. 10 삼천만 동포에게 읍고함)

… 한국이 있고야 한국 사람이 있고, 한국 사람이 있고서야 민주주의도 공산주의도 또 무슨 단체도 있을 수 있는 것이다. 그러면 우리의 자주 독립적 통일 정부를 수립하여야 하는 이때에 있어서 어찌 개인이나 자기의 집단의 사리사욕을 탐하여 국가민족의 백년대계를 그르칠 자가 있으랴.

…궂은 날을 당할 때마다 삼팔선을 싸고도는 원귀(怨鬼)의 곡성이 내 귀에 들리는 것도 같았다. 고요한 밤에 홀로 앉으면 남북에서 헐벗고 굶주리는 동포들의 원망스러운 용모가 내 앞에 나타나는 것도 같았다.… 친애하는 3천만 자매 형제여! 우리를 싸고 움직이는 국내외 정세는 위기에 임하였다. 제2차 세계대전에 있어서 동맹국은 민주와 평화와 자유를 위하여 천만의 생령을 희생하여서 최후의 승리를 전취하였다. 그러나 그 전쟁이 끝나자마자 이 세계는 다시 두 개로 갈렸다. 이로 인하여 제3차 전쟁은 시작되고 있다.

⇨ 김구는 남북의 대립이 전쟁으로 이어질 수 있음에 대해 위와 같이 경고하였다. 김구는 제2차 세계대전이 끝난 후 전개된 미·소 냉전을 〈제3차 전쟁〉이 시작되고 있는 것으로 보았다.

◈ 제주도 4·3 사건 진상 규명 및 희생자 명예 회복에 관한 특별법

2000년 1월 〈제주도 4·3 사건 진상 규명 및 희생자 명예회복에 관한 특별법〉이 제정되고, 〈제주 4·3 사건 진상 규명 및 희생자 명예 회복 위원회〉가 구성되어 활동하였다.

⇨ 위원회는 제주도 4·3 사건을 〈1947년 3월 1일 경찰의 발포 사건을 기점으로 하여 경찰과 서청(서북 청년회)의 탄압에 대한 저항과 단선·단정 반대를 기치로 1948년 4월 3일 남로당 제주도당 무장대가 봉기한 이래 1954년 9월 21일 한라산 금족 지역이 전면 개방될 때까지 제주도에서 발생한 무장대와 토벌대 간의 무력 충돌과 토벌대의 진압 과정에서 수많은 주민들이 희생당한 사건〉이라고 정의하면서 희생자를 2만 5천～3만 명으로 추정하고 있다.

(4) **친일파 청산** 〈민족정기 · 사회정의 확립〉
❶반민족 행위 **처벌법**(1948. 9 특별소급법 적용 – 공소시효 2년)
⇒ ②**반민**족 행위 **특**별 조사 **위**원회(48. 10) ※고등경찰 ⇒ 종로경찰서 서장
⇒ ③**반민특위** 해체(49. 8 공소시효 단축) – 이승만 정부 비협조 · 친일파 방해(박흥식 · 노덕술)
※국회 프락치 사건(1949. 16명 야당 의원 간첩 혐의 조작 ⇒ 숙청)

◈ **반민족 행위 처벌법**(1948. 9)
제1조〉 일본 정부와 통모하여 한 · 일 합병에 적극 협력한 자, 한국의 주권을 침해하는 조약 또는 문서에 조인한 자와 모의한 자는 사형 또는, 무기 징역에 처하고 그 재산과 유산의 전부 혹은 2분지 1 이상을 몰수한다.
※김태석(고등경찰)

4 6 · 25 전쟁 〈1950. 6. 25. ~ 1953. 7. 27 휴전〉 – 〈미〉 ⇔ 〈소〉 대리전쟁

※김구 암살(1949)

배경	〈미국〉 ⇨ **애치슨 선언** = 라인(1950. 1 한반도 – 극동 방위선 제외) – 직접적인 **도화선**	
	外〉 미 · 소 양국 철수(49). 중국 본토 공산화(49) 內〉 남한의 경제 · 사회 혼란	
전개	❶북한군의 **무력 남침**(소련 – 무기 지원 – 전면적 기습) ⇒ 서울 함락 → 낙동강 전선 후퇴 ⇨ ❷**유엔 파병**(50. 6. 27) → 낙동강 방어선 구축 ⇒ **인천상륙 작전**(50. 9. 15 맥아더) → 서울 수복 ⇒ **38도선 돌파**(10. 1 국군의 날) → 압록강 진격 ⇨ ❸**중공군 개입**(50. 10 인해전술) → **1 · 4후퇴**(51. 흥남철수) ⇒ 서울 재 함락 → 서울 재 수복 → **38도선 중심** 교착상태(백마고지–영토 확보) ➡ ❹정전회담 개최(51. 7. 소련제의) ⇒ **휴전협정**(53. 7. 27 정전회담 : 38도선 군사분계선)	
	❶**휴전협정**(53. 7. 27 북 · 미 · 중) ⇔ 거제도 반공포로 석방(53. 6.18**이승만** – 휴전 반대) ②1 · 4후퇴(51 중국 개입) ⇔ **맥아더** 확전론 ③보도연맹 사건(우익 전향 – 학살) ④거창양민 학살	
결과	〈국내〉	분단 체제 고착화(미 · 소 냉전 격화 ⇒ 남한 · 북한 – 분열 · 대립 심화)
	〈국외〉	한 · 미 유대강화〈1953. 10 **한 · 미 상호 방위조약**〉 – 주한미군 주둔 근거
영향	〈경제〉	戰後 복구(한반도 80% 파괴 – 南 < 北) ⇨ 현대 경제 발전 기틀 마련
	〈정치〉	內〉 남한 · 북한 독재 강화(이승만 ⇔ 김일성) ⇨ 분단 고착화 外〉 ①〈미국 ⇔ 소련〉 핵무기 경쟁 ②〈일본〉 전쟁특수로 경제대국 성장 기반
	〈사회〉	인구 이동 ⇨ 전통 사회 구조 붕괴(마을 · 가족 공동체 의식 약화)
	〈문화〉	서구 대중문화 유입 ⇨ 전통 문화 경시 풍조(물질 만능)

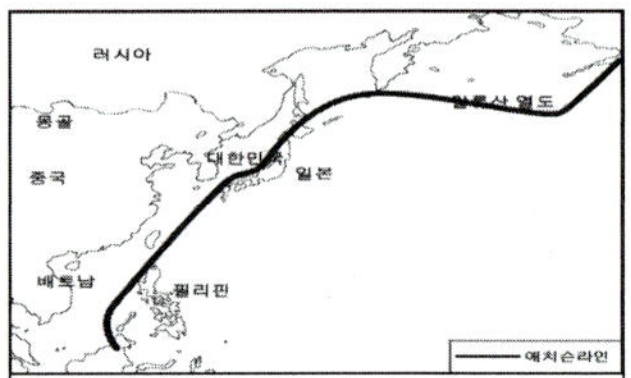

◈ **애치슨 선언** – 미국의 극동에 있어서의 방위선은 알류산 열도로부터 일본, 오키나와를 거쳐 필리핀을 통과 한다. 방위선 밖의 국가가 제 3국의 침략을 받는다면, 침략을 받은 국가는 그 국가 자체의 방위력과 국제 연합헌장의 발동으로 침략에 대항해야 한다.

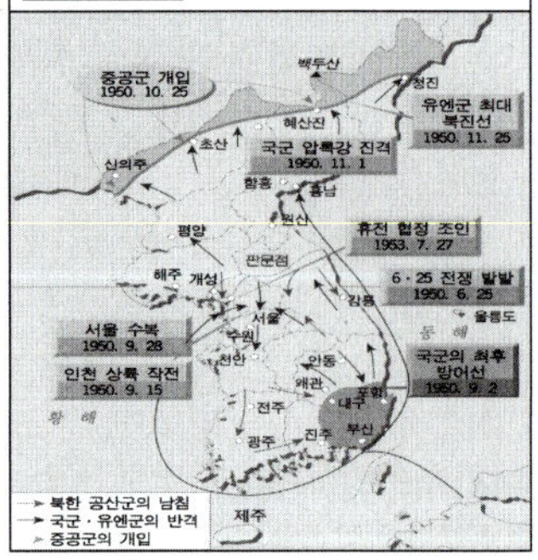

2 민주주의의 발전 〈①1960. 4.19 혁명 ⇒ ②1987. 6.29 선언 ⇒ ③2017 촛불 운동〉

이승만 정부 〈48. 1~3대〉 – 자유당	⇨ 헌정 개헌 〈**정권 연장** = 장기집권 시도〉 ❶발췌 개헌(1952 간선제 → 직선제) ❷사사오입 개헌(1954 중임제한 폐지) 3 · 15 부정 선거(마산 : 이기붕 – 부통령) ⇨ 1960. **4 · 19 혁명** (민주 혁명 기틀 마련)
⇨ **허정 과도정부** (3차 개헌)	〈**4 · 19 혁명**〉 마산 시발(김주열 사망) ⇒ 이승만 하야(하와이 망명) ※최초 독재정권 붕괴 시민 혁명 ⇨ ①민주화 ②노동 ③통일 운동 활성화 ※교수단 지원(시국선언) (총선거 · 중립화 · 남북 협상론)
	〈**정권 연장**〉 북진 통일(반공정책). 거창 양민 학살(700여명). 국민 방위군 사건(1000여명 아사). 신익희 사망(56 야당 당수). 신국가 보안법(58). 경향신문 폐간(59 야당지). 진보당 사건(59 야당 조봉암 처형 : 간첩죄 – 평화통일론 조작)
윤보선 정부 〈60. 4대〉 – 민주당	총 선거 ⇨ ❶장면 **내각 책임제** ②**양원제** 개헌(참의원 · 민의원)
	〈**시련**〉 4 · 19 **이후** ⇒ 민주당 신 · 구파 분열(⇨ 정치 · 사회 혼란) ⇨ 1961 **5 · 16 사건** – 군사 정변〈**박정희**〉 – 국회 · 정당 해산 ⇒ **장면 내각** 붕괴 ⇨ 군정 실시 · 국가 재건 최고 회의 · 중앙 정보부)

◈ **굳세어라 금순아** – 눈보라가 휘날리는 바람 찬 흥남부두에 목을 놓아 불러봤다 찾아를 봤다. 금순아 어디를 가고 길을 잃고 헤매였더냐, 피눈물을 흘리면서 일사 이후 나홀로 왔다.

◈ **발췌 개헌** – 이승만 대통령의 재선을 위해 여당인 자유당의 대통령 직선제안과 야당으로 민주 국민당의 상하 양원제 및 내각 책임제 안을 절충한 개헌안이다. 그러나 제3대 국회는 하원만 구성하고 상원은 유보되었다.
◈ **사사오입 개헌** – 초대 대통령에 한하여 횟수 제한 없이 대통령에 출마할 수 있다는 내용의 개헌안이 국회 표결 결과 1표 차이로 부결되었으나, 이틀 후에 반올림(사사오입)을 내세워 통과

사료읽기

◈ **반민족 행위 처벌법**(1948. 9)

①일본 정부와 통모하여 한·일 합병에 적극 협력한 자, 한국의 주권을 침해하는 조약 또는 문서에 조인한 자와 모의한 자는 사형 또는, 무기 징역에 처하고 그 재산과 유산의 전부 혹은 2분지 1 이상을 몰수한다.
②일본 정부로부터 작위를 받은 자 또는 일본 제국 의회의 의원이 되었던 자는 무기 또는 5년 이상의 징역에 처하고 그 재산과 유산의 전부 혹은 2분지 1 이상을 몰수한다.
③일본 치하 독립 운동자나 그 가족을 악의로 살상 박해한 자 또는 이를 지휘한 자는 사형, 무기 또는 5년 이상의 징역에 처하고 그 재산의 전부 혹은 일부를 몰수한다.
④다음 각 호의 하나에 해당하는 자는 10년 이하의 징역에 처하거나 15년 이하의 공민권을 정지하고 그 재산의 전부 혹은 일부를 몰수할 수 있다. [작위 상속자·중추원 부의장 고문이나 참의·칙임관 이상의 관리·밀정·독립 방해 단체 조직 및 간부·악질적인 군경의 관리·군수 공업 책임 경영자·도나 부의 의원으로 반민족적 죄가 현저한 자·악질적 관공리·일본 국책 추진 단체의 수뇌 간부·각 분야(종교· 사회· 문화·경제 기타)에서 침략 정책 협력을 지도한 자]
⇨ 대한민국 정부 수립 후 친일파 처단을 요구하는 국민적 열망이 고조되어 1948년 8월, 헌법 제101조에 의거, 국회에 반민족 행위 처벌법 기초 특별 위원회(반민 특위)가 구성되고, 9월 22일, 법률 제3호 반민족 행위 처벌법이 통과

◈ **6·25 전쟁 휴전 협정서**

①한 개의 군사 분계선을 확정하고 쌍방이 이 선으로부터 각기 2km씩 후퇴함으로써 적대 군사 간에 한 개의 비무장 지대를 설정한다. 한 개의 비무장 지대를 설정하여 이를 완충 지대로 함으로써 적대 행위의 재발을 초래할 수 있는 사건의 발생을 방지한다.
④적대 쌍방 사령관은 비무장 지대와 각자의 지역 간의 경계선에 따라 설치한 일체 표식의건을 감독한다.
⑥쌍방은 모두 비무장 지대 내에서 또는 비무장 지대로부터 비무장 지대에 향하여 어떠한 적대행위도 감행하지 못한다.
⑦군사 정전위원회의 특정한 허가 없이는 어떠한 군인이나 민간인이나 군사 분계선을 통과함을 허락하지 않는다.

◈ **유엔 참전국**(16개국) – 미국·영국·오스트레일리아·네덜란드·캐나다·뉴질랜드·프랑스·필리핀·터키·타이·그리스·남아프리카 공화국·벨기에·룩셈부르크·콜롬비아·에티오피아

◈ **〈이별의 부산정거장〉**–보슬비가 소리도 없이 이별 슬픈 부산 정거장/ 잘 가세요 잘 있어요 눈물의 기적이 운다/ 한 많은 피난살이 설움도 많아 그래도 잊지 못할 판자집이여/ 경상도 사투리에 아가씨가 슬피 우네 이별의 부산 정거장

◈ **4·19 혁명을 생각하며**

①〈**나는 알아요.** 강명희〉⇨〈부모 형제들에게 총부리를 대지 말라!〉는 현수막을 들고 거리로 뛰쳐나온 초등학생들의 모습
아… 슬퍼요. 아침 하늘이 밝아오면 달음박질 소리가 들려옵니다. 저녁놀이 사라질 때면 탕 탕 탕 총소리가 들려옵니다. 아침 하늘과 저녁놀은 오빠 언니들의 피로 물들었어요. 오빠 언니들은 책가방을 안고서 왜 총에 맞았나요. 도둑질을 했나요, 강도질을 했나요. 무슨 나쁜 짓을 했기에 점심도 안 먹고 저녁도 안 먹고 말없이 쓰러졌나요. 자꾸만 눈물이 납니다.

②**자유의 종을 난타하는 타수의 일익을**(1960. 4. 19 서울대 문리대 선언문)
상아의 진리탑을 박차고 거리에 나선 우리는 질풍과 같은 역사의 조류에 자신을 참여시킴으로써 지성과 진리, 그리고 자유의 대학 정신을 참담한 박토에 뿌리려 하는 바이다… 저들을 보라! 비굴하게도 위하의 폭력으로 우리들을 대하려 한다. 우리는 백보를 양보하고라도 인간적으로 부르짖어야 할 같은 학구의 양심을 강렬히 느낀다. … 보라! 우리는 기쁨이 넘쳐 자유의 햇불을 올린다. 보라! 우리는 캄캄한 밤의 침묵에 자유의 종을 난타하는 타수의 일익임을 자랑한다. …

③〈**껍데기는 가라.** 신동엽〉
껍데기는 가라. 4월도 알맹이만 남고, 껍데기는 가라. 껍데기는 가라. 동학년 곰나루의, 그 아우성만 살고, 껍데기는 가라. 그리하여, 다시, 껍데기는 가라. 이곳에선, 두 가슴과 그곳까지 내논, 아사달 아사녀가, 중립의 초래청 앞에 서서, 부끄럼 빛 내며 맞절할지니, 껍데기는 가라. 한라에서 백두까지, 그 향그러운 흙가슴만 남고, 그 모오든 쇠붙이는 가라.

適者生存⇒盡人事待天命

1) **미⇔소 대리전쟁** 〈6·25 전쟁〉 애치슨 선언(라인)⇒ ①**무력 남침**(소련– 무기지원)⟶ 낙동강 전선 후퇴
⟹ ❷**유엔 파병**(6.27)⟶ 낙동강 방어선 구축⟶ **인천상륙 작전–38도선 돌파**(10.1 국군의 날)⟶ 압록강 진격
⟹ ❸**중국군 개입**(인해전술)⟶ **1·4후퇴**(51. 흥남철수)⟶ 서울함락·수복
⟹ **38도선 중심** 교착– 정전회담 개최(51. 7. 소련 제의)⟶ ❹**휴전 협정**(53. 7. 27 정전회담/ 북·미·중/ 남·소련×)
⟹ **한·미 상호 방위조약**(53.10주한미군 주둔 근거– 2개 사단)

박정희 정부 〈63. 5~7대. 8~9대 〉 – 민주 공화당	총 선거(1962) ⇨ **대통령 책임제** · 단원제 · 3선 금지 개헌
	❸3선 개헌안(1969 정권 연장 = 장기집권 시도) ❹유신 헌법[1972. 6년 임기 · 종신집권 체제 – **통일주체 국민회의**(간선제)]
	〈**시련**〉 反정부 시위(**긴급 조치** 탄압 : 민간인을 군사재판) – 초법적 성격 ⇨ 부 · 마 항쟁 ⇒ **10 · 26 사태**(1979 궁정동 사건 – 박정희 시해 ⇔ 김재규)
	〈**정권 연장**〉 군정 연장 · 반공 국시 · 경제 제일주의(⇨ 민주화 억압) 베트남 파병(1964~73). 한 · 일 국교 정상화(1965 ⇐반대 : 1964. **6 · 3시위**)
최규하 정부 〈79. 10대〉	신 군부 봉기(1979. 12. 12. 하나회) – **국**가**보**위 비상대책 **위**원회(초법적) ⇨ 5 · 18 광주 민주화 운동(1980 서울의 봄 – **계엄령 해제** 요구)

김주열 | 56 야당–신익희

◈ **6.3 항쟁** 〈한–일 국교 정상화에 대한 반대〉 군사쿠데타에 대한 반감과 대일 저자세 외교에 대해 학생들은 〈황소식 민주적 민주주의 장례식〉을 거행하고 거세게 저항 하였다. 당시 박정희 정부의 공화당이 황소를 상징물로 삼았기 때문 이었다.

		★**유신 헌법** – 체제(1972. 10. **대통령** 권한강화) ⇨ 장기집권 가능(종신집권)
배경	**국제적**	**냉전 완화**(닉슨 독트린). 베트남 미군 철수(공산화). 국내 주한 미군 일부 철수
	국내적	**국가안보 · 경제성장** 명분(한국적 민주주의) – 정치적 위기(장기집권). 경기 침체
성격		**대통령 초법적 권한** (국회 1/3 임명권 · 해산권) – **간선제**(통일 주체 국민회의 선출)
탄압		**비상계엄** 선포 – 정치 활동 금지(국회 해산). 언론 통제(사전 검열). 대학 휴교령
붕괴		부 · 마 민주화 운동(긴급 조치 탄압 – 군사 재판) ⇨ **10 · 26 사태**(1979 대통령 시해)

◈ **유신 헌법** 〈39조〉 대통령은 통일주체국민회의에서 무기명 투표로 선거한다. 〈40조〉 통일주체국민회의는 국회의원 정수의 3분의 1의 국회의원을 선거한다. 〈53조〉 대통령은 내정 · 외교 · 국방 · 경제 · 재정 · 사법 등 위급시 국정전반에 걸쳐 필요한 긴급 조치를 할 수 있다. 〈59조〉 대통령은 국회를 해산할 수 있다.

※**4년**[이승만①①①–윤보선①–박정희②①] ⇒ **6년**[유신헌법–박정희③–최규하①–전두환①] ⇒ **7년**[전두환①] ⇒ **5년**[노태우①~문재인①]

전두환 정부 〈80. 81. 11~12대〉 – 민주 정의당	총 선거 ⇨ 7년 단임제. 간접 선거(**대통령 선거인단**) 개헌
	〈**군사정부 시련**〉 강압 정치(민주 · 노동 운동 탄압. 언론 통제) ⇒ 삼청 교육대 · 권인숙 부천 경찰서 성고문 · 박종철 고문치사 〈**유화 조치**〉 야간 통행금지 해제. 학생의 교복과 두발 자유화. 프로야구 개막
	4 · 13 호헌 조치(1987 간선제 유지) ⇒ **6. 10** 민주항쟁(1987) ⇨★**6 · 29 민주화 선언**(1987 박종철 · 이한열) – ❶직선제 ②김대중 사면복권
노태우 정부 〈88. 13대〉 – 민주 자유당	총 선거 ⇨ 민주헌법 개헌(1987 **9차 개헌** : 5년 단임 – 직선제)
	※**여소 야대** ⇨ 3당 통합[민주 정의당+신민주 공화당(김종필)+통일 민주당(김영삼)]

박종철(서울대) | 이한열(연세대)

◈ **6 · 29 선언 주요 내용**
❶직선제 개헌을 통한 평화적 정부 이양 보장 ②김대중 사면복권과 시국 관련 사범 석방 ③지방자치 및 교육자치 실시 ④정당의 건전한 활동 보장

김영삼 정부 〈93. 14대〉 – 신한국당	❶공직자 재산 등록 ❷금융 실명제 ③지방 자치제 전면 실시 ❹외환위기(97 I M F) ⑤역사 바로 세우기(1995 전두환 · 노태우 구속)
김대중 정부 〈97. 15대〉	〈최초 여⇒야 평화적 정권 교체〉 새 정치 국민회의 **6 · 15 남북 정상회담**(2000 대북 포용 정책)
노무현 정부 〈2002. 16대〉	열린 우리당 – 참여 정부 **10 · 4 남북 정상 회담**(2007)
이명박 정부 〈2008. 17대〉	한나라당 ※천안함 사건 ⇨ 연평도 사건(2010). 4대강 정비사업
박근혜 정부 〈2013. 18대〉	새누리당 ※세월호 사건(2014). 최순실 국정농단(2016) ⇨ 탄핵(2017)
문재인 정부 〈2017. 19대〉	바른 정당 ※사드 설치(미 ⇔ 중 갈등). 위안부 소녀상 · 독도(일본 갈등) ①2018 **남 · 북 정상회담**(3차 판문점 회담) ②**북 · 미 정상회담**(3차)

79 김재규

※ ①**3.1운동** ②**대한민국 임시정부** ③**4.19민주이념**

◈ **제헌 헌법**(48) – 5 · 10 총선거. 정부 수립 준비. 내각제 요소 가미(국회에서 대통령 선출). 국회의원 임기 2년. 대통령 중심제(4년)
⇨ **9차 개헌**(87) ⇒ 유구한 역사와 전통에 빛나는 우리 대한민국은 (❶)으로 건립된 (❷)**의 법통**과 불의에 항거한 (❸)**을 계승**하고 조국의 민주개혁과 평화적 통일사명에 입각하여… 〈제1조〉 대한민국은 민주 공화국이다.

사료읽기

◈ 5·16 군사 정변 때 발표한 혁명 공약(1961)

①반공을 국시의 제1로 삼고 지금까지 형식적이고 구호에만 그친 반공 체제를 재정비 강화할 것입니다.
④절망과 기아선상에서 허덕이는 민생고를 시급히 해결하고 국가 자주 경제 재건에 총력을 경주할 것입니다.
⑥이와 같은 우리의 과업이 성취되면 참신하고도 양심적인 정치인들에게 언제던지 정권을 이양하고 우리들 본연의 임무에 복귀할 준비를 갖추겠습니다.

◈ 유신헌법 – 대통령 특별 선언 요지(1972. 10. 17)

①1972년 10월 17일 19시를 기하여 국회를 해산하고 정당 및 정치 활동의 중지 등 현행 헌법의 일부 조항의 효력을 정지시킨다.

◈ 유신 헌법상 대통령의 권한

〈제53조〉① 대통령은 천재, 지변 또는 중대한 재정, 경제상의 위기에 처하거나, 국가의 안전 보장 또는 공공의 안녕 질서가 중대한 위협을 받거나 받을 우려가 있어 신속한 조치를 할 필요가 있다고 판단할 때에는 내정, 외교, 국방, 경제, 재정, 사법 등 국정 전반에 걸쳐 필요한 긴급 조치를 할 수 있다. ⇨ 대통령은 국민의 자유와 권리를 정지시키고, 정부나 법원에 대해서도 긴급 조치를 할 수 있다.
〈제59조〉① 대통령은 국회를 해산할 수 있다.
※**긴급조치 1호**(1974) – ①대한민국(유신) 헌법을 부정·반대·왜곡 또는 비방하는 일체의 행위를 금한다.

◈ 5·18 광주 운동 〈1980. 5·18 광주 민주화 운동 자료 총서 2〉

우리는 왜 총을 들 수밖에 없었는가? … 계엄 당국은 18일 오후부터 공수 부대를 대량 투입하여 시내 곳곳에서 학생, 젊은이들에게 무차별 살상을 자행하였으니! … 협상이 올바른 방향대로 진행되면 즉각 총을 놓겠습니다.
⇨ 1980년 5월, 신군부의 집권 기도에 반대하고 민주화를 요구하는 대규모 시위가 광주에서 일어났다. 정부 당국에서는 … 18일 아침에 각 학교에 공수 부대를 투입하고 이에 반발하는 학생들에게 대검을 꽂고 '돌격 앞으로!'를 감행했고, 이에 우리 학생들은 다시 거리로 뛰쳐나와 정부 당국의 불법 처사를 규탄하였던 것입니다. 이 과정에서 계엄군의 과잉 진압으로 많은 사상자가 발생하고, 이에 시민군이 결성되어 계엄군과 시가전을 벌이는 과정에서 많은 시민과 학생이 희생되었다.

◈ 6월 민주 항쟁(1987)–6 · 10 대회 선언문, **호헌 반대 민주 헌법 쟁취 운동 본부**

오늘 우리는 전 세계의 이목이 우리를 주시하는 가운데 40년 독재 정치를 청산하고 희망찬 민주 국가를 건설하기 위한 거보를 전 국민과 함께 내디딘다. … 국민적 여망인 개헌을 일방적으로 파기한 4·13 호헌 조치를 철회시키기 위한 민주 장정을 시작한다.
⇨ 〈**탁하고 치니 억하고 죽었다. – 박종철**〉 1987년 1월 경찰은 한 청년의 죽음을 이렇게 발표하였다. 청년의 목숨을 앗아간 야만적 고문과 이를 은폐하려는 경찰의 태도에 분노하였고, 평화적 민주화 운동의 열기로 승화되었다.

適者生存⇒盡人事待天命

	헌법 개헌	개정 주체	특징(개정 내용)
정부수립⇨	제헌 헌법(48)	제헌 국회	대통령 중심제(4년 중임 · 간선제), 부통령, 단원제(국회2년)
	1차 개헌(52)	이승만 정부	**발췌 개헌**(대통령 · 부통령 직선제) – 재선 가능
	2차 개헌(54)		**사사오입 개헌**(중임 제한 철폐) – 장기집권 가능
★ 4. 19➡	3차 개헌(60)	허정 과도정부	**내각책임제**, 양원제(참의원 · 민의원) – 간접선거, 경찰중립
※특별법⇨	4차 개헌(60)	장 면 내각	**특별법(3.15부정 선거자** · 반민주자 · 부정 축재자 처벌)
5. 16⇨	5차 개헌(62)	5 · 16군사 정부	**대통령 중심제**(3선 금지 = 4년 중임 – 직선제), 단원제
	6차 개헌(68)	박정희 정부 (통일주체국민회의)	**3선 개헌**(3선 연임 – 장기 집권), 국무위원 겸직(국회의원)
	7차 개헌(72)		**유신 헌법**(6년 **간선제**, 연임 가능), **대통령 권한 강화**
	8차 개헌(80)	전두환 정부	대통령 선거인단(**간선제 – 7년 단임**), 연좌제 금지
★ 6. 29➡	9차 개헌(87)		**6 · 29선언**(노태우 5년 – **단임 – 직선제**), **헌법 재판소** 대통령 권한 축소(비상 조치권 · 국회 해산권 폐지)

3 한국의 경제 성장

1 경제 성장과 자본주의의 발전

광복 직후의 경제		**〈미 군정기〉** 無 정부 – 자유경제 체제 ⇒ 극도의 혼란(미곡 자유거래, 화폐남발) [남북 경제 불균형, 공업 생산량 감소 · 전력 공급 부족 · 인구 급증 · 물가 폭등]
		〈농지 개혁〉 ➡ 경자유전의 원칙[**소작제 철폐**(지주 ⇒ **농민 중심** 토지소유 실현)]
	[북한]	토지 국유화(1946 북조선 개혁 : **무상** – 몰수 · 분배) ⇨ **공동 농장제**(5정보)
	[남한]	토지 개혁(1949 / 50~57 **유상** – 매입 · 분배) ⇨ 1가구 소유 **제한**(3정보)

◈ 분배받은 농지에 대한 **상환액**은 평년작을 기준으로 하여 주생산물의 1.5배로(150%) 하고, 5년 동안 균등 상환하도록 한다.(수확량의 30%)

◈ **삼백 비리** – 특정 기업들이 정부의 특혜 속에 삼백산업을 일으켜 재벌로 성장하고 정치자금 제공

↳농지만 적용(임야 제외)　　↳①농업 ⇒ 산업자본 전환 의도 ②상환(5년) : 수확량 30%(1.5배)

6 · 25전쟁 이후 복구	①전쟁 직후 상황(제조업 피해, 물가 폭등) – 생산 시설 42% 파괴
	②전후의 경제 정책(전후 복구 사업 · 미군정 귀속 재산 불하 – 신한공사)
	❸**〈미국 경제원조〉 소비제 산업** ➡ **삼백 산업**(제분업 · 제당업 · 면방직업) ※**대충자금**(**미공법 580호** – 농산물 : 정부 – 무상원조 – 판매금 ⇒ 한국은행 예치) ⇨ 무기구매 · 미군경비 · 정치자금 사용 ⇒ 경제적 · 군사적 종속(농업 기반 파괴)

◈ **귀속재산 처리법**(49) – 일본인 소유의 공장을 민간기업에 불하, 실제 수혜자는 일제시기의 그 회사의 사무직 직원이거나 소액주주 · 미군정 관리 · 일제시기 관리들이었으며, 정부의 원조물자 독점배당 · 금융특혜 · 독과점 가격 보장 등에 의해 독점자본으로 성장

※**미국 원조** 감소(1958 원조 ⇒ 차관) ⇨ **〈경제개발 7개년 계획수립〉 이승만** 정부
⇒ **〈5개년 수정 – 추진〉 장면** 내각 ⇒ **〈재추진〉 5 · 16 군사정부**(62)

경제 개발 5개년 계획 (1962 ~ 86)	**〈60년대〉** 1 · 2차	경공업 = 기초산업 육성(자립 경제 기반 구축) ↳노동집약 산업(가발 · 섬유 · 신발 · 합판), 베트남 특수(자본 유입)
	〈70년대〉 3 · 4차	중 · 화학 공업 육성(산업구조의 고도화 – 자본집약 산업) ↳고부가 가치 산업(비료 · 시멘트 · 정유 산업), 100억 달러 수출(77)
		❶새마을 운동 · 경부 고속도로(70) **❷1 · 2차 석유 파동**(73 · 79) 경제발전 기여↲ 오일달러 극복(중동건설)↲ ↳유신 붕괴 ↳경제 혼란
	〈특징〉	계획 경제(정부주도 · 수출주도형 성장 전략) – **정경유착**(재벌 기업)
	〈문제점〉	①**경제적** 집중 – 계층 간 소득 격차(**부**익부 ⇔ **빈**익빈 격차 확대)
		❷저 임금 정책 – 노동력 착취(가격 경쟁력) ⇨ **노동 운동**(70년대)
		③농업 < **공업** – 불균형 성장(⇒ 이농 현상)
		④대외 **의존도** 심화 – 국가 경제 약화(외국 자본과 기술 의존)

◈ **4H 운동** – 19세기에 미국에서 시작된 농촌 지역 운동으로 머리(head) · 가슴(heart) · 손(hands) · 건강(health)의 첫 글자를 따서 만든 용어

◈ 새벽종이 울렸네, 새아침이 밝았네. / 너도 나도 일어나 새 마을을 가꾸세. / 살기 좋은 내 마을 우리 힘으로 만드세.

◈ **국토 개발** ①**치산녹화 사업**(73) – 산림법을 공포(61)하고 산림녹화, 나무심기 운동 ②**4대 강 유역 종합개발**(72) – 전국의 수자원을 효율적으로 이용하고 하고 하천관리 사업으로 댐 건설

사료읽기

◈ 우리 헌법이 걸어온 길

1948년 헌법이 처음 제정되고 정부가 수립된 이래 1987년 현행 헌법이 제정될 때까지 불과 40년만에 9차례에 걸쳐 개헌이 이루어졌다. 왜 이토록 짧은 기간에 많은 개헌이 이루어졌던 것일까? 그 이유는 집권자들이 자신의 권력을 강화하여 독재 체제를 구축하고 장기 집권을 도모했던 까닭이다.

하지만 국민들은 이와 같은 독재 권력에 맞서 민주주의를 쟁취하기 위해 저항을 계속하였다. 그리하여 4·19 혁명이나 6월 민주 항쟁과 같은 민주화 운동의 결과로 제정된 민주적 헌법도 있다. 우리나라의 개헌 과정에는 이처럼 민주주의의 시련과 극복 과정이 잘 드러나 있다.

•**〈제헌 헌법〉**(1948) - 5·10 총선거. 정부 수립 준비. 내각제 요소 가미(국회에서 대통령 선출). 국회의원 임기 2년. 대통령 중심제(4년)

⇨ 유구한 역사와 전통에 빛나는 우리 대한민국은 3·1 운동으로 건립된 대한민국 임시 정부의 법통과 4.19 민주 이념을 계승하고 조국의 민주개혁과 평화적 통일사명에 입각하여 … 〈제1조〉 대한민국은 민주 공화국이다. 〈제53조〉 대통령과 부통령은 국회에서 무기명 투표로써 각각 선거한다. 〈제55조〉 대통령과 부통령의 임기는 4년으로 한다. 단 재선에 의하여 1차 중임 할 수 있다. 〈제101조〉 이헌법을 제정한 국회는 단기 4278년(1945) 8월 15일 이전의 악질적인 반민족 행위를 처벌하는 특별법을 제정할 수 있다.

◈ 농지개혁법의 주요 내용(1949)

①법령 및 조약에 의해 몰수하거나 국유로 된 농지, 직접 땅을 경작하지 않는 사람의 농지, 직접 땅을 경작하더라도 농가 1가구당 3정보(약 3만 m^2)를 초과하는 농지 등은 정부가 사들인다. (농지만 대상 - 임야는 제외)

②분배 농지는 1가구당 총 경영 면적이 3정보를 넘지 못한다. (분배 우선순위 - 소작인. 농업 노동자. 영농 능력이 있는 선열 유가족. 해외 귀환 동포)

③분배받은 농지에 대한 상환액은 평년작을 기준으로 하여 주생산물의 1.5배로(150%) 하고, 5년 동안 균등 상환하도록 한다. (수확량의 30%)

⇨ 1945년 현재 농민의 계층별 구성(농가호수 2,065,477호) - 소작농(48.9%). 자작농(13.8). 자소작농(34.6). 화전·피고용농(2.7)

◈ 6·25 전쟁 이후 경제 구조의 변화(미국의 원조가 경제 구조에 끼친 영향)

1950년대 가장 중요한 산업은 면방직·밀가루·설탕 등 이른바 삼백(三白) 산업이었다. 미국은 자본 축적이 미약한 한국의 소수 자본가에게 원조를 집중적으로 배당하고 특혜를 줌으로써 자본가를 육성하고자 했다.

※정경유착 - 정치인과 기업인이 정책적 혜택과 정치 자금을 거래하는 부적절한 밀착 관계

◈ 경제 개발 5개년 계획

①1차(1962～66) : 경제자립달성을 위한 공업화 기반 구축, 개방 체제로 이행 - 전력·석탄·정유 등 에너지 산업 개발, 농업 생산의 증대, 기간산업 확충과 사회간접자본 충족, 유휴자본 활용. 수출증대를 주축으로 하는 국제수지 개선, 기술의 진흥

②2차(1967～71) : 산업 구조의 근대화, 자립경제 확립, 대외개방 전략 - 식량의 자급자족, 철강. 기계. 화학 공업에 중점을 둔 공업화, 수출증진과 수입대체에 의한 국제수지 개선, 고용증대와 인구증가 억제, 국민소득 향상, 기술 수준과 생산의 향상

③3차(1972～76) : 중화학 공업의 중점적 개발, 농촌의 근대화 - 중화학공업화 강력 추진, 수출증대에 의한 국제수지개선, 주곡의 자급, 지역개발의 균형

④4차(1977～81) : 국민경제의 균형과 조화, 복지 사회건설 - 자립성장 구조확립, 사회개발을 통한 형평 증진, 기술혁신과 능률 향상

⑤5차(1982～86) : 경제안전기반 정착, 국민복지 증진

⑥6차(1987～91) : 능률과 형평을 토대로 한 경제선진화 달성

⑦7차(1992～96) : 능력 선진화와 통일에 대비한 경제의 내실화 및 효율화 추진

◈ 박정희 정부의 성장 정책, 어떻게 볼 것인가? - 박정희 정부를 바라보는 서로 다른 시각

①경제 개발이라는 미명 아래 가혹한 인권 탄압과 고문, 유신 독재로 국민에게 말로 표현할 수 없는 고통을 안겨 준, 우리 역사에서 가장 긴 18년간의 장기 독재 정권이었다. … 또 부익부 빈익빈, 정경유착의 왜곡된 경제 구조와 오늘의 경제 위기도 박정희 정권의 잘못된 경제 정책에 기인한 바 크다. 〈김영삼 전 대통령, 1999. 5. 17.〉

②박정희 전 대통령이 추진한 경제 개발을 높이 평가하는 외국 학자들의 주장에 따르면 … 경제가 일정 수준에 올라 중산층이 두터워져야 민주주의가 발전할 수 있다는 것이다. 그런 점에서 자유를 부득이 유보하고 경제 발전을 우선시한 박 전 대통령의 노선은 옳았다는 것이다. 〈○○ 주간지, 2001. 9. 6.〉

자본주의 발전	〈전두환 정부〉	1980년대 경제성장(⇒ **3저 호황** – 저유가 · 저금리 · 저달러) ↳**중산층**(넥타이 부대) 성장(⇨ **6월 항쟁** 참여)
	〈김영삼 정부〉	OECD 가입(1996 경제 개발 협력 기구)– 29번째 신경제 5개년 계획 ⇨ 외환위기(1997 **IMF** 국제통화 기금–지원)
	〈김대중 정부〉	신자유주의 정책 ⇨ 외환위기 극복(금모으기) – 정부역할 축소 ↳기업 · 금융 · 공공 · 노동 ⇨ 대외 개방 · 규제 철폐 · 민영화
	〈노무현 정부〉	미국과 자유무역 협정(FTA) 협상 시작. 복지정책

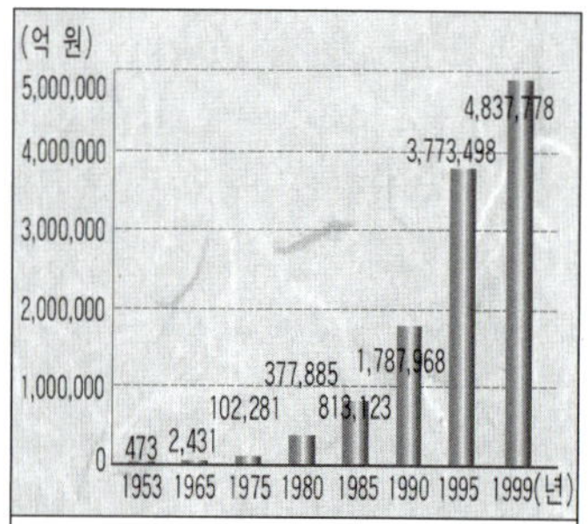

수출 현황

※①60. 4.19혁명(교수단 지원 – 시국선언) ②87. 6월 민주항쟁(중산층 = 넥타이 부대 지원)

한국경제 과제	〈세계무역 경쟁〉 ②**FTA**(자유 무역 협정 – 전면 개방) – 노무현 정부 ①우루과이 라운드(89) ⇒ **WTO**(95 세계무역 기구) – 분쟁 ⇨ 판결권(강제 집행권)
	①시장 개방 압력 극복(경쟁력 강화) – 시장 · 자본의 세계화 추세 ②경제적 격차 완화(도시 ⇔ 농촌 격차 · 공업 ⇔ 농업 격차 · 빈 ⇔ 부 계층격차)

◈ **우루과이 라운드**(UR 1989) 우루과이에서 개최된 GATT 관세와 무역에 관한 일반 협정)에서의 다자간 무역 협정. UR 타결로 우리나라는 공산품 수출이 확대된 반면에, 쌀 시장과 서비스 시장을 개방하게 되었다.(93)

2 산업화와 사회 · 문화의 변화

현대사회 변화	〈도시의 변화〉 경제 개발 계획(농업 ⇒ 산업 사회 변화) ⇨ **도시화** – 사회 문제(주택 · 교통 · 환경 · 공동체 의식 약화…) **❷광주 대단지 사건**(71 경기 성남시) – 철거민 집단이주 ⇒ 폭력 저항(유혈 사태)
	농촌 변화와 농민 운동(농촌 인구 감소 · 새마을 운동 · 농민 운동)

※①**전태일** 분신(1970) ⇒ ②**광주 대단지 사건**(71) ⇒ ③**YH 사건**(79)

노동운동	〈70년대〉	본격화 ⇨ **정부 통제** – 조국의 근대화(노동자 희생 감수)
	〈80년대〉	확산 ⇨ **정부 중재**(⇐ 6 · 29 선언 : 노동운동 활성화) – 노동조합 결성
	〈90년대〉	전국 조직 ⇨ 한국노총 · 민주노총 – **노사정 협의회**(김대중 : 노동자+사주)
		❶전태일 분신(70 평화시장 재단사) – 근로기준법 준수 요구(노동자 각성 계기) **❸YH 사건**(79 가발 무역회사) – 신민당 당사 농성(경찰 폭력진압) ⇨ 여 ⇔ 야 갈등

↳※**유신정권 붕괴 요인** ↳김영삼(야당)

↳①정치적 갈등(79 YH 사건) ②경제적 혼란(79 2차 오일파동)

◈ **전태일** – 존경하는 대통령 각하! …저희들은 근로 기준법의 혜택을 조금도 못 받으며, 평균 연령 18세의 여성입니다. … 40%를 차지하는 보조공들은 평균 연령 15세의 어린이들입니다.… 하루에 90원 내지 100원의 급료를 받으며 1일 15시간씩 작업을 합니다.

〈시민운동〉	시민 단체 (NGO 6월 민주항쟁 이후)
〈환경운동〉	환경 파괴 감시. 정부 정책 비판…
〈여성운동〉	남녀고용 평등법. 남녀차별 금지법. 호주제 폐지(05 가족관계 등록부)
〈사회보장〉	의료 보험(1977 ⇒ 2000 국민 건강 보험). 국민 연금(1988). 산재 보험 국민 기초 생활 보장법

교육제도		중학생 무시험(69). 고교 평준화(74). 과외 전면금지 · 본고사 폐지(80년대) 군사 교육 · 반공 교육(박정희 정부 – 학도 호국단. 국민교육 헌장)
언론과 대중문화	〈1960년대〉	정부 언론 규제. KBS · TBC · MBC 방송국 설립
	〈1970년대〉	언론 수호 운동(동아 일보 기자). 텔레비전 보급
	〈1980년대〉	언론사 통폐합(신군부). 컬러텔레비전 방송 시작
	〈1990년대 이후〉	대중문화 확산(언론. 방송 매체). 한류 열풍(2000년대 이후)

◈ **〈G7〉** 미국, 영국, 독일, 프랑스, 이탈리아, 일본, 캐나다 등 선진 7개국 회의
◈ **〈몬산토〉** 다국적 씨앗 회사. 유전자 조작 변형(GMO) 콩과 옥수수 씨앗 생산
◈ **〈카길〉** 다국적 곡물 및 사료 회사. 몬산토와 더불어 우리 곡물 수입의 60% 이상, 세계 곡물 시장의 90% 이상 장악

사료읽기

◈ YH 무역 사건(1979)

가발 제조업체인 YH 무역이 1979년에 부당한 폐업을 공고하자, 노동조합원들이 회사 정상화와 노동자의 생존권 보장과 정상화를 요구하며 1979년 8월 야당인 신민당사에서 농성을 벌인 사건이다. 이들에 대한 경찰의 폭력 진압에 반대하는 시위가 확산되어 유신 반대를 위한 연대 투쟁을 일으켰다. 농성은 경찰에 의해 강제 해산되었으나, YH 사건은 유신 체제 몰락의 한 원인이 되었다.

◈ 신자유주의 경제

제1, 2차 석유 파동 이후 G7을 결성한 선진 자본주의 국가들이 IMF와 WORLD BANK를 동원하여 세계 금융과 농업 시장을 개방시켜 시티뱅크・몬산토・카길과 같은 다국적 기업의 이익을 극대화시키려는 신자유주의의 단면을 풍자한 것이다. 정부의 역할을 줄이려는 새로운 움직임을 말한다. 복지예산 감축・국영 기업의 민영화・무역 규제 완화・기업육성을 위한 지원 감소를 특징으로 한다.

〈IMF〉 국제 통화 기금 **〈WORLD BANK〉** 국제 부흥 개발 은행(IBRD)의 별칭 **〈시티뱅크〉** 세계적 다국적 금융 회사

※**재건 주택**(再建住宅) – 유엔 한국 재건단(UNKRA)의 원조로 건립된 주택. 9평 정도의 흙벽돌집이다.

◈ 농민 운동의 문을 연 함평 고구마 사건

1976년 7월 함평 농협은 농민들에게 고구마 전량 수매를 약속하며 생산을 독려하였다. 그러나 고구마 수매가를 낮추려는 농협과 관련 기업의 농간으로 11월이 지나도록 수매가 제대로 이루어지지 않아 고구마가 썩어 들어가기 시작하였다. 이에 농민들은 피해 보상을 요구하며 소송을 제기하고, 가톨릭 농민회의 지원 아래 집단 항의 농성을 전개하였다.

⇨ 당시 커다란 사회적 쟁점이 되었던 이 사건은 1980년대 이후 활발히 전개된 농민 운동의 선구적 역할을 하였다. 함평 농민들은 3년에 걸친 끈질긴 투쟁 끝에 피해를 보상받았다.

※**이중 곡가제** – 정부가 쌀을 시중 가격보다 비싸게 사서 소비자에게 값싸게 공급하는 정책을 말한다. 이는 농촌 경제의 안정과 함께 저임금에 시달리는 도시 근로자의 생계 지원까지 고려한 것이었다.

◈ 1970년대 통제와 억압의 사회상 〈장발과 미니스커트 단속〉

1970년대는 또 다른 의미에서 〈단발령〉의 시대였다. 머리카락이 긴 청년들은 거리에서 경찰을 만나면 장발 단속을 피해 도망쳐야 했다. 경찰에 잡힐 경우에는 즉석에서 머리카락이 쥐가 파먹은 모양으로 잘리고, 경범죄로 벌금까지 물어야 했다. 그래서 당시 장발은 독재 정권에 대한 저항과 자유의 상징으로 통하였다.

⇨ 젊은 여성들도 치마를 짧게 입었을 경우에는 경찰을 피해 다녀야 했다. 경찰은 자를 가지고 다니며 미니스커트의 끝단과 무릎 사이의 길이를 재서 15cm가 넘으면 경범죄를 적용하여 단속하였다. 또한 정부는 노래나 문학 작품, 영화 등을 검열하여 조금이라도 저항적 분위기를 담고 있거나, 체제를 비판하는 내용이 담겨있다고 판단되면 금지곡, 금서로 지정하였고, 영화는 해당 부분을 삭제하였다. 이와 같은 대중문화와 국민의 일상에 대한 통제와 억압 속에는 정권의 안정을 통해 장기 독재를 추구하려는 의도가 내포되어 있었다.

◈ 의생활의 변화

① 1898년에 장옷을 폐지하고 대신 우산을 지니도록 청하는 상소를 시작으로, 사회 활동을 하는 여성과 여학생은 장옷을 벗고 활동하였다.

② 1930년대에는 양복과 양장을 입는 사람이 늘었으나, 전시 체제로 전환됨에 따라 일제는 국민복과 몸빼를 입도록 강요하였다.

③ 1950년대에는 구호물자로 인해 한복에서 양복으로 빠르게 변화하였으며, 1960년대 이후에는 양복의 착용이 보편화되었다. 1970년대에는 기성복이 정착 단계에 이르렀고, 오늘날에는 생활수준의 향상으로 개성 있는 옷을 입는 현상이 나타나고 있다.

※**사회 보장 제도** – 장애인 복지법(1981). 최저 임금법(1986). 남녀 고용 평등법(1987). 국민 연금제 시행(1988). 의료 보험 전면 실시(1989). 사회보장 기본법-고용 보험제(1995). 기초 생활 보장법(1999). 노인 장기 요양 보험(2008)

※**호주제 폐지** – ①개인 각각의 신분 등록부로 호적을 대신한다. ②재혼가정 자녀는 새아버지의 성으로 바꿀 수 있다. ③동성동본 금혼을 폐지한다.

※**비정부 기구**(NGO, Non – Governmental Organization) – 유니세프, 엠네스티, 그린피스를 비롯한 1,600여 개의 단체가 유엔의 자문기구로 인정받아 활동하고 있다. 정부간의 협정이 아닌, 민간단체가 중심이 되어 만들어진 비정부 국제조직

※**방송의 변화** – 라디오 최초 방송(1927). 대한민국 국적의 라디오 최초 방송(1947). 라디오 민간 방송 시작(1954). 전국적인 TV 방송(1961). 라디오 FM 방송 시작(1965). 컬러 TV 방송 시작(1980). 케이블 TV의 전국 방송 실시(1994)

4 북한의 변화와 평화 통일을 위한 노력

1 북한의 정치 · 경제적 변화

북한 체제 고착화	〈배경〉	국제적	미 · 소 군정 ⇨ 국제적 냉전심화 = 절정(6 · 25전쟁, 베트남 전쟁)
		국내적	남한(이승만 – 무력 북진 통일), 북한(김일성 – 무력 적화 통일)
	〈과정〉	**1) 김일성** 유일 지배 체제(1인 독재 ⇨ **주체사상**)	
		⇨ 〈1950년대〉 反김일성 세력 숙청 [국외파] [김일성파] ①남로당(박헌영)× ⇒ ❷**종파 사건**(1956. 8 연안파 · 소련파×) ⇒ ③갑산파× ⇨ 〈1960년대〉 김일성 유일 지배체제 구축(1인 독재 ⇒ **주체사상**) ①중 · 소 이념 분쟁(1962) ⇒ 독자적 노선(우리식 사회주의) – 주체사상 대두 ②주체사상 공식화(1967) ↳조선민족 제일주의 ⇨ 〈1970년대〉 ❸주체사상 법제화(1972 사회주의 헌법 – **김일성 주석제**)	
		〈헌법 개헌〉 ①**인민** 공화국 헌법(1948) ❷**사회주의 헌법**(72 **주석제**) ③**김일성 헌법**(1998 유훈 통치 – 김일성 정통성 계승 정권)	
	〈세습〉	**2) 김정일** 후계 체제(1994 **선군정치** – 강성대국) ※김일성(**주석**)	
		①1960년대 김일성 유일체제 구축 ⇒ ②70년대 실무형 관료(혁명 2세대 등장) ⇒ ③후계체제 공식화(1980년대) ⇒ ❹**김정일** 권력승계(1994 **국방위원장**) ⇒ ⑤신헌법(2009 후계체제 대비) ⇒ ⑥**김정은** 권력 승계(2011 **국무위원장**)	

◈ **연안파**(중국파) – 1940년대 중국 화북 지방에서 조선 독립 동맹과 그 산하에 조선 의용군을 조직하고 무장 항일 투쟁을 전개했던 세력(**김두봉**)
◈ **소련파** – 소련 내의 한인 출신들로, 광복 후 소련이 북한 통치를 위해 정책적으로 양성하여 귀국시킨 인물
➡ 김일성 유일지배체제 반대

※남로당 숙청(전쟁 책임)

	◈ **신헌법** (2009. 4.)
배경	김정일 정권의 공고화 (**김정은** – 후계체제 대비)
추가	주체사상 ⇨ 선군사상 인권존중
수정	공산주의 ⇨ 사회주의 명령 ⇨ 지시 국방위원회 ⇨ 최고국방 지도기관
신설	국무위원회 ⇨**국무위원장**(최고 령도자)

※①김일성(주석– 주체사상: 1인 독재체제)⇒ ②김정일(국방위원장– 선군정치)⇒ ③김정은(국무위원장– 최고령도자)

북한 변화	〈전개〉	〈1950년대〉 전후 복구와 사회주의 경제(국가주도 계획 경제 – 중공업)	
		①3년 계획(협동농장) ⇒ ❷5년 계획(**천리마** · 3대 혁명운동) ⇒ ③7년 계획 ※사상 · 기술 · 문화 혁명(과학자 · 기술자 · 청년 생산 현장투입)	
	〈결과〉	〈1970~90년대〉	경제적 위기 – 계획경제 실패(식량난) – 고난의 행군(1998)
		〈1980년대 말〉	경제 외교 본격화 ⇨ 개방 정책
	①국제적 고립 탈피 ⇨ UN가입 · 남북 관계 개선(**금강산 관광, 6 · 15정상회담**) ❷**합영법**(1984) ⇒ **합작법**(93 경제특구 – 나진 · 선봉 · 황금평 ⇨ 두만강 자유무역 지대) ③2002. **7.1 경제 관리 개선 · 개조 조치**[군수산업(국가 계획경제), 민수생산(장마당 도입)]		

◈ **군중 동원의 정치 노선**
전후 경제 건설방안(전쟁 이후의 노동력 부족현상 극복) – ①천리마운동(노동 경쟁운동 – 대량생산 유도) ②청산리 정신–방법
◈ **선군정치**(김정일–국방위원장)
군이 국가중심 – 사회주의혁명 주도. 경제적 위기 · 외교적 고립 속에서 정권유지, 후계자 지배 정당화 수단
◈ **6. 28 방침**(2012) – 국가통제가 가능한 시장경제 체계수립 시도. 배급제 폐지(식량판매소 구입)

※합영법(중국 개방정책 부분도입) ※합작법(외국자본 유치)

2 통일 정책의 변화와 남북 대화

통일정책 변화	〈남한〉	이승만(북진 통일론) ⇒ 장면내각(UN 감시 下 – 남북 총선거 제의) ⇒ 박정희(반공 국시) ⇨ **남북 연합 단계**(80년대 민족공동체 통일방안)
	〈북한〉	남북 총선거(미군철수 · 보안법철폐 전제) ⇒ **연방제 통일방안**(1960) ⇨ 고려 민주 연방공화국 방안(80년대 미군 철수 · 보안법 철폐 전제)
★**남북 갈등 고조**(1968 ⇒ 전쟁재발 위기) ❶**1 · 21 사태**(김신조 – 청와대 습격 ⇒ 예비군 창설) ②**푸에블로 사건**(미국 전자정찰함 나포) ③**울진–삼척 지구 공비침투**(120여명)		

◈ **1. 21 사태** – 북한군 특수부대 출신의 무장 게릴라 31명으로 청와대를 습격–파괴하려는 임무
◈ **푸에블로호 나포사건**(1. 23)
미국의 첩보 수집함 푸에블로호가 원산 부근에서 군인과 민간인 등 83명이 나포. 12월 23일에 푸에블로호와 장비는 북한에 몰수되고, 승무원 82명과 시체 1구가 판문점을 통해 미국으로 송환.

※1 · 21 사태⇒ 예비군 창설 · 휴전선 철책 · 주민등록증 · 실미도 특수부대

◈ **닉슨 독트린**(1969) ⇨ **냉전 완화**(베트남 전쟁×) ⇒ 주한미군 철수 계획 ➡ ★ **율곡사업**(1974 한국 주도 – 군 현대화 사업)
①미국은 앞으로 베트남 전쟁과 같은 군사적 개입을 피한다. ②내란이나 침략에 대하여 아시아 각국이 스스로 협력하여 그에 대처하여야 할 것이다.
④아시아 제국에 대한 원조는 경제 중심으로 바꾸며 다수 국 간 방식을 강화하여 미국의 과중한 부담을 피한다.
⑤아시아 제국이 향후 5~10년 내에는 상호 안전 보장을 위한 군사 기구를 만들기를 기대한다.

사료읽기

◈ **북한 헌법의 변화**

1) **조선 민주주의 인민 공화국 헌법**(1948 김일성)
①국가의 주권은 노동자 · 농민이 아니라 인민에게 있는 것으로 규정되었다.
②생산 수단은 국가 · 협동 단체뿐만 아니라 개인에게도 귀속 되도록 하였다.
③내각과 최고인민위원회의 상임 위원회가 권력을 균분하는 내각제 형태의 권력구조를 채택하였다.

2) **조선 민주주의 인민 공화국 사회주의 헌법**(1972 김일성)
①북한 지도부는 자주적인 사회주의 국가로 천명하였으며, 주체사상을 자기활동의 지도적 지침이라고 천명하였다.
②프롤레타리아 독재를 명문화하고, 생산 수단을 국가 및 협동단체로 국한시켰다.
③권력분립의 원칙을 파기하고 절대 권력을 가진 국가 주석제를 만들었다.

3) **김일성 헌법**(1998 유훈 통치 – 김정일 정권 정통성 계승) – 국가 최고 기관인 국방위원회의 국방위원장이 실질적인 국가지도자의 역할을 수행하도록 함으로써 김정일의 권력기반을 강화하였다.

4) **신헌법**(2009) – 김정일 정권의 공고화(김정은 후계 체제 대비)
⇨ 최고 인민회의 – 북한 헌법상 입법권을 행사하는 기관으로서 우리의 국회에 해당한다.
※①**김일성**(주석 – 주체사상 : 1인 독재체제) ⇒ ②**김정일**(국방위원장 – 선군정치) ⇒ ③**김정은**(국무위원장 – 최고령도자)

◈ **북한의 경제 사정과 인권 실태**

①**북한 경제의 실상**
1970년부터 나타난 남과 북의 경제 격차는 1990년대 이후 가속화되어 2007년 현재 1인당 국민 총소득(GNI)은 남한이 북한의 17배에 달하고 있다. 이처럼 격차가 벌어진 이유는 남한 경제가 크게 성장했기 때문이기도 하지만, 과중한 군사비 지출과 주체사상에 따른 폐쇄적 경제 정책으로 북한 경제가 침체의 길을 걸어온 탓이 크다.

②**북한의 인권 실태**
국제 사회에서 바라본 북한의 중대한 인권 침해 사례는 개인의 자유와 권리 제약을 비롯하여 공개 처형, 정치범 수용소 운영, 종교의 자유에 대한 탄압, 거주 · 여행의 자유에 대한 제한, 성분 분류에 의한 인민들의 차별 대우 등이다.
그러나 무엇보다 심각한 인권 문제는 굶주림에 시달리는 사람들과 생존을 위한 북한 이탈 주민 문제이다. 한 · 중 국경을 통한 북한 이탈 주민이 늘어나자, 중국 정부는 이들을 체포하여 북한으로 강제 송환하고 있다.

③**북한의 식량난**
북한의 경제문제 중 가장 심각한 것은 식량난이다. 매년 600만 톤이 필요하지만, 생산력 저하와 거듭되는 자연재해로 생산량이 400만톤을 밑돌기 때문이다. 여기에 외화부족과 국제식량 가격폭등은 북한의 식량사정을 더욱 악화시켰다. 남한의 정부와 민간단체를 비롯하여 여러 나라에서 인도적 식량지원이 이어지고 있지만, 주민들의 굶주림은 여전한 실정이다.

◈ **합작 회사 경영법**(1984 합영법 ⇒ 1993 합작법 개정)
①합영법은 우리나라(북한)와 세계 여러 나라들 사이의 경제 기술 협력과 교류를 확대 발전시키는 데 이바지한다.
②합영 기업은 당사자들이 출자한 재산에 대한 소유권을 가지며 독자적으로 경영 활동을 한다.
③공화국 영역 밖에 거주하고 있는 조선 동포들과 하는 합영 기업, 일정한 지역에 창설된 합영 기업에 대하여 세금을 감면, 유리한 토지 이용조건의 제공 같은 우대를 한다.
※**주체사상** – 이른바 사상의 주체 · 정치의 자주 · 경제의 자립 · 군사의 자위 · 학문의 주체 등을 내세운 북한의 독자적 정치 이론으로, 김일성 유일 지배 체제 구축 및 개인숭배와 반대파 숙청에 이용되었다.
※**기업소** – 북한의 계획 경제 체제 아래의 독립된 경영 단위. 영리를 추구하는 남한의 기업과는 다르다.
※**천리마 운동** – 1950년대 후반 대중의 노동력 동원을 통해 사회주의 경제를 건설하기 위해 실시한 운동으로, 하루에 천리를 달리는 천리마와 같은 속도로 사회주의 경제를 건설하자는 뜻.(생산증대를 겨냥한 북한의 노동 강화 운동)

1) 통일에 대한 노력 適者生存⇒盡人事待天命

⇓ ①68. 1.21 사태(청와대)→ 미 정보선 나포→ 울진 · 삼척 공비–⇒ 전쟁 위기
❷69 **닉슨 독트린**(냉전 완화)⇒ 베트남전쟁×–(주한미군철수 계획)⇒ 율곡사업(74–)
⇓ ③70 8.15 선언(선의의 경쟁)–⇒ 경제적
❹72. **7.4 남북공동 선언**(자주 · 평화 · 민족적)–––실체=존재인정
⇓⇔ ⑤72. 10 유신헌법(강력한 대통령제)–사회주의헌법(주석제)–⇒독재체제 강화
⇓ ⑥73. 6.23 평화통일선언(호혜평등 외교)–⇒실리외교(비동맹 · 중립국가와 외교)
⇓ ⑦85 최초 이산가족 · 예술공연단 교환방문(전두환)
❽88. **7.7 특별선언**(북방외교)– 공산국가 외교–⇒ 90소련 · 92중국 수교
⇓ ⑨90. 남북 고위급(총리) 회담
⑩91. **남북 UN가입**
⇓ ⑪91. 남북 기본합의서(불가침 · 화해 · 협력)–⇒ 최초 남 · 북한 특수관계(국가×) **※주한미군 철수**
⑫ 2000. **6.15 정상회담**(김대중)
⇓ ⑬ 07. 10.4 정상회담(노무현)
⇓ ⑭ 18. 판문점회담(문재인 3차), 북+미 정상(2차)

┌①에치슨 선언(라인)→(철수)⇒ 6.25전쟁
│②베트남전쟁 투입→(저지)⇒ 한국군 파병
└③닉슨독트린→(계획)⇒ 율곡사업(74–)

남북 대화	냉전 체제	①**시작**(1946 〈미국〉 트루먼 독트린) ⇒ ②**심화** = 절정(6. 25전쟁 · 베트남 전쟁) ⇒ ❸**완화**(1969 〈미국〉 닉슨 독트린 – 중국 방문) ※냉전 체제(미국 ⇔ 소련)
	〈과정〉	➡ **8 · 15선언**(1970 평화통일 제의) – 선의의 경쟁(경제적) ↱민주적X ⇒ **7 · 4 남북 공동성명**(72 최초 합의) – **자주적 · 평화적 · 민족적 대단결** ↳〈**실체** 인정〉 ※남북 적십자 회담(71) · 남북 조절 위원회 조직 운영 논의 ※1972. 10 **유신 헌법 · 사회주의 헌법** ⇨ 남 · 북 독재체제 강화이용
		⇒ **6 · 23 평화 통일 선언**(1973 外)호혜 평등 외교) – 국가실리 추구 ⇒ **남북기본 합의서**(91 화해 · 불가침 · 교류 · 협력 합의서) – 사회주의 **체제** 인정 ⇒ **한반도 비핵화 공동선언**(1991) ⇒ **NPT**(핵무기 비확산조약) 탈퇴(1993) ⇒ 제네바 북 · 미 합의(94 핵개발 동결 조건 – 경수로원자력 지원) ⇒ **핵 실험**

◈ 1972년 7월 4일에 발표된 분단 이후 최초의 남북 간 합의문서. 이를 계기로 국내외적인 평화 분위기가 조성되었지만, 곧 박정희 정부는 10월 유신을 선포하여 장기 집권을 꾀하였고, 북한도 사회주의 헌법을 개정하여 유일 지도 체제를 더욱 강화하였다.

※〈1991 **남북기본 합의서**〉⇒ 국가 간이 아닌 통일 과정의 민족적 특수 관계 규정 ↳※핵–미사일 실험(2006이후 6차 실험)

	남한 〈남북 연합〉	북한 〈낮은 단계 연방〉
명칭	민족 공동체 통일	고려 민주 연방 공화국 창립
국가 형태	1민족 1국가 ⇨ **1정부**(1체제)	1민족 1국가 ⇨ **2정부**(2체제) – 연방제
통일 과정 과도 체제	〈**민족 통일** ⇒ 국가 통일〉 점진적 민족 사회 우선 건설 〈화해 · 협력 ⇨ **남북연합** 헌장〉 ⇨ 통일 정부–통일 국회(양원제) (통일헌법 – 국민투표)	〈**국가 통일** ⇒ 민족 통일〉 급진적 국가 체제 조립 우선 〈남한 보안법 철폐 · 미군 철수 전제〉 ⇨ 고려 민주 연방 공화국 수립 (최고민족 연방회의, 연방 상설위원회)
2000 **6 · 15 선언** 김대중+김정일	❶**남측**(남북연합 제안) ⇔ **북측**(낮은 단계 연방 제안) ⇨ **공통성** 인정 〈남한 · 북한은 국가 간이 아닌 ⇒ 통일 과정의 민족적 특수 관계〉 ②비전향 장기수 문제 ③이산가족 방문단 교환 논의	
2007 **10 · 4 선언**	**평화 번영 선언**(남북 관계 발전 ⇒ 종전선언 추진) – 노무현 + 김정일 ⇨ 경제 · 문화 · 여러 분야 교류 ⇒ 공동번영 · 화해 통일 · **평화정착**	
판문점 선언	**종전선언 추진**(2018 4. 27 3차 문재인+김정은) ⇒ **북 · 미 회담**(6. 12 김정은+트럼프)	

◈ **공통점** – ①단계적 · 점진적 통일 추구(민족의 사회적 통합 후 · 제도적 통일을 지향) ②완전한 통일로 가는 과도적 단계 ③남북 지역 정부가 내정뿐만 아니라 군사 · 외교권도 보유

◈ **제네바 회담**(1954) – 전쟁 후 한반도 문제 해결을 위한 국제 정치 협상 회의가 개최

◈ **제네바 기본 합의서**(94) – 한반도 핵문제의 전반적 해결을 위해 북한과 미국 간에 이루어진 합의서로, 북한의 핵 개발 동결…

※〈미국〉 트루먼 독트린(유럽경제 지원 – 마셜계획) ⇒ 소련세력 확대 저지 ※〈미국〉 윌슨(민족자결주의) ⇒ 러시아세력 확대저지

3 국제 정세의 변화와 평화 통일의 과제

국제정세 변화	〈**냉전 체제 붕괴**〉	⇨ 경제 경쟁 시대 돌입(1990년대) – 이념 대립×
	〈**사회주의권 붕괴**〉	❶1980년대 중반 **소련 개혁**(페레스토레이카 개혁) ⇨ 해체(1991) : **소**비에트**연**방공화국 ⇒ 러시아 ②베를린 장벽 붕괴(1989 동독 붕괴) – 독일 통일(1990) ③동유럽 공산당 몰락(1990년대)

남북관계 진전	〈**박정희 정부**〉 63~	남북 적십자회담(1971). **7 · 4 남북 공동 성명**(72 **실체**인정) ⇨ 선건설 후통일(소극적 통일 방안)
	〈**전두환 정부**〉 81~	민족 화합 민족 통일 방안(1982). 최초 ⇨ 이산가족 · 예술 공연단 교환 방문(1985)
	〈**노태우 정부**〉 88~	❶**7 · 7 특별 선언**(1988 민족 공동체 – **북방 정책** 추진). 한민족 공동체 통일 방안(1989) ②남북 총리 회담(90) ❸**남북 UN 가입**(1991) ❹**남북 기본 합의서**(91 사회주의**체제** 인정)
	〈**김영삼 정부**〉 93~	한민족 공동체 건설 3단계 통일방안(1993) – 자주적 · 평화적 · 민주적 통일 KEDO 참여(1996 한반도 에너지 개발기구) – 北경수로 건설지원
	〈**김대중 정부**〉 97~	**햇볕 정책**(화해 협력) ⇨ ①금강산 관광(1998 선박 – **해로** ⇐〈**6. 15 정상회담**〉⇒ **육로** – 버스) ❷**6. 15 남북 정상 회담**(2000) ⇒ 경의선 복구, 개성 공단 조성, 비료 협상, 이산가족 상봉 · 면회소 설치
	〈**노무현 정부**〉	2007.10. 4 남 · 북 정상회담(평화 번영 선언). 6자 회담 추진(2002 북핵 문제)
	〈**문재인 정부**〉	2018. 4. 27 남 · 북 정상회담(판문점 선언 – 종전 추진 – 3차). 6. 10 북 · 미 정상회담(김정은 · 트럼프)

사료읽기

◈ 트루먼 독트린(1947. 3) – 냉전체제의 시작(미국의 소련에 대한 정책 변화)

미국은 그리스 정부로부터 긴급한 재정적 경제적 지원을 요청받았습니다. … 수천 명의 무장한 공산주의자들이 저지르는 테러에 의해 그리스는 국가의 존립이 위협받고 있습니다. … 영국 정부는 더 이상 터키에 대한 경제 원조를 확대할 수 없다고 우리에게 통보하였습니다. … 우리는 도움을 줄 수 있는 유일한 나라입니다. … 만일 그리스가 소수 무장대의 통제 아래 빠지게 되면, 이웃 터키에 대한 영향은 금세 심각해집니다. 혼란과 무질서가 중동 전체로 퍼질 것입니다. … 따라서 저는 그리스와 터키에 대해 1948년 6월 30일까지 4억불 원조 계획을 승인해 줄 것을 요청합니다.

※마셜 플랜 – 1947년 미국 국무장관 마셜이 발표한 서유럽 16개국에 대한 경제원조 계획이다. 이는 전쟁으로 피폐해진 유럽에 대한 대규모의 원조를 통해 유럽 경제를 부흥시킴으로써 공산주의의 서유럽 팽창을 저지하고자 한 것이었다.

◈ 7 · 4 남북 공동 성명(1972)

①통일은 외세에 의존하거나 외세의 간섭을 받지 않고 자주적으로 해결해야 한다.
②통일은 상대를 반대하는 무력에 의거하지 않고 평화적 방법으로 실현해야 한다.
③사상과 이념, 제도를 초월하여 하나의 민족으로서 민족적 대단결을 도모하여야 한다.

⇨ 분단 이후 최초의 남북 간 합의문서. 이를 계기로 국내외적인 평화 분위기가 조성되었지만, 곧 박정희 정부는 10월 유신을 선포하여 장기 집권을 꾀하였고, 북한도 사회주의 헌법을 개정하여 유일 지도 체제를 더욱 강화하였다.

※남북조절 위원회 – 7 · 4 남북 공동 성명의 합의 사항을 추진하고, 남북 관계를 개선 발전시키며 통일문제를 해결할 목적으로 설치된 남북한 당국 간의 공식 협의 기구였다.

◈ 남북의 화해 협력 노력과 과제

①**6 · 23 평화 통일 선언**(1973)

평화통일 기반을 조성하기 위해 공산권에 대한 문호 개방(호혜 평등의 외교)과 남북한 유엔 동시가입 등을 내용으로 한 정책 선언이었다.

②**남북 기본 합의서 요약**(1991) – 남북 사이의 화해와 불가침 및 교류협력에 관한 합의서

남과 북은 7 · 4 남북 공동 성명의 원칙을 재확인하고, … 무력에 의한 침략과 충돌을 막고 긴장 완화와 평화를 보장하며, 다각적인 교류 · 협력을 실현하여 공동의 이익과 번영을 도모하며, 쌍방의 관계가 나라와 나라 사이의 관계가 아닌 통일을 지향하는 과정에서 잠정적으로 형성되는 특수 관계라는 것을 인정하고, 평화 통일을 성취하기 위한 공동의 노력을 경주할 것을 다짐하면서, 다음과 같이 합의하였다.

- 〈1장〉**남북 화해** – (제1조) 남과 북은 서로 상대방의 체제를 인정하고 존중한다.
- 〈2장〉**남북 불가침** – (제9조) 남과 북은 상대방에 대하여 무력을 사용하지 않으며 상대방을 무력으로 침략하지 아니 한다.
- 〈3장〉**남북 교류 협력** – (제17조) 남과 북은 민족 구성원들의 자유로운 왕래와 접촉을 실현한다.

③**6 · 15 남북 공동선언 요약**(2000 김대중)

1. 나라의 통일 문제를 우리 민족끼리 서로 힘을 합쳐 자주적으로 해결해 나가기로 하였다.
2. 나라의 통일을 위한 남측의 연합제 안과 북측의 낮은 단계의 연방제 안이 서로 공통성이 있다고 인정하고, 이 방향에서 통일을 지향하기로 하였다.
3. 이산가족 방문단을 교환하며, 비전향 장기수 문제를 해결하는 등 인도적 문제를 조속히 풀어 나가기로 하였다.
4. 경제 협력을 통해 민족 경제를 균형적으로 발전시키고, 사회, 문화, 체육 등의 협력과 교류를 활성화하여 서로의 신뢰를 다져 나가기로 하였다.
5. 남과 북은 이상과 같은 합의 사항을 조속히 실천에 옮기기 위하여 빠른 시일 안에 당국 사이의 대화를 개최하기로 하였다.

④**10 · 4 남북 관계 발전과 평화번영을 위한 선언 요약**(2007 노무현)

1. 6 · 15 공동 선언을 고수하고 적극 구현해 나간다.
3. 군사적 적대 관계를 종식시키고 긴장 완화와 평화를 보장하기 위해 긴밀히 협력하기로 하였다.
4. 현 정전 체제를 종식시키고 항구적인 평화 체제를 구축하기 위한 종전 선언을 협력해 추진하기로 하였다.

1) 대남 도발 適者生存⇒盡人事待天命

①〈1950년대〉⇒ 反김일성 세력 숙청(①남로당×⟶ ②종파사건(56.8)→ ③갑산파×)
②〈1960년대〉⇒ 전쟁재발 위기(청와대1. 21⟶ 푸에블로호 납치→ 울진 · 삼척 공비)
③〈1970년대〉⇒ 땅굴·도끼(76미군장교 2명 살해)
④〈1980년대〉⇒ 국제적 테러— 아웅산(83전두환)·KAL폭파(88올림픽 방해)
⑤〈1990년대〉⇒ 핵 · 미사일 · 잠수함—핵무기비확산 조약(NPT) 탈퇴(93)→ 핵 실험(06년 6차)
⑥〈2000년대〉⇒ NLL(북방한계선)—연평해전(1·2차)→ 대청해전→ 천안함 폭침→ 연평도 폭격→ DMZ 목함지뢰

★적극 외교 ⇨ 1960년대 경제력 성장 기반	
〈60년대〉	6 · 25전쟁〉 ⇨ **반공 외교** ⇒ 한 · 일 국교 정상화(1965), 베트남 파병(1964~73)
	➡**베트남 파병** ①비전투병(1964) ⇒ ②전투병(65) ⇒ ③본격적 추가파병(66 브라운 각서) ※**브라운 각서**(66 군사 · 경제 원조) – 한국군 현대화와 산업화에 필요한 기술 · 차관 제공 ↳본격적 추가파병(맹호 · 백마 · 청룡부대) 〈정치 · 군사〉 **미국과 동맹관계 강화**(전쟁 수행 – 혈맹), 국군의 전력증강(실전 경험) 〈경제〉 경제개발 차관확보, 파병군인 송금, 군수품 수출, 건설업체 베트남 진출과 외화 획득
〈70년대〉	닉슨독트린〉 ⇨ **실리 외교** ⇒ 비동맹 · 중립국가 교섭추진(⇨73. 6 · 23평화통일 선언)
〈80년대〉	7 · 7 특별선언(노태우)〉 ⇨ **북방 외교** ⇒ 동유럽 공산국가 수교(헝가리 · 폴란드)
〈90년대〉	북방 외교〉 ⇨ 內〉 남북 **UN 가입**(1991)　外〉 소련(1990) · 중국(1992) 수교

※SOFA(1966 한 · 미 행정협정 – 주한미군 지위인정)

◈ 북한과 중국의 국경 조약

광복 후 북한은 백두산 천지 주변을 놓고 중국과 국경 분쟁을 벌였다. 인도와 국경 분쟁을 겪은 중국은 북한과의 국경 확정에 적극적이었다. 이 분쟁은 1962년 압록강, 두만강을 경계로 분쟁지역과 강의 모든 섬을 중국이 북한에 양보하는 내용으로 국경조약을 체결하면서 마무리되었다.

❶51 1.4후퇴 / 68 1.21사태
❷19 2.8독립 선언
❸19 3.1운동 / 60 3.15부정선거
❹48 4.3 / 60 4.19운동 / 87 4.13
❺48 5.10 / 61 5.16 / 80 5.18
❻26 6.10 / 50 6..25 / 64 6.3시위
73 6.23 / 87 6.29 / 00 6.15 / 18 6.27
❼72 7.4남북공동 / 88 7.7특별
❽45 8.15광복 – 48 8.15정부수립
❾48 9.9 북한 김일성정권 수립
❿48 10.19 / 79 10.26 / 07 10.4
⓬ 79 12.12사태

◈ 통일에 대한 노력

①68 1.21 사태, 미 정보선 나포
❷69 닉슨 독트린(냉전 완화)
③70 8.15 선언(선의의 경쟁)
❹72 7.4 남북공동 선언
⑤85 최초 이산가족–예술공연단
❻88 7.7 특별선언(북방외교)
⑦90 남북 고위급 회담
❽91 남북 UN가입
⑨91 남북 기본합의서(불가침)
❿2000 6.15 정상회담(김대중)
⑪07 10.4 정상회담(노무현)
⑫18 판문점회담(문재인), 북–미

☻☺ 열심히 수업 듣고 열공한 내 새끼들 꼭 합격해라!!! ☺☻

◈ 일본군 위안부 피해자 문제	
대한민국 정부의 입장	1) **한 · 일 청구권 협정**(1965 한국과 일본국간의 재산 및 청구권에 관한 문제의 해결과 경제협력에 관한 협정) ⇨ 일본군 위안부 피해자에 대한 대일 배상청구권 문제가 소멸되었는가 여부에 대해 한 · 일 양국 간 해석상 분쟁이 존재 2) **대한민국 헌법재판소 판결**(2011) – [3조] 부작위 위헌 판결 ⇨ **대한민국 정부의 공식 입장** : 반인도적 불법행위에 해당하는 사안으로 청구권협정에 의해 해결된 것으로 볼 수 없고 일본 정부의 법적 책임이 존재 한다. ⇨ 판결 이후 한국은 정부 차원의 적극적인 대응방안을 모색
일본정부의 입장	1) **한 · 일 청구권 협정**(1965) ⇨ 일본군위안부 피해자 문제는 배상으로 이미 해결되었다는 입장 2) **고노(河野) 담화**(1993) ⇨ 일본군 위안부 문제에 대해 사죄와 반성의 뜻 표현 3) **민간주도의 〈아시아여성기금〉을 설립**(95) ⇨ 일본 정부의 인도적 차원 지원(피해자들에게 개별적으로 500만엔 = 한화 약 4,300만원) ⇒ 일본 정부의 법적책임을 회피(국가 차원의 배상의 대상이 아닌 민간 차원의 인도적 자선사업의 대상으로 인식) ⇨ **한국**의 관련단체 **반발**(〈피해자 및 한국 정신대문제 대책 협의회〉 등) ※〈**고노 담화의 주요 내용**〉 일본군 위안부 문제에 대해 1991년 12월부터 일본정부가 조사한 결과에 대한 발표 ①장기간–광범위한 지역에 위안소가 설치되었고 수많은 위안부가 존재　②위안소는 당시 군 당국의 요청에 따라 설치된 것이며, 위안소의 설치 · 관리 및 위안부 이송에 관해서는 옛 일본군이 직접 또는 간접적으로 관여　③위안부 모집에 관해서는 군의 요청을 받은 업자가 주로 담당하였으며 감언–강압에 의해 본인들의 의사에 반해 모집된 사례가 많았음 ④위안소에서의 생활은 강제적인 상황 하의 처참한 생활이었음　⑤군의 관여 하에 다수 여성의 명예와 존엄에 깊은 상처를 입혔음　⑥일본은 이런 역사의 진실을 회피하지 않고, 역사의 교훈으로 직시해 갈 것이며, 역사 연구 · 역사 교육을 통해서 이런 문제를 오래 기억하고 같은 잘못을 반복하지 않겠다는 굳은 결의를 표명

사료읽기

◈ 통일의 필요성과 바람직한 통일 방안 모색

①평화 비용과 분단 비용

•**〈국방부, 2008 국방 백서〉** – 한국 국방예산 규모는 26조 6490억 원(국내 총생산의 2.7%)으로 세계군비 지출 평균보다 부담률이 높다.

•**〈통일 경제, 2009. 3호〉** – 1988년 남북이 대결을 지양하고 교류 문호를 개방한 이후 남한은 〈평화 비용〉 3조 9800억원을 지출한 반면 155조 8800억원의 〈분단 비용〉을 절약해 결과적으로 약 152조원의 이익을 얻었다. 지정학적 리스크 감소, 사회·문화적 갈등 감소 등의 실제 부가 가치는 더 클 것이다.

②각국의 통일 사례

•**독일의 흡수 통일** – 사회주의권의 몰락과 소련의 개방 정책에 발맞추어 서독이 통일논의를 전개하면서 주변 강대국들의 협조를 얻어냈다. 그 결과 동독인이 투표를 통해서 서독에 흡수되는 것을 찬성하는 절차를 거쳐 1990년 통일을 이루었다. 그러나 서독인의 과중한 통일 비용부담과 동독인의 열등감으로 심각한 후유증을 겪었다.

•**베트남의 무력 통일** – 사회주의 북베트남은 1961년부터 미국의 후원을 받는 자본주의 남베트남과 벌인 전쟁에서 승리하여 1975년 통일을 달성하였다. 그러나 그 과정에서 인명과 재산 손실이 발생하고 국토가 파괴되는 피해를 입었다.

•**예멘의 외형적 통일** – 오스만 튀르크로부터 독립한 예멘 아랍공화국(자본주의 북예멘, 1918)과 영국령으로부터 독립한 예멘 인민 민주공화국(사회주의 남예멘, 1967)으로 분단된 이후, 잦은 무력충돌 속에서도 평화협정 체결, 정상회담 개최, 통일헌법 제정의 절차를 거쳐 1990년 통일 예멘공화국이 탄생하였다. 그러나 서로 다른 두체제가 군사적 통합 없이 국력에 따라 권력을 배분한, 불안정한 외형적 통일에 불과하였다. 결국 1994년 내전에서 승리한 북예멘이 재통일을 이루었다.

◈ 역사 왜곡에 대한 대응

1) **일본의 지유샤 역사 교과서 주요 왜곡 내용**

①한국 강제 병합의 강제성 및 침략 의도 은폐 ②한국 식민 지배 수탈을 감추고 근대화로 미화 ③징용·징병의 강제성 은폐 및 군대 위안부 삭제 ④러·일 전쟁과 태평양 전쟁을 서양 침략으로부터 동양 평화를 지키기 위한 전쟁으로 미화

2) **중국의 고구려사 왜곡 주요 내용 〈동북공정〉**

①고구려는 중국 중앙 정부에 예속된 지방 정권이다. ②고구려와 수·당의 전쟁은 중앙 정부와 지방 정권 간의 내전이다.
③고구려 유민 대부분이 중국에 편입되었다. ④고려는 고구려와는 역사 계승 관계가 없다.

3) **한·일 병합 조약은 무효다.** 〈2010. 5. 10 한·일 지식인 214명의 한·일 병합 100주년 공동선언〉

한국 병합은 대한 제국의 황제로부터 민중에 이르기까지 모든 사람의 격렬한 항의를 군대의 힘으로 짓누르고 실현한 제국주의 행위이며 불의부정(不義不正)한 행위다. 조약의 전문도 거짓이고 본문도 거짓이다. 조약 체결의 절차와 형식에도 중대한 결점과 결함이 보이고 있다. 한국 병합에 이른 과정이 불의 부당하듯이 한국 병합 조약도 불의부당하다.

⇨ 백낙청 서울대 명예교수 등 한국의 지식인 109명과 와다 하루키 도쿄대 명예교수 등 일본 지식인 105명은 각각 서울과 도쿄에서 한·일 병합조약 무효 공동성명을 발표하고, 양국정부의 공동성명이나 일본 총리의 담화발표 등을 촉구하였다.

◈ 역사의 반성과 화해

①반성하는 독일

1970년 12월 폴란드를 방문한 빌리 브란트 서독 총리는 유대 인 희생자 추모비 앞에 무릎을 꿇고 눈물을 흘리며 사죄와 반성의 뜻을 표하였다. 마음에서 우러나온 그의 행동은 당시 독일 국민들뿐만 아니라 유럽인들에게 깊은 충격을 주었다. 진정한 참회와 반성의 뜻을 확인한 이웃 국가들은 서독을 국제 사회의 일원으로 받아들이기 시작하였다.

⇨ 이후 독일의 대통령이나 총리 등은 프랑스와 폴란드를 방문하여 침략 전쟁에 대한 사죄와 반성의 뜻을 표하고 다시는 잘못이 없도록 책임을 다할 것을 다짐하였다. 이렇듯 독일은 전후 지속적으로 과거사에 대해 반성하고 사죄하였다. 그래서 독일은 프랑스 및 폴란드 등의 이웃 국가와 화해하고 협력할 수 있었다.

②반성하지 않는 일본

우리나라는 멀지 않은 과거의 한 시기, 잘못된 국가의 정책으로 인하여 전쟁으로의 길을 걸어 국민을 존망의 위기에 빠뜨리고, 식민지 지배와 침략을 통해 많은 나라, 특히 아시아의 여러 나라의 사람들에게 막대한 손해와 고통을 주었습니다. 저는 미래에는 이러한 일이 없도록, 의심할 여지도 없는 이러한 역사의 사실을 겸허하게 받아들이고, 여기에 다시 한번 통절한 반성의 뜻을 나타내 진심으로 깊이 사과드리는 마음을 표명합니다.

⇨ 일본의 무라야마 총리는 1995년 위와 같은 종전 50주년 기념 담화를 발표한 후, 아시아 각국을 순방하면서 피해 국민들에게 사과의 뜻을 표하였다. 이러한 역사 인식은 이후 정권에서도 일본 정부의 공식적 견해로 간주되어 왔다.

그러나 고이즈미 총리는 2001년 취임 이후 매년 주변국의 반발에도 불구하고 야스쿠니 신사를 참배하였다. 전범들이 합사되어 있는 야스쿠니 신사 참배에 대해 한국과 중국은 강력하게 반대하였다. 이렇듯 일본의 정치 지도자들 사이에서는 침략 전쟁과 식민 지배를 정당화하는 발언과 행동이 사라지지 않고 있어 이웃 국가들의 반발을 사고 있다.

1. **북한의 대남 공작 · 도발 유형** ⇨〈정치 · 군사적 목적〉 **공산주의 혁명**에 유리한 여건 조성(화전양면 전술) ※정치적 선전 ⇨ 한국정부 정통성 부정 · 혁명기지 구축 · 사회 혼란조성 · 도발행위 은폐 · 미군철수	
1950년대 – 화전양면 전술	⇨ **反김일성 세력 숙청** [①남로당(국내파) ⇒ ❷**종파사건**(1956. 8 국외파) ⇒ ③갑산파(김일성파 : 급진파 · 온건파×)] ➡ 〈1960년대〉 유일지배체제 구축(1인 독재 – **주체사상**) ⇨ 〈1970년대〉 주체사상 법제화(172 사회주의 헌법 – **주석제**)
1960년대 ①전쟁재발 위기	⇨ **남한 혁명기지 구축** – 군사분계선 군사적 충돌과 납치감행(무장 간첩 또는 게릴라의 직접 침투와 군사도발 병행) 1) **전쟁 재발 위기** ❷미국 전자정찰함 **푸에블로호 납치**(1968. 82명 송환. 1명 사망. 선체 몰수) ❶**1. 21 사태**(1968) : 청와대 기습사건(김신조 31명) ⇒ 향토 예비군 창설. 실미도 특수부대 편성. 휴전선 철책 정비 ③**울진 – 삼척지구 공비 침투**(1968) – 15명씩 8개조(게릴라활동–베트남전 유형 가능성 탐색 – 120여명). ※**반공 소년**(평창군 이승복 10세 – 〈공산당이 싫어요!〉) ※**4대 군사노선**(1962) – ①전인민의 무장화 ②전군의 간부화 ③전국의 요새화 ④전군의 현대화
1970년대 ①도끼 ②땅굴	⇨ **소규모 무장 간첩 침투** – **김정일 후계자 추대**(1974) 이후 대남공작 강화 ❶**냉전 완화**(1969 닉슨 독트린) ②남북 적십자 회담(71), 7. 4남북 공동성명(1972 자주적–평화적–민족적 통일) 1) **판문점 도끼만행 사건**(1976. 8) – 판문점 공동경비구역(미루나무 가지치기 작업. 미군장교 2명 살해) ⇒ 미군 전폭기 대대–해병대 급파. 항공모함 레인저호와 미드웨이호 한국해역 이동 ⇨ 전시상태(전쟁 재발 위기) ⇒ 김일성(인민군 총사령관) 사과 메시지(스틸웰 UN군 사령관) 2) **남침용 땅굴**(1972년부터 굴착) : 기습남침 지시(71) – ①땅굴(74 고랑포 동북방 – 서부전선) ②땅굴(75 강원도 철원북방 – 중부전선) ③땅굴(78 판문점 남방 – 서부전선) ④땅굴(90 강원도 양구 동북방 – 동부전선) 3) **국립묘지 시한폭탄 설치**(1970. 6) : 정부요인 암살 시도 ⇒ 실패(무장공비 3명) 4) **대통령 암살 시도**(1974. 8. 15) : 문세광 대통령 저격 ⇒ 육영수 여사 시해
1980년대 ①아웅산 (전두환) ②KAL폭파	⇨ **국제적 테러 감행**(한국 발전 제동) – ①한국의 국력 추월 ②고도의 화전 양면전술(85 통일 혁명당 ⇒ 한국민족민주전선) 1) **미얀마 아웅산 테러사건**(1983. 10) : 전두환 대통령 및 수행원 암살 기도(원격조정 폭발 – 17명 순국. 14명 사망) ⇒ 버마 미얀마 정부 · 3개국 – 북한 외교 단절(테러범 사형) / 69개국 대북한 규탄성명 2) **KAL(대한항공기) 폭파**(87. 11 김현희 – 88올림픽 방해) : 이라크 ⇒ 미얀마 상공서 교신 두절(태국해안서 잔해 발견)
1990년대 ①핵–미사일 ②잠수함	⇨ **냉전 해체**(소련 붕괴) ⇒ **화해 분위기**(1991 유엔 가입. 남북 기본합의서) ①한–소 수교(1990). 한–중 수교(1992) ②북한 고립. 식량 난(고난의 행군) ⇨ 경제외교 ③권력 승계(94**김정일**–선군정치) 1) **핵 개발** – 한반도 비핵화 공동선언(1991) ⇨ 핵무기 비확산 조약(**NPT**)과 국제원자력기구(IAEA) 탈퇴(93) ⇒ 북–미 제네바 기본합의서(94 경수로 지원) ⇒ 핵 실험(2006년 이후 6차) 2) **강릉 앞바다 잠수함 침투**(96. 9) – 좌초 잠수함(택시기사 신고. 1명 생포. 11명 사체. 13명 사살. 아군 11명 전사) 3) **강원도 속초 잠수함 어선 그물 나포**(1998. 6) – 유고급 잠수정(9명 자폭 시신)
2000년대 ①NLL (북방한계선)	⇨ **화해분위기 조성** ⇒ 서해 해상 **북방한계선(NLL)** 무력화 시도. 3대 세습체제 강화(2011 김정은) ①6. 15남북 공동선언(2000) ②10. 4남북 공동선언(2007 남북협력 · 교류사업 활성화) ③판문점 회담(2018 3차 종전 추진) 1) **연평해전** : ①차(1999. 6. 15) – 경비선 6척 북방한계선(NLL) 침범 ⇨ 6.25이후 첫 해상 전투 ⇒ 기습공격(14분 전투. 북경비정 1척 격침. 5척 대파) ②차(2002. 6. 29) – 한 · 일 월드컵 기간 중. 북한(경비정 1척 대파. 30여명 사상). 한국(6명 전사. 19명 부상. 참수리 357호 고속정 1척 침몰) 2) **대청해전**(2009. 11) – 북한 경비정 1척 손상. 다수의 사상자 3) **천안함 폭침**(2010. 3) – 백령도 서남방 해역(104명중 46명 전사) – 북잠수함 어뢰 공격(한국날조 주장) ⇒ 남북 교역과 교류 전면 중단. 우리 영해 · 항해 금지(5. 24 경제제재 조치) 4) **연평도 폭격**(2010. 11 방사포 · 해안포) – 민가와 군사시설 폭격(군인 2명 · 민간인 2명 사망. 18명 중경상) 5) **DMZ 목함지뢰 도발**(2015. 8 부사관 2명 피해) – 대북확성기 방송 재개. 준전시상태 선포(북) ⇒ 남북 고위당국자 접촉
※**항공기 사건** ①민간항공기 납치(58 6명 무장괴한) ②대한항공기 납치(69 원산) ❸KAL(대한항공기) 폭파(87 김현희 – 88올림픽 방해)	

2. 한국군의 명맥과 활동	
대한민국 국군 (1948. 8)	1) (남)**조선 경비대**와 **군사 영어학교**(미군정청)가 모체 ⇒ **〈국군〉**으로 확대 개편(초대 국방장관 이범석) ↳미군정하에서 창설(1946. 1) – 광복 후 국내 치안유지의 경찰력 지원 ※**국군조직 법적근거** ①국방부 훈령 1호 ②국군조직법(법률 9호) ③국방부직제(대통령령 37호) 2) **정부 수립직후 빨찌산**(게릴라) **소탕** – 지리산지구 전투사령부(49. 3). 태백산지구 전투 사령부(49. 9)⇒세력약화 3) **닉슨 독트린**(1969)이후 주한 미군 철수에 대비 ⇒ **율곡 사업**(1974∼ 한국군 주도의 군현대화 사업 추진)
베트남 파병 (1964∼73)	1) 주한미군 베트남전 투입 저지 ⇒ ①**비전투 부대 파병**(64) : 이동 외과 병원, 태권도 교관단 ⇒ ②전투부대 파병(65) 2) **브라운 각서**(66) : ③추가 전투부대 파병 ⇒ 미국의 군사·경제 원조(한국군 현대화와 산업화에 필요한 기술·차관 제공) 3) 성과 **〈정치〉 미국과의 정치·군사적 동맹관계 강화**(전쟁 수행 – 혈맹). 국군의 전력증강(전쟁 실전 경험) **〈경제〉** 경제개발 차관확보. 파병군인 송금. 군수품 수출. 건설업체 베트남 진출과 외화 획득

3. 6·25 전쟁(1950–53. 7. 27)	
배경	**1) 광복 이후 한반도 내부의 불안정** ①38도선 설정(미·소 진주) ②좌·우 대립과 남북 분단(대한민국 ⇔ 조선민주주의 인민공화국) ③여운형(47)·김구(49) 암살 **2) 국제정세 변화** ①소련 핵무기 개발(1949) ②중국 대륙 공산화(49. 10) **❸미국 에치슨 선언**(50. 1 태평양 방어선에 한반도 제외 – 주한미군 철수) **3) 북한의 전쟁 준비 – 소련과 중국의 북한군 지원**(전쟁 직전 지상군 20만명 보유) ①화전양면책 – 위장 평화공세와 대남적화 전략(통일정부 수립제안. 유격대 남파. 38도선 군사충돌 유도) ②〈1948. 2〉 **조선인민군 창설** – 소련이 현대식 최신 무기 원조(탱크와 비행기 등) ③〈49. 3〉 소련, 중국과 군사협정 체결(김일성·박헌영 모스크바 방문 스탈린 회담) ❹〈50. 4〉 중국내전에 참여한 **조선의용군(김두봉)** 이 북한의 조선인민군에 편입 ⑤〈50. 4〉 김일성 소련 비밀리 방문(스탈린 전쟁지원 약조) ⑥〈50. 5〉 중국(마오쩌뚱) 파병 약조(미국 참전 시)
전개	❶북한군의 전면적 기습 **무력 남침**(소련 – 무기 지원) ⇨ 서울 함락 → 낙동강 전선 후퇴 ⇨ **❷유엔 파병**(50. 6. 27)–국군작전 지휘권 이양(7. 14) → 낙동강 방어선 구축 ⇒ **인천 상륙 작전**(50. 9. 15) → 서울 수복 ⇒ **38도선 돌파**(10. 1 국군의 날) → 압록강 진격 ⇨ **❸중공군 개입**(50. 10. 19 인해전술) → **1·4후퇴**(51. 흥남철수) ⇨ 서울 재 함락 → 서울 재 수복 → 38도선 교착상태(백마고지) ⇨ **❹정전회담 개최**(51. 7 소련 제의) ⇒ **휴전**(53. 7. 27 – 38도선 군사 분계선은 현 접촉선) ※**휴전협정**(53. 7. 27 북·미·중) ⇔ 거제도 반공포로 석방(63. 6.18 **이승만** – 휴전 반대) 1·4후퇴(51 중국 개입) ⇔ **맥아더** 확전론. 보도연맹 사건(우익 전향). 거창양민 학살
결과	〈국내〉 남한 ⇔ 북한 **분단 체제 고착화** (미·소 냉전 격화 ⇨ 남한·북한 – 분열·대립 심화) 〈국외〉 **한·미 군사동맹 강화** 〈1953. 10 **한·미 상호 방위 조약** – 연합방위체제 법적근간〉 – 주한미군 주둔 법적근거
영향	**〈경제〉** 戰後 복구(한반도 80% 파괴) ⇨ 현대 경제발전 기틀 마련 **〈정치〉** 남북한 독재 강화 ⇨ 분단 고착화(이승만 ⇔ 김일성 / 미 ⇔ 소 핵무기 경쟁 / 일본 전쟁특수로 경제대국 성장 기반) **〈사회〉** 인구 이동 ⇨ 전통 사회 구조 붕괴(공동체 의식 약화) **〈문화〉** 서구 대중문화 유입 ⇨ 전통 문화 경시 풍조(물질 만능)
참전 국가	①**병력 지원국**(16개국) – 미국·케나다·오스트레일리아(호주)·뉴질랜드·영국·프랑스·그리스·네덜란드·룩셈부르크·콜롬비아·벨기에·터키·필리핀·태국·에티오피아·남아프리카공화국 ②**의료 지원국**(5개국) – 인도·이탈리아·덴마크·스웨덴·노르웨이 ③물자·재정 지원국(43개국) ④지원의사 표명국(3개국)

◈ **스탈린과 김일성의 대화 기록**(1950. 3. 30∼4. 25. 소련 공산당 중앙 위원회 국제국)
〈김일성〉 … 마오쩌둥 동지는 중국 혁명만 완성되면 우리를 돕고, 필요한 경우 병력도 지원하겠다는 말을 여러 차례 했습니다.
〈스탈린〉 완벽한 전쟁 준비가 필수입니다.…이동 전투 수단을 기계화해야 합니다. 이와 관련된 귀하의 요청을 모두 들어주겠습니다.
◈ **정전협정서 내용**(1953. 7. 27.) 쌍방의 사령관들은 그들의 통제 아래에 있는 모든 군사력이 일체 적대 행위를 완전히 정지하도록 명령한다. … 본 정전 협정의 효력을 발생하는 당시의 쌍방에서수용하고 있는 모든 전쟁 포로의 석방과 송환은 본 정전 협정 조인 전에 쌍방이 합의한 바에 따라 집행한다.
◈ **북방한계선**(NLL) – 6·25전쟁 정전협정 체결(1953. 7. 27)시, 유엔군 측과 공산군 측이 육상경계선만 설정하고 해양경계선을 합의하지 못하였는데, 클라크 유엔군 사령관이 한반도해역에서 우발적 무력충돌을 예방한다는 목적 하에 우리 측 해군 및 공군의 초계활동을 한정하기 위해 북방한계선(NLL)을 설정(1953. 8. 30.)
⇨•**〈한국 입장〉** 실질적 해상경계선으로 인정 •**〈북한 입장〉** 유엔에 의해 일방적으로 설정된 비법(非法)적 한계선 ⇒ 무력화시도 및 불인정

4. UN 평화유지 활동(파병 PKO) – UN 주도 / 유엔 경비 지원

❶소말리아 상록수 부대 (1993. 7~94. 3)	⇨ 최초 파병(국제적으로 한국군의 지속적인 참여 요청 계기) – 상록수(푸른 옥토) 〈임무〉 도로보수, 관개수로 개통 사랑의학교와 기술학교 운영
②서부 사하라 국군의료 지원단 (1994. 8.~2006. 5)	⇨ 군수 지원체계 발전 기여 – 〈임무〉 의료품 보급과 지원 – 방역활동, 전염병 예방활동
③앙골라 공병 부대(1995. 10~96. 12)	⇨ 유엔안전 보장이사회 진출 기여(1996) 〈임무〉 평화 지원(교량 · 비행장 복구)
④동티모르 상록수 부대(1999. 10~2003. 12)	⇨ 최초 보병부대 파병 – 〈임무〉 지역 재건과 치안회복 지원
❺레바논 동명 부대 (2007. 7~현재)	⇨ 전 장병 유엔 메달 수여, 현재 파병 중(보병부대) 〈임무〉 민사작전 활동(정전 감시) – 진료 및 방역, 도로 신설 및 보수, 학교 및 관공서 시설물 개선
⑥아이티 단비 부대(2010. 2~12. 12)	〈임무〉 지진피해 복구 지원(공병부대 – 공병 · 의무 · 수송 · 통신 · 경비기능)
❼필리핀 아라우 부대 (2013. 12~13. 12)	⇨ 최초 재해당사국 요청에 의한 파병(태풍 피해복구 – 육 · 해 · 공 · 해병대 ⇒ 전군 파병) 〈임무〉 태풍피해 재건 지원(시설 복구, 의료 지원, 방역 활동) – 아라우(태양 · 희망)

〈파병〉	UN 평화유지 활동	다국적군 평화활동
주체	UN 직접 주도	지역안보기구 또는 특정 국가 (유엔 안전보장이사회 결의 또는 국제사회 지지와 결의에 근거)
소요경비	UN에서 경비 지원	참여국가 부담
지휘통제	평화유지군 사령관(UN 사무총장이 임명)	다국적군 사령관
파병	팔레스타인 지역에 일어난 지역적 분쟁해결 ⇒ 정전감시단 설치를 계기 시작(1948)	2001년 9. 11테러 이후 파병 시작(테러와의 전쟁)
임무	분쟁지역 정전 감시 · 분쟁해결, 평화조성 · 정착 및 재건지원, 치안활동, 난민 및 이재민 구호	

5. 다국적군 평화 활동(파병) – 지역안보기구(특정국가) 주도 / 참여국가 경비 부담 ★아 – 이 – 소

❶아프카니스탄 파병 〈오쉬노 부대〉 – 오쉬노(동료–친구)	⇨ 최초 재건 지원팀 및 방호부대 파병(2001년 9. 11테러 이후 – 다국적군 평화활동) 1) 항구적 자유작전(테러와의 전쟁) ⇒ 해성부대(해군 수송지원단), 청마부대(공수 수송지원단), 동의부대(국군 의료지원단), 다산부대(건설 공병지원단) 2) 오쉬노 부대 파견(2010–14. 6) – 지방 재건팀 방호(경호경비대, 항공지원대, 경비중대, 작전지원대)
②이라크 파병 〈자이툰 사단〉 – 올리브(평화)	⇨ 최초 민사지원부대 파병 (다국적군 평화활동) 1) 미 – 영 연합군 〈이라크 자유 작전〉 지원(2003) : 서희부대 – 제마 부대(공병 – 의료 지원단) ⇒ 자이툰 사단 통합 2) 자이툰 사단 파병(2004) – 주민 숙원사업 지원(병원, 학교, 도로 등)
❸소말리아 해역 파병 〈청해 부대〉	⇨ 최초 함정 파병 (다국적군 평화활동) 1) 해적 퇴치(2009 UN 요청 – 해상안보 확보, 우리선박 보호) 2) 아덴만 여명작전(2011. 1) – 삼호 주얼리호 피랍(석해균 선장) 구출

6. 북한의 핵–미사일 도발

원인	❶재래식 군비경쟁의 열세 극복(미국과의 핵 균형 달성) ②대내적 안정 도모(무력시위) ③경제적 원조 확보
실험 도발	1) 핵 실험 ①차(2006 플로토늄탄 1kt미만) ②차(09 플로토늄탄 2~6kt) ③차(13 우라늄탄 6~7kt) ④차(16 증폭 분열탄 6kt) ⑤차(16 증폭 분열탄 10kt) ⑥차(17 수소탄 50~70kt)
	2) 미사일 도발 ①대포동 1호(1998 1620km 실패) ②대포동 2호(06 490km 실패) ③대포동 2호(09 3600km 실패) ④은하 3호(12 500km 실패) ⑤은하 3호(12 궤도진입 성공) ⑥은하 3호(16 500km 성공) ⑦화성 14호(17 5500km 성공)
특징	①핵 도발과 미사일 도발 연계 ②장거리 · 중거리 미사일, 잠수함 발사 미사일 등 다양한 실험 ③핵탄두 소형화와 미사일 사거리 증가를 목적

7. 한국 영토로서의 독도(독도의 역사적 배경)	
독도의 위치	1) **대한민국의 동쪽 끝에 위치**(울릉도에서 87.4Km, 일본 오키섬으로부터 157.5Km에 위치) 2) **총 면적:** 187,554㎡(2개의 큰 섬인 동도와 서도, 그 주변의 89개 부속도서로 구성) 3) **대한민국 천연기념물 제336호:** 약 60여종의 식물·약 130종의 곤충·약 160여종의 조류와 다양한 해양생물의 서식지, 동해안에 날아드는 철새들의 중간 기착지
근대이전의 독도	❶**『삼국사기』**(신라 지증왕 본기, 이사부 열전)⇨ 지증왕 13년(512) 이사부가 우산국(울릉도와 독도)을 복속 이래 한국의 고유영토 ②**고려사**⇨독도가 우산국 영역임을 밝히고 있으며, 고려 고종 때 최우가 우산국에 사민 정책을 시도하였으나 풍랑으로 실패 ❸**조선 태종**(1417)⇨ 섬 주민을 본토로 옮겨 살게 하는 공도 정책(空島政策) 실시로 울릉도와 독도 관리가 소홀 ④**『세종실록지리지』**(강원도 울진현 조 1454, 독도에 대한 최초의 기록물)⇨ 무릉도(우산도)와 별도로 우산도(독도)의 존재를 형제섬으로 처음 기록(우산(독도) · 무릉(울릉도) 두 섬은 서로 멀리 떨어져 있지 않아 날씨가 맑으면 바라볼 수 있다) ⑤**『신증동국여지승람』**(1531),**『동국문헌비고-여지고』**(1770),**『만기요람』**(1808),**『증보문헌비고』**(1908)⇨ 독도(우산도)와 울릉도는 행정구역상 강원도 울진현에 속한다고 명시하고 [신증동국여지승람]의 [**팔도총도**]에서 울릉도와 우산도(독도)를 별개의 두 섬으로 구성되었다고 기록하고 그려 넣고 있다.(울릉(울릉도)과 우산(독도)은 모두 우산국의 땅이며, 우산은 일본이 말하는 송도, 독도가 울릉도와 함께 우산국의 영토) ❻**안용복의 활동**(1693 숙종 19년)⇨ 안용복은 울릉도 부근에서 조업하다 일본 어부의 불법 어로를 발견하고 일본으로 가 조선 영해임을 주장. 숙종 22년(1696) 울릉도에서 조업 중 다시 일본 어부의 불법 어로를 확인하고 스스로 울릉우산양도감 세관이라 가칭하여 일본에 다시 건너가 호끼주(島根縣 소속) 태수에게 일본 어선의 범경 사실을 항의, 사과를 받고 돌아왔다. [**〈조선왕조실록〉** 도주가 묻기를, '어찌하여 들어왔는가?'하므로, 답하기를 '전일 두 섬의 일로 서계를 받아 낸 것 이 명백할 뿐만이 아닌데, 대마도주(對馬島主)가 서계를 빼앗고는 중간에서 위조하여 두세 번 차왜(差倭)를 보내 법을 어겨 함부로 침범하였으니, 내가 장차 관백에게 상소하여 죄상을 두루 말하려 한다' 하였더니, 도주가 허락하였습니다. … 관백에게 품정(稟定)하지는 못하였으나, 전일 경계를 침범한 왜인 15인을 적발하여 처벌하였습니다. 이어서 저에게 말하기를, '두 섬은 이미 너희 나라에 속하였으니, 뒤에 혹 다시 침범하여 넘어가는 자가 있거나 도주가 혹 함부로 침범하거든, 모두 국서(國書)를 만들어 역관(譯官)을 정하여 들여보내면 엄중히 처벌할 것이다'하고, 이 어서 양식을 주고 차왜를 정하여 호송하려 하였으나, 제가 데려가는 것은 폐단이 있다고 사양하였습니다.]
근대의 독도	❶**헌종 15년**(1849)- 독도가 유럽에 알려진 것은 프랑스 포경선 리앙쿠르호에 의하여 **리앙쿠르 암초**로 불리면서부터이다. ②**명치(메이지) 초기**- 일본인들은 울릉도와 독도로 진출하여 울릉도를 다케시마(竹島), 독도를 마쓰시마(松島)라 불렀다. ③**울릉도 공도정책**(1881)을 지양하고 육지사람들이 건너가 개발을 시작하면서 독도를 울릉도민의 여름철 어업기지로 이용
대한제국의 독도정책	❶**대한제국「칙령 제41호」**(1900) 〈제1조〉 울릉도를 울도로 개칭하여 강원도에 부속하고 도감을 군수로 개정(승격)하여 관제 중에 편입하고 군등(郡等)은 5등으로 할 것. 〈제2조〉 군청 위치는 태하동으로 정하고 구역은 울릉 전도(全島)와 죽도(竹島)·석도(石島)를 관할할 것. ⇨ 울릉도에 대한 일본인의 불법 침입과 삼림 벌채가 심각한 문제로 대두되자 대한 제국 정부가 발표한 칙령. 당시 울릉도 주민의 다수는 전라도 출신 어민들이었고, 전라도 방언으로 '돌(石)'을 '독'이라 하였다. 대한 제국 정부가 칙령 제 41호에서 '독도(돌섬)'를 의역하여 '석도(石島)'로 표기했지만, 당시 울릉도 주민 사이에서는 음을 취하여 〈독도(獨島)〉로 표기하기도 하여 석도와 독도가 병용되고 있었다. ②**의정부 참정대신에게 올린 보고서와 답변**(1906) • **울릉 군수 심흥택의 보고서**는 다음과 같습니다. 〈본군 소속 독도가 본부 바깥 바다 100여 리 밖에 있는데, 본월(4월) 초 4일 진시(辰時) 가량에 윤선(輪船) 1척이 군내 도동포에 내박(來泊)하여 일본관인 일행이 관사에 이르러 스스로 〈독도가 지금 일본 영토가 되었으므로 시찰차 왔다.〉라고 말하온 바 … 이에 보고하오니 살펴 헤아리시기를 엎드려 바라옵니다.〉하였습니다. 이에 보고하오니 살펴 헤아리시기를 바라옵니다. 〈강원도 관찰사 서리 춘천 군수, 이명래〉 • 보고는 잘 받아 보았다. 독도의 일본 영토설은 전혀 사실무근이니, 그 섬의 형편과 일인이 어떻게 행동하는지를 다시 조사해서 보고하라. 〈참정대신 박제순의 지령, 1906년 5월 20일〉⇨ **울도(울릉도) 군수 심흥택**(1906)은 울릉도를 방문한 일본 시마네현 관민 조사단으로부터 일본이 독도를 자국 영토에 편입하였다는 소식을 듣고, 다음날 이를 강원도 관찰사에게 보고⇨ "본군(本郡) 소속 독도"라는 문구가 있어, 1900년「칙령 제41호」에 나와 있는 바와 같이 독도를 울도군 소속으로 관리하고 있음을 보여줌 [독도는 예로부터 우산도-삼봉도-가지도-석도 등으로 불려왔는데, 오늘날의 명칭인 독도로 처음 쓰인 것은 울릉 군수 심흥택의 '울릉 군수 보고서'에 '本郡所屬獨島'라는 기록과 한말 지사 황현의 '매천야록'에서였다.]

확인학습

3. 현대 사회의 발전

빈칸 채우기

1. 8·15 전후 건국 준비 위원회나 조선 독립 동맹, 대한민국 임시 정부가 공통으로 내세운 것은 ( )의 수립이었다. 수능 근현대사

2. 여운형이 조선 총독에게 '서울의 3개월분 식량을 확보할 것' 등 5개 조항을 요구한 이후 ( )가 전국적으로 조직되었다. 2006. 국가직 9급

3. 조선 건국 준비 위원회는 미 군정 직전에 중앙 조직을 실질적인 정부 체제로 개편하고 ( )을 조직하였다. 2008. 지방직 9급, 한국사검정 고급

4. 소련이 연합국의 일원으로 대일전에 참여하게 된 조약은 ( )이다. 수능 근현대사

5. 2차 세계대전 당시 연합국의 회담 중 한국의 독립을 약속한 조약은 ( ) 회담과 ( ) 회담이다. 수능

6. 한반도에 임시 정부를 수립하고 5년 이내를 기한으로 미국, 영국, 소련, 중국의 신탁 통치를 결정한 조약은 ( )이다. 2008. 국가직 7급

7. 모스크바 3상 회의 결정을 실천하기 위해 ( )가 두 차례 열렸지만 결국 실패하였다. 2008. 국가직 7급

8. 미·소 공동 위원회는 ( ) 선언의 원칙을 구체적으로 실행에 옮기기 위한 방안에서 나온 것이다. 국가직

9. 송진우, 김성수 등의 민족주의 우파 계열은 ( )을 조직하고 대한민국 임시 정부를 지지하고, 조선 인민 공화국에 반대하였다. 2009. 지방직 7급

10. 여운형 등이 중심이 되어 결성하였으며, 진보적 민주주의를 표방하면서 좌우 합작을 추진한 정당은 ( )이다. 2014. 국가직 9급

11. 안재홍 등이 중심이 되어 결성하였으며, 신민족주의를 내세워 평등 사회를 건설하려 한 정당은 ( )이다. 2014. 국가직 9급

12. 미 군정은 해방 직후 좌익계 인사들이 급조한 ( )을 인정하지 않았고, 소작료가 총 수확물의 1/3을 넘을 수 없도록 하는 법령을 공포하였으며, ( )로 하여금 동양 척식 주식회사에서 넘겨받은 토지를 관리하게 하였다. 2014. 경찰간부

13. 좌익의 ( )과 우익의 ( )은 좌우 합작을 추진하기 위해서 ( )를 결성하고 좌우 합작 7원칙을 내놓았다. 2009. 지방직 7급

14. 2차 미·소 공동 위원회가 결렬되자 ( )은 한국의 독립 문제를 1947년 제2회 유엔 총회에 상정하였다. 2011. 법원직

[빈칸 채우기 정답]
1.민주 공화국
2. 조선 건국 준비 위원회
3. 조선 인민 공화국
4. 얄타 회담
5. 카이로, 포츠담
6. 모스크바 3상 회의
7. 미 · 소 공동 위원회
8. 카이로
9. 한국 민주당
10. 조선 인민당
11. 국민당
12. 조선 인민 공화국, 신한공사
13. 여운형, 김규식, 좌우 합작 위원회
14. 미국

15. 5·10 총선거에서 당선된 국회의원의 임기는 ( )으로 한정되었고, 김구와 김규식 등 ( )는 참여하지 않았다. 2014. 경찰간부

16. 유엔 결의에 따라 남한에서는 1948년 5월 10일 정부를 설립하기 위한 ( )가 실시되었다. 좌익 세력은 이에 대해 격렬한 반대 투쟁을 전개하였고, ( )세 이상 모든 국민에게 투표권을 부여하였다. 2013. 서울시 기술직 9급

17. 1948년 김구와 김규식은 북한의 김일성, 김두봉과 함께 ( )를 개최하여 ( ) 양국 군대의 철수와 ( ) 정부 수립을 반대하는 공동 성명서를 채택하였다. 2008. 지방직 9급

18. 신한 청년당의 대표로 파리 강화 회의에 파견되었고, 충칭의 대한민국 임시 정부에서도 활동한 ( )은 1948년 남북 연석회의에 참석하였다. 수능 근현대사

19. 일제에 적극 협력했거나 독립 운동가를 살상, 박해한 친일파를 처벌하고 공민권을 제한하는 것 등을 주요 내용으로 한 ( )이 ( ) 국회에서 제정되었다. 2007. 대구시 9급, 수능

20. 1946년 북한의 토지개혁은 ( ) 몰수, ( ) 분배였고, 1949년에 제정된 남한의 농지개혁법은 ( ) 몰수, ( ) 분배 방식이었다.

21. 1953년 휴전 협정이 체결되고 같은 해에 ( ) 조약이 체결되었다. 2010. 국가직 7급

22. 1953년 7월 휴전 협정에 서명한 나라는 ( ), ( ), ( )으로 한국 정부는 서명하지 않았다. 2008. 지방직

23. 휴전 협정 체결 이후 미국, 유엔 참전국과 소련 등이 한국의 통일 문제 등을 협의하기 위해 개최한 회의는 ( ) 회담이다. 2010. 국가직 7급

24. 모스크바 3국 외상 회의에서 최고 ( )간의 신탁 통치 등을 결정 ⇨ 좌우 합작 위원회가 ( )을 발표 ⇨ 친일파 청산을 위한 ( ) 제정 2014. 경찰간부

25. 조선의 민주 독립을 보장한 모스크바 3국 외상 회의 결정에 의하여 남북을 통한 ( )으로 민주주의 임시 정부를 수립할 것' 등의 원칙에 대해서 한국 독립당은 좌우 합작 운동을 ( )하였다. 2013. 경찰간부

26. 유구한 역사와 전통에 빛나는 우리 대한민국은 ( )으로 건립된 ( )의 법통과 불의에 항거한 ( )을 계승하고, 조국의 민주 개혁과 평화적 통일의 사명에 입각하여 정의·인도와 동포애로써 민족의 단결을 공고히 하고 … 2008. 국가직 9급

27. 3·1 운동은 일제 ( )의 변화를 가져왔고, 4·19 혁명은 ( )를 가져왔다. 수능 근현대사

15. 2년, 남북 협상파
16. 5 · 10 총선거, 21
17. 남북 연석회의, 미 · 소 단독
18. 김규식
19. 반민족 행위 처벌법, 제헌
20. 무상, 무상, 유상, 유상
21. 한 · 미 상호 방위
22. 북한, 중국, 미국
23. 제네바
24. 5년, 좌우 합작 7원칙, 반민족 행위 처벌법
25. 좌우 합작, 지지
26. 3 · 1 운동, 대한민국 임시 정부, 4 · 19 민주 이념
27. 지배 정책, 정권 교체

28. ( )가 도화선이 되어 발생한 4·19 혁명의 영향으로 3차 개헌이 이루어지면서 ( )와 ( ) 의회가 출범하였다. 2010·2009 지방직 9급

29. 일본의 사과와 정당한 보상을 요구하는 시민, 학생들의 격렬한 반대 운동인 ( ) 시위를 억누르고 정부는 ( )년에 ( )를 정상화하였다. 2011. 법원직

30. ( ) 시기에 학생과 시민들이 민주 헌법 쟁취를 구호로 내세웠다. 2014. 법원직

31. 4·13 호헌 조치 반대를 위한 6월 민주 항쟁을 배경으로 성립된 ( ) 개헌은 5년 ( ), 대통령 ( )를 내용으로 한다. 2012. 경북 교행 9급

32. 1972년 남북한 당국은 남북 분단 이후 처음으로 ( )의 3개 통일 원칙을 담은 ( )을 발표하였다. 선관위

33. 한반도 비핵화 선언에 합의, 남북한이 유엔에 동시 가입, 남북한 사이의 화해와 상호 불가침 및 교류 협력에 관한 합의서가 채택된 것은 ( ) 정부 시기의 사실들이다. 2014. 경찰간부

34. '남과 북은 … 7·4 남북 공동 성명에서 천명된 조국 통일 3대 원칙을 재확인하고, 정치·군사적 대결 상태를 해소하여 민족적 화해를 이룩하고 … ' 이 합의서에는 자주, ( ), ( )의 통일 원칙이 담겨 있다. 2014. 기상청

35. 1970년대 초 미국의 ( ) 발표로 베트남에서 미군이 철수하고, 주한 미군 감축 결정이 내려지자 박정희 정부는 위기감에 ( ) 헌법을 발표하고 ( )에서 대통령을 선출하였다. 2010. 경북 교행 9급 | 2007. 법원직

36. 남과 북은 나라의 통일을 위한 남측의 ( ) 안과 북측의 ( ) 안이 서로 공통성이 있다고 인정하고, 앞으로 이 방향에서 통일을 지향시켜 나가기로 한 것은 6·15 남북 공동 선언이다. 2012. 지방직 9급

37. 남한에서 실시된 토지개혁은 ( ) 매수, ( ) 분배의 원칙이 적용되었다. 2012. 경북 교행 9급

38. 1950년에 시행된 ( )으로 토지가 없던 농민이 토지를 갖게 되었다. 2009. 국가직 9급

39. 1950년대 한국 경제는 미국의 원조로 유지되었는데, 원조 물자의 대부분은 ( ), ( ), ( ) 등이었고 그로 인해 ( ) 산업이 발달하였다. 수능 근현대사

40. 미국의 원조를 바탕으로 삼백 산업 등의 소비재 산업을 중심으로 한 관료 자본이 형성되었으며, 이는 나중에 외국으로부터 수입을 대체하는 효과를 낳게 되었는데 이는 ( ) 정부 시기의 사실이다. 경찰간부

41. 외국의 차관으로 경제 부흥을 이룬다고 하는 '경제 개발론'을 바탕으로 '경제 개발 5개년 계획'을 입안하였으나, 정치적 격변의 영향으로 시행에 이르지 못한 것은 ( ) 내각 시기의 사실이다. 2013. 경찰간부

28. 3·15 부정 선거, 내각 책임제, 양원제
29. 6·3, 1965, 한·일 국교
30. 6·10 민주 항쟁
31. 9차, 단임제, 직선제
32. 자주·평화·민족 대단결, 7·4 남북 공동 성명
33. 노태우
34. 평화, 민족 대단결
35. 닉슨 독트린, 유신, 통일 주체 국민회의
36. 연합제, 낮은 단계의 연방제
37. 유상, 유상
38. 농지개혁
39. 밀, 설탕, 면화, 삼백
40. 이승만
41. 장면

42. 1962년 이후 실시된 ( )은 ( ) 주도의 수출 주도형 산업에 집중한 성장 우선 정책이었다. 2007. 법원직

43. 제3 · 4차 경제 개발 계획에서는 ( ) 공업에 역점을 두었다.

44. 박정희 정부에서 농촌 개발과 빈곤 퇴치를 위하여 근면 · 자조 논리를 강조한 것은 ( )이다. 2004. 행정

45. 1970년대에는 ( )를 통해 기업에 특혜를 주었고 중화학 공업화를 추진하였다. 2008. 지방직 7급

46. 노동 운동과 관련된 대표적 사건으로 1970년의 ( ) 분신 사건, 1979년 ( ) 사건, 1995년 전국 민주 노동 조합 결성을 들 수 있다. 수능 근현대사

47. 중화학 공업에 대한 과잉, 중복 투자로 인하여 한국 경제가 자본 축적의 위기에 몰리자, 정부가 부실 기업을 정리하고 이를 토대로 첨단 산업 중심의 산업 구조 조정을 적극적으로 시도하게 된 것은 ( ) 정부 시기의 사실이다. 2013. 경찰간부

48. 1997년 국제 통화 기금(IMF)의 관리를 받게 되자 김대중 정부는 1998년 ( )를 구성하였다.

49. 1987년 ( ) 이후 노동 운동이 합법화되면서 ( )년 ( ) 정부 때 전국 교직원 노동 조합(전교조)이 조직되었고 ( )년 ( ) 정부에서 합법화되었다.

42. 경제 개발 5개년 계획, 정부
43. 중화학
44. 새마을 운동
45. 8 · 3 조치
46. 전태일, YH
47. 전두환
48. 노사정 위원회
49. 6월 민주 항쟁, 1989, 노태우, 1999, 김대중

OX 체크

1. 미국의 극동아시아 사령관이 '38선 이남은 미 군정이 다스리겠다'라는 포고령을 발표했을 당시 서울에서는 신탁 통치 반대 운동이 일어났다. 2012. 법원직

2. 조선 건국 준비 위원회는 여운형과 송진우가 주도하였고 미 군정도 지지하였다. 2006. 국가직

3. 1945년 12월에 개최된 모스크바 3상 회의에서 미국은 한국의 즉시 독립을, 소련은 4개국 신탁 통치를 제안하였다. 2011. 국가직 9급 | 2010. 지방직 9급

4. 조선 공산당은 모스크바 3상 회의 지지 시위를 벌였다. 2010. 지방직 9급

5. '공동 위원회의 제안은 최고 5년 기한으로 4개국 신탁 통치를 협약하기 위하여 미국, 영국, 중국, 소련 여러 나라 정부가 공동 참작할 수 있도록 조선 임시 정부와 협의한 후 제출되어야 한다.'는 회의 결정문을 접한 김구, 이승만 등의 우익 세력들은 즉각적으로 대대적인 신탁 반대 운동에 나섰다. 2013. 경찰 1차

6. 포츠담 회의에서 38도선을 경계로 하는 분할 점령을 결정하였다. 수능 근현대사

7. 신탁 통치 문제는 임시 민주 정부 수립을 위한 미·소 공동 위원회의 활동에 별 영향을 주지 않았다. 수능

8. 미·소 공동 위원회에서 소련은 표현의 자유를 내세워 모든 단체의 회담 참여를 주장하였다. 2011. 국가직

9. 한반도 내의 좌익 세력은 좌우 합작 위원회를 구성하여 회의 결과를 총체적으로 지지하였다. 2011. 국가직

10. 이승만이 조직한 한국 민주당은 미 군정과 긴밀한 관계를 유지하면서 점차 우익 진영의 대표 정당으로 성장하였다. 2009. 지방직 7급

11. 박헌영과 여운형이 연합하여 1947년 거대 좌익 정당인 남조선 노동당을 창당하였다. 2009. 경찰

12. 송진우 등이 중심이 되어 결성하였으며, 인민 공화국을 부정하고 대한민국 임시 정부의 법통을 계승하려 한 정당은 한국 민주당이다. 2014. 국가직 9급

13. 제2차 미·소 공동 위원회가 결렬된 직후 남북 지도자 회의가 개최되었다. 2011. 법원직

14. '북위 38도선 이남의 조선 영토와 조선 인민에 대한 통치의 모든 권한은 당분간 본관 권한하에 시행한다.'라는 발표가 나오자, 김구의 '삼천만 동포에게 읍고함'이라는 성명서가 발표되었다. 2008. 법원직

[OX체크 정답]

1. X
2. X
3. X
4. O
5. O
6. X
7. X
8. X
9. X
10. X
11. X
12. O
13. X
14. X

---

1. 포고령은 1945년 9월, 신탁 통치 반대 운동은 모스크바 3상 회담(1945년 12월) 내용으로 발생하였다.
2. 송진우 등 민족주의 우익 세력은 불참, 미 군정도 건국 준비 위원회의 활동을 인정하지 않았다.
3. 미국이 한국인 참여가 제한된 5년 동안의 신탁 통치안을 먼저 제안하였다.
6. 얄타 회담에서 소련의 대일전 참가가 결정되었고, 소련의 대일전 참전은 일본 패망 이후 38선이 결정되는 요인이 되었다.
7. 신탁 통치에 대한 민족의 분열 및 미국·소련의 입장 차이는 결국 미·소 공동 위원회의 결렬과 좌·우익의 극한적 대립을 초래하였다.
8. 소련은 모스크바 3상 회담을 지지하는 단체만 참여시킬 것을 주장하였다.
9. 좌우 합작 위원회는 좌익이 아닌, 중도 세력이 구성하였다.
10. 한국 민주당은 이승만이 아니라 송진우, 김성수 등이 중심이 되어 조직하였다.
11. 여운형은 남조선 노동당 창당에 개입하지 않았다.
13. 우선 선거가 가능한 지역만이라도 총선거를 하자는 1948년 유엔 소총회의 결의 직후 남죽 지도자 회의가 이루어졌다.
14. 1948년 유엔 소총회에서 남한만의 단독 선거를 결정하자 김구의 성명서가 발표되었다.

15. 이승만의 정읍발언과 김구의 '삼천만 동포에게 읍고함'이라는 성명이 발표된 시기 사이에 일어난 일은, 유엔총회에서 남북 총선거 결정과 제1차 미·소 공동 위원회 결렬이다. 2014. 경찰 1차

16. 좌우 합작 운동은 미 군정청의 적극적인 지원을 받아 추진되었고, 중도 좌파인 여운형과 중도 우파인 김규식이 주도하였다. 2013. 경찰간부

17. '우리는 남방만이라도 임시 정부 혹은 위원회 같은 것을 조직하여 38 이북에서 소련이 철퇴하도록 세계 공론에 호소하여야 될 것이니 여러분도 결심하여야 될 것이다.'라고 말한 이승만은 일제 강점기에 국제 연맹에 위임 통치를 청원하였다. 2013. 기상청

18. 1948년 남북 연석회의는 김구, 김규식이 제안했으며 김일성, 김두봉이 이에 응함으로써 성사되었다. 2008. 지방직 9급

19. 미국은 '한국 문제의 유엔 이관'을 대신할 수 있는 현실적인 대안으로 생각하고, 1948 남북 연석회의를 적극 지원하였다. 2008. 지방직 9급

20. 삼균주의를 주장한 조소앙은 단독 정부 수립에 반대하여 남북 지도자 회의에 참여하였다. 한국사검정 고급

21. 반민족 행위 특별 처벌법에는 기술관을 포함하여 고등관 3등급 이상의 관공리는 공소시효 경과 전에는 공무원 임용이 불허되었다. 2010. 국가직 9급

22. 이승만 정부는 3정보 이상의 토지를 소유한 친일 협의자를 조사하여 처벌하고, 그들의 토지는 무상으로 몰수하여 소작농들에게 무상으로 분배하였다. 수능 근현대사

23. 1946년 3월 북한에서 실시된 토지개혁에서 5정보 이상 소유한 지주 토지는 유상으로 몰수되었다. 입법

24. 무상 몰수·무상 분배의 방식으로 지주의 땅을 농민들에게 분배한 것은 북한의 토지개혁 내용이다. 경찰

25. 중공군이 참전하자 휴전 회담은 일시 중단되었다. 2010. 국가직 7급

26. 휴전 협정이 체결되자 이승만은 거제도에 수용되어 있던 반공 포로들을 석방하였다. 2010. 국가직 7급

27. 모스크바 3국 외상 회의 개최 시기와 대한민국 정부 수립 선포 시기 사이에 있었던 일로는, 미·소 공동위원회 결렬, 김구·김규식 등이 남북 협상 추진, 5·10 총선거 실시 등을 들 수 있다. 2014. 사회복지

28. 4·19 혁명에서 대학 교수단의 시국 선언이 4월 19일 학생 시위를 촉발시켰다. 2009 지방직 9급

15. O
16. O
17. O
18. O
19. X
20. O
21. X
22. X
23. X
24. O
25. X
26. X
27. O
28. X

---

19. 이승만과 미국은 회담을 반대하였다.
21. 기술관은 제외이다.
22. 농지개혁에서 친일파의 토지에 대한 언급이 없었다.
23. 지주의 토지는 무상으로 몰수하여 농민에게 무상으로 분배하였다.
25. 중공군이 참전하자 소련이 휴전 회담을 제의하였고 1951~1953년까지 진행되었다.
26. 휴전 협정1953년 7월) 전에 거제도 반공 포로를 석방(1953년 6월)하였다.
28. 4월 19일 학생 시위가 일어난 후 4월 25일 대학 교수단의 시국 선언이 발표되었다.

29. 4·19 혁명의 결과 과도 정부가 출범하고, 내각 책임제와 양원제를 골자로 하는 헌법으로 개정되었다. 2014. 국가직

30. 박정희 대통령 재임 기간 동안의 대통령 선거는 모두 통일 주체 국민회의에서 간접 선거 방식으로 실시되었다. 2008. 국가직 7급

31. '대통령은 임기가 6년으로 중임 제한이 없으며, 통일 주체 국민회의에서 토론 없이 무기명으로 선출한다.'는 등의 헌법이 제정된 시기는, 7·4 남북 공동 성명 시기와 10·26 사태 사이의 시기이다. 법원직

32. 10월 유신 선포 이후 여당인 민주 공화당만이 정치 활동을 할 수 있었다. 2008. 국가직 7급

33. 국회 해산권, 긴급 조치권을 주요 내용으로 한 개헌으로 인해 3선 개헌 반대 운동이 활발하게 전개되었다. 2012. 경북 교행 9급

34. 1965년 한·일 협정에는 독도 영유권에 관한 문제를 다루었다. 한국사검정 고급

35. '박종철 사건, 4·13 호헌 조치, 민주헌법쟁취 국민 운동본부 결성' 등의 사건들로 말미암아 5년 단임의 대통령 직선제 개헌이 이루어졌다. 2013. 국가직

36. 1950년대 북한은 '주체 사상'을 노동당의 유일 사상으로 규정하였다. 2011. 서울시 9급

37. 1972년 민족 통일 3대 원칙 발표 이후 남북은 독재 체제가 강화되었다. 2012. 경북 교행 9급

38. 노태우 정부 시기에 평양에서 이산가족 상봉이 최초로 이루어졌다. 2014. 경찰간부

39. 2000년 남북 공동 선언이 발표되면서 남북 이산가족 고향 방문이 최초로 이루어졌다. 2012. 경북 교행 9급

40. 7·4 남북 공동 성명과 6·15 남북 공동 선언 시기 사이에 경의선 철도가 다시 연결되었다. 2012. 지방직

41. 1990년대에 남한에서는 민족화합 민주통일 방안이, 북한에서는 고려 민주주의 연방공화국 방안이 제시되었다. 또한 처음으로 남북한의 이산가족이 상봉하기도 했다. 2010. 기상청

42. 남한의 농지개혁은 북한의 토지개혁에 커다란 영향을 끼쳤다. 2011. 법원직

43. 광복 이후 남한에서 실시된 토지개혁은 산림과 임야를 포함한 모든 농지를 대상으로 하였다. 2012. 경북

44. 농지개혁으로 토지 보상금을 수령한 대다수의 중소 지주층은 산업 자본가로 전환되었다. 2009. 법원직

29. O
30. X
31. O
32. X
33. X
34. X
35. O
36. X
37. O
38. X
39. X
40. X
41. X
42. X
43. X
44. X

---

30. 박정희 대통령은 직선제로 5·6대 대통령 선출, 3선 개헌으로 7대 대통령 선출, 유신 헌법에 의해 통일 주체 국민회의 간선으로 8·9대 대통령에 선출되었다.
32. 10월 유신으로 비상계엄령이 선포되어 국회가 해산되고 정당 및 모든 정치 활동이 금지되었다.
33. 3선 개헌 -> 1969년, 국회 해산권과 긴급 조치권 -> 10월 유신 헌법(1972)
36. 주체 사상은 1960년대에 대두되었고, 1970년대 들어와 온 사회의 주체 사상화 사업을 제시하였다.
38. 전두환 정부 시기에 이루어졌다.
39. 1985년 전두환 정권 때 남북 이산가족 고향 방문이 최초로 이루어졌다.
40. 경의선 철도 복구는 6·15 남북 공동 선언(2000) 이후 일이다.
41. 민족화합 민주통일 방안(1982), 고려 민주주의 연방공화국 방안 제시(1980년대), 남북한의 이산가족 첫 상봉(1985)
42. 북한의 토지개혁에 영향을 받았다.
43. 오로지 농지만 대상이었고 산림과 임야, 친일파 토지는 포함되지 않았다.
44. 일부 중소 지주층만이 산업 자본가로 전환되었다.

45. 1960년대 베트남 파병을 계기로 베트남 특수를 누리게 되었다. 2012. 국가직 9급

46. 1960년대 미국의 무상 원조가 경제 개발의 주요 재원으로 활용되었다. 2012. 국가직 9급

47. 경제 개발 5개년 계획으로 산업 간, 도농 간의 격차는 심화되었으나, 빈부 격차는 완화되었다. 2007. 법원직

48. '농가의 소득 배가 운동으로 시자가여 점차 도시·직장·공장 등으로 확산되면서 의식개혁 운동으로 이어졌다.' 이와 관련된 운동은 새마을 운동이다. 2014. 경찰간부

49. 새마을 노래가 등장했던 시기에 과외가 금지되고 대학 입학 본고사가 폐지되었다. 한국사검정 고급

50. 1960년대에는 경공업이, 1970년대에는 중화학 공업이 성장 전략 산업이 되었다. 수능 근현대사

51. 1980년대 초부터는 노동 조합을 자유롭게 설립할 수 있게 되었다. 2009. 국가직 9급

52. 1980년대에는 3저 현상에 따른 한국 경제의 고속 성장으로 노동 운동이 위축되었다. 2008. 지방직 7급

53. '우리나라 우편 역사상 처음으로 ㉠ 우편번호제가 실시되었으며 서울 중앙 우체국에 컨베이어 시스템이 갖추어짐으로써 우편 작업 기계화의 첫발을 내딛게 되었다.'에서 ㉠ 시기 이전에 있었던 일은 경인 고속 도로 개통, 흑백 텔레비전 방송 시작, 서울 청계천 복개 공사 완료 등이다. 2014. 계리직

45. O
46. X
47. X
48. O
49. X
50. O
51. X
52. X
53. O

---

46. 1950년대 상황이다.
47. 경제 개발 5개년 계획 결과 특정 재벌이 형성되면서 빈부 격차는 심화되었다.
49. 새마을 운동 – 박정희 정부, 과외 금지 및 대학입학 본고사 폐지 – 전두환 정부
51. 1987년 6월 민주 항쟁 이후 노동 운동이 활성화되면서 노동 조합을 자유롭게 설립할 수 있게 되었다.
52. 1987년 이후 노동 운동이 활성화되었다.

제 3 편 부록

1. 유사 용어 설명
2. 역대왕조 계보
3. 국사 – 세계사 연표
4. 고고학 용어 익히기
5. 옛 지명 익히기

부록 1 유사 용어 설명

- 가포(價布) 납포장이 바치는 면포
- 가포(加布) 대립제에서 바치는 면포
- 간도 참변 1920년, 경신참변·봉오동 전투·청산리 대첩의 보복으로 일본이 만주의 우리 민족 학살
- 간도 협약 1909년, 일본이 만주의 안봉선 철도 부설권과 푸순 광산 채굴권 대가로 청의 영유권 인정

- 강동 6주 서희의 외교 담판으로 획득한 압록강 하류의 지역(993)
- 강동성의 역 고려가 몽골·동진국의 도움으로 거란을 격퇴한 평양 근교의 전투(1219)
- 건원 신라 법흥왕 때의 연호
- 건흥 발해 선왕의 연호
- 건양 을미개혁 이후 사용한 연호로 1896년 1월 1일을 기점으로 봄.

- 경대승(慶大升) 고려 명종 때의 무신으로 도방(都房)을 설치하여 신변 보호에 힘씀.
- 기대승(奇大升) 조선 선조 때의 성리학자로 이황(李滉)과 사단칠정 논쟁을 전개

- 경제문감(經濟文鑑) 정도전이 지은 조선 정치 조직의 조례
- 경제대전(經濟大典) 조준·하륜 등이 편찬한 조례를 집성한 법전
- 경국대전(經國大典) 정도전의 [조선경국전] 중 6전 내용 발췌
- 경제육전 조준 등이 편찬한 조례를 집성한 법전

- 계림잡전(鷄林雜傳) 신라 성덕왕 때의 김대문이 지은 설화집
- 계원필경(桂苑筆耕) 현존하는 최고의 개인 문집으로 신라말 최치원의 시문집
- 계림유사(鷄林類事) 고려 시대의 언어를 수록한 어학서

- 고금록(古今錄) 박인량과 원부·허공 등이 지은 고려 시대 사서
- 고금석림 이의봉(李義鳳)이 1789년에 편찬한 어학 서전
- 고승전(高僧傳) 통일 신라 시대 김대문의 저서
- 해동고승전(海東高僧傳) 고려 고종 때 승려 각훈의 승전

- 공법(貢法) 세종 때 정한 전분6등법과 연분9등법
- 공안(貢案) 공물(토산물)의 품목과 수량을 기록한 세입표

- 광문사 1907년 국채 보상 운동의 발원지 대구에서 김광제·서상돈 등이 설립한 회사
- 광문회 1910년 최남선·박은식 등이 창설한 고전 간행 기관, 일명 조선 광문회

- 광혜원 1885년 미국인 알렌이 세운 최초의 서양식 병원
- 광제원 개화기에 정부가 설립한 병원으로 종두법 보급에 기여

- 교장도감(敎藏都監) 속장경을 간행하는 관청
- 교정도감(敎定都監) 최충헌이 설치한 정무 담당 관청
- 교정청(校正廳) 1894년 폐정개혁의 자율적 추진 기구
- 교정소(校正所) 1897년 교전소(校典所)를 1899년에 개편한 대한 제국의 법률 개혁 기구

- 군인전(軍人田) 고려 시대 중앙군에게 지급된 영업전
- 군전(軍田) 조선 시대 지방관에게 지급된 토지

- 금성(金城) 현재 경주의 옛 지명(신라의 수도)
- 금성(錦城) 현재 전라도 나주의 옛 지명

- 김인문(金仁問) 신라 문무왕의 아우로 삼국 통일에 기여함.
- 김대문(金大問) 진골 출신으로 한문학에서 주체성이 강한 저서를 남겼음.

- 김규식(金奎植) 대한민국 임시 정부의 외무 총장으로 파리 강화 회의에 참석
- 신규식(申圭植) 상해에서 동제사(同濟社)를 조직하여 중국 손문과 연결

- 농상집요(農桑輯要) 고려 시대 이암이 수입한 농서로 원의 화북 지방 농법 소개
- 농사직설(農事直說) 현존 최고의 농서로 조선 세종 때 편찬
- 농가집성(農歌集成) 조선 후기에 신속이 지은 농서

- 당백전 흥선 대원군이 1866년(고종 3) 경복궁 중건 시 상평통보의 백 배 가치로 주조한 화폐
- 당오전 임오군란 후 1883년(고종 20) 재정난 타개책으로 상평통보의 5배 가치로 주조한 화폐

- 대동교(大同敎) 박은식이 창도
- 대종교(大倧敎) 단군 숭배 사상을 기초로 나철이 창도

- 대전통편 정조 때 편찬
- 대전회통 흥선 대원군 때 편찬

- 대한 광복회 대한 광복단 중심의 무단 통치기 비밀 결사로 군대식으로 조직, 독립 운동 기지 건설에 의한 군자금 모집, 친일파 처단에 노력
- 한국 독립군 만주 사변(1931) 이후 중국 호로군과 쌍성보, 대전자령 전투, 사도하자 전투, 동경성 전투 등지에서 한・중 연합 작전을 전개
- 대한 광복군 정부 1914년 이상설・이동휘 등이 블라디보스토크에 세워 임시 정부 탄생의 계기 마련
- 광복군 총영 남만주에서 조직된 무장 독립군으로 임시 정부 산하에서 활동
- 한국 광복군 1940년 중국 중경에서 조직된 대한민국 임시 정부의 정규군(지청천, 김구)

- 대한 독립군(大韓獨立軍) 북간도 국민회 소속의 홍범도가 휘한 군대
- 대한 독립 군단(大韓獨立軍團) 청산리 전투 후 소만 국경 지대에서 서일(徐一)을 총재로 조직된 군단체
- 대한 독립단(大韓獨立團) 1919년 서간도에서 조직된 독립운동 단체로 1920년 광복군 사령부에 통합

- 대한 자립단(大韓自立團) 함경도 단천에서 조직된 비밀 결사
- 대한 정의단(大韓正義團) 북간도에서 1919년 중광단이 발전적으로 조직

- 대한매일신보(大韓每日申報) 1905부터 양기탁・배델 등이 발간한 항일 언론의 선봉
- 매일신보(每日申報) 일제 총독부의 국한문판 기관지 1938년 매일신보(每日申報)로 신발족
- 매일신문(每日新聞) 1898년 창간된 우리나라 최초의 일간지

- 덧띠토기 철기 시대의 토기
- 덧무늬토기 신석기 시대의 토기
- 덧띠새김무늬토기 신석기 시대 말기부터 나타나 청동기 시대의 가장 이른 시기를 대표

- 도현 고구려 승려, [일본세기] 저술
- 도림 고구려의 승려로 백제에서 장수왕의 간첩으로 활약

- 도침 백제의 승려 주류성에서 백제 부흥 운동을 전개
- 도의 신라의 승려 선종의 일파인 가지산파의 개조(최초)
- 도선 신라 말기 승려로 풍수지리설 수입, 도선비기
- 도방 경대승이 조직한 사병 집단, 최충헌이 부활
- 도당 도평의사사의 별칭으로 고려 후기 최고의 의결 기구

- 동사(東史) 고구려를 중요시한 이종휘가 쓴 기전체 역사서
- 동사(東事) 단군부터 삼국의 역사를 기전체로 쓴 역사서
- 동사강목(東史綱目) 고증 사학에 입각한 안정복의 역사서로 삼한 정통론을 주장

- 동사찬요(東史纂要) 신라부터 고려까지의 기전체 역사서
- 동 사회강(東史會綱) 삼국부터 고려까지의 편년체 역사서로 임상덕(林象德)이 지음.
- 동사취요(東史聚要) 안종화(安鍾和)가 개항 직후 편찬한 단군부터 고려 말까지의 역사서
  태종 때 권근 등이 편찬한 단군부터 신라 말까지의 역사서
- 동국사략 16세기 박상이 지은 편년체 역사서
  한말 현채가 편찬한 근대적 역사 교과서

- 로즈(Roze) 병인양요 당시의 프랑스 해군 제독
- 로저스(Rodgers) 신미양요 당시의 미국 아시아 함대 사령관

- 박연(朴堧) 조선 세종 때 관습도감에서 아악 정리
- 박연(朴淵) 본명은 Weltevree, 네덜란드에서 귀화

- 법성종(法性宗) 교종의 일파로 원효가 개창
- 법상종(法相宗) 교종의 일파로 진표가 개창
- 법안종(法眼宗) 선종의 일파로 고려 광종이 수입

- 별무반(別武班) 여진 정벌을 위해 윤관이 조직한 군대
- 별기군(別技軍) 개항 이후 설치한 신식 군대

- 병마사(兵馬使) 고려 시대 양계에 파견된 지방관
- 도병마사(都兵馬使) 고려 전기 국정 최고 기구, 일명 도당(都堂)
- 병마절도사(兵馬節度使) 조선 시대 지방의 무관직, 속칭 병사(兵使)

- 보조국사(普照國師) 조계종을 발전시킨 지눌(知訥)
- 보각국사(普覺國師) 충렬왕 때의 일연(一然)

- 보우(普愚) 고려 말의 승려
- 보우(普雨) 조선 명종 때 승려로 불교 중흥을 기도함.

- 분청사기(粉靑沙器) 15세기 청자에서 백자로 넘어가는 과도기에 나타난 사기그릇
- 청화백자(靑華白磁) 조선 후기 검푸른 백자의 일종

- 비사성(卑沙城) 현재 발해만 부근으로 고구려 천리장성의 남쪽 지점
- 사비성(泗沘城) 현재 충남 부여로 백제의 마지막 수도

- 서적포(書籍舖) 고려 숙종 때 국자감에 두었던 출판부
- 서적원(書籍院) 고려 공양왕 때 주자와 인쇄를 담당하며 속활자로 서적 인쇄를 담당했던 출판부

- 선명단(鮮明團) 국내 비밀 결사 단체
- 성명회(聲明會) 연해주 지방에서 이상설 · 유인석이 조직한 항일 단체

- 성학십도(聖學十圖) 이황이 지은 성리학을 쉽게 도해한 책으로, 군주가 스스로 성학을 따를 것을 제시
- 성학집요(聖學輯要) 이이의 저서로, 현명한 신하가 성학을 군주에게 가르쳐 그 기질을 변화시켜야 한다는 제왕학 교본

- 속오군 조선 후기 지방군, 양반 ~ 노비로 구성
- 속대전 영조 때 편찬한 법전
- 속오례의 국조오례의 중 상례 부분을 보충 개편
- 속장병도설 세종 때 만든 병장도설을 보충

- 송병선(宋秉璿) 을사 조약 후 순국 자결한 유학자
- 송병준(宋秉畯) 일진회를 조직해 한일 합방을 주장한 매국노
- 수령(首領) 발해의 촌장
- 수령(守令) 고려부터 조선의 지방관

- 신기군(神騎軍) 별무반 조직 중 기병 부대
- 신의군(神義軍) 삼별초 조직 중 몽골에 포로가 되었다가 귀환한 부대

- 신문왕(神文王) 신라의 31대 군주(중대)
- 신무왕(神武王) 신라의 45대 군주(하대)

- 신민회 1907년, 안창호 · 양기탁 등이 설립한 비밀 결사 단체
- 신민부 1925년, 독립군의 자유시 참변 후 북만주 영안 일대를 근거로 성립, 김좌진 주도

- 신간회 — 1927년, 이상재 중심 민족 유일당(민족 협동 전선) 운동

- 신위(申緯) — 조선 말의 문신으로 대나무를 잘 그렸음.
- 신유(申瀏) — 조선 효종 때 변급과 나선 정벌을 주도함.
- 신헌(申櫶) — 한말의 무신으로 강화도 조약과 조미 수호 조약을 체결

- 신한 청년당(新韓青年黨) — 상해에서 1919년 조직, 3·1 운동 후 대한민국 임시 정부로 발전
- 신한혁명당(新韓革命黨) — 상해에서 1915년 조직, 북경과 상해 거주 독립 운동자들이 결성

- 안용복(安龍福) — 조선 숙종 때 독도를 우리 땅으로 확인받음.
- 안정복(安鼎福) — 영·정조 시기의 역사학자로 삼(마)한 정통론 주장

- 이광필(李光弼) — 예성강도를 그린 고려의 화가
- 김굉필(金宏弼) — 조선 시대의 심리학자로 조광조를 가르침.

- 이기호발설(理氣互發說) — 이황의 주장
- 이기공발설(理氣共發說) — 기대승의 주장
- 이기겸발설(理氣兼發說) — 이이의 주장

- 이동녕(李東寧) — 신민회·권업회 등을 조직하고 대한민국 임시 정부의 의정원 의장을 역임
- 이동 — 신민회·대한 국민 의회 등을 조직하고 대한민국 임시 정부의 국무총리 역임

- 이승훈(李承薰) — 우리나라 최초의 영세교인으로 신유박해 때 순교함(1756 ~ 1801).
- 이승훈(李昇薰) — 오산 학교 설립자이고 민족 대표 33인으로 3·1 운동을 주도함(1864 ~ 1930).

- 이암(李嵒) — 원의 [농상집요]와 송설체를 소개한 고려 말의 문신
- 이암(李巖) — [화조묘구도]를 그린 조선 중기 화가
- 이엄(利嚴) — 선종 9산 중 수미산파를 개창한 나말 여초의 승려
- 김암(金巖) — 신라 혜공왕 때의 점술가로 김유신의 현손이며 사천대 박사를 역임
- 조엄(趙曮) — 일본에서 고구마 종자를 가져온 조선 영조 때의 문신

- 이인영(李麟榮) — 서울 진공 작전을 전개한 한말 의병장
- 나인영(羅寅永) — 대종교의 교조로 본명은 나철(羅喆)
- 이인영(李仁榮) — 신민족주의 사학자로 6·25 때 강제 납북됨.

- 장안국(長安國) — 김헌창의 칭제 건원으로 건립된 왕조
- 정안국(定安國) — 발해 멸망 후 유민이 압록강 중류에 건립한 나라

- 장용영 — 조선 정조 때 설치한 왕의 친위 부대
- 장어영 — 개항 후 5군영을 개편한 군영

- 전객(佃客) — 자영농(민전 소유자)
- 전호(佃戶) — 소작(병작)농

- 조병식(趙秉式) — 함경감사로 방곡령 발동(1889)
- 조병갑(趙秉甲) — 고부 민란 당시의 고부 군수(1894)
- 조병세(趙秉世) — 을사 조약 체결 후 순국(1905)
- 조병옥(趙炳玉) — 일제 강점기 때 한인회·흥사단 등의 단체에 참여하여 독립 운동 전개

- 조선 국민회 — 평양 숭실 학교 출신이 중심이 되어 조직한 항일 비밀 결사 단체
- 대한인 국민회 — 미국 샌프란시스코에서 조직, 조선의 독립 주장
- 대한 국민회 — 간도와 미국에서 조직된 독립 운동 단체

- 조선 독립 동맹(朝鮮獨立同盟) — 사회주의 항일 단체로 김두봉·김무정 등이 화북 연안에서 조직
- 조선 건국 동맹(朝鮮建國同盟) — 비밀 결사 단체로 여운형·조동우 등이 서울에서 조직

- 조선사 연구(朝鮮史研究) — 5천 년간 조선의 얼이 수록된 정인보의 저서
- 조선사 연구초(朝鮮史研究草) — 신채호의 저술로 묘청의 서경 천도 운동을 '일천년래 제일대사건'으로 높이 평가
- 조선 의용대(朝鮮義勇隊) — 조선 민족 혁명당의 무장 조직으로 김원봉이 조직
- 조선 의용군(朝鮮義勇軍) — 조선 독립 동맹의 무장 조직
- 조선 혁명군(朝鮮革命軍) — 국민부가 중심이 된 조선 혁명당의 무장 조직

- 중정대 — 발해의 국사 결정 기구
- 중서성(中書省) — 고려의 국사 결정 기구

- 지구도경(地球圖經) — 박영교(박영효의 형)의 개화 서적
- 지구전요(地球典要) — 최한기가 쓴 세계 지리서

- 진국(辰國) — 삼한이 나오기 전의 명칭
- 진국(震國) — 대조영이 건국한 발해의 초기 국호

- 천개(天開) — 묘청의 연호
- 천수(天授) — 왕건의 연호
- 천통(天統) — 대조영의 연호

- 천태사교의(天台四敎儀) — 천태종의 교리서로 고려 광종 때 제관이 편찬
- 천태사교의주(天台四敎儀註) — 천태사교의 주해서로 고려 의천이 편찬

- 태학(太學) — 고구려 소수림왕 때 설치된 국립 대학, 고려 국자감 내의 단과 대학
- 태학감(太學監) — 신라 국립 대학인 국학이 경덕왕 때 개칭된 명칭

- 파한집(破閑集) — 이인로가 엮은 고려 후기의 설화 문학집
- 보한집(補閑集) — 최자가 고려 후기에 파한집을 보충하여 만든 저서

- 한성 — 고구려 3경 제도의 하나로 황해도 재령 지방
- 한성 — 백제의 수도로 현재 강동구·송파구 일대

- 향규(鄕規) — 유향소의 조직과 권능을 규정한 법규
- 향도(香徒) — 농민의 신앙 공동체로 민간 신앙과 불교·도교가 혼합
- 향약(鄕約) — 향촌의 민간 자치 규약으로 향촌 교화가 목적

- 향약구급방(鄕藥救急方) — 고려 고종 때 편찬된 최고(最古)의 의서
- 향약집성방(鄕藥集成方) — 조선 세종 때 우리 풍토에 맞는 약재나 처방을 정리

- 해동비록(海東秘錄) — 풍수음양 지리서로 고려 예종 때 김인존이 편찬
- 해동전도록(海東傳道錄) — 조선 후기 이식이 도맥과 도교 서적을 소개한 도교서

- 혜자 — 일본 쇼토쿠 태자의 스승
- 혜관 — 고구려, 일본 삼론종의 시조
- 혜총 — 백제, 일본에 계율종을 전함.
- 혜량 — 고구려, 신라 진흥왕 때 교단 조직 정비
- 혜초 — 통일 신라, 왕오천축국전
- 혜거 — 고려 광종 때 국사
- 혜심 — 유불 일치설 주장
- 혜허 — 관음보살도

- 허준 — [동의보감] 편찬, 의료 지식의 민간 보급에 기여
- 허균 — [홍길동전]의 저자
- 허위 — 서울 진공 작전 때 활약
- 허정 — 4·19 혁명 이후 과도 정부 수반

- 황국 협회 — 1898년 6월 보부상 중심으로 궁중 수구파가 조직한 보수 어용 단체
- 황국 중앙 총상회 — 1898년 여름 서울의 시전 상인을 중심으로 조직되어 한말 상권 수호 운동을 전개

부록 2 역대왕조 계보

고구려 (삼국사기 BC 37 ~ AD 668)

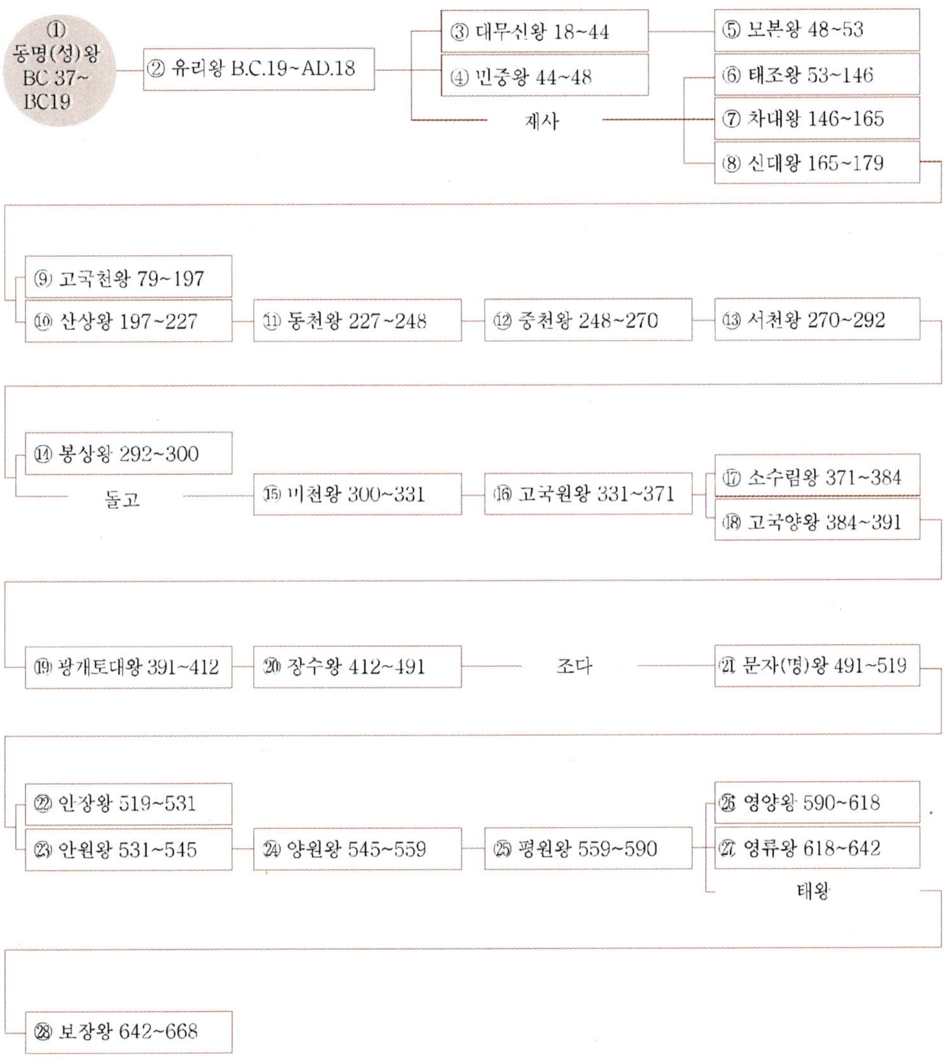

백제 (삼국사기 BC 18 ~ AD 660)

신라 (삼국사기 BC 57 ~ AD 935)

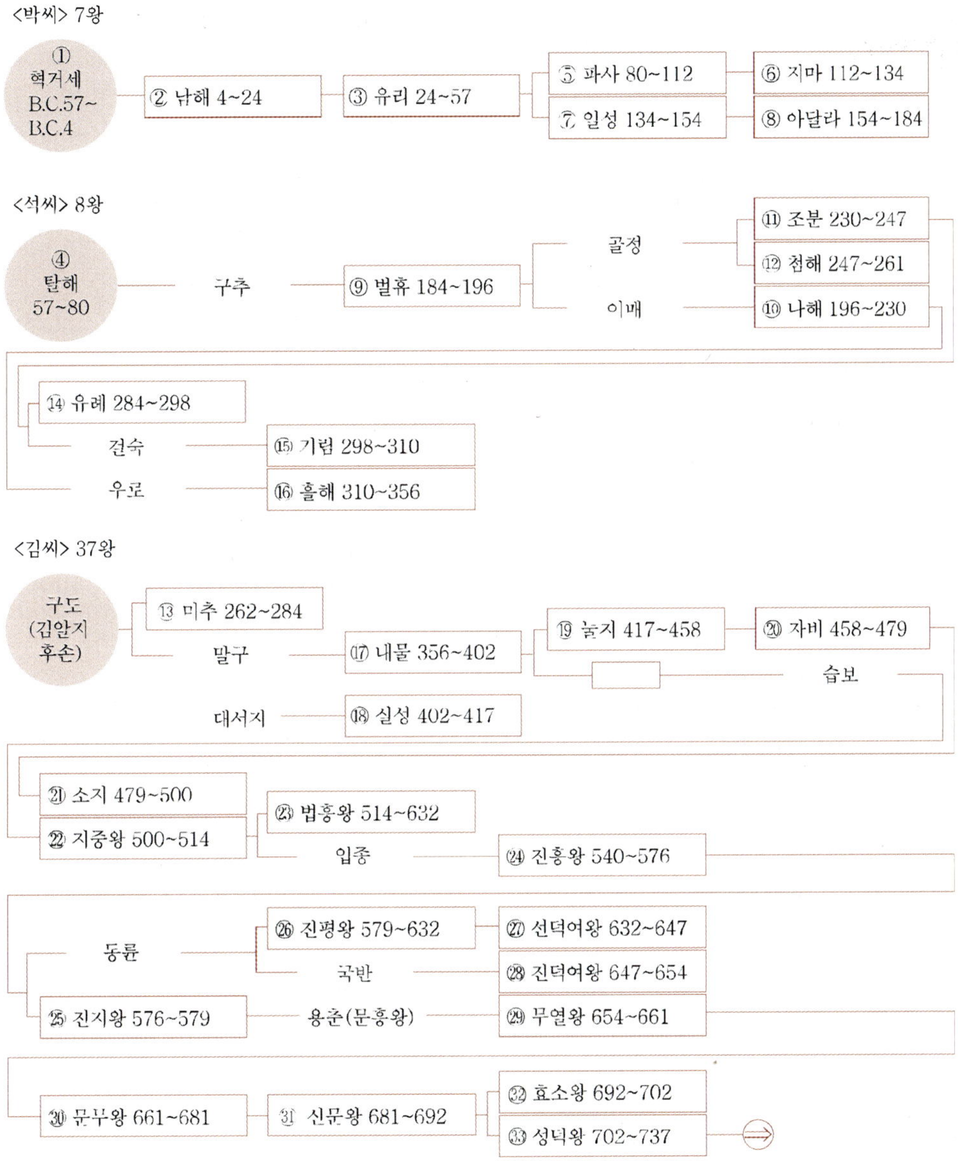

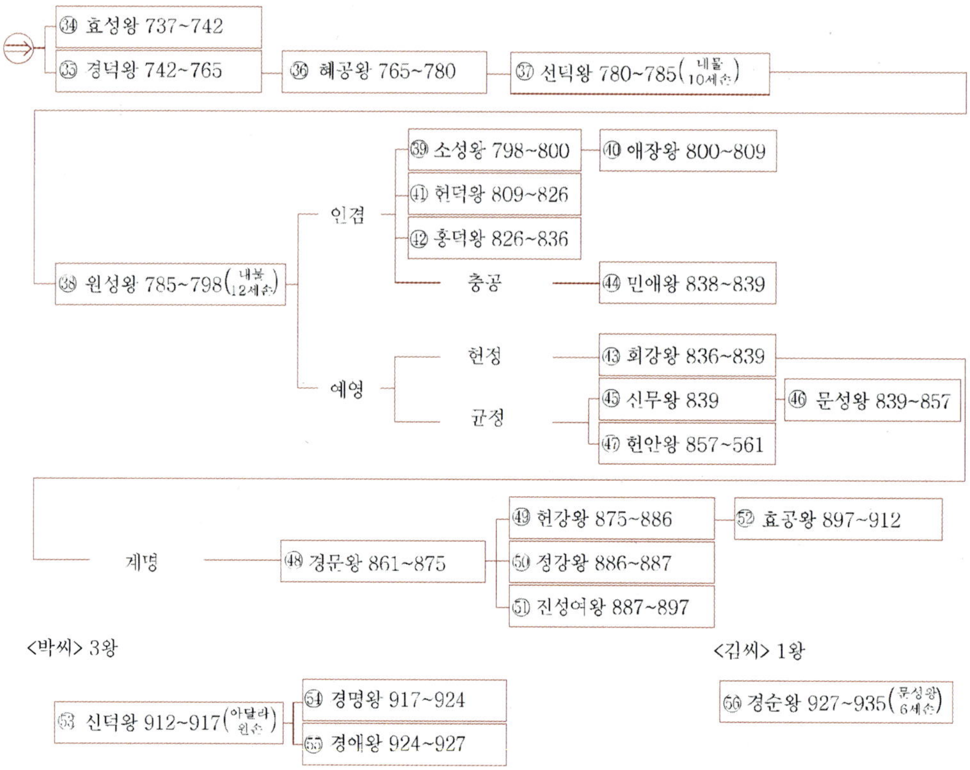

발해 (229년, 698 ~ 926)

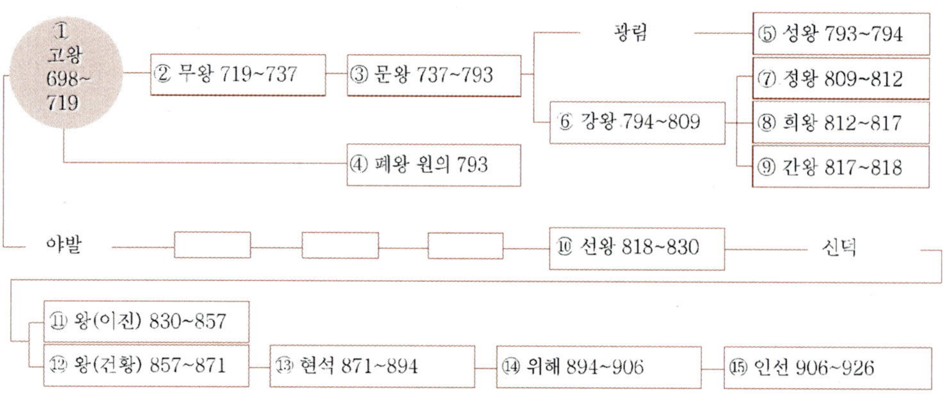

고려 (475년, 918 ~ 1392)

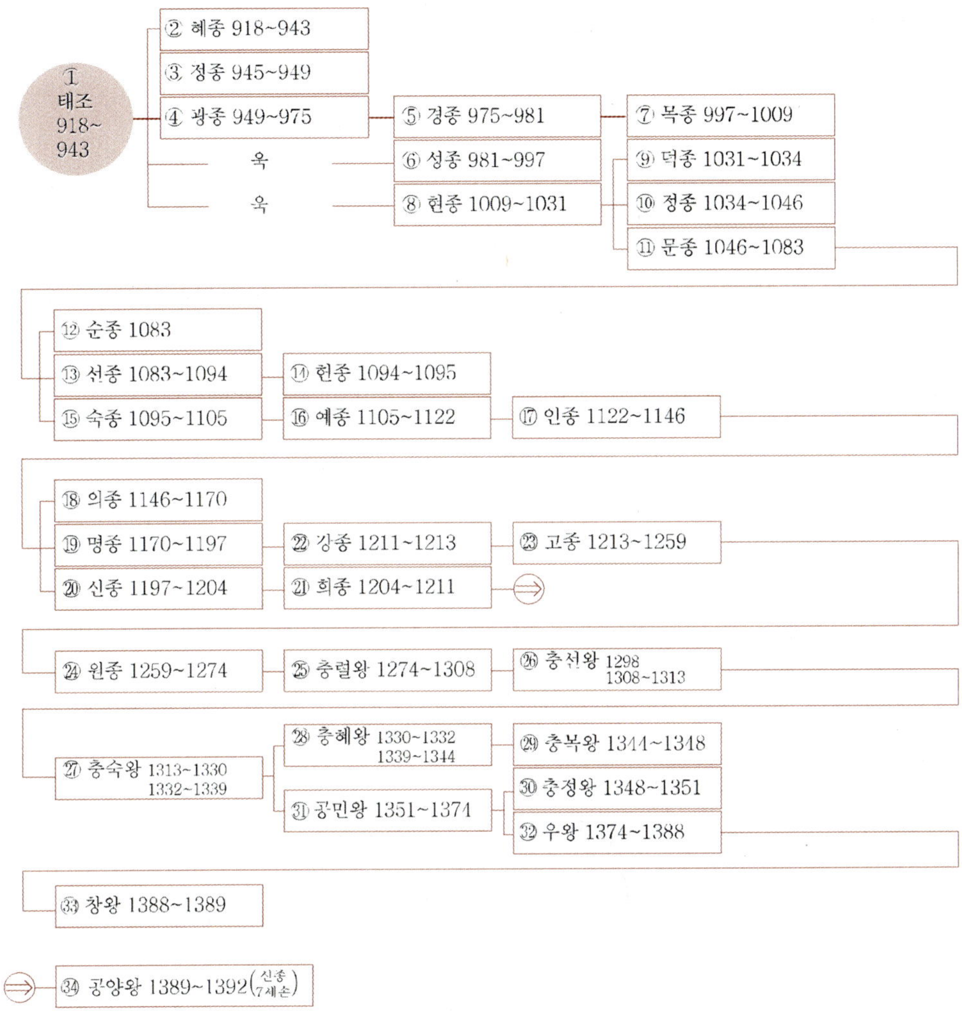

조선 (519년, 1392 ~ 1910)

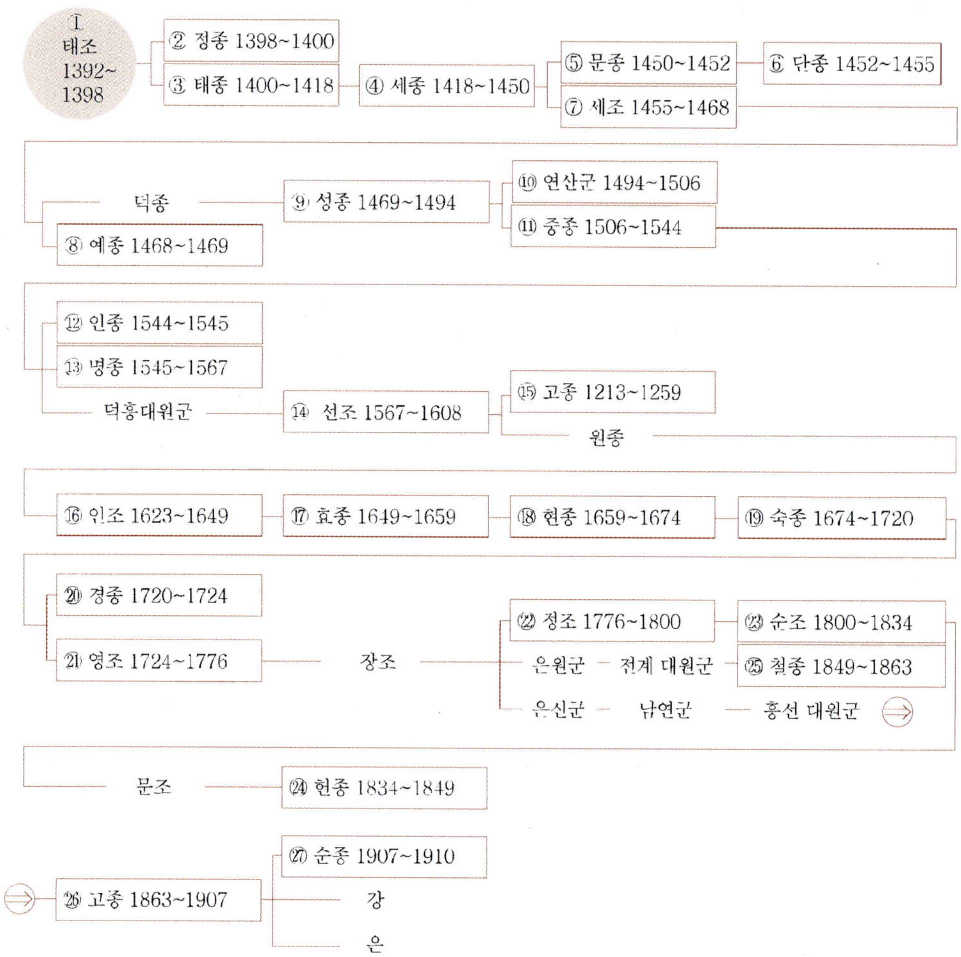

부록 3 국사 – 세계사 연표

시대	연도	국사	연도	세계사
선사시대	약 70만 년 전	구석기 문화	BC 3000년경	이집트 문명 시작
	BC 8000년경	신석기 문화	BC 2500년경	중국, 황허 문명 시작
	BC 2333	고조선 건국	BC 1800년경	함무라비 왕, 메소포타미아 통일
	BC 2000년경	청동기 문화 보급	BC 7세기경	석가모니 탄생
	BC 400년경	철기 문화 보급	BC 551년경	공자 탄생
	BC 194	위만, 고조선의 왕이 됨	BC 334	알렉산드로스, 동방 원정
	BC 108	고조선 멸망, 한 군현 설치	BC 221	진(秦), 중국 통일
	BC 57	신라 건국	BC 202	한 건국
	BC 37	고구려 건국	BC 27	로마, 제정 시작
	BC 18	백제 건국	BC 4	그리스도 탄생

시대	연도	국사	연도	세계사
고대/삼국·남북국	194	고구려, 진대법 실시	25	후한의 건국
	260	백제(고이왕), 16관등과 공복 제정	166	로마 사절 중국에 옴
	313	고구려, 낙랑군 멸망시킴	220	후한 멸망, 삼국 시대 시작
	372	고구려, 불교 전래, 태학 설치	280	진(晋), 중국 통일
		백제, 동진에 사절을 보냄	313	로마, 크리스트교 공인
	384	백제, 불교 전래	316	5호 16국 시대
	405	백제, 일본에 한학 전함	317	동진의 성립
	427	고구려, 평양 천도	325	니케아 공의회
	433	나·제 동맹 성립	375	게르만족, 대이동 개시
	502	신라, 우경 실시	395	로마 제국, 동서로 분열
	503	신라, 국호와 왕호를 정함	439	중국, 남북조 성립
	520	신라, 율령 반포, 백관의 공복 제정	476	서로마 제국 멸망
	527	신라, 불교 공인	486	프랑크 왕국 건국
	536	신라, 연호 사용	529	유스티니아누스 법전 편찬, 몬테카시
	538	백제, 도읍을 사비성으로 옮김		노 수도원창설
	545	신라, 국사 편찬	537	콘스탄티노플의 성 소피아성당 건립
	552	백제, 일본에 불교 전함	589	수, 중국 통일
	612	고구려, 살수 대첩	610	이슬람교 창시
	624	고구려, 당으로부터 도교전래	618	당의 건국
	645	고구려, 안시성 싸움 승리	622	헤지라(이슬람 기원 원년)
	647	신라, 첨성대 건립	629	현장, 인도 여행, 대당 서역기를 씀
	660	백제 멸망	645	일본, 다이카 개신
	668	고구려 멸망	671	당의 의정, 불경을 구하러 인도 여행

시대	연도	한국사	연도	세계사
고대/삼국·남북국	676	신라, 삼국 통일	712	당, 현종 즉위
	685	9주 5소경 설치	755	당, 안·사의 난
	698	발해 건국	771	카롤루스 대제, 프랑크 왕국 통일
	722	신라, 정전 지급	829	잉글랜드 왕국 성립
	751	불국사와 석굴암 중창시작	843	베르됭 조약
	788	독서삼품과 설치	875	황소의 난
	828	장보고, 청해진 설치	907	당 멸망, 오대의 시작
	834	백관의 복색 제도 공포		
	888	신라, 삼대목 편찬		
	900	견훤, 후백제 건국		
	901	궁예, 후고구려 건국		
	918	왕건, 고려 건국		
	926	발해 멸망		
	935	신라 멸망		

시대	연도	한국사	연도	세계사
중세	936	고려, 후삼국 통일	916	거란 건국
	956	노비 안검법 실시	946	거란, 국호를 요라 함
	958	과거제 실시	960	송 건국
	976	전시과 실시	962	오토 1세, 신성 로마 황제 대관
	992	국자감 설치	987	프랑스, 카페 왕조 시작
	1009	강조의 정변	1037	셀주크 튀르크 제국 건설
	1019	귀주 대첩	1054	크리스트교 동서로 분열
	1076	전시과 개정, 관제 개혁	1066	노르망디 공 윌리엄, 잉글랜드 정복
	1086	의천, 교장도감 두고 교장 조판	1069	왕안석 변법
	1097	주전도감 설치	1095	클레르몽 종교 회의
	1102	해동통보 주조	1096	십자군 전쟁(~ 1270)
	1107	윤관, 여진 정벌	1115	금 건국
	1126	이자겸의 난	1125	금, 요를 멸망시킴
	1135	묘청의 서경 천도 운동	1127	북송 멸망, 남송 시작
	1145	김부식, 삼국사기 편찬	1163	프랑스 노트르담 성당 건축 시작
	1170	무신정변	1192	일본, 가마쿠라 막부 세움
	1174	정중부, 중방 정치	1206	칭기즈 칸, 몽골 통일
	1196	최충헌 집권	1215	영국, 대헌장 제정
	1198	만적의 난	1241	신성 로마 제국, 한자 동맹 성립
	1219	몽골과 통교	1271	원 제국 성립
	1231	몽골의 제1차 침입	1279	남송 멸망
	1232	강화 천도	1299	마르코 폴로, 동방견문록 출판
	1234	금속 활자로 상정고금예문 간행	1302	프랑스, 삼부회 성립
	1236	고려 대장경 새김(~ 1251)	1309	교황, 아비뇽에 유폐
	1270	개경으로 환도, 삼별초의 대몽 항쟁	1321	단테, 신곡 완성

시대	연도	국사	연도	세계사
중세	1274	여·원의 제1차 일본 정벌	1338	일본, 무로마치 막부 성립. 영국·프랑스, 백년 전쟁(~ 1453)
	1359	홍건적의 침입(~ 1361)	1356	황금 문서 발표
	1363	문익점, 목화씨 전래		
	1376	최영, 왜구 정벌		
	1377	최무선의 건의로 화약 무기 제조		
	1377	직지심체요절 인쇄		
	1388	위화도 회군		
	1389	박위, 쓰시마 섬 토벌		

시대	연도	국사	연도	세계사
조선시대	1392	고려 멸망, 조선 건국	1368	원 멸망, 명 건국
	1394	한양 천도	1405	정화의 남해 원정
	1402	호패법 실시	1429	잔 다르크, 영국군 격파
	1413	태조실록 편찬	1450	구텐베르크, 활판 인쇄술 발명
	1416	4군 설치(~ 1443)	1453	비잔티움 제국 멸망
	1418	세종 즉위	1455	장미 전쟁(~ 1485)
	1420	집현전 확장	1492	콜럼버스, 아메리카 항로 발견
	1434	6진 설치(~ 1449)	1498	바스쿠 다가마, 인도 항로 발견
	1441	측우기 제작	1517	루터의 종교 개혁
	1443	훈민정음 창제	1519	마젤란, 세계 일주(~ 1522)
	1446	훈민정음 반포	1524	독일의 농민 전쟁
	1466	직전법 실시	1536	칼뱅의 종교 개혁
	1485	경국대전 완성	1562	위그노 전쟁(~ 1598)
	1510	3포 왜란	1588	영국, 무적 함대 격파
	1512	임신약조	1598	낭트 칙령 발표
	1543	백 운동 서원 세움	1600	영국, 동인도 회사 설립
	1555	을묘왜변	1616	후금 건국
	1592	임진왜란, 한산도 대첩	1618	독일, 30년 전쟁(~ 1648)
	1593	행주 대첩	1628	영국, 권리 청원 제출
	1608	경기도에 대동법 실시	1642	청교도 혁명(~ 1649)
	1609	일본과 기유약조 체결	1644	명 멸망. 청, 중국 통일
	1610	동의보감 완성	1651	크롬 웰, 항해 조례 발표
	1623	인조반정	1688	명예혁명
	1624	이괄의 난	1689	청·러시아, 네르친스크 조약 영국, 권리 장전 발표
	1627	정묘호란		
	1628	벨테브레이, 제주도 표착	1740	오스트리아 왕위 계승 전쟁
	1631	정두원이 명에서 천리경, 자명종, 화포 등 수입	1762	루소, 민약론 발표
			1765	와트, 증기 기관 완성
	1636	병자호란	1776	미국, 독립 선언
	1645	소현 세자가 청에서 과학 서적, 천주교 서적 등을 수입	1789	프랑스 혁명, 인권 선언
			1814	빈 회의(~ 1815)
	1653	하멜, 제주도 표착, 시헌력 채택	1830	프랑스, 7월 혁명
	1658	제2차 나선 정벌	1832	영국, 선거법 개정

조선시대	1659	호서 지방에 대동법 실시		
	1678	상평통보 주조		
	1696	안용복, 독도에서 일본인 쫓아냄		
	1708	전국적으로 대동법 실시		
	1712	백두산 정계비 건립		
	1725	탕평책 실시		
	1750	균역법 실시		
	1763	고구마 전래		
	1776	규장각 설치		
	1784	이승훈, 천주교 전도		
	1785	대전통편 완성		
	1786	서학을 금함		
	1801	신유박해		
	1811	홍경래의 난		
	1860	최제우, 동학 창시		
	1862	임술 농민 봉기		

근대	1863	고종 즉위, 흥선 대원군 집권	1840	청・영국, 아편 전쟁
	1866	병인박해, 병인양요	1848	프랑스, 2월 혁명
	1871	신미양요	1850	청, 태평천국 운동
	1875	운요호 사건	1858	무굴 제국 멸망
	1876	강화도 조약 맺음	1860	베이징 조약
	1882	임오군란	1861	미국, 남북 전쟁(~ 1865)
	1884	우정국 설치, 갑신정변	1863	링컨, 노예 해방 선언
	1885	거문도 사건	1868	일본, 메이지 유신
	1889	함경도에 방곡령 실시	1869	수에즈 운하 개통
	1894	동학 농민 운동, 갑오개혁	1871	독일 통일
	1895	을미사변	1882	독일, 오스트리아, 이탈리아 삼국 동맹 성립
	1896	아관 파천, 독립신문 발간, 독립 협회 설립	1884	청・프랑스 전쟁(~ 885)
	1897	대한 제국 성립	1896	제1회 올림픽 대회
	1899	경인선 개통	1898	청, 무술개혁
	1900	만국 우편 연합 가입	1899	헤이그 만국 평화 회의. 청, 의화단 운동
	1904	한・일 의정서 맺음. 경부선 완공	1904	러・일 전쟁(~ 1905)
	1905	을사늑약		
	1905	천도교 성립		
	1906	통감부 설치		
	1907	국채 보상 운동, 헤이그특사 파견, 고종황제 퇴위, 군대해산, 신민회 설립		
	1908	의병, 서울 진공 작전		
	1909	간도 협약, 이토 히로부미 처단(안중근), 대종교 창시(나철)		

구분	연도	국사	연도	세계사
식민통치	1919	3·1 운동, 대한민국 임시 정부 수립	1911	신해혁명
	1920	김좌진, 청산리 대첩,	1912	중화민국의 성립
		조선·동아일보 창간	1914	제1차 세계대전
	1922	어린이날 제정	1917	러시아 혁명
	1926	6·10 만세 운동	1919	베르사유 조약, 5·4 운동
	1927	신간회 조직	1920	국제 연맹 성립
	1929	광주 학생 항일 운동	1921	워싱턴 회의
	1932	이봉창, 윤봉길 의거	1927	중국, 난징에 국민 정부 성립
	1933	한글 맞춤법 통일안 제정	1929	대공황
	1938	한글 교육 금지	1931	일본, 만주 침략
	1940	한국 광복군 창설	1935	독일, 재군비 선언
	1942	조선어 학회 사건	1937	중·일 전쟁
			1939	제2차 세계대전(~ 1945) 발발
			1941	대서양 헌장 발표
			1943	카이로 회담

구분	연도	국사	연도	세계사
현대	1945	8·15 광복	1945	포츠담 선언, 일본 항복, 유엔 성립
	1946	제1차 미·소 공동 위원회 개최	1946	파리 평화 회의
	1948	5·10 총선거 실시,	1947	마셜 플랜
		대한민국 정부 수립	1948	세계 인권 선언
	1950	6·25 전쟁	1949	NATO 성립
	1953	휴전 협정 조인	1950	유엔, 한국 파병 결의
	1960	4·19 혁명, 장면 내각 성립	1952	미국, 수소 폭탄 실험 성공
	1961	5·16 군사 정변	1954	인도차이나 휴전 성립
	1962	제1차 경제 개발 5개년 계획(~ 1966)	1956	이집트, 수에즈 운하 접수,
	1963	박정희 정부 성립		헝가리·폴란드, 반공 의거
	1965	한·일 협정 조인	1962	쿠바 봉쇄
	1967	제2차 경제 개발 5개년 계획	1967	제3차 중동 전쟁
	1970	경부 고속 국도 개통	1968	체코슬로바키아 민주화 선언에 소련군 개입
	1972	제3차 경제 개발 5개년 계획(~ 1976),		
		7·4 남북 공동 성명, 남북 적십자 회담,	1969	아폴로 11호 달 착륙
			1972	닉슨, 중국 방문
		10월 유신	1973	제4차 중동 전쟁, 전 세계 유류 파동
	1973	6·23 평화 통일 선언	1976	UN, 팔레스타인 건국 승인안 채택
	1977	제4차 경제 개발 5개년 계획(~ 1981)	1979	미국·중국, 국교 정상화,
	1979	10·26 사태		이란의 이슬람교도 혁명,
	1980	5·18 민주화 운동		중동 평화 조약 조인, 소련, 아프가니스탄 침공
	1981	전두환 정부 성립		
	1983	KAL기 피격참사, 아웅산 사건,	1980	이란·이라크 전쟁
		KBS, 이산가족 찾기 TV생방송	1981	미국, 왕복 우주선 컬럼비아호 발사
	1985	남북 고향 방문단 상호 교류		

	1986	서울 아시아 경기 대회	1986	필리핀, 민주 혁명
	1987	6월 민주 항쟁	1986	소련, 체르노빌 원전 사고
	1988	노태우 정부 성립, 제24회 서울 올림픽 대회	1988	이란・이라크전 종전
	1989	동구권 국가와 수교	1989	베를린 장벽 붕괴, 루마니아 공산 독재정권 붕괴
	1990	소련과 국교 수립	1990	독일 통일
	1991	남북한 유엔 동시 가입	1991	발트 3국 독립, 걸프 전쟁
	1992	중국과 국교 수립	1992	소련 연방 해체, 독립 국가 연합(CIS) 탄생
	1993	김영삼 정부 성립, 금융 실명제 실시	1993	우루과이 라운드 타결, 북미 자유 무역 협정 체결
	1994	북한, 김일성 사망	1995	세계 무역 기구 출범
현	1995	지방 자치제 실시 구총독부 건물 해체(~ 1996), 한국, 유엔안보리 비상임 이사국 피선	1997	영국, 홍콩을 중국에 반환
대	1998	김대중 정부 출범	1999	포르투갈, 마카오를 중국에 반환
	2000	남북 정상 회담 6・15 남북 공동 선언, 아시아・유럽 정상 회담(ASEM) 개최. 김대중, 노벨 평화상 수상	2001	미국, 뉴욕 세계 무역 센터 피폭
	2002	한・일 월드컵 대회개최, 제14회 부산 아시아 경기대회 개	2003	이라크 전쟁
	2003	노무현 정부 출범	2009	오바마, 미국 최초의 흑인 대통령 취임
	2007	제2차 남북 정상 회담		
	2008	이명박 정부 출범		

부록 4 고고학 용어 익히기

가락바퀴 …… 방추차(紡錐車)
가지무늬 토기 …… 채문 토기(彩文土器)
간석기 …… 마제 석기(磨製石器)
갈판 …… 연석(硯石)
거친무늬 거울 …… 조문경(祖紋鏡)
거푸집 …… 용범(鎔范)
민무늬 토기 …… 무문 토기(無文土器)
바위 그림 …… 암각화(岩刻畵)
바퀴날 도끼 …… 환상 석부(環狀石斧)
바탕흙 …… 태토(胎土)
반달 돌칼 …… 반월형 석도(半月形石刀)
받침돌 …… 지석(支石)
검은 간 토기 …… 흑도(黑陶)
고인돌 …… 지석묘(支石墓)
구덩무덤 …… 토장묘(土葬墓)
구덩식 …… 수혈식(竪穴式)
굴식 …… 횡혈식(橫穴式)
낚시바늘 …… 조침(釣針)
널길 …… 연도(羨道)
널무덤 …… 토광묘(土壙墓)
널방 …… 현실(玄室)
눕혀묻기 …… 앙와장(仰臥葬)
덧널무덤 …… 목곽묘(木槨墓)
덧띠 토기 …… 점토대 토기(粘土帶土器)
덧무늬 토기 …… 태선 융기문 토기(太線隆起文土器)
독무덤 …… 옹관묘(甕棺墓)
돋새김 …… 양각(陽刻)
돌널무덤 …… 석관묘(石棺墓)
돌덧널무덤 …… 석곽분(石槨墳)
돌무지덧널무덤 …… 적석 목곽분(積石木槨墳)
돌무지무덤 …… 적석총(赤石塚)
돌방무덤 …… 석실분(石室墳)
돌짐승 …… 석수(石獸)
두벌묻기 …… 세골장(洗骨葬)
둘레돌 …… 호석(護石)
둥근 바닥 …… 원저(圓低)
뚜껑돌(덮개돌) …… 개석(蓋石)
모줄임 천장 …… 말각 조정식 천정(抹角藻井式天井)
번개무늬 …… 뇌문(雷文)
벽돌무덤 …… 전축분(塼築墳)
보습 …… 이선(犁先)
붉은 간 토기 …… 홍도(紅陶)
빗살무늬 토기 …… 즐문 토기(櫛文土器)
뼈 단지 …… 골호(骨壺)
뼈 연장 …… 골기(骨器)
뿔 연장 …… 각기(角器)
상돌 …… 상석(床石)
선돌 …… 입석(立石)
수레 토기 …… 차형 토기(車形土器)
오리 토기 …… 압형 토기(鴨形土器)
움집터 …… 수혈 주거지(竪穴住居址)
이른 민무늬 토기 …… 원시 무문 토기(原始無文土器)
잔석기 …… 세석기(細石器)
저장 구덩 …… 저장혈(貯藏穴)
조개더미 …… 패총(貝塚)
짐승 토기 …… 동물형 토기(動物形土器)
집터 …… 주거지(住居祉)
집 토기 …… 가형 토기(家形土器)
칠무늬 토기 …… 채문 토기(彩色土器, 彩文土器)
팽이 토기 …… 각형 토기(角形土器)
홈자귀 …… 유구 석부(有溝石斧)
화덕 자리 …… 노지(爐址)

부록 5 옛 지명 익히기

ㄱ

가리포(加里浦) : 강진
가림성(加林城) : 부여
가산(嘉山) : 박천
갑주(甲州) : 갑산
강동성(江東城) : 강동
강음(江陰) : 금천
강주(康洲) : 진주
개경(開京) : 개성
개모성(蓋牟城) : 삼양(만주)
거물성(居勿城) : 남원
건마국(乾馬國) : 익산
경산부(京山府) : 성주
경원(慶源) : 인천
고사비성(古沙比城) : 옥구
고차(古昌) : 안동
공산(公山) : 대구
공험진(公嶮鎭) : 함주
곽주(郭州) : 정주
관미성(關彌城) : 강화
관산성(管山城) : 옥천
관음포(觀音浦) : 남해
광산(光山) : 광주(光州)
교주(交州) : 회양
구야국(狗倻國) : 김해
구차례(求次禮) : 구례
국내성(國內城) : 통구(만주)
귀주(龜州) : 구성
금관경(金官京) : 김해
금마저(金馬渚) : 익산
금성(金)城 : 경주
금성(錦城) : 나주
금주(金州) : 김해
금천(衿川) : 안양
기벌포(伎伐浦) : 장항
길주(吉州) : 홍원

ㄴ

남경(南京) : 서울
남경 남해부(南京南海府) : 북청
남소성(南蘇城) : 산청
남원경(南原京) : 남원
남천(南川) : 이천
남한산성(南漢山城) : 광주(廣州)
낭비성(娘臂城) : 청주
낭천(娘川) : 화천
내이포(乃而浦) : 창원
능성(綾城) : 화순

ㄷ

달구벌(達句伐) : 대구
달량포(達梁浦) : 영암
달홀(達忽) : 고성
당성(唐城) : 남양
당포(唐浦) : 통영
당항성(黨項城) : 남양
당항포(黨項浦) : 고성
대야성(大耶城) : 합천
덕원(德源) : 원산
도련포(都連浦) : 정평
도림성(道臨城) : 통천
도살성(道薩城) : 천안
독로강(禿魯江) : 강계
동경(東京) : 경주
동경 용원부(東京龍原府) : 혼춘(만주)
동주(東州) : 철원
등주(登州) : 안변

ㅁ

마전(麻田) : 연천
매소성(買消城) : 연천
명량(鳴梁) : 해남
명주(溟州) : 강릉
명학소(鳴鶴所) : 공주
무산성(毋山城) : 남원
무진주(武珍州) : 광주(光州)
미추홀(彌鄒忽) : 인천
밀성(密城) : 밀양

ㅂ

박작성(泊汋城) : 안동(만주)
반남(潘南) : 나주
발라(發羅) : 나주
백마산성(白馬山城) : 의주
백수성(白水城) : 연백
백암성(白巖城) 등탑(만주)
보주(保州) : 위주
복주(福州) : 안동
부산포(富山浦) : 부산
부성(富城) : 서산
부여성(扶餘城) : 농안(만주)
북원경(北原京) : 원주
불이(不而) : 덕원
비사벌(比斯伐) : 창녕
비사성(卑沙城) : 대련(만주)
비열홀(比列忽) : 안변

ㅅ

사량진(蛇梁鎭) : 통영
사로국(斯盧國) : 경주
사벌(沙伐) : 상주
사비(泗沘) : 부여
사야도(史冶島) : 덕적도
삭주(朔州) : 춘천
삼년 산성(三年山城) : 보은
상경 용천부(上京龍泉府) : 동경성(만주)
쌍성(雙城) : 영흥
서경(西京) : 평양

서경 압록부(西京鴨錄府)
: 통구(만주)
서라벌(徐羅伐) : 경주
서안평(西安平) : 안동(만주)
서원경(西原京) : 청주
석성(石城) : 부여
선주(宣州) : 덕원
소부리(所夫里) : 부여
소사(素砂) : 부천
송악(松嶽) : 개성
수곡성(水谷城) : 신계
수주(水州) : 수원
술천성(述川城) : 여주
숭녕진(崇寧鎭) : 함주
신성(新城) : 삼양(만주)
실직(悉直) : 삼척
십곡성(十谷城) : 곡산

ㅇ

아차성(蛾嵯城) : 서울
안골포(安骨浦) : 김해
안시성(安市城) : 해성(만주)
안융진(安戎鎭) : 안주
양근(楊根) : 양평
양주(良州) : 양산
어란포(於蘭浦) : 해남
염주(鹽州) : 연백
염포(鹽浦) : 울산
영주(英州) : 신흥
오골성(烏骨城) : 봉황성(만주)
옥포(玉浦) : 거제
완산(完山) : 전주
요동성(遼東城) : 요양(만주)
용골산성(龍骨山城) : 용천
용만(龍灣) : 의주
우금치(牛金峙) : 공주
우산(宇山) : 울릉
운문(雲門) : 청도
웅주(雄州) : 함주
웅주(熊州) : 공주
웅진(熊津) : 공주
웅천주(熊川州) : 공주
위원진(威遠鎭) : 신의주
이성(泥城) : 창성
인주(仁州) : 인천
일선(一善) : 선산
임존성(任存城) : 예산
임토(林土) : 벽동

ㅈ

자비령(慈悲嶺) : 봉산
적성(赤城) : 단양
적성(積城) : 파주
정주(貞州) : 개풍
정천(井泉) : 원산
제포(薺浦) : 창원
졸본성(卒本城) : 환인(만주)
죽주(竹州) : 안성
중경 현덕부(中京顯德府)
: 돈화(만주)
중원경(中原京) : 충주
지평(砥平) : 양평
진양진(眞陽鎭) : 함주
진포(鎭浦) : 서천

ㅊ

책성(柵城) : 혼춘(만주)
처인성(處仁城) : 용인
철령(鐵嶺) : 회양
철옹성(鐵甕城) : 맹산
청해진(淸海鎭) : 완도
충순현(忠順縣) : 공주
칠중성(七重城) : 연천
칠천량(七川梁) : 거제

ㅌ

탄현(炭峴) : 대전
탐라(耽羅) : 제주
탐진(耽津) : 강진
통태진(通泰鎭) : 홍남

ㅍ

파평(坡平) : 파주
패강진(浿江鎭) : 은율
평로진(平虜鎭) : 평원
평양성(平壤城) : 평양

ㅎ

하슬라(河瑟羅) : 강릉
한성(漢城) : 서울
한성(漢城) : 재령
한주(漢州) : 하남
함주(咸州) : 함흥
합포(合浦) : 마산
현도성(玄菟城) : 무순(만주)
혈구진(穴口鎭) : 강화
홍산(鴻山) : 부여
홍주(洪州) : 홍성
화려(和麗) : 영흥
화주(和州) : 영흥
황산(荒山) : 남원
황산(黃山) : 논산
황토현(黃土峴) : 정읍
흥양(興陽) : 고흥
흥화진(興化鎭) : 의주

제 4 편 한국사능력검정시험

제63회 한국사능력검정시험 기본 정답표

문항 번호	정답	배점	문항 번호	정답	배점	문항 번호	정답	배점	문항 번호	정답	배점	문항 번호	정답	배점
1	③	1	11	③	3	21	①	1	31	①	3	41	③	3
2	①	2	12	②	2	22	①	2	32	②	2	42	③	2
3	③	2	13	②	2	23	②	1	33	④	2	43	④	2
4	③	2	14	②	2	24	①	2	34	③	2	44	②	3
5	①	1	15	④	2	25	④	2	35	④	2	45	①	2
6	③	2	16	④	2	26	④	3	36	③	1	46	③	2
7	③	2	17	①	3	27	②	2	37	②	2	47	①	2
8	④	3	18	①	2	28	③	1	38	④	3	48	④	1
9	④	1	19	②	2	29	③	2	39	④	1	49	①	1
10	②	2	20	②	3	30	①	3	40	①	2	50	④	2

제64회 한국사능력검정시험 심화 정답표

문항 번호	정답	배점	문항 번호	정답	배점	문항 번호	정답	배점	문항 번호	정답	배점	문항 번호	정답	배점
1	⑤	1	11	①	3	21	⑤	2	31	④	2	41	①	1
2	①	2	12	①	1	22	③	3	32	②	2	42	④	2
3	③	2	13	⑤	2	23	④	2	33	③	3	43	②	3
4	⑤	1	14	①	2	24	②	2	34	③	1	44	①	2
5	③	3	15	⑤	2	25	②	1	35	④	3	45	①	2
6	②	2	16	④	1	26	①	2	36	①	1	46	③	1
7	④	3	17	①	2	27	⑤	1	37	②	2	47	⑤	2
8	⑤	2	18	⑤	3	28	②	2	38	②	2	48	①	2
9	②	2	19	④	2	29	③	2	39	②	2	49	④	3
10	④	2	20	⑤	1	30	③	3	40	①	2	50	③	2

제65회 한국사능력검정시험 심화 정답표

문항 번호	정답	배점	문항 번호	정답	배점	문항 번호	정답	배점	문항 번호	정답	배점	문항 번호	정답	배점
1	②	1	11	②	3	21	③	1	31	④	2	41	④	2
2	⑤	2	12	③	2	22	①	1	32	⑤	2	42	④	2
3	②	2	13	①	2	23	③	2	33	⑤	2	43	②	2
4	①	2	14	④	3	24	⑤	2	34	③	1	44	①	2
5	③	2	15	③	2	25	⑤	2	35	①	3	45	⑤	3
6	⑤	2	16	②	1	26	④	3	36	③	2	46	②	1
7	④	1	17	①	2	27	④	2	37	④	3	47	②	3
8	⑤	3	18	③	2	28	①	1	38	④	1	48	②	2
9	⑤	2	19	③	2	29	④	2	39	⑤	2	49	③	1
10	①	2	20	⑤	3	30	⑤	2	40	⑤	3	50	②	2

1

기본 2023년도 제63회 한국사능력검정시험 문제지

1. (가)에 들어갈 내용으로 가장 적절한 것은? [1점]

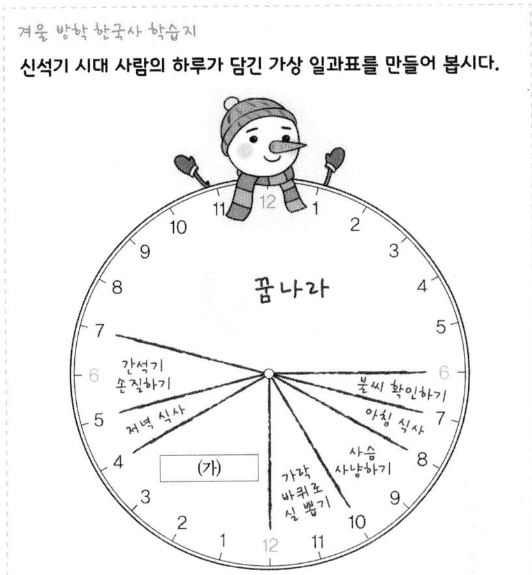

① 거친 무늬 거울 닦기　② 비파형 동검 제작하기
③ 빗살무늬 토기 만들기　④ 철제 농기구로 밭 갈기

2. (가) 나라에 대한 설명으로 옳은 것은? [2점]

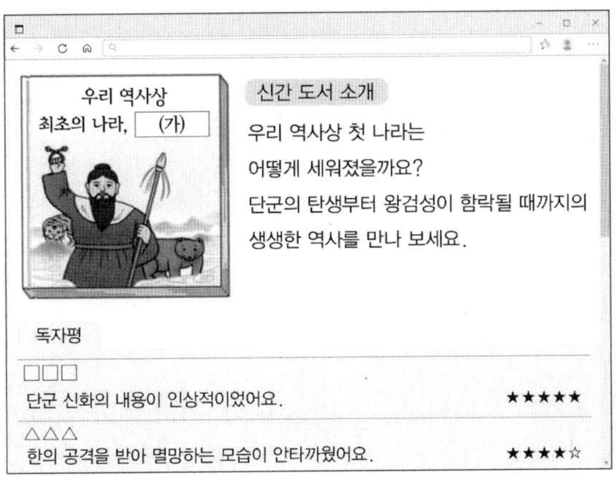

① 범금 8조가 있었다.
② 책화라는 풍습이 있었다.
③ 낙랑군과 왜에 철을 수출하였다.
④ 제가 회의에서 나라의 중요한 일을 결정하였다.

3. 다음 가상 인터뷰의 주인공으로 옳은 것은? [2점]

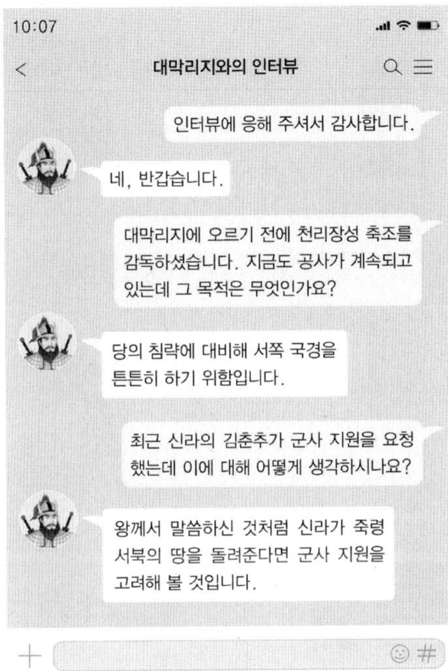

① 김유신　② 장보고　③ 연개소문　④ 흑치상지

4. 밑줄 그은 '이 국가'에 대한 설명으로 옳은 것은? [2점]

① 진대법을 실시하였다.
② 영고라는 제천 행사를 열었다.
③ 화백 회의라 불리는 합의 기구가 있었다.
④ 왕족인 부여씨와 8성의 귀족이 지배층을 이루었다.

2 제63회 한국사능력검정시험 (기본)

5. (가)에 들어갈 문화유산으로 옳은 것은? [1점]

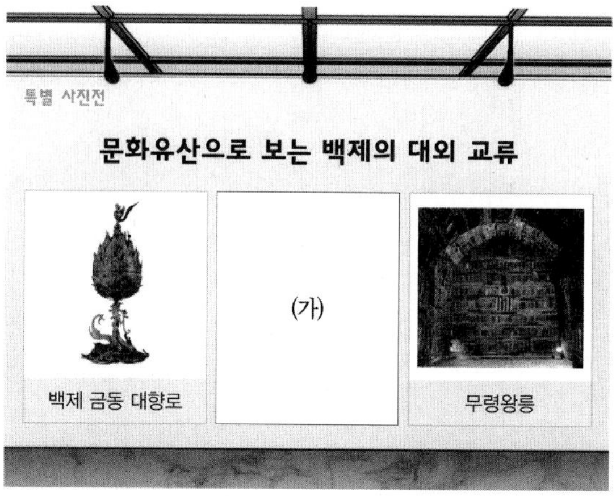

① 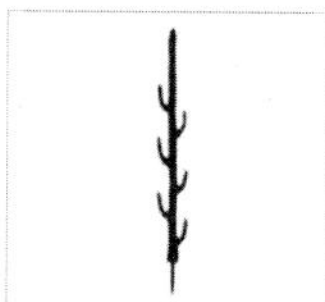
칠지도

② 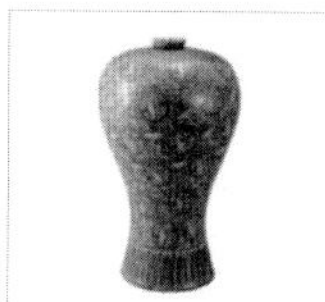
청자 상감 운학문 매병

③ 
천마총 장니 천마도

④ 
호우총 청동 그릇

6. (가) 국가에 대한 설명으로 옳은 것은? [2점]

① 마한의 소국 중 하나였다.
② 상수리 제도를 실시하였다.
③ 전성기에 해동성국이라 불렸다.
④ 광덕, 준풍 등의 연호를 사용하였다.

7. 다음 퀴즈의 정답으로 옳은 것은? [2점]

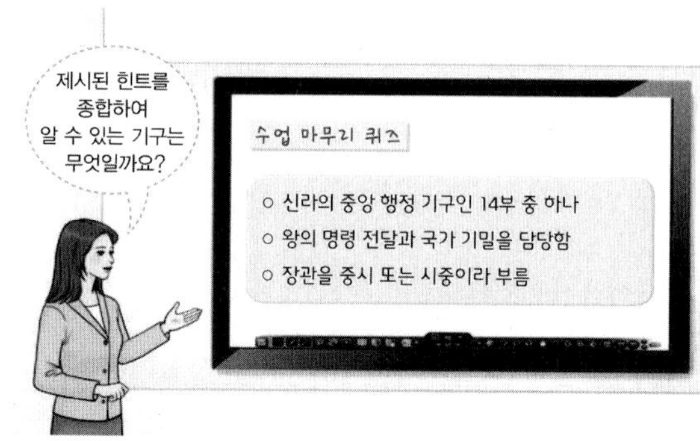

① 

② 

③ 

④ 

8. (가) 국가의 경제 상황으로 옳은 것은? [3점]

① 활구라고 불리는 은병이 유통되었다.
② 고추, 담배 등이 상품 작물로 재배되었다.
③ 관청에 물품을 조달하는 공인이 활동하였다.
④ 시장을 감독하기 위한 기구로 동시전이 설치되었다.

제63회 한국사능력검정시험 (기본)

9. 밑줄 그은 '이 인물'로 옳은 것은? [1점]

① 강수 ② 설총 ③ 김부식 ④ 최치원

10. (가) 왕에 대한 설명으로 옳은 것은? [2점]

① 집현전을 설치하였다.
② 기인 제도를 실시하였다.
③ 나선 정벌을 단행하였다.
④ 노비안검법을 시행하였다.

11. (가)~(다)를 일어난 순서대로 옳게 나열한 것은? [3점]

(가) (나) (다)

① (가) - (나) - (다) ② (나) - (가) - (다)
③ (나) - (다) - (가) ④ (다) - (나) - (가)

12. 다음 사건이 있었던 국가의 지방 통치에 대한 설명으로 옳은 것은? [2점]

> **역사 신문**
>
> 제△△호 ○○○○년 ○○월 ○○일
>
> **공주 명학소, 충순현으로 승격**
>
> 공주 명학소 사람 망이·망소이가 무리를 불러 모아 난을 일으켜 공주를 함락하였다. 이에 정부는 명학소를 충순현으로 승격하는 조치를 취했다. 이는 소의 주민으로서 그들이 겪어야 했던 차별이 철폐됨을 의미하는 것으로, 정부의 이번 조치가 해결책이 될 수 있을지 결과가 주목된다.

① 지방에 22담로를 두었다.
② 양계에 병마사를 파견하였다.
③ 주요 지역에 5소경을 설치하였다.
④ 전국을 5경 15부 62주로 나누었다.

13. 교사의 질문에 대한 답변으로 옳지 <u>않은</u> 것은? [2점]

4 제63회 한국사능력검정시험 (기본)

14. 밑줄 그은 '시기'에 있었던 사실로 옳은 것은? [2점]

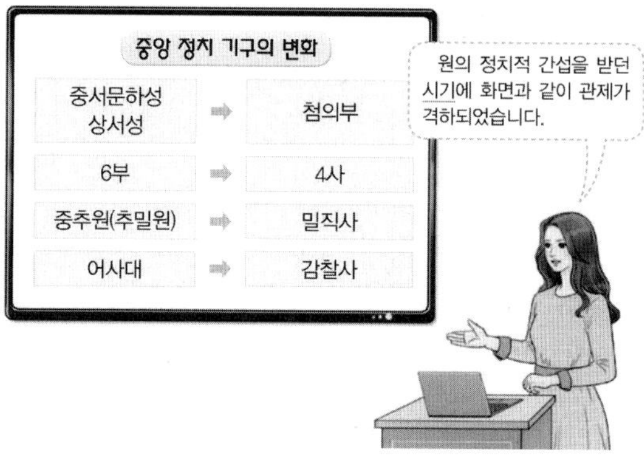

① 별무반이 편성되었다.
② 정동행성이 설치되었다.
③ 6조 직계제가 실시되었다.
④ 김흠돌의 난이 진압되었다.

15. (가) 왕의 업적으로 옳은 것은? [2점]

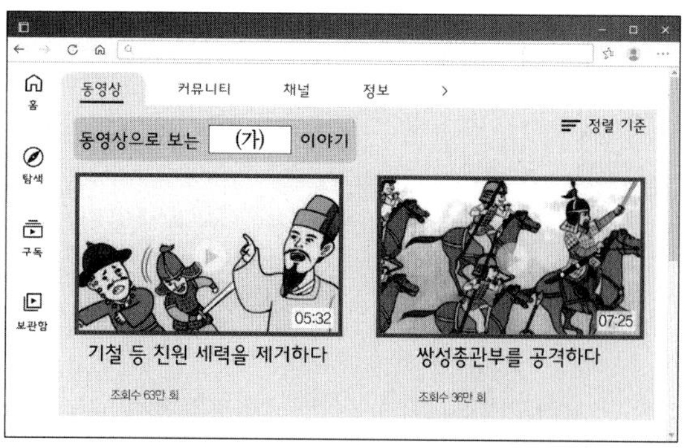

① 사비로 천도하였다.
② 북한산 순수비를 세웠다.
③ 독서삼품과를 실시하였다.
④ 전민변정도감을 설치하였다.

16. (가)에 들어갈 문화유산으로 가장 적절한 것은? [2점]

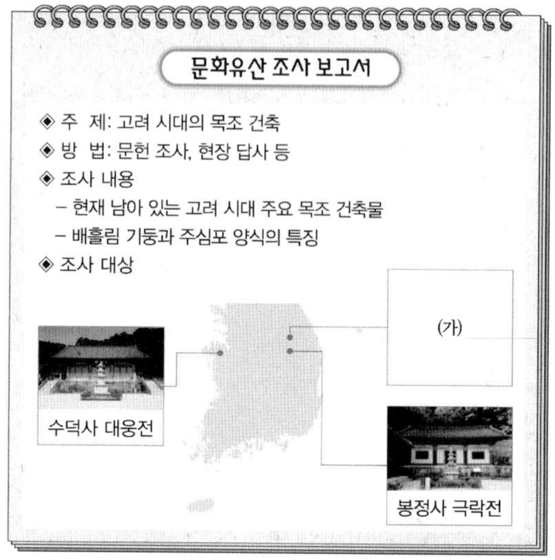

① 
종묘 정전

② 
경복궁 근정전

③ 
법주사 팔상전

④ 
부석사 무량수전

17. 다음 건의를 받아들여 제정한 법으로 옳은 것은? [3점]

> 전하께서는 무릇 수도에 거주하는 관료에게는 단지 경기 안의 토지만을 지급하고, 그 밖의 토지는 허락하지 마십시오. 이를 법으로 제정하셔서 백성과 더불어 다시 시작하십시오. 그렇게 하여 국가 재정을 넉넉하게 하고, 백성의 삶을 풍요롭게 하며, 조정의 선비들을 우대하고, 군대의 군량을 넉넉하게 하십시오.
>
> – 조준의 상소 –

① 과전법 ② 대동법 ③ 영정법 ④ 호패법

제63회 한국사능력검정시험 (기본)

18. 밑줄 그은 '왕'의 재위 시기에 있었던 사실로 옳은 것은? [2점]

① 자격루가 제작되었다.
② 화통도감이 설치되었다.
③ 삼국유사가 저술되었다.
④ 백두산정계비가 건립되었다.

19. 밑줄 그은 '왕'에 대한 설명으로 옳은 것은? [2점]

① 훈민정음을 창제하였다.
② 경국대전을 완성하였다.
③ 초계문신제를 시행하였다.
④ 위화도 회군을 단행하였다.

20. (가), (나) 사이의 시기에 있었던 사실로 옳은 것은? [3점]

(가) (나)

① 김옥균 등이 갑신정변을 일으켰다.
② 사림이 동인과 서인으로 나뉘었다.
③ 성균관 입구에 탕평비가 건립되었다.
④ 왕자의 난으로 정도전 등이 피살되었다.

21. (가)에 들어갈 내용으로 옳은 것은? [1점]

한국사 탐구 계획서

▣ 주제: 외세의 침략을 물리친 전투
▣ 목적: 우리 역사 속에서 외세의 침략에 맞서 승리한 전투를 시대별로 살펴보고, 그 역사적 의미와 교훈을 되새겨 본다.
▣ 방법: 문헌 조사, 인터넷 검색 등
▣ 시대별 탐구 내용

시대	탐구 내용
삼국 시대	을지문덕의 지략으로 수의 침략을 물리친 살수 대첩
고려 시대	강감찬의 지휘로 거란의 대군을 섬멸한 (가)
조선 시대	이순신이 학익진으로 왜군을 격퇴한 한산도 대첩

① 귀주 대첩 ② 진포 대첩 ③ 행주 대첩 ④ 황산 대첩

6 제63회 한국사능력검정시험 (기본)

22. 다음 대화에 나타난 시기의 경제 상황으로 옳은 것은? [2점]

① 상평통보가 유통되었다.
② 전시과 제도가 실시되었다.
③ 벽란도가 국제 무역항으로 번성하였다.
④ 팔관회의 경비 마련을 위해 팔관보가 설치되었다.

23. (가)에 들어갈 인물로 옳은 것은? [1점]

① 서희 ② 이황 ③ 박제가 ④ 정몽주

24. 다음 상황 이후에 전개된 사실로 옳은 것은? [2점]

> 남한산성을 나와 삼전도에 도착한 왕께서 청 황제 앞에 나아가 항복의 예를 행하였다. 예를 마치고 해 질 무렵이 되자 청 황제가 왕에게 도성으로 돌아가도록 허락하였다. 포로로 사로잡힌 이들이 도성으로 돌아가는 왕을 보고 "우리 임금이시여, 우리 임금이시여. 우리를 버리고 가십니까."라며 울부짖는데, 그 수가 만 명을 헤아렸다.

① 북벌이 추진되었다.
② 강화도로 천도하였다.
③ 쓰시마섬을 정벌하였다.
④ 최씨 무신 정권이 붕괴하였다.

25. (가)에 들어갈 부대로 옳은 것은? [2점]

월간 여행과 역사

특집
네덜란드에서 만난 조선의 무관, 박연

네덜란드 알크마르에 세워진 이 동상의 주인공은 벨테브레이로, 조선에 정착하여 박연이라는 이름으로 살았다. 네덜란드 출신이었던 그는 조선 연안에 표류한 후 서울로 압송되었고, 이후 (가) 에 소속되어 서양의 화포 기술을 전수하였다. 임진왜란 중 설치된 (가) 은/는 포수, 사수, 살수의 삼수병으로 구성되었다.

① 9서당 ② 별기군 ③ 삼별초 ④ 훈련도감

26. 밑줄 그은 '시기'의 사실로 옳은 것은? [3점]

문학으로 만나는 한국사

구만 리 긴 하늘에도 머리 들기 어렵고
삼천 리 넓은 땅에서도 발을 펴기 어렵도다.
늦은 밤 누대에 오르니 달을 감상하고자 함이 아니요
삼 일 동안 곡기를 끊었으니 신선이 되기 위함이 아니로다.

[해설] 김삿갓으로 널리 알려진 김병연은 안동 김씨 등 소수 외척 가문이 중심이 되어 권력을 독점하던 시기에 전국을 방랑하며 많은 시를 남겼다. 그는 안동 김씨였으나 할아버지가 반역죄로 처형당했기에 관직에 진출하지 못하였다. 김병연이 지은 것으로 전해지는 위 시에는 그의 이러한 처지가 잘 나타나 있다.

① 최승로가 시무 28조를 올렸다.
② 수양 대군이 계유정난을 일으켰다.
③ 지방 세력 통제를 위해 사심관 제도가 실시되었다.
④ 삼정의 문란을 바로잡기 위해 삼정이정청이 설치되었다.

제63회 한국사능력검정시험 (기본) 7

27. 밑줄 그은 '이 인물'에 대한 설명으로 옳은 것은? [2점]

① 추사체를 창안하였다.
② 지전설을 주장하였다.
③ 사상 의학을 정립하였다.
④ 대동여지도를 제작하였다.

28. (가)에 들어갈 문화유산으로 옳은 것은? [1점]

조사 보고서

△학년 △반 이름: ○○○

■ 주제: (가) 의 축조와 복원

(가) 은 정조의 명에 의해 축조된 성으로, 거중기 등을 이용하여 공사 기간과 경비를 줄일 수 있었다. 일제 강점기와 6·25 전쟁을 거치면서 일부 훼손되었지만, 의궤의 기록을 바탕으로 원형에 가깝게 복원되었다. 아래의 사진과 그림은 이 성의 일부인 남포루가 엄밀한 고증을 거쳐 복원되었음을 보여 준다.

훼손된 모습 | 의궤에 묘사된 포루 | 복원 후 모습

① 공산성 ② 전주성 ③ 수원 화성 ④ 한양 도성

29. (가)에 들어갈 내용으로 가장 적절한 것은? [2점]

① 녹읍이 폐지되었어요.
② 장용영이 설치되었어요.
③ 척화비가 건립되었어요.
④ 요동 정벌이 추진되었어요.

30. (가)~(다)를 일어난 순서대로 옳게 나열한 것은? [3점]

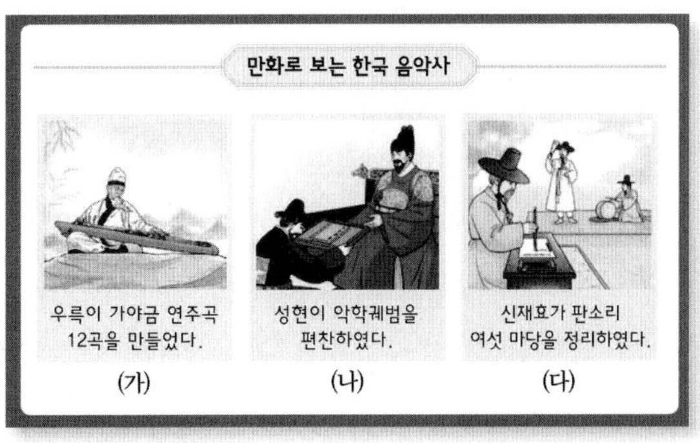

① (가) - (나) - (다) ② (나) - (가) - (다)
③ (나) - (다) - (가) ④ (다) - (나) - (가)

8 제63회 한국사능력검정시험 (기본)

31. 밑줄 그은 '조약'에 대한 설명으로 옳은 것은? [3점]

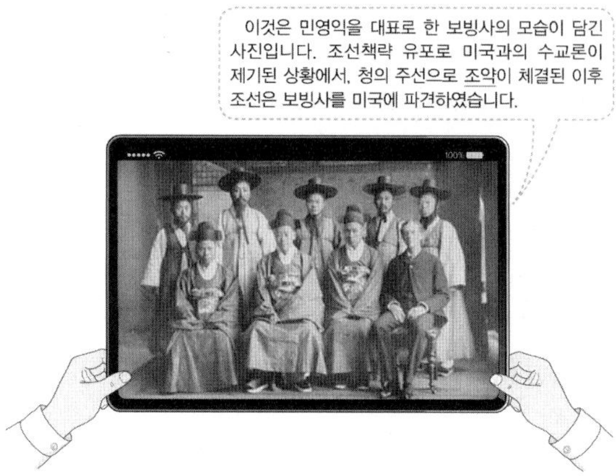

① 최혜국 대우가 규정되어 있다.
② 통감부가 설치되는 결과를 가져왔다.
③ 부산, 원산, 인천을 개항하는 배경이 되었다.
④ 일본 공사관에 경비병이 주둔하는 계기가 되었다.

32. (가)에 들어갈 내용으로 옳은 것은? [2점]

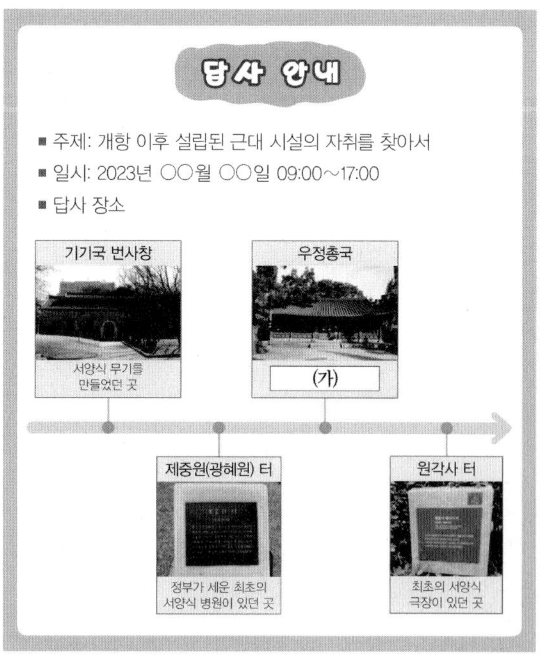

① 나운규의 아리랑이 개봉되었던 곳
② 근대적 우편 업무를 담당하였던 곳
③ 순 한문 신문인 한성순보가 발간되었던 곳
④ 헐버트를 교사로 초빙해 근대 학문을 가르쳤던 곳

33. (가)에 들어갈 기구로 옳은 것은? [2점]

① 비변사 ② 원수부
③ 홍문관 ④ 군국기무처

34. 밑줄 그은 '이 신문'에 대한 설명으로 옳은 것은? [2점]

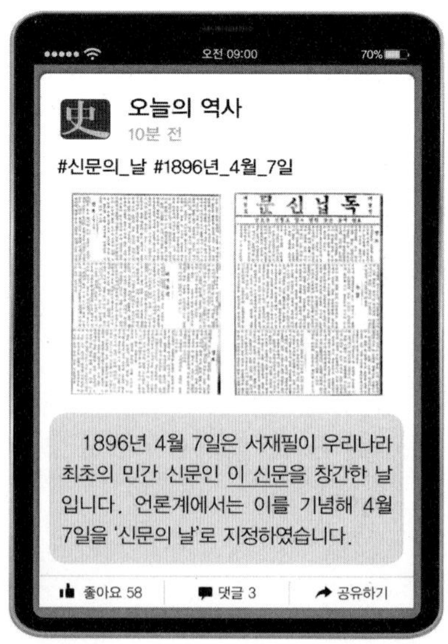

① 천도교의 기관지였다.
② 박문국에서 발간하였다.
③ 한글판과 영문판으로 발행되었다.
④ 시일야방성대곡이라는 논설을 실었다.

제63회 한국사능력검정시험 (기본)

35. 다음 가상 뉴스가 보도된 이후에 전개된 사실로 옳은 것은? [2점]

① 외규장각 도서가 약탈되었다.
② 김윤식이 영선사로 파견되었다.
③ 제너럴 셔먼호 사건이 발생하였다.
④ 고종이 러시아 공사관으로 피신하였다.

36. (가)에 들어갈 단체로 옳은 것은? [1점]

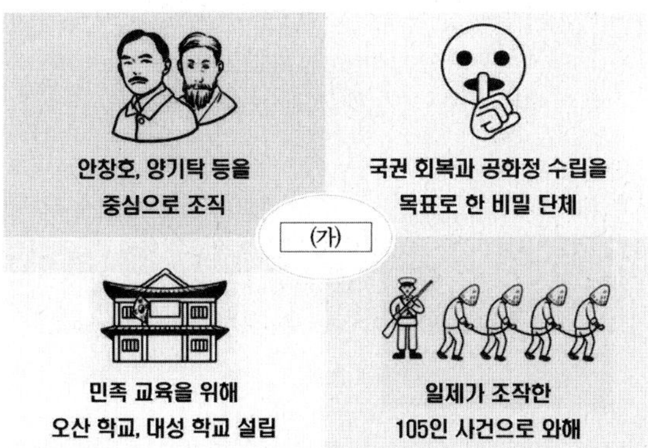

① 근우회 ② 보안회 ③ 신민회 ④ 조선어 학회

37. (가)에 들어갈 인물로 옳은 것은? [2점]

① 김구 ② 강우규 ③ 윤봉길 ④ 이승만

38. 다음 인물에 대한 설명으로 옳은 것은? [3점]

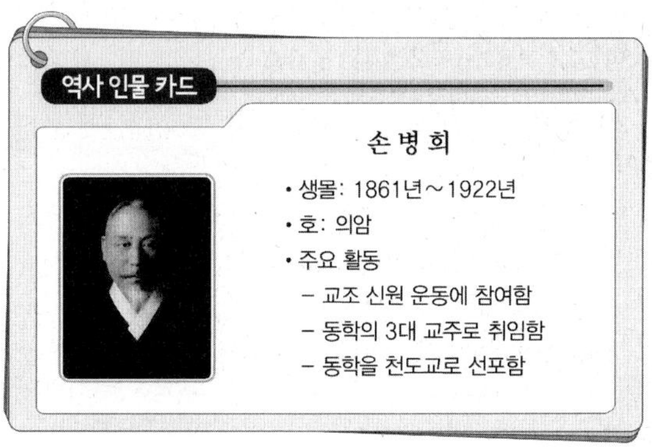

① 청산리 전투를 승리로 이끌었다.
② 하얼빈에서 이토 히로부미를 처단하였다.
③ 헤이그 만국 평화 회의에 특사로 파견되었다.
④ 민족 대표 33인 중 한 명으로 독립 선언에 참여하였다.

10 제63회 한국사능력검정시험 (기본)

39. (가)에 들어갈 민족 운동으로 옳은 것은? [1점]

① 6·10 만세 운동 ② 물산 장려 운동
③ 광주 학생 항일 운동 ④ 민립 대학 설립 운동

40. (가)에 해당하는 인물로 옳은 것은? [2점]

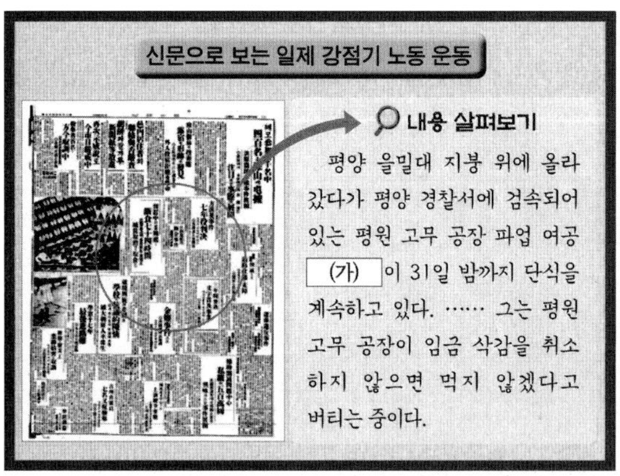

①

강주룡

②

남자현

③

유관순

④

윤희순

41. (가)에 들어갈 무장 투쟁 단체로 옳은 것은? [3점]

① 의열단 ② 북로 군정서
③ 조선 혁명군 ④ 한국 광복군

42. 밑줄 그은 '시기'에 볼 수 있는 모습으로 가장 적절한 것은? [2점]

① 원산 총파업에 참여하는 노동자
② 만민 공동회에서 연설하는 백정
③ 황국 신민 서사를 암송하는 학생
④ 조선 태형령을 관보에 싣는 관리

제63회 한국사능력검정시험 (기본) 11

43. (가)에 들어갈 단체로 옳은 것은? [2점]

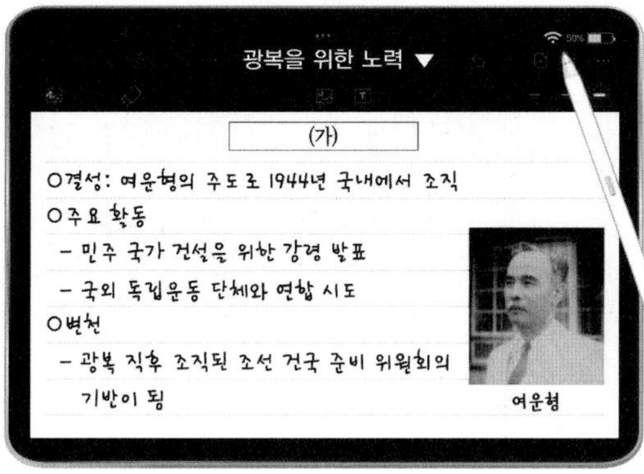

① 독립 의군부 ② 민족 혁명당
③ 조선 의용대 ④ 조선 건국 동맹

44. 밑줄 그은 '국회'에 대한 설명으로 옳은 것은? [3점]

① 3선 개헌안을 통과시켰다.
② 농지 개혁법을 제정하였다.
③ 5·16 군사 정변으로 해산되었다.
④ 국회의원의 3분의 1을 대통령이 추천하였다.

45. 밑줄 그은 '정부' 시기에 볼 수 있는 사회 모습으로 가장 적절한 것은? [2점]

① 부마 민주 항쟁에 참여하는 학생
② 서울 올림픽 대회 개막식을 관람하는 시민
③ 금융 실명제 시행 속보를 시청하는 회사원
④ 반민족 행위 특별 조사 위원회에 체포되는 친일 행위자

46. (가) 정부 시기의 경제 상황으로 옳은 것은? [2점]

2023년 △△월 △△일

○○ 신문

정치 경제 사회 문화 스포츠

스포츠>축구

프로 축구 출범 40주년 맞아

프로 축구가 올해로 출범 40주년을 맞게 된다. '슈퍼 리그'라는 이름 아래 다섯 팀으로 시작하였던 프로 축구는 현재 팀 수가 크게 늘어나 승강제가 시행될 정도로 규모가 확대되었다.

슈퍼 리그 개막 행사

5·18 민주화 운동이 진압된 이후 집권한 (가) 정부는 프로 야구 출범 이듬해인 1983년에 프로 축구를 출범시켰다. 이로써 프로 스포츠 시대가 본격화하였지만, 정치에 대한 국민의 관심을 돌리기 위한 조치였다는 비판을 받기도 한다.

① 제1차 경제 개발 5개년 계획이 수립되었다.
② 경제 협력 개발 기구(OECD)에 가입하였다.
③ 저금리·저유가·저달러의 3저 호황이 있었다.
④ 미국과의 자유 무역 협정(FTA)이 체결되었다.

12 제63회 한국사능력검정시험 (기본)

47. 학생들이 공통으로 이야기하는 인물로 옳은 것은? [2점]

① 김대중 ② 김영삼 ③ 윤보선 ④ 최규하

48. (가)에 들어갈 명절로 옳은 것은? [1점]

① 단오 ② 동지
③ 한식 ④ 정월 대보름

49. (가)에 들어갈 섬으로 옳은 것은? [1점]

① 독도 ② 진도 ③ 거문도 ④ 제주도

50. 학생들이 공통으로 이야기하는 지역으로 옳은 것은? [2점]

① 강릉 ② 군산 ③ 대구 ④ 진주

1

(심화) 2023년도 제64회 한국사능력검정시험 문제지

1. 밑줄 그은 '이 시대'의 생활 모습으로 옳은 것은? [1점]

① 소를 이용하여 깊이갈이를 하였다.
② 반량전, 명도전 등의 화폐를 사용하였다.
③ 청동 방울 등을 의례 도구로 이용하였다.
④ 거푸집을 이용하여 세형 동검을 제작하였다.
⑤ 가락바퀴와 뼈바늘을 이용하여 옷을 만들었다.

2. (가) 나라에 대한 설명으로 옳은 것은? [2점]

○ (가) 의 풍속에는 가뭄이나 장마가 계속되어 오곡이 영글지 않으면, 그 허물을 왕에게 돌려 "왕을 마땅히 바꾸어야 한다."고 하거나 "죽여야 한다."라고 하였다.
– 『삼국지』 동이전 –

○ (가) 사람들은 …… 활·화살·칼·창으로 무기를 삼았다. 가축의 이름으로 관직명을 지으니 마가·우가·구가 등이 있었다. 그 나라의 읍락은 모두 여러 가(加)에 소속되었다.
– 『후한서』 동이열전 –

① 영고라는 제천 행사를 열었다.
② 한 무제의 공격으로 멸망하였다.
③ 정사암에 모여 재상을 선출하였다.
④ 읍락 간의 경계를 중시하는 책화가 있었다.
⑤ 제사장인 천군과 신성 지역인 소도가 존재하였다.

3. (가)에 들어갈 내용으로 가장 적절한 것은? [2점]

① 연의 장수 진개의 공격을 받았어요.
② 골품에 따른 신분 차별이 엄격하였어요.
③ 빈민을 구제하기 위해 진대법을 실시하였어요.
④ 사회 질서를 유지하기 위한 범금 8조가 있었어요.
⑤ 왕족인 부여씨와 8성의 귀족이 지배층을 이루었어요.

4. (가)에 해당하는 문화유산으로 옳은 것은? [1점]

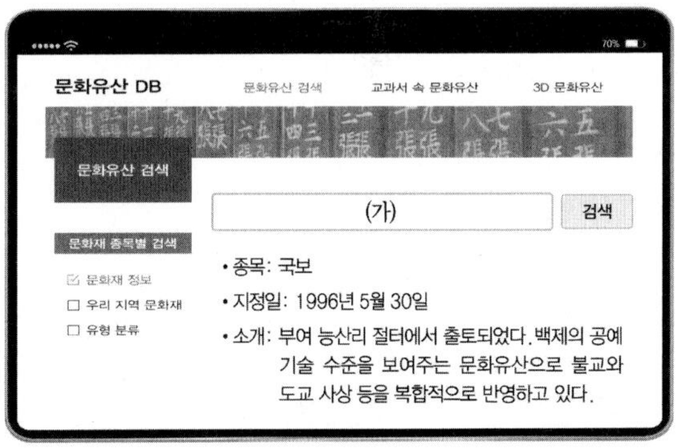

① 
② 
③ 
④ 
⑤ 

2

제64회 한국사능력검정시험 (심화)

5. (가) 인물에 대한 설명으로 옳은 것은? [3점]

대한민국 방방곡곡 - 충북 진천

한국사 채널 조회 수 230,213

이 전경은 (가) 의 탄생지로 알려진 곳의 모습입니다. 금관가야 마지막 왕의 후손인 그는 진평왕부터 문무왕까지 다섯 임금을 섬기며 신라의 삼국 통일에 크게 기여하였습니다. 그는 사후에 '흥무대왕'에 봉해지며 신라의 왕이 아니면서도 대왕의 칭호를 갖게 된 인물로 기억되고 있습니다.

① 안승을 왕으로 추대하였다.
② 당의 등주를 선제 공격하였다.
③ 비담과 염종의 난을 진압하였다.
④ 기벌포 전투를 승리로 이끌었다.
⑤ 일리천에서 신검의 군대를 물리쳤다.

6. 밑줄 그은 '이 왕'에 대한 설명으로 옳은 것은? [2점]

① 금마저에 미륵사를 창건하였다.
② 수도를 웅진에서 사비로 옮겼다.
③ 윤충을 보내 대야성을 함락하였다.
④ 고흥으로 하여금 서기를 편찬하게 하였다.
⑤ 북위에 사신을 보내 고구려 공격을 요청하였다.

7. (가) 시기에 있었던 사실로 옳은 것은? [3점]

① 소수림왕이 율령을 반포하였다.
② 진흥왕이 대가야를 병합하였다.
③ 을지문덕이 살수에서 대승을 거두었다.
④ 김춘추가 당과의 군사 동맹을 성사시켰다.
⑤ 근초고왕이 평양성을 공격하여 고국원왕을 전사시켰다.

8. (가) 국가의 경제 상황으로 옳은 것은? [2점]

이 지도는 (가) 의 전성기 영역을 나타낸 것입니다. 이 국가에서는 각지에서 말이 사육되었는데, 그중에서도 솔빈부의 말은 당에 수출될 정도로 유명하였습니다. 특히, 고구려 유민 출신으로 산동 반도 지역을 장악하였던 이정기 세력에게 많은 말을 수출하였습니다.

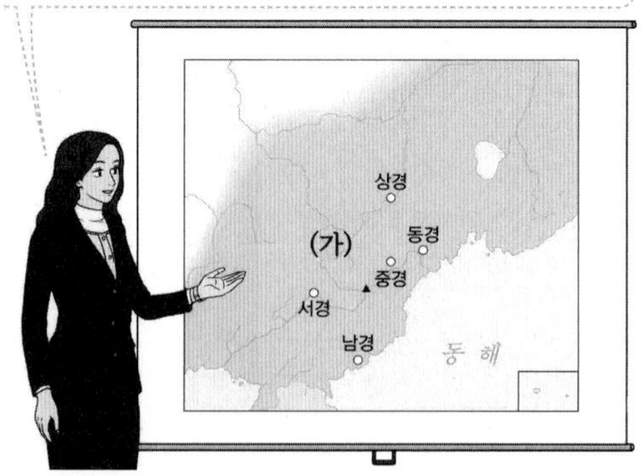

① 벽란도를 통해 아라비아 상인과 무역하였다.
② 구황 작물로 감자, 고구마를 널리 재배하였다.
③ 해동통보를 발행하여 화폐 유통을 추진하였다.
④ 시장을 관리하는 관청인 동시전을 설치하였다.
⑤ 거란도, 영주도 등을 통해 주변국과 교역하였다.

제64회 한국사능력검정시험 (심화)

3

9. 다음 상황 이후에 전개된 사실로 옳은 것은? [2점]

> 청해진의 궁복은 왕이 딸을 [왕비로] 받아들이지 않은 것에 원한을 품고 반란을 일으켰다. 조정에서는 장차 그를 토벌하자니 예측하지 못할 환난이 생길까 두렵고, 그대로 두자니 그 죄를 용서할 수 없어서, 우려하면서도 어떻게 해야 할지를 몰랐다. 무주 사람 염장이란 자는 용맹하고 씩씩하기로 당시에 소문이 났는데, 와서 아뢰기를 "조정에서 다행히 신의 말을 들어주신다면 신은 한 명의 병졸도 번거롭게 하지 않고 맨주먹으로 궁복의 목을 베어 바치겠습니다."라고 하였다. 왕이 그의 말을 따랐다.
>
> -「삼국사기」-

① 혜공왕이 귀족 세력에게 피살되었다.
② 최치원이 시무책 10여 조를 건의하였다.
③ 왕의 장인인 김흠돌이 반란을 도모하였다.
④ 자장의 건의로 황룡사 구층 목탑이 건립되었다.
⑤ 원광이 화랑도의 규범으로 세속 5계를 제시하였다.

10. 다음 검색창에 들어갈 인물에 대한 설명으로 옳은 것은? [2점]

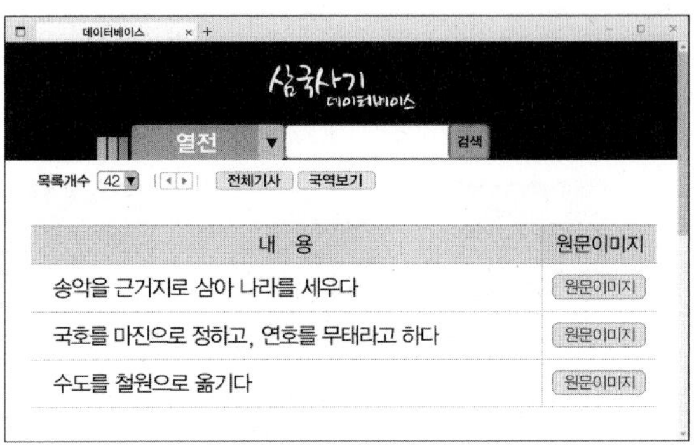

① 후당, 오월에 사신을 파견하였다.
② 이사부를 보내 우산국을 복속하였다.
③ 폐정 개혁을 목표로 정치도감을 설치하였다.
④ 광평성을 비롯한 각종 정치 기구를 마련하였다.
⑤ 정계와 계백료서를 지어 관리가 지켜야 할 규범을 제시하였다.

11. (가), (나) 사이의 시기에 있었던 사실로 옳은 것은? [3점]

> (가) 거란에서 사신을 파견하여 낙타 50필을 보냈다. 왕은 거란이 일찍이 발해와 지속적으로 화목하다가 갑자기 의심하여 맹약을 어기고 멸망시켰으니, 이는 매우 무도하여 친선 관계를 맺어 이웃으로 삼을 수 없다고 생각하였다. 드디어 교빙을 끊고 사신 30인을 섬으로 유배 보냈으며, 낙타는 만부교 아래에 매어두니 모두 굶어 죽었다.
>
> (나) 양규가 흥화진으로부터 군사 7백여 명을 이끌고 통주까지 와서 군사 1천여 명을 수습하였다. 밤중에 곽주로 들어가서 지키고 있던 적들을 급습하여 모조리 죽인 후 성 안에 있던 남녀 7천여 명을 통주로 옮겼다.

① 외침에 대비하여 광군이 조직되었다.
② 강감찬이 귀주에서 대승을 거두었다.
③ 화통도감이 설치되어 화포를 제작하였다.
④ 김윤후가 처인성에서 살리타를 사살하였다.
⑤ 철령위 설치에 반발하여 요동 정벌이 추진되었다.

12. 밑줄 그은 '반란'이 일어난 시기를 연표에서 옳게 고른 것은? [1점]

1104		1135		1170		1196		1270		1351
	(가)		(나)		(다)		(라)		(마)	
별무반 조직		묘청의 난		무신 정변		최충헌의 집권		개경 환도		공민왕 즉위

① (가) ② (나) ③ (다) ④ (라) ⑤ (마)

4 제64회 한국사능력검정시험 (심화)

13. 교사의 질문에 대한 학생의 답변으로 가장 적절한 것은? [2점]

① 집집마다 부경이라는 창고가 있었어요.
② 관료전이 폐지되고 녹읍이 지급되었어요.
③ 상평통보가 발행되어 법화로 사용되었어요.
④ 당항성, 영암이 국제 무역항으로 번성하였어요.
⑤ 경시서의 관리들이 시전의 상행위를 감독하였어요.

14. (가) 인물의 활동으로 옳은 것은? [2점]

① 인사 행정 담당 기구로 정방을 설치하였다.
② 봉사 10조를 올려 시정 개혁을 건의하였다.
③ 삼별초를 이끌고 진도 용장성에서 항전하였다.
④ 군사를 일으켜 정중부 등의 제거를 도모하였다.
⑤ 전민변정도감의 책임자로 임명되어 권문세족을 견제하였다.

15. 다음 대화 이후에 전개된 사실로 옳은 것은? [2점]

① 빈민 구제를 위한 흑창이 처음 설치되었다.
② 망이·망소이가 공주 명학소에서 봉기하였다.
③ 김부식 등이 왕명으로 삼국사기를 편찬하였다.
④ 김보당이 의종 복위를 주장하며 난을 일으켰다.
⑤ 유인우, 이자춘 등이 쌍성총관부를 수복하였다.

16. (가)에 들어갈 문화유산으로 적절하지 않은 것은? [1점]

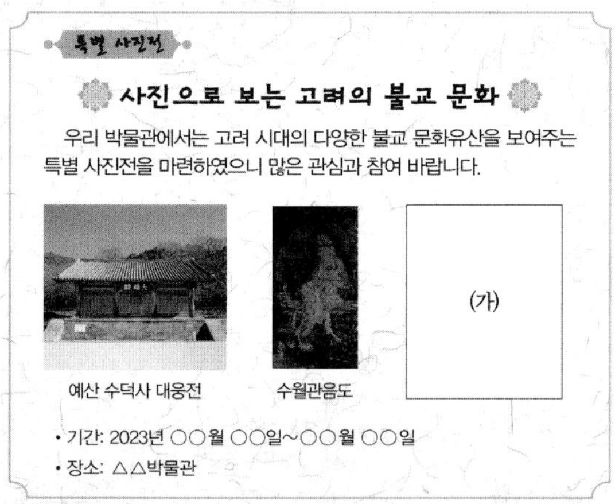

①

평창 월정사 팔각 구층 석탑

②

논산 관촉사 석조 미륵보살 입상

③

원주 법천사지 지광국사 탑비

④

보은 법주사 팔상전

⑤

영주 부석사 무량수전

제64회 한국사능력검정시험 (심화)

5

17. 밑줄 그은 '왕'의 재위 시기에 있었던 사실로 옳은 것은? [2점]

이달의 책

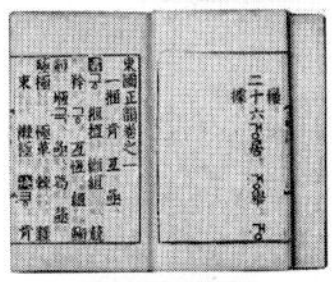

동국정운

이 책의 제목은 우리나라의 바른 음이라는 뜻으로, 집현전 학사인 신숙주, 최항, 박팽년 등이 왕의 명을 받아 편찬하였습니다. 우리나라 한자음을 바로잡아 통일된 표준음을 정하려는 목적으로 만들어진 이 책은 국어 연구 자료로서 높이 평가되고 있습니다.

① 금속 활자인 갑인자가 제작되었다.
② 수도 방어를 위해 금위영이 설치되었다.
③ 훈련 교범인 무예도보통지가 편찬되었다.
④ 국가의 기본 법전인 경국대전이 완성되었다.
⑤ 신진 인사를 등용하기 위해 현량과가 시행되었다.

18. (가) 궁궐에 대한 설명으로 옳은 것은? [3점]

① 일제에 의해 동물원 등이 설치되었다.
② 도성 내 서쪽에 있어 서궐이라고 불렸다.
③ 인목 대비가 광해군에 의해 유폐된 장소이다.
④ 정도전이 궁궐과 주요 전각의 명칭을 정하였다.
⑤ 태종이 도읍을 한양으로 다시 옮기며 건립하였다.

19. (가)에 대한 설명으로 옳은 것은? [2점]

> 1. 처음 (가) 을/를 정할 때 약문(約文)을 동지에게 두루 보이고 그 마음을 바로잡고, 몸가짐을 단속하고, 착하게 살고, 허물을 고치기 위해 약계(約契)에 참례하기를 원하는 자 몇 사람을 가려 서원에 모아 놓고 약법(約法)을 의논하여 정한 다음 도약정(都約正), 부약정 및 직월(直月)·사화(司貨)를 선출한다. ……
> 1. 물건으로 부조할 때는 약원이 사망하였다면 초상 치를 때 사화가 약정에게 고하여 삼베 세 필을 보내고, 같은 약원들은 각각 쌀 다섯되와 빈 거적때기 세 닢씩 내어서 상을 치르는 것을 돕는다.
>
> -『율곡전서』-

① 7재라는 전문 강좌를 두었다.
② 옥당이라고 불리며 경연을 담당하였다.
③ 중앙에서 파견된 교수나 훈도가 지도하였다.
④ 풍속 교화와 향촌 자치 등의 역할을 하였다.
⑤ 매향(埋香) 활동 등 각종 불교 행사를 주관하였다.

20. 다음 자료에 나타난 시기에 볼 수 있는 모습으로 적절한 것은? [2점]

> 비변사에서 아뢰기를 "…… 우리나라는 물력(物力)이 부족하여 요역이 매우 무겁습니다. 매번 나라의 힘으로 채굴한다면, 노동과 비용이 많이 들어갑니다. 채은관(採銀官)에게 명해 광산을 개발한 이후 백성을 모집하여 [채굴할 것을] 허락하고 그로 하여금 세를 거두도록 하되 그 세금의 많고 적음은 [채은관이] 적당히 헤아려 정하게 한다면 관에서 힘을 들이지 않아도 세입이 저절로 많아질 것입니다. ……"라고 하니, 왕이 아뢴 대로 하라고 답하였다.

① 주자감에서 공부하는 학생
② 초조대장경 조판을 지켜보는 승려
③ 빈공과를 준비하는 6두품 출신 유학생
④ 과전법에 따라 수조권을 지급받는 관리
⑤ 고추, 담배 등을 상품 작물로 재배하는 농민

21. 다음 상황이 전개된 배경으로 옳은 것은? [2점]

① 이만손 등이 영남 만인소를 올렸다.
② 운요호가 강화도와 영종도를 공격하였다.
③ 동학교도가 교조 신원을 주장하며 삼례 집회를 개최하였다.
④ 황사영이 외국 군대의 출병을 요청하는 백서를 작성하였다.
⑤ 백낙신의 탐학이 발단이 되어 진주에서 농민들이 봉기하였다.

6 제64회 한국사능력검정시험 (심화)

22. 밑줄 그은 '전하'가 재위한 시기의 사실로 옳은 것은? [3점]

> 무술년 봄에 양성지가 팔도지리지를 바치고, 서거정 등이 동문선을 바쳤더니, 전하께서 드디어 노사신, 양성지, 서거정 등에게 명하여 시문을 팔도지리지에 넣게 하셨습니다. …… 연혁을 앞에 둔 것은 한 고을의 흥함과 망함을 먼저 알아야 하기 때문이며 …… 경도(京都)의 첫머리에 팔도총도를 기록하고, 각 도의 앞에 도별 지도를 붙여서 양경(兩京) 8도로 50권을 편찬하여 바치나이다.

① 예학을 정리한 가례집람이 저술되었다.
② 외교 문서를 집대성한 동문휘고가 편찬되었다.
③ 국가의 의례를 정비한 국조오례의가 완성되었다.
④ 전통 한의학을 정리한 동의보감이 간행되었다.
⑤ 역대 문물 제도를 정리한 동국문헌비고가 만들어졌다.

23. (가)에 들어갈 내용으로 가장 적절한 것은? [2점]

[역사 다큐멘터리 기획안]

○○, 정쟁과 혼란의 한가운데에 서다

▣ 기획 의도
○○의 즉위와 집권 시기를 다큐멘터리로 제작하여 훈구와 사림의 대립 등 나라 안팎으로 혼란스러웠던 당시 상황을 살펴본다.

▣ 구성 내용
#1. 반정(反正)으로 연산군이 폐위되고 ○○이/가 즉위하다
#2. 삼포에서 왜인들이 난을 일으키다
#3. (가)

① 이괄이 난을 일으켜 도성을 점령하다
② 허적과 윤휴 등 남인이 대거 축출되다
③ 정여립 모반 사건으로 기축옥사가 일어나다
④ 위훈 삭제를 주장한 조광조 일파가 제거되다
⑤ 조의제문이 발단이 되어 김일손 등이 화를 입다

24. (가) 전쟁 중에 있었던 사실로 옳은 것은? [2점]

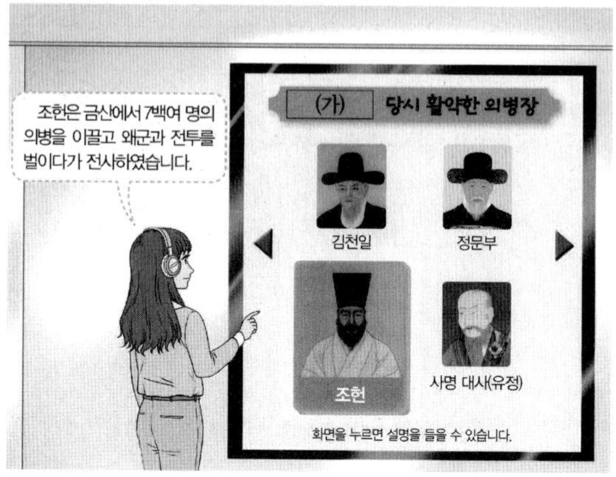

① 이종무가 대마도를 정벌하였다.
② 송상현이 동래성에서 항전하였다.
③ 김상용이 강화도에서 순절하였다.
④ 최영이 홍산 전투에서 크게 승리하였다.
⑤ 강홍립 부대가 사르후 전투에 참전하였다.

25. 밑줄 그은 '시기'의 문화에 대한 설명으로 옳지 않은 것은? [1점]

① 금강전도 등 진경 산수화가 그려졌다.
② 새로운 역법으로 수시력이 도입되었다.
③ 양반 사회를 풍자한 탈춤이 성행하였다.
④ 춘향가, 흥보가 등의 판소리가 유행하였다.
⑤ 홍길동전, 박씨전 등의 한글 소설이 널리 읽혔다.

제64회 한국사능력검정시험 (심화)

26. 밑줄 그은 '왕'의 재위 시기에 있었던 사실로 옳은 것은? [2점]

> 대전통편이 완성되었는데, 나라의 제도 및 법식에 관한 책이다. …… 왕이 말하기를, "속전(續典)은 갑자년에 이루어졌는데, 선왕의 명령으로서 갑자년 이후에 이루어진 것도 많으니 어찌 감히 지금과 가까운 것만을 내세우고 먼 것은 소홀히 할 수 있겠는가?"라고 하였다. 이에 김치인 등에게 명하여 원전(原典)과 속전 및 지금까지의 왕명을 모아 한 책으로 편찬한 것이었다.

① 인재 양성을 위해 초계문신제를 시행하였다.
② 홍경래 등이 봉기하여 정주성을 점령하였다.
③ 자의 대비의 복상 문제로 예송이 전개되었다.
④ 이인좌를 중심으로 소론 세력 등이 난을 일으켰다.
⑤ 신류가 조총 부대를 이끌고 흑룡강에서 전투를 벌였다.

27. (가) 인물에 대한 설명으로 옳은 것은? [1점]

답사 계획서

▶ 주제: (가) 의 강진 유배지를 찾아서
▶ 일자: 2023년 ○○월 ○○일
▶ 답사 장소

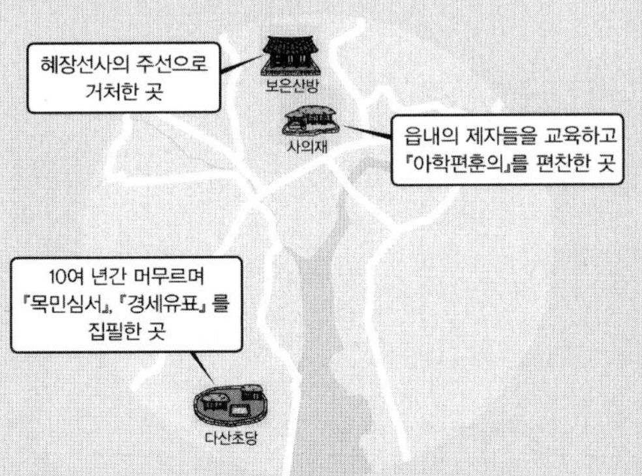

① 일본에 다녀와 해동제국기를 편찬하였다.
② 최초의 서원인 백운동 서원을 건립하였다.
③ 북한산비가 진흥왕 순수비임을 고증하였다.
④ 양명학을 연구하여 강화학파를 형성하였다.
⑤ 기기도설을 참고하여 거중기를 설계하였다.

28. 밑줄 그은 '이 사건'에 대한 설명으로 옳은 것은? [2점]

> **사료로 보는 한국사**
>
> 온 성의 군민이 모두 울분을 품고, …… 총환과 화살을 어지러이 발사하였으며 사생을 잊고 위험을 무릅쓰지 않는 자가 없었으니, 반드시 오랑캐를 도륙하고야 말 태세였습니다. 강 아래 위의 요해처에서 막고, 마침내 화선(火船)으로 불길이 옮겨붙게 함으로써 모조리 죽여 살아남은 종자가 없게 된 것은 모두 이들이 …… 용감하게 싸운 것에 기인한 것이었습니다.
>
> [해설] 자료는 『환재집』의 일부로, 평양 군민들이 대동강에서 이양선을 격침한 이 사건의 전말을 서술한 것이다. 평안 감사가 여러 차례 조정에 올린 장계를 통해 당시의 생생한 상황을 파악할 수 있다.

① 신유박해가 원인이 되어 발생하였다.
② 신미양요가 일어나는 계기가 되었다.
③ 전개 과정에서 전주 화약이 체결되었다.
④ 외규장각 도서가 국외로 약탈되는 결과를 가져왔다.
⑤ 오페르트의 남연군 묘 도굴 사건을 배경으로 일어났다.

29. (가) 인물에 대한 설명으로 옳은 것은? [2점]

월간 역사 2023년 4월호

특집 (가) 의 상소, 조선의 정치를 뒤흔들다!
- 흥선 대원군의 하야를 요구하는 상소를 올리다
- 지부복궐척화의소를 올려 왜양일체론을 주장하다
- 단발령에 반대하는 상소를 올리다

① 대한 광복회를 조직하여 친일파를 처단하였다.
② 국권 피탈 과정을 정리한 한국통사를 집필하였다.
③ 을사늑약 체결에 반대하여 태인에서 의병을 일으켰다.
④ 13도 창의군을 지휘하여 서울 진공 작전을 전개하였다.
⑤ 보국안민을 기치로 우금치에서 일본군 및 관군에 맞서 싸웠다.

8 제64회 한국사능력검정시험 (심화)

30. 다음 사건이 일어난 시기를 연표에서 옳게 고른 것은? [3점]

> 심히 급박한 상황 중에 나는 적의 활동과 청국 군대의 내습을 우려하여 주상을 모시고 지키기 편리한 경우궁으로 옮기시게 한 후 일본 병사로 하여금 호위할 방침을 세웠다. 곧이어 주상께 일본군의 지원을 구하도록 요청하니, 주상은 곧 영숙문 앞 노상에서 연필로 "일본 공사는 와서 나를 보호하라."라는 글을 친히 쓰시어 주시는지라. …… 졸지에 변란을 만난 사대당의 거두들은 주상께서 경우궁에 계심을 듣고 입궐하다가 …… 민영목, 민태호 등은 용감한 우리 집행원의 손에 비참한 최후를 당하였다.

1866		1873		1882		1885		1894		1899
	(가)		(나)		(다)		(라)		(마)	
병인 박해		고종 친정		임오 군란		텐진 조약		청일 전쟁 발발		대한국 국제 반포

① (가) ② (나) ③ (다) ④ (라) ⑤ (마)

31. 밑줄 그은 '개혁안'의 내용으로 옳은 것을 〈보기〉에서 고른 것은? [2점]

> 파리의 외무부 장관 아노토 각하께
>
> 전임 일본 공사는 국왕에게서 사실상 거의 모든 권력을 빼앗고, 개혁 위원회[군국기무처]가 내린 결정을 확인하는 권한만 남겨 놓았습니다. …… 이후 개혁 위원회[군국기무처]는 매우 혁신적인 개혁안을 발표했습니다. 그런데 일부 위원들이 몇몇 조치에 대해 시의적절하지 않다고 판단하더니 이에 대해 동의하기를 거부했습니다. …… 게다가 조선인들은 이 기구가 왕권을 빼앗고 일본에 매수되었다고 비난하면서, …… 어떤 지방에서는 왕권 수호를 위해 봉기했다고 합니다.
>
> 주 조선 공사 르페브르 올림

〈보 기〉

ㄱ. 건양이라는 연호를 제정하였다.
ㄴ. 탁지아문으로 재정을 일원화하였다.
ㄷ. 양전 사업을 실시하여 지계를 발급하였다.
ㄹ. 조혼을 금지하고 과부의 재가를 허용하였다.

① ㄱ, ㄴ ② ㄱ, ㄷ ③ ㄴ, ㄷ ④ ㄴ, ㄹ ⑤ ㄷ, ㄹ

32. (가) 단체에 대한 설명으로 옳은 것은? [2점]

> (가) 은/는 독립관에서 경축 모임을 열었다. 회장은 모임을 여는 큰 뜻을 설명하였다. "오늘은 황제 폐하께서 대황제라는 존귀한 칭호를 갖게 되신 계천(繼天) 경축일이니, 대한의 신민은 이를 크게 경축드립니다. 우리는 관민 공동회에서 황실을 공고히 하고 인민을 문명 개화시키며 영토를 보존하고자 여섯 개 조항의 의견안을 바쳤습니다."라고 말하였다. …… 이어 회원들은 조칙 5조와 헌의 6조 10만 장을 인쇄하여 온 나라에 널리 배포하고 학생들에게 그것을 배우고 익히도록 하였다. 경축연을 마친 회원들은 울긋불긋한 종이꽃을 머리에 꽂은 채 국기와 (가) 의 깃발을 세우고 경축가를 부르며 인화문 앞으로 가서 만세를 외치고 종로의 만민 공동회로 갔다.

① 일제의 황무지 개간권 요구를 저지시켰다.
② 러시아의 절영도 조차 요구에 반대하였다.
③ 태극 서관을 설립하여 계몽 서적을 보급하였다.
④ 민립 대학 설립을 위한 모금 운동을 전개하였다.
⑤ 조소앙의 삼균주의를 기초로 건국 강령을 발표하였다.

33. 다음 규칙이 발표된 이후의 사실로 옳은 것은? [3점]

> **한성 사범 학교 규칙**
>
> **제1조** 한성 사범 학교는 칙령 제79호에 의해 교원에 활용할 학생을 양성함
>
> **제2조** 한성 사범 학교의 졸업생은 소학교 교원이 되는 자격이 있음
>
> **제3조** 한성 사범 학교의 본과 학생이 수학할 학과목은 수신·교육·국문·한문·역사·지리·수학·물리·화학·박물·습자·작문·체조로 함
>
> ⋮

① 길모어 등이 육영 공원 교사로 초빙되었다.
② 정부가 동문학을 세워 통역관을 양성하였다.
③ 이승훈이 인재 양성을 위해 오산 학교를 세웠다.
④ 함경도 덕원 지방의 관민들이 원산 학사를 설립하였다.
⑤ 교육의 기본 방향을 제시한 교육 입국 조서가 반포되었다.

제64회 한국사능력검정시험 (심화)

9

34. (가) 신문에 대한 설명으로 옳은 것은? [1점]

① 상업 광고를 처음으로 실었다.
② 천도교의 기관지로 발행되었다.
③ 국채 보상 운동의 확산에 기여하였다.
④ 일장기를 삭제한 손기정 사진을 게재하였다.
⑤ 순 한문 신문으로 열흘마다 발행하는 것이 원칙이었다.

35. 밑줄 그은 '전쟁' 중에 있었던 사실로 옳지 않은 것은? [3점]

① 일본이 독도를 불법적으로 편입하였다.
② 일본과 미국이 가쓰라·태프트 밀약을 맺었다.
③ 일본인 메가타가 대한 제국의 재정 고문으로 초빙되었다.
④ 대한 제국이 기유각서를 통해 일제에 사법권을 박탈당하였다.
⑤ 군사 전략상 필요한 지역을 일본에 제공하는 한일 의정서가 강요되었다.

36. 다음 규정이 시행된 시기에 있었던 사실로 옳은 것은? [1점]

임시 토지 조사국 조사 규정

제1장 면과 동의 명칭 및 강계(疆界) 조사와 토지 신고서의 접수
제2장 지주 지목(地目) 및 강계 조사
제3장 분쟁지와 소유권에 부의(付疑)* 있는 토지 및 신고하지 않은 토지에 대한 재조사
제4장 지위(地位) 등급 조사
⋮
– 조선 총독부 관보 –

*부의(付疑): 이의를 제기함

① 회사령이 실시되었다.
② 원산 총파업이 일어났다.
③ 국가 총동원법이 제정되었다.
④ 조선 노동 공제회가 조직되었다.
⑤ 조선 사상범 예방 구금령이 공포되었다.

37. (가) 단체에 대한 설명으로 옳은 것은? [2점]

역사 신문

제△△호 ○○○○년 ○○월 ○○일

민중 대회 개최 모의로 지도부 대거 체포

허헌, 홍명희 등 (가) 의 지도부는 광주 학생 항일 운동을 전국적 시위 운동으로 확산시키기 위한 민중 대회 개최를 추진하다가 경찰에 체포되었다. 이 단체는 사건 진상 조사 보고를 위한 유인물 배포 및 연설회 개최를 계획하고, 각 지회에 행동 지침을 내리는 등 시위 확산을 도모하였다.

① 암태도 소작 쟁의를 지원하였다.
② 민족 협동 전선으로 결성되었다.
③ 부민관 폭파 사건을 주도하였다.
④ 조선 혁명 선언을 활동 지침으로 하였다.
⑤ 어린이날을 제정하고 잡지 어린이를 간행하였다.

38. 밑줄 그은 '이 운동'에 대한 설명으로 옳은 것은? [2점]

① 통감부의 탄압과 방해로 중단되었다.
② 조선 관세령 폐지를 계기로 확산되었다.
③ 황국 중앙 총상회가 설립되는 결과를 가져왔다.
④ 한성 은행, 대한 천일 은행 설립에 영향을 끼쳤다.
⑤ 일본, 프랑스 등의 노동 단체로부터 격려 전문을 받았다.

10 제64회 한국사능력검정시험 (심화)

39. 밑줄 그은 '시기'에 볼 수 있는 모습으로 적절한 것은? [2점]

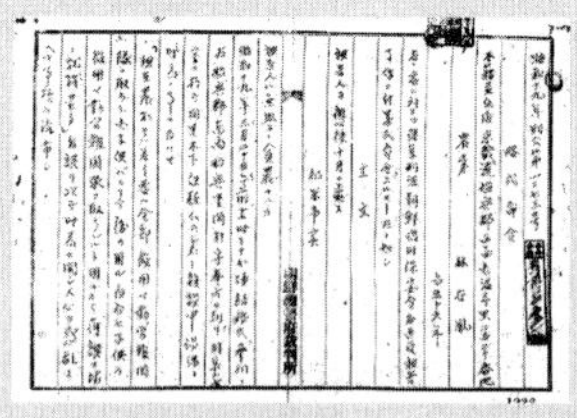

이 자료는 태평양 전쟁 발발 후 일제의 전시 동원 체제가 강화된 시기의 판결문이다. 판결문에는 피고인 임○○이 이웃 주민과의 잡담에서 "자식이 징용되거나 근로 보국대에 가지 않도록 취직시킨다." 등의 발언을 하여 민심을 어지럽혔다는 이유로 징역형을 선고한다는 내용이 담겨 있다.

① 국가 보안법 철폐를 요구하는 학생
② 몸뻬 착용을 권장하는 애국반 반장
③ 경부선 철도 개통식을 구경하는 청년
④ 형평사 창립 대회 개최를 취재하는 기자
⑤ 헌병 경찰에게 끌려가 태형을 당하는 농민

40. 다음 인물의 활동으로 옳은 것은? [2점]

이달의 독립운동가

우리 말과 글을 지키는 데 앞장선 ○○○

- **생몰년:** 1888~1943
- **호:** 환산, 한뫼
- **주요 활동**

김해 출신으로 합성 학교 등에서 교사로 재직하며 교육 계몽 운동을 전개하였다. 1919년 영변에서 만세 운동을 주도하였으며, 중국의 베이징 대학에서 역사학을 공부하였다. 귀국 이후 조선어 연구회에 가입하여 한글의 연구 및 보급에 앞장섰으며, 1942년 조선어 학회 사건으로 가혹한 고문을 받고 이듬해 옥사하였다. 1962년 건국훈장 독립장이 추서되었다.

① 한글 맞춤법 통일안 제정에 참여하였다.
② 미국과 유럽을 여행한 뒤 서유견문을 집필하였다.
③ 국문 연구소를 설립하고 연구위원으로 활동하였다.
④ 세계지리 교과서인 사민필지를 한글로 저술하였다.
⑤ 민족을 역사 서술의 중심에 둔 독사신론을 발표하였다.

41. (가) 부대에 대한 설명으로 옳은 것은? [1점]

① 미국과 연계하여 국내 진공 작전을 계획하였다.
② 쌍성보, 대전자령 전투에서 일본군을 격파하였다.
③ 조선 민족 전선 연맹의 무장 조직으로 결성되었다.
④ 중국 의용군과 연합하여 영릉가 전투에서 승리하였다.
⑤ 간도 참변 이후 조직을 정비하고 자유시로 이동하였다.

42. (가) 시기에 있었던 사실로 옳은 것은? [2점]

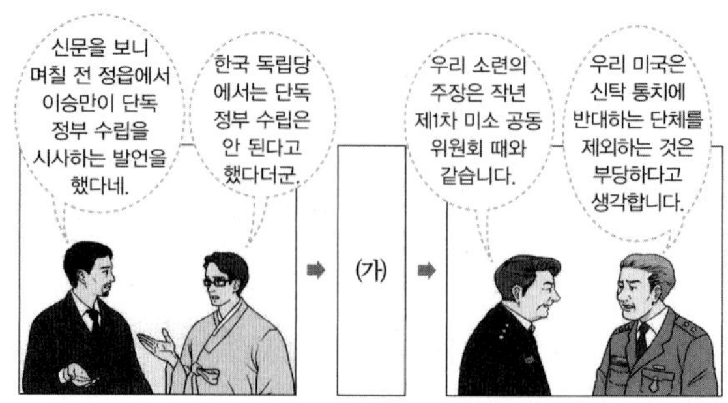

① 여수·순천 10·19 사건이 발생하였다.
② 유엔 한국 임시 위원단이 서울에 도착하였다.
③ 송진우, 김성수 등이 한국 민주당을 창당하였다.
④ 여운형 등의 주도로 좌우 합작 위원회가 발족되었다.
⑤ 조선 건국 준비 위원회에서 조선 인민 공화국을 선포하였다.

제64회 한국사능력검정시험 (심화)

43. (가)~(라) 지방 통치 체제에 대한 설명으로 옳은 것을 〈보기〉에서 고른 것은? [3점]

> (가) 완산주를 다시 설치하고 용원을 총관으로 삼았다. 거열주를 빼서 청주(菁州)를 두니 처음으로 9주가 되었다. 대아찬 복세를 총관으로 삼았다.
>
> (나) 현종 초에 절도사를 폐지하고, 5도호와 75도 안무사를 두었으나, 얼마 후 안무사를 폐지하고, 4도호와 8목을 두었다. 그 이후로 5도·양계를 정하니, 양광·경상·전라·교주·서해·동계·북계가 그것이다.
>
> (다) 각 도 각 고을의 이름을 고쳤다. …… 드디어 완산을 다시 '전주'라고 칭하고, 계림을 다시 '경주'라고 칭하고, 서북면을 '평안도'로 하고, 동북면을 '영길도'로 하였으니, 평양·안주·영흥·길주가 계수관이기 때문이다.
>
> (라) 전국을 23부의 행정 구역으로 나누어 아래에 열거하는 각 부를 둔다. …… 앞 조항 외에는 종래의 목, 부, 군, 현의 명칭과 부윤, 목사, 부사, 군수, 서윤, 판관, 현령, 현감의 관명을 다 없애고 읍의 명칭을 군이라고 하며 읍 장관의 관명을 군수라고 한다.

〈보 기〉

ㄱ. (가) – 신문왕 재위 시기에 정비되었다.
ㄴ. (나) – 지방 장관으로 욕살, 처려근지 등이 있었다.
ㄷ. (다) – 도에는 관찰사가 임명되어 수령을 감독하였다.
ㄹ. (라) – 광무 개혁의 일환으로 실시되었다.

① ㄱ, ㄴ ② ㄱ, ㄷ ③ ㄴ, ㄷ ④ ㄴ, ㄹ ⑤ ㄷ, ㄹ

44. 다음 상황 이후에 일어난 사실로 옳은 것은? [2점]

> 유엔군과 국군은 서울에서 퇴각하고 한강 이북의 부대를 철수시키기로 결정하였다. 이들은 한강에 설치된 임시 교량을 이용해 철수하였고, 오후 1시경에 마지막 부대가 통과한 후 임시 교량을 폭파시켰다. 이에 앞서 정부는 서울 시민들에게 피란을 지시하였고, 많은 서울 시민들이 보따리를 싸서 피란길에 나섰다.

① 한미 상호 방위 조약이 체결되었다.
② 장진호 전투에서 중국군이 유엔군을 포위하였다.
③ 경찰이 반민족 행위 특별 조사 위원회를 습격하였다.
④ 미국의 극동 방위선이 조정된 애치슨 라인이 발표되었다.
⑤ 우리나라 최초의 보통 선거인 5·10 총선거가 실시되었다.

45. 다음 뉴스의 사건이 일어난 정부 시기의 경제 상황으로 옳은 것은? [2점]

① 경부 고속 도로가 개통되었다.
② 경제 협력 개발 기구(OECD)에 가입하였다.
③ 원조 물자를 가공한 삼백 산업이 발달하였다.
④ 저유가, 저금리, 저달러의 3저 호황이 있었다.
⑤ 대통령 직속 자문 기구인 노사정 위원회가 구성되었다.

46. (가), (나) 민주화 운동에 대한 설명으로 옳은 것은? [1점]

① (가) – 굴욕적인 한일 국교 정상화에 반대하였다.
② (가) – 군부 독재를 타도하려 한 민주화 운동이었다.
③ (나) – 대통령 직선제 개헌을 이끌어냈다.
④ (나) – 전개 과정에서 시민군이 자발적으로 조직되었다.
⑤ (가), (나) – 대통령이 하야하는 결과를 가져왔다.

12 제64회 한국사능력검정시험 (심화)

47. 다음 조치를 시행한 정부 시기에 있었던 사실로 옳은 것은? [2점]

> 대통령 긴급조치 제9호
>
> **국가안전과 공공질서의 수호를 위한 대통령 긴급조치**
>
> 1. 다음 각 호의 행위를 금한다.
> 가. 유언비어를 날조, 유포하거나 사실을 왜곡하여 전파하는 행위.
> 나. 집회·시위 또는 신문·방송·통신 등 공중 전파 수단이나 문서·도서·음반 등 표현물에 의하여 대한민국 헌법을 부정·반대·왜곡 또는 비방하거나 그 개정 또는 폐지를 주장·청원·선동 또는 선전하는 행위.
> ⋮
> 8. 이 조치 또는 이에 의한 주무부 장관의 조치에 위반한 자는 법관의 영장 없이 체포·구금·압수 또는 수색할 수 있다.
> ⋮
> 13. 이 조치에 의한 주무부 장관의 명령이나 조치는 사법적 심사의 대상이 되지 아니한다.

① 국민 방위군 설치법이 공포되었다.
② 내각 책임제를 골자로 하는 개헌이 이루어졌다.
③ 귀속 재산 처리를 위해 신한 공사가 설립되었다.
④ 평화 통일론을 주장한 진보당의 조봉암이 구속되었다.
⑤ 장기 독재에 저항하는 3·1 민주 구국 선언이 발표되었다.

48. 다음 연설문을 발표한 정부의 통일 노력으로 옳은 것은? [2점]

> 저는 김정일 국방위원장과 분단 55년 만에 처음 정상 회담을 가졌습니다. 세 차례에 걸친 회담을 통해 우리 두 사람은 민족의 장래와 통일을 생각하는 마음과 열정에 큰 차이가 없으며, 이를 추진하는 방법에 공통점이 많다는 것을 확인했습니다. …… 남북이 열과 성을 모아, 이번의 정상 회담을 성공적으로 마쳐 온 세계를 깜짝 놀라게 했습니다. 남과 북의 화해와 협력을 향한 새 출발에 온 세계가 축복해 주고 있습니다. 불가능해 보였던 남북 정상 회담을 이뤄냈듯이 남과 북이 마음과 정성을 다한다면 통일의 날도 반드시 오리라 저는 확신합니다.

① 남북 교류 협력을 위한 개성 공업 지구 조성에 합의하였다.
② 평화 통일 외교 정책에 관한 6·23 특별 성명을 발표하였다.
③ 남북 사이의 화해와 불가침 및 교류·협력에 관한 합의서를 채택하였다.
④ 남북 관계 발전과 평화 번영을 위한 10·4 남북 정상 선언에 서명하였다.
⑤ 7·4 남북 공동 성명을 실천하기 위해 남북 조절 위원회를 구성하였다.

49. (가)~(마)에 들어갈 내용으로 옳지 않은 것은? [3점]

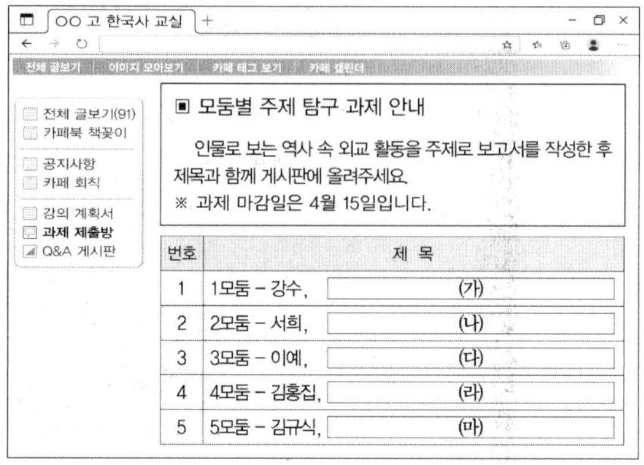

① (가) – 외교 문서 작성에 능하여 청방인문표를 짓다
② (나) – 외교 담판을 통해 강동 6주를 확보하다
③ (다) – 일본에 파견되어 계해약조 체결에 기여하다
④ (라) – 보빙사의 전권대신으로 미국에 파견되다
⑤ (마) – 파리 강화 회의에 독립 청원서를 제출하다

50. (가) 지역에 대한 탐구 활동으로 가장 적절한 것은? [2점]

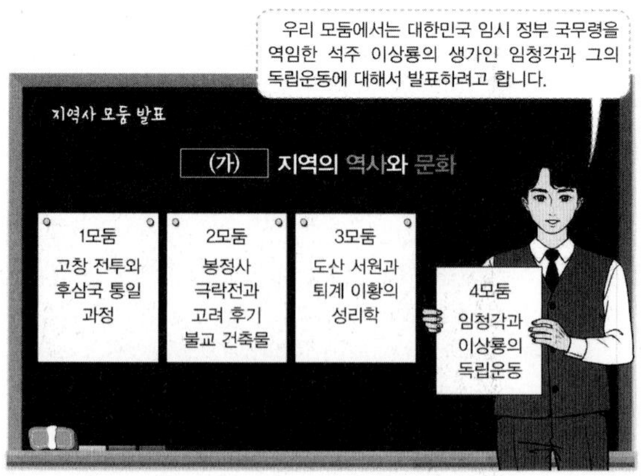

① 김헌창이 반란을 일으킨 근거지를 파악한다.
② 강주룡이 고공 시위를 전개한 장소를 알아본다.
③ 공민왕이 홍건적의 침입 때 피란한 지역을 찾아본다.
④ 신립이 배수의 진을 치고 전투를 벌인 위치를 검색한다.
⑤ 김사미가 가혹한 수탈에 저항하여 봉기한 곳을 조사한다.

심화 2023년도 제65회 한국사능력검정시험 문제지

1. 밑줄 그은 '이 시대'의 생활 모습으로 옳은 것은? [1점]

① 소를 이용한 깊이갈이가 일반화되었다.
② 많은 인력을 동원하여 고인돌을 축조하였다.
③ 실을 뽑기 위해 가락바퀴를 처음 사용하였다.
④ 쟁기, 쇠스랑 등의 철제 농기구가 이용되었다.
⑤ 주로 동굴이나 강가에 막집을 짓고 거주하였다.

2. (가) 국가에 대한 설명으로 옳은 것은? [2점]

> 니계상 참이 사람을 시켜 (가) 의 왕 우거를 죽이고 와서 항복하였다. 그러나 왕검성은 끝내 함락되지 않았기에 우거왕의 대신(大臣) 성기가 한(漢)에 반기를 들고 공격하였다. 좌장군은 우거왕의 아들 장과 항복한 상 노인의 아들 최로 하여금 그 백성을 달래고 성기를 주살하도록 하였다. 드디어 (가) 을/를 평정하고 진번·임둔·낙랑·현도군을 설치하였다.
>
> -『한서』-

① 동맹이라는 제천 행사를 열었다.
② 신성 지역인 소도가 존재하였다.
③ 읍락 간의 경계를 중시하는 책화가 있었다.
④ 여러 가(加)들이 별도로 사출도를 다스렸다.
⑤ 사회 질서를 유지하기 위해 범금 8조를 두었다.

3. (가) 지역에 대한 탐구 활동으로 가장 적절한 것은? [2점]

① 무왕이 미륵사를 창건한 곳을 살펴본다.
② 무령왕과 왕비의 무덤이 발굴된 곳을 답사한다.
③ 성왕이 신라와의 전투에서 전사한 곳을 검색한다.
④ 윤충이 의자왕의 명을 받아 함락시킨 곳을 지도에 표시한다.
⑤ 계백이 이끄는 결사대가 신라군에 맞서 싸운 곳을 조사한다.

4. (가)에 해당하는 문화유산으로 옳은 것은? [2점]

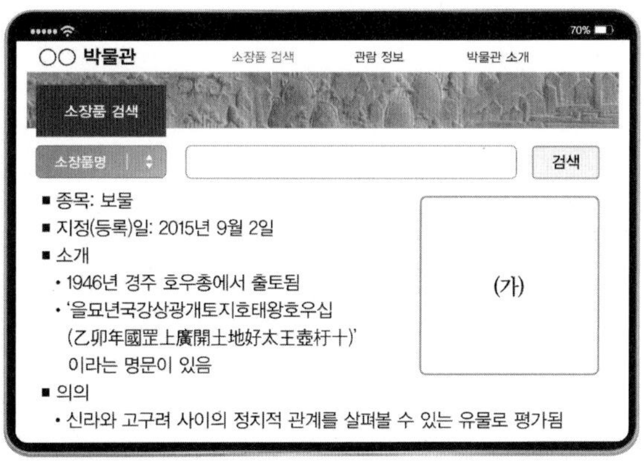

①

②

③

④

⑤

2 제65회 한국사능력검정시험 (심화)

5. 다음 상황 이후에 있었던 사실로 옳은 것은? [2점]

> 10월에 백제왕이 병력 3만 명을 거느리고 평양성을 공격해 왔다. 왕이 군대를 출정시켜 백제군을 막다가 날아온 화살에 맞아 이달 23일에 세상을 떠났다.

① 유리왕이 졸본에서 국내성으로 천도하였다.
② 미천왕이 낙랑군을 축출하여 영토를 확장하였다.
③ 소수림왕이 불교를 공인하고 율령을 반포하였다.
④ 고국천왕이 을파소를 등용하고 진대법을 실시하였다.
⑤ 유주자사 관구검이 이끄는 군대가 환도성을 함락하였다.

6. (가), (나) 사이의 시기에 있었던 사실로 옳은 것은? [2점]

> (가) 당의 손인사, 유인원과 신라왕 김법민은 육군을 거느려 나아가고, 유인궤 등은 수군과 군량을 실은 배를 거느리고 백강으로 가서 육군과 합세하여 주류성으로 갔다. 백강 어귀에서 왜의 군사를 만나 …… 그들의 배 4백 척을 불살랐다.
>
> (나) 이근행이 군사 20만 명을 이끌고 매소성에 머물렀다. 신라군이 공격하여 달아나게 하고 말 3만여 필을 얻었는데, 노획한 병장기의 수도 그 정도 되었다.

① 장문휴가 당의 등주를 공격하였다.
② 원광이 왕명으로 걸사표를 작성하였다.
③ 을지문덕이 살수에서 대승을 거두었다.
④ 김춘추가 당과의 군사 동맹을 성사시켰다.
⑤ 검모잠이 안승을 왕으로 세워 부흥 운동을 벌였다.

7. 밑줄 그은 '이 나라'에 대한 설명으로 옳은 것은? [1점]

> ○ 조영이 죽으니, 이 나라에서는 고왕이라 하였다. 아들 무예가 왕위에 올라 영토를 크게 개척하니, 동북의 모든 오랑캐들이 겁을 먹고 그를 섬겼다.
>
> ○ 처음에 이 나라의 왕이 자주 학생들을 경사의 태학에 보내어 고금의 제도를 배우고 익혀 가더니, 드디어 해동성국이 되었다. 그 땅에는 5경 15부 62주가 있다.
>
> -『신당서』-

① 정사암 회의를 개최하였다.
② 9서당 10정의 군사 조직을 갖추었다.
③ 욕살, 처려근지 등의 지방관을 두었다.
④ 인안, 대흥 등 독자적인 연호를 사용하였다.
⑤ 광평성을 비롯한 각종 정치 기구를 마련하였다.

8. 밑줄 그은 '이 인물'에 대한 설명으로 옳은 것은? [3점]

좋아요 28회 8시간 전

이곳은 이 인물을 제사하는 경주의 서악서원. 그는 한자의 음과 훈을 빌려 우리말을 표기하는 이두를 체계적으로 정리함. 우리말로 유학 경전을 풀이하여 후학들을 가르침. 원효의 아들임.

① 향가 모음집인 삼대목을 편찬하였다.
② 진성 여왕에게 시무책 10여 조를 올렸다.
③ 화랑도의 규범으로 세속 5계를 제시하였다.
④ 외교 문서 작성에 능하여 청방인문표를 지었다.
⑤ 국왕에게 조언하는 내용인 화왕계를 집필하였다.

9. 밑줄 그은 '시기'에 볼 수 있는 모습으로 적절한 것은? [2점]

① 의창에서 곡식을 빌리는 백성
② 만권당에서 대담을 나누는 학자
③ 혜민국에서 약을 받아 가는 환자
④ 화엄일승법계도를 저술하는 승려
⑤ 청해진을 거점으로 해적을 소탕하는 병사

제65회 한국사능력검정시험 (심화)

10. (가) 왕의 재위 시기에 있었던 사실로 옳은 것은? [2점]

〈 탐구 활동 보고서 〉

○학년 ○반 이름: △△△

1. **주제**: [(가)], 안정과 통합을 꾀하다
2. **방법**: 『고려사』 사료 검색 및 분석
3. **사료 내용과 분석**

사료 내용	분석
명주의 순식이 투항하자 왕씨 성을 내리다.	지방 호족 포섭
「정계」와 「계백료서」를 지어 반포하다.	관리의 규범 제시
흑창을 두어 가난한 백성에게 곡식을 빌려주다.	민생 안정

① 개국 공신에게 역분전을 지급하였다.
② 외침에 대비하여 광군을 조직하였다.
③ 광덕, 준풍 등의 독자적 연호를 사용하였다.
④ 관학 진흥을 목적으로 양현고를 운영하였다.
⑤ 주전도감을 설치하여 해동통보를 발행하였다.

11. 다음 상황이 나타난 시기를 연표에서 옳게 고른 것은? [3점]

처음으로 12목을 설치하고 조서를 내려 말하기를, "부지런히 정사를 돌보면서 매번 신하들의 충고를 구하고 있다. 낮은 곳의 이야기를 듣고 멀리 보고자 어질고 현명한 이들의 힘을 빌리려고 한다. 이에 수령들의 공로에 의지해 백성들의 바람에 부합하고자 한다. 「우서(虞書)」의 12목 제도를 본받아 시행하니, 주나라가 8백 년간 지속하였듯이 우리의 국운도 길이 이어질 것이다."라고 하였다.

	(가)	(나)	(다)	(라)	(마)	
918 고려 건국		945 왕규의 난	1009 강조의 정변	1196 최충헌 집권	1270 개경 환도	1351 공민왕 즉위

① (가) ② (나) ③ (다) ④ (라) ⑤ (마)

12. (가) 국가에 대한 고려의 대응으로 옳은 것은? [2점]

① 박위를 보내 근거지를 토벌하였다.
② 조총 부대를 나선 정벌에 파견하였다.
③ 개경을 방어하기 위해 나성을 축조하였다.
④ 압록강 상류 지역을 개척하여 4군을 설치하였다.
⑤ 국방 문제를 논의하기 위해 비변사를 신설하였다.

13. (가)에 들어갈 내용으로 옳은 것은? [2점]

① 국청사의 주지가 되어 해동 천태종을 개창하였다.
② 불교 개혁을 주장하며 수선사 결사를 조직하였다.
③ 선문염송집을 편찬하고 유불 일치설을 주장하였다.
④ 불교 관련 자료를 중심으로 삼국유사를 집필하였다.
⑤ 인도와 중앙아시아를 순례하고 왕오천축국전을 남겼다.

4 제65회 한국사능력검정시험 (심화)

14. (가)~(다)를 일어난 순서대로 옳게 나열한 것은? [3점]

> (가) 왕이 보현원 문에 들어서자 …… 이고 등이 왕을 모시던 문관 및 대소 신료, 환관들을 모두 살해하였다. …… 정중부 등이 왕을 모시고 환궁하였다.
>
> (나) 이자겸과 척준경이 왕을 위협하여 남궁(南宮)으로 거처를 옮기게 하고 안보린, 최탁 등 17인을 죽였다. 이 외에도 죽인 군사가 헤아릴 수 없을 정도였다.
>
> (다) 묘청이 서경을 근거지로 삼고 반란을 일으켰다. …… 국호를 대위, 연호를 천개, 그 군대를 천견충의군이라 불렀다.

① (가) - (나) - (다)　② (가) - (다) - (나)
③ (나) - (가) - (다)　④ (나) - (다) - (가)
⑤ (다) - (가) - (나)

15. 다음 상황이 나타난 시기에 볼 수 있는 모습으로 적절한 것은? [2점]

> 기철의 친척 기삼만이 권세를 믿고 불법으로 남의 토지를 빼앗았기에 정치도감에서 그를 잡아 장(杖)을 치고 하옥하였는데 20여 일 만에 죽었다. …… 그러자 정동행성 이문소에서 정치도감 관리들을 잡아 가두었다.

① 농사직설을 편찬하는 학자
② 초량 왜관에서 교역하는 상인
③ 도평의사사에서 회의하는 관리
④ 규장각 검서관으로 근무하는 서얼
⑤ 빈공과 응시를 준비하는 6두품 유학생

16. (가) 국가의 경제 상황으로 옳은 것은? [1점]

> 명주의 정해현에서 순풍을 만나 3일이면 큰 바다 가운데로 들어가고, 다시 5일이면 흑산도에 도달하여 그 경계에 들어간다. 흑산도에서 섬들을 지나 7일이면 예성강에 이른다. …… 거기서 3일이면 연안에 닿는데, 벽란정(碧瀾亭)이라는 객관이 있다. 사신은 여기에서부터 육지에 올라 험한 산길을 40여 리쯤 가면 (가) 의 수도에 도달한다.
>
> -『송사』-

① 집집마다 부경이라는 창고가 있었다.
② 활구라고 불리는 은병이 주조되었다.
③ 동시전이 설치되어 시장을 감독하였다.
④ 계해약조가 체결되어 일본과 교역하였다.
⑤ 광산을 전문적으로 경영하는 덕대가 등장하였다.

17. (가)에 해당하는 문화유산으로 옳은 것은? [2점]

①

수덕사 대웅전

②

화엄사 각황전

③

부석사 무량수전

④

봉정사 극락전

⑤

법주사 팔상전

18. 다음 대화 이후에 전개된 사실로 옳은 것은? [2점]

① 윤관이 별무반을 이끌고 동북 9성을 축조하였다.
② 서희가 외교 담판을 벌여 강동 6주를 획득하였다.
③ 이성계가 위화도에서 회군하여 정권을 장악하였다.
④ 배중손이 이끄는 삼별초가 용장산성에서 항전하였다.
⑤ 최우가 강화도로 도읍을 옮겨 장기 항전을 준비하였다.

제65회 한국사능력검정시험 (심화) 5

19. 밑줄 그은 '이 왕'의 재위 시기에 있었던 사실로 옳은 것은? [2점]

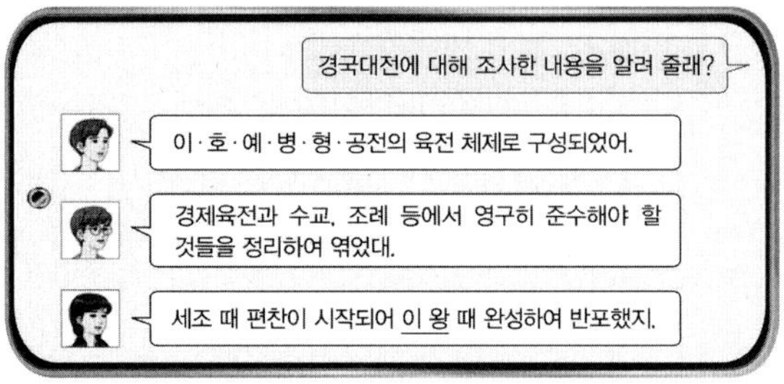

① 독립된 간쟁 기관으로 사간원이 설치되었다.
② 함길도 토착 세력인 이시애가 난을 일으켰다.
③ 직제가 개편된 홍문관에서 경연을 주관하였다.
④ 집현전 관리를 대상으로 사가독서제가 시행되었다.
⑤ 붕당의 폐해를 경계하기 위한 탕평비가 건립되었다.

20. ㉠~㉤에 대한 탐구 활동으로 가장 적절한 것은? [3점]

> ㉠왕이 어려서 즉위하여 모후(母后)가 수렴청정을 하고, 사림 간에 큰 옥사가 연달아 일어난 데다가 ㉡요승(妖僧)을 높이고 사랑하여 불교를 숭상했으나 모두 왕의 뜻은 아니었다. …… ㉢부세는 무겁고 부역은 번거로웠으며 흉년으로 백성들이 고달프고 도적이 성행하여 국내의 재력이 고갈되었다. 그래서 왕이 비록 성덕(盛德)을 품었어도 끝내 하나도 펴지 못했으니 참으로 애석하다. 그러다가 ㉣문정왕후가 돌아가신 후에 국정을 주관하게 되자 …… ㉤을사사화 때 화를 당한 사람들을 풀어 주고 먼 곳으로 쫓겨난 사람들을 모두 내지로 옮겼다.

① ㉠ – 1차 왕자의 난이 일어난 이유를 찾아본다.
② ㉡ – 황사영 백서 사건이 가져온 결과를 살펴본다.
③ ㉢ – 예송 논쟁의 발생 배경을 파악한다.
④ ㉣ – 갑술환국의 전개 양상을 정리한다.
⑤ ㉤ – 윤임 일파가 축출되는 과정을 조사한다.

21. 다음 상황이 전개된 배경으로 옳은 것은? [1점]

> 교지를 내려 이르기를, "전날 성삼문 등이 상왕(上王)도 그 모의에 참여하였다고 인정하자, 백관들이 상왕도 종사(宗社)에 죄를 지었으니 편안히 도성에 거주하는 것은 마땅치 않다고 하였다. …… 상왕을 노산군(魯山君)으로 낮추고, 궁에서 내보내 영월에 거주시키도록 하라."라고 하였다.

① 인조반정으로 북인 세력이 몰락하였다.
② 인현왕후가 폐위되고 남인이 권력을 차지하였다.
③ 계유정난을 통해 수양대군이 정권을 장악하였다.
④ 이인좌를 중심으로 한 소론 세력이 난을 일으켰다.
⑤ 폐비 윤씨 사사 사건으로 인해 김굉필 등이 처형되었다.

22. (가)에 해당하는 작품으로 옳은 것은? [1점]

① 
② 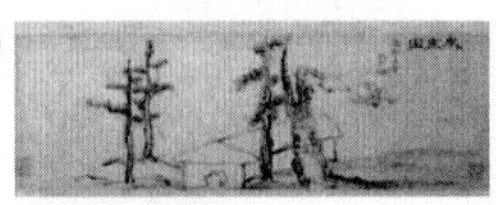
③ 
④ 
⑤ 

6 제65회 한국사능력검정시험 (심화)

23. 밑줄 그은 '이 전쟁' 중에 있었던 사실로 옳은 것은? [2점]

이달의 책

이 책은 조선 후기 문인 김창협이 편찬한 『충렬록』이다. 이 전쟁에서 충의를 지키고자 죽은 김상용 등에 관한 기록과 그들을 기리기 위한 충렬사의 건립 경위를 담고 있다. 김상용은 세자빈과 봉림대군 등 왕실 사람들을 호종하여 강화도로 피난하였다가 이듬해 강화성이 함락되자 순절하였다.

① 조명 연합군이 평양성을 탈환하였다.
② 강홍립이 사르후 전투에 참전하였다.
③ 김준룡이 광교산 전투에서 승리하였다.
④ 김종서가 두만강 일대에 6진을 개척하였다.
⑤ 곽재우, 김천일 등이 의병장으로 활약하였다.

24. (가) 왕에 대한 설명으로 옳은 것은? [2점]

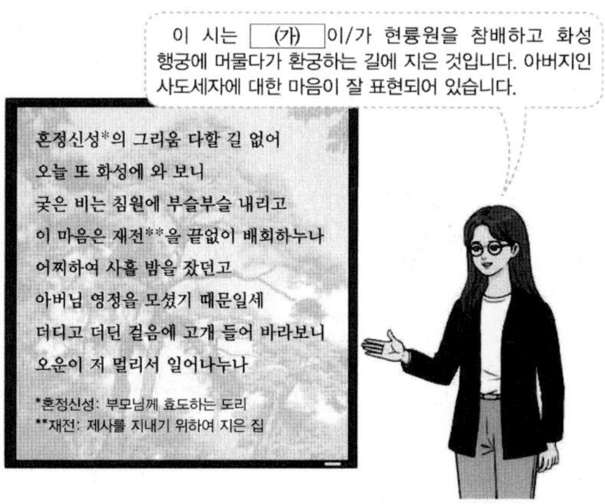

① 청과 국경을 정하는 백두산정계비를 세웠다.
② 통치 체제를 정비하고자 속대전을 편찬하였다.
③ 왕실의 위엄을 높이기 위해 경복궁을 중건하였다.
④ 삼정의 문란을 시정하려고 삼정이정청을 설치하였다.
⑤ 시전 상인의 특권을 축소하는 신해통공을 단행하였다.

25. (가) 제도에 대한 설명으로 옳은 것은? [2점]

> 광해군 때 이원익이 방납의 폐단을 혁파하고자 선혜청을 두고 (가) 을/를 실시할 것을 청하였다. …… 맨 먼저 경기도 내에 시범적으로 실시하니 백성들은 대부분 편리하게 여겼다. 다만 권세가와 부호들은 방납의 이익을 잃기 때문에 온갖 방법으로 반대하였다.
>
> -『국조보감』-

① 양반에게도 군포를 부과하였다.
② 수신전과 휼양전을 폐지하였다.
③ 양전 사업을 실시하여 지계를 발급하였다.
④ 전세를 풍흉에 따라 9등급으로 차등 과세하였다.
⑤ 관청에 물품을 조달하는 공인이 등장하는 배경이 되었다.

26. (가)~(라)를 일어난 순서대로 옳게 나열한 것은? [3점]

(가) 좌의정 박은이 상왕(上王)에게 아뢰기를, "이제 왜구가 중국에 들어가 도적질하고 본도로 돌아오는 것이 곧 이때이므로 마땅히 이종무 등으로 대마도에 나가 적이 섬에 돌아오기를 기다렸다가 맞아서 치게 되면 적을 파함에 틀림없을 것이니, 진멸(殄滅) 시킬 기회를 잃지 마소서."라고 하니, 상왕이 옳게 여겼다.

(나) 김방경이 중군을 거느리게 하고 홀돈과 홍다구와 더불어 일본을 정벌하게 하였다. 일기도(一岐島)에 이르러 천여 명을 죽이고 길을 나누어 진격하였다. 왜인들이 달아나는데 쓰러진 시체가 마치 삼대와 같았다. 날이 저물어 이내 공격을 늦추었는데 마침 밤에 태풍이 크게 불어서 전함들이 많이 부서졌다.

(다) 왜구가 배 5백 척을 이끌고 진포 입구에 들어와서는 큰 밧줄로 배를 서로 잡아매고 병사를 나누어 지키다가, 해안에 상륙하여 여러 고을로 흩어져 들어가 불을 지르고 노략질을 자행하였다. …… 나세, 심덕부, 최무선 등이 진포에 이르러, 최무선이 만든 화포를 처음으로 사용하여 그 배들을 불태웠다.

(라) 왜장이 군사 수만 명을 모두 동원하여 진주성을 포위하였는데 성 안의 군사는 3천여 명이었다. 진주 목사 김시민이 여러 성첩을 나누어 지키게 하였다. …… 10여 일 동안 4~5차례 큰 전투를 벌이면서 안팎에서 힘껏 싸웠으므로 적이 먼저 도망하였다.

① (가) - (나) - (다) - (라)
② (가) - (다) - (나) - (라)
③ (나) - (가) - (라) - (다)
④ (나) - (다) - (가) - (라)
⑤ (다) - (라) - (나) - (가)

제65회 한국사능력검정시험 (심화) 7

27. 다음 가상 인터뷰의 주인공에 대한 설명으로 옳은 것은? [2점]

① 마과회통에서 홍역에 대한 지식을 정리하였다.
② 의산문답에서 중국 중심의 세계관을 비판하였다.
③ 발해고에서 남북국이라는 용어를 처음 사용하였다.
④ 곽우록에서 토지 매매를 제한하는 한전론을 제시하였다.
⑤ 금석과안록에서 북한산비가 진흥왕 순수비임을 고증하였다.

28. 밑줄 그은 '이 시기'에 볼 수 있는 모습으로 적절하지 않은 것은? [1점]

① 주자소에서 계미자를 만드는 장인
② 송파장에서 산대놀이를 공연하는 광대
③ 대규모 자본으로 물품을 구매하는 도고
④ 시사를 조직하여 작품 활동을 하는 중인
⑤ 인삼, 담배 등을 상품 작물로 재배하는 농민

29. (가), (나) 사이의 시기에 있었던 사실로 옳은 것은? [2점]

> (가) 대왕대비전이 전교하기를, "익성군이 이제 입궁하였으니, 흥선 대원군과 부대부인의 봉작을 내리는 것을 오늘 중으로 거행하도록 하라."라고 하였다.
>
> (나) 종로에 비석을 세웠다. 그 비에서 이르기를, '서양 오랑캐가 침범하는데 싸우지 않으면 즉 화친하는 것이요, 화친을 주장함은 나라를 팔아먹는 것이다.'고 하였다.

① 영국이 거문도를 불법으로 점령하였다.
② 일본의 운요호가 영종도를 공격하였다.
③ 러시아가 용암포에 대한 조차를 요구하였다.
④ 독일 상인 오페르트가 남연군 묘 도굴을 시도하였다.
⑤ 미국이 조미 수호 통상 조약 체결 후 푸트 공사를 파견하였다.

30. (가)에 대한 설명으로 옳은 것은? [2점]

① 입헌 군주제 수립을 목표로 하였다.
② 조선 총독부의 방해와 탄압으로 실패하였다.
③ 우정총국 개국 축하연을 이용하여 일어났다.
④ 홍범 14조를 기본 개혁 방향으로 제시하였다.
⑤ 일본 공사관에 경비병이 주둔하는 계기가 되었다.

8 제65회 한국사능력검정시험 (심화)

31. (가), (나) 사이의 시기에 있었던 사실로 옳은 것은? [2점]

> (가) 복합 상소 이후에도 "물러나면 원하는 바를 시행할 것이다." 라던 국왕의 약속과 달리 관리들의 침학이 날로 심해졌다. …… 최시형은 도탄에 빠진 교도들을 구하고 최제우의 억울함을 씻기 위해 보은 집회를 개최하였다.
>
> (나) 동학 농민군은 거짓으로 패한 것처럼 꾸며 황토현에 진을 쳤다. 관군은 밀고 들어가 그 아래에 진을 쳤다. …… 농민군이 삼면을 포위한 채 한쪽 모퉁이만 빼고 크게 함성을 지르며 압박하자 관군은 일시에 무너졌다.

① 논산으로 남접과 북접이 집결하였다.
② 개혁을 추진하기 위해 교정청이 설치되었다.
③ 일본이 군대를 동원하여 경복궁을 점령하였다.
④ 고부 농민들이 조병갑의 탐학에 맞서 만석보를 파괴하였다.
⑤ 공주 우금치에서 농민군이 관군과 일본군에게 패배하였다.

32. 다음 글이 작성된 시기를 연표에서 옳게 고른 것은? [2점]

> **전보 제 ○○○호**
>
> **발신인: 외무대신 하야시**
> **수신인: 통감 이토**
>
> 네덜란드에 파견된 전권 대사 쓰즈키가 보낸 전보 내용임.
> 한국인 3명이 이곳에 머물면서 평화 회의의 위원 대우를 받고자 진력하고 있다고 함. 그들은 오늘 아침 러시아 수석 위원 넬리도프를 방문하려 했는데, 넬리도프는 네덜란드 정부로부터 평화 회의 위원으로 확인되지 않는 자는 만나지 않겠다고 함. 이들은 일본이 한국에 시행한 정책에 대해 항의서를 인쇄하여 각국 수석 위원(단, 영국 위원은 제외한 것으로 보임)에게도 보냈다고 함.

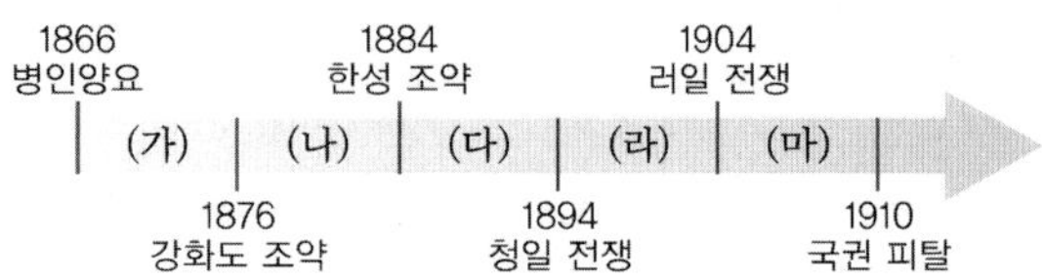

① (가) ② (나) ③ (다) ④ (라) ⑤ (마)

33. 다음 의병 부대에 대한 설명으로 옳은 것은? [2점]

> 이인영을 총대장으로 추대하고, 허위를 군사장으로 삼아 …… 각 도에 격문을 전하니 전국에서 불철주야 달려온 지원자들이 만여 명이더라. 이에 서울로 진군하여 국권을 회복하고자 …… 먼저 이인영은 심복을 보내 각국 영사에게 진군의 이유를 상세히 알리며 도움을 요청하고, 각 도의 의병으로 하여금 일제히 진군하게 하였다.

① 조선 혁명 선언을 지침으로 삼았다.
② 이만손이 주도하여 영남 만인소를 올렸다.
③ 상덕태상회를 통하여 군자금을 모집하였다.
④ 일본에 국권 반환 요구서를 제출하고자 하였다.
⑤ 고종의 강제 퇴위와 군대 해산에 반발하여 결성되었다.

34. 다음 상소가 작성된 이후의 사실로 옳은 것은? [1점]

> 러시아 공사관으로 거처를 옮기시고 해가 바뀌었습니다. 그곳 유리창과 분칠한 담장은 화려하지만 그을음 나는 석탄을 때는 전돌(甎堗)은 옥체를 보호하기에 적합하지 않은 듯합니다. …… 온 나라 신하들의 심정을 염두에 두시어 간하는 말을 따라 바로 환궁하여 끓어오르는 여론에 부응하시고 영원히 누릴 태평의 터전을 공고히 만드소서.

① 영선사가 파견되었다.
② 군국기무처가 설치되었다.
③ 대한국 국제가 반포되었다.
④ 제너럴 셔먼호 사건이 일어났다.
⑤ 조청 상민 수륙 무역 장정이 체결되었다.

제65회 한국사능력검정시험 (심화)

35. (가)~(다)를 일어난 순서대로 옳게 나열한 것은? [3점]

① (가) - (나) - (다)
② (가) - (다) - (나)
③ (나) - (가) - (다)
④ (나) - (다) - (가)
⑤ (다) - (가) - (나)

36. (가) 단체에 대한 설명으로 옳은 것은? [2점]

듣기에 절영도에 러시아 사람이 석탄고를 건축하려고 땅을 청구한다고 하니 …… 러시아 사람의 요청대로 빌려줄 건지, 잠깐만 빌려줄 건지, 영영 줄 건지, 빌려줄 때에는 정부 회의를 거치는지, 홀로 결정하여 도장을 찍는지 ……

① 정우회 선언의 영향으로 결성되었다.
② 만세보를 발행하여 민족의식을 고취하였다.
③ 중추원 개편을 통해 의회 설립을 추진하였다.
④ 어린이날을 제정하고 소년 운동을 전개하였다.
⑤ 태극 서관을 운영하여 계몽 서적 등을 보급하였다.

37. (가)~(마)에 대한 설명으로 옳은 것은? [3점]

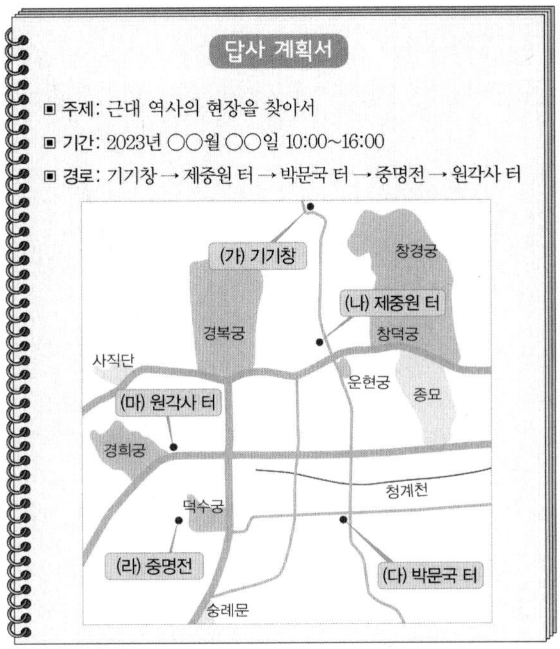

① (가) – 우리나라 최초의 근대 신문이 간행되었다.
② (나) – 고종의 황제 즉위식이 거행된 장소이다.
③ (다) – 백동화가 주조되었다.
④ (라) – 을사늑약이 체결되었다.
⑤ (마) – 나운규의 아리랑이 처음 상영된 곳이다.

38. 다음 판결이 내려진 시기에 있었던 사실로 옳은 것은? [1점]

판결문

피 고 인: 박○○
주　　문: 피고인을 태 90에 처한다.
이　　유

피고 박○○은 이○○가 '구한국의 국권 회복을 도모한다.'고 각지를 돌아다니며 유세한 것에 찬동하였다. …… 법률에 비추어 보니 피고의 소행은 …… 태형에 처함이 타당하다고 인정하여 조선 태형령 제1조, 제4조에 준하여 처단해야 한다. 따라서 주문과 같이 판결한다.

① 원수부가 설치되었다.
② 신간회가 창립되었다.
③ 치안 유지법이 적용되었다.
④ 헌병 경찰제가 실시되었다.
⑤ 동양 척식 주식회사가 설립되었다.

10 제65회 한국사능력검정시험 (심화)

39. ㉠~㉤에 대한 탐구 활동으로 적절하지 않은 것은? [2점]

> **역사 돋보기 한국 교육의 역사**
>
> 삼국 시대에는 ㉠국가가 운영하는 기관을 통해 제도적인 교육이 이루어졌다. 이때 교재는 유학 경전과 역사서가 중심이었다.
>
> 고려 시대에 와서 과거제가 실시되었다. 조상의 음덕을 입은 관직 진출도 있었지만, 과거에 합격하는 것을 영예롭게 여기기도 하였다. 이 과정에서 관학인 국자감 못지 않게 ㉡사학 역시 중요한 역할을 하였다.
>
> 조선 시대의 교육 기관은 ㉢관학으로 성균관·향교 등이 있었고, 사학으로 서원 등이 있었다. 국가는 교육을 통해 성리학의 이념을 확산시키고, 통치 질서를 유지하려고 하였다.
>
> 19세기 말 서구 문물을 접하면서 교육에도 상당한 변화가 일어났다. ㉣정부는 새로운 변화에 대처하고 행정의 실무를 담당할 필요에서 학교를 설치하였다.
>
> 갑오개혁 때 ㉤교육 입국 조서가 반포된 이후에는 각종 관립 학교가 세워져 교육을 담당하였다. 한편 선교사들은 기독교를 전파하고 서양 문화를 보급하려고 학교 설립에 앞장섰다.

① ㉠ – 태학의 설립 취지를 찾아본다.
② ㉡ – 9재 학당의 수업 내용을 조사한다.
③ ㉢ – 명륜당과 대성전의 기능을 알아본다.
④ ㉣ – 동문학과 육영 공원의 운영 목적을 분석한다.
⑤ ㉤ – 배재 학당, 이화 학당의 설립 시기를 파악한다.

40. 다음 법령이 발표된 이후에 있었던 사실로 옳은 것은? [3점]

> 제1조 조선에서의 교육은 본령에 의한다.
> 제2조 국어[일본어]를 상용(常用)하는 자의 보통 교육은 소학교령, 중학교령 및 고등 여학교령에 의한다.
> 제3조 국어[일본어]를 상용하지 않는 자에게 보통 교육을 하는 학교는 보통학교, 고등 보통학교 및 여자 고등 보통학교로 한다.
> 제5조 보통학교의 수업 연한은 6년으로 한다. …… 보통학교에 입학할 수 있는 자는 연령 6세 이상으로 한다.

① 서당 규칙이 제정되었다.
② 2·8 독립 선언이 발표되었다.
③ 조선어 연구회가 결성되었다.
④ 조선 여자 교육회가 조직되었다.
⑤ 조선 민립 대학 설립 기성회가 창립되었다.

41. (가) 정부의 활동에 대한 설명으로 옳은 것은? [2점]

> 도내 관공서의 조선인 관리·기타 조선인 부호 등에게 빈번하게 불온 문서를 배부하는 자가 있어서 수사한 결과 이○○의 소행으로 판명되어 그의 체포에 노력하고 있다. …… 그는 (가) 의 교통부 차장과 재무부 총장 등으로부터 여러 가지 명령을 받았다. 조선에 돌아가서 인쇄물을 뿌리는 등 인심을 교란하는 동시에 (가) 이/가 발행한 독립 공채를 판매하는 한편, 조선 내부와의 연락 및 기타 기관을 충분히 갖추게 하는 것 등이었다.
>
> –『고등 경찰 요사』–

① 무장 투쟁을 위해 중광단을 결성하였다.
② 민족 교육을 위해 서전서숙을 설립하였다.
③ 독립군 양성을 위해 신흥 강습소를 세웠다.
④ 외교 활동을 위해 구미 위원부를 설치하였다.
⑤ 농촌 계몽을 위해 브나로드 운동을 전개하였다.

42. 밑줄 그은 '시기'에 있었던 사실로 옳은 것은? [2점]

① 원산 총파업이 발생하였다.
② 미쓰야 협정이 체결되었다.
③ 조선 형평사가 결성되었다.
④ 국가 총동원법이 시행되었다.
⑤ 임시 토지 조사국이 설립되었다.

제65회 한국사능력검정시험 (심화) 11

43. (가)에 대한 설명으로 옳은 것은? [2점]

전자 사료관

자료는 (가) 의 창립 1주년을 기념하며 계림에서 촬영된 사진이다. 중국 국민당 정부의 지원을 받아 김원봉 등을 중심으로 창설된 (가) 은/는 중국 관내(關內)에서 만들어진 최초의 한인 무장 부대이다.

① 자유시 참변으로 시련을 겪었다.
② 대원 일부가 한국광복군에 합류하였다.
③ 쌍성보 전투에서 한중 연합 작전을 전개하였다.
④ 독립군 양성 기관인 한인 소년병 학교를 설립하였다.
⑤ 홍범도 부대와 연합하여 청산리에서 일본군과 교전하였다.

44. (가)에 들어갈 내용으로 적절한 것은? [2점]

이달의 독립운동가

최현배
- 훈격: 독립장
- 서훈 연도: 1962년

목차
- 주시경의 영향을 받아 국어 운동의 길로 들어서다
- (가)
- 광복 이후 국어 교재 편찬과 교사 양성에 힘쓰다
- 각종 한글 교과서를 편찬하다

① 조선어 학회 사건으로 옥고를 치르다
② 파리 강화 회의에 독립 청원서를 제출하다
③ 복벽주의를 내세우며 독립 의군부를 조직하다
④ 국권 피탈 과정을 정리한 한국통사를 저술하다
⑤ 일제에 의해 조작된 105인 사건으로 재판을 받다

45. 다음 총선거에 대한 설명으로 옳은 것을 〈보기〉에서 고른 것은? [3점]

〈보 기〉

ㄱ. 좌우 합작 위원회가 주도하였다.
ㄴ. 장면 정부가 수립되는 계기가 되었다.
ㄷ. 제주도에서 무효 처리된 선거구가 있었다.
ㄹ. 제헌 국회의원을 선출하기 위해 실시되었다.

① ㄱ, ㄴ ② ㄱ, ㄷ ③ ㄴ, ㄷ ④ ㄴ, ㄹ ⑤ ㄷ, ㄹ

46. 밑줄 그은 '이 전쟁' 중에 있었던 사실로 옳은 것은? [1점]

사료로 보는 한국사

피하는 것은 죽는 것이요, 다 같이 일어나는 것은 사는 길이니 비록 중국군 2백만 명이 들어오기로서니 우리 2천만 명이 일어나면 한 놈도 살아나갈 수 없이 만들 수 있을 것이다. …… 각 도시나 촌락에서 모든 인민들은 쌀을 타다가 밥을 지어 주먹밥이라도 만들면 실어다가 전선에서 싸우는 사람들을 먹여야 하며, 또 장년들은 참호라도 파며 한편으로 결사대를 조직하여 적의 진지를 뚫고 적군 속에 들어가 백방으로 싸워야만 될 것이다.

[해설] 중국군의 개입으로 이 전쟁의 전세가 불리해진 상황에서 국민의 항전 의지를 독려하는 대통령의 담화문이다.

① 애치슨 라인이 발표되었다.
② 부산이 임시 수도로 정해졌다.
③ 한미 상호 방위 조약이 맺어졌다.
④ 푸에블로호 나포 사건이 발생하였다.
⑤ 국가 보위 비상 대책 위원회가 설치되었다.

12 제65회 한국사능력검정시험 (심화)

47. 다음 상황이 나타난 시기를 연표에서 옳게 고른 것은? [3점]

□□ 신문

제△△호 ○○○○년 ○○월 ○○일

희망에 찬 전진을

제1차 경제 개발 5개년 계획을 성공적으로 매듭지은 현 시점에서 우리에게는 진실로 기뻐하고 자랑스럽게 생각해야 할 일이 있다. 우리나라가 새롭고 희망에 찬 생활을 향하여 전진을 거듭하고 있다는 사실에 대한 자각이 더욱 높아가고 미래에 대한 자신이 날로 굳어져 가고 있다는 사실이다. …… 여러분이 아시다시피 올해는 제2차 경제 개발 5개년 계획에 착수하여 이미 도약 단계에 들어선 조국의 발전에 일대 박차를 가해야 할 중대한 새 출발의 해인 것이다. 앞으로 4~5년 후에는 아시아에 빛나는 공업 국가를 건설해 보자는 것이 이 계획의 목표인 것이다.

1949		1965		1977		1988		1996		2007
	(가)		(나)		(다)		(라)		(마)	
농지 개혁법 제정		한일 협정 체결		100억 달러 수출 달성		서울 올림픽 개최		경제 협력 개발 기구(OECD) 가입		한미 자유 무역 협정(FTA) 체결

① (가) ② (나) ③ (다) ④ (라) ⑤ (마)

48. 밑줄 그은 '정부' 시기에 있었던 사실로 옳은 것은? [2점]

이것은 부천 경찰서에서 자행된 여성 노동자에 대한 성 고문 사건을 축소, 은폐하기 위해 내린 정부의 보도 지침 내용입니다. 당시 정부는 언론의 보도 방향을 통제하고, 민주화 운동을 탄압하였습니다. 이후 박종철 고문 치사 사건도 단순 쇼크사로 날조하였습니다.

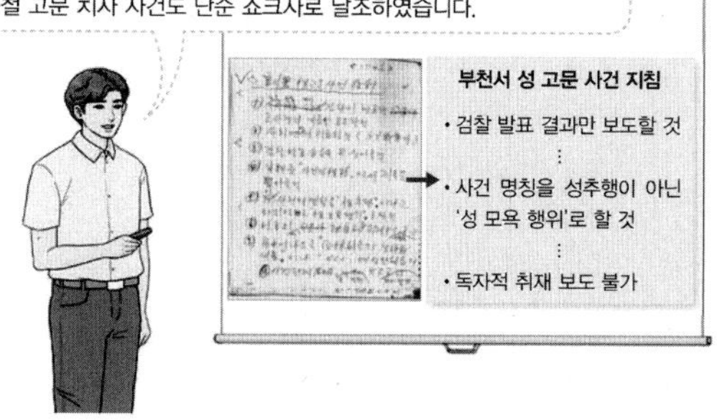

① 야당 총재가 국회의원직에서 제명되었다.
② 5년 단임의 대통령 직선제 개헌이 이루어졌다.
③ 국가 재건 최고 회의를 기반으로 군정이 실시되었다.
④ 평화 통일론을 내세우던 진보당의 조봉암이 처형되었다.
⑤ 긴급 조치 철폐 등을 포함한 3·1 민주 구국 선언이 발표되었다.

49. 다음 지역에 대한 탐구 활동으로 적절한 것은? [1점]

지도로 보는 우리 지역의 역사

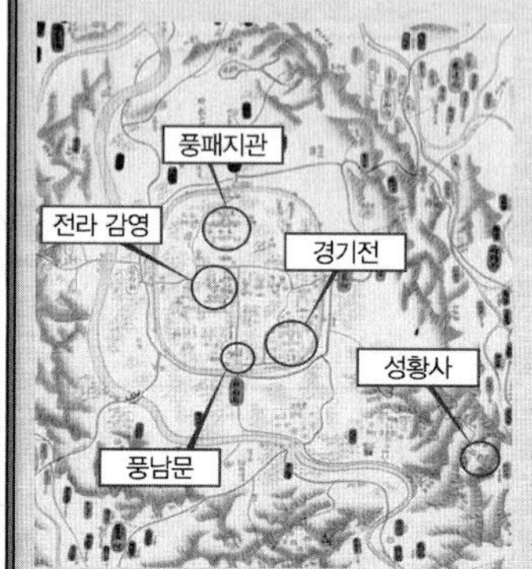

1872년에 제작된 우리 지역 지도의 일부입니다. 조선 시대 전라도 일대를 총괄하는 전라 감영, 조선 왕실의 발상지라는 의미로 한(漢) 고조의 고사에서 이름을 딴 객사 풍패지관, 태조 이성계의 어진을 봉안하고 제사하는 경기전, 후백제의 왕성으로 알려진 동고산성 안에 있는 성황사 등이 표시되어 있습니다.

① 유형원이 반계수록을 저술한 장소를 답사한다.
② 견훤이 아들 신검에 의해 유폐된 장소를 알아본다.
③ 동학 농민군이 정부와 화약을 맺은 장소를 조사한다.
④ 기묘사화로 유배된 조광조가 사사된 장소를 검색한다.
⑤ 임병찬이 의병을 일으킨 무성 서원이 있는 장소를 찾아본다.

50. 다음 뉴스가 보도된 정부 시기의 통일 정책으로 옳은 것은? [2점]

대통령은 오늘 도쿄에서 오부치 일본 총리와 21세기 새로운 한일 파트너십 공동 선언에 합의하였습니다. 이 공동 선언문에는 일본이 과거 한때 식민지 지배로 인하여 한국 국민에게 다대한 손해와 고통을 안겨주었다는 역사적 사실을 겸허히 받아들이면서, 이에 대한 통절한 반성과 마음으로부터 사죄라는 표현이 명문화되어 있습니다.

① 남북 조절 위원회를 구성하였다.
② 6·15 남북 공동 선언을 채택하였다.
③ 한반도 비핵화 공동 선언에 합의하였다.
④ 판문점에서 남북 정상 회담을 개최하였다.
⑤ 남북 이산가족 고향 방문을 최초로 실현하였다.

鉦明 오성환 교수

역사 교육 석사
국사 능력검증 1급
역사 정교사 자격증
민족 한국사 아카데미

대학 외래교수(겸임)
- 부산 외국어대학교(법 · 경찰학부)
- 부산 동서대학교(경찰행정학과 / 교양학부)
- 동의 과학대학교(경호경찰행정학과)
- 경남 정보대학교(경찰경호행정/부사관/교양학과)
- 부산 보건대학교(부사관학과)
- 대전 우송대학교(공무원 특강)
- 경남대학교 공무원 모의고사 출제위원
- 부산 가톨릭대학교(교양)
- 동명대학교(교양 · 군사학과 특강)

중 – 고등학교
- 해동 고등학교 교사
- 양산고 – 삼랑진고 특강 강사
- 금정중 – 동래여중 특강 강사

고시학원(공무원. 경찰)
- 서울 에듀윌고시
- 경맥 경찰고시(부산 · 마산)
- 한겨레 고시 · 중앙 고시
- 대전 이그잼고시
- 울산 처용 고시
- 공시원 고시
- 민족 부사관 · 장교 학원
- 윌비스 공무원 학원

대학입시(재수생)
- 서면문리 · 현광문리 학원
- 대성학원 · 경남학원
- 종로학원 · 범천학원
- 대신학원
- 대동아카데미 · 은석학원

특 강
- psb 심층 면접
- 롯데 백화점 승진시험
- 밀양시청 미리벌 학습관

제6판
민족한국사

초 판 발 행 | 2014년 3월 10일
6판1쇄발행 | 2023년 7월 31일

저 자 | 오성환
발 행 인 | 이성범
발 행 처 | 문운당
주 소 | 서울시 종로구 혜화로5길 16 (명륜1가 45-3)
전 화 | (02)762-6010
팩 스 | 영업 (02)745-0265 / 편집 (02)762-8758
이 메 일 | 영업 munun2@chol.com
편집 munundang@naver.com
홈페이지 | http://munundang.co.kr

ISBN 979-11-5692-674-0 93910

정가 35,000원